本书受国家社会科学基金项目
"《新青年》文化思想与时代语境的互动研究（15XZW037）"
资助

LA JEUNESSE

# 《新青年》文化思想
# 互动研究

火 源 ◎著

人民出版社

# 目录

绪　论 ⋯⋯⋯⋯⋯⋯⋯⋯⋯⋯⋯⋯⋯⋯⋯⋯⋯⋯⋯⋯⋯⋯⋯⋯⋯⋯⋯⋯ 001

**第一章　文化思想的多领域互动** ⋯⋯⋯⋯⋯⋯⋯⋯⋯⋯⋯⋯⋯⋯ 019

第一节　政治思想的互动 ⋯⋯⋯⋯⋯⋯⋯⋯⋯⋯⋯⋯⋯⋯⋯⋯ 020

第二节　宗教和哲学思想的互动 ⋯⋯⋯⋯⋯⋯⋯⋯⋯⋯⋯⋯ 068

第三节　伦理道德思想的互动 ⋯⋯⋯⋯⋯⋯⋯⋯⋯⋯⋯⋯⋯ 116

第四节　教育思想的互动 ⋯⋯⋯⋯⋯⋯⋯⋯⋯⋯⋯⋯⋯⋯⋯ 154

第五节　文学思想的互动 ⋯⋯⋯⋯⋯⋯⋯⋯⋯⋯⋯⋯⋯⋯⋯ 182

**第二章　文化思想在文化学层面的互动** ⋯⋯⋯⋯⋯⋯⋯⋯⋯ 214

第一节　文化体用论 ⋯⋯⋯⋯⋯⋯⋯⋯⋯⋯⋯⋯⋯⋯⋯⋯⋯ 214

第二节　文化时间特性论 ⋯⋯⋯⋯⋯⋯⋯⋯⋯⋯⋯⋯⋯⋯⋯ 257

第三节　文化空间特性论 ⋯⋯⋯⋯⋯⋯⋯⋯⋯⋯⋯⋯⋯⋯⋯ 280

第四节　文化实践论 ⋯⋯⋯⋯⋯⋯⋯⋯⋯⋯⋯⋯⋯⋯⋯⋯⋯ 313

**第三章　文化思想外部的互动因素** ⋯⋯⋯⋯⋯⋯⋯⋯⋯⋯⋯ 338

第一节　集团归属与互动 ⋯⋯⋯⋯⋯⋯⋯⋯⋯⋯⋯⋯⋯⋯⋯ 338

第二节　现实空间与互动 ⋯⋯⋯⋯⋯⋯⋯⋯⋯⋯⋯⋯⋯⋯⋯ 378

**第四章　文化思想内部的互动因素** ⋯⋯⋯⋯⋯⋯⋯⋯⋯⋯⋯ 407

第一节　思想资源与互动 ⋯⋯⋯⋯⋯⋯⋯⋯⋯⋯⋯⋯⋯⋯⋯ 407

第二节　思想的空间性与互动 ⋯⋯⋯⋯⋯⋯⋯⋯⋯⋯⋯⋯⋯ 429

## 第五章　文化思想的互动系统和机制 448

第一节　思想的互动系统 448

第二节　自我统一动力的机制 472

第三节　自我保护动力的机制 508

## 第六章　文化思想结构和逻辑与互动 532

第一节　《新青年》文化思想结构与互动 532

第二节　《新青年》文化思想逻辑与互动 556

结　论 574

主要参考文献 577

后　记 591

# 绪　论

一百多年前,《青年杂志》出世,以鲜明的文化态度和丰富的文化思想推动中国的现代化,产生深远影响。本书的研究对象就是《新青年》中的文化思想。

## 一、问题的提出

虽然人们一直把《新青年》放到中国现代文化史和思想史中加以讨论,但对它的文化思想却研究得并不充分,甚至对它的总体倾向也聚讼纷纭。有人认为《新青年》全盘反对传统文化[①],有人说它并未"全盘"反传统[②],有人说它主张西方文化,有人说它主张中西文化结合,[③] 有人说它宣传启蒙文化,有人说它宣传马克思主义(文化)。[④] 这些说法各执一词,有时还相互矛盾。如果说它们都有合理性,那么自然而然地会提出一个新的问题,即如何整合这些合理性。然而遗憾的是,到目前为止,把这些杂乱的"鼻子"、"尾巴"和"大腿"合成一个全"象"的工作,似乎尚无进展,对《新青年》文化思想的把握仍然是不完整的、模糊的。

目前还没有全面研究《新青年》文化思想的成果,与《新青年》文化思想相关的研究主要集中在个别同人文化思想方面。[⑤] 群体文化思想研究主要

---

① 林毓生的《中国意识的危机》和《中国传统的创造性转化》。

② 严家炎:《评"五四"、文革与传统文化的论争》,《二十一世纪》1997 年 8 月号。

③ 耿云志:《中西结合,创造新文化》,《"五四"运动与中国文化建设——"五四"运动七十周年学术讨论会论文选》(上),社会科学文献出版社 1989 年版,第 91—117 页。

④ 李龙牧:《"五四"时期传播马克思主义思想的重要刊物——"新青年"》,《新闻战线》1958 年第 1—2 期;张静如等:《〈新青年〉对传播马克思主义的贡献》,《齐鲁学刊》1985 年第 2 期。

⑤ 比如金宏达《鲁迅文化思想探索》、赵京华《寻找精神家园:周作人文化思想与审美追求》,以及刘惠文的蔡元培研究、吴二持的胡适研究等。

集中在"新文化派"或"新青年派"研究中，而且往往是在与《学衡》派的对比中进行。① 这些成果或梳理各文化领域中的思想，或关注文化继承观和文化批判意识等，为《新青年》文化思想研究打下基础。不足之处在于范围过于狭窄，研究范式陈旧，缺乏对思想史方法的反思。

其他涉及《新青年》文化思想的研究主要集中在五四运动或新文化运动的成果中。它们大体形成两个路向：

第一，着眼文化建设看"新文化运动"文化思想。论者各自挖掘新文化思想中"活的东西"。胡适的"文艺复兴"说，认准的是"方法"和"学理"；瞿秋白《"五四"与新的文化革命》和毛泽东《新民主主义论》选择"反帝反封建"。20 世纪 80 年代在文化反思的背景下，耿云志《"五四"新文化运动再认识》再次确认新文化运动对新文化建构的先导意义；李述一、李小兵《文化的冲突与抉择》认识到新文化与马克思主义文化之间的统一关系，使新文化思想为当代文化提供的资源更加丰富。这一路向重选择，对新文化思想的某些部分研究较为深入。

第二，着眼批判传统文化看"新文化运动"文化思想。关于其性质，"启蒙"说（伍启元《中国新文化运动概观》和陈伯达《论新启蒙运动》为代表）影响深远，但一直限定在反封建文化这个范围内。到新时期，内涵才逐渐丰富。李泽厚《启蒙与救亡的双重变奏》把新文化运动分为前期启蒙和后期救亡，使受压抑的启蒙得到"解放"。此外，王元化、龚书铎等学者也强调启蒙。关于其反传统问题，针对海外汉学家指责"五四"全盘反传统的说法，国内有三种回应：赞同的有甘阳、陈来等，反对的有王元化（《为"五四"精神一辩》），做辩护的有欧阳哲生（《试论新文化运动的传统起源》）和欧阳军喜（《论"五四"新文化运动对儒学的态度》），他们为反传统寻找理由。持类似看法的学者还有耿云志、孙玉石等。这场争论深化了对五四文化思想的认识，但也存在忽视思想的社会背景，只做宏观分析，未关注文化选择的机制和具体过程等问题。比较特殊的是段培君的《论"五四"新文化结构的意义》等文章深入文化结构、意义等层面，见解独到。

---

① 张宝明：《对峙的意义：学衡派与新青年派文化论争再回眸》，《光明日报》2010 年 6 月 29 日 12 版；另外，参阅陈平原和沈卫威的有关论著。

新世纪以来，五四文化思想研究进一步拓展。闫小波研究陈独秀思想来源与文化选择，罗志田研究知识分子的文化关怀（《激变时代的文化与政治》），郑师渠研究欧战与新文化诉求的关系，李怡讨论五四文化圈与现代文化创生的关系（《谁的"五四"？——论"五四文化圈"》），朱献贞关注整体文化变革思维（《文化整体视野中的"五四"新文化运动及其命运》）等，角度日益多样。

针对文化讨论中出现的空说理论倾向，陈平原先生主张"触摸历史"，关注文本，结合语境（《触摸历史："五四"人物与现代中国》），于是《新青年》杂志研究从个人喜好（王晓明《一份杂志和一个社团》）发展成学术热点，出现陈平原、张宝明、李宪瑜、李永中、庄森等研究《新青年》和"新青年社"的学者。同时，还出现《新青年》的传播学研究范式，代表者有陈斯华、谢明香、郝雨、申朝晖和李继凯等。传播学视角有启发意义，但偏重"传播"，只解释文化思想的扩散理由，并未挖掘文化思想内涵。汪晖解释五四新文化运动文化与政治转换的特点（《文化与政治的变奏：战争、革命与1910年代的"思想战"》），杨琥、杨早、颜浩等学者结合北京文人交往和舆论场等环境因素讨论思想变化，何玲华的《〈新青年〉反"传统"问题研究》直接在"语境"中讨论《新青年》反传统问题。这些成果都为正确理解《新青年》文化思想开拓了思路。总的来看，新世纪以来学界仍然保持对五四文化思想的兴趣，方法上越来越强调文化思想的语境。

国外汉学界和我国港台地区史学界的五四文化思想研究起步较晚。起初周策纵《五四运动史》未特别关注文化思想，但是它的出版引起西方学界对五四的重视，在五四运动五十周年之际，一批历史学家在哈佛大学研讨五四话题，后出版史华慈编辑的论文集 *Reflections on the May Fourth Moment*。[①] 在此西方研究热潮的背景下，林毓生《中国意识的危机》提出五四的整体性反传统问题，才引发热烈讨论。汪荣祖、周昌龙等基本赞同林说，余英时（《"五四"运动与中国传统》）、张玉法（《"五四"的历史意义》）和张灏（《"五四"运动的批判与肯定》）则表示反对。这些议论注重新文化思想中的反传统因

---

① 　Benjamin J.Schwartz ed., *Reflections on the May Fourth Moment*, Harward EastAsian Mono-graph（Cambrige, Mass, Harward University Press,1972）.

素，属于前述第二种路向。余英时还提出肯定五四、超越五四的思路（《试论中国文化的重建问题》），强调吸收五四新文化思想，属于第一种路向。21 世纪港台地区也有关于《新青年》思想研究的成果。比如，台湾清华大学的博士生周丽卿关注《新青年》与时局之间的互动和紧张关系（《〈新青年〉与民初政治光谱》）。文章针对港台五四研究从文化视野出发的习惯性视角，选取了大陆长期以来采取的政治视角，不过有所超越。文章存在把一切文化行为都看作政治行为的弊端，而且作者心目中的《新青年》也到第 9 卷为止，忽略了后面政治色彩更为强烈的同名刊物。与何玲华把语境仅仅看作是时代精神不同，问题是把互动限制在于时局变化的狭小范围内，局限于政治背景。

综上所述，涉及《新青年》文化思想的研究存在以下不足：

第一，宏观研究多，微观研究少，无法"触摸历史"。

第二，将《新青年》同人个人、《新青年》杂志和新文化运动三者的文化思想任意等同，忽视内部的差异性和互动性，导致三者都无法得到正确理解。

第三，两种路向各选择新文化运动前后期为对象，造成人为割裂。[①] 连带着《新青年》也被分为前后两个部分，对前九卷研究得比较透彻，对后两卷的研究则十分薄弱。于是既不能完整把握新文化运动和那个时代的文化思想，也不能完整把握《新青年》的整个文化思想。

第四，只关心个别思想者的言论（这些言论常常有具体对象，有时相互矛盾），而较少细致分析他们与他人、与现实的对话，即使关注语境也只看作是思想背景。

第五，对文化思想做本质主义把握。一般思想史往往认为某思想主体在某个时候成熟，并按照它在思想史（时代）中的独特性来确定其思想本质特征。选出思想者的某种最有特征的思想作为他的思想，简单地屏蔽所谓"不成熟的"思想，把此前的思想看作走向成熟的准备，此后的思想看作思想的"堕落"。问题在于，对于个人来说，并不是只有"成熟"的观点才是真实的。那些从历史的眼光看是不成熟的观点也帮助形成了他的思想世界。思想者不是想好了，然后慢慢说出来，而是边说、边做、边想。当然它的形成过程的

---

① 也有学者认识到这种割裂对新青年研究的不利影响，比如张静如（《关于〈新青年〉季刊》，《党史研究与教学》2011 年第 5 期）和于丽（《〈新青年〉的历史不应切割》，《湖北大学学报》2016 年第 6 期）。

确不是跳跃的，而是受到早先思想的限制和决定，仿佛是已经有的思想框架作为基因而展开的，但这个基因不是不可改变的，有的人甚至常常改变。因此用本质主义的思维方式来思考，不能正确、完整地理解前人的文化思想。

第六，思想史只关注思想者最独特和有代表性的观点，忽视他与时代共享的那些观点。这并不合理，因为人是群体性的动物，思想多多少少具有社会属性。思想者总是在分享一部分时代母体的思想，同时又加上自己的新见解。如果按照一般思想史的做法，只关心思想的新颖性，那么超越时代的特异的东西受到重视，而不论这些思想是否与时代有某种联系，是否产生一定的影响。从历史的角度看，王充的思想很伟大，具有独创性，但是在他的时代并不能引起别人的反应，那么他就只是在自言自语。后来的历史学往往将这些异端最先出现的时间记录下来，并认为它们是有联系的，实际上这种认识十分荒谬。

第七，把握群体和思潮的文化思想时，简单地选某人为代表，忽略他人的差异（其实，群体的思想是个人思想相互配合而成的新结构），因此也不能正确完整地理解群体的文化思想。比如郑振铎在《新文学大系·文学论争集导言》中就鄙弃《新青年》上"附和"的"凡庸的折衷论"者，他指的就是曾毅、方孝岳和余元濬等人，这样说只看到了他们与《新青年》核心同人不一致的方面，忽视了他们赞助《新青年》主张的一面，也忽视了这种折中论对修正同人声音所具有的意义。

若要弥补这些不足，首先要改变思想史的思维惯性。思想史研究中存在一种预定论或意图论，即总是关注某些行动人的意图与历史发展方向一致的方面，历史被看作只是主观意图的结果。其实揆诸常理，个人并不知道历史的方向，大多数情况下，思想是解决现实问题时产生的，它的变化是在旧有框架中调整和妥协的结果。也就是说，一个人的思想史不是他凭意识控制了的发展史，而是他与环境互动自然形成的思想史。这种新认识可以消除"预期神话"①思维定式，可以推导出一系列更符合现实感觉和存在实际的思想史认识，比如不能简单地以为思想家是一般社会思想和动向最集中最典型的

---

① "预期神话的特点在于：它将观察者自己声称的在某一特定历史时期发现的意义与这一历史时期自身的意涵之间的非对称性生硬地合并在一起。"参见丁耘：《什么是思想史》，任军锋译，上海人民出版社 2006 年版，第 115 页。

代表，因为很多卓越的思想家都超越时代；比如不能按照时代潮流来选择思想的价值，因为时代潮流其实是各种不一致的思想，甚至是相反的思想共同构造出来的，历史人物恰好与合成的方向一致而已，这个方向并不是他创造的（其实是全体共同创造的，甚至违背历史方向的人也有贡献），倒是由很多偶然的意图积累而成，就算一致也不是永远一致；再如一味追求与历史潮流的一致，实际上压抑了异端思想，对人类利用过去的思想资源应对意外变化非常不利。

要想把个人思想和时代潮流之间的互动关系研究清楚，群体是一个很重要的凭借物。不过，研究群体要特别提防群体研究中常见的"想当然"的毛病，比如不加反思地认定同时代人都在"隔空对话"（本书承认这种对话是存在的，不过情况比较复杂而已）。为了使"对话"更有根据，最好的方法之一就是以杂志这个空间为对象，分析其中有迹可循的对话。本书以《新青年》杂志作为对象，其合理性在于它比较全面地折射出时代的思辨过程。《新青年》第七卷第一号开端的五卷合装本再版广告中说："这《新青年》，仿佛可以算得中国近五年的思想变迁史了，不独社员的思想变迁在这里面表现，就是外边人的思想变迁也有一大部在这里面表现……"[①] 其实何止五年，《新青年》的整个历程都可以大体反映中国思想的变迁（也包括《新青年》同人思想的变迁）。因此，以《新青年》杂志作为个人与思潮的中介，以它与时代语境的互动为对象，给予实证的、整体的和历史的考察，掌握互动的规律应当是可行的。

与此同时，回到历史现场以后，会发现《新青年》杂志也是从普通寻常走来，其重要性是历史事变中形成的，是靠当事人的追忆建构起来的。现在对其文化思想形成的"印象"，也是忘记了很多东西以后才得以形成的，已经不能完整呈现其文化思想的真相了。因此，为正本清源，尽可能掌握历史真相，以互动的视角来重新了解《新青年》的文化思想十分必要。

本书真正的研究对象是《新青年》的文化思想与时代语境的互动，包括如何互动，后果如何。通过这番追寻，可以了解《新青年》的文化思想究竟是什么。除此以外，本书还有一个潜在的关注点就是探讨思想史对文化思想

---

① 《〈新青年〉第一二三四五卷合装本全五册再版》，《新青年》1919 年 7 卷 1 号。

应如何表述才能把丰富的思想变异包容进去。

## 二、解决问题的方法

本书的一个立足点和假设是《新青年》文化思想不是一个固定的观点，而是具有结构，又不断变异的相关联的观点群落。其中有些观点是关键的，有些则是次要的，整体结构会随着观点关键性大小的变化而发生变化。这个观点群落本身具有稳定性，但在与时代对话时发生变化。变化的情况比较复杂，有的部分可以变化，有的很难变化，有的会发生突变，有的无法突变。有的思想变异后保留下来，而有些思想因为不能适应新变化，而被抛弃。

基于这样的假设，那么个人思想中各种"次要"的思想也就有了价值，"不成熟"的思想也曾是思想的支柱。《新青年》中那些有差异的认同，也不再是历史的杂音，而成为增加说服力、修正错误和扩大适用范围的助手。总之，使当时所谓"正确"的思想加强了韧性，提高了声望。

本书还有一个假设，即思想的内容不完全是它言说中的意思。思想者仅仅思考到某一步，就终止了，或许是思维没有深入，或许他认为到这里就达到自己的目的了，同时又没有人反驳他，使他的思考继续推进，或许受到环境的限制只能说到那个程度。也就是说，言论中还有大量未言说的内容。更何况，"任何文本都有双重结构，表面的文字结构，深层的无言结构"①。本书尽可能挖掘同人言说背后隐藏的意思，补充没有说的逻辑前提（认为不用加以证明，甚至认为读者应该知道的），把握深层的结构。这样做的风险是补充的内容未必得到同人的"认可"。不过本书不打算征求研究对象的同意，本书忽略他们思想的不周延性（虽然常常会如此），默认他们的思想是符合逻辑的。只要是谨慎地结合语境、合乎逻辑地推导出来的看法，即使思想者本人会加以否定，本书也确认这个思想是他们的思想。因为如果他们加以否认，那么新的互动产生的已是新的思想。

基于以上假设，具体做法如下：（1）还原思想的时代语境，完整把握《新青年》杂志的文化思想内涵，清理其与语境相关的部分。斯金纳率先在

---

① 张一兵：《问题式症候阅读与意识形态》，中央编译出版社 2003 年版，第 63 页。

政治思想史中引入语境因素以后，[①] 近年来刘禾、杨念群、黄克武、葛兆光和王汎森等[②]，都注意到语境的重要性或者反思过语境的作用。本书沿着这个方向继续试验，在语境中理解思想，在思想的变动中把握思想的准确内涵，探讨《新青年》文化思想与时代语境进行互动的影响因素和机制。本书将特别仔细分析那些争论之处和误解处（特别关注那些交锋、呼应等对话的形式，而不仅仅是自言自语），寻找背后隐藏的逻辑和潜在的预设。

（2）微观和宏观相结合，动态把握个人思想与时代思潮间的互动关系，以杂志为中介，正确理解新文化思想的形成过程和扩散机制。本书把个人、杂志和时代思潮看作一个相互联系的复杂系统，初步寻找个人思想的创造性和时代思潮之间关系。通过研究中观的团体思想与宏观的时代总体之间的互动，来把握微观的思想者与宏观时代之间的结构性关系。为此，本书在思想史研究中采取空间思维方法，以空间想象补充时间想象，在空间中理解个人和团体走入历史的方式。

（3）在文化层面把《新青年》前后期思想统一起来，对《新青年》月刊、季刊和不定期刊做一体研究。其实《新青年》的前后期之间不仅名字相同，而且内在也有一致性。本书从文化思想角度入手，把前后期看作一个流变的整体，进而可以为前后色彩不一致的杂志找出共同点，把它的变化看作与时代对话发生应激反应的结果，从它的变和不变中重新思考整个杂志的精神特征。

（4）在研究互动的过程中，把握《新青年》文化思想。既然认为《新青年》文化思想并不在某一阶段，而是在一个互动中流动的"生命体"中，就必须换一种把握方式，重新认识文化思想的真相。

### 三、《新青年》同人、文化思想和互动

解决问题之先，需要理清一系列概念，以便作为研究的出发点，划清本

---

① ［英］昆廷·斯金纳：《观念史中的意涵与理解》，丁耘：《什么是思想史》，任军锋译，上海人民出版社 2006 年版，第 132—134 页。

② 刘禾的《语际书写，现代思想史写作批评纲要》和《跨语际实践》、杨念群的《中层理论：东西方思想会通下的中国史研究》、黄克武的《自由的所以然——严复对约翰·弥尔自由思想的认识与批判》、葛兆光的《思想史的写法》、王汎森的《当代西方思想史流派及其批评》（2016 年 3 月 11 日北大演讲）。

研究与其他研究的最初界限，也是读者应该与作者首先确立的共识。

（一）《新青年》同人

虽然学界一直没有把《新青年》全部十一卷作为一个整体来观照，但在观念上基本承认它们是一体的，这省去了我们考证的麻烦。其实，这样看也是有根据的。前后期《新青年》视为一体的理由是：其精神上有明显的继承性。虽然杂志内容变化了，甚至主编换了，但是读者和编者都认为它是前后相继的一个整体（第 10 卷改为季刊时第 1 期宣言上就以前九卷的继承者自认①）。

一般人们心目中的《新青年》同人单指共同编辑杂志的北大教授同人，但此处稍有不同，指的是认同杂志宗旨，自愿投稿，② 使自己的思想成为杂志的一部分的作者。因为就同人③ 这个词的意思看，就有精神上相互接近，为共同的事业而努力的意涵。另外，同人是肯为自己的言论"负责任"④ 的群体。那些杂志责任与作者责任分离的刊物是不能称为同人杂志的。认同感和责任感越强，杂志的同人性越强。

同人是有结构的体系，有紧密的核心同人，也有参与度不高的，甚至有仅投稿一次的同人。本书连大体认同杂志内容，来信提出质疑的人有时也归入同人。不在于赞同的观点有多少，哪怕不赞同的地方很多，只要跟《新青年》同人有共同精神追求、态度平等都可以算作同人。而那些希望颠覆《新青年》同人，否定同人的根本立场，而且藐视《新青年》同人的就不算同人。这里的深层底线也许是感情和立场等无法明确定义的因素。因此常乃悳、曾毅算是《新青年》同人，俞颂华就不是，不让胡适把信发表在杂志上的任鸿隽就不是，而在刊物上投稿的任鸿隽就是。9 卷以前的胡适就是同人，10 卷11 卷时就不是同人。《新青年》同人不是指具体的人，而是个人与这个杂志之间建立的心理联系。

---

① 《新青年之新宣言》，《新青年》1923 年 10 卷 1 期。

② 前提条件是精神的归属感，但不排除有物质需要，比如陈独秀向高一涵约稿，后者积极投稿背后就有养家糊口的目的。见高一涵：《李大钊同志略传》，《中央副刊》1927 年 5 月 23 日。

③ "同人"是日语汉字，它与"同仁"不同，后者是从事一项事业的一个群体的成员，未必有精神联系；前者不能仅仅为了赚钱谋生而卖文字，还必须有精神追求。

④ 独秀：《随感录（七五）·新出版物》，《新青年》1920 年 7 卷 2 号。

另外，不能以发表文章为依据，应该以是否自愿发表为依据。所以《新青年》转载蓝公武的文章，不能说他是同人。发表列宁、罗素、布哈林的文章和杜威的讲演①，不能说列宁、罗素、布哈林和杜威是杂志同人。因为作者本人没有主动投稿，认同同人的观点。相反是同人认同这些思想家的观点，将这些思想当作同人共同的精神财富。

杂志同人并不是一种内涵固定的个人组合，同人有进有出，因此只能是一种动态的个体组合。就算是一般公认的同人，如钱玄同、刘半农、周氏兄弟以及沈尹默、蔡元培等，也与杂志有一种时合时离的关系。应该说同人是一种状态，只要认同《新青年》，对杂志有正向的愿望，希望它壮大，并发表言论的都可以视为当时的同人。

但是同人群体在一个时间段内还是有大体稳定的格局，这是杂志特色的基础。对应于同人的群体，本书给杂志分出阶段。原则是以主编的地域、作者的来源，以及杂志的色彩来确定，分为沪皖、北大、京沪和党员几个时期。

沪皖时期是陈独秀约稿时期。编辑部在上海，作者往往是安徽籍，且有与陈独秀一样的革命经历。包括第一、二卷。第三卷是过渡时期，此时陈独秀已经带着刊物来到北大，作者也逐渐变为以北京的同人为主，所以划归北大同人时期。北大同人时期，作者群不限于北大，②是以北大为中心，最典型的时期是北大教授合编的时期，此时主编由北大教授轮流担任。以代理主编陈独秀离开北京去上海生活作为结束的标志。北大同人时期包括从第三到第七卷时期。京沪同人时期从陈独秀1920年1月离开北京开始，到改由瞿秋白任主编为止。这时期由陈独秀代为编辑（中间曾委托陈望道等人编辑）。陈独秀发展了南方同人，同时也尽力保留北京同人。此一时期是过渡期，思想多变而且内容混杂，包括第八、九卷。党员同人时期指瞿秋白任主编时

---

① 杜威的情况比较复杂。《新青年》上发表高一涵笔录的讲演稿，很可能得到杜威的授权，因为翻译的人是胡适。但是仍然不能把杜威称为同人，因为没有证据表明杜威阅读过《新青年》，认同杂志的主张。他可能因为接触胡适而潜在与《新青年》发生对话关系。

② 北大时期，分为前后时期，前期是过渡时期，编者仍然是陈独秀，但是作者中北教工和学生增多了，如杨昌济、陶履恭、蔡元培、钱玄同、常乃德、胡适、刘半农。还有一些一起参与政治活动的人，如吴稚晖、温宗尧、马君武。包括早年参与《甲寅》杂志的人，如李大钊、吴虞。还有同事介绍的湖南人如毛泽东，自由来稿者恽代英等人。

期，杂志正式成为第三国际的宣传期刊，其同人多数为共产党员。包括第十和第十一卷（季刊和月刊）。

"同人的思想"在本书中有时候指某一同人的思想，有时指同人讨论、对话或者自由言说而构成的一个观念群落。也许有人怀疑同人思想的一致性，认为同人应该是各有思想的，那是他在强调他们的差异。本书则正相反，看到的是他们的一致。只要他们认同杂志的思想，就会尽可能收束自己的独立性，维护共同的思想基础。即使对某些同人个人的思想不完全赞同，也会在与自己的根本立场不发生冲突的情况下保持隐忍。同人的参与情况很复杂，有密友的约稿，有自由来稿。他们的关系或近或远，但他们的趣味总有相投之处。如果同人在杂志上表达思想是完全任意自由的，那么就没有同人杂志了，特别是当杂志要集体发声，更会形成一种默认的态度和倾向。也许这个思想倾向或者同人共识未必是固定的、清晰的，可能会发生变化，但是总能形成大体一致的观点群落，这是杂志主体性的基础。正如郭沫若说的，"一个人无论是怎样超脱的性格，入了一种团体也自会带着那个团体的意识"①。

（二）文化思想

首先谈一下文化这个概念。文化一直被认为是复杂的概念，已经积累了大量的定义。直到目前，凡是认真讨论文化的论著都不得不从希腊拉丁的词根开始追溯一番。本书也不得不思考文化这个概念的意涵，以便作为研究的出发点。

这个词之所以难言，首先是因为历史上各有侧重的用法，给它"增加"了很多意思，因此使它暧昧难明。虽然经常有人试图梳理清楚，结果并不成功。其次因为它所属的领域涵盖非常广，围绕它有大量相关的词：文化、文明、物质、精神、思想、生活、传统、知识、制度、野蛮、民族、地域、空间、冲突、个人、社会、人类、阶级、高等、低等、俗、雅、传播、依附、帝国主义、科学、教育、宗教、政治、历史、现实、群体、进化、价值、礼仪、道德……更别提任意地与它杂交的各种词：酒、吃、性、盗窃……几乎

---

① 郭沫若：《创造十年》，《郭沫若全集》（文学编 12 卷），人民文学出版社 1992 年版，第165 页。

文化一词涉及人的全部精神活动，甚至还侵入一部分物质领域。为了停止无休止的没有意义的概念追溯，在历史的迷雾里打转，本书打算简单地将这些概念加以分层和归类，使得这一团"概念云"符合逻辑地联系起来，从概念意义的空间中建立一种结构。

"文化"一词是日本人译"Culture"时使用的古汉语词。语用行为本身会造成词义的偏离或者与语义的分离现象，有时候甚至会久离不归。我们虽然在思考"文化"这个词，但是思考的却是 Culture 这个词，因此不能不以欧洲对这个问题的思考为出发点。

本书不从希腊文的词源开始，而是以最近欧洲的经典论述作为出发点。理由是我们现在的"文化"内涵建立在近代欧人思考的基础上，关于古典意义，已经被威廉斯等人的思考包容在内了。远离欧洲传统的中国人也很难对希腊罗马的词义进行合理的溯源。

本书也不详细梳理同人使用"文化"这个词的过程，因为《青年杂志》创办时，"文化"这个词才从日本舶来不久，尚未成为热词，所以使用得不多。但不能因此认为同人此时没有文化思想。"文化"这个词没有出现的时候，文化这个东西早就存在。"文化思想"这个词出现之前，文化思想早就有了，隐藏在各种领域的话题中，不过没有作为一个整体加以反思而已。就算同人使用"文化"一词了，其内涵也充满矛盾和模糊性。[①] 如果我们拘执研究对象的用词，就被对象牵着鼻子走，而无法提出自己的问题。所以，本书的做法相反，不完全以同人使用这个词的含义为依据，而是按照"文化"的一般定义，提出问题，确定材料范围。

我们虽然讨论的是过去人的文化思想，但是我们却不能不有自己的文化思想，并且与他们对话，把他们的思想历史化问题化的同时，还要加上后见之明。我们要以今人的文化观念作为开端，因为这个观念决定了本文的问题领域。以下为本书关于文化的一般看法。

（1）文化是与自然相对的概念。文化就是人化。对自然界按照人的尺度

---

① 威廉斯有时把文化定义为完美的标准，一种思维习惯，艺术，一般的智力发展，一种整体生活方式，一个表意系统，一种情感结构，生活方式中各要素的相互关系以及从经济生活和家庭到政治机构的所有一切。参见［英］特瑞·伊格尔顿：《文化的观念》，方杰译，南京大学出版社 2006 年版，第 41 页。

加以改造，于是有文化。文化常常与文明概念纠缠在一起。埃利亚斯和伊格尔顿①都梳理过文化与文明的关系。通过整合前人研究成果并结合对古来文明形态发展历程的思考可知，文明与文化不同，它的相对概念是野蛮。它常常是很大的一个文化体系，文化则可以用到非常小的群体里。一般来说，文化比文明的范围大，文明就是文化中有价值的部分。文明是一种与物质环境（生产力）相互适应的，适应得最好的文化。②文化因为与自然相对，所以根本点在于人的意识。正是人的意识能够实现人化，能够使人区别于物质世界。以其符合人类自身需求的意识活动——社会化，区别于动物界。思想与物质环境结合的部分就是物质文化和生活文化；脱离物质，仅仅反映物质、反映自身的则是精神文化。后者在文化中是核心的部分，所以称为高级文化，被文字记录下来就成了"文献的"文化。当最有价值的文化，扩散为一个整体的时候，它就是文明。

（2）文化与国家民族有关，又与人有关，是一个团体的行为方式。文化涉及生活，文化对于个人是工具，是滋养个人的东西也束缚个人的创造。它是成人的"羊水"。人从娘胎中破羊水而出，来到世上就包裹在文化"羊水"之中，不能须臾离开。

（3）文化是符号化的物质和空间，沟通精神，把个人变成集体。文化是一种媒介，采取符号的形态，扩展到生活中形成生活的样式，扩展到人群形成共同的行为方式。这就是所谓"象征性概念"③。

（4）文化涉及传承和教育。有人给出的文化定义是"代代相传的传统、

---

① ［德］诺贝特·埃利亚斯：《文明的进程：文明的社会起源和心理起源的研究》第 1 卷，王佩莉译，生活·读书·新知三联书店 1998 年版，第 61—69 页；［英］特瑞·伊格尔顿：《文化的观念》，方杰译，南京大学出版社 2006 年版，第 1—34 页。

② 本书认为，一般地说文化有资格成为文明，靠的是具有与生产力最为适应的素质。因为从表面上看，游牧部落给中原带来灾难，甚至会统治中原，但是游牧文化不会超过中原的农耕文化，中原文化与农耕生活方式相匹配，因此对于中原农耕生活来说更为文明。一种民族文化之能够称为文明，应该以它能把某种生产力的最大潜力发掘出来为标准。由此，我们建立的文化的意涵群落是以生活方式为基础，以高等文化和文明为中心的。文化的最大外延是一切生活形态和制度，而其本质内涵却是人的思想。从功能上看，文化就是人应付自然环境所建立的一切符号系统。它从物质世界中来，并能自我繁衍，将自然人化。其中最优秀的方式就是"理想的"文化（文明）。

③ ［英］约翰·B.汤普森：《意识形态与现代文化》，高铦译，译林出版社 2005 年版，第 136 页。

风俗、规范、价值和思维模式"①。其实，文化未必代代相传，只要在两人以上的群体内传播就算是文化。一个人有了新方法新模式，被别人共享和学习，就可以说有了文化。

本书兼顾以上四种文化特征，参考威廉斯的三种文化定义（"理想的"、"文献的"和"社会的"②）来确定文化的定义。

"理想的"文化即文明。当"理想的"文化指近代欧洲文明，加上"文献的"文化，就差不多等同于阿诺德所谓的"文化"，本书称它为"文化一"，指有价值的文化标准和精致的、记载下来的文化成果。

随着殖民范围的拓展，"文明人"接触到更多形态的"野蛮人"，初步把文化与群体联系起来。按照群体差异，可以划分出各种文化形态，民族文化不过是其中之一。德国通过发展科学而兴起以后，为了与英法争夺霸权，发明一种新构想，即各个民族都有自己特殊的文化，即民族的文化，这些文化都是平等的，但是否成为文明，由种族的性质决定。某些民族赋有优越的民族性，这个民族的文化就有资格成为文明，由此形成了文化或文明的进化史。于是文化就有了具体个别的文化与一般共同文化的辩证演进假说，也就有了赫尔德所谓的"文化"，本书命之为"文化二"。"文化二"其实是"文化一"的变体，不过增加了民族的维度。

后来人类学家进一步突破了文明人的局限，发现每一种文化本身的合理性，文化日益成为中性词，变成生活形态和生活方式的意思。也就有了泰勒所谓的"文化"，本书称之为"文化三"。也就是"社会性"文化。"文化三"包括人类一切文化活动（在欲望的驱使下进行人化或维持人化的活动）和文化形式（制度、生活方式、习惯等）。只要是人，就不能没有文化。这种更广泛的用法最有活力，它把大众文化、宗教文化都包括在内。这个领域藏污纳垢也充满宝藏，是整个文化的基础。文化之"精"，无论是高级的思想，还是高度适合生产力的文明，都建立在文化之"粗"的基础上。赫尔德的"文

---

① ［美］迈克尔·H.普罗瑟：《文化对话：跨文化传播导论》，何道宽译，北京大学出版社 2013 年版，第 4 页。

② "理想的"文化指就某些绝对或普遍价值而言，是人类完善的一种状态或过程。"文献的"文化指思想性和想象性作品的实体。"社会的"文化指对一种特殊生活方式的描述，它表现了不仅包含在艺术和学识中，而且也包含在制度和日常行为中的某些意义和价值。参见［英］威廉斯：《漫长的革命》，倪伟译，上海人民出版社 2012 年版，第 50—51 页。

化二"是从粗到精的桥梁，只不过他更强调民族差异，总的来说它更靠近"文化三"。

　　文化一、文化二和文化三的区分，不是对应三种文化，而是有三种文化内涵，是人们用文化一词指称的三种对象。虽然范围有差异，其实是相通的。本书赞同威廉斯的看法，即需要涵盖三种内涵的文化讨论才是完善的，因此本书用三种定义兼顾的方式来指称"文化"，所以可能在使用中具有一定弹性，这不是概念的不统一，而是因为文化一词有复杂性。

　　所谓"文化思想"指的是对文化的本质和规律的认识，是对文化问题的理性解答。也就是在讨论文化问题时形成的观点、贯穿的立场和预设，是关于政治、经济、学术、教育、艺术等问题的看法中体现出来的对于文化的认识，以及关于生活方式和观念的认识和评价。① 任何人都有对文化的"思考"，即使没有文化"思想"，也有文化"观念"，尽管是模糊的，有待提升，是潜意识，是行为习惯。即使天天买日常用品的家庭主妇也有文化"思想"体现在她的语言底层。她们讨论嫁什么样的人，评论别人幸福不幸福等话题，就是在运用文化观念。文盲不懂物理学，但是不妨碍他对高空坠物会伤及人命有明确的"观念"。文化观念虽然不成体系也是与文化思想和谐互动的。由此出发，本书所谓"文化思想"指的不仅包括体系性的思想，还包括文化观念。

　　另外，文化思想的生成和发展是一种话语实践活动。成体系的思想也不是一成不变的，随着互动的发生，体系也会解散或修正。《新青年》的文化思想由历时性存在与空间性存在汇合而成，作为行动的一个环节，参与实践和思想斗争。因此，本书所谓文化思想不是任意综合的结果，而是在理清思想者与外界互动过程的基础上，重新综合而成的，不仅考虑思想者对文化想了什么，还要把文化思想的生成看作文化思想的一部分，关心他们的思考过程。思想在这里不仅是一个名词，还是一个动词。

　　本书以文化思想作为对象，但是我们更要研究它的互动，通过互动加深

---

① 基于以上认识，本书也遇到与威廉斯一样的处境，也就是越扣紧文化，越会发现涉及的方面和内容越广泛。威廉斯说："我本想紧扣'文化'本身来谈，但我越仔细考察，就不得不把指涉范围越扩越大。"［英］威廉斯：《文化与社会：1780—1950》，高晓玲译，商务印书馆 2018 年版，第 21—22 页。本书要研究《新青年》文化思想，几乎涉及同人的整个思想，因为他们除了文化以外，没有讨论别的。

对其文化思想的认识。当然，面对流动的思想，研究者的认识不能满足于描述，最后还是要有一个整体的认识。本书最后要研究他们思考过程中隐含的结构和内在逻辑。

关于杂志是否有文化思想的疑问，本书这样回答：思想总是个人的思想，杂志的文化思想之所以可能，是因为作为一个文化团体，一群文化人在一个杂志上发声，发表负责任的言论，总是在表述一个大致认同的思想体系，就像对着靶盘投飞镖，大家都向中心投射，落点有近有远，但无论多远，都比较接近于靶心，总不会离得太远。同人在一个言论场域中谈论共同感兴趣的文化话题，他们的文化观念大体上具有接近性和相关性，具有家族相似性。每个人的文化观念会有不同，但是他们因为要在一起，集中在同人杂志上而尽可能相互融合，因此他们的观念呈现为一个文化观念的群落和概念空间。这个群落和空间甚至具有主体性，反过来限制和左右个人对于文化的思考，由此形成杂志的"文化思想"。

(三) 互动

互动的认识方式早就出现了。早年德国诠释学中的阐释循环思想（弗里德里希·阿斯特）中就现出端倪，齐美尔的社会学思想中也有苗头，到20世纪30年代大为发展，诸如施拉姆的传播观、符号互动论（米德）中都有互动认识方式。

本书在此基础上，把互动上升到哲学层次，认为所谓互动，并非单指两个主体相互对话或者冲突，还包括思想者的思想与自己的其他思想之间互相牵制，也包括思想者与传统、与自然环境的相互联系。它可以指影响、作用、驳斥、继承、对话（明的或者暗的）、区别、共振……总之，互动指一切相互作用和联系。它涵盖它们，而在四个品质上超越它们，即交互性、整体性、建构性和过程性。

以前，思想史一直把它简单地称为"影响"[1]，具体是如何影响的，却付

---

① "影响"这个词是思想史写作的一个"法宝"，把没弄清楚的东西都用这个词给含糊过去了。斯金纳质疑"影响"这个词，虽然不否认它的解释力，但是提醒人们顾及使用时的充分或至少必要的条件。见〔英〕昆廷·斯金纳：《观念史中的意涵与理解》，丁耘：《什么是思想史》，任军锋译，上海人民出版社2006年版，第118页。本书尽量避免使用这个词，常常以"干涉""作用"等词代替，尽管如此，还是不得不多次借助于这个词的"法力"。

诸阙如。"影响"往往意味着作用的单向性（一方主动，一方被动）。关于"影响"，人们已经习惯于找到最终的影响者，其实现实中影响者并非如此清晰和确定。所谓被动者的理解和选择，都会对主动者所传达的思想进行改造——也就是反作用。思想一旦说出来，被人接受就不再是原来的思想了，而是一个合作的思想。比如人们认为新文化运动影响了当时的人，其实这些人的行动也塑造了新文化运动，因为在新文化运动结束以前，没有一个完整的新文化运动，它在人们的行动中逐渐萌芽，后来又在人们的行动中发展，最后又在人们放弃后终结。不是先有一个新文化运动，然后人们才开始参与，恰恰是人们参与了才塑造了新文化运动。

从哲学层面来看，互动构成整体，使主体成为一个整体的部分。这里其实包含着一与多、部分与整体之间的辩证关系。主体对客体施动（实践、认同、反对、分析等）也就与客体集合为一个整体，一起成为整体的一部分。比如因果关系就是互动关系，果似乎从因中产生后就脱离了果，但是如果果没有保留着（发展着）因，那么这个因为什么没有产生其他果呢，因果已经是联系在一起，成为一个时间中的整体。

互动是万物的媒介，是一切传播的基础。不通过互动，一切影响和传播都不可能实现，因为只有互动才存在所谓联系，也只有互动才能实现信息交流。传播学中的控制论模式就是互动的。即使是灌输，也具有互动因素。如果不互动，主体接触不到任何外界事物，也就没有传播的可能。没有传播，思想也就没有建立整体的可能。总的来说，互动具有整体性。

通过互动形成对于某些思想的认同、推论或者反对，既包括斗争也包括合作。互动构成的思想场不是思想的任意堆放地，而是有共同关注点的整体。共同关注点将对思想的方向起主导作用。只要有共同思想兴趣，就算不发生交锋，不认识，也没有了解对方的思想，都可能通过这个思想场的整体性而获得思想"分享"。因此，互动具有建构性。我们拒绝"影响"这个词，一方面因为它比较模糊，一方面因为它忽视合作。

一个人的思想不是想好了，然后逐渐说出来，而是持续地思想，逐渐形成观点。遇到什么问题解决什么问题，遇到什么讨论什么，每次说的仅仅是一个问题的一个侧面，受到当时他的认识水平、经验和对手的限制和决定，如果没有回应可能就到某一个论点为止，或者满足于现象的描述，而背后的道理可能未及呈现。因为有人用反例来质疑，所以思想者加以解释，使思想从现象达于本质。有些话题暂时停止了，遇到新的境遇又会继续思想。思想过程中，存在往复交替的互动，因此在思想中，互动具有过程性。

以前的思想史研究高度重视思想的因果关系，本书把因果和传播、对话、分享都综合到互动这个概念中，这样做究竟有何必要性呢？正如上面所说，为了把握思想的真实状况，用互动这个词涵盖所有联系，可以综合考虑思想生成和发展的整体性、建构性、过程性和交互性。

# 第一章　文化思想的多领域互动

《新青年》直接谈论文化的文字并不多，也没有系统地表述过对文化的看法。同人并非文化学者，他们对文化的认识总是片段的，缺乏理论化、系统化的知识建构。开始他们只是泛泛地使用"文化"这个刚从日本传回来的冷僻词模糊地指称他们心目中的文化，而且从来没有经过深入的反思。

不过，这不表示他们没有明确、系统的文化思想。他们在政治、宗教、伦理道德、教育和文学等领域讨论问题时都零星表达了对文化的看法，原因是他们在各领域讨论的问题说到底是人如何合理思想、合理生活的问题——也就是文化问题。这些问题的回答都包含着对文化的认识和评价。

1932 年胡适说陈独秀意识到政治革命的失败是因为没有参加"文化思想"的"革命"，于是陈独秀参加了"伦理革命、宗教革命、道德的革命"，他还说陈独秀主张的不仅是"政治革命"，还有"道德艺术一切文化的革命"[①]。从这些概念的相互关系来看，胡适把伦理、宗教、道德、艺术等都看作文化，说明同人在反思过去的时候，自己也是用"文化"来涵盖道德、伦理、哲学、文学等方面的思想。后人也多数如此，因为同人在道德、伦理、哲学、文学等方面的成就而称后者为"新文化运动"的倡导者。

本章将梳理互动中呈现出来的各领域重要问题，试图总结出各领域具体问题与文化观念的语境关联性，为最终把握《新青年》整个文化思想体系与时代语境的关联性奠定部分基础。

---

① 　胡适：《陈独秀与文学革命》，《胡适文集》（12），北京大学出版社 2013 年版，第 23 页。

## 第一节　政治思想的互动

《青年杂志》本是一份教育杂志，[①] 可是陈独秀在 1 卷 1 号通信上就讨论起政治问题，这给人办刊方向不明的印象。其实，从政治问题在陈独秀心中的重要性来看，政治问题才是他办杂志的深层关怀。

本书无法完全赞同把文化问题归结为政治问题的做法，[②] 相反地要把政治问题归属于文化问题之中。这倒不是因为本书论题的自我限制，而是因为文化问题比政治问题范围大得多，而且他们在 10 卷以前很少直接谈论具体政治制度问题，更多的是讨论政治文化，《新青年》讨论政治问题大部分是在讨论文化问题。不过本书也不是仅仅回归早先的文化视角，而是抛弃将政治和文化对立起来的立场，把政治话题融入文化话题之中，消除胡适将文化

---

① 1916 年 9 月的《申报》上登载《青年杂志》广告时介绍陈独秀说："独秀先生精于国学及英法日三国文字。尤究心于哲学、教育学、历史学、地理学。癸卯甲辰之交任上海《国民日日报》《安徽白话报》撰述，皆以主张急进为当道所忌，先后停刊。继复在安徽公学、安徽高等学校从事于教育实际。十年以来，据其考验所得，谓中国卢此新陈交替外势压迫时，唯教育青年乃可救急。致教育之法，首在以精神文字改造青年之思想，必思想迁变而后科学常识乃有可言。"（《申报》1916 年 9 月 3 日）这篇《青年》广告中介绍陈独秀时强调其教学经历和强调其教育观念，进一步佐证了《青年杂志》创办时是一份教育杂志的观点。

② 受特定历史视角限制，早年大陆学者很少像李龙牧那样谈到思想斗争与政治斗争的联系（李龙牧：《五四时期报刊工作的改革》，《中国现代出版史料》（丁编），中华书局 1959 年版，第 27 页）。台湾学者和新时期大陆学者受胡适影响，把政治和思想文化对立起来。美国学者相对比较客观，贾祖麟（Jerome B.Grieder）把政治和文化联系起来（见杨肃献：《五四时代的政治问题》，《五四与中国》，时报文化出版社 1979 年版，第 316—322 页），强调把政治作为理解五四许多问题的钥匙。本世纪港台和大陆学者研究《新青年》时有一个跳出"文化"问题，重归"政治"的思路。王汎森重视袁氏称帝和张勋复辟的意义（王汎森：《思潮与社会条件：新文化运动中的两个例子》，《中国近代思想与学术的系谱》，河北教育出版社 2001 年版，第 220—262 页）；周丽卿则认为《新青年》上的反孔是为了"回应时政的核心问题，重在问题的政治内涵，而非论断'孔子''孔教本身传统文化的是非'"，他试图把文化问题化约为政治问题（周丽卿：《〈新青年〉与民初政治光谱》，台湾清华大学博士学位论文，2011 年）；罗志田讨论政治和文化的关系（罗志田：《激变时代的文化与政治：从新文化运动到北伐》，北京大学出版社 2006 年版）；汪晖也谈两者的转化（汪晖：《文化与政治的变奏：一战和中国的"思想战"》，上海人民出版社 2014 年版）。还有学者把政治问题看作《新青年》思想版图中更重要的部分（如周仁政）。

和政治对立起来所造成的概念张力，也只有这样才真正能把《新青年》前后期统一起来。

基于以上立场，本节把政治作为文化的一个领域，审视政治思想的生成及其给文化思想整体提供的资源，为总结整体文化思想铺路。本节的研究是在互动的框架中展开的，它关注政治思想在互动中的生成。在生成过程中，《新青年》受到时代的作用，同时也以自己的政治立场参与政治事件，对时代施加虽然微小但实际存在的反作用。

## 一、权力归属问题

政治领域的第一个核心问题是国家由谁统治，即权力归属问题。《青年杂志》创刊时赞同民约论，主张主权在民，认为国家是个人集合而成的团体，是服务人民的工具，[①] 认为立国一定要以人民自觉为基础，还要有统一的感情意志为中心，依照它制作典章制度[②]……这些看法早已广为人知，无需论证。至于这些看法的来源，本书认为是互动，不单纯是外国近代政治思潮。

在论证之前，这里先引入一个概念。我们把一个时期相对稳定的思想称为思想元。它是从思想之流中截取出来作为分析对象的一个相对完整的思想系统，由核心思想和与之配套的一系列亲缘思想组成。思想之流可以看作一系列思想元的变异，因此可以分离出一定数量的思想元，有最初的思想元，也有传承了前面的思想元，又作为后面思想开端的思想元。

最初的思想元有重要意义，是整体思想产生和发展的基础，联系着思想前史和最初形态，开启了思想的未来。在同人政治思想的变化中，沪皖时期的思想有重要意义，因为它就是《青年杂志》思想的基元。

认同某种思想资源是思想者互动的一种常见形式。在《青年杂志》的前史中可以看到同人早先是属于新知识人群体，思想来源于清末革命思想潮流。他们的"民约"思想就来自1900年留日学生杨廷栋译的《民约论》，此外他们也认同英国的自由传统。自由本位和民族本位成为清末新知识界内化了的精神。不过《青年杂志》创刊时在与国家的对立状态下，选择了

---

① 陈独秀：《今日之教育方针》，《青年杂志》1915 年 1 卷 2 号。
② 高一涵：《民约与邦本》，《青年杂志》1915 年 1 卷 3 号。

前者。高一涵介绍伯伦知理的观点，认为学术上对国家的来源有两种说法，"小己社会联合而成"，以保卫自己的安宁和自由，以及"以民族为本位"缔结而成。① 前者是英法的观点，后者为德国的观点。在这个问题上，同人更偏向英法的观点，虽然他们也承认德国的"国家"观念。在国家来源的观点也决定了在国家由谁统治的问题上，同人选择的是自由人统治作为答案。

有人说这个观念来自《甲寅》。② 的确，陈独秀创办《青年杂志》之初，正是《甲寅》赞同民约论的时候。陈独秀在《双枰记·序》中坦承自己与章士钊一样，"素恶专横政治与习惯，对国家主张人民之自由权利，对社会主张个人之自由权利"③。这的确是《新青年》关于政治问题的出发点，但《甲寅》并非它的直接来源，两者比较一致是因为他们都来源于清末时期大为流行的人民总意观念，这个观念来自卢梭。④

沪皖时期，《青年杂志》思想与时代有距离。当时以德国为师，因为袁世凯称帝前，走德国道路的日本发展成效明显，德国当时是新列强，同人按理说应该赞同德国的国家主义（按照高一涵的说法，当时我国的国家主义主要是德国的族群民族主义），但同人没有选择时代比较流行的观念，而是选取了"保守"立场，反抗德国。采取与当时的主流思想有差异的站位，与时代的互动采取不认同时代的方式。当然，他们也承认国家主义的合理性。不过他们对国家主义有所保留，并加以改造。陈独秀说，"吾人非崇拜国家主

① 伯伦知理：《近世国家观念与古相异之概略》，高一涵译注，《青年杂志》1915 年 1 卷 2 号。
② 周丽卿：《〈新青年〉与民初政治光谱》，台湾清华大学博士学位论文，2011 年。
③ 独秀山民：《双枰记·序一》，《甲寅》1914 年第 1 卷第 4 号。
④ 高一涵：《民约与邦本》，《青年杂志》1915 年 1 卷 3 号。《新青年》与政治的关系是研究界的热门话题。它的政治选择常被认为与《甲寅》有关，这固然不错，但应注意两者是有分工的（原来《甲寅》由与陈独秀关系紧密的亚东图书馆出版，而《青年杂志》则由与亚东图书馆关系紧密的群益书社主办，故此两者必定避免读者群的争夺）。毕竟《新青年》是教育杂志，而《甲寅》才是政论刊物。这就是为什么第一卷陈独秀明确表示不批评时政，而只关心青年思想修养问题的原因。第二卷开始政论增多，是因为此时它是配合和监督黎元洪的舆论工具，而且《甲寅》月刊此时已经停刊。《甲寅》日刊创刊，改由中华书局出版，与《新青年》不构成交集，此时他可以吸收《甲寅》的读者，满足他们的需要，增加一些政论的题目，因此受到某些读者的批评。《新青年》的教育杂志定位决定了它的政治话题与《甲寅》是不一样的。正因为它是教育杂志，因此更多关注文化的方面，关心思想修养、人格养成等问题。当然第 1 卷也不是完全没有与政治有关的方面，不过不谈时政，只注重学理的探究，落脚点在青年如何适应政治而具备什么精神和态度，涉及的是政治文化。

义，而作绝对之主张。良以国家之罪恶，已发见于欧洲，且料此物之终毁。第衡之吾国国情，国民犹在散沙时代，因时制宜，国家主义实为吾人目前自救之良方。惟国人欲采用此主义，必先了解此主义之内容。内容维何，欧、美政治学者诠释近世国家之通义曰：国家者乃人民集合之团体，辑内御外，拥护全体人民之福利，非执政之私产也。易词言之，近世国家主义乃民主的国家，非民奴的国家，民主国家真国家也，国民之公产也……"①陈独秀认同法国无政府思想，但考虑到中国国情才保留了国家主义，但是他保留的是法国的国家主义，即惟民主义的国家。

可以说他们天生是一群爱好自由的人。但如果这样说就是把爱好自由作为惟民主义的唯一原因了，其实他们的主张并非从天性中自然产生，而是经过选择的。这里的选择就是互动。个性爱自由当然是互动中的一方，但还有其他因素发挥作用，比如无政府主义也是主张个性自由的，但是沪皖时期却没有选择它，而是选择了国家主义背景下的个人自由。他们选择主张自由是因为背后有近代欧洲成功的经验，他们认为近代欧洲正因为解放了个人，尊重自由才有灿烂的文明成就。这里爱好自由的天性、近代欧洲的成功经验，以及与英法思想传统的亲近感成为形成思想时的互动因素。结果互动形成选择，互动做出选择。

秩序问题是主张主权在民的衍生问题，也是当时现实状况与问题互动的结果。民国以后令人失望的状况，引起国人对共和国体的怀疑。1926年还有人回忆起民国初年人们对新政体的失望，认为民权旗帜高张的背景下"自由"大昌，是"演成亡国之大悲剧"②的原因。严复写《民约平议》也是在这个背景下，认为自由不是最急需的，为了国家为了社会，应该减少自由。他自己写《民约平议》为的是治疗社会之迷信。③孔教会也是为了消除自由的弊端而产生了大同政府的设想。④以上保守的观点似乎与《新青年》没有交集，但是它们有共同的关注点。《青年杂志》关注自由本身和人民自由权利的获得，特别是对人民智识的改造，使其自觉自己的地位。孔教会是要束

---

① 陈独秀：《今日之教育方针》，《青年杂志》1915年1卷2号。
② 王鸿：《国民刍言》，《中华旬刊》1926年1卷1期。
③ 严复：《与熊纯如书十五》，《严复集》(3)，中华书局1986年版，第614页。
④ 《建议组织世界大同政府提交和平会议议案》，《昌明孔教经世报》1922年第1卷第4号。

缚人民的自由，以获得稳定的社会秩序。深层关注一样，但他们的解决办法不一样。

有研究者指出《青年杂志》介入政治问题的背景是所谓"今日之变"——国体问题。的确，高一涵在国体问题背后的共和危机背景下提出青年应自居于国家主人之列，[①] 但是，国体问题并非直接动因。因为《青年杂志》一开始并不重视国体问题，[②] 而且当时还没有禁止讨论国体问题，因此不能以环境不允许为由解释没有深入讨论国体问题的现象。可能的原因是当时君主立宪也是文明国的一个选择，比如英国、日本、德国都有国王、天皇和皇帝，并不妨碍其先进（君主立宪本来也是清末革新的重要选项）。改行君宪制在当时未必像现在听来那样刺耳。《大同月报》的王濯莘就说专制和民主都不尽善。[③] 主张帝制的不仅有筹安会，连蔡锷也曾劝进。[④] 段芝贵要求早定国基，支持总统长期连任，赞同帝制，认为民主不合国情。[⑤] 当然在共和与君主制之间"大众"到底还是认为共和是高级国体。参政汪凤瀛给杨度写信，称赞杨度是真爱国的人，"故凡可以巩固国基，奠安民族者，务求其至当，不惜牺牲一身之名誉。于恒人之所期期以为不可者，敢于昌言而不讳"[⑥]。反对搞君宪制是因为不能后退，主张放弃共和的人往往因为国民素质与共和不适应。杨度的理由是欧美民主容易导致混乱，而中国人民自治能力不足。

当时民国正面临中国向何处去的问题。此时有人认为秩序崩坏是共和制造成的，为了追求社会秩序，怀念有权威的古代政权，所以提出君宪制。还有一个理由就是秩序混乱可能造成亡国，袁世凯也有这个想法。在这些质疑共和政体的人中，美国学者古德诺无疑是重量级的，具有绝对权威。

针对民国的共和制是由革命者选择而成的历史，古德诺说国体不应由国

---

① 高一涵：《共和国家与青年之自觉》，《青年杂志》1915 年 1 卷 3 号。

② 1 卷 1 号的国内新闻中早就报道了筹安会的活动，但是《青年杂志》并没有表示意见。陈独秀的相关言论也旗帜不够鲜明。

③ 王濯莘：《国体与政体》，《大同月报》1915 年第 1 卷第 9 号。

④ 见《国内大事记》，《青年杂志》1915 年 1 卷 1 号。蔡锷的态度可以参见他的讲演《在统一共和党云南支部会议上的演讲》，他主张先求国家平等，不徒慕共和虚名。（《蔡锷集》，湖南人民出版社 1983 年版，第 237 页）

⑤ 《讨论国体文牍汇录·上将军段芝贵等呈请速定国基文》，《大同月报》1915 年第 1 卷第 10 号。

⑥ 《讨论国体文牍汇录·参政汪凤瀛致杨度书》，《大同月报》1915 年第 1 卷第 10 号。

民选择，而应符合国情。他认为，中国的民主制解决不了继承权问题，共和制政权继承方面需要人民得到普通教育，养成高尚智识，了解国家政治。中国数千年来君主独裁，没有政治学习，大多数人民智识不甚高尚，没有研究政治的能力。因此，元首继承就靠军人反复争权，造成动荡。民国选择的是共和，主要因为君主是异族，所以选择了不适合中国的共和制。① 他否定了在中国行共和制的必然性，仿佛把共和制的建立当作错误和迷途。古德诺的言论立即引起国内关注，围绕古德诺的言论，形成了一个讨论场域。筹安会等人也以古德诺为最重要的对话对象（他们也关注继承权问题，关注中国国情是否适合共和的问题），认同古德诺的观点，要求政治制度适应中国当时的发展状况，以现有文化状态来决定未来的文化走向。

当然，这些看法遭到大多数新知识人的反对。欧事研究会就是这些反对者的代表。章士钊写《读严几道民约平议》②，驳斥严复从生物学角度否认"民约"，还写了《古德诺与新约法》③，在没来得及看原文的情况下，仅凭亚细亚报转载的数段文字，就写出了评论，可见其急不可耐之态。后来，《甲寅》还发表了林平的《古德诺博士共和和君主论质疑》④。与欧事研究会关系紧密的《青年杂志》与《甲寅》一样维护共和政体，也反击严复等思想权威的压力，比如高一涵编译《近世国家观念与古相异之概略》就是间接针对严复的⑤。《青年杂志》的姿态与《甲寅》不同之处在于它没有直接针对人，几乎都是就道理谈道理。原因可能是《青年杂志》并不擅长政论。它的角度很简单，就是在确认共和制已然是事实的前提下，为共和国配套民意基础。古德诺说的是历史，他的看法可能导致国内一部分人采取否定现实的态度，改正历史"错误"，此时同人则以现实共和制为基点，加以补救。他们认为国体和政治条件之间的关系是没有一定的，甲条件导致乙结果，但是也可以乙结果要求甲条件。当然，他们之所以这样思考，是因为他们的进化论认为共和制更为高级，不能走回头路。这是两种思路的斗争，一种是现实的，

---

① ［美］古德诺：《共和与君主》，《大同月报》1915 年第 1 卷第 9 号。
② 秋桐：《读严几道民约平议》，《甲寅》1914 年第 1 卷第 1 号。
③ 秋桐：《古德诺与新约法》，《甲寅》1914 年第 1 卷第 2 号。
④ 林平：《古德诺博士共和和君主论质疑》，《甲寅》1915 年第 1 卷第 9 号。
⑤ 高一涵：《近世国家观念与古相异之概略》，《青年杂志》1915 年 1 卷 2 号。

认为共和虽然好，但是中国人不适合共和；一种是理想的，要改变人去适应共和。

但是，我们不要简单地认为《青年杂志》开始就对共和表现得义无反顾。它与《甲寅》一起批判严复和古德诺的时候，其实态度并不坚决，直到袁世凯称帝失败以后才变明确起来。这一方面因为它在国内发行，受到袁世凯的直接压力，另一方面它对古德诺的观点有一定程度的认同。后者可以从《青年杂志》选择的政治努力方向看出端倪。古德诺说过，改为君主立宪的条件之一是人民需要有爱国心，自觉在政治中的地位，认政府为造福人民的机关，知道"监督政府"①。这点认同是陈独秀主张改造国民素质的原因之一（当然还有对共和制未来的不确定感、清末的新民思想和《青年杂志》的教育杂志性质等）。一直以来，学者们都忽略了青年觉悟其实也可以作为君宪制的必备条件。也就是说，陈独秀接受了古德诺为改为君宪制所提出的建议。

这里互动的对象是民初政治逆流，同人与之分庭抗礼，又积极回应。这个逆流中有一批早年激进的分子，比如刘师培、杨度等，甚至包括严复、康有为。他们与保守分子合流，质疑进化论。他们倒不一定完全否定进化论，不过是更为现实，照顾"国情"罢了。同人与严复的争论焦点是自由和秩序问题，同人认为自由是趋势，秩序应该靠自由达到，所以拒绝威权。在政府和人民的关系上，主张人民自由选择政府，建立人民与国家（其实是人民与政府）的新型关系。由于同人最本质的核心思想是自由，所以第一卷中可以接受的君宪制也只能是过渡形式，他们的共和理想从来没有动摇过。

在互动双方的思想结构中，理想化的进化和中国现实是有张力的。双方有很多相似性，都面临着政权刚建立几年里的政象不宁和国势屡弱、"一战"期间出现的日本独占中国的危机，以及国民素质的低下等现实问题。不过双方解决这个问题的路径不同。在同人这里，理想化的进化更有价值，他们与严复等人不同，用理想来改变现实，改造现实。

时代提出某一问题，围绕这个论域，各种观点分割空间并彼此斗争。由于互动，政治问题中某些思想得到加强和激活，或者在辩论中得到阐发，强化某种观点的价值。比如，同人与保守分子双方互动决定了他们的关注点，

---

① ［美］古德诺：《共和与君主》，《大同月报》1915年第1卷第9号。

经过思想交锋和相互吸收，政治问题成为一个教育杂志的重点，使这时的《青年杂志》强调政治文化，确立了共和与国民在同人文化思想中的重要价值，提出"最后的觉悟"①的努力方向，强化了通过教育来改造国民的思想，认同民主和小己社会比民族本位重要等观念，这些关注点帮助《青年杂志》形成了当时的元思想。

《新青年》到北大以后，其政治思想可以看作新的思想元，但它与沪皖时期的思想元之间没有大不同，比如在国家属谁的问题上仍然认为主权在民，不过因为空间转移，环境变化，内部发生了部分调整。比如"主权在民"的"民"，其内涵从"国民"偏向于"人民"。

这个思想转变也是互动的结果。《新青年》因为进入北大，同人都或多或少地受蔡元培的思想影响。蔡元培做北大校长之前，从欧洲带回最新的无政府主义思想，此刻蔡元培宣传的就是这种欧洲思想新潮。他把尼采、托尔斯泰和克鲁泡特金的思想都称为无政府主义，在三者中最看重克鲁泡特金，认为体现在协商国的行为中。②他交往的人物如李石曾、吴稚晖、张继等都是无政府主义者。他自己也有无政府主义思想因子。

陈独秀也知道这个思潮，他把"民主而非国家"当作"过高之理想"。在第一卷中他曾拒绝了类似的反国家的政治理念，认为那时还是应该实行国家主义。③这样看，北大时期的政治思想是第一卷思想的中断。按照无政府主义的国家观念，国家与国民的关系建立在人与世界的关系基础上，原则上国家是没有存在理由的。

陈独秀的《偶像破坏论》把国家当作偶像，④这反映出他的无政府主义倾向。陶孟和也说过，"人类最早为群居之生活，无家族制度，殆无可疑"，认为如果以生活困难而化为小群，"离居不过一时权宜，而人类必复集为一团体"⑤。这个思想中包含对人类恢复无政府状态的信心。李大钊热烈提倡布尔什维克主义，但德里克指出 1917 年俄国十月革命最初在中国

---

① 陈独秀：《吾人最后之觉悟》，《青年杂志》1916 年 1 卷 6 号。
② 蔡元培：《欧战与哲学》，《新青年》1918 年 5 卷 5 号。
③ 陈独秀：《今日之教育方针》，《青年杂志》1915 年 1 卷 2 号。
④ 陈独秀：《偶像破坏论》，《新青年》1918 年 5 卷 2 号。
⑤ 陶履恭：《人类文化之起源》（续前号），《新青年》1917 年 2 卷 6 号。

引起的是无政府主义的兴趣。① 李大钊在对布尔什维克主义理解不深的时候，在无政府主义的思想背景下把布尔什维克主义解释为庶民主义。傅斯年自己也承认自己不主张国家主义。② 陈独秀还说，"全人类底吃饭穿衣，能哭能笑，做买卖，交朋友本来都是一样，没有什么天然界限，就因为国家这个名儿，才把全人类互相亲善底心情上，挖了一道深沟，又砌上一层障壁，叫大家无故地猜忌起来，张爱张底国，李爱李底国，你爱过来，我爱过去，只爱得头破血流，杀人遍地"③。以上都是无政府主义思想因素在同人思想中的表现。

当然，在此还需要强调，不能简单说蔡元培等同人是无政府主义者。《新青年》作者中有几个真正的无政府主义者，比如吴稚晖、黄凌霜、区声白等。北大同人总体上不能算是无政府主义者，他们不过是择取了无政府主义思想中的某些片段，还没有把无政府作为根本的追求，只是把无政府作为未来的目标。比如陈独秀在说中国要先行国家主义之前，先说国家主义在世界上已经暴露弊端，认为国家必然毁灭。④ 钱玄同更是在为世界语辩护时，常常流露出对未来无政府时代的憧憬。他们把无政府中的某些理想、某些价值作为自己的思想组成部分，比如劳工神圣思想，比如绝对个人的联合体的观念。

五四以前他们没有说无政府主义的坏话，甚至在思想上多有同情。五四以后，学生们把无政府主义的精神发挥得很充分，以至于同人们也出来反对了。1921 年 6 月胡适见汪叔潜时说"现在的少年人把无政府主义看作一种时髦东西，这是大错的。我们现在决不可乱谈无政府；我们应谈有政府主义，应谈好政府主义"⑤。同人中还有一部分人坚持社会主义方向，因此继续与无政府主义者同流。陈独秀、瞿秋白⑥认同的是马克思主义与无政府主义

---

① ［美］阿里夫·德里克：《中国革命中的无政府主义》，孙宜学译，广西师范大学出版社 2006 年版，第 140 页。
② 孟真：《随感录·（六七）中国狗和中国人》，《新青年》1919 年 6 卷 6 号。
③ 独秀：《随感录·（七八）学生界应该排斥底日货》，《新青年》1920 年 7 卷 2 号。
④ 陈独秀：《今日之教育方针》，《青年杂志》1915 年 1 卷 2 号。
⑤ 胡适：《十，六，十九（S.）》，《胡适日记全编》(3)，安徽教育出版社 2001 年版，第 325 页。
⑥ 瞿秋白早年（1918 年前后）"是一个近于托尔斯泰派的无政府主义者"。见瞿秋白：《多余的话》，江西教育出版社 2009 年版，第 5 页。

者共享的原则：公平、平等、权利、共产主义、关注社会底层，以及尊敬劳动等方面。他们是作为马克思主义者与无政府主义者同路，后来终于与后者决裂。

关于《新青年》与无政府主义团体的关系，已经有较多论述。① 这里要补充的是，无政府主义团体与《新青年》团体只是比较接近，他们共同分享思想资源。德里克说无政府主义因为无政府主义团体而带入新文化思想中。② 他似乎把无政府主义的团体看得太重要了。实际上无政府主义思想作为资源可以成为很多人的思想资源。未必赞成无政府主义，但是有可能会接受他们的态度和观点，比如热爱劳动、劳工神圣和泛劳动主义等。思想总是倾向于以整体方式传播，但实际上却常常是像灰尘一样弥漫在空气中，被某些结构吸附了，成为其中的一部分。这属于互动的方式之一，即吸收某些思想要素，而实现表面上的传播。接受者自然成为无政府主义者的同路人和呼应者，但同时又保持着自己的思想结构。两个群体会相互呼应，但是根本精神不完全一致，有时思想元素一样，但是思想元素之间的价值关系不同，也会呈现不同的整体认同。两个团体的思想核心都是一二三四五，一个团体是一二、三四五组成的两层结构，而另一个团体是三四五、一二组成的两层结构，更不论五、一四、二三这样的组合了。因此，每个人每个团体其实都是不完全一样的，但是他们在一起又会强化某些要素，因此在两者组成的团体中就一定有共同性。前面的两个团体，无论层次如何不同，他们在一起组成更大的团体时，一二三四五这几个要素就会被强化。

这里的互动是发生在《新青年》政治思想与北大的环境之间。领袖人物的转换导致群体内部权力结构的变化，进而使政治思想也发生变化。新立场与前一个思想元中的旧结构之间也发生互动。新立场要进入原来的思想，需要强化两种思想之间的共同性，比如，强化了原来"主权在民"思想中存在的压抑政府的一面，而发展到抵制政府的程度。另外，他们的转换又是有思

---

① 可以参阅张全之的《中国近现代文学的发展与无政府主义思潮》、孟庆澍的《无政府主义与五四新文化：围绕〈新青年〉同人所作的考察》、周丽卿的《〈新青年〉与民初政治光谱》。

② ［美］阿里夫·德里克：《中国革命中的无政府主义》，孙宜学译，广西师范大学出版社2006年版，第140页。

想根源的。同人本来的思想中就有这两个因素：国家主义和世界主义，同人在这两者之间来回漂移。比如胡适在美国留学时是国家主义者，这使他能参与到《新青年》中来，但是他又时时站在世界主义的立场来批评狭隘的国家观念。蔡元培也承认国家的必要性，认为"国家之说"在当时已经属于"至愚"的看法，只不过我国属于弱国，所以不能不从"国家"出发。[①] 这与陈独秀在 1 卷 2 号上的看法一致。陈独秀早年就有无政府主义思想基因（无政府主义和法国的自由思想是亲缘关系），他在编《甲寅》时就放弃国家观念。《青年杂志》1 卷 3 号上，他还对无政府党人否认政府表示理解。[②]

互动的后果是融合了新旧思想，他们并不直接宣传无政府主义，而是发展了与无政府主义有交集的个人主义，只不过更为激进化了，同时更强调原来就有的监督政府的立场，因此，他们强调自由人组织成的社会在政治上的地位。北大致力于保护学术社会以区隔于政府，就是这个观念的实践。学术社会与政府的对立使第 2 卷中反贤人政治的观念得到发展。有中国传统资源支持的柏拉图贤人政治思想在袁世凯复辟的声浪中复活，《新青年》在袁世凯倒台、黎元洪当政时期的第 2 卷，发起了对这种思想的批判。高一涵在 2 卷 5 号上批评它，[③] 陈独秀在 2 卷 6 号上反对开明专制、贤人政治等施行仁政的错误理想。[④] 这些陈旧观念都是同人批判的对象，因为他们心目中的"人民"是独立的个体，靠人类天性联系起来成为社会，贤人和政府都是迷恋这一理想的表征。

到北大时期，其无政府主义思想促进了个人与政府之间的对立。于是，当北大受到政府压迫的时候，同人在 1918 年底前后再次关注这个话题。5 卷 6 号北大同人发起对徐世昌的攻击，针对的是徐世昌的"君师主义"。高一涵《非"君师主义"》和陶孟和《我们政治的生命》都旗帜鲜明地反对贤人政治。高一涵反对强调君师在道德上的高位，[⑤] 其实是反对国民迷信总统"老师"（政教合一的变体），即反对通过将总统当作道德化身，奴化国家

① 蔡元培：《蔡孑民先生在信教自由会之演说》，《新青年》1917 年 2 卷 5 号。
② 记者：《答李大魁》，《青年杂志》1915 年 1 卷 3 号。
③ 高一涵：《一九一七年预想之革命》，《新青年》1917 年 2 卷 5 号。
④ 独秀：《答常乃惠》，《新青年》1917 年 2 卷 6 号。
⑤ 高一涵：《非"君师主义"》，《新青年》1918 年 5 卷 6 号。

主人。他们的理据是贤人政治限制个人的信仰、言论和思想自由。[①] 其实更深层的动机则是拒绝政治干涉个人思想领域，哪怕是通过道德的途径也不可以。

当然，这个时候批评贤人政治的原因里仍有针对陈旧思想的一面。一些政治人物虽然在新制度下生活，但是思想仍然是陈旧的。总统徐世昌作为尊孔的老官僚，还在用陈旧的模式来对待国家主人。次山在 3 卷 1 号上就提到有人有"易君主以总统"[②] 的想法，揭示了当时人的一种思想。高一涵说"共和政治，不是推翻皇帝，便算了事。国体改革，一切学术思想亦必同时改革；单换一块共和国招牌，而店中所卖的，还是那些皇帝'御用'的旧货，绝不得谓为革命成功"[③]。

在这里，互动的对象是现实与思想。这里不全是思想自身的发展，而是思想受到现实的推动而发生变化，是政治事件造成政治问题的提出。单纯地学理性地探讨政治问题会出现不符合实际的情况，只有政治实践更能结合实际。在思想的分野中，实践家与理想家之间有天然的差别。好人政府的汤尔和曾跟胡适说过，一旦从事具体政治工作，政治观点就不一样了。[④] 这里互动对象首先是政治变革，同人从政治变革中进一步认识到民权思想的重要性，反对贤人政治，更进一步认识到对政治变革的必要性。复辟和贤人政治属于同一个概念团。复辟失败，则贤人政治受到质疑。在这里，互动对文化思想的影响体现在政治问题带来制度层面的关注。

这里还有思想核心的冲突，它也是互动形成的。贤人政治和平民政治的思想分野在于平等观念在思想中的价值大小。只要认为不平等是合理的，多多少少都会承认贤人政治思想的合理性。现实中又到处是不平等现象，因此在思想上也很难根除。所以，胡适后来认为1917年到1918年间《新青年》对贤人政治的革命是失败的。[⑤] 平等是《新青年》的核心价值，构筑了《新

[①]　高一涵：《非"君师主义"》，《新青年》1918 年 5 卷 6 号。
[②]　次山：《青年之生死关头》，《新青年》1917 年 3 卷 1 号。后来姚永朴也将总统和国民的关系作为君臣一伦的新形式。姚叔节：《示正志中学校一二班毕业诸生》，《新青年》1919 年 6 卷 2 号。
[③]　高一涵：《非"君师主义"》，《新青年》1918 年 5 卷 6 号。
[④]　胡适：《丁文江的传记》，《胡适文集》(7)，北京大学出版社 2013 年版，第 407 页。
[⑤]　胡适：《谈新诗——八年来一件大事》，《星期评论》1919 年"双十节纪念号"。

青年》的新政治文化。这个核心地位一直存在。五四时期，陈独秀还在信仰平等原则的基础上，主张大民主色彩的国民"直接行动"，强调民众的直接参与。五四以后，又顺应社会主义的潮流，更多着力于社会中的平等。后来，贤人政治的观念还成为与研究系的分野之处。1925 年与《新青年》取共同立场的《中国青年》认为研究系反对苏俄的原因是苏俄不是贤人阶级专政。[①] 这也可以间接地看作《新青年》当时的看法，说明《新青年》与贤人政治的对立，因为核心价值的冲突而一直存在。

北大同人都把平等当作核心价值之一。正是反专制（反袁）的思想基础，使他们集中到北大，接近蔡元培的无政府思想。他们的共同点使同人与另外一些群体隔离开来，也使他们处于政治困境中。同人抗拒徐世昌威胁学术自由和个人自由，形成了有旧思想的老官僚和有独立思想的自由知识分子的对立，由此形成北大与旧人物之间的互动系统，背后是群体的知识和身份的差异决定的思想分野。陶履恭的《我们政治的生命》中说，中国当时不是共和，理由是执政者多为前清官僚，执政的思想最高不过孔孟的开明政治哲学，只承认民是民，不承认民是人。他还认为"诚心按着民治的道理行去，才是救济我们自己唯一的方法"，因袭固有的制度，就与民治主义违背。[②] 他们参与互动的方式是构筑学术社会与专制政府之间形成对立。

北大时期，因为同人受到无政府主义思想影响，国家在他们的价值结构中的地位进一步降低。"社会"概念在《新青年》政治思想中的兴起，是重要的枢纽。《新青年》同人的观点是，在社会和国家之间，国家是从属的。社会应该自发形成，靠的是民众的责任心。他们认为社会发达了，国家才得以确立，而不是国家左右社会，他们认为中国缺乏这种共和国家的社会和国家关系。此时他们对国民已经不那么关心了，而是关心平民——带有全人类色彩的普通民众，更多强调健全的个人，对社会负责的个人。五四时期，《新青年》不太考虑国家问题，而是直接经营社会，希望建立民众直接参与的民主。他们关注的个人改造已经变为人类和民众的改造。这就是为什么五四运动发生以后，同人感到一点希望，因为五四中出现平民起来干预国家事务的苗头。

---

① 寸铁：《安那其与研究系同盟》，《中国青年》1925 年第 101 期。
② 陶履恭：《我们政治的生命》，《新青年》1918 年 5 卷 6 号。

比如傅斯年认为五四运动不是爱国运动，而是直接行动，以及凭直接行动去唤起公众责任心，认为"人类生活的发挥，全以责任心为基石"①。

五四以后，以社会为中介，国民的国家与人类的世界结合起来。《新青年》的改造不再是仅针对旧中国，而且还针对整个世界。它说"我们相信世界各国政治上、道德上、经济上因袭的旧观念中，有许多阻碍进化而且不合情理的部分"②，立脚点在整个世界。到京沪时期以后，革命既是本国的也是世界的。它参与五一运动也从侧面反映这一倾向，后者是一个超国家的运动。李卜奈西特的宣言就是不针对具体国家，而是针对全体资本家的③——所有国家的资本家。党员时期投身无产阶级革命，后者是超国家的革命。《新青年》背后的共产国际本身就类似一种超国家的组织。由此可见，五四以后，以社会为重要概念实现了同人改造思想的转向，即中国的社会改造在世界范围内寻求彻底解决。

此处同人思想与时代思潮发生互动。《新青年》对"社会"的关注并非它的独创，无政府主义的互助观念为"社会"重要性的提升起了助推作用。无政府主义的"社会"是个人的自愿结合的"团体"，但是更重视独立性。

同人思想还与环境形成互动。4卷有一个避免谈论政治的时期，这是由环境造成的，因为北京政治环境变恶劣了，北大失去政府内部的助力，在北京处于危机四伏的境地。于是政治环境作用于杂志，改变了杂志的立场。再次谈论政治也与北京和中国的政治环境有关。④5卷1号陈独秀终于不能缄默，提出谈不一样的政治。陈独秀重新谈政治，是受到某些同人反对的，有人担心"惹出事来"⑤。内部压力是外部政治力量向内传导的结果，当时亲近北大的冯国璋正受到排挤。同人重提政治有受到北京当局压迫而反弹的动因，这些压力造成陈独秀的独特的政治问题解决策略，就是不直接批评时政，而是解决根本问题——人民的觉悟。

---

① 孟真：《随感录·（六七）中国狗和中国人》，《新青年》1919年6卷6号。

② 《本志宣言》，《新青年》1919年7卷1号。

③ 李大钊：《五一运动史》，《新青年》1920年7卷6号。

④ 5卷1号是1918年7月出版的，此时和平力量崛起，直系军阀和西南军阀联合反对皖系。陈独秀有策应他们的意图。

⑤ 陈独秀：《今日中国之政治问题》，《新青年》1918年5卷1号。第4卷涉及现实政治的文章只有陈独秀的《驳康有为共和平议》（《新青年》1918年4卷3号）。

不久以后，陈独秀的看法有了支持者。"一战"胜利后的和平呼声促使江苏教育会也明确意识到，教育与政治的关系应该调整："若此班优秀份子绝不主义政治。将一任政客之摧残乎。教育家不关心政治，则学术亦将间接受其影响。将来政治之改良，将以何人负其责任乎。"① 因为蔡元培在"一战"胜利后也曾有一段时间参与和平相关的各种协会，有参政的姿态，因此招致政府的忌惮。当时这批知识人都有议政的想法。这个想法在《新青年》那里产生，主要是陈独秀的看法，后来应该得到蔡元培的支持，虽然北大同人开始反对陈独秀，但是最后大家一起参与了与政府的对抗，陶履恭和胡适也参与了，此时也认同这个观点，于是有《新青年》5 卷最后两号对政府的攻击。

陈独秀在《每周评论》上谈到南北政府，讨论和平会议，代表多数舆论的意见是应努力废除督军。② 这些问题其实都是《新青年》上的政治问题的拓展。《每周评论》应该是独立于《新青年》以外的一个议政空间，但与《新青年》构成合作关系。两者交叉的地方在裁兵，《新青年》上说的是"去兵"，陈独秀修正为"裁兵"，《新青年》上不论废督、国防军问题、国会问题等具体问题，侧重点在反对军阀，特别是反军力，比如王星拱《去兵》和胡适《武力解决与解决武力》。③ 高一涵指出现在要打倒军阀，国民享有幸福，才是二十世纪的社会革命。④

这个政治姿态在同人的思想史上是一个很大的改变，它与第一次世界大战胜利的背景互动。第一次世界大战后，国内知识人逐渐信仰世界新潮。王星拱提出"中国既为世界民族之一，自当随世界潮流而前进"⑤。第一次世界大战胜利以后国内的呼声，是人权民主的声音高涨的表现，欧战对于思想潮流的影响在大战结束以后大肆进入中国，不再只是消息灵通的高级知识人才感受得到的，已成为时代的主要话语。首先，时人认清海外的世界潮流之一就是民主潮流。比如刊物《建设》中就有人注意到：今欧战告终，英美的妇

---

① 蒋梦麟：《教育与政治》，《新教育》1919 年第 1 卷第 1 期。
② 只眼：《我的国内和平意见》，《每周评论》1918 年第 7—11 期。
③ 王星拱：《去兵》，《新青年》1918 年 5 卷 6 号；胡适：《武力解决与解决武力》，《新青年》1918 年 5 卷 6 号。
④ 高一涵：《斯宾塞尔的政治哲学》，《新青年》1919 年 6 卷 3 号。
⑤ 王星拱：《去兵》，《新青年》1918 年 5 卷 6 号。

女工人黑人都争取到一些自由权。① 第二是公理变得重要了。高一涵早年赞成调和，现在开始看到公理的力量，反对调和了。高一涵顿悟了，认识到需要扎硬寨打死仗来推动政治进步。②《建设》杂志也说公理胜强权。有作者认为公理和强权的问题是欧战的根本，认为协约国为反对强权而战。③

　　第二个大改变是同人竟然从"社会"的概念出发，质疑无政府主义思想。高一涵对斯宾塞的无政府思想是不赞成的，他批评斯宾塞的哲学基础全筑在个人身上。④ 值得注意的是，他批评的是无政府主义思想和个人主义。他批评无政府主义是比较反常的，虽然那时他刚到北大不久，尚没有接受到无政府思想的熏陶，但是第一次世界大战胜利以后激荡起来的社会主义思潮，在五四以后迅速发展，无政府主义在国内更是如日中天。他批评斯宾塞重视个人的思想、卢梭的天赋人权说和国家由个人集合而成的思想，⑤ 这些批评简直是对自己的背叛，因为早年高一涵也主张个人权利，认为国家是由个人集合而成。但是，如果考虑到他受到"社会"这个概念的影响就好理解了。他反对个人权利的理由是"不由社会承认，不待法律承认，不能算是权利"⑥。他反对斯宾塞的无政府思想中的个人因素，恰恰是因为他把无政府主义的"个人—社会"关系从"个人"为中心转变为以"社会"为中心。他的这个转向可以说预告了北大教授个人主义的修正时期来到了。

　　关于国家的主人问题，京沪同人时期的《新青年》逐渐以劳动阶级为主人。北大时期，蔡元培从无政府主义出发提出劳工神圣，此时随着社会主义概念的日益清晰，国家的主人变成劳农。这个观念变化是同人与时代思潮互动的结果。当时流行克鲁泡特金的互助论，因此进化论受到质疑和修正。当时，"社会主义流行，一般政客游民，作投机事业者，开口曰社会主义，闭口曰社会主义"⑦。瞿秋白曾分析五卅以后大家谈社会主义的原因："中国社会在欧战之后，一方面资产阶级发展，别方面无产阶级发展；社会上新力量产

---

①　苍园：《童权》，《建设》1919 年第 1 卷第 5 号。
②　高一涵：《和平会议的根本错误》，《新青年》1919 年 6 卷 1 号。
③　孔祥柯：《欧洲战和与公理》，《建设》1919 年第 1 卷第 4 号。
④　高一涵：《斯宾塞尔的政治哲学》，《新青年》1919 年 6 卷 3 号。
⑤　高一涵：《斯宾塞尔的政治哲学》，《新青年》1919 年 6 卷 3 号。
⑥　高一涵：《斯宾塞尔的政治哲学》，《新青年》1919 年 6 卷 3 号。
⑦　杨肇彝：《通信》，《建设》1919 年第 1 卷第 4 号。

生的初期，共同联合战线反抗宗法军阀社会，涌起国民革命的巨潮。"①《新青年》同人面临着同样的观念转换。前期的进化论从竞争角度发展了个人主义，战后互助论崛起，促使人们注意到进化中互助的一面。同人思想中的集体主义"大我"基因此时被激活，当社会主义被看作世界思潮的发展方向，同人更易把无政府主义里的平民转换为劳动者。现在新思潮涌来，从哲学上先进行调整，然后表现在政治上，不免向旧的政治理论发出质疑。

这个转变也受到国外思想权威的作用。《新青年》从早期个人主义到后期马克思主义的转变过程中，经过了一个社会主义阶段。在社会主义阶段，罗素发挥了巨大作用。罗素的做法是为国家分权。② 他主张的基尔特社会主义就认为分配归国家，生存应该归同业组合自治。这似乎与陈独秀想法一致，重在提防国家形成对公民的专制，保留个人自治。③ 这样国家就有了一个新位置，在国内分配利润，保持社会公平，对外保护本民族的利益。罗素用改造制度来改变人的本能，引导个人向善的方案，对同人也有吸引力。罗素认为现在还是兽性大过人心的世界，压抑欲望只能更坏，要改变现状只有社会改造、政治改造。罗素正好在学术思想方面有无政府主义成分，他认为一国思想学术出来，是为全世界的利益，并不是为一国家、一民族的利益。这也可以得到北京同人的接受。

这个转变也是与新环境互动的结果。《新青年》编辑部随着陈独秀到了上海，与南方亲社会主义的知识人结合；苏俄争取陈独秀、李大钊等人；《新青年》因为与群益书社决裂，陷入经济困境，只好接受共产国际的资助。这一系列事件都是在上海发生的。上海的社会主义思潮更为汹涌，故此《新青年》的色彩发生变化。到上海以后，内部的成员也发生了变化，上海同人逐渐代替了北大同人。胡适对汤尔和说，"独秀在北大，颇受我与孟和（英美派）的影响，故不致十分左倾。独秀离开北大之后，渐渐脱离自由主义者的立场，就更左倾了"④。汤尔和则反驳胡适说，如果不是陈独秀与之分道扬

---

① 瞿秋白：《国民革命运动中之阶级分化》，《新青年》1926 年 11 卷 3 号。

② 罗素：《民主与革命（续前）》，张崧年译，《新青年》1920 年 8 卷 3 号。

③ 其实罗素的个人是无政府的个人，参见张崧年：《罗素》，《新青年》1920 年 8 卷 2 号。

④ 胡适：《736. 胡适致汤尔和（稿）》，《胡适来往书信选》（中），中华书局 1979 年版，第 282 页。

镳，经过后来的"连二接三之极大刺激"，胡适等人的"自由主义之立场能否不生动摇，亦属疑问"①。胡适只说胡陈联盟对于陈独秀的限制，没有提对胡适的改变，汤尔和正确地指出这种可能性。新的环境、新的际遇，未必不会改变胡适的观点。胡适后来曾对苏联产生好感，所以如果胡适随陈独秀来到上海，在新的环境下未必不会变得左倾。

陈望道说 8 卷 1 号《新青年》正式改组为马克思主义研究会的机关刊物，②这个判断非常可疑。从内容看，里面马克思主义的成分并不多，也许看作社会主义者同盟的刊物更可靠。因为当时上面的作者很多属于这个未真正成立的同盟。因为 1920 年社会上"似乎有不谈社会主义，则不足以称新文化运动的出版物的气概"③，陈独秀领导《新青年》跟上潮流，所以才从此转向社会主义和苏维埃。

陈望道的判断也有合理的一面。《新青年》的确是从那时开始转向马克思主义。背后除了加拉罕宣言的影响以外，还有陈独秀接触到共产国际派到中国的代表维经斯基的契机，以及北京同人消极对待陈独秀与群益分裂事件，特别是消极抵制陈独秀提出的招股建议，使陈独秀陷于困境。1921 年《努力周报》开办时，费用是由"努力社"同人捐每月收入的 5%，连捐 3 个月作为初始资金。可见合作甚至招股都是有办法的。作为陈独秀的主要帮手，胡适似乎要逼陈独秀低头。应该此时胡适就有《新青年》回到北大教授的手中（也就是他的手中）办的打算。陈独秀脱离群益，《新青年》就完全不再是北大教授的刊物了，所以为了让《新青年》彻底变成北大教授为主的自由刊物，胡适反对招股。陈独秀的困境直到拿到维经斯基的共产国际经费才得以缓解，因此内容也转向第三国际。

维经斯基是比较灵活的人，他充分尊重陈独秀，对陈独秀的办刊方针不加干涉，与陈独秀相处愉快。维经斯基向上级汇报共产国际在中国的工作时提到在中国的组织出版工作，说东亚书记处把很大精力用在报刊的宣传工

---

① 汤尔和：《739. 汤尔和致胡适》，《胡适来往书信选》（中），中华书局 1979 年版，第 291 页。

② 陈望道：《纪念鲁迅先生》，《陈望道全集》（第六卷），浙江大学出版社 2011 年版，第 249 页；陈望道：《关于鲁迅先生的片断回忆》，《陈望道全集》（第六卷），浙江大学出版社 2011 年版，第 257 页；陈望道：《关于上海马克思主义研究会活动的回忆——陈望道同志生前谈话纪录》，《陈望道全集》（第六卷），浙江大学出版社 2011 年版，第 261 页。

③ 周佛海：《实行社会主义与发展实业》，《新青年》1921 年 8 卷 5 号。

作上。① 他还说："中国的报刊我们几乎都可以利用。"② 这里只说利用，并没有说其中有自己的刊物，这说明当时《新青年》的独立性。

党员时期的《新青年》思想元发生较大变化。他们在国家由谁统治，即权力归属问题上，彻底变为以无产阶级为国家主人。与此同时，它从一个个人主义者变成集体主义者，从无政府到有政府有国家，这是巨大的变化，是后来把它分为前后期的原因。在政治思想上，国内谈政党和阶级比较多，因此对国家的领导者并没有去谈论，但是从无产阶级专政理论来看，它是以无产阶级为未来国家的主人。

在瞿秋白笔下，资产阶级是爱国主义，无产阶级是革命主义。③ 这应该是当时一时之论，这种区分并不符合实际，仅当与资产阶级区别的时候才这样说。固然共产主义运动是国际运动，而国家主义目标仅仅是暂时的，但马克思主义赞同有国家的，领导者应该是人民和无产阶级。后来，《新青年》代表的共产党与国民党的民族主义相区别，不在国家层面谈论国民，甚至认为国家主义就是"统治阶级主义"④，而此时的统治阶级就是资产阶级。它区别民治主义和社会主义，⑤ 以无产阶级对抗资产阶级的政府和国家，要夺取政权，建立无产阶级专政。11 卷 1 号郑超麟翻译了列宁的文章《专政问题的历史观》，列宁赞成即刻采用专政手段乃是实现德谟克拉西的唯一方法。⑥ 因为专政理论是列宁与各派斗争的根本问题之一，带有马列色彩。如果有人认为后期《新青年》发生突变，转换为国家观念，其实是错的。劳动阶级的国家（无产阶级专政）也是一个社会，而且它只是过渡阶段，后面的理想是共产主义社会。"社会"这个概念再次成为三十年代转换的重要枢纽。从国家到社会，这个社会的文化是按阶级

---

① 中共中央党史研究室第一研究部：《联共（布）、共产国际与中国国民革命运动 1920—1925》，《共产国际、联共（布）与中国革命档案资料丛书》第 1 卷，北京图书馆出版社 1997 年版，第 39 页。

② 中共中央党史研究室第一研究部：《联共（布）、共产国际与中国国民革命运动 1920—1925》，《共产国际、联共（布）与中国革命档案资料丛书》第 1 卷，北京图书馆出版社 1997 年版，第 29 页。

③ 瞿秋白：《国民革命运动中之阶级分化》，《新青年》1926 年 11 卷 3 号。

④ 陈独秀：《孙中山三民主义中之民族主义是不是国家主义?》，《新青年》1926 年 11 卷 4 号。

⑤ 屈维它：《从民治主义到社会主义》，《新青年》1923 年 10 卷 2 期。

⑥ 列宁：《专政问题的历史观》，《新青年》1925 年 11 卷 1 号。

来划分的。另一方面，国家本身也发生变化。韦伯给国家下的定义是：社会中掌握着合理使用暴力的垄断权力的那个机构。[①] 这样看，国家问题几乎等同于政府问题。国家归属问题就成了政府归属问题。从阶级层面来分析国家主权归属的时候，就变成统治阶级是谁的问题。从事社会主义运动以后，在《新青年》眼中，国家统治者其实已经变为劳工，虽然还没有直接说建立劳动政府。成为第三国际的宣传刊物后，它进一步认为私有制度下，资产阶级总是保卫"现社会"[②]，那么只有劳工阶级可以改造社会，因此也有资格成为国家领导者。经过与无政府主义者的分裂，无政府的非国家的观念被彻底放弃，变成了马列的国家观念，日益坚信国家的合理形式是无产阶级专政的国家。国家主人也就顺理成章地变成无产阶级为领导的人民。

自第八卷开始，《新青年》谈到苏维埃，大多关注制度和阶级的斗争，往往关注党派以及势力的活动，即政治，但尚有关于生活、教育的话题，到成为第三国际的理论刊物以后，谈生活和教育的文字数量大为减少。还有一个原因是此时《新青年》在哲学上强调唯物主义，所以对精神方面的讨论自然会有意减少，更多是讨论经济条件和政治条件。因此对无产阶级这个未来主人，《新青年》并未作关于具体素质的设计，仅把无产阶级整体当做文化主体，[③] 而不讨论个别工人或农民需要什么素质，似乎只要属于无产阶级就具备了革命素质。如果当时还提到另外加强素质的话，也不过是局限于阶级意识和政治知识。[④] 例外的情况很少，比如郑超麟的文章《列宁与职工运动》借着列宁的观点表达了对无产阶级素质的期许。[⑤]

国家的主人在党员时期发生变化，是因为与早先思想发生互动所致。从

① 转自 [英] 厄内斯特·盖尔纳：《民族与民族主义》，韩红译，中央编译出版社 2002 年版，第 4 页。
② 瞿秋白：《世界的社会改造与共产国际（共产国际之党纲问题）》，《新青年》1923 年 10 卷 1 期。
③ 蒋僧侠：《无产阶级革命与文化》，《新青年》1924 年 10 卷 3 期。
④ 屈维它：《从民治主义到社会主义》，《新青年》1923 年 10 卷 2 期。
⑤ 列宁指出马克思主义要关心工人的经济条件，但是也要工人来管理国家，变成国家的主人翁和指导者（郑超麟：《列宁与职工运动》，《新青年》1925 年 11 卷 1 号）。

京沪时期转变到党员时期，被认为是巨大的转变，研究者往往把两者分开研究，似乎认为两者不是一个刊物。其实不然，转变是因为在党员时期之前，杂志与周围的环境形成一个新系统，相互促进才发生的。两者是一个刊物的不同阶段。

这个政治思想的变化是与时代互动的结果。五四以后，社会主义以无政府主义思潮的面貌在国人特别是青年人群体里受到欢迎。社会主义运动转向苏俄，固然因为有人为它做宣传，但是苏俄社会主义变得具有巨大的吸引力，也与1920年4月间《加拉罕宣言》传入中国有关。该宣言放弃沙皇与中国签订的不平等条约，展现了一种新型的国际关系，符合中国人当时寻求平等国际地位的要求。《新青年》7卷6号的附录就是集中转载了当时新文化人团体和媒体对《加拉罕宣言》的热烈反应。反政府的倾向也促进了这种转变。因为包括中国政府在内的世界政府都抵制苏俄，中国政府受日本人的影响，视之为过激主义，等同于虚无党，所以当时中国对于苏俄并不了解。五四以后形成的反政府倾向进一步增加了苏俄的魅力，加上罗素的介绍和美国刊物的俄罗斯报道，使社会主义思想成为新知识人的挚爱。在这个过程中，《新青年》一方面被苏俄深深吸引，另一方面又因为与群益书社发生冲突，直接导致了《新青年》的独立，在获得维经斯基的资助以后，越来越向布尔什维克主义靠拢。

政治思想的改变还与杂志内部权威的改变有关。《新青年》尊崇的权威是非常重要的一个互动对象，党员时期杂志心中的权威从蔡元培转变为第三国际。原来由于有维经斯基的缓冲作用，第三国际仅仅发挥微弱的作用。维经斯基被调离中国后，原则性强的马林就与陈独秀发生了冲突。幸亏遇到陈独秀被捕事件，马林大力帮助，两人的关系才发生逆转。陈独秀决定彻底服从共产国际的命令，在9卷6号发了一些存稿以后，将《新青年》交给了更能得到共产国际赏识的瞿秋白编辑，使第10卷《新青年》彻底成为共产国际的机关刊物，专心为它做宣传工作。第三国际的思想自然按照编辑者的实际改变而进入《新青年》，改变了它的政治思想。

## 二、国民素质问题

第二个核心政治问题是国民素质问题。

陈独秀承认"多数人民程度去共和过远"，但他强调人民程度和共和政治互为因果，实际情况是要维持共和政治，必须不断提高国民的素质。[①] 一开始，同人在人民程度问题上抓的是国民性问题。国民性的主题出现在《青年杂志》第一卷上：谢鸿的文章中出现过；陈独秀的《抵抗力》也提到中国国民性是"亡国灭种之病根"[②]，陈独秀将日本人藐视国人的原因一部分归于知识问题，觉得可以原谅，但是他对其中说的"屈从强有势力者"，表示最难接受。但他还是承认"然征诸吾人根性，又何能强颜不承"[③]。这也是他特别提倡抵抗力的缘故。高语罕在《新青年》上直接称这种国民性为"猪性"[④]。第二卷上，潘赞化批评我国国民性好文而厌武，提到改良民族之劣根恶性。[⑤] 陈独秀引用外人对国人的讥评，如"不洁如豕""好利无耻""官吏国""工于诈伪""服权力不服公理""放纵卑劣""黄金崇拜""游民乞丐国"和"贿赂"，等等，认为全都是亡国灭种的特征。[⑥] 专门讨论国民性问题的有光升。他提出中国国民性需要彻底改造。他关心的正是国民性对于政治的负面影响，比如，他认为我国民情政教风俗不变，原因是国民有守旧的国民性，阻碍了进化。[⑦]

这个观点的确立是与时代互动的结果。首先，与批判中国国民性的思潮互动。对中国国民的指责由来已久，对中国国民性的批评常常来自传教士对中国人的不理解，来自文化差异。比如丁义华牧师蔑视华人的健忘，称之为"顽钝无耻"[⑧]。国民性的不良在贫弱的国家状态下尤其醒目。在庚子事变以后，认为中国人国民性不良的观点更得到知识分子认同，出现梁启超的"新民"说。梁启超最早介绍日本的国民性理论，批判中国人没有民族意识和自由意志，认为都是国民性上的大罪。1903 年，梁启超在《论中国国民之品格》中就将中国的问题归因于国民性（国民品格），认为国民缺乏独立自由意志、

① 独秀：《答常乃惪》，《新青年》1917 年 3 卷 2 号。
② 陈独秀：《抵抗力》，《青年杂志》1915 年 1 卷 3 号。
③ 陈独秀：《抵抗力》，《青年杂志》1915 年 1 卷 3 号。
④ 高语罕：《青年之敌》，《青年杂志》1916 年 1 卷 6 号。
⑤ 潘赞化：《通信》，《新青年》1916 年 2 卷 3 号。
⑥ 陈独秀：《我之爱国主义》，《新青年》1916 年 2 卷 2 号。
⑦ 光升：《中国国民性及其弱点》，《新青年》1917 年 2 卷 6 号。
⑧ 转自高语罕：《青年之敌》，《青年杂志》1916 年 1 卷 6 号。

公共精神。①《东方杂志》当时也配合梁启超发表不少关于国民性的文章。②当时的同人也认同这个观点。1903 年前后，陈独秀接受外国人的说法："盖中国人性质，只争生死，不争荣辱，但求偷生苟活于世上，灭国为奴皆甘心受之。外国人性质，只争荣辱，不争生死，宁为国民而死，不为奴隶而生，其性质相异如是，其现象亦各自不同。"③ 他在《安徽俗话报》上发表《亡国篇》，认为"凡是一国的兴亡，都是随着国民性质的好歹转移"④。周作人认为文明即文化的衰落或者发展，与原初民族的基因有关。⑤ 鲁迅也是在那时的日本开始国民性问题思考的。在《青年杂志》创刊前后，国民性批判思想也是非常普遍的。有人说中国人的特性是"喜谣多推测"⑥。至少当时知识界新闻界认为国家靠国民程度来决定，理由是国家本身是由国家的人民来决定的。有人认为，"国民之程度高者其国家之势力亦大"⑦。江苏教育会印行《英法德美国民性与教育》中说道："一国之致启强盛也，必有其道。其道惟何？则就其国民之特性而施以教育与训练，或矫其性，或顺其性，而使成为坚强健全之国民性，于是其国强盛而无贫弱之虞。"⑧1916 年连中学生周恩来都用民气、民德、国性等概念来思考问题。⑨ 同人在与同时代人的对话中确立自己的立场，对话激活了他们本来就有的潜在的思想倾向。他们有共同的问题，共同的思想资源，思想发生共振，使国民性问题变得重要了。

《新青年》重视改造国民性并非他们的独创，启发国民并不是新观念。陈独秀的国民教育思想几乎都来自新民说，其中合群、自治、公德、进步、政治能力、私德、自尊、自由权利等概念也都来自新民说。从政治思想方面看，他几乎没有超越梁启超。同人与梁启超等人是一个思想场域中的人，这

---

① 梁启超：《论中国国民之品格》，《梁启超全集》(4)，中国人民大学出版社 2018 年版，第 175—177 页。

② 比如《论中国人民之依赖性之起源》(1905) 和《论中国之国民性》(1908)。

③ 陈由己：《安徽爱国会演说》，《陈独秀著作选编》(1)，上海人民出版社 2009 年版，第 10 页。

④ 陈独秀：《亡国篇》，《陈独秀著作选编》(1)，上海人民出版社 2009 年版，第 64 页。

⑤ 独应：《望越篇》，《越铎日报》1912 年 1 月 18 日。

⑥ 《吾国人之特性》，《时报》1918 年 9 月 20 日 3 张 7 版。

⑦ 万夐如：《发刊词》，《共和言论报》1912 年第 1 期。

⑧ 《〈英法德美国民性与教育〉广告》，《教育研究》1915 年第 19 期。

⑨ 周恩来：《中国现时之危机》，《校风》1916 年第 45 期。

个思想场域是以严复和梁启超的新国民思想为基础的。他们把梁启超的新民和严复的观念作为自己思想的核心。如果说同人在与新民说发生思想共振的同时，也有自己的贡献的话，那就是带来了时代的新信息。梁启超学习英美，而陈独秀学习法国和德国，主要受到德国启迪。《新青年》第一二卷设计的"国民"带有浓重的德国气味。当时德国国民教育成就最为突出，德国采取军事化的教育方式，重视国民意志力，强调国民不为环境所屈，而是去改变现实。它从混乱状态中走出，经四十年和平发展而成为世界强国，与英法争胜。日本学习它，其国民教育的效果有目共睹，也获得快速发展。欧美国家也都受到其教育方式的影响，以适应列强时代的竞争环境。对中国来说更是起死回生的灵丹。

因为与国内国民性批判思潮的互动，间接地与国际上东西洋文明冲突背景下的国民性批判思潮互动。国民性概念固然来自德国，但是国民性批判思潮在日本最为兴盛。《青年杂志》上就引用过当时日本刊物《义勇青年杂志》的文章《支那之民族性及社会组织》；[1]《大中华》杂志还译过日本刊物《日本及日本人》上的文章《英法人之根本气质》，这篇文章认为第一次世界大战根于恒久的民族的根本气质。[2] 日本人认为民族性质（国民性）可以逆推将来，而且"政治家与政府，甚或政体，虽有变迁，而民族之性格与其思想习惯，则即受大势之压迫，亦其变化甚微，故谋国者宜熟察其民族之性质，不可仅视他国政治家之所谓，遂轻下评论"[3]。国家的兴亡系于国民素质；国民性是稳定的，很难改变；国民气质、感情等往往是民族独特文化的结果，具有遗传性，这些才是日本人对国民性的真正看法。福泽谕吉提出用"智慧""道德"等方法改造日本国民，都不是对于"国民性"整体的改造。福泽谕吉心目中的东西差异主要在风俗习惯方面，没有涉及国民性。[4] 日人对英人说需要了解德国，"君等既欲与德国战争，自宜十分研究德意志各种之事情，苟不如此，岂非不切于实用乎"。英国人则说最紧要的是让英国与同盟法兰西言语相通。日本人评论说："由是以观，则英人所自谓最有利方

---

① 陈独秀：《抵抗力》，《青年杂志》1915 年 1 卷 3 号。
② 《英法人之根本气质（译〈日本及日本人〉）》，法孝译，《大中华》1916 年第 2 卷第 10 期。
③ 《英法人之根本气质（译〈日本及日本人〉）》，法孝译，《大中华》1916 年第 2 卷第 10 期。
④ ［日］福泽谕吉：《劝学篇》，群力译，商务印书馆 1984 年版。

法，足以达其目的者，乃在驱逐禁止为晓解德意志思想与性情之媒介之德意志语。"① 日本人的这篇文章站在德国人一边，认为德国人有和平心，对英国有友谊，对法国则希望在善良关系下共同生活。因为日本人接近德国人，大概相信德国的宣传。国民性观念应该是从德国传入日本，在世纪之交流行于日本，又通过在清末形成的新知识向中国传输的管道输入中国，成为同人思想的资源。改造国民性或许是部分日本人的想法，选择国民性作为着重点，是因为当时认为国民性可以改造，这样就为提高国民素质开出道路。培养合格的国民，背后隐藏着一种观念，就是国民性可以修造，这是为东方的救赎开出的道路。这种理论的德国气味，使国民性与文化有着深刻的联系，因为国民气质感情等等往往是文化作用的结果。

《青年杂志》采取教育方法来改造国民性，这也是与时代愿望互动的结果。当时人都认为改造国民性必须通过教育的方式。国民性是一种国民文化精神，并不是宿命的不能改变，是可以通过努力加以改造的。个人改造的思想是比较稳定的，从清末确立以个人改造来改变社会的思路以后（这个有传统的影响），一直到五四前都得到时代认同。

其次，国民性批判还与同人的政治追求和文化视角发生互动。同人重视国民教育也是为了国家治理，为了克服当时的问题。国民性虽然是民族文化传统问题，但是也因为与政治主体——国民有关，而与政治紧密相连。《新青年》不是纯粹政法刊物，它关注的并不是具体的统治方法，而是教育和文化，因此国民素质问题的答案受到教育和文化思想的限制，形成互动。同人关注的国民素质问题，联系到国民性。《青年杂志》开始就是一个教育杂志，从教育领域出发，目标是指导做一个合格的国民。《青年杂志》设计的教育方针中就包含国民教育内容。前面提到，同人参与政治的角度是政治文化建设。国民性问题恰恰是政治文化的重要问题。从国民性出发就涉及政治文化的领域了。它既是国民形成的习惯心理，也恰恰是文化的结果。他们关注的国民人格，尊重个人独立自主的人格，不做他人的附属品。这类共和国家人民的政治文化，反衬出中国人国民性中的不足。

再次，与同人的身份发生互动。沪皖同人多是革命者，他们共同关心国

---

① 《英法人之根本气质（译〈日本及日本人〉）》，法孝译，《大中华》1916 年第 2 卷第 10 期。

家问题，放到教育领域中就转化为培养合格国民的问题。陈独秀开始编《青年杂志》时有双重立场，一个是教育杂志的立场，关注青年的精神领域；一个是关注国体的选择，带有政治立场。两者融合就形成了关注国民精神的复合立场，此时就是国民性批判立场。讨论教育问题的教育界不在少数，也有不少是从国家政治高度来立论，比如江苏教育会、陆费逵等人的教育思想中都有国民素质角度思考教育问题的，但是与后者相比，同人的国民性改造是更深刻的改造，只有革命者才着眼于此。

至于改造国民性的具体内容，《新青年》的见解也在与时代的互动中生成。

同人认为国民应该树立高尚的人格。陈独秀说过：个人的人格高，国家的人格也高。[①] 人格的"高"中包含"独立"的意思。《新青年》认为国民需要意志力，人格独立是成为国民的要件之一。陈独秀说过，青年国民应该自居征服地位，[②] 原因是"意志乃自主权之动因"[③]，对于国民的自由和主权非常重要。意志力也是为了保证"独立"，可见"独立"是最重要的。为此《新青年》赞成学习欧美提倡少年义勇团，希望中国青年也成为"道德高尚，智力俱备，独立自治之国民"[④]。《新青年》所谓高尚人格还包括爱国的品格。不过不同于某些人的主张，比如国民"要有国家思想，要具爱国热忱"[⑤]，《新青年》有自己的立场。陈独秀办《青年杂志》之前，在《甲寅》1卷4号上的表现就已经超越了爱国心，但他的意思是中国还没有建立民族国家，爱国心没有对象，对当时的青年来说，有自觉心就算是爱国。[⑥] 当时，他认为爱国心与自觉心比起来倒是次要的。理由是国民必须有自觉心才是国民，国家是国民自觉心制造的。三者的先后关系是先有自觉心，然后建立民权国家，民权国家建立以后，才能谈爱国心。因此，同人要培养的青年人格内容中有爱国心，但表面上却在那时言论中表现出对爱国心的疏远。

---

① 陈独秀：《一九一六年》，《青年杂志》1916年1卷5号。
② 陈独秀：《一九一六年》，《青年杂志》1916年1卷5号。
③ 高一涵：《民约与邦本》，《青年杂志》1915年1卷3号。
④ 《苏教育会提倡少年团》，《新青年》1916年2卷2号。
⑤ 姜华英：《说明人民无爱国心由于不知耻不知耻由于教育不良》，《郢中驹俱学报》1915年第1期。
⑥ 陈独秀：《爱国心与自觉心》，《甲寅》1914年第1卷第4号。

这些看法与时代互动。黄远庸也于 1915 年提出"做人为第一义，爱国乃第二义"①。而且黄远庸作为著名记者，当时影响很大。《新青年》也提出类似看法，不过两者也有不同。黄所说的做人是指独立自活，养好自己，有职业。《青年杂志》的侧重点与此不同。陈独秀说的是在惟民主义国家，"人民应有自觉自重之精神"②，也就是高一涵说的，国民需要提高道德，有尊严。③相比之下，陈高所说的做人偏重个人主体精神方面，而黄远庸的意思则比较具体，重在经济能力。一个从政治出发，一个就经济立论。此外，陆费逵也非常重视人格教育。④陈独秀则超越陆费逵关注的人格改造，提出先新心血，再新人格、新国家、新社会、新家庭、新民族的革新路径，⑤确定了改造"心血"（精神、理想和感情）的优先性。黄远庸和黄炎培等人的人格教育，不强调意志力，而陈独秀却是着眼抵抗污俗和政府的压力来立论，故而是反体制的。陈独秀提倡这个当然是有针对性的，即袁世凯的专制政府当权、共和制受质疑的现状。与此同时，陈独秀把自觉看得比爱国重要有特殊背景，其语境是当时的政府是不民主的政府，因此发为偏至之论。当时，基于中日交涉，国内产生爱国心的大讨论。连筹安会也标举爱国，⑥爱国成为反共和的符号了。1915 年教会人士也谈爱国，认为爱国分两种，狭义的爱国只爱自己的国，广义的爱国是兼爱他人的国。并认为欧洲是狭义爱国，所以战争不断。人生于世，彼此不相扶助，与人无益，即与自己无益。扶助他人表面利人实即自利。认为欧洲只知自利，此种主义不久必将废弃。⑦教会当然是从宗教立场出发批判爱国，导引了超越国家的意识，树立了世界主义的观念。其实，当时国内爱国热情并不高，"二十一条"事件后一部分人开始意识到国人的爱国心不足。章士钊名之为"反常"。⑧陈独秀综合一般的看法和民国以后爱国热情不高这两种立场，认识到统治者提倡爱国，民众并不爱国，

① 黄远庸：《黄远庸复友人书》，《申报》1915 年 9 月 20 日。
② 陈独秀：《今日之教育方针》，《青年杂志》1915 年 1 卷 2 号。
③ 高一涵：《共和国家与青年之自觉》，《青年杂志》1915 年 1 卷 1 号。
④ 陆费逵：《敬告中等学生》，《中华学生界》1915 年第 1 卷第 2、4 期。
⑤ 陈独秀：《一九一六年》，《青年杂志》1916 年 1 卷 5 号。
⑥ 转自《讨论国体文牍汇录·黄晦闻于刘师培书》，《大同月报》1915 年第 1 卷第 10 号。
⑦ 参见莫安仁：《狭义爱国与广义爱国（译英国戈耳氏演说稿之一）》，《大同月报》1915 年第 1 卷第 6 号。
⑧ 参见秋桐：《国民心理之反常》，《甲寅》1915 年第 1 卷第 6 号。

这背后的原因自然是这个国家并非人民所有，当前的原因是人民还不是国民。他的看法超越主流的意见，立即受到当时人的质疑，被认为是消极的。其实，时人误会了他的意思，他的思想深处仍然是爱国的。由于第一核心政治问题的答案决定了他排斥当时的爱国思想。这是逻辑要求，以及与政府的对立形成的。一旦与政府关系良好，爱国思想仍然会呈现出来。其实，《新青年》的深层关怀还是国家，关心政治无非是在政治领域寻找救国的方法。陈独秀希望国民在重大事件，比如外交中，发挥国民的爱国心和能力。1917年3月围绕对德外交问题，他就认为对德外交是"国民发挥爱国心及能力品格之唯一机会"，理由是对德外交问题是国家存亡问题，不可看作寻常外交，认为重大政治问题需要国民参与表达民意。做法是国人应群起从事于利害是非的讨论，以促政府积极进行，绝不能袖手旁观。[1] 这点与梁启超不谋而合。后者认为对德外交也是"国人研求外事之一良机会"[2]。《青年杂志》的这种看法就算不是它的独创，也有参与当时的时代思想共振以便解决实际问题的功绩。

　　这个思想的"变化"是与时事互动的结果。因为语境已经发生变化，总统已经由得到公认的黎元洪担任，国内政治比较清明，自由的政治氛围比较浓厚，所以这时陈独秀又赞成发挥国民的爱国心。这说明陈独秀赞同爱国，不过要看国是什么国。这个"变化"说明爱国心其实在陈独秀的思想中十分重要。

　　北京同人时期，提高国民素质的设想在"一战"胜利以后有些许变化。陶孟和代表同人强调：共和国家的政治好不好要看人民共同组织的能力如何。他们不同意由民党名流、留学生和执政者来体现民意。[3] 他们放弃了早期代国民主张权利的想法，把政治的希望寄托在人民自己起来直接行动上。思想基础是民治和道德的自动。潜藏的意思是民众已经有参与政治的能力。这仍然是提倡自觉心的思路，不过更强调民众直接参与政治，与此相关，北大时期，提高国民素质的提法不是太多。

---

① 参见陈独秀：《对德外交》，《新青年》1917年3卷1号。
② 梁启超：《欧洲战役史论·第二自序》，《梁启超全集》(9)，中国人民大学出版社2018年版，第44页。
③ 陶履恭：《我们政治的生命》，《新青年》1919年6卷1号。

这个新立场是与时代互动形成的。首先，同人与政治环境发生互动。此时，总统改为与北大气味不投的徐世昌，北大与安福系的关系在府院之争中出现裂痕，北大周围的政治环境日益恶劣。为了抵制徐世昌对北大的干预，同人着重批评他的贤人政治思想，选择专制观念和奴隶根性作为对手。前者是新的历史情况下的关注点，后者是早先思想的延续，在与政治压力的斗争中变得更为紧迫，两者合力加强了人民自己主政的论点。同人的真正敌人更多的是破坏和平的军阀和专制的政府，也就是民主的敌人。这时民众思想问题已经不是最重要的了。北京同人不太强调提高国民素质，是因为那时他们受无政府主义思潮的影响，自认为是人民的一员了。

其次，与时代思潮互动。第一次世界大战的背景下，北大同人从国外接收到强劲的民主思潮和无政府主义（社会主义）思想，甚至包括其中的民粹思想。陶孟和反思"一战"，认为这次战争打破的四种观念中，"秘密外交""背弃法律""军人干政""独裁政治"[1] 都是对民主的背叛。李大钊在介绍当时俄国情况时注重布尔什维克的"群众的运动"性质，认为20世纪的世界也要有这种"群众的运动"的"风靡"[2]。5卷5号算是欧战胜利的纪念号，集中发表的三篇讲演稿似乎都着力引导中国内政，要用第一次世界大战中国外的潮流冲洗国内的军人政治、愚昧的外交，要整理法律，导向和平。

第一次世界大战胜利以后，民主主义思潮在国内兴起，加上德国战败等原因，特别是五四运动以后，民族自尊心高涨，社会上关于国民性的讨论也几乎消失。《新青年》在这个背景下，也不能不减少批判国民性的言论，甚至在理论上也开始反思国民性改造思想。在8卷5号上周建人否定外界干扰可以遗传的说法，赞同孟德尔基因突变是进化动力的观点，认为是适应环境的结果，[3] 潜在的推论是改变环境不能改变国民性。总的来说，当时的思想氛围不利于国民性改造计划。

时代话语氛围转变还激发了原来思想的次要方面。沪皖时期在主张个人权利时，就包含着合群思想，比如高一涵所说的社会、个人，私益、公益相互维持，以及"自利利他主义"，不过因为当时面对专制的国家体制，所以

① 陶孟和：《欧战以后的政治》，《新青年》1918年5卷5号。
② 李大钊：《BOLSHEVISM 的胜利》，《新青年》1918年5卷5号。
③ 周建人：《达尔文主义》，《新青年》1921年8卷5号。

他更强调"以小己主义为之基"①。陈独秀说：国民第一需要政治常识，其次是合群的能力。② 他所谓的"合群能力"指的是充分发挥自己的能力，保持个人与群体的界限，自己确定自己的活动空间（也就是自律），管控自己的私利，扩大爱群的道德。沪皖时期的合群思想给个人主义带来一定的消解作用，使尼采式的超人没有成为人格目标。北大初期合群也在思想中，也被放到次要地位。北大同人在袁世凯倒台的背景下，开始强调健全的即负责任的个人主义，即合群同时又有个性。五四以后时代强调牺牲和团体，《新青年》的个人主义也随着发生适当调整，突出原有的合群的一面，承认牺牲和团结的核心地位。

再次，同人还与言说体系发生互动。五四以后，爱国变成强势话语，但《新青年》第 7 卷仍然是知识分子立场，按照原来的思想惯性，与爱国保持距离。陈独秀认为"中国古代的学者和现代心地忠厚坦白的老百姓，都只有'世界'或'天下'底观念，不懂得什么国家不国家。如今只有一班半通不通自命为新学家底人，开口一个国家，闭口一个爱国；这种浅薄的自私的国家主义、爱国主义乃是一班日本留学生贩来底劣货"③。他在抵制国家主义的理路下，反对从日本引进的民族国家观念。这里，同人与学生主导的爱国立场存在抵触。五四运动在同人看来就是直接行动的运动，这也是他们赞成学生运动的初衷。傅斯年阐释他心目中的五四运动，认为："自五四运动以后，我才觉得改造的基本的萌芽露出了。若说这五四运动单是爱国运动，我便不赞一词了。我对这五四运动所以重视的，因为他的出发点是直接行动，是唤起公众责任心的运动。我是绝不主张国家主义的人，然而人类生活的发挥，全以责任心为基石；所以五四运动自是今后偌大的一个平民运动的最先一步。"④ 傅斯年反对人家说"五四"是爱国运动，追求的是国民的自主参政，这是《新潮》与《国民》社之间立场的对立之处，也是与《新青年》同人的立场一致之处。《新青年》抵制爱国观念的理由是从创刊以来，其概念体系就没有把国家放到核心地位，或者说采取了策略性的安排，把深层的国家观

① 高一涵：《共和国家与青年之自觉》，《青年杂志》1915 年 1 卷 2 号。
② 陈独秀：《一九一六年》，《青年杂志》1916 年 1 卷 5 号。
③ 独秀：《随感录·（七八）学生界应该排斥底日货》，《新青年》1920 年 7 卷 2 号。
④ 孟真：《随感录·（六七）中国狗和中国人》，《新青年》1919 年 6 卷 6 号。

念隐藏在未来的目标中。同人不少都是留日学生，也受过清末的刺激，具有强烈国家意识，但是从《青年杂志》创刊伊始，就"背离"服务国家的观念，采取"重新建造国家"的策略。到北大时期，它更是一个超国家理想的信奉者。北大同人基本上都有无政府主义思想，反对把国家看作完备的社会。在北大同人的概念体系中，国家仍是个次要概念，而独立自主的个人才处于概念核心地位。他们的世界主义影响了国家主义在概念体系中的位置。

京沪同人时期是五四运动在文化领域展开的时期。《新青年》在国民素质问题上并没有什么新贡献。一方面，它不再讨论国民问题，另一方面它开始强调物质的重要性，偏离了早先从精神入手的路径。如果说有，也只限于继续了北大时期后期的平民主义方向，并且在社会主义思潮的启发下和民族革命的鼓动下，重新认识了底层民众的自发反抗，比如陈独秀对义和团的态度发生了很大变化。如果说还有精神改造的余响，就要算上朱希祖了，他在《敬告新的青年》中提出采用革命的方式反对奴隶根性。[1] 从意思看，这个针对自己的革命，应该是思想的革命。但是，此时已经变得很空洞，而且没有得到回应。其原因是平民主义立场本身就会拒绝提高素质这种精英式的方案。

党员时期，关于国民素质提升的问题仍然不是关注点，但是发生了一点转化。《新青年》此时不再讨论个人问题，而是讨论集团和阶级，不讨论国民性，而讨论资本主义的根性。瞿秋白就说过："现社会崩坏的命运，实是资本主义根性中所带来。共产国际代表无产阶级回来改造此社会，乃是客观的必不可免的事实。"[2] 那时的政治问题已经是改造社会、由谁来改造社会，由无产阶级领导（通过当时的共产国际）世界上的社会改造，所以仍然是人的改造，不过这个人被按照阶级加以分类而已。

《新青年》的转变很显然是与时代思潮和国民革命形势结合互动做出的。它此时已经走上另一条道路，即通过革命来改造人们的灵魂。这点在朱希祖的《敬告新的青年》中已经出现，此时已经是社会上一部分革命者的共

---

① 朱希祖：《敬告新的青年》，《新青年》1920 年 7 卷 3 号。
② 瞿秋白：《世界的社会改造与共产国际（共产国际之党纲问题）》，《新青年》1923 年 10 卷 1 期。

识。另外，《新青年》基本上沉浸在南方的革命氛围之中。此时，南方的革命形势正蓬勃发展。在这个氛围中，革命者认为革命的生活能改变革命者的精神。朱念民评价广州说，"革命普遍了生活，日常生活都为革命化，'革命生活'也从此诞生"①。南方的革命者用革命来改造生活，进而改造生活中的民众。此时，对民众的看法也变了，变成革命的成员，革命者做的就是用政纲去教育、宣传和组织民众，目的是使民众有力量和认识到自己的利益所在，为符合当时政治目标服务。② 当时把人的改造看的太轻易了，认为"认清了他的社会，了解革命，明白革命党的使命，决定他自己要努力于革命，他便就是有了他自己的人生观"。所谓"人生观"包括自己在革命中的责任，对封建道德文明的认识，批判它，同时在资本主义和社会主义之间做出选择。③《新青年》也有与他们一致的认知，因为党员时期的《新青年》与南方的革命形势配合紧密。国共合作正如火如荼开展，作为共产党方面的重要思想理论刊物，《新青年》大体与那个环境中的人保有类似的民众观和教育观。

### 三、振兴国家问题

第三个核心问题是如何发展振兴国家。《新青年》一直被看作破坏旧秩序的杂志，其实它也是努力从事建设的。研究者早就注意到同人的文化观念背后有国家作为目的。④ 就算在言论概念体系中，国家不在核心位置，却在思想体系中具有非常重要的位置。同人的各种策略性的言论背后都是为了建设国家和振兴文化。它为共和制服务，启发国民智识，都是为了国家建设，早期采取的思想建设的路向也是为了国家建设。

《青年杂志》创刊时与《甲寅》的立场比较接近，不希望采取政治革命手段，它的目的甚至在于消除革命。高一涵说过，"欲销除革命，惟有不挑激革命"⑤。同人是要凭民主和个人自由来防止革命的发生。这听起来似乎与

---

① 朱念民：《革命生活谈》，《革命生活旬刊》1926 年第 11 期。
② 参见定一：《革命旗帜下的青年工作》，《中国青年》1926 年第 20—21 期。
③ 参见吴毅：《革命的人生观（续完）》，《革命生活》1926 年第 17 期。
④ 王晓明：《一份杂志和一个社团》，《上海文学》1994 年第 4 期。
⑤ 高一涵：《民约与邦本》，《青年杂志》1915 年 1 卷 3 号。

同人革命者身份不协调，但他们属于在共和制框架内的改良派，不打算采取激烈的革命措施，直到京沪时期之前都是在政治上不主张革命的。

为了在原有的政治框架中建设国家，同人想了各种方法。

沪皖时期，可以算作它的建设手段的，除了启发民众的自觉以外，就要数军国主义了。

《新青年》的振兴国家策略也会随着时代而产生，比如提倡军国主义就是非常明显的例子。与军国主义相配合的军国民主义教育，在当时本来不被陈独秀看好。1卷2号上陈独秀提到，按照近世教育家的意见，军国民主义不可取，原因是军国民教育"戕贼人间个性之自由，失设教之正鹄"[1]。说到德日的军国主义，他不认为军国主义（兵强）是两个国家强盛的唯一原因，还在于国民教育和德智力没有偏废。[2] 当读者程师葛来信说德国军国主义最适于中国的时候，[3] 陈独秀回答说，他对德国军国主义"非所仰慕"，他选择的是法兰西的"可矜式军国主义"，认为在当时的中国言军国主义并不得当。[4] 这是2卷1号上的态度，但是很快，军国主义内容突然增多。2卷3号是个高峰，通信栏中潘赞化把国家不振归因于国民性不好武。[5] 刘叔雅的《军国主义》认为在当今世界，"苟欲守此疆域，保我子孙黎民，舍军国主义无他道"，"生于今之世，苟欲免为他人之臣虏，舍军国主义无他法"[6]，甚至说"今日之天下，军国主义之天下"，他还批评说中华民国是世界列邦中最不尚军国主义之国[7]。刘叔雅的话不是他个人的看法，而是属于《新青年》同人当时的共同看法。陈独秀发表此篇除了因为刘叔雅是同人之外，还因为军国主义此时也是振兴国家的备选答案。陈独秀虽然不一定主张，但是刘叔雅之说尚不显得荒谬。一个文化的杂志，居然曾经主张过武化，恐怕是一般人难以想象的，这正说明思想发展的语境性。《新青年》的文化思想并非一成不变，而是在语境中生长的。

---

① 陈独秀：《今日之教育方针》，《青年杂志》1915年1卷2号。
② 陈独秀：《今日之教育方针》，《青年杂志》1915年1卷2号。
③ 程师葛：《通信》，《新青年》1916年2卷1号。
④ 记者：《答程师葛》，《新青年》1916年2卷1号。
⑤ 潘赞化：《通信》，《新青年》1916年2卷3号。
⑥ 刘叔雅：《军国主义》，《新青年》1916年2卷3号。
⑦ 刘叔雅：《军国主义》，《新青年》1916年2卷3号。

　　该观念是与时代语境互动的结果。第一，它与时人的思想观念互动。刘叔雅这篇文章与《大中华》杂志讨论军国主义几乎同时。[1]《大中华》上芥舟的文章赞扬德意志人及其奋斗精神，不满世人常恨德意志横暴，咒其军国主义。[2]芥舟认为只有在出于国民全体要求时，国家才可以实行军国主义。[3]他的意思是德国军国主义是与其国民共同目的一致性相适应的，也就是合理的。反对学子"不解军国主义，故游惰废学，耽于淫乐，或则以校中课程为敲门砖，卒业证书为获官符"[4]。刘叔雅也一样认为各行各业都能因理解军国主义而改善。他比照德国的发展，援引霍普特曼的话说明德国人爱和平，但是更爱自由，所以将军国主义做为德意志民族精神。刘叔雅赞美日耳曼的民族精神，而且还预言了德国二战的崛起，认为就算这次输了，他日十年生聚十年教训，必有卷土重来之日。[5]那时的人长期看到日本学习德国而振兴，所以或多或少会认为德国的军国主义是救国要道。

　　第二，该观念还是与《新青年》本来的思想基础发生互动而生。《新青年》并非没有提倡军国主义的思想基因。清末知识人从日本接受的也是与军国主义有亲缘关系的思想，诸如意志力、尚武精神等都与军国主义属于亲属概念。《新青年》曾指责东方文明（中国）以安息为本位，赞扬西洋文明以战争为本位。[6]为此，国民素质的内容也包括了尚武精神。这是因为《青年杂志》在确立教育理想的时候就接受了德国军国主义相关的内容。刘叔雅赞扬叔本华自我意志说，认为它发展到当时就是德意志军国主义。[7]1卷6号中易白沙主张参与世界大战，反对中立，避免成为胜利者的俘虏。[8]这也是根据中国发展需要提出来的要求。谢鸿介绍德国、法国和英国少年团、青年

---

① 《大中华》第2卷第10期出版日期是1916年10月20日，《新青年》1916年2卷3号是1916年11月1日。出版时间相差10天，考虑到中华书局的出版能力和《新青年》初期拖期尚不严重等因素，《新青年》看到《大中华》受其启发，与两者不谋而合而思想共振，这两种情况都有可能。

② 芥舟：《德意志与军国主义》，《大中华》1916年第2卷第10期。

③ 芥舟：《德意志与军国主义》，《大中华》1916年第2卷第10期。

④ 参见《名家著述瀛海丛谈第十三》，《清议报全编》卷八第二集丁。

⑤ 参见刘叔雅：《军国主义》，《新青年》1916年2卷3号。

⑥ 陈独秀：《东西民族根本思想之差异》，《青年杂志》1915年1卷4号。

⑦ 刘叔雅：《叔本华自我意志说》，《青年杂志》1915年1卷4号。

⑧ 参见易白沙：《战云中之青年》，《青年杂志》1916年1卷6号。

团，以及中国的童子军，都有军国主义特征，[1] 都是芥舟所谓"平和时代的训练"，是军国主义的准备。另外，对于意志的强调也是为了培养军国民。鼓动好战本来就与主动积极的人生观相互匹配，《新青年》提倡主动积极的人生观自然更容易接受军国民教育中的某些成分。

第三，与小时代中国知识人的内在欲求也发生互动。我们将时代加以细分，时代一直被笼统地看作一个时间里的整体，但时代也有空间差异，特别在中国文化成为世界文化之一体时。民族国家内部有相当独立的民族共同性，故而是可以相对独立于全人类共同性之外的。我们称这个为小时代，而全人类共同的整体性为大时代。此时德国尚未战败，在欧洲战场上以一当十，节节胜利。德国之所以有这种强大的国力，军国主义是一个原因。在此背景下，国内形成一种肯定军国主义的舆论动向。提倡军国主义的理据往往是为了不亡国，为了振兴国家，军国主义的思想被看作国家富强之策。这些反感军国主义的知识人却因为看到了德国的成功经验而改变了初衷。刘叔雅的战争宣传主要是为了消除中国的软弱。也正是出于对这条路径的认可，刘叔雅说："德意志历史上一世纪前还是弱国，很快振起。其统一复兴所以神速，因为军国主义。"[2] 当时世界上的榜样毕竟是日本、德国这种凭借军国主义和意志来获得振兴的民族国家。在这个背景下，国人接受军国主义也是可以理解的。

当然，同人提倡军国主义只是权宜之计、保种之计，是为治病而开的药方，同人未必真的喜欢军国主义。第一次世界大战刚开始的时候，社会上是批评黩武主义的。1915 年《进步》报道了美国人对于战争的看法，即反对黩武主义。把德国看作破坏文化的国家，呼吁用武力来斗争。[3] 陈独秀在《青年杂志》上反对军国主义也是一样的理由。是互动突破了原来思想的某种束缚，突显出深层的前提。在这里，国家振兴的深层愿望，以及国家主义的深层内蕴都显示了其强势地位。

---

[1] 谢鸿的《德国青年团》(《青年杂志》1915 年 1 卷 3 号)、《英国少年团》(《青年杂志》1916 年 1 卷 6 号) 和《法国青年团》(《新青年》1916 年 2 卷 2 号)，还有《国外大事记》栏目的《英国创行强迫军役制》(《青年杂志》1916 年 1 卷 5 号)，康普的《中国童子军》和《童子军会报告》(《新青年》1917 年 2 卷 5 号)。

[2] 刘叔雅：《军国主义》，《新青年》1916 年 2 卷 3 号。

[3] 佩我：《战争之中和平谭》，《进步》1916 年第 8 卷第 1 号。

北大时期，《新青年》振兴国家的策略也随着对德宣战的失败，而发生变化。同人抛弃了军国主义，恢复到了思想本身的稳态之中。1915 年底陈独秀还认为德国有胜算，对英国政党政治的缺点日益暴露、不能强迫兵役等表现不满。① 1917 年就改为支持协约国一方，随之军国主义也突然消失。3卷 1 号中傅桂馨主张军国主义的时候，说孔子不适合军国时代。② 陈独秀的回信没在这方面加以发挥，显然兴趣点已经不在这里。③ 有读者来信问教育方针应偏重于军国民主义还是实利主义的时候，陈独秀的回复没有选择任何一方，而是提出"进取主义"。④ 此时，同人的思想核心是无政府主义，无政府主义本质上与国家主义和军国主义是抵触的。李平来信中说到《互助》和《人学》等无政府主义著作可以"唤醒一般醉心军国主义、功利主义者之迷梦"⑤。于是他们把振兴国家的希望放到国民自觉上来。此时，同人主张要国民自主参与国政，虽然不能去除政府，但是应该弱化政府的地位。总之，需要一个弱政府，而不是强政府，似乎强政府会妨碍国家的建设。

北大同人的这个看法也是互动的结果。第一，与北大同人的集团归属有互动。北大同人因为跟随蔡元培，而与当时的无政府主义者建立了联系。这些无政府主义者往往从英法接受新思想，因此在战后比较早地质疑军国主义，比如无政府主义者汪精卫就认为应该舍弃军国主义，而从事学问知识的追求，后者是关键。在军国主义和人类共存主义之间，应该选择后者。总的来说，汪精卫此刻是反军国主义的。⑥《新青年》3 卷 1 号上蔡元培来信中的思想其实来自这群无政府者。在来信中，蔡元培明确表示军国主义是欧战的元凶，他说："德人因信仰物竞争存，优胜劣败之说，厉行军国之主义，致酿成今日之大战，其实军国主义，在今天可谓至愚，不过我人生长弱国，虽斥为至愚，人亦不信耳。"⑦ 随着蔡元培的表态，《新青年》对于战争的态度也发生了变化，放弃了军国主义。

---

① 　陈独秀：《一九一六年》，《青年杂志》1916 年 1 卷 5 号。
② 　傅桂馨：《通信》，《新青年》1917 年 3 卷 1 号。
③ 　独秀：《答傅桂馨》，《新青年》1917 年 3 卷 1 号。
④ 　记者：《答 L.T.M 生》，《新青年》1917 年 3 卷 2 号。
⑤ 　李平：《通信》，《青年杂志》1915 年 1 卷 2 号。
⑥ 　精卫：《人类之共存》，《建设》1920 年第 1 卷第 6 号。
⑦ 　蔡元培：《通信》，《新青年》1917 年 3 卷 1 号。

第二，该观点与北大同人的政治立场互动。此时《新青年》同人采取与政府对立的学者立场，他们自称脑力劳动者，[①] 因此，自认为与民众一致。比如他们在战后特别主张和平，固然因为海外潮流如此，[②] 也因国内人民的呼声，他们站在人民的一边，因此此时北洋军阀有统一南方的意图，同人站在维持现状，追求和平的方面，而不是统一的方面，因此也反对国内一切黩武行为。当然也放弃国际间的军国主义。同人选择了与政府对立的民众立场，他们主张民众为中心的国家权力模式，认为这种权力关系才能使国家和平、自由，发挥民众的能力，进而实现国家的富强。

第三，该观点还与《新青年》的原有的思想体系互动。《新青年》本来就不强调爱国主义，接受无政府主义思想后，更加排斥"浅薄"的爱国。这种思想核心甚至使同人突破了集团归属。他们本来也属留洋学生，但他们反对留洋学生最容易产生的爱国情绪。陈独秀不满于欧美日本留学生的军国主义和国家主义，说中国人最大多数老百姓还没有中这种毒，说老百姓因此可爱。[③] 他的观点可能并不准确，民间也有深厚的爱国情绪基础，这是天然的。无论如何，陈独秀突然肯定老百姓不重视国家主义，这与清末留日学生不满国人没有爱国观念完全背道而驰。

五四以后，《新青年》振兴国家的策略又发生了变化，改为采取社会主义运动，逐渐倾向于群众运动——这是个重大变化。

这个变化是与时代互动的结果。首先，同人与同时代人互动，与他们共享某些观念。陈独秀离开北京，回到上海这个社会主义思潮涌动的地方，跟上海的研究系和国民党系一起提倡社会主义运动，希望用新的思潮来改善中国的现状。研究系和国民党系报纸是先行者，他们最先接受世界新潮——第一次世界大战胜利以后的社会主义（包含无政府主义）思潮，将之看作振衰起敝的手段。陈独秀与他们接近，吸收了一派新的同人。

其次，与学生运动发生互动。五四以后，有人在阐释学生运动的遗产时，把政治和群众运动结合。他说："我们相信在今日社会阶级的自觉尚未发长的期间，学生运动仍不失为民众运动之中心，这是时代的要求，自然

---

① 参见蔡元培：《劳工神圣》，《新青年》1918 年 5 卷 5 号。
② 参见佩我：《战争之中和平谭》，《进步》1915 年第 8 卷第 1 号。
③ 参见陈独秀：《与支那未知的友人·附言》，《新青年》1920 年 7 卷 3 号。

的现象"①。五四以后，学生从事政治运动也是合理的，属于公民行使政治权利。社会氛围裹挟着《新青年》跟上时代，向他们所不认同的民众运动而去。五四运动爆发后，同人多数没有参与运动，同人与学生运动保持距离。陈独秀没有在《新青年》上直接评价五四运动。当时他与傅斯年一样把五四作为国民直接参与政事的形式。但是陈独秀到上海后，刊物作者中青年学生逐渐增多了，加上社会主义运动中对群众运动的强调，民众运动的成分越来越多。学生此时又被社会主义运动吸引，使社会主义成为学生运动（新文化运动）中的重要内容。在与学生运动的互动中，《新青年》被学生运动的氛围推动，又以第一次世界大战胜利后树立起来的权威地位反作用于新文化运动和学生运动，推动社会主义思潮发展。

党员时期《新青年》政治思想的一大转折点是振兴国家的方向由群众运动一变而为革命，即通过革命清除发展的障碍，振兴国家。那时因为强调革命，强调国际主义，又把国家富强看作民族资产阶级的纲领之一，所以很少谈建设国家的方式。当然，不是说马克思主义者就不要国家富强。陈独秀说："无产阶级本来无祖国，然而他们在救祖国的实际工作上，比任何阶级都出力。"② 国家对同人是重要的，自然他们也重视国家富强，只不过他们当时急于从事的是革命，把国家富强当作改变社会制度以后去实现的目标。

这个新看法首先与所属的政治斗争境遇互动。当时，共产党正在与国民党形成统一战线，一起反军阀反帝国主义。两者的结合点就是革命。1922年陈独秀发表了《造国论》，文中首次使用"国民革命"取代了以往"民主革命"的口号。③"国民革命"是指无产阶级和资产阶级"联合的革命"，是民众联合的大革命。有读者来信赞成国家尚未建立的说法，但反对陈独秀说的两阶级已经有十年的联合，他认为两阶级是分裂的。君宇答时也关注两阶级的联合问题。④ 无论联合得多久，是否联合，其关键问题是联合。联合的基础是两个阶级有共同的革命对象，两个阶级的合作有两个方向，一个是资

---

① 勉己：《学生与政治》，《人权》1925 年第 3 期。
② 陈独秀：《孙中山三民主义中之民族主义是不是国家主义?》，《新青年》1926 年 11 卷 4 号。
③ 陈独秀：《造国论》，《向导》1922 年第 2 期。
④ 参见思顺：《读独秀君造国论底疑问》，《向导》1922 年第 4 期；君宇：《答思顺》，《向导》1922 年第 4 期。

产阶级追求的国家主义，一种是无产阶级来实现的人类大同（读者说两者是矛盾的根据在此）。现实的合作要求把思想的矛盾弥合起来，因此只能是在共同点基础上将两者结合。陈独秀就曾否认三民主义是国家主义，说孙中山代表世界民族的政治思想，属于现代殖民地国际民族运动之特性。他的理由是国家权就是统治权，国家的利益就是统治阶级的利益。所以他说国家主义就是统治阶级主义。[①] 这样解释就把资产阶级追求的国家目标，暂时放到国家的对立面。这次争论在《向导》上进行，并非在《新青年》上，但考虑到当时《新青年》与《向导》的合作分工状态，可以认为党员同人也与陈独秀在《向导》上的意见一致，因为这种思想是《新青年》政治态度的背景。1926 年瞿秋白主编的《新青年》上有很多中国国民革命运动的理论分析，可以作为证据。

再次，这种认识与时代的革命形势和广州的环境发生互动。广州的革命青年认为在重重压迫下的中国，要解放，必须"跑上这条光明的路——革命战线上去努力奋斗"，目的是通过"革命""把一切的敌人打倒，以求自己的永久自由"[②]。南方的革命者关注建立一种"新型"的"革命生活"，比如学生一边读书一边工作的生活。[③] 革命本身就是思想动员，是文化进入生活的一种动力。革命在当时承担的是启蒙的作用，有把真理带到生活中去改造生活的意味。

《新青年》因为在上海，所以与南方的革命生活仅仅在革命精神上保持联系。革命生活产生背景是国民革命。《新青年》此时服从服务于"国民革命"，因此必定属于革命环境，在上海则经常被查禁，在北方则根本无法发行。革命环境选择了《新青年》，《新青年》也选择了南方的革命活动。它成为这个环境的一个符号和部分。虽然党员时期面向世界，但是本国的问题还是重要关注点之一，不过是在世界问题解决以后顺便解决的次要问题。革命的实践要求《新青年》的政治思想只能是降低为革命这个与资产阶级共同的话题。

---

① 参见陈独秀：《孙中山三民主义中之民族主义是不是国家主义?》，《新青年》1926 年 11 卷 4 号。
② 明生：《革命者应取的态度》，《香港学生》1926 年第 12 期。
③ 参见若愚：《学生与劳动（三）》，《晨报》1919 年 2 月 27 日 7 版；朱念民：《革命生活谈》，《革命生活旬刊》1926 年第 11 期。

## 四、政治问题与文化

一直以来《新青年》都被认为在新文化方面成就突出，后来有人认为这样忽略了它的政治观点，因此另辟蹊径，关注其政治方面。其实文化和政治两方面并不矛盾，问题的出现是把政治和文化对立起来的视角造成的。胡适把文化看作在知识领域做政治的准备，[①] 是按照狭义"文化一"来理解文化的，因此把政治的绝大部分都排斥在"文化"之外。本书采用广义的"文化"概念（文化三），把政治作为文化的种概念，因此前面讨论重要政治思想的互动情况，其实着眼点仍然在文化思想上。

跳出胡适的区分以后，政治问题就成了文化问题的一部分。政治思想与文化思想是从属关系，即部分和整体的关系。绪论在定义"互动"的时候曾说过互动的一种功能就是把部分连接成整体。通过互动，部分在整体中发挥作用，整体又在部分中存在着。在这里就是政治思想与文化思想之间发生互动，一方面政治思想体现文化思想，政治思想中隐藏着文化逻辑，另一方面政治思想也要求文化思想整体的改变。从互动的视角来看，政治思想在文化思想中，受到整体文化思想的限制和决定，文化思想的特点会决定政治问题的观点，政治思想分享文化观念。比如党员时期的无产阶级专政思想也被解释为达到全人类平等的一种手段和策略，而被接受。这是因为文化思想是更稳固的，而政治思想可以因文化思想服务的现实发生变化而发生巨大改变，像自由主义的自由思想可以变为无产阶级专政思想。再如《新青年》的民治主义思想就来自清末形成的平等主义文化思想。对于平民文化的推崇限制了同人政治思想向集权主义方向移动等，也是如此。

同人用新的共和政治体制来理顺文化，要求文化为共和政治服务。作为佐证的是，3 卷 5 号上钱玄同说，稍微懂得一点戊戌变法、辛亥建国和丙辰踏帝制的人，就不会让新国民去研究《佩文韵府》，这是钱玄同对于政治和文化紧密联系的理解。他认为明白政治问题可以促使读者赞成文学革命，可以拒绝来自传统文化中的毒素。这个"相适应"的要求也可以看作文化整体的各部分按照处于中心地位的政治变动而整体转变。同人是把政治和文化当

---

① 　胡适：《陈独秀与文学革命》，《胡适文集》（12），北京大学出版社 2013 年版，第 21 页。

作相互连接的整体。政治变动了，必然带来文化问题。而文化变动（如思想的改变）也能作用于政治，证明其合理性。同人与守旧派的交锋点就在于文化与政治的联动，守旧派看到文化的继承性，而他们看到政治与文化的联动性。钱玄同就发现姚永概的三纲解说正好表明它与共和国的制度相反。① 陈独秀认为文化与政治应该相适应，认为中西文化与政治问题是相关的，并认为文化问题解决不好，则政治问题将不能得到解决。② 他的潜在思路是解决文化问题（新旧问题）作为解决政治问题的先决条件。一般研究者和胡适也是从这个角度认知《新青年》的文化问题的意义的，即认为文化问题为了解决政治问题才作为突破口，文化问题是手段。但是人们忽略了他们用共和政体来作为"文化"改变的大前提，结合这个出发点，我们可以发现，人们仅注意了陈独秀思想的一个侧面，其实他是互动地理解政治与文化关系的。其实，这个思路也可以从政治属于文化一部分的角度来重新审视。陈独秀的实际意思也可以阐释为：陈独秀"认为"文化整体的内容会决定政治局部的特点。③

同人关心的是共和政体需要配套什么样的思想，即政治文化——政治与文化交融的部分，他们要建立一种新型的政治文化来配合政治体制。他们讨论的政府、人民等政治主体同时也是文化主体。他们讨论国家承担的文化工作，如公民教育、统一语言、家庭、宗教、文学、艺术、学校、报刊等，讨论国民需要的文化心理，如民族精神与启蒙思想等，讨论国家和人民各自在

---

① 参见记者（钱玄同）：《答 S.F.》，《新青年》1919 年 6 卷 2 号。

② 参见陈独秀：《今日中国之政治问题》，《新青年》1918 年 5 卷 1 号。

③ 也就是说，由于陈独秀和其他人对文化这个概念的理解造成他的言说的意思没有得到充分展开。同样的话还可以表达另一层意思，虽然当时他没有想清楚，但是后人从新角度来理解他的话时可以发现深层逻辑，比如从这个角度来理解至少不会把陈独秀先从事文化革命来促进政治革命当作他把文化当作工具的标志。从这个结论出发，也可以发现《新青年》后来从事"政治"其实是解决具体文化问题的表现，不存在所谓"转向"。就算他的确把"文化"当作政治工具，但因为就事理上说文化作为整体不应该作为其部分的政治的工具，这样他的"错误"[后人不能因为文学、哲学属于文化（文化一）就认为政治和文化并列，同人还要求伦理与政治一致，而伦理肯定不算胡适心目中的"文化"。历史人物思想存在不周延的部分，这是历史发展的常态，最后它的形成以及是否形成逻辑严密的整体要由环境来决定，通过互动来实现。]使他思想中认定文化与政治相适应的观点更为深刻，也表明陈独秀把政治作为文化的核心部分，要求其他部分为政治服务。

文化方面的权限。高一涵认同伯伦知理的观点，认为国家没有直接管理文化的职权，只能建立制度加以引导。他强调人民个人才是文化的原动力，只有个人发挥其文化生产的作用才行。① 高一涵总结郝尊道、柏哲士、格芮和小野冢氏等人的观点，认为国家生存的基础奠定后，接着就要追求"小己社会之自由之权利"，最后则是"鼓舞振兴世界人类之文明"②，即国家追求的最终落脚点在推进文化上。说明当时比较流行的思想都认为国家最终目的是提升人类文化。但是高一涵偏偏选择了小众的思想，拒绝国家文化职能的说法，这是意味深长的。后来反对贤人政治也是为了拒绝国家对于文化的管制，保证人民自我生产和管理文化的地位。其潜在的批判对象是中国的专制意识，他为了树立民主的意识提出纠偏之论。由此可见，《新青年》把文化从国家政治中剔出来，为了让人民与文化结合，因此它主张民治背后其实有文化关怀。

同人集中讨论政治文化的倾向是在互动中逐渐形成的。一开始，陈独秀谈论共和国应有的国民教育，即是政治文化的一部分。沪皖后期，陈独秀一方面把一切领域都带上政治色彩，提出今后"国民生活倘不加以政治采色，倘不以全力解决政治问题，则必无教育实业之可言，终于昏弱削亡"③，即把政治素养看作一个人的最基本的文化素养；另一方面他又认为"青年修养亦不在讨论政治"④，他似乎认为讨论政治是与青年修养（文化）无关的，或者青年修养中不包括政治文化。他有时候也会把文化与政治加以区分，到底觉得谈文化不过瘾，这才不断想要谈政治。这是因为当时黎元洪当政，政治是可谈的话题，不免表现出政治热心。第 4 卷退入文学哲学，即一般所谓"文化"，第 5 卷再提政治，就明确是政治文化内涵了。与之互动的有同人内部的两种方向。一面要避免政治压迫而从事"文化"（文化一），一面要谈论政治。于是两相折中而形成了政治文化的内容：从"社会"出发思考要什么样的政治。这样选择使得北大同人关心人民（国民）的陋习，也使得他们的概念体系内部的张力得到缓解。其实两者并不是截然对立，而是互相合作的。

① 高一涵：《近世国家观念与古相异之概略》，《青年杂志》1915 年 1 卷 2 号。
② 高一涵：《国家非人生之归宿论》，《青年杂志》1915 年 1 卷 4 号。
③ 独秀：《答顾克刚》，《新青年》1917 年 3 卷 5 号。
④ 独秀：《答顾克刚》，《新青年》1917 年 3 卷 5 号。

陈独秀说，"十八世纪以来的政制已经破产，我们正要站在社会的基础上造成新的政治"①，也就是陈独秀所谓"政治的根本"。胡适主张文学哲学为主，也落脚在政治的改善上。其实同人具有共同的以政治作为文化中心的文化观念。从后人的眼光看，存在直接攻击中心，还是迂回包围的策略差异，但也使同人思想更有弹性，并增加了政治文化可选择的路径。到党员时期，早期的政治主题已经发生了巨大的转变。从文化为政治服务变为政治为文化服务。瞿秋白在第10卷上说，无产阶级顺应现实世界的要求，不得不改造社会，最后拯救人类（普天下的劳动者）的文化。② 在阶级斗争的背景下，瞿秋白写的多是各种力量的斗争和联合，而文化则放到政治的下面，作为努力的目标推到后台。③ 由以上梳理可见，同人政治文化的关注点是根据环境的性质自然生成的，然后被环境限制或加强，后来又因思想核心由关心文化转变为关心政治制度，而把两者当成一回事儿的不同阶段了。首先，社会革命的根本目的是建立世界一体的新文明，这使它总是在文化的笼罩下来思考政治（虽然不是那样明显）。其次，深刻认识到文化与政治之间的断裂处。比如瞿秋白分析20世纪20年代的世界状况时，认为中国的实际生活要求民治主义，而思想的先驱却揭示着社会主义。④ 政治上要进行的是民族主义革命，但是社会主义的思想作为文化已经开始反作用于政治，无产阶级已经开始扫荡旧阶级。文化上超前于政治现实。

政治与文化的互动还体现在政治观念中反映着文化原则。

同人自始至终变化着的政治文化思想中保持稳定的第一个观念就是自由，这点几乎已经是后人的共识。不过一般研究者只认为前期《新青年》有自由观念，而对10卷以后的《新青年》则不这样看。的确，《新青年》前9卷在政治的选择中，突出了自由的重要性，因此他们对于文化问题的核心看法也与自由有关，这点是他们处理文化与个人之间关系的基点，也决定了他们对于文化的拒绝态度。9卷6号进入党员时期的最后一期，还有周佛海宣

① 陈独秀：《谈政治》，《新青年》1920年8卷1号。
② 瞿秋白：《世界的社会改造与共产国际（共产国际之党纲问题）》，《新青年》1923年10卷1期。
③ 瞿秋白：《国民革命运动中之阶级分化》，《新青年》1926年11卷3号。
④ 屈维它：《从民治主义到社会主义》，《新青年》1923年10卷2期。

称"我们爱自由，要爱人类全体底真正自由"，强制不过是获得真正自由的手段。[①] 这一号里谈到自由的言论不少，很可能关于自由的崭新认识，是顺利转入党员时期的一个中介。自由内涵的转变根源于对自由的重新认识。陈独秀被捕后，认为不能一概反对强权。他把强权与火水等同，认为善于运用可以为善，就是说强权这个东西本身不是恶的，关键在于如何使用。虽然他没有说自由也是一种可善可恶的东西，但大体上可以如此类推。这是一个很大的转折。强权也可以保护自由，这个自由应是真正的自由。陈对自由的信仰从来没有动摇过。陈独秀转向马列主义背后也有对自由的追求，因为马列主义许诺了人类的最终解放和完全的自由。在他眼中专政不过是达到共产主义自由的途径，这不是他个人的看法。但是实际情况是，10卷以后的党员同人认为无产阶级专政总比资产阶级专政更多自由、更合理。也就是说党员时期虽然不太谈自由，多谈专政，但是自由却深藏在一切策略之中。

《新青年》对政治学本身没有很大贡献，它不过把政治原则推广到文化中而已。政治学讨论的很重要的内容是"正义"[②]，但《新青年》没有直接讨论过正义问题（第一次世界大战胜利后曾短暂提到公理），仅仅介绍国外学者讨论过的比如平等、民权、最大幸福等正义原则，社会契约基础上的正义。按照罗尔斯提出正义的两个原则，[③]《新青年》开始解决的是平等享有自由的问题，所以主张国家从属于个人的幸福。[④] 后来放弃了第一个原则，而采取第二个原则了，所以适当保留一定限度的不平等。

第二个文化观念是惟民主义，即平民文化优先，与平民主义义近。《新青年》的政治思想以普通国民为中心，后来在世界民治主义潮流中，进一步变为劳动的平民。正是从这个角度出发，它反对旧文化。陈独秀说，《新青年》因为拥护德先生就不得不反对孔教、礼法、贞洁、旧伦理、旧政治，拥

① 　周佛海：《自由和强制——平等和独裁》，《新青年》1922年9卷6号。
② 　［美］肯尼斯·米诺格：《政治学》，龚人译，辽宁教育出版社1998年版，第80页。
③ 　包括每个人都有权坚持拥有一种与最广泛的自由体系兼容的自由体系——第一原则；如果社会和经济存在一定限度的不平等，那么这个限度就是让受损害的人受损最少，并且获得好处的机会，要公平地开放给所有人——第二原则。（［美］约翰·罗尔斯：《正义论》，何怀宏、何包钢、廖申白译，中国社会科学出版社1988年版，第292页）
④ 　高一涵：《国家非人生之归宿论》，《青年杂志》1915年1卷4号。

护德赛先生不得不反对国粹和旧文学。[1] 由此种表述可见，他认为礼法、孔教、旧政治、贞洁、旧伦理的病根在反民主。而国粹和旧文学也是不民主的，其实就是缺乏平等观念和人民观念。关于这一点几乎也是学界共识，无须多加论证。需要补充说明的是三点：第一，《新青年》同人所谓"民众"，是以某部分人作为领导的群体。知识阶级曾被看作这个领导。李大钊认为"知识阶级是民众的先驱"，"民众作知识阶级的后盾"，"知识阶级的意义，就是一部分忠于民众作民众运动的先驱者"[2] 后来党员时期领导者变为无产阶级。第二，《新青年》认为政治文化的惟民主义应该放之四海而皆准，是人类共同的文化。无论谈的是公民还是人类，其本质都是人类。第三，平民主义是同人重要核心观念，甚至让崇拜罗素的张崧年不能同意罗素关于公养的区别对待，认为非平民主义，[3] 因此可以推断平民主义是张崧年思想当时的一条铁线。钱玄同崇拜"西方"，背后就是对平民主义的崇拜。

第三个文化观念是思想优先，即在文化各种变革中思想变革最为首要。林毓生注意到在新文化人眼里，思想文化在政治、社会、经济改革中具有优先性。他认为，启蒙主义者往往从思想意识出发去改变国家[4]。这个观察是正确的。

《新青年》关注的政治文化是整个政治体系的文化，而不是某部分政治行为者的文化。《新青年》不讨论如何行政等问题，主要因为行政问题不具有根本性，不是整个政治体系内的文化，而是官僚的手段，虽然也算是文化，但不具有普遍性。陈独秀曾说，不谈政治，只谈政治的根本问题。所谓"根本问题"就是与政治配套的政治文化（文化一）。不过陈独秀把其理性的部分看的过于重要了，因为那时他还秉持着唯心论历史观。在陈独秀最初的概念中，政治史就是政治观念史，甚至就是文明史，比如他翻译的《现代文明史》原来就是政治史著作，陈独秀单选第三章18世纪欧罗巴之革新运动，它的第一节叫《十八世纪之新思想》，里面包括工商业、经济政策、经济学

---

① 陈独秀：《本志罪案之答辩书》，《新青年》1919年6卷1号。
② 李大钊：《知识阶级的胜利（一九二〇年一月二十五日）》，《李大钊全集》(3)，人民出版社2006年版，第174页。
③ 张崧年：《罗素与人口问题》，《新青年》1920年7卷4号。
④ 林毓生：《中国意识的危机》，贵州人民出版社1988年版，第45页。

思想、英国哲学、法兰西哲学和法兰西精神之影响等节。他选这部分为了说明种种政治经济改革和思想变化（法律、哲学、宗教等）造成革命的道理。陈独秀认为欧洲文明的根基在思想变化。[①] 北大时期，《新青年》认为社会上的很多几千年来所积的恶毒，一切专制的观念都应推翻，[②] 更凸显了思想领域斗争对同人来说的重要性。虽然，党员时期比较重视物质的因素，强调制度变革，但是也没有放弃借思想改造培养社会主义新人的思路。可以说，自始至终都是重视思想改造的重要性，特别在涉及文化的时候更是明显。

《新青年》在舆论领域中的活动，主要在思想领域与对手交战和较量。比如，他们反对贤人政治，针对的是它"屏斥人民于政治范围而外"[③] 的思想问题。而且，《新青年》认为思想与现实有严格的对应关系，包括制度在内的各种文化形式都是人的思想外显。思想不通，外在任何规定都无效。思想好，国家就能好。这种内外因素使同人在政治和文化的讨论中总是重视思想方面，就算重视物质的时候也强调思想者的主观能动性。

第四个文化观念是以政治化方式开展文化运动。所谓"政治化"方法指的是策略、革命和政治斗争等方式。"革命"是政治行为，被《新青年》明确用到文化领域（主要是伦理和文学），使文化问题也用革命方式来解决。将"革命"运用到文化思想领域在1917年还是比较少见的情况，这点可以从卓鲁顿的话推测出来。卓鲁顿发现"革命"就是进步改良的意思，人们有所发明可以对人类有所贡献都可以叫革命。革命这个词的适应范围增大了，效果是把革命渗透到生活的各个方面去，政治可以，文学可以。其他种种革命，均由此义而生。[④] 虽然包括胡适在内，早就有人提到文学革命，但从卓鲁顿的口气来看，他认为是新事物。陈独秀的回信说，"革命是一切事物革故更新之谓"[⑤]，看来虽然他此前提出"文学革命"，但是似乎也是把革命运用到各个文化领域当作"创举"。这种新奇的方式到五四以后还是较新颖的。7卷3号《新青年》上朱希祖才算终结了"革命"作为世界进化方式的讨论，

---

① 陈独秀：《现代文明史》，《青年杂志》1915年1卷1号；陈独秀：《现代文明史》（续完），《新青年》1916年2卷2号。

② 陶履恭：《我们政治的生命》，《新青年》1918年5卷6号。

③ 高一涵：《近世三大政治思想之变迁》，《新青年》1918年4卷1号。

④ 卓鲁顿：《通信》，《新青年》1917年3卷5号。

⑤ 独秀：《答卓鲁顿》，《新青年》1917年3卷5号。

开始讨论如何革命的问题了。①

《新青年》之所以能较早采取这种新奇的方式，基于陈独秀等人做出的政治革命没有完成的判断。在他们看来，旧政府虽然倒了，新的政府与国民的新关系没有建立，也就是说新的政治文化没有建立起来。他们又有政治与文化相适应的观点，整体改变，文化必须改变，政治革命在辛亥年实现，那么文化"革命"也必须彻底地实现。

这表明《新青年》只是把文化革命当做政治革命的继续和延伸。文化革命与政治革命是相互纠缠在一起的，所以《新青年》的文化运动总与政治有千丝万缕的联系。在方式上也更多采取斗争方式，强调集团的统治—被统治、压迫—被压迫的关系。

既然讨论政治思想与文化思想的互动，当然还要提到政治思想对文化思想的作用。

因为在特殊的政治问题中思考问题，所以文化思想的某些部分得到了强化，比如国家由谁领导在特定历史时期成为《新青年》政治思想的出发点，在这个前提下文化方面自然比较强调国民的思想素质。又因为有政府受舆论监督的理念，以及当时国民素质的低下，所以文化问题的关注点设定在提高国民素质方面和思想改造。再如，高一涵和陈独秀都重视政府权力的限制，突显民意精神，于是他们的政治文化以公民文化为主要建设对象。再如因为他们在政治上主张国民创造政府，所以平民文化被带入其文化思想，并且成为核心，同时也使他们的平民文化思想缺少与政府协作的一面。以上列举几条文化思想受政治观念决定的例子，此外还有很多，不一一赘述。

《新青年》的文化思想受到政治思想的影响，有时是正面的，有时是负面的，既有敞开作用，又有遮蔽作用。

敞开作用体现在《新青年》在政治与文化的关联中审视文化。《新青年》在政治和文化交叉地带活动，一直在讨论政治中的文化，以及文化中的政治。前面说到它讨论政治文化，自然是一个标志。

特别值得提到的是，《新青年》的政治—文化相互联系的认识构架中暗含着文化三（包括底层文化在内的文化）是国家文化根本的意思。因为政治

---

① 朱希祖：《敬告新的青年》，《新青年》1920 年 7 卷 3 号。

文化多数不是精英文化（文化一），反而是很多被普通民众掌握的文化。如此一来，普通民众的文化有可能成为国家文化的主体。到党员时期，从阶级对立出发，使文化具有更丰富的内涵。因为要让没有文化（文化一）的劳动者来获得世界，于是文化就不再指高级知识。就把拯救文化（文化三）的希望寄托在没有"文化"（文化一）的无产阶级身上。

另外，还体现在因《新青年》着眼于文化为新产生的政治体制服务，新政治与旧文化脱节的现象使它的文化态度偏于批判和革命，在文化取向上强调文化变迁。他们的文化思想更强调更新文化。陈独秀说没有新的就不算革命成功，这个新的就是体现在文化上的新事物。

第一，遮蔽作用体现在它的文化思想缺乏与政府协作的一方面。因为高一涵和陈独秀都重视限制政府权力。从与旧政府对立的立场出发，同人要建立人民监督政府的体制，所以在政治文化中轻视政府作用，在北大时期更成为无政府主义色彩的政治文化了。

第二，体现为同人严重忽略文化的继承性。他们的政治出发点是人为设计的，例如高一涵说，"政治之事反诸物理，乃可以理想变事实，不可以事实拘理想者"①，因此，他们用理想来改变自然状态的政治体制。这个观念的一个不良后果就是政治思想斗争带来文化思想的变化，而且强调文化变迁，并不重视新文化的维护。其实，政治斗争可以是短暂的和持续变动的，而文化具有一定稳定性。

第三，由于《新青年》关注斗争，因此新旧文化界限分明，拒绝妥协。最分明的东西自然是理性内容，因此它追求科学文化。对情感的内容总是排斥，只有当涉及情感作为行动的动力时才偶尔提到。

第四，一定程度上减少了文化建设的成果。特别是后期侧重政治斗争，相对忽视文化建设的时候更是如此，更多重视的是新旧文化和阶级文化的对垒，比如它会认为：资本家乐于煽动白种人和有色人种之间的争斗，以便令劳动阶级内部分裂，号召大多数群众以从事于资产阶级式的独立运动，努力反对帝国主义，② 而对中国革命的形式特点与中国文化的关系等问题则并不

---

① 高一涵：《共和国家与青年之自觉》，《青年杂志》1915 年 1 卷 1 号。

② 《东方问题之题要》，一鸿译，《新青年》1923 年 10 卷 1 期。

关心。因此很多新的文化，比如红军的文化、政治工作的整套方法等都是在实际政治斗争中逐渐自然产生，同人未曾在理论上加以讨论和总结，无法从中国本土文化经验中创造新文化。

## 第二节　宗教和哲学思想的互动

个人与国家的关系是政治问题，人与世界的关系是宗教问题和哲学问题。近代以来，随着世俗知识的兴起，价值的来源逐渐被哲学和科学代替。同人自然也不能不面对这些问题，并在互动中提出自己的见解。

### 一、宗教问题

沪皖时期的宗教思想是第一个思想元。

最著名的宗教问题似乎要算是反孔教的问题了。它是与中国现实斗争互动的产物。在抵制"孔教"参与政治的斗争中，陈独秀重申欧洲无神论哲学的发展方向，重点讨论了孔教与民国是否相容的问题，认为孔教与帝制有不可离散之因缘。[1]

这里的互动具体表现在与康有为的论争上。陈独秀写《孔子之道与现代生活》，针对的是9月29日发表在《时报》上的《康南海致北京政府书》。康有为在电文中借鉴古代经验，认为孔教有乱后重治的功效，认为当时人心坏极，政法不能治，只有循文明国"敬上帝拜教主"的通例，实行尊孔。[2]康有为针对的是当时有废小学读经和攻击礼义廉耻的议论，有议员请求废除祀天祭圣的活动，而政府命令禁拜孔子。[3]陈独秀针对康有为的宗教思想提出自己的见解。康有为反对"禁拜圣令"，认为数千年来没有敢议废拜教主礼和黜教主之祀者。陈独秀说不合事实。他与康有为最大的不同在于孔教与

---

[1]　陈独秀：《孔子之道与现代生活》，《新青年》1916年2卷4号

[2]　参见康有为：《致黎元洪、段祺瑞书［1916年9月］》，《康有为全集》（10），中国人民大学出版社2007年版，第316页。

[3]　参见康有为：《致孙、范二君函［1916年8月29日］》，《康有为全集》（10），中国人民大学出版社2007年版，第311页。

民国之间的关系：康有为认为孔教与民国不相抵触（孔子可以作为代表民族文化的教主），而陈独秀认为孔教和民国不能并存（孔子就算是文化上的教主也是专制政治的附属物）。这是政治问题带来的宗教立场的改变。

当时国内的语境是，孔教会和康有为等人因为受欧洲影响，以及受国内道德困境的刺激，提出以孔教为国教的建议。康有为和陈焕章等人的思想由来很久。1906 年就有人认为儒是国教，提出以宗教改革来代替政治改革和学术改革，目的是用宗教来启发人民的行动力。[1]

《新青年》的反孔思想是与时代思潮互动的结果。陈独秀关注这个问题不是出于个人喜好。宗教和孔子关系问题已是当时的热门话题。一般来说，如果一个时代有一种思想，就很难只有一个人这样想，特别是从主流中生发出来的思想。因为有人这样想了，说明一定已经具备这样想的条件。而一个时代的思想生发点是有限的。这个判断虽然无法证明，但是从每个时代思想毕竟还是有超过前人的经验和新的念头来看，每一时代并不是一切可能的思想都一次产生，像生命大爆发一样。2 卷 3 号上陈独秀说，孔教存废问题因为国人纷纷讨论，他才加以讨论。蔡元培刚回国就发表关于宗教的见解就是表征。到第一次世界大战胜利以后，孔教会的思想成为新思想一派轻蔑的对象，比如蓝公武就说过："至今日之所谓孔教会，则荒谬异常，模仿耶教教会，欲藉国家之力，以创立一教会，不特背宗教之真谛，即与孔子之思想教义，亦大相刺谬，此实无赞否之价值，吾人雅不欲深论之矣。"[2]

在 1917 年与陈独秀一样认为孔子与专制政体结缘的也有人在，其人也认为孔子有宗教地位，因为缺乏宗教的根本要素，所以孔教不适合作为国教。[3] 还有人认为今日中国不可以有国教。[4] 当时以孔教为国教论属于奇谈怪论。至少在参议院里这个论调是受到抵制的。据《中华新报》记载：宪法二读会表决中，参议院议员孙光庭提出孔教为国教的条文，因措辞离奇不可思议，引起全院哗然，有发声鼓掌阻挠的，也有出语讽刺的。[5] 反孔并非

---

① 僇：《中国宗教因革论》，《申报》1906 年 8 月 27 日 2 版。
② 知非：《今日所要求之新宗教》，《国民公报》1918 年 10 月 22 号。
③ 李培恩：《孔子与宗教》，《兴华》1917 年第 14 卷第 23 期。
④ 虇蕍：《论中国今日不宜以孔学为国教》，《大中华》1916 年第 2 卷第 10 期。
⑤ 参见《孔教徒病狂》，《中华新报》1917 年 2 月 7 日 3 版。

陈独秀的独家言论,而是当时的共识。教育部在袁世凯覆灭后,就着手此事,教育部禁人尊孔(康有为语)已经化为行动。陈独秀嘲笑康有为电请拜孔尊教,南北报纸没有一人赞同,国会主张删除宪法中尊孔条文,内务部取消拜跪礼节,南北报纸,没有一个人反对。[①] 以上情况说明孔子地位衰微是不争的事实。这才是请当初废孔子祀的蔡元培回来当北大校长的氛围。清末以来的中学衰微集中体现在儒学低落,墨子等学说受到重视。康有为提出尊孔有一部分原因正是看到这种社会趋向,所以希望力挽狂澜。另外也说明陈独秀反孔并不是救正时弊,而是推波助澜,要清除袁世凯代表的保守专制思想的残余。

在当时,一方面舆论界和政治界主流抛弃了孔子,另一方面个人思想,特别是高层官僚的思想中还有很多孔子的思想影响。《新青年》同人主要的斗争对象是高层知识人与政府接近的高层,陈独秀引蔡元培的话,指出袁世凯代表中国三种旧社会:官僚、学究和方士。[②] 所谓学究就是高级幕僚,当时政府经常征询耆旧的意见,如严修、康有为、叶楚伧等,都曾受政府垂询。方士就是那些与神接近的巫师类人物(武庙宣誓、教会祈祷、相士贡谀、神方治疾等),虽然属于江湖中人,但是也属于有权威的人物,垄断着底层民众中的知识,总之,这三者都属于高层知识人,有权威或者通神,服务于帝制思想。康有为还给自己的弟子孙洪伊、范源廉写信,明显有对教育和内务长官施压的意味。而陈独秀的反驳也就带上以舆论给教育和内务部门支援的色彩。此时他还不是北京的教育家。如果不是康有为,他未必写这篇文章。陈独秀发表态度的深层原因,当然不是为了证明中国人头脑不清,逻辑不好,而是为了消除世人对康有为大名的崇拜,避免被他的言论迷惑,进而有害于社会思想的进步。[③] 陈独秀担心的是耆宿的尊孔思想进入政治中枢,因为康有为的信开头写他受到政府礼遇。黎元洪回电说康有为扶世翼教。段祺瑞认同国家不同但是人道是一样的。[④] 这篇文章的读者包括总统、总理、

---

① 参见陈独秀:《孔子之道与现代生活》,《新青年》1916 年 2 卷 4 号。

② 陈独秀:《袁世凯复活》,《新青年》1916 年 2 卷 4 号。蔡元培语出自子民:《对于送旧迎新二图之感想》,《旅欧杂志》1916 年第 3 期。

③ 陈独秀:《孔子之道与现代生活》,《新青年》1916 年 2 卷 4 号。

④ 转自康有为:《给黎元洪、段祺瑞电 [1916 年 9 月 5 日]》,《康有为全集》(10),中国人民大学出版社 2007 年版,第 313 页。

报界、尊孔的耆宿。《新青年》从来没有把矛头指向清室，而是指向遗老遗少和思想拖着辫子的"奴隶"，目的是扫除陈旧的政治文化。由于2卷以后陈独秀等人成为黎元洪的支持者和准幕僚，陈独秀写此文涉及孔子，正是在把黎元洪推上总统宝座以后，他有责任维护总统的威信，也有责任监督总统，因此他的批评颇有清君侧的意味。《新青年》还与一般学者的立场互动。顾实从学术角度论述孔教，把孔子原教旨与后来的世俗化区别开来，认为原始孔教是民间化的真孔教，三纲五常属于伪孔教。提出按照司马迁的说法，以四教（言、行、忠、信）四绝（毋意、毋必、毋固、毋我）三慎（斋、战、疾）为原始真孔教的范畴。[1] 他重新阐发孔教内涵，希望建立（或者说是"恢复"）孔子思想的宗教地位。《新青年》反对顾实的说法，认为孔子之道与三纲五常有不可分割的联系，而且其中多是不平等的道德。[2] 陈独秀要打消一切拯救孔教的企图，理由是孔教不适合现代生活，所以一定要驱除孔道。如果这样理解，那么陈独秀反对学者的平和立场，就不只是反对孔道做宗教这件事，主要反对的是有不适合时代的核心思想来统摄生活世界。

其实，康有为自相矛盾，他似乎也把孔子之道看作日常事物。康有为说"孔子之经""于人身之举动云为，人伦日用，家国天下，无不纤悉周匝，故读其经者，则于人伦日用，举动云为，家国天下，皆有德有礼，课持可循；故孔子之教，乃为人之道"[3]。这句话没有对孔道宗教性质的阐发，而是重在为人之道的方面，说明康有为并非不知孔子之道非宗教。与其说康有为有认识不清的可能性，不如说他为了使儒家思想在宗教层面发挥作用，也就是说，他说的未必是真实的历史，而是指向未来。陈独秀就指出康有为不把孔子之道当宗教，而是当作人伦日用之世法。所以他有意识不谈孔教而称孔子之道。[4] 因为，如果讨论孔教对生活的直接指导，追求的是道德[5] 和秩序，那么未必一定要孔教成为宗教，毕竟正如陈独秀总结历史时说的，中国"非

①  顾实：《社会教育及共和国魂之孔教论》，《民彝》1916年第2号。
②  陈独秀：《宪法与孔教》，《新青年》1916年2卷3号。
③  康有为：《致教育总长范静生书［1916年9月］》，《康有为全集》(10)，中国人民大学出版社2007年版，第322—323页。
④  陈独秀：《孔子之道与现代生活》，《新青年》1916年2卷4号。
⑤  刘萍：《论民国初年的国教运动》，《四川师范大学学报》1995年第1期。

宗教国，吾国人非印度、犹太人，宗教信仰心，由来薄弱"①。中国人本来不关心宗教。关于孔教的讨论完全是康有为施行提出来的。陈独秀被迫加以讨论，但努力跳出议题本身的圈套。

人生的未来和目的问题被提出，应该是时代主题的一种反馈。当时社会秩序混乱，很多原有的精神支柱倒塌了。为了恢复秩序，必须解决人的精神支柱问题。希望孔教作为国教的人希望用孔子思想作为人生意义的来源，让人们有所遵从，然后风俗可以变得淳厚。《大中华》杂志也反对立孔教为国教，理由是很多哲人都论道德，孔子论道德并非唯一，因此也不必独尊孔子。② 陈独秀也是在《大中华》提出这个话题后参加进来的。③ 陈独秀关注的是孔教是否宜于国民教育精神（宪法与孔教）这个根本问题。如果这个问题解决了，要不要孔教的问题也就解决了。他认为因为国民需要平民的道德，因此不平等的等级制的古代伦理也就不符合要求。陈独秀几乎是在政治范围内来谈论宗教和孔教的，这引导宗教问题变成世俗问题。反孔思想也是与其他思想力量互动的结果。因为陈焕章等证明世界上很多国家包括科学昌明的国家，都是信教的。④ 常子襄认为外国共和也有宗教，不能因为与袁氏有关就废止。⑤ 既然西方近代文明与宗教有联系，那么陈独秀就不能轻易忽视国家的宗教问题。加上康有为和孔教会等人认为孔教是宗教，《新青年》也不能不讨论孔子之道作为宗教的问题。虽然陈独秀一直认为孔子之道并非宗教，⑥ 但不得不面对"孔教"问题，《新青年》在迎战时，明确否认孔教的存在，⑦ 然后重点批驳把孔教放入宗教的观点。虽然不承认孔教的存在，但是又认为孔教问题"贯彻于吾国之伦理政治、社会制度、日常生活者至深且

---

① 　陈独秀：《孔子之道与现代生活》，《新青年》1916 年 2 卷 4 号。

② 　参见薤藩：《论中国今日不宜以孔学为国教》，《大中华》1916 年第 2 卷第 10 期。

③ 　参见《大中华》1916 年第 2 卷第 10 期出版时间为 1916 年 10 月，《新青年》1916 年 2 卷 3 号出版时间（收稿截止时限）为 1916 年 11 月。因此，陈独秀有很大可能性看到此篇，因为《大中华》是非常著名的中华书局办的杂志，又是梁启超主撰，在上海办杂志的陈独秀没有道理不关注这个舆论中心。说明此前就有很激烈的废孔的言论。为什么陈独秀被认为是反孔最积极的人呢，因为他抓住孔子不合乎共和政治的一方面。

④ 　《孔教会国教请愿书》（1913），《大公报（天津）》1913 年。

⑤ 　《孔教常子襄君演说词》，《尚贤堂纪事》1916 年第 7 卷第 9 期。

⑥ 　陈独秀：《再论孔教问题》，《新青年》1917 年 2 卷 5 号。

⑦ 　陈独秀：《驳康有为致总统总理书》，《新青年》1916 年 2 卷 2 号。

广，不得不急图解决"①。这使陈独秀的观点有内在矛盾，他认为孔道不是宗教，但是也属于信仰领域。② 他曾把纲常名教比附为欧洲宗教③，也就是说他把不承认是宗教（与西方宗教比）的孔道看作发挥宗教作用的东西。因为西方人认为中国没有宗教，蔡元培等中国知识人也不认为孔道是宗教④。但他们还是涉及孔子思想与宗教相关的话题，由此可见他们讨论的话题会受到对手的影响，而且也不得不时时用孔教来指孔子之道。⑤ 这是与宗教问题的思想场域发生互动的结果。思想界反对孔教说，因此形成了宗教问题的场域，本来没有共同点，但是因为有共同的问题域，因此发生互动。同人宗教思想的占位是在场域中生成的。

反孔思想也与时代精神互动。首先，当时也有人反对孔子之道是宗教。当时很多人包括梁启超和信教自由会等名人和机构都主张孔子之道和儒术不是宗教。⑥ 有基督教背景的李培恩从宗教三要素：信仰、统系和教规出发，认为"读孔子之书，舍五伦外，并无特异之教规，五伦者社会之原素，初非一教之特制，至信仰则全付缺如。儒者读孔子之书，遂自号宗孔，其实际则竟无统系"⑦。他也认为孔子之道是哲理，认为人需要礼，所以需要孔子。基督徒张亦镜在《真光报》《大光报》上也反对立孔教为国教，理由是违背信教自由，与民主共和相违⑧。1917 年不认为儒术是宗教的，还有很多。⑨ 孔道实际上不能不以宗教性的存在来加以讨论。同人应该是站在这群人的一边来共同反对康、陈等人。

在这次宗教问题的讨论中，同人把政治力量的冲突发展为文化冲突。他

① 陈独秀：《宪法与孔教》，《新青年》1916 年 2 卷 3 号。
② 陈独秀：《再论孔教问题》，《新青年》1917 年 2 卷 5 号。
③ 陈独秀：《法兰西人与近世文明》，《青年杂志》1915 年 1 卷 1 号。因为中间间隔一段时间，也可能是陈独秀的看法变化了。
④ 蔡元培：《通信·附录致许崇清》，《新青年》1917 年 3 卷 3 号。
⑤ 陈独秀：《宪法与孔教》，《新青年》1916 年 2 卷 3 号。
⑥ 梁启超：《保教非所以尊孔论》，《梁启超全集》(2)，中国人民大学出版社 2018 年版，第 678 页；《信教自由会宣言书》，《宗圣学报》1917 年 2 卷 6 号。
⑦ 李培恩：《孔子与宗教》，《兴华》1917 年第 14 卷第 23 期。
⑧ 范大明：《反对国教：基督教在尊孔运动中的回应——以张亦镜为考察中心》，《宗教学研究》2018 年第 1 期。
⑨ 刘立夫：《敬告以儒术为宗教因请愿欲以孔子为宗教者之要语》，《宗圣学报》1917 年 1 月下卷 6 附。

们用行动表达了自己对文化冲突的看法，即新旧文化的冲突是不可调和的，冲突的焦点在政治权力的获得。两种文化之间的冲突转变为对政权的争夺。

沪皖时期关注宗教不始自反孔。第 1 卷虽然没有把宗教本身作为问题来讨论，但隐含着宗教问题。创刊号上陈独秀翻译的《现代文明史》描述了欧洲哲学战胜宗教的过程，赞同哲学把宗教看作"偏见与迷信"①。同人一开始就确立了崇尚科学的观念，所以连带对科学的"死敌"表示不满。这个宗教思想的基础是近代西方的科学宗教观，这个宗教思想是与西方思想互动的结果。

1 卷 2 号《青年杂志》这方面内容最多，因为关注青年的修身问题，确立教育标准需要找到根本的地基，所以此时不得不涉及宗教问题。他说，人生必须有目的，了解这个目的，"斯真吾人最后之觉悟也"，"世界一切哲学宗教"都为了达到这个觉悟，②陈独秀提出的教育方针以宗教哲学为基点，他谈论物体自真和实质常住，在人生中个人是生命的一部分，人的种性会与世界一起永存，③他认为那种物质世界之外的追求，比如脱离现实，以空来看待世界的看法，最后都没有好结果。为了确立人生观的基础，陈独秀确立了带有信仰色彩的终极世界观（第 1 卷几乎一直在设立这种世界观）——人生唯一的目的是"为我"④。

人生意义问题第一层是生死问题。陈独秀认为宗教必须讨论生死问题，⑤他明确意识到生死问题对于人生问题的重要性。但是，同人放弃了对生死问题的解答，止于"人之生也必有死，固非为死而生，亦未可漠然断之曰为生而生"⑥，"身死，心不能死"⑦等泛泛之论。他们只是用唯心的神秘说法代替了宗教的神秘说法，比如大我和大己这些理想的概念成为提供终极价值的来源。

人生意义问题深层是意义来源问题。生死问题的忽视，根源于对意义来

---

① 陈独秀：《现代文明史》，《青年杂志》1915 年 1 卷 1 号。

② 陈独秀：《吾人最后之觉悟》，《青年杂志》1916 年 1 卷 6 号。

③ 陈独秀：《论今日教育之方针》，《青年杂志》1915 年 1 卷 2 号。

④ 李亦民：《人生唯一之目的》，《青年杂志》1915 年 1 卷 2 号。

⑤ 参见独秀：《答俞颂华》，《新青年》1917 年 3 卷 1 号。

⑥ 陈独秀：《吾人最后之觉悟》，《青年杂志》1916 年 1 卷 6 号。

⑦ 高语罕：《青年与国家之前途》，《青年杂志》1916 年 1 卷 5 号。

源问题的答案。《新青年》在沪皖时期把人生意义归结于现实人生本身。陈独秀保留着对基督教的肯定意见是因为它"不指斥人世生存为妄幻"[1]，这是肯定它没有否定现实人生的真实性。陈独秀无疑是以现实人生为意义来源的。虽然他也承认哲学无能为力和宗教不符合理性[2]，但是他坚信科学将来能够给人生更可靠的意义。[3] 他热情介绍的是近世科学的人生观念，认为个人和世界的关系像细胞和身体的关系，人身会消灭，但是精神会永存，全体人类的生命也不会死。[4]2 卷 5 号陈独秀提出以科学代宗教。他没有否认信仰的重要性，只不过要看由谁来占据这个领域。他主张让科学来主导信仰领域，建立真实的信仰。他反对以信仰作为真理前提的做法，而要真理作为信仰的基础。[5] 总之，他以科学的现实的真实的人生作为人生观的基础。

　　因此陈独秀在《新青年》上做了两件事：首先改变了获取知识和运用知识的顺序。宗教家一般按照"信解行证"的顺序来获得真知。对于"不解而信"，陈独秀认为无法知道是不是迷信，认为"信解行证"应当改为"解信行证"[6]，"解"在"信"前，即对人生问题的回答要求建立在确证基础上。同人当时对生死问题没有深入分析应该是因为生死问题有超验的部分，所以不在他们的视野内。五四以后陈独秀谈到自杀，也局限于社会责任，不涉及超验的内容。其次，他从自由这个更高价值方面批评宗教，认为宗教限制人的自由。陈独秀反对立孔教为国教时，也提到其他宗教（基督教、佛教），认为立孔教为国教，侵害宗教信仰之自由[7]。但是，他真正关心的并不是宗教平等、信教自由，他看重的是不信教的自由。当然，他很少提信教自由，因为他更希望没有宗教，他没有这样说过，而是隐含在立场之中，他认为将来"一切宗教皆在废弃之列"[8]。在一定程度上允许宗教存在时，才讲宗教间的平等和个人信教的自由。

---

① 　陈独秀：《今日之教育方针》，《青年杂志》1915 年 1 卷 2 号。
② 　参见陈独秀：《今日之教育方针》，《青年杂志》1915 年 1 卷 2 号。
③ 　参见陈独秀：《今日之教育方针》，《青年杂志》1915 年 1 卷 2 号。
④ 　陈独秀：《今日之教育方针》，《青年杂志》1915 年 1 卷 2 号。
⑤ 　陈独秀：《再论孔教问题》，《新青年》1917 年 2 卷 5 号。
⑥ 　独秀：《答李大魁》，《青年杂志》1915 年 1 卷 3 号。
⑦ 　陈独秀：《宪法与孔教》，《新青年》1916 年 2 卷 3 号。
⑧ 　陈独秀：《再论孔教问题》，《新青年》1917 年 2 卷 5 号。

将陈独秀的科学人生观加以发扬光大的是高一涵。他说，"大己"一方面是民族性，一方面是人类的共同性。礼法和政教学艺都是"大己"孕育的，国情就是其特征。现在的我，定小己的趋向，向大己发展，与天演斗争，与他族斗争，与私欲斗争。①民族性（国民精神）和人类的共同性（人性）都是大己的体现。小我（小己）通过个人奋斗向大我回归，这是人生意义所在，也是同人从个人出发进行社会改造的哲学基础，在高一涵这里还是自由和自治关系的理论基础。涉及人我问题的还有高语罕，他认为人生是为我而生的。②高一涵和高语罕的文章集中在1卷5号上发表，说明这时候《青年杂志》很看重这类问题。同人急于建立一种新的人生观，用理性的基础来代替宗教迷信，而他们的答案就是用大我来确定人生意义。

与此配合的是《青年杂志》提倡的个人幸福主义，它也是人生观的一个基础。李亦民提倡"快乐说"③；高语罕在第2卷开启乐利主义④。他们都认为人生以追求幸福为目的。这些关于人生的看法，成为此时讨论个人与国家关系的出发点。

科学形成人生意义的观念是经过团体思想框架内部的互动而形成的。除儒教以外，同人涉及的宗教对象还有流行于民间的各种宗教，包括佛教、道教等。第1卷反佛色彩太明显，以至于李大魁来信说陈独秀文章都是非难佛法的。原因是陈独秀正在按照德国教育原理，培养青年的意志力。为让青年积极入世，陈独秀否定佛教消极退让的方面。⑤他把佛教分成两部分，肯定其哲学部分，而去除其宗教部分。这方面他继承了清末的思想，即章太炎等人的佛教救国论。陈独秀一开始并未攻击道教，因为道教有与《新青年》的文化精神接近的思想，比如个性解放、率性天真。另外，道教不像儒家那样接近统治集团，更多属于民间，反民主的倾向并不明显。因此，从政治方面着眼的话道教很容易被放过。后来，当北大同人把矛头对准民间保守思想时道教才成为批判的对象。鲁迅发现"中国根柢全在道教"，这个观点到4卷

---

① 高一涵：《自治与自由》，《青年杂志》1916年1卷5号。

② 高语罕：《青年与国家之前途》，《青年杂志》1916年1卷5号。

③ 李亦民：《人生唯一之目的》，《青年杂志》1915年1卷2号。

④ 高语罕：《青年与国家之前途》，《青年杂志》1916年1卷5号。

⑤ 参见独秀：《答李大魁》，《青年杂志》1915年1卷3号。

时开始在北京知识界有多人认同。① 这样就把反对儒道作为反对昏乱思想的主要对象。② 陈独秀也在文章里表达对道教的不满。③ 用科学为基础的人生观来代替传统宗教是逐渐实现的，开始并不是这种观点，而是继承了团体内部的思想传统，还有北大同人与章太炎的联系，而带来的内部思想共振。

与陈独秀的看法有差异的是易白沙。他将宗教对应于不够文明的"浅化社会"，他说"浅化社会人心之结，必以宗教。宗教之成，必由信仰。用以劝善禁恶，趋吉避祸，维系社会道德于不坠者，鬼神之力也"④，意思是有文化的社会人士（知识人）不需要宗教，宗教对没有"知识"的下层民众有用。与此同时，易白沙认为中国传统的三教已经堕落，不能解决目前的问题。⑤ 如此一来，浅化社会需要宗教，但是原有的宗教已经没有可利用的价值了。易白沙没有说用墨子来作为资源，他的《述墨》也没有重视墨子的"天志""明鬼"等思想，但是他的意思应该是可以用墨子代替三教，为浅化社会提供宗教。当时陈独秀也没有严厉拒绝一切宗教，1卷2号《青年杂志》上介绍泰戈尔，就说其诗文富于宗教哲学之思想，似乎并不反感，对其宗教哲学之理想也不抵触。⑥ 不仅因为泰戈尔属于诗性的领域，而且宗教哲学也属于哲学，所以可以容忍。他当时其实还保留着宗教的位置，他说"今让一步言之，即云浅化之民，宗教在所不废"⑦，他这里一定程度上承认易白沙的说法，同意易白沙说的低级民众需要宗教。他当时反对的主要是宗教家取媚强者，所反映的"人心堕落"和没有"爱群向上之心"⑧ 的状况。当然，由于知识结构的强大力量，陈独秀反对的还有"宗教现实功用"，而"浅化社会"使用"宗教"未必没有现实功用，容易被专制统治者利用，因此易白沙的观点没有得到同人的赞成，不能成为《青年杂志》的核心宗教思想。

上面提到同人的宗教思想是与反孔运动互动的结果。在反孔教的风潮

① 鲁迅：《致许寿裳（1918年8月20日）》，《鲁迅全集》（11），人民文学出版社2005年版，第365页。
② 迅：《随感录·（三八）》，《新青年》1918年5卷5号。
③ 陈独秀：《克林德碑》，《新青年》1918年5卷5号。
④ 易白沙：《述墨》，《青年杂志》1915年1卷2号。
⑤ 易白沙：《述墨》，《青年杂志》1915年1卷2号。
⑥ 陈独秀：《赞歌·译序》，《青年杂志》1915年1卷2号。
⑦ 独秀：《答李大魁》，《青年杂志》1915年1卷3号。
⑧ 独秀：《答李大魁》，《青年杂志》1915年1卷3号。

下，《新青年》2 卷 5 号几乎成为宗教号，更加集中表达自己的声音。陈独秀在 2 卷 3 号上为《新青年》定调，明确表示《新青年》站在废孔的一方，并认为"一切宗教，无裨治化，等诸偶像"①。2 卷 5 号上还有蔡元培为《新青年》助阵。蔡元培在《新青年》上出场就与宗教有关，也和反抗有关。他认为宗教对心灵的制裁力来自信仰。②蔡元培追溯早期宗教的由来，其实把宗教想象为解决生活困惑的草率答案。他还去除了宗教与道德之间的传统联系，认为道德可以不来自宗教。③这丰富了杂志对于宗教的看法，也消除了孔教论者的深层理据。虽然，陈独秀与蔡元培在代替宗教的方案上有差别，但是并不影响他们反对宗教这个共同立场。

此时的宗教思想还与同人的知识结构形成互动。同人在引进政治学说时以潜在的人生理论作为支撑，选取的是脱离神道设教的理论。高一涵曾指出伯伦知理认为政治学最重要的是用人生理论来解释国家的性质。④按照伯伦知理的说法，国家既不迷信宗教，又不反对宗教。政治是科学，不掺杂神道。⑤也就是说国家观念中有宗教的地盘，有宗教生活，但是政治则应科学化，不能把宗教作为国家的理论根基。他所谓人生理论就是哲学、史学中的科学人生观。高一涵挑出了伯伦知理思想中调和政治和宗教关系的看法，其实为了将政治和宗教分开。在文化内部，赞同政教分途⑥是同人在沪皖时期的一个出发点，他们认为世界潮流就是政教分离，这个知识核心思想对于反对孔教作为国教，以及排除宗教，使用科学来代替宗教，都有直接作用。从这个出发点出发，宗教不仅不能进入政治，而且也不能进入教育，因为国民教育培养的是未来的政治主体。当时《新青年》的教育主要是政治教育，为政治服务。政治在知识结构中的核心作用以及他们对政治与宗教的新定位，排斥了宗教在生活中的位置。

---

① 陈独秀：《宪法与孔教》，《新青年》1916 年 2 卷 3 号。

② 参见《蔡子民先生在信教自由会之演说》，《新青年》1917 年 2 卷 5 号。

③ 参见《蔡子民先生之欧战观》，《新青年》1917 年 2 卷 5 号。

④ 参见伯伦知理：《近世国家观念与古相异之概略》，高一涵译注，《青年杂志》1915 年 1 卷 2 号。

⑤ 参见伯伦知理：《近世国家观念与古相异之概略》，高一涵译注，《青年杂志》1915 年 1 卷 2 号。

⑥ 参见陈独秀：《再论孔教问题》，《新青年》1917 年 2 卷 5 号；《蔡子民先生在信教自由会之演说》，《新青年》1917 年 2 卷 5 号。

科学立场也是在思想场域互动中得到的。在孔教定为国教的讨论场中，同人站在宗教家的对立面，但是却与康有为发生争论。同人对于西方宗教有一定好感，比如刘半农也对基督教表示宽容，认为孔教与耶稣教相比流毒无穷，而耶稣教"尚可暂从缓议"[①]；陈独秀也对基督教有某种好感。他曾经说过，基督教追求永生，但是不否定现实，所以危害还比较小。[②] 同人有与外国神父共同的敌人——中国家庭制中的"陋俗"。第 1 卷同人对宗教并没有完全否定。陈独秀对宗教保持着尊敬心，只是排斥其中的迷信。[③] 另一方面，应该说这也是一种策略。因为按照深层的规则，他与基督教的宗教认识有根本的对立。基督教人士认为宗教是社会的基石，[④] 宗教用另一个世界的力量来约束人心，建立此世的秩序，使道德维持不坠。《新青年》希望的是用科学来提供那个终极力量。同人并不是不与宗教人士辩论，因为他们之间是无可争辩的。一个信仰宗教，一个信仰科学。因此，同人对宗教家只是敬而远之，有意避让。同人避免与宗教界人士采取同样的意见。陈独秀不太谈信教自由，还有一个原因是当时宗教界很多是以宗教自由来抵制将孔教作为国教的。科学立场表面上看与宗教立场针锋相对，但仔细观察会发现两者的对立表现得并不鲜明，同人并没有用科学立场打击一切宗教，而是对宗教加以区别，可以一定程度上"联合"西方文明的一部分的"基督教"。

与此对比的是对康有为大加挞伐，表现出强烈的对立。陈独秀以为康有为说的西洋尊教诵经，是因为"耶教"是出世法，所以不随人事变迁，可以垂久远。[⑤] 陈独秀把宗教的根本作用放到出世间，而在入世间则用伦理道德来代替它。[⑥] 他的目的似乎是天归天，地归地。他态度鲜明地说，"若论及宗教，愚一切皆非之"[⑦]。这是他对涉足现实世界的宗教的态度。因为有这个宗教观，所以他反复强调不把孔子之道当做宗教看，而把它归于伦理，也就是属于现世的东西。《新青年》的做法是一方面努力代替宗教的角色，发

---

① 记者（半农）：《答王敬轩》，《新青年》1918 年 4 卷 3 号。
② 参见陈独秀：《今日之教育方针》，《青年杂志》1915 年 1 卷 2 号。
③ 参见独秀：《答李大魁》，《青年杂志》1915 年 1 卷 3 号。
④ 参见 [美] 衡德森：《改良社会策（初续）》，钟春晖译，《大同月报》1915 年第 1 卷第 3 号。
⑤ 参见陈独秀：《孔子之道与现代生活》，《新青年》1916 年 2 卷 4 号。
⑥ 参见独秀：《答俞颂华》，《新青年》1917 年 3 卷 1 号。
⑦ 独秀：《答俞颂华》，《新青年》1917 年 3 卷 1 号。

挥其功能；一方面分离两者，让宗教和科学各自管好各自的领域。因此，如果同人真正与宗教发生联系的地方，只能是宗教与政治和伦理交叉的边缘地带。因此，康有为等人才成为同人的真正敌人。他们的交锋点在于孔教是否应进入世俗生活，表现为"孔教"是否应作为国民修身大本这条写入宪法。同人的意思是要把宗教从世俗生活中驱逐出去。

沪皖时期的宗教观还与同人在小时代中的思想占位互动。如果没有精神以宗教为中心的说法，即如果没有必须有精神界中心的思想模式，那么《新青年》同人未必会探讨以科学代宗教，而只会把它当做常识。但是早先的思想中以科学民主为核心价值，这本身就决定了他们只能提出这个提法。他们不提则已，提出来的肯定是这样的，因为这个思想是符合逻辑地从他们的思想中推论出来的。他们整个思想在小时代中占据思想场域空间的标志性思想——核心思想，决定了他们的宗教观只能是这样的。

在宗教问题上，北大时期仍然延续沪皖时期的方向，秉持沪皖后期明确提出的以科学代宗教理念，现实主义人生观以及"宗教的本意，是为人而作的"[1] 等观念，但是也有变化。第4卷由北大教授合编时，他们重新确认了团体的人生观。陈独秀说："人生在世，个人是生灭无常的，社会是真实存在的"，"社会是个人的总寿命。社会解散，个人死后便没有联续的记忆和知觉"，宗教"不过是维持社会不得已的方法，非个人所以乐生的原意，可以随着时势变更"[2]。此时，《新青年》不以国家为本位，因为受当时思想潮流影响，将"大我"改称"社会"，因此他们把人生意义植根于社会。

沪皖时期，同人在宗教方面是无神论者。陈独秀说近世欧洲的时代精神落在宗教中就是无神论，[3] 但他在讨论宗教问题时，并没有谈论无神论。易白沙的《诸子无鬼论》中鬼神并论，但是偏于鬼，不论神。[4] 到北大时期，《新青年》在批评有鬼论时也没有提有神论，而是笼统地称为"鬼神"，重点在"鬼"，攻击扶乩等迷信。这是为什么呢？因为无神论早就是同人的共识。胡适在清末的时候就接受了王充、范缜和司马光的思想，成为无神论者，在上

---

① 胡适：《易卜生主义》，《新青年》1918 年 4 卷 6 号。
② 陈独秀：《人生真义》，《新青年》1918 年 4 卷 2 号。
③ 陈独秀：《今日之教育方针》，《青年杂志》1915 年 1 卷 2 号。
④ 易白沙：《诸子无鬼论》，《新青年》1918 年 5 卷 1 号。

海接受了日本传来的新思想的启迪，更加确定。虽然在美国曾经因为心理需要想要信奉基督教，但很快就仍然回归无神论。①鲁迅笔下的吕纬甫就是一代觉醒的知识人的典型，早年都有拔神像胡子的心理，所以无神论对他们来说是无需论证的。至于国外的神，袍们属于出世间的领域，是无法论证的。

北大同人继续建构新宗教（新人生观）。4卷4号上，李大钊说："人生本务，在随实在之进行，为后人造大功德，供永远的'我'享受，扩张，传袭，至无穷极，以达'宇宙即我，我即宇宙'之究竟。"②他是把"大实在"看作人生的根据，将原来由神来发挥的作用改为由客观的实在来承担。值得一提的是，沪皖时期，李大钊还为《新青年》贡献了解决人生问题的"今日主义"。他认为个人在时间长河中超越个人。这是时间层面的超越，不是个人与群体的空间关系上的超越。把人的青春与宇宙万物的生机联系起来，以无控制有，以常控制变。超越个体差异，而形成对宇宙本质的一致性把握。"生命者，死与再生之连续也。"无限表现为我，就是表现为现在，也就是说个人不过是整个实在表现在现在的形式。③"今日主义"实际上是对进化论和德国哲学的改写，并融合了佛老思想，是将历史作为人生意义来源，与《新青年》现实主义人生观一致。但是这个说法并没有得到同人的关注，因为它的庄子色彩（一死生、循通融的倾向）不利于认清现实和改造现实。作为新人生观更远的回响，胡适提出了"不朽"论。④胡适为人生意义问题找的答案是"社会的不朽"。胡适把不朽分成灵魂不灭和三不朽两个意思。前者归于宗教家，而后者属于古代的说法，他在此之上提出社会不朽论，是在有机的社会观和有机的世界观里生出来的。他说："这种不朽论，总而言之，只是说个人的一切功德罪恶，一切言语行事，无论大小好坏——都留下一些影响在那个'大我'之中——都与这永远不朽的'大我'一同永远不朽。"⑤胡适把小我生存意义归于大我的永存，以此来消解个人存在的无常感，由此建立了一种新的宗教，一种更容易理解的宗教。

---

① 胡适：《胡适日记全编》（1），安徽教育出版社2001年版，第107—110页。

② 李大钊：《"今"》，《新青年》1918年4卷4号。

③ 李大钊：《青春》，《新青年》1916年2卷1号。

④ 胡适：《不朽——我的宗教》，《新青年》1919年6卷2号。

⑤ 胡适：《不朽——我的宗教》，《新青年》1919年6卷2号。

同人主要讨论现实中的"我"，以此为根基，扩展到大我，以至于无穷，使我成为宇宙，这里似乎有点泛神论的气味。同人有一个共同认知就是个人不能不被超越，不能不与大我相互联系。他们有这个底线，因此他们的自由和个人主义就不存在偏至。

说《新青年》是个人主义的，这个判断并不完全对。因为它还有一个社会本位思想。只有把这个概念加上，《新青年》所说的个人才是完整的。高一涵在主张个人权利的同时，强调现代社会中分工协力，"一人之学问职业，举莫不与社会相需相待"①，相当于指出眼前的个人利益离不开公共利益。陈独秀的《人生真义》里也兼顾个人和社会，② 基本是在个人与社会的关系中确立人生的位置。它的个人主义是超越性的个人主义。它把个人主义喊得天响，背后实际上是负责任的"大我"中的个人。

同人此时的宗教思想与国内的思想发生互动。五四运动以后社会思潮分为现实和超越两个方向，新文化要将世俗和理想结合起来。这个方向当然来自第一次世界大战以后浪漫的精神追求和启蒙时代长期形成的现实主义思想的结合。这本来是北大同人早就有的选择，是物质和精神两方面求得平衡的需要带来的。蔡元培要将审美代宗教，其实也是为文化寻找超越的维度。五四以后，同人的思想得到外界的赞助，更加明显地表现出来。比如周作人阐释的"人"的人格结构③ 中就有肉体和精神的结合。五四以后，陈独秀的心理发生变化，他注意到耶稣教的现实价值，希望人有崇高的牺牲精神、伟大的宽恕精神和平等的博爱精神。④ 陈独秀沿着超越的路上走。陈把耶稣还原为人，属于同人早先的现实方向，但是又注意激活人们超越的一面，把人从动物本能中带到"人"的更高境界。这个思想既是他个人经验的产物，也是与时代互动的结果。

同人此时的宗教思想还与世界潮流发生互动。第 5 卷时期，传入国内的海外宗教热潮在国内渐渐兴盛，出现了新形势，所以高层人士中有崇鬼倾向，于是发生变化。此外，他们所谓鬼其实就包括神，因为在中国文化语境

① 高一涵：《共和国家与青年之自觉》，《青年杂志》1915 年 1 卷 2 号。
② 参见陈独秀：《人生真义》，《新青年》1918 年 4 卷 2 号。
③ 参见周作人：《人的文学》，《新青年》1918 年 5 卷 6 号。
④ 参见陈独秀：《基督教与中国人》，《新青年》1920 年 7 卷 3 号。

中，鬼神相通，都能与人相互转化，它们可以出现在人世间，影响人的生活和精神。在沪皖同人的眼里，宗教早已经威风扫地，不足为虑。不幸的是，此时欧洲正面临宗教复兴，这个趋势到第一次世界大战结束后成为风潮。此时宗教问题之所以启动是因为世界大哲都关注宗教，比如倭铿、柏格森和罗素等。总的来说，第一次世界大战后欧洲超越物质科学的偏重精神的潮流大为发展，而《新青年》还在宣传英法启蒙时期的思想。这当然不是同人的错误，由于历史缘故，清末新知识人接受的就是启蒙时期的思想。当时虽然新潮已经出现，在鲁迅当时写的《破恶声论》等文中可以见到身影，但时代选择用来救国的思想是导致西方快速发展的启蒙思想。民国初年，那个被忽略的潮流进一步发展，被与世界潮流接触较多的高层人士接受。按照这个潮流，他们倾向于回到过去和精神中去找解决问题的答案。关于民国初年的艰危时局和人心，他们在从道德上找原因的同时，也从宗教上找原因，于是有孔教会和康有为等人的国教论。说到底，同人此时不仅与保守者斗争，其实也是在抵制西方的新思潮。这个新思潮是从西方文化发展的现实中产生的，此时进入中国，反而帮助了传统的思想，形成了"孔教论"这种畸形儿。与此同时，康有为等人追赶世界潮流，与世界宗教复兴潮流同频共振。我们从孔教会刊物《经世报》上面广阔的世界视野和丰富的世界知识上可以看到这一点。当然，世界思潮是复杂的，只能说大时代的思潮中以前被压抑的思想开始流行，获得越来越多人的赞同而已。1918 年恩斯特·布洛赫写的《乌托邦精神》也在说用艺术来代替宗教。在西方，思想的主流仍然是被富司迪写到的那个思潮，也就是科学能满足人生问题的思潮，[1] 只不过因为反思物质文化的思潮激发而显得是"旧思潮"了。

　　同人团体内部交流互动丰富了宗教思想。恽代英关注的是道德和宗教的关系，探讨宗教中的爱和信作为道德动力的问题，认为"苟能启发人类对于各方面自然具有之爱力，即不须信仰之鞭策，已足养成其见善如不及之品性"[2]。恽代英是反宗教的，其思想基础是物质实在论，[3] 他认为信仰可以被代替，他的方案是用智和爱来代替宗教，这点与蔡元培以美育代宗教虽然不

①　富司迪：《近来流行的新思潮》，朱崇道译，《晨星报》1922 年第 190 期。
②　恽代英：《论信仰》，《新青年》1917 年 3 卷 5 号。
③　恽代英：《物质实在论》，《新青年》1917 年 3 卷 1 号。

一样，代替宗教部分是一样的。与此类似，高一涵在政治学领域为教育代替宗教找到根据。他没有直接谈论宗教，但是把宗教的内容放到教育话题中。他把教育主义分为两种：隶属于政治的和超轶于政治之上的。前者为政治服务，如公民道德教育，后者是世界观教育、世道主义教育。前者以谋现世幸福为目的，后者以谋最终幸福为目的。前者有时空关系，后者没有。前者源于感受，后者全凭直觉。[①] 后者其实就是宗教的代替品。可见用科学代替宗教是陈独秀的说法，当时作为宗教代替的方案有很多，而且在《新青年》上同人也会在陈独秀的主题之外，写出自己的变奏。蔡元培提出美育代宗教，[②] 与高一涵提出的教育代宗教是一致的，不过更为具体，与陈独秀以科学代宗教也不矛盾。后者更为根本。科学在这里不属于教育学，不属于政治学，也不属于宗教学，而是属于一种精神，一种理性的方式，它属于所有这些学科。同人的几种代替宗教的方案各有千秋，观点相互并行，相互补充，共同解决一个问题：排除宗教以后由什么来代替。

同人内部也有冲突。陈独秀针对叶挺不相信科学能解释宇宙之谜的情况，再次强调这是限于现在科学认识的有限性，不是根本的认识。叶挺已经把科学不能解释一切问题的声音带入《新青年》。当时，陈独秀也没有太重视，他用历史的眼光来看科学的有限性。他赞扬叶挺虽然怀疑宗教和哲学对于人生问题的解释，但也不放弃现世之价值与责任，力求觉悟。[③] 从叶挺关心思考人生问题的急切程度看，用科学理性来思考人生是民国初年的一种动向，也是后来科、玄论战的时代契机。陈独秀回答叶挺，其实也是回答新时代对于科学的质疑。这种互动使《新青年》的科学代宗教思想逻辑自洽。陈独秀在《再论孔教问题》里表达对于蔡元培"不反对孔子，更不绝对反对宗教"的不赞同。[④] 另外，在是美育还是科学来代替宗教这方面两者并不相碍，但是他们内部还是有矛盾的。关于宗教和美术的联系，陈独秀起初并没有接受蔡元培的"美育代宗教"。但他在 1919 年出狱后先是承认美的情感重要，[⑤]

① 高一涵：《一九一七年预想之革命》，《新青年》1917 年 2 卷 5 号。
② 蔡孑民：《以美育代宗教》，《新青年》1917 年 3 卷 6 号。
③ 记者：《答叶挺》，《新青年》1917 年 2 卷 6 号。
④ 陈独秀：《再论孔教问题》，《新青年》1917 年 2 卷 5 号。
⑤ 陈独秀：《基督教与中国人》，《新青年》1920 年 7 卷 3 号。

后又承认自己"既不注意美术、音乐，又要反对宗教"，承认自己犯了错误。还特地提到蔡元培曾说过"新文化运动莫忘了美育"，暗中承认当初自己对美育的忽视，并明确主张"美育可以代宗教"①。

与同人的立场互动。同人本来就不是为了关心宗教问题而谈论宗教问题，他们关心的是现实问题，也就是人生问题。他们的关注点是用科学代替迷信。北大时期的对象也更明确地设定为民间的高层知识人的混乱思想和底层民众的迷信。《新青年》批"有鬼论"是因为它发起了对民间文化的攻击。这次反有鬼论的真正对象是民间的信鬼风气。所以同人批有鬼论，会从心理学等科学角度来解释鬼的现象。因此可以理解，为什么5卷之前，他们不提"鬼"，因为当时他们针对的是青年和高层知识人文化。在这个层面，科学已经成为主流话语，高层人士无论自身多信神都不敢明目张胆主张。因此，无鬼论（无神论）并非重点，这也导致《新青年》思想中缺少这个维度。第4卷为避免与政府的冲突，不直接讨论时政，把矛头转向社会上的迷信，如扶乩、打坐等，探索其迷信的根源，把它们归于不符合时代的旧文化。这几号因此讨论鬼神宗教较多。作为这个批评鬼神之说的突破口，易乙玄成为一个靶子。同人各自找到角度加以攻击。如易白沙从诸子学学理上讨论，陈大齐从心理学上讨论。② 刘叔雅说信鬼的都是"乡曲俗士"③与易白沙说的浅俗社会信宗教是一样的看法。也许在鲁迅的启迪下，陈独秀批义和团，也把民众的愚昧和义和团归因于道教、佛教和孔教这些宗教和教育。④ 因为同人站在底层文化的对立面，于是突显了其中非科学的内容，特别是宗教，因为与底层文化中的落后思想斗争才使它们正式进入《新青年》的视野，成为批判的对象。底层文化也成为科学反对宗教的战场。同人之所以批有鬼和扶乩，是因为它们"足以阻科学之进步，堕民族之精神"，而且是亡国之征。⑤ 不同思想出发点带来不同关注点。同人的观点采取知识分子立场，而不是采取陈独秀早先的民间立场。从在野的舆论姿态，变为学者的独立立场，并批判民

---

① 陈独秀：《新文化运动是什么?》，《新青年》1920年7卷5号。
② 陈大齐：《辟"灵学"》，《新青年》1918年4卷5号；易白沙：《诸子无鬼论》，《新青年》1918年5卷1号。
③ 刘叔雅：《难易乙玄君》，《新青年》1918年5卷2号。
④ 陈独秀：《克林德碑》，《新青年》1918年5卷5号。
⑤ 刘叔雅：《难易乙玄君》，《新青年》1918年5卷2号。

间的混乱思想。

互动不仅在同人间，也必定发生在整个小时代的思想场域中。4卷6号南丰美以美会基督徒化名"悔"写信质疑恽代英的文章，认为宗教自有宗教的精神，自有它的价值。[①]这种立场与宗教界的保守派一致。进步派则是适应时代要求，赞成科学来改革宗教。比如，宗教界中人士主张没有进入宗教境界的人需要学理来引导。[②]就算是进步派人士，也认为人类不能堕入物质中，因为人高贵于物，"能自立志意，自由进取"[③]。这种立场与孔教论者不太一样，后者提倡宗教为的是追求道德和秩序。同人基本上放弃与宗教界人士的冲突，而着力在孔教会这类人，因为涉及现实世界。陈独秀反驳那种认为人生问题要靠宗教解决，科学不能解决的说法，认为科学有前途，而宗教的解释不是真解释，主张"以科学代宗教，开拓吾人真实之信仰，虽缓终达。若迷信宗教以求解脱，直'欲速不达'而已"[④]，这里已经开科玄论战的先声。

他们的思想还与传统发生互动。在建构科学合理的宗教时他们借鉴了传统资源，前面同人所提的大我和小我就来自古代典籍中。《涅槃经》中有："云何复名为大涅槃？有大我故，名大涅槃。涅槃无我，大自在故，名为大我。"[⑤]"大我"有"无我"的意思，而且是超越于"我"之上的境界，这点与同人的意思有相通之处。胡适与传统资源互动，选择传统的不朽论，替换掉其中灵魂不灭的意涵，而用社会来为个人提供超越肉体的道路，是科学的理性的，是对传统改造的成果。胡适认为儒家用父母祖先的观念来做人生一切行为的裁制力[⑥]，他就是要用社会不朽来代替这个裁制力。其实却是非常有价值的，与传统资源互动继承了传统中国思想中的家族文化基因（当然里面也有迷信和神秘色彩，这是因为宗教的缺失，他们接受了这个前现代的模糊说法），科学观念与传统思想结合。

北大时期，同人继续与"新潮"互动，只不过这个新潮已经变成保守力

---

① 悔：《通信·文字改革及宗教信仰》，《新青年》1918年4卷6号。

② 参见朱宝会：《科学与宗教之相须（续）》，《神学志》1918年4卷4期。

③ 朱宝会：《科学与宗教之相须》，《神学志》1918年第4卷第3期。

④ 陈独秀：《再论孔教问题》，《新青年》1917年2卷5号。

⑤ 佛光大藏经编修委员会：《佛光大藏经法华藏经部北本涅槃经二》，佛光出版社2009年版，第559页。

⑥ 参见胡适：《不朽——我的宗教》，《新青年》1919年6卷2号。

量的护身符。俞颂华属于这个新潮，他不认为宗教可以被废除，他要维护"数千年来历史上有力之孔教"，担心这种统治人心的工具一旦解除了，会带来严重后果。但是，这个新潮中也包含着启蒙思潮，毕竟俞颂华与老派的知识人不同，他也赞同科学代宗教，但是认为目前没有可能实现，而且有弊害。① 陈独秀答复俞颂华时重申同人拒绝宗教，希望在现世界中寻找宗教的代用品的立场。他把信仰和宗教加以区分。② 陈独秀在肯定"新潮"人物在道德上提出要求的同时，主张用信仰代替宗教。这个为后来陈独秀接受列宁主义埋下伏笔。同时，陈独秀在2卷2号上说过：性与天道都是哲学问题，不是宗教问题。③ 但是俞颂华仍然认为孔教是宗教，理由是孔子涉及天人关系，④ 这暴露了两方面立场的不同。他们讨论宗教问题的交锋点其实并非宗教内的问题，而是宗教能不能进入现实生活领域的问题，也就是文化问题。

在宗教方面，北大时期重大的思想元突变发生在第一次世界大战胜利以后，充分发展于五四运动以后。不能简单地认为《新青年》对于宗教问题仅仅是主张科学代替宗教和排斥宗教。其实，第一次世界大战后同人从否定宗教，将信仰和宗教分开，转变为承认需要宗教。先是李大钊认为在当时的俄国，布尔什维克"具有一种宗教的权威，成为一种群众的运动"，他还认为20世纪的世界都要被"这种宗教的权威所支配，为这种群众的运动所风靡"⑤。李大钊迷恋这种宗教性和群众性，被无政府的世界大联合诱惑着，赞同俄国革命，因为它是世界革命的导火线。陈独秀出狱后对基督教表示好感，后来进一步反思了他自己早年的态度。他说："现在注重新文化运动的人，既不注意美术音乐，又要反对宗教，不知道要把人类生活弄成一种什么机械的状况，这是完全不曾了解我们生活活动的本源，这是一桩大错，我就是首先认错的一个人。"⑥ 这是陈独秀明确表示承认错误的地方之一，非常罕见。因为他很少承认错误，这说明这个转变是非常重要的，是核心思想的转

---

① 参见俞颂华：《通信》，《新青年》1917年3卷1号。
② 参见独秀：《答俞颂华》，《新青年》1917年3卷3号。
③ 参见陈独秀：《驳康有为致总统总理书》，《新青年》1916年2卷2号。
④ 参见俞颂华：《通信》，《新青年》1917年3卷3号。
⑤ 李大钊：《BOLSHEVISM 的胜利》，《新青年》1918年5卷5号。
⑥ 陈独秀：《新文化运动是什么?》，《新青年》1920年7卷5号。

变。陈独秀从想要用科学来代替宗教，变为认为新文化中也需要宗教。他的理由是，行动需要感情冲动，而"利导本能上的感情冲动，叫他浓厚、挚真、高尚，知识上的理性、德义都不及美术、音乐、宗教底力量大"①。从情感方面肯定宗教，深层关怀是行动，仅仅是理性的科学文化还不足以改变现实，也不足以实现完整的人性。这种认识弥补了人性观上的缺失。同人似乎并不一般地反对宗教，仅仅在它与科学抵触的时候才反对，而且反对的主要是迷信和偶像（有时候还是认为宗教是好的）。陈独秀也曾有对于宗教的肯定，并没有废宗教的意思。②特别是出狱后对于宗教有某种认同，认为宗教有其存在的必要。③

其他同人还没有这种变化。在人生意义的来源方面，陶孟和仍然没有很大转变，认为亿万生灵也没有什么可爱，不过他们与我有共同的利害关系，所以应该互相友爱。④这继续保持了早先以社会和科学来定人生意义的思想。胡适、钱玄同、鲁迅等人也没有显示出陈李那样的倾向，不过他们没有直接反对这类言论。我们要把陈独秀一个人的观点即关于基督教的看法看作群体的表达，这是从读者方面讲，但是因为没有得到同人的回应，⑤也就消除了这个思想的共同性。再如李大钊的一些思想，往往得不到同人的赞助。一个人思想在群体思想中因为发表在共同杂志上对于外人的印象来说就是《新青年》杂志的思想，但是因为同人没有真正共振，却消解了这种思想。这种现

---

① 陈独秀：《新文化运动是什么？》，《新青年》1920 年 7 卷 5 号。

② 独秀：《答刘竞夫》，《新青年》1917 年 3 卷 3 号。

③ 陈独秀：《基督教与中国人》，《新青年》1920 年 7 卷 2 号。

④ 陶履恭：《论自杀》，《新青年》1919 年 6 卷 1 号。

⑤ 《陈独秀在胡适关于停办〈新青年〉信件上的批注及胡适有关此事的信件》，北京大学档案馆 BD1921012。陈独秀给胡适的信中提到："你所得着批评我那篇关于'基督教'的文章的材料，请寄予我，因为我要搜集反方面的批评再做一篇文章，这种事值得做一个讨论的问题。"陈独秀的转变过于突然，跳出原来的杂志逻辑，因为在《新青年》1918 年 5 卷 2 号上，陈独秀还就《兴华杂志》31 册《美以美会韦会督关于时局之伟论》发出感慨，愤恨基督教国民之伪言欺世。（独秀：《随感录·（廿二）》，《新青年》1918 年 5 卷 2 号）他的转变可能因为在监狱中获得的宗教体验，然后从张申府那里接受到罗素的观点，认为"宗教本是发宣人类的不可说的最高的情感（罗素谓之精神）的"，"美术也是发宣人类最高的情感的"，"而且宗教是偏于本能的，美术是偏于知识的，所以美术可以代宗教，而合于近代的心理"。（陈独秀：《新文化运动是什么？》，《新青年》1920 年 7 卷 5 号）

像是常态，不过不像这次那样重要和明显。这个转变是非常重要的，隐藏着《新青年》转向的秘密，这就很好理解为什么陈、李两人会接受布尔什维克。这也同时预示着同人的分裂。

这个转变也在思想场域中产生了互动。就算在 1919 年 9 月陈独秀出狱后有一些对基督教的肯定，读者也读出他用科学解决信仰问题的意思。[1] 从教会学校出来的"悠我"赞扬这篇文章发挥基督教的精神即信和爱，认为破坏基督教的是伪教徒，而不是科学家；赞成陈独秀从科学上解决，要抛弃旧信仰，另寻新信仰。这次互动是教会背景的进步青年与陈独秀两者之间的误解，前者也希望用科学来为信和爱找到根据，也可以认同陈独秀的科学为宗教的根据，因为这是时代的强音。当时，宗教问题已经成为聚讼不休的热门话题。在思想的场域中，也少不了专业宗教人士的立场和态度。宗教人士从事的是改造宗教的事业，以便顺应科学兴盛的时代，比如太虚和王吟雪等，[2] 宗教正在变得更人间化。针对陈独秀的《基督教与中国人》，教会中的改革派牧师包世杰来信表达自己追求真基督教，重新评定真价值的立场。此时教会也正好在寻求改革，比如青年会也在推动基督教的文化运动。包世杰希望陈独秀关心这个运动，他似乎将《新青年》引为同调。[3] 陈独秀没有复信，但发表这封信也说明当时他非常重视这个话题。他们的态度在他看来也是不错的，他不点评，可能还是想与真正教徒保持一点距离，他毕竟没有接受基督教，他只是把基督教作为取材的仓库，从中获取宗教的某些精神。陈独秀与基督教中的改革派接近，寻找一种新宗教、新信仰，而且是奋发有为的宗教，塑造牺牲自我、融入人类、为人类做贡献的人格。

这个突变是与时代互动造成的。原因是国外的"新思潮"快速进入国内，改变着小时代的氛围，那些重新肯定宗教的思潮不仅被某些知识人知道，此时已经成为社会舆论中不可忽视的声音了。小时代的潮流则表现为精神学科受到大时代的影响，"新思潮"大为流行。根据报载，梁启超迁居津门热心研究心灵学，传闻他将日本人罗田太郎写的《心灵学纲要》一书译出，

---

[1]　悠我：《通信·基督教》，《新青年》1920 年 8 卷 1 号。

[2]　杭州的太虚改造佛教适应社会，办"觉社"，发刊《海潮音》，主张"禅而农，农而禅"，"内外无乞于人"的新僧化。宁波的王吟雪结"新佛教社"，发刊《新佛教》。

[3]　包世杰：《通信·基督教问题》，《新青年》1920 年 7 卷 5 号。

请林纾作序。① 这类国内流行不乏海外背景，比如日本心灵学此时也比较发达（大日本催眠协会、东京心理研究会等）。日本有不少学人从事研究，中国心灵研究会的刊物《心灵》时常有日本学人的研究谈（高濑武次郎的《鬼神论》、布阿路典的《支配物质之精神力》等）。中国学人把道德堕落看作欲望猖獗造成的后果，提出用神道来提高道德水平、挽颓风。当时有一种说法是科学导致无神论，无神论导致无敬畏，无敬畏导致无道德，无道德则导致祸乱。② 绍兴的《教育杂志》发表了一篇文章，名为《教育偏重科学毋宁偏重道德》，认为西方人以数百年科学的心力，酿成大战争（第一次世界大战），让人看到战争戕害人道。作者认为偏重道德让人"欺伪"，偏重科学让人追求智能，相比之下，追求智能的祸害比欺伪更严重。③ 这种思潮应该说比较普遍，是灵学和民间腐败思想的土壤。自清末以来已经成为主流的科学和民主思想，现在受到威胁，《新青年》高举科学旗帜具有为科学辩护的意味。其重要的背景就是第一次世界大战以后对欧洲文明的质疑。④ 当然，还有前面提到的世界宗教复兴也是转变的催化剂。在这个环境下，同人也不能不重新考虑自己的立场。"一战"胜利后的一段时间，《新青年》与世界潮流之间已经有了时间差，它已在固守"旧知识"。西方的新思潮之所以进一步深入传播，持续扩大影响因为适合中国人的心理。同人一面与他们斗争，一面也不得不思考这个新潮流。五四运动以后因为在学术大发展的动力下，国人引进更多国外的思潮，因此使得这种新潮也得到一定程度的强化。那段时间有以和平和相爱代替战争和斗争的趋势。在这个氛围里，同人也做了调整。

与《新青年》接近的团体也从侧面强化这种新宗教的观念。蓝公武就说过，"宗教或将复兴。然在今日科学昌明之日，若如昔日宗教以出世为旨归者，何能满足今日人生之渴念"⑤。这个说法虽然没有直接主张以科学代宗

---

① 《国内无线电》，《时报》1918 年 8 月 7 日 3 张"小时报"（附录余兴）。

② 俟：《随感录·（三十三）》，《新青年》1918 年 5 卷 4 号。

③ 参见俟：《随感录·（三十三）》，《新青年》1918 年 5 卷 4 号。

④ 已经有人对"一战"有较多的研究，如郑大华的《第一次世界大战对战后（1918—1927）中国思想文化的影响》（《西方思想在近代中国》，社会科学文献出版社 2005 年版），汪晖的《文化与政治的变奏：一战和中国的"思想战"》（上海人民出版社 2014 年版）等论述。

⑤ 知非：《今日所要求之新宗教》，《国民公报》1918 年 10 月 22 号。

教，但他是在意识到宗教复兴潮流的背景下说这番话的，他还是强调另一个世界思潮主流（科学代宗教）。当然，他也流露出调和二者的想法。[1] 并且提出"盖今日之宗教与昔日异。能入人心而与人以解决人生之道者，即宗教。社会主义乃至种种主义皆宗教也。中国古圣昔贤之教化，虽非宗教，而其旨趣，则颇与此相合"[2]。他也认为社会主义是一种带有新宗教性质的思潮。当时很多人都把主义与宗教等同。同人也有把宗教和主义等同的倾向，由此可见陈李把马克思主义与宗教并论是有时代语境性的。学衡派论宗教，认为宗教之弊在于束缚人之思想，戕贼人之自然性。呼吁知识阶级不要迷信主义，避免养成国民牢不可破之奴性希望超主义，可以择取主义之长，主义无万应之灵，主义非一家之物，[3] 则是反宗教而及于主义了。

团体内部也存在反向互动。比如陈独秀的观点有脱离科学的危险，所以没有得到同人的赞助，仅得到教会人士的呼应，说明时代没有准备接受一个科学的宗教，因为人们已经形成固定见解，即科学与宗教水火不容。这方面《新青年》也曾推波助澜。这种互动的结果是个人的见解得不到同人的共同赞助，因此消失了。陈独秀的这种顺应时代在特殊状态下向宗教的开放，受到《新青年》原有思想的禁锢，所以不能彻底转换，毕竟《新青年》的思想结构本来就以科学作为核心价值的，因此将与科学表面上对立的宗教与科学并列，自然受到原有结构的抵制。这个核心是如此重要，作为《新青年》中权威人物的陈独秀也不能凭个人之力扭转趋向。《新青年》原来的立场通过成为思想潮流而反作用于《新青年》的思想。

这个思想的转变应该还有与改造运动互动的一面。《新青年》在第一次世界大战结束后其实出现了两种主张，一个是行动派，一个是认知派。前者以陈独秀和李大钊为代表，后者以胡适为代表。前者为促进行动的目的提出需要宗教，逐渐接受可以推动人行动的元素，特别是情感（包括宗教情感、爱国情感等）。这个方向是与时代的改造潮流相应的。陈李融入了改造的潮流，认同这个潮流，正好与五四以后的改造潮流一致。后者就是一直以来《新青年》的立场，就是用科学的宗教来解释世界，作为一切认识的基础。

---

[1]　知非：《今日所要求之新宗教》，《国民公报》1918 年 10 月 22 号。

[2]　知非：《今日所要求之新宗教》，《国民公报》1918 年 10 月 22 号。

[3]　茹玄：《超主义》，《东南论衡》1926 年第 1 卷第 9 期。

五四以后，社会上还有个潮流，则主要是接受了《新青年》早年观念，认科学为方向，反对宗教是五四后的主流。根据王无为的说法，五四后文化运动喜爱讲解放，宗教和信仰都是自我束缚的，所以不合时尚。五四后主张解放，所以无政府主义大行，权威都受到挑战。世俗权力受到挑战，更别说不可见的神灵，都认为是压制自由的强权。同样是王无为，他还提出抛弃宗教的形式，提倡其精神，这是陈独秀的提法，是无神论者的立场，王无为认为宗教家不信神，不过为了启发人心中的善的世界、神的世界，所以才创造一个神的世界。① 他属于理性主义，把宗教理解为一种工具。实际上并不理解宗教经验和宗教情感的存在。他还说过类似汪叔潜的话，认为"在健全社会不需要宗教，相反是不可少的。因为怕社会破裂，才需要宗教"②。他的理由是：社会不健全，宗教能让人尊重别人的自由，大家教育水平不同认识水平也不一样。③ 换句话讲，如果社会一日不健全，一日需要宗教，永远不健全，永远需要宗教。当然，他的本意是认为会有健全社会的，也就是宗教必定有一天会终结。从这个学生身上的自我矛盾性，可见五四以后潮流的内部存在差异，其实背后是文化分层，行动派需要宗教，认知派继续否定宗教，也表明同人内部和时代思潮一样处于混杂互动的状态。

第一次世界大战结束以后，对科学的质疑点之一在于科学不能提供人生观。此时陈独秀已经不再提科学代替宗教了，但如果认为他放弃反对宗教，那么就错了。他要与之互动的是早先思想的偏至。他的反省不过针对的是原来完全拒绝宗教的说法。虽然没有强烈否定宗教，但是他却认为它是迷信而要代替之。现在他认识到"凡是在社会上有实际需要的实际主义者都不应反对。因为社会上若还需要宗教，我们反对是无益的"，只有提倡较好的宗教来供给这需要，来代替那较不好的宗教，才真是一件有益的事情。④ 当时，陈独秀心目中的权威——罗素也不反对宗教，而是预言将来需要有一种新宗教。于是，他打算在现实生活中利用宗教这种文化形式，方法还是代替宗教，不过不是代替宗教本身，而是用科学的宗教代替不科学的，也就是"提

① 王无为：《文化运动中之宗教问题》，《新人》1920 年第 1 卷第 4 号。
② 王无为：《文化运动中之宗教问题》，《新人》1920 年第 1 卷第 4 号。
③ 王无为：《文化运动中之宗教问题》，《新人》1920 年第 1 卷第 4 号。
④ 陈独秀：《新文化运动是什么?》，《新青年》1920 年 7 卷 5 号。

倡较好的宗教来供给这需要，来代替那较不好的宗教"①。时代变化了，但是他用科学代替宗教的看法，已经变成了用一种新宗教代替旧宗教。他从代替宗教，变成改造宗教了。

京沪时期，影响宗教思想的重大因素是社会主义思潮进入团体和同人内部的分裂。此时同人在宗教领域基本上不直接谈论宗教本身。陈独秀本人仍然主张宗教还是必要的，应该用新的宗教来代替旧宗教。但是，这个宗教应该仍然是理性的，不过要能激发人的感情，让人行动起来。

有关宗教功能，陈独秀早就认为西方的宗教有导人向上的功效②，但是，因为科学的原则是怀疑，而不是信，所以科学与宗教本质上是冲突的。同人无法完全接受宗教，以前限制在底层社会中使用，后来又因其推动人行动的功效而加以重视，因此同人表面上在科学代替宗教与宗教不可缺少之间徘徊，稍微偏向前者。不知是不是因为处于这种纠结的状态，《新青年》没有参加到反基督运动中（陈独秀本人也参加了这个运动，杂志没有相关的表态）。③

党员时期，宗教问题已经不是重要的问题了。《新青年》最后两卷不需要谈论具体的宗教，而是谈论哲学——历史唯物主义哲学。党员时期，同人已经用作为世界观、人生观的马克思主义学说代替了宗教，发挥指导人生的作用，因此学理上宗教问题已经没有什么可谈的了。瞿秋白《国民会议与五卅运动》竟然一句都没有提到文化侵略和宗教。④ 如果说此时《新青年》表

---

① 陈独秀：《新文化运动是什么？》，《新青年》1920 年 7 卷 5 号。

② 独秀：《答刘竞夫》，《新青年》1917 年 3 卷 3 号。

③ 反基督教其实并非属于宗教问题，它反对的其实是基督教会背后的教育权和它代表的帝国主义势力（《本社反对基督教宣言》，《革命先锋》1926 年第 2—3 期），属于政治问题，但是因为涉及宗教主体，所以也带有宗教问题色彩。在反基督教运动中，《新青年》并非完全不在场，而是与它周围刊物之间形成一种互动关系，即相互配合、组成结构、相互分工。在某种一致性的基础上各自表述。《向导》周报因为出版周期短，所以可以快速的反映现实，并为一般工人阅读的，于是在上面较多宗教的内容。比如《向导》上发表的《帝国主义与反基督教运动》（魏琴：《帝国主义与反基督教运动》，《向导》1925 年第 98 期），主要针对政治运动中受到的各种宗教的阻碍；在教育权问题上也明确反对文化侵略（独秀：《收回教育权》，《向导》1924 年第 74 期；《广州反抗文化侵略青年团通电》，《向导》1924 年第 74 期）。《新青年》则从事理论研究，着眼全世界革命，而不仅针对国内。这个定位限制了《新青年》在这时发言。

④ 瞿秋白：《国民会议与五卅运动》，《新青年》1926 年 11 卷 3 号。

达了什么宗教新观念的话，就应该是用马克思主义唯物论来代替一切"精神鸦片"。在科玄论战中，《新青年》的宗教观念与时代发生了互动。五四以后，随着新文化运动的深入发展，高级知识人的宗教争论其实隐藏在科玄论战之中。科玄论战的话题其实一点不新，早就有人说过科学解决不了人生问题。陈独秀在《再论孔教问题》里已经回答过，① 算是开了科玄论战的先声。那时玄学其实已渐渐抬头，它的源头是第一次世界大战后兴起的精神哲学、生命哲学等非理性的哲学，此时欧洲的这些新哲学都给宗教暗开后门，比如倭铿和柏格森都表示对宗教宽容。

发生论战的双方是自然科学素养很高的留英美的知识人和欧战后去欧洲取经回来的梁启超派。张君劢提出人生观问题实际是为中国精神文化的价值找到哲学基础，并照应欧洲文化强调人和自主性意志的趋势。丁文江驳斥张君劢的理由与陈独秀驳斥科学不能解释人生观的理由一致，都承认现在科学不能解释的，相信科学将来总能解释。科玄论战爆发时，《新青年》已经发生马克思主义转向，正在停刊，所以没有直接参与。但在复刊以后，《新青年》立即摆出自己的马克思主义立场。瞿秋白说，"世界资产阶级看到镇不住乱，所以说科学无能，刚刚迎合了宗法社会的心理，于是所谓东方文化派大得其意。其实哪里是科学破产，不过是宗法社会及资产阶级文明的破产。世界的无产阶级正应当用敌人所怕的武器，殖民地上的劳动平民也应如此"。颠覆一切旧社会的武器正是科学。科学只是征服天行的方法。在少数人阻断此种方法之结果的社会里，方法愈妙，富人愈富，于是社会中阶级斗争愈剧烈，国际间战祸愈惨烈，因此以为是科学方法本身的罪恶。② 《新青年》倒是直接参与了科玄论战，并对科玄论战提出唯物主义的解释，发表《〈科学与人生观〉序》《自由世界与必然世界》《实验主义和革命哲学》《唯物史观对于人类社会历史发展的解释》《辩证法与逻辑》等文章，阐释了马克思主义的哲学观点和思想方法。③ 《新青年》潜在的批判对象是东方文化派，参

---

① 陈独秀：《再论孔教问题》，《新青年》1917 年 2 卷 5 号。

② 屈维它：《东方文化与世界革命》，《新青年》1923 年 10 卷 1 期。

③ 参见陈独秀《〈科学与人生观〉序》，瞿秋白《自由世界与必然世界》（《新青年》1923 年 10 卷 2 期），瞿秋白《实验主义和革命哲学》，蒋僧侠《唯物史观对于人类社会历史发展的解释》，普利汉诺夫《辩证法与逻辑》（《新青年》1923 年 10 卷 3 期）。

与的是维护科学的阵营。因为主张维持秩序，反对科学，主张用宗教和玄学的，往往是那些维护秩序的人，在中国就是东方文化派，在西方就是那些资本家。这些人都是反革命的，因此革命派必须依赖科学来提供理想，提供改造世界和人生的武器。同人与科学派又有差异，同人此刻站在革命者一边，要改造现实，自然它只能选择科学。而科学派则是站在知识立场上。换句话说，同人此刻是为了实践，而英美留学生则是维护知识的尊严和地位。两者的差异带有自然科学知识分子与人文知识分子斗争的意味。

## 二、哲学问题

陈独秀因为孔教问题而引申出人生问题，在列举回答这个问题的人时，一部分是宗教家，另一部分是哲学家如孔孟、老庄、墨翟和杨朱等。同人解答的人生问题基本上是宗教和哲学之间共同的问题。前面谈到其宗教的一面，下面再论哲学的一面。同人很少学习纯粹的玄学哲学（胡适除外），他们喜欢向有科学专业背景、有科学素养的哲学家学习，看重的是哲学背后的科学，所以《新青年》以自然公理作为基础来讨论人文问题。

《新青年》作为教育杂志肯定要涉及人生问题。最先以哲学来代替宗教的是马君武。马君武翻译赫克尔一元哲学用十二公例作为解决世界一切疑难的根据。[1] 赫克尔似乎是最彻底的物质论者、科学论者，他赞同良知是获得知识的途径，只认世界是物质的，而且物质和精神不相分离，上帝和自然是同一个物质。他用一元自然知识反对宗教。[2]《新青年》介绍他的一元论表明了自己的观点，即物质哲学，这是他们反宗教的思想基础之一。

沪皖时期，《新青年》的哲学基础是物质主义的。吴稚晖发表的文章是关于物质工具的。他介绍刨床钻台锯座，介绍工具，介绍西国青年的自修室，不指望青年为伟人，只希望青年为普通人，能劳动。[3] 吴稚晖的观点自然是无政府主义的，但是哲学基础却是唯物主义。此时因为陈独秀与吴稚晖一起参加反袁战争，所以关系比较紧密，可以约稿，似乎出于偶然的机缘，但是选择成为共同集团的成员，能够共事定然是有共同的思想基础。陈独秀

---

① 参见《赫克尔一元哲学》，马君武译，《新青年》1916 年 2 卷 3 号。

② 参见《赫克尔一元哲学（续前号）》，马君武译，《新青年》1916 年 2 卷 4 号。

③ 参见吴稚晖：《再论工具》，《新青年》1916 年 2 卷 3 号。

早年的哲学观念也基本上与吴稚晖一致，此处陈独秀正好借这篇文章把物质哲学与教育结合起来。

哲学虽不能探索未知世界，但在此岸世界中，有很多可以讨论的问题。对于近代中国知识人来说，"历史的动力何在"这个问题具有很大价值。关于历史动力问题，这个问题之所以重要，因为要得知潮流的方向，找到历史的动力何在，然后可以顺应潮流。

在这方面，同人的共识是进化论。陈独秀说：不变则不能适合将来的争存，[①] 陈独秀的《法兰西人与近世文明》也明确地说，人类正是遵循了"物竞天择，适者生存"的定律，凭借理性，自造祸福，西方文明的发达就是明证。[②] 胡适、李大钊、钱玄同、周氏兄弟等都受到进化论思想影响。这些思想是同人结合的共识之一，也使同人在开始形成团体思想的时候就对世界未来抱有信心，成为思考文化方向的根据。

这些思想是同人与近代的思想传统发生互动的结果。同人来自清末的新知识人，属于第二代，[③] 受到清末思潮的深刻影响。研究者都知道严复翻译的《天演论》是清末以来知识界的"圣经"。古代人认为历史是自然发展的过程，也看作自然的下降过程（成熟后，逐渐趋于没落），而进化论则是以科学面目出现的历史理论，是理解这个世界走向的工具。它作为坐标，让中国找到自己在世界上的位置。这正是处于低潮的中国所需要的，其中有中国落后的秘密和未来振兴的希望，因此才在清末一经介绍立即被新知识人接受，成为近代对中国人历史观念有重大影响的理论，成为时代思想的核心之一。时代已经把进化论当作一种话语，其他思想不过是这个话语的变体，是在具体问题上的体现。其他任何思想都不能违背这个假说，甚至很多思想都只是从这个假说出发做的推论。因此，在同人开始登上历史舞台的时候，他们无疑接受了进化论的公设，把进化当作批评别人的一个标准。高一涵把落后思想，如严复尊总统为圣人的观念，看作没有进化的观念。高一涵说严复因为缺乏历史进化的观念（这个说法很奇怪，严复翻译《天演论》却没有历

---

① 参见陈独秀：《敬告青年》，《青年杂志》1915 年 1 卷 1 号。
② 参见陈独秀：《法兰西人与近世文明》，《青年杂志》1915 年 1 卷 1 号。
③ 参见陈平原：《"新文化"如何"运动"——关于"两代人的合力"》，《作为一种思想操练的"五四"》，北京大学出版社 2018 年版。

史进化观念?）,"将古今立国的异点,看作中西立国的异点"[1],即将时间问题变为空间问题。同人反对来自严复的倒退思想,表明学生已经超越了自己的老师。就算是老师,如果违背进化论,也变成批判对象。显然高一涵的意思是不运用进化论的话甚至对文化的认识都会失准。

关于沪皖同人用科学来代替宗教时建立的新"宗教",即大我和小我的关系和个人幸福作为人生哲学的基础,以及它与思想传统和时代的互动,前面已经说过,这里就不再重复。它们与进化论一起构成同人的人生哲学。

北京同人时期,陈独秀写了《人生真义》,探讨人生问题。他总结了三种人生观:宗教家的、哲学家的和科学家的。他再次否定传统的各种人生观,肯定了科学家的看法——"人死没有灵魂,生时一切苦乐善恶,都为物质界自然法则所支配",人类也是自然界的一种物质,没有什么灵魂;生存的时候一切苦乐善恶都为物质界自然法则所支配,死后物质分散,另变成一种状态,没有联续的记忆和知觉。[2]他也对科学家的观点有所修正,认为个人必死,民族不容易死,人类更不容易死,民族和人类的文明留在世上就是个人"死后联续的记忆和知觉"[3]。他超越于科学家人生观之上的地方就是用群体来克服个体的有限性。他最后总结几点人生真义:个人无常,社会存在。社会的文明幸福,由个人创造和享有。个人的需求应该受尊重。社会的组织和秩序,也应该尊重。执行意志、满足欲望是个人生存的绝对理由。一切宗教、法律、道德、政治,不过是维持社会不得已的方法,可以随着时势变更。人生幸福也是个人努力的结果。个人死亡是社会的自然代谢,不需要恐惧。要享幸福,莫怕痛苦。[4] 这些真义就是当时北大同人的人生观,是基于科学家的答案,并加以反思后的成果,属于哲学答案。

这些看法与沪皖时期以及第三卷中的看法大同小异,算是陈独秀带入北大同人时期的旧传统。满足欲望是个人生存的绝对理由,这是沪皖时期的乐利主义的观念。陈独秀此时不过是重申了人生归属和个人快乐的重要性。用社会中的生存和大我作为个人有限生命的意义来源。这个话题再次出现,显

---

① 高一涵:《非"君师主义"》,《新青年》1918 年 5 卷 6 号。

② 参见陈独秀:《人生真义》,《新青年》1918 年 4 卷 2 号。

③ 参见陈独秀:《人生真义》,《新青年》1918 年 4 卷 2 号。

④ 参见陈独秀:《人生真义》,《新青年》1918 年 4 卷 2 号。

示出北大教授从第四卷开始再出发，重新奠定人生观。谈论人生真义，大概是第 4 卷趋于哲学文学的方向决定的。北大同人在沪皖同人时期强调个人人生价值变为强调社会责任，不过把"大我"明确为"社会"，于是社会的（文化的）地位也受到重视。原来这个观念也有，不过是不加强调，如今从高等教育者的身份出发为人生找科学的理据，则突显出来。陈独秀在北大同人时期专门讨论人生真义，表明他要为同人宣传的新事业（关于人的事业，关于人生的事业）奠定准宗教式的公理——科学认可的符合理性的人生看法。

沪皖时期的哲学思想基础之一在于追求希望。早年同人坚信进化论，在人类全体中找到人生意义，因为他们相信科学，所以并不感到迷茫。例外的是鲁迅，不过此时他尚非同人，在武者小路带来关于人类的认同和责任的认识以后，才参与了同人团体。新村主义信奉人生"宗教"，给予鲁迅新的启发，使他放弃殉葬的心理，决定为社会尽义务，写作了《狂人日记》。从群体来讲，《新青年》团体给人的印象是积极向上的，《新青年》总洋溢着乐观和坚定的情绪，犹豫和忧郁都是个人的，而且是暂时的。

乐观主义的思想情绪是与时代互动的结果。北大时期，虽然屡受挫折，但总能重新振作。五四以后陈独秀在哲学上为保持希望而开始新的追求，他为了避免近代新思想可能给民众思想带来的负面影响，所以决定转向最近代新思潮。他们并不是为他们自己，他们的言论是为了民众的，受到自己对民众的期待的影响。不仅陈独秀如此，李大钊也如此，就是王星拱也主张奋斗主义。[①] 此时他们重新回到沪皖时期激励民众斗争意志的道路。与此同时，他们的选择也受到"五四"运动后的社会氛围的影响，为了抵抗黑暗和黑暗带来的绝望情绪，以顺应寻求信仰的潮流。为此，他们还维护过进化论。

第一次世界大战胜利以后，同人的进化论思想受到威胁。小时代与大时代的思潮存在时差。欧战对物质文明的毁坏被认为是达尔文进化论的结果，因此欧洲人开始反思达尔文进化论，发现它违背人道主义原则，于是互助论大放异彩。进化论中的物竞天择的观念一定程度上造成斗争和分离争夺，造成大战。中国引入进化论的时候（19 世纪最后十年），西方的一些学者已经开始提出质疑，以为物种进化不全在互竞，更在于互助。俄国的克鲁泡特金

---

① 　王星拱：《奋斗主义之一个解释》，《新青年》1920 年 7 卷 5 号。

集其大成，于 1902 年出版了《互助论》一书。因为欧战暴露了竞争的恶果，使互助论一时风行。第一次世界大战结束后，国内思潮发生很大变化，国外思想受到重视。一方面进化论更加受到重视，《建设》1 卷 4 号通信栏上，胡汉民回信说："进化论的学说第一个好处就是能够实实在在打破世人的糊涂思想。"[1]胡汉民说进化论的影响是这两年才产生效果的，[2]其实指第一次世界大战结束以后时代风气的变化。另一方面进化论也受到质疑。随着社会主义思想进入国内，人道主义和互助等观念都陆续进入中国。中国思想界也渐渐受其影响。当时人认为互助论是欧洲现代思潮自己慢慢找到的新动向，已经代替了达尔文的生存竞争说。[3]1915 年有人预测欧战后达尔文将受质疑。作者认为道德也是取胜的条件，在质疑达尔文的争斗说时，表达了肯定互助论的意思，[4]因为在中国语境下，互助是传统道德。

同人中也有参与潮流的。蔡元培在《欧战与哲学》里提倡互助，认为弱者的互助主义有助于进化，认为大家都走这条路，中国就会进化。他认为欧战的结果就给互助主义增加了最重大的证据。他重新提出"合群"[5]。1919 年元旦，李大钊发表《新纪元》，写道："看啊，从前讲天演进化的，都说是优胜劣败，弱肉强食，你应该牺牲弱者的生存幸福，造成你们优胜的地位，你们应该当强者去食人，不要当弱者，当人家的肉。从今以后都晓得这话大错。知道生物的进化，不是靠着竞争，乃是靠着互助。人类若是想求生存，想享幸福，应该互相友爱，不该仗着强力互相残杀。"[6]李大钊和蔡元培接受互助论，也是从中看到崭新世纪的希望。

《新青年》杂志除了有介绍互助论的热情以外，也有维护"竞争说"的举动。有人注意到很长一段时间里，陈独秀与胡适都对"互竞"论、"互助"论的纷争"三缄其口"[7]。不说的原因在于这个话题对于同人来说很难处理。他们并不是简单地接受互助论，否认竞争论，而是在接受互助论的同时，坚

① 胡汉民：《答君武》，《建设》1919 年第 1 卷第 4 号。
② 胡汉民：《答君武》，《建设》1919 年第 1 卷第 4 号。
③ 梁启超：《欧游心影录》，《梁启超全集》(10)，中国人民大学出版社 2018 年版，第 68 页。
④ 《广达尔文进化论》，《公言》1915 年第 1 卷第 3 号。
⑤ 蔡元培：《欧战与哲学》，《新青年》1918 年 5 卷 5 号。
⑥ 李大钊：《新纪元》，《李大钊全集》(最新注释本)(2)，人民出版社 2006 年版，第 267 页。
⑦ 郑师渠：《新文化运动与反省现代性思潮》，《近代史研究》2009 年第 4 期。

持竞争论（在当时的语境中，这两者成为对立的了。这个当然与严复介绍进来时进化论的竞争内涵得到重视有关。造成误解的原因是戊戌前接受进化论是在残酷的竞争语境下进行的，加上当时德国和日本都以竞争姿态而跃升为新锐，所以竞争一面得到突出强调，忽略了进化论中本有的互助内涵）。它维护竞争说固然因为进化论本身的确包含两方面，还有一个原因是早年的判断都建立在"竞争说"基础上，保护"竞争说"可以保持自身的统一性。所以，开始同人在接受互助论过程中有一个抵抗的过程。《新青年》特别强调互助论并不是代替进化论（竞争说）而是修正了它。

在 6 卷 1 号上，王星拱还在重申进化论，[①] 在 4 号上，周建人讨论生物来源问题[②]，也基本上谈的是进化论常识。他们似乎都是在重申进化论的正确。但是反过来看，也说明进化论此时受到威胁，不然不需要反复说这些十多年前成为共识的老道理。前者只有半篇，后半篇只有预告，没有出现。而后者似乎也没有结束。这些现象都让人感到同人面对新问题有点不知所措。

真正的冲击是在五四以后出现的。在 8 卷 2 号上，周建人直接驳斥互助论代替进化论的说法，指出达尔文里本有互助，认为"可以知道生存竞争与互助，本只是生物现象的一事的两面，或后者是前者的较为绵密的说明；而且因为有互助，却愈足证明生物界有竞争"。针对当时有人开始怀疑进化论，他认为协约国为了鼓吹协力所以翻印克鲁泡特金的互助论，其意图与著者的本意有差距。他把对达尔文的误解归罪于赫胥黎等人的片面解读。他还说，克鲁泡特金就说过，最适者就是互助者，补充了达尔文的学说。[③] 这篇文章在达尔文进化论和互助论之间搭起桥梁。为旧观念辩护，反对抛弃进化论。他反对中国当时出现的认为互助打破自私自利的进化论的看法，理由是团体

---

① 王星拱：《未有人类以前之生物》，《新青年》1919 年 6 卷 1 号。

② 周建人：《生物之起源》，《新青年》1919 年 6 卷 4 号。

③ 参见周建人：《生存竞争与互助》，《新青年》1920 年 8 卷 2 号。这篇文章指出达尔文是受了马尔萨斯人口论的启发才提出生存竞争的。为此同人还研究了马尔萨斯的人口论，专门发表马尔萨斯专号。这是有限的几个专号之一，可见这是非常重要的一个专题。另外，他还介绍最近的生物学成果，认为生物的进化在于生物本身。周建人介绍遗传学的新学说，认为生物自身突变，并且抛弃祖先的一部分性质（为脱离旧文化提供了理据），随着环境变化，不变化才会灭亡。这些内容似乎补足了不完整的《生物的起源》，由此可以推断，是编辑的方向改变造成了论文的不完整。

内互助，团体外还是要竞争。生存和互助两说可以并存。① 这是在为早期的个人主义辩护，因为个人主义依靠进化论，选择的正是"物竞天择"的生存说，因为互助思想兴盛后，与竞争接近的个人主义就失去了合理性。修复理据工作非常重要，因为进化论是时代话语的核心，是文化更新的基本前提。保护进化论就是保护新知识进入中国和文化更新的压力和动力。不过，《新青年》此时发出折衷之论，并不是单纯为了维护竞争说，而是在纠正欧战刚结束后形成的片面否定竞争的倾向，同时也是抵抗巴黎和会梦碎后可能出现的对互助论的质疑。

　　周建人 8 卷 5 号上又发表《达尔文主义》一文，同时为了进一步解释进化论，他用孟德尔基因突变说来补充达尔文主义。② 这篇文章重点在重新发现孟德尔，其潜在目的在于从互助论的重要理论源头出发去超越进化论。互助论虽然早就被克鲁泡特金发明，但是到孟德尔主义 1900 年重新被发现以后，才受到世人的重视，于是互助论得以集中发表，成为质疑达尔文主义的一个助力。这篇文章正是以互助论的科学基础孟德尔学说来深度融合竞争和互助两方面的。周建人特别强调，"我们观察自然中的生象，制度竞争是生活前进的要素，互助下的生活，也只有努力和劳作得到的生活，团体不能在依赖和贪惰中建立；便是小动物如雀类，也不许在别个造成的巢中居住，即窃取草屑少许，也须受同群的攻逐。所以人间生活，便在人道主义之下，也只有努力的前进；文明社会中的新生活，与未进化和不进化的人民全然无涉"③。没有责任感，随风摇摆的国民需要个人主义，所以同人不得不强调互助也要个人努力。同人从科学上拯救健全的个人主义和进化论都是为了在新形势下拯救个人奋斗的社会改造模式。周建人的文章还提到新流行的"人道主义"。这也是重要的哲学价值观，它从人的高度立论，超越国家，带有无政府主义色彩。无政府主义和社会主义都是具有人道主义价值观的思潮。1916 年蔡元培回国后，就把欧战解释为军国主义与人道主义的斗争，几乎看作进化和互助观念的斗争，④ 并且站在人道主义一边。蔡元培的说法在"一

---

① 　参见周建人：《生存竞争与互助》，《新青年》1920 年 8 卷 2 号。
② 　参见周建人：《达尔文主义》，《新青年》1921 年 8 卷 5 号。
③ 　周建人：《达尔文主义》，《新青年》1921 年 8 卷 5 号。
④ 　参见蔡元培：《我之欧战观》，《新青年》1917 年 2 卷 5 号。

战"胜利后产生巨大影响。但是,周建人突破时人的看法,说"人道主义的基础也正建立在生存竞争上"①,确立了个人主义是前提,有了它才谈得上人道主义。这是《新青年》在时代发展的思想与杂志早期思想矛盾时,做出的自辩反应。这就是主体要在历史中保护自身统一性的本能反应。当然要接受新思潮,考虑新现实,但是早先的思想也不容轻易否定。

此外,从孟德尔学说来反思进化论,不仅从根源上去思考互助和竞争之间的矛盾,调和两者,而且还有超越两者的倾向。周建人关注进化论中的贵族倾向,直面其与平民化这个大前提之间的冲突。虽然周建人并没有实现理论上的创新,真正超越两者,但却预示着同人哲学思想的转变,预示着他们将寻求一种代替进化论的哲学思想,而使进化论在同人的文化思想体系中降为次要思想。

这些思想自然是与时代新思潮互动的结果。此时有所谓"世界进化以由分而合为正轨"②的新认识。陈望道反思进化论,反对生存竞争适者生存,强调互助。③1919 年 1 月张东荪认为平等不能绝对化,绝对平等是退化,不是进化。④研究系的报刊以接受世界新潮的姿态宣传互助说,不能不引起《新青年》的重视,虽然同人不以为然,但是回应这些观点是不可避免的。

这些思想还与早期思想互动。在接受互助论时,同人加以抵抗,维护早先的竞争说和个人主义。其实《新青年》沪皖时期就提到竞争和互助同时并举。1915 年 10 月李平请陈独秀评说达尔文与克鲁泡特金。⑤陈独秀的回答是:对两个经典要合而观之,才能得进化的真相,他认为竞争与互助是进化的两轮,达尔文的书中也讲到了互助,只是被人忽略了而已。⑥但是从后来的思想展开过程来看,很难说陈独秀早有互助的思想,很可能是李平的问题让陈独秀注意到达尔文的互助思想。因为陈独秀此前完全没有提到互助,还把社会主义看作太高远的理想,不久后还提倡军国主义。由此推断,这时陈独秀嘴里的"互助"不过是重复别人的话,只是一般知识,在他的思想体系

---

① 周建人:《达尔文主义》,《新青年》1921 年 8 卷 5 号。
② 《梁任公对于欧战议和之谭话》,《国民公报》1918 年 11 月 16 号。
③ 参见望道:《因袭的进化和开辟的进化》,《时事新报》1919 年 5 月 13 日"学灯"。
④ 参见东荪:《过激主义之预防策》,《国民公报》1919 年 1 月 29 号。
⑤ 参见李平:《通信》,《青年杂志》1915 年 1 卷 2 号。
⑥ 记者:《答李平》,《青年杂志》1915 年 1 卷 2 号。

中并不重要，并非用于分析和行动的工具，至少说明当时的潮流还没有显出这个思想的意义。互助对于欧洲来说都是新的角度，更别说中国知识人了，他们刚刚明白世界是弱肉强食的世界。他们有所抵抗，倒不是说他们不提倡互助，只不过当时国内语境中，互助与传统大家庭的集体主义太接近，因此无论在世界上争取中国的权利，还是争取西方文化在国内的合理性，都更需要竞争说的支持。

通过同人早先的思想，还与早先的时代思想发生互动。同人的进化思想来自清末的新思想，继承了这个传统。竞争说不仅是同人的个人观点，也是此前中国思想界的共识。因为同人与时代有这样的共识，所以才成为时代的一份子。只不过因为新的思想资源传入中国才形成了互助和竞争的思想碰撞。

第一次世界大战胜利以后新思潮的涌入带来了更多新的思想，其中就有作为进化论发展者的新哲学，比如马克思主义和实验主义。这些新思想为历史动力问题提供了新的答案。为《新青年》文化思想的提升和跟上时代提供了契机，也为同人分裂埋下了伏笔。一部分人，如胡适，接受了实验主义，而陈独秀等人则接受了马克思主义。两者都是历史动力的新解答。

实验主义先是在欧美流行，与社会主义并驾齐驱，并企图超越马克思主义。五四以后传入中国，特别因为杜威来华，胡适大加宣扬，信息灵通的中国知识人大多也接触到它，[①] 导致实验主义一度流行于五四前后。实验主义其实与进化论有一定关系，胡适曾经说哲学上一般都是黑格尔的进化，而只有实验主义使用达尔文的生物进化，也就是最有科学基础，因此可以成为具有历史观念的哲学真理观和世界观。[②] 胡适在 7 卷 3 号《新青年》上重申进化是文化选择的原则和方向。他说天下的器物制度决没有无用的进化，也决没有用处更大的退化。[③] 胡适给变迁是否为进化定一个实用主义色彩的标准："一切器物制度都是应用的。因为有某种需要，故发明某种器物，故创造某种制度。应用的能力增加，便是进步；应用的能力减少，便是退步。"[④] 可见

① 　知非：《答傅斯年先生》，《国民公报》1919 年 1 月 7 号。
② 　胡适：《实验主义》，《新青年》1919 年 6 卷 3 号。
③ 　胡适：《国语的进化》，《新青年》1920 年 7 卷 3 号。
④ 　胡适：《国语的进化》，《新青年》1920 年 7 卷 3 号。

他的进化就是有用的。他认为白话能用，就是进化的方向。其实，他偷换了"用"的含义。文言虽然在生活上不能应用，如果能用来创造美文也属于有用。

不知道朱希祖是不是受到周建人介绍的突变进化论启发，他在与胡适发表《国语的进化》同时把"进化"定义为"把不适用的改为适用的"，增加了人为因素，强调精神"革命"的价值。他再次提到青年自立进取，认为子孙进化后比祖辈进步，反对把财产给子孙，使子孙坐享幸福，不求自立进取的学问。① 这又是对健全个人主义的重申。自主进取和革命成为历史发展的动力。朱希祖的思想算是同人当时思想的一种折中，从竞争和互助的共同性中找到"适者生存"，又坚持竞争的工具——革命。前者是对新思潮的顺应，后者是针对中国现实的提醒。

思想发展到胡适这里距离马克思主义就差一步之遥了。实验主义和马克思主义都是革新的和进化的，只不过从革命的方式看，实验主义是微观的、改良的，马克思主义是宏观的、革命的。马克思主义强调物质，但不否认人为，所以它是最为积极的。实验主义则强调推进历史前进靠具体人的主观努力和点滴改良。实验主义对马克思主义有相当的敬意，② 但是它认为自己作为后辈更为科学。从超越进化论的路径看，那时似乎只有两个选项，它们都在《新青年》中出现。

以上的思想新动向是与西方哲学思想潮流互动的结果。实验主义和马克思主义都与进化论一脉相承，这点前面已经分析过。马克思主义与进化论在历史观上是一致的，不过马克思认为物质（生产力）是进化的动力。实验主义缺乏进化论的明确方向，但是保留了自然淘汰的思想因子。对实验主义和马克思主义的接受是在新思潮的作用下才发生的。实验主义正是在这个背景下进入中国，强化了"适用"的方面。虽然胡适和朱希祖两人的理论出发点有表面的差异。朱希祖从进化论出发，而胡适此时已经改从实验主义出发了，但是无论如何"适用"在理论上都更有实验主义味道。同人在原有的进

---

① 朱希祖：《敬告新的青年》，《新青年》1920 年 7 卷 3 号。
② 杜威讲演中多次肯定马克思主义。实验主义吸收了马克思主义的某些内容，比如杜威就非常重视民治中的经济因素，反对把民治仅仅看作思想的（杜威：《美国之民治的发展》，《新青年》1920 年 7 卷 3 号）。

化论的基础上从众多思潮中选择，与两种主要思潮对话，逐渐实现了融合。互动使同人发生分裂，时代也因为同人的参与而强化了两大思潮，带来社会思潮的演进。

宗教领域和哲学领域发生互动也促进了进化论的超越。宗教领域中，现代思潮对宗教的扫除造成了中国的信仰真空，需要新的信仰来占据空出来的宝座，为人提供人生价值。五四以后，对意义的追寻变得更为急迫。消极悲观出现，需要寻找意义。时代提出新问题，对哲学宗教思想提出新要求。为了这个意义，也为了追求积极乐观，而选择新的思想源头。其中积极乐观是更根本的。7 卷 1 号陈独秀希望青年不被社会压迫，改造人生观——解除思想的暗示，改造道德的制度的组织——解除社会的压迫。对于此前《新青年》一直尊奉的包括启蒙思想在内的近代思想，现在开始看到它的不足，指出它"会造成青年对于世界人生发动无价值无兴趣的感想"，并提出最近代的思潮给人希望，而不是绝望。[1] 这个最近代思潮的看法很重要。在这个背景下，以竞争面目出现的进化论就有向更新的实验主义和马克思主义转向的可能。

到京沪时期后期以及党员时期，历史动力问题中突出了历史唯物主义与主观能动性的重要性，正好兼顾了革命的客观和主观两个方面。

早先，历史的物质性是没有被好好理解的。2 卷 6 号上陶孟和讨论文化，坚信人有社会性，但是不能理解人类为什么又从群居变为离居，[2] 说明那时他对历史唯物论并无概念，至少他没有把马克思的历史唯物主义当作解决文化问题的工具。因为对人类的离居，历史唯物论有合理的解释。

最早接受历史唯物论的是李大钊。他研究历史时凭粗浅的经济学知识运用马克思主义。李大钊的马克思主义兴趣来自马克思主义把历史学提升到自然科学的高度。这点可以从李大钊的学生贺廷珊答卷中的话推断出来。贺廷珊介绍了唯物史观的大体情况，并且评价说："马克思和今日的一派史学家均以社会变迁为历史学的对面问题，以于其间发见因果法则，为此学目的，二者同以历史学为法则，此学由学问的性质上讲是说历史学与自然科学无所差异，此种见解结局是以自然科学为唯一的科学。自有马氏唯物史观，才把

---

[1]　参见陈独秀：《自杀论》，《新青年》1919 年 7 卷 1 号。

[2]　参见陶履恭：《人类文化之起源（续前号）》，《新青年》1917 年 2 卷 6 号。

历史学提到与自然科学同等的地位。此等功绩实为历史界开一新纪元也，是影响于史学上最大之点。"① 这应该也是李大钊的看法。也可能是李大钊的追求方向。总之，他接受马克思主义是从历史唯物论开始的，为了寻找历史的动力，获得方向感。

与李大钊有一样倾向的有顾兆熊和凌霜，他们也早早接受马克思的历史唯物论。② 后者站在无政府立场上讨论马克思，说得最少，但是称赞最没有保留。无政府主义者也被马克思主义的历史动力论解释力征服。

对物质性的历史哲学阐述最多的还是陶孟和和李大钊。五四以后，陶孟和从欧洲归来，谈论新历史，质疑黑格尔历史哲学的主观性，批评它偏重精神。③ 就陶孟和的社会学学者身份来说，他更倾向于主张科学物质，但是对比他出国前后的言论，可以认为重视物质的倾向是他从欧洲带回来的。此时欧洲思想是物质主义的，费尔巴哈以后都不能不是物质主义的了，黑格尔被"抛弃"，有了马克思和实验主义这些重视实践的哲学。第一次世界大战期间的新哲人强调精神，倒是救弊的新说。李大钊的马克思主义历史观是历史单向进化，认为社会上的种种解放运动都是经济制度变革的结果，比如李大钊认为当时社会上的各种问题都是大家族制度崩溃后产生的结果。他说，"新思想是应经济的新状态，社会的新要求发生的，不是几个青年凭空造出来的"④。

历史唯物主义与主观能动性一起成为历史动力问题的关注点是思想互动的结果。历史唯物论有可能被误解为个人无所作为，比如胡适就是这样理解唯物论的。⑤ 这种质疑对于提倡马克思主义历史观的陈独秀和李大钊都有提

---

① 贺廷珊：《试述马克思唯物史观的要义并其及于现代史学的影响》，《北大学生贺廷珊的唯物史观考试试卷》，北京大学档案馆 BD1923028。作者为政治系二年级。试卷应为李大钊所出，因为李大钊当时在为政治系和历史系学生开设"唯物史观研究"课。成绩 95 分，也应该是李大钊判定。

② 参见顾兆熊：《马克思学说》，《新青年》1919 年 6 卷 5 号；凌霜：《马克思学说的批评》，《新青年》1919 年 6 卷 5 号。

③ 参见陶孟和：《新历史》，《新青年》1920 年 8 卷 1 号。

④ 李大钊：《由经济上解释中国近代思想变动的原因》，《新青年》1920 年 7 卷 2 号。

⑤ 参见陈独秀：《〈科学与人生观〉序》，《新青年》1923 年 10 卷 2 期；胡适：《答陈独秀先生》，《胡适文集》(3)，北京大学出版社 2013 年版，第 155—157 页；陈独秀：《答适之》，《胡适文集》(3)，北京大学出版社 2013 年版，第 157—161 页。

醒作用。李大钊承认人类是历史动力，他在8卷4号上对比新旧历史方法时说，旧历史的方法从社会本身以外寻社会情状的原因，新历史的方法于人类本身的性质内寻求达到较善情状的推进力与指导力；前者给人怯懦无能的人生观，后者给人以奋发有为的人生观。原因是前者看社会上的一切活动与变迁全为天意所为，后者全为人力所造。[①] 这句话说明至少8卷时期李大钊是重视人的作用的。这与陈独秀选择最近代思潮的取向[②] 一致，社会科学把动力归于人类自己，因此许诺了主观能动性的前途，可以带来希望。7卷时期李大钊还有片面性，到8卷，也许在胡适等人反驳中，他也强调了人类自己。这个互动的结果促使李大钊加深了对马克思主义历史观的认识。

胡适和李大钊的互动暴露了同人间的文化观差异。从文化的发展道路看，胡适和李大钊的分歧发生于哲学基础上。他们在为什么要打破旧文化的理由上有部分相同点，都认为文化要适合生活，跟上时代，但李大钊的哲学认为是生活自己在打破，胡适的哲学认为生活的意志是不可知的，主观上只能做些看得到的小问题来解决，因此历史的未来也就能被主观影响了。同人在文化随着历史变化和不断适应现实的方面具有共同性，在涉及如何实现变化和如何适应现实的方面有分歧，差异最终导致《新青年》的转向。

除了李大钊以外，《新青年》上运用历史唯物哲学的还有陈启修，他说："人类文化的方向和种类，不但是有变化，而且是不得不有变化的了。各时代各地方有特别的物质结合，所以各时代各地方也有特别的文化，所以照唯物的历史哲学看来，没有永远不变的道德，也没有长久合用的法治。一切道德、法律、政治、经济、宗教、艺术等种种文化现象，都是要随时之宜常常变更，才能够有价值的。若是迷信旧有文化，不知变通，必定弄得文化日退，自绝自灭。"[③] 这应该是直接用唯物历史观来讨论文化的第一篇文章，明确讨论时代与文化的关系，文化随着物质产生变化，而且是绝对的变化。

---

① 参见李大钊：《唯物史观在现代史学上的价值》，《新青年》1920年8卷4号。
② 参见陈独秀：《自杀论》，《新青年》1919年7卷1号。
③ 陈启修：《马克思研究·一、马克思的唯物史观与贞操问题》，《新青年》1919年6卷5号。

此时的思想变化也与当时大家对马克思主义的理解发生互动。李大钊等人是比较积极的马克思主义者，他们的认识会影响时人的观点，时人的观点也反过来作用在李大钊等人的认识水平上。比如当时思想界对于马克思的了解基本上就是以经济为中心的历史观。认为唯物史观实是平民的哲学，劳动阶级的哲学。① 这可能受当时接受国外马克思主义资源的限制。李大钊的马克思主义观很难突破这个认识状态，因为一个时代的人对一个理念的认识也是不断积累和修正而发展起来的。

党员时期，与李大钊一样，瞿秋白也认为历史的动力不在政治家，而在群众（民族的阶级的），而且不是短期运动，像五四运动那样的运动，而是能引起历史巨变的长期运动，即时代思潮被群众及其首领的头脑掌握，结合产生的物质基础，这样就能发现历史进化的规律和某一特殊时间地点的特殊规律。②

早期《新青年》提倡科学，相信自然律，现在接受马克思主义（社会科学），仍然坚持马克思主义科学的一面。李大钊把马克思主义当作自然科学，所以对因果律完全相信。党员时期，同人又对历史唯物论做了哲学上的总结。瞿秋白说："所谓历史的偶然，仅仅因为人类还不能完全探悉其中的因果，所以纯粹是主观的。决不能因为不知因果便说没有因果。"③ 自由在唯物的框架下也得到重新认识。瞿秋白说，自由不是绝无因果的，不凭借任何东西，而是指确知事实，能处置自如的状态。它是文化进步的目标。现实生活和艺术思想需要理想家和天才来革新，他们是这种变革里所必须的历史工具。"社会现象是人造的，然而人的意志行为都受因果律的支配；人若能探悉这些因果律，则其意志行为更切于实际而能得多量的自由。"④ 在历史唯物论的认识中存在如何理解必然规律和个人意志之间的矛盾。关于主观能动性，瞿秋白也做出了自己的解释。他认为每种社会理想无不根据当代的社会心理（时代的人生观）。然而社会心理随着经济动象而变，于是在这流变之中可以先发现一二伟大的个性，代表新的社会心

① 参见胡汉民：《唯物史观批评之批评》，《建设》1919 年第 1 卷第 5 号。
② 参见瞿秋白：《自由世界与必然世界》，《新青年》1923 年 10 卷 2 期。
③ 瞿秋白：《自由世界与必然世界》，《新青年》1923 年 10 卷 2 期。
④ 瞿秋白：《自由世界与必然世界》，《新青年》1923 年 10 卷 2 期。

理的开始（个性的人生观）。每一期人与自然的斗争，由于自然的适应而生技术的变革，然而技术变革必定影响于经济关系，又渐渐确定政治制度，但是政治稳定的时候，人民引用当时所已得及已承认的知识，便有大致相同的对于人生及宇宙的概念——养成当代社会心理。如此辗转流变至有新技术新科学新斗争时，便有新人生观。阶级的个体观点不同，但是一个阶级的人具有共同趋向，是经济原因的结果。解决问题的方法，亦只是当代多能有的种种手段。当代社会心理有阶级分化，个性能自由选择某一阶级的观点，自由趋向于某一阶级的解决问题法。① 这就解释了生产力的物质决定性和英雄在历史中的独特作用之间的矛盾，也理清了革命和历史动向的关系。

这种思想是与当时思想斗争互动发生的。《新青年》复刊后，立即参与"科学与人生观"论战。《新青年》在自然科学派和"玄学"派两者之间，站在自然科学派一面。瞿秋白没有局限于人生观和科学的讨论，而是上升到更高层面，从是否关注社会现象与因果律，是否承认意志自由等更根本的问题，提出第三种答案。他在与玄学派的对话中，选择的角度是社会现象和意志领域的规律问题，所以自由仅限于规律与人的精神自由之间的关系，而没有涉及文化对自由的干涉。瞿秋白把自由放到知识的层面，以获得知识来定义自由，很巧妙地回避了困难。在"科学与人生观"的论题场域中占有自己的位置，表明自己与研究系新动向的差异，也表示了与胡适派的距离，因为历史唯物论不受胡适欢迎，就是因为触及个人自由与物质规律的矛盾。再如，从马克思主义立场出发，实验主义在党员时期得到历史的肯定，同时也得到历史的阶级的批判。瞿秋白认为实验主义正如启蒙思想和欧战前后的复古思潮一样都是社会制度动摇的产物。"中国宗法社会因受国际资本主义的侵蚀而动摇，要求一种新的宇宙观，新的人生观，才能适应中国所处的新环境，实验主义的哲学，刚好能用他的积极方面来满足这种需要。"它是资产阶级的哲学，因此也是蒙蔽劳动阶级的工具。② 实验主义在"五四"以后如果说还有合理性，那么到了无产阶级运用马克思主义指导实践的时候，实验主义就

① 参见瞿秋白：《自然世界与必然世界》，《新青年》1923 年 10 卷 2 期。
② 瞿秋白：《实验主义与革命哲学》，《新青年》1924 年 10 卷 3 期。

必然遭到同人的唾弃。

### 三、宗教和哲学问题与文化

宗教哲学思想与文化思想也是整体与局部的关系，它们之间也存在互动。

首先，宗教和哲学思想背后有文化思想的作用。

《青年杂志》一开始就把宗教作为文明的一部分。[①]陈独秀总结东西方民族差异时把佛老当作民族文化差异的原因，[②]他批驳康有为关于孔教的言论，历数欧洲文明史中的宗教发展，[③]说明他从文化视角思考宗教问题，也是在文明史的背景下审视宗教问题。光明甫还从宗教性角度来分析中国人的国民性，[④]也是统一的取向。

作为哲学的进化论除了成为文化进步的指路明灯，而且还成为主动变革的理据。陈独秀说："以人事之进化言之，笃古不变之族，日就衰亡。日新求进之民，方兴未已。"[⑤]在进化论的指导下，民族文化必须主动改变，按照进化的方向提早变化，不然文化有退化和被淘汰的危险。唯物史观也有类似作用。李大钊说："一切过去的历史，都是靠我们本身具有的人力创造出来的……我们应该自觉我们的势力，赶快联合起来，应我们生活上的需要，创造一种世界的平民的新历史。"[⑥]掌握了历史唯物论的人就能把握历史前进的方向，可以拯救民族，也能创造未来的文化——世界的平民的文化。这才是用唯物史观审视历史的目的，最终要把这种认识运用到创造历史的伟业之中。

《新青年》讨论宗教和哲学问题都不是为了在宗教学领域和哲学领域中获得新知。同人不是宗教家，也都不是哲学家、宗教学者。在宗教学和哲学领域，同人没有多少创见，不过是介绍和阐发国外思想，批判中国旧有的思想而已。胡适作为哲学教师，也没有把自己专业的知识放到杂志上，而是运

---

① 参见陈独秀：《法兰西人与近世文明》，《青年杂志》1915 年 1 卷 1 号。

② 参见陈独秀：《东西民族根本思想之差异》，《青年杂志》1915 年 1 卷 4 号。

③ 参见陈独秀：《驳康有为致总统总理书》，《新青年》1916 年 2 卷 2 号。

④ 参见光升：《中国国民性及其弱点》，《新青年》1917 年 2 卷 6 号。

⑤ 陈独秀：《敬告青年》，《青年杂志》1915 年 1 卷 1 号。

⑥ 李大钊：《唯物史观在现代史学上的价值》，《新青年》1920 年 8 卷 4 号。

用专业知识，发现和解决文化思想方面的问题。同人的着眼点在一般生活领域，为了改善日常生活的文化形式，而接引外国的思想。文化领域的问题才是他们讨论宗教和哲学问题的落脚点，对文化的看法才是他们的真正目的。

除了宗教、哲学本身属于文化以外，《新青年》讨论的宗教哲学问题也都是文化问题。首先，用科学代替宗教属于文化问题。不仅指用科学代替宗教作为人生问题的支柱，也指这是在宣扬一种科学的文化，理性的文化，反对情感的宗教的文化。陈独秀明确表示："余辈对于科学之信仰，以为将来人类达于觉悟，获享幸福，必由之正轨，尤为吾国目前所急需，其应提倡尊重之也。当然在孔教孔道及其他宗教哲学之上。"[1] 人成为人，脱离奴隶状态，过上幸福生活都靠科学。科学在现代生活中有重要作用，其影响无远弗届，创造了一种科学文化凌驾于各种文化门类之上。这种科学文化已经在清末以来新知识进入中国的过程中建立起来。《新青年》就是要推进这种文化的传播。因此，用科学来代替宗教，本身就是一个文化革新的行为。

他们讨论宗教哲学问题深层关注的是文化，无非是为文化问题寻找支撑点。他们把哲学和宗教中的看法用于文化问题而成为分析文化问题的通用方法和立场。比如历史动力问题解决了，文化就有变迁的方向，可以发挥人的主观能动性，顺势而为，干预文化变迁，这种人为安排本身就是文化。在哲学方面，与本体论相比，他们更关心历史哲学，因为它与文化更直接相关。陈独秀一开始就不认为孔教是宗教，但仍然要放到宗教的范围里来讨论，因为一方面受到论战对手的论题限制，另一方面人生意义问题也是哲学内容，与宗教也有交集。

《新青年》提出自己的宗教和哲学思想时，显露出一定的文化思想。从上面互动过程的描述，可见《新青年》在宗教哲学问题中流露出以下文化价值原则：

第一，科学原则。科学原则是《新青年》不可置疑的底线。在宗教和哲学的问题上，科学的身影特别突出。《新青年》在讨论宗教问题时本着科学的原则。2卷3号上，马君武以一元论哲学反对宗教"埋没其良知"[2]。2卷5

---

[1]　陈独秀：《再论孔教问题》，《新青年》1917年2卷5号。

[2]　马君武：《赫克尔一元哲学（续前号）》，《新青年》1916年2卷3号。

号陈独秀提出以科学代宗教，也就是文化应该从属于科学。后来北大时期的健全的个人主义就建立在近代科学的基础上，其进化论和唯物论也都要么是科学，要么是有科学基础的哲学。京沪时期和党员时期接受的马克思主义更是作为科学的世界观来接受。

因此，《新青年》讨论文化常以人的生物性作为起点，常见的方式是还原为生物。生物学是科学的重要门类，是当时重要的理论来源。进化论和生物学的其他规律成为理解社会生活和思想生活的工具。比如新陈代谢是常见的生物有机体隐喻。再如理解社会与个人关系时，以为"个人之于世界，犹细胞之于人身。新陈代谢，死生相续，理无可逃"[1]，或者"个人之在社会，好像细胞之在人身，生灭无常，新陈代谢，本是理所当然，丝毫不足恐怖"[2]，又或者论人时总是从动物的地位立论，让人吸收动物的优良品质。[3]此外，还有社会学和心理学等科学也常常作为思考文化问题的基础。

第二，人道观念。在神、人和自然这个体系中，《新青年》以人为中心，以生物性、自然性作为基础。在1卷上，西方民族被看作个人主义者，核心意思是人人平等，人人有人权，谁都不能剥夺。汪叔潜指出法兰西革命后"人权说"大昌，使人生发生很大变化。[4]陈独秀的《人生真义》再次宣称人生幸福是人生自身出力造成的，非是上帝所赐；[5]陶孟和为理性的自由人设计了几个精神支柱。他从人的最基本的生存需要出发，确定了几个"公设"："人总要活着，活着要舒服，要大家看得起。"[6]陈独秀所说幸福是从人出发的。陶孟和的公设对应于人的生存需要、生活需要和尊严需要，也是重视人道的。同人的快乐主义完全是从人道的观念中引申出来的。

因为以人为中心，以还原论为方法，加上受到当时中国现状的影响，同人把人还原为最小单位——个人。从个人的主体性和自由本性出发来谈论人生问题，以求破除中国传统社会对人的束缚。当时尊崇人和自由，目的是要将东洋民族的家族本位主义改变为个人本位主义。因为东洋文明的弊病在于

---

[1]　陈独秀：《今日之教育方针》，《青年杂志》1915年1卷2号。

[2]　陈独秀：《人生真义》，《新青年》1918年4卷2号。

[3]　参见高铦：《"是什么"和"为什么"》，《新青年》1921年9卷1号。

[4]　汪叔潜：《新旧问题》，《青年杂志》1915年1卷1号。

[5]　陈独秀：《人生真义》，《新青年》1918年4卷2号。

[6]　陶孟和：《随感录·（二七）》，《新青年》1918年5卷3号。

敌对个人。①

第三，实用。在文化上，《新青年》还有一条底线就是选择文化以实用作为根据。同人坚信科学的人权说，就是看重了它们的功用。他们喜欢通过效果来衡量事物的好坏，他们否定很多东西都是因为其无用，也因此对中国传统文化表现出较多负面的评价，对文言也有比较多不顾事实的否定。5卷2号上陈独秀将同人们分别批判的国家军力、迷信和贞操等，总括为"偶像"，进行整体的否定。他反偶像的理由之一就是偶像无用。陈独秀确立的崇拜标准是：主观自动、真实、合理和有用。②按照《偶像破坏论》的逻辑，陈独秀不反对崇拜和信仰，不过判断信仰和崇拜对象的条件是有用没用，即对方有没有实在的力量，同时崇拜者本人必须是清醒理性的。从这个角度看，就容易理解陈独秀后来为什么对宗教网开一面。他虽然反对宗教，但在1卷1号上就指出文明的功用之一就是"宗教以止残杀"，宗教对于导人向善有用，"宗教之功，胜残劝善未尝无益于人群"③。他后来认为宗教不可缺少，也是因为当时人们需要它。

其次，宗教和哲学思想作为文化思想的局部领域也给文化思想整体带来新东西。

宗教和哲学思想属于世界观的层面，因此对整个文化思想体系具有基础性作用。任何哲学和宗教的改变都会动摇体系。从进化论转变为马克思主义就是哲学的巨大转变，这次转变带来一系列变化：文化思想从人和个人的国民文化，变为劳动者的文化。党员时期转变为列宁主义时，则产生了完全新的文化。10卷1期上秋白的《赤潮曲》写道："远东古国，四万万同胞，同声歌颂神圣的劳动。猛攻，猛攻，捶碎这帝国主义万恶丛！奋勇！奋勇！解放我殖民世界之劳工。何论黑、白、黄，无复奴隶种！从今后，福音遍被，天下文明。只待共产大同……"④劳动神圣是无政府主义也承认的，但是反对帝国主义、无论黑白黄的国际主义却完全属于马克思主义新文化。

宗教和哲学问题的特殊角度给文化思想带来敞开作用，也带来遮蔽

---

① 高一涵：《共和国家与青年之自觉》，《青年杂志》1915年1卷2号。

② 陈独秀：《偶像破坏论》，《新青年》1918年5卷2号。

③ 陈独秀：《法兰西人与近世文明》，《青年杂志》1915年1卷1号。

④ 秋白：《赤潮曲》，《新青年》1923年10卷1期。

之处。

前面已经说到，因为在哲学上选择进化论，因此《新青年》认定文化是不断变化的。《一九一六年》上说，"二十世纪之第十六年之人，又当万事一新，不可因袭二十世纪之第十五年以上之文明为满足"[①]。陈独秀认为文明年年都在变化，证据是欧洲的快速变化和知识的不断积累，但它忽视了文明和文化的稳定性。把具体的物质成就和思想当作文化本身，似乎是把文化进步当作数量积累，而忽视了它的结构性。将文明变迁极端化，则增强了焦虑，更倾向于人力推动文化变革和采取革命方式来打破束缚文化进步的旧文化。

他们信奉的进化论本来就威胁着文化的稳定性。把进化论推广到文化上，肯定会强调其变化的方面，虽然其中也有文化要适应生活和物质环境的维度，但生活和环境也被认为是持续变化的。其实，如果按照这个理路推演下去，会得到他们不肯承认的观点，本来同人评价文化的时候有一个原则是适于今，意思是文化需要与现实生活相匹配，即按照进化论适者生存的原理，中国旧文化因为与中国的旧生活状况相匹配，所以中国文化的"低级"是宗法社会生活的"低级"造成的。与此类似，西方文化与西方的生活状态一致，因此它的"高级"也是由资本主义生活方式决定的。文化习俗本身天然要维护自己的适用性，一种文化习惯没有改，往往因为生活没有改，如果要改变文化，必须解开旧礼法和生活结合的"团"。他们对生活本身决定意义重视不足。但是他们在用进化来要求文化变革的时候，忽视了这类旧文化与当地生活的匹配。由于过于强调文化的变迁，形成一种逻辑矛盾。同人认为文化日新月异地变化，却认为中国文化一成不变；[②] 陈独秀对中国的看法也是退化论，他说："东洋民族，自游牧社会进而为宗法社会，至今无以异焉。自酋长政治，进而为封建政治，至今亦无以异焉。"[③] 进化论固然承认退化存在，要借自然来选择，但把保守文化看成阻碍进化的原因，似乎与进化论相违背。同人没有注意这个矛盾，这是因为关注点在于中国文化的改变。为了这个文化问题的解决，即使哲学上存在不周延的地方，也不管不顾。

他们忽视这个矛盾的原因是同人用进化来衡量适用与否，着眼于整个人

---

① 陈独秀：《一九一六年》，《青年杂志》1916 年 1 卷 6 号。

② 参见李亦民：《安全论》，《青年杂志》1915 年 1 卷 4 号。

③ 陈独秀：《东西民族根本思想之差异》，《青年杂志》1915 年 1 卷 4 号。

类，以最先进的状态为标准，忽略了生活的地区差异性。他们所谓的新生活也是世界上强大的国家进入的新生活。如此一来，他们以西方文化的战斗力来说明西方文化的先进性的同时，因为中国旧文化不适应列强时代，必然产生让新文化与中国现实分离的结论，这在中国国内不可避免造成文化与现实之间的对抗。

他们明明在哲学上选择了唯物主义，但是在实际思考时更多强调意识层面，同人从思想入手，把阻碍的力量归于精神，主要着力于改变观念，似乎精神可以脱离进化的道路似的。造成这种遮蔽的原因是《新青年》同人选择的进化论属于生物界和社会的规律，他们选择进化论的深层目的是改造中国现状，特别是改造中国人，加上当时唯心主义哲学还有深远影响，思想者进行文化改造最常见的方式自然是从精神入手。也许这种方法与古代有某种相通处，但如林毓生所说的那样未必来自传统。

偏重精神层面虽然带来遮蔽，但是也具有敞开作用。它使《新青年》的话题集中在文化领域上，强调人的改造和文化人主动改造文化。因为当进化论失效的时候，他们不质疑进化论，而是质疑中国现实，于是把行动锁定在阻碍文化变迁的力量身上。它认为旧势力造成了中国文化的停滞，进而造成中国的落后，所以着力于攻击旧人物。

其他的敞开作用还有：《新青年》本来把孔子之道当作与伦理道德相关的教育方式，不认为孔子之道是宗教（西洋意义上的宗教），但是因为在宗教的讨论中，不得不涉及宗教。这个语境使《新青年》关于孔子的论题深入宗教和哲学的层面，把孔子之道当成了类宗教，进一步认定孔子之道是中国文化的核心，不仅在学术上把它赶出教育界，还要把它赶出生活领域，当然，这也是一种遮蔽。

《新青年》根据欧洲近代化的经验，认定人摆脱神的控制，以人权代替神权是现代生活的正轨，在讨论人生事务时，拒绝神的干预，于是在现实世界中就只剩下人类和自然。《新青年》选取了自由的主体（我）作为现实人生的目的，把人间万事都看作个人与自然的融合，由此确立了近代人文主义思想。以前生死的终极问题是由宗教来解决，现在《新青年》从物质和个人出发来建构和推导出整个价值体系，试图来回答这个问题。人生意义的重新思考，为的是选择生活方式和文化，相应地，主观文化与客观文化之间的关系就可以确定下来，文化实践的方向也能进一步确立。

## 第三节　伦理道德思想的互动

　　伦理与道德是紧密相连的两个领域。伦理侧重于外部关系，而道德则关乎内心的修养。从西塞罗开始，道德和伦理合并了，到黑格尔那里，道德是从个人自身的内在精神来的，强调主观的一面。[1] 一般人在使用时往往有交叉混用的现象。欧洲学者常说礼（La cérémonie，仪式）[2] 和道德（La morale）很难分别。[3] 本书现在放到一个话题中，但是分开讨论，既注意其差别，又尊重它们的相关性。

　　伦理道德问题是《新青年》标志性的话题，具有深远意义，但其实并没

---

① 　参见朱贻庭：《"伦理"与"道德"之辨》，《华东师范大学学报》（哲学社会科学版）2018 年第 1 期。

② 　传统社会的伦理属于礼的范畴。古代对于礼的解释分为几种，一种从客观上定义，比如《释名》：礼，体也。得其事体也"《礼运》：合礼于义。疏云，礼者体也"。荀子说："礼者，人之所履也"（《荀子·大略》）"礼者法之大分，群类之纲纪也"（《荀子·礼经》）。一种从主观遵从这个角度来定义，如"《祭义》曰：礼者，履此者也。《荀子》曰：礼者人之所履也。《白虎通》曰：礼者，人当履而行之"。《周语》曰：奉义顺，则谓之礼。"一种以秩序效果来定义，如《礼记》中说："礼者，理也。"意思是礼是道理，是事物中的自然的规定性。"《家语》曰：礼者，理也。《乐记》曰：礼也者，理之不可易者也。《管子》曰：礼者，谓有理也。"《坊记》曰：礼者，因人之情，而为之节文。以为民防者也。又曰：夫礼者，所以章疑别微，而为民防者也。曹刿曰：礼，所以整民者也。《白虎通》曰：礼所以防淫佚，节其侈靡也。《管子》曰：礼者，因人之情，原缘义之理，而为之节文者也。"《晏子》曰：君令臣忠，父慈子孝，兄爱弟敬，夫和妻柔，姑慈妇听，礼之经也。《礼记·乐记》说："礼者为异"。《礼记·礼器》又说"礼不同"。郑玄注"不同，言异也"，也就是说人民按照"礼"行事，不同的人有不同的方式。古代强调的是"礼"定名分、序民人、别尊卑、明贵贱的功用，其基础就是不平等。综合起来说，礼是来自于生活事理，需要人们遵守的外在的规范，能带来秩序。庸斋说古代区分两种礼，一种外在规矩，办具体事情时的礼仪，这是狭义的礼。一种是一切秩序，"礼为庶政之总纲，自体国经野，以至酒浆廛市，一事一物悉归礼之范围"。这是说礼是人行为的外在规范。可见礼渗透到日常生活的方方面面。也就是现在的伦理规范和法度。儒家宣传的理想封建社会秩序是贵贱、尊卑、长幼、亲疏有别，要求人们的生活方式和行为符合他们在家族内的身份和社会、政治地位，不同的身份有不同的行为规范，这就是礼。以上多引用自庸斋：《法治与礼治》，《大同月报》1915 年第 1 卷第 3 号。

③ 　转引自徐炳昶：《再论礼教问题》，《猛进》1925 年第 26 期。

有持续很久。五四运动以后,这部分内容因为与社会改造的关系最为直接,其效应被极度放大,因此也遭到最多误解。

## 一、伦理问题

伦理问题是《青年杂志》讨论教育时必须涉及的问题。虽然在袁世凯统治下,孔孟之道受到推崇,但限于政治高压,1 卷 6 号评议孔子仅限于学术范围,与清末以来质疑孔子的思想无异。统揽第一卷全卷其讨论对象主要还是学生青年的道德人格。专注于伦理问题是在知识界耆宿希望孔教为教育修身的"大本"以后,也是在袁世凯覆灭以后。

在袁世凯称帝之前,社会上的复古气氛浓烈,"议礼之徒"排斥法治,主张礼治。有人起而反驳,认为法治与礼治一样。古人用法来管理不轨之徒的,对于一般百姓用礼治。按照作者的见解,法治国所用的法字取的是广义,包括国家的"典章律令"和个人的"行为规矩",细分为宪法、律令、制度和道理。[①] 他认为中国传统中不能说没有法。他站在保存国粹的立场上,反对那些主张"八德目"并非中国独有、中国的礼不如现代西方的法治、中国一直尊行礼教不行法治等说法,认为不必为了法治主义而舍国粹。[②] 他的敌对观点认为把仁义礼智信作为礼,则中国有之,世界文明之国靡不有之,未可谓为中国之特质。[③] 这恰恰是陈独秀所认同的。陈独秀在 1916 年的《宪法与孔教》中就反对以纲常条目组成的系统的伦理学为中国"独有之文明",认为"温良恭俭让、信义廉耻诸德,乃为世界实践道德家所同遵,未可自矜特异,独标一宗"[④]。陈独秀的观点恰恰与庸斋的观点完全相反。这两个对立的立场不是庸斋和陈独秀个人的看法,而是两派人的观点,属于时代思想中的重要分野。交锋点在于优秀道德和伦理是否是中国独有。

《新青年》从"礼"方面回应的较少。作为对庸斋的遥远回应,吴虞从礼的原理出发,协助陈独秀攻击儒家伦理。他的重点在于毁损孔子的尊严,他认为家天下的小康偏重于礼,目的是为了干禄和阿世。他还举孔子的"劣

①　参见庸斋:《法治与礼治》,《大同月报》1915 年第 1 卷第 3 号。
②　参见庸斋:《法治与礼治》,《大同月报》1915 年第 1 卷第 3 号。
③　转引自庸斋:《法治与礼治》,《大同月报》1915 年第 1 卷第 3 号。
④　陈独秀:《宪法与孔教》,《新青年》1916 年 2 卷 3 号。

迹"，破坏孔子万世师表的形象。吴虞认为专制时代重礼即外在强迫，而不重道德。并说孔子的"礼"服务于专制权力。①

《新青年》从法方面回应的较为有力，因为它所根据的是西洋的范本。陈独秀赞扬西洋民族以法治为本位，② 现代社会（西方社会）以法律为本位。法就是民主伦理下理性协商而订立的规则，这些规则构成伦理的重要部分。在政治领域，属于处理人人关系的准绳，保持自我独立的准绳。在社会外部，则是一种理性化的伦理规程。大家商定法律，加以遵守（当时是这样认为的，后来发现那也不过是统治阶级的意志）。另外，这些观念从哲学而来，自由哲学和基督教是其深层来源。

这是袁世凯称帝前后，《青年杂志》在学理上能够自由表达的最大限度。它开始并没有反儒家，也没有对洪宪以儒家为支持力表示不满，也没有批判国民心理中的儒家影子，这些都是后来的表现。《新青年》早年只不过在反思中国社会情况时发现了中国有宗法社会，在需要培养青年独立人格的时候发现宗法社会是束缚和障碍，于是批判目标锁定为宗法社会。伦理观念上发生大变化的是遇到了孔教问题以后。同人表现出明确的反对儒家伦理的思想。陈独秀发现"三纲五常"与共和国体之间有冲突，③沪皖时期，陈独秀心目中孔道是一种伦理思想，并且是影响政治的伦理思想。④《新青年》反孔的姿态已经是常识，无须举例论证。这里重点分析它从互动中来。

首先，与思想斗争发生互动。其中最重要的是与尊孔者的互动。与孔教会的互动比较特殊，两者没有直接的交锋，而是在共同话题中分割不同观点，几乎形成了最为对立的立场。两者各自占据两个敌对的营盘，但几乎相互"无视"。真正发生激烈交锋的对象反而是康有为和折衷派的知识人。

2卷3号陈独秀的《宪法与孔教》批顾实，说他不认为三纲这种片面的义务、不平等的道德，应为孔教之根本教义。陈独秀说："三纲之义，乃起于礼别尊卑，始于夫妇，终于君臣，共贯同条，不可偏废者也。"他认为三

---

① 参见吴虞：《礼论》，《新青年》1917 年 3 卷 3 号。
② 参见陈独秀：《东西民族根本思想之差异》，《青年杂志》1915 年 1 卷 4 号。
③ 参见陈独秀：《吾人最后之觉悟》，《青年杂志》1916 年 1 卷 6 号。
④ 参见陈独秀：《吾人最后之觉悟》，《青年杂志》1916 年 1 卷 6 号。

纲是系统化的体系。局部坏则整体崩坏。① 他还顺带否定了《妇女杂志》上李女士的观点（即夫妻平等，但是尊重君父二纲）。他针对的是他们没有看到孔教与现代不适用，而想保留儒家的道德，更重要是对于君臣之纲还加以保留的态度。原来不过是孔子的君臣一纲不合于现代政治生活，后来又发现日常生活中处处都有孔教的影子，因此索性连"温良恭俭让信义廉耻诸德"也看得不重要了。② 陈独秀的意思是优良美德并非来自孔教，孔教的实质倒是一种维持阶级制度的伦理学说。③ 孔子在历史上是主流，于是学者以为孔子代表中国。重要的不是孔子是否涵盖了中国所有思想，关键在于当时人追慕孔子，造成一种维护旧伦理体系的心理。孔子之道其实已经成为拒绝新伦理的一个象征物。在与他人辩论的时候可以加深对于问题的认识，从而加深自己的认识。如果没有顾实和李女士的观点，陈独秀关于孔子之道是中国文化根本，必须彻底根除的观点就不会显现出来。

　　反孔教针对的主要是三纲五常这样的等级制。陈独秀其实是以政权为中心来梳理整个文化。其反孔的理由是时代普遍的欲求——建设西洋式社会和国家。《新青年》认为根本在于首先输入它的基础，也就是平等人权的新信仰。④ 这是从政治问题出发产生的新角度。在中国历史上，儒家与统治者之间长期磨合，逐渐改造成一种再生产阶级制度的意识形态，即陈独秀所谓伦理学说，而维护孔子和旧文化的人，其行为造成一种维护旧政权的效果。当时读者不能理解它的深层目的，因此不能理解为什么要批评古代的孔子，为什么不只说现在不能用，还要降低他的价值。⑤ 这实际上是没有理解它的言论的针对性。这样，陈独秀才只好出来解释：《新青年》诋孔时只说宗法社会的道德不适于现代生活，"未尝过此以立论"⑥。

　　陈独秀提出所谓伦理觉悟是指明白自己国家的家庭社会不符合西方平等自由的原则，不合理，因此反对旧伦理，显然陈独秀是用共和国的现实作为推导出新伦理的前提。另外，西方的近代政治伦理也成为整个伦理改变的参

---

① 　陈独秀：《宪法与孔教》，《新青年》1916 年 2 卷 3 号。
② 　参见陈独秀：《宪法与孔教》，《新青年》1916 年 2 卷 3 号。
③ 　陈独秀：《宪法与孔教》，《新青年》1916 年 2 卷 3 号。
④ 　陈独秀：《宪法与孔教》，《新青年》1916 年 2 卷 3 号。
⑤ 　佩剑青年：《通信》，《新青年》1917 年 3 卷 1 号。
⑥ 　独秀：《答佩剑青年》，《新青年》1917 年 3 卷 1 号。

照系。从政治角度出发，伦理革命的焦点在平等和不平等的方面，这是政治角度带来的关注点。他们接受的知识体系就自带了这套核心价值。他们运用这个知识体系来形成价值观的繁衍和推演。古代的礼本身并没有平等与否的意思，现在的很多等级差异也是建立在自然关系基础上，比如父子关系夫妇关系本身就自然存在。近代西方的平等观念用来衡量这些关系，于是旧伦理的不合理性就突显出来。

与孔教问题一同出现的还有大家庭问题。五伦多数都在大家庭中，所以家庭问题也是很重要的伦理问题。开始《新青年》多谈国家和社会，谈到家庭也是一笔带过，比如论抵抗力薄弱的原因中没提到家庭；《东西民族根本思想之差异》中说东洋民族以家族为本位，算是涉及较多的。陈独秀抨击东洋民族的宗法家庭，[①] 认为家庭中没有平等，批评强迫子弟养父兄，以及中国宗法社会家庭对子弟独立人格的坏影响，[②] 也仅仅是点到为止。总之，当时《新青年》并没有把家庭问题当作大问题。是孔教问题和认为"孔子不合于现代生活"的新立场，使大家庭问题突显出来。作为旁证的是恰恰是在驳康有为的同一号上，发表了读者李平的来稿《新青年之家庭》，批评孝悌阻碍平等自由进入家庭，[③] 算是正式谈论家庭问题的开端。

2卷5号又发表了读者孔昭铭的来信，提出要禁止早婚，一定要先打破根深蒂固之家族制度。[④] 陈独秀赞成孔说，并补充说早婚更深层次的"宗族嗣续主义源于儒教孔道"，强调"儒教孔道不大破坏，中国一切政治、道德、伦理、社会风俗、学术思想，均无有救治之法"[⑤]。主编的回应有意识地把社会已经存在的反家族制度的思想引导到批孔上来。由反孔而扩展开来的家族制度问题，在吴虞的笔下大为发展。2卷6号发表吴虞的《家族制度为专制主义之根据论》，在反专制的基础上揭示家族制度改革的必要性。将"孝"做核心的家族制度与"忠"为核心的旧政治制度加以联系，故而涉及家庭和孝道，强调个人的地位。[⑥] 吴虞对宗法制度的讨论，对于批孔也有推动作用。

---

① 陈独秀：《东西民族根本思想之差异》，《青年杂志》1915 年 1 卷 4 号。

② 陈独秀：《孔子之道与现代生活》，《新青年》1916 年 2 卷 4 号。

③ 李平：《新青年之家庭》，《新青年》1916 年 2 卷 2 号。

④ 孔昭铭：《通信》，《新青年》1917 年 2 卷 5 号。

⑤ 独秀：《答孔昭铭》，《新青年》1917 年 2 卷 5 号。

⑥ 吴虞：《家族制度为专制主义之根据论》，《新青年》1917 年 2 卷 6 号。

　　《新青年》反对家族制度主要因为它是不平等的旧伦理。现代社会的伦理原则是平等，在共和制度之下，平等更为重要。陈独秀宣传共和国家的意识形态，反对旧伦理，而提出新伦理，核心观念即平等。[①] 这方面早已经耳熟能详，不再赘述。需要说的是，陈独秀的平等原则并没有那么彻底，虽然他引薛纽伯的话，认识到民主社会还有的财产不平等，却并没有把平等原则加以推进，进而变成社会主义者，他当时不过是认为共和政治制度算是最为平等的，私产平等目前很难达到。可见，他不是彻底的平等论者，他只是针对中国的不平等的现状，希望有所改善。可以说他解决伦理问题的深切关注是个人能力的解放，方法是提倡西方近代的个人为中心的伦理，针对的是家族伦理，这个是与中国现实对话和互动的产物。至少在沪皖时期，《新青年》重点关注的是政治领域中的平等和作为基础的家庭内部的平等。

　　大家庭问题与思潮发生互动。此前，有人多次论说中国大家庭的秩序混乱、道德低下和影响经济等弊病。教会中的教徒审视中国家庭，自然带有教徒的眼光，希望中国人脱离家庭束缚，成为上帝面前平等的教徒。教会只认上帝的权威，蔑视一切世俗的权威，而家庭权威在中国根深蒂固，自然成为教会的头号敌人。1915 年庸斋引用基督教新约圣经，教人打碎家庭主义以救贫民、救社会，教人离开家庭以追求公益。[②] 还有教会中人指出，好的家庭"人人独立，人人自由，尽其天才，负起责任，寄个人主义于家庭，而家庭为其统括，为其代表，为其符号名词者"。与此相反的是中国家庭，人人依赖家庭，在家庭中牟利，得利就和睦，否则就分崩离析，家长养子为了将来养老，不讲人道，不讲人权；中国人长期迷于家长制度，不知道个人主义；家长制度背后的宗法交易是家族中有等级的，不如耶稣教人父子兄弟夫妇平等地在上帝面前，扫除三纲，同享福音。此外，还指出家族制度教人依赖家长，家长又依赖个人，互相利用，使得双方都失去群性，不产生公义，只助长私利。[③] 从以上内容可以发现，作者的话与《新青年》对家庭的描述有很多相似处，比如这篇文章揭露旧家庭不事生产等恶习，

①　陈独秀：《法兰西人与近世文明》，《青年杂志》1915 年 1 卷 1 号。

②　参见庸斋：《法治与礼治》，《大同月报》1915 年第 1 卷第 3 号。

③　参见《基督宗教与家庭之关系（续前）》，《教会公报》1915 年第 277 期。

与杨昌济《治生篇》①的话题一致。

基督教对家庭的束缚力，最有切肤之痛，所以它最早质疑家庭的罪恶。在质疑中国文化（教化）的势力中，基督教是很大的一个思想生成者。教会刊物提供了最早的批评中国文化的见解和话题。宗法制、家长制和旧家庭早就被他们批判了，原因是基督教义与中国传统礼法的冲突。应该是在传教士不满之声的长期作用下，也是在国势日蹙的形势压迫下，中国人也注意到家族的弊害。比如 1914 年 6 月 7 日胡适在日记中写道："西方之个人主义犹养成一种独立之人格，自助之能力，若吾国'家族的个人主义'则私利于外，依赖于内，吾未见其善于彼也。"②1915 年《甲寅》发表《改良家族制度札记》，批评东洋的家族制度，也揭示中国家庭的不良，提出戒早婚，戒早聘，尊重本人自愿等观点。③此外较早提到家族弊害的还有《大中华》杂志。④至少1914 年前后新知识人中很多赞同宗教家对中国大家庭的批评。

进入北大时期，孔教问题逐渐变为孔子之道和大家族制度的问题。

孔子之道问题上《新青年》与调和派发生互动。开始陈独秀只是抓住等级制不适合平等基础上的现代生活。这个观点立即获得人们的赞同，⑤有争执的地方仅在于孔子思想能不能更新，以适应新生活，以及有没有可以利用的价值。陈独秀和俞颂华交锋点在于是彻底拔除孔子学说还是加以改良。俞颂华认为孔子之道"可改良而不可废弃"⑥，能够适应现代生活。陈独秀以为不可，因为孔子学说是整体，不能适应时代的三纲是其核心。在与调和派的争论中，凸显了《新青年》对孔子之道的看法，以及深层的整体论思想方式。

大家族制度问题是与时代互动形成的话题。刘竞夫认为，孔子成为圣人是因为他能迎合中国社会，⑦孔子和大家族制度是相辅相成的关系，孔道中的那些不符合现代观念的伦理，其物质基础在大家族制度（宗法社会）。这

①　参见杨昌济：《治生篇（续前号）》，《新青年》1917 年 2 卷 5 号。
②　胡适：《三五、我国之"家族的个人主义"（六月七日）》，《胡适日记全编》(1)，安徽教育出版社 2001 年版，第 293 页。
③　CZY 生：《改良家族制度札记》，《甲寅》1915 年第 1 卷第 6 号。
④　转引自夏道漳：《中国家庭制度改革谈》，《新青年》1919 年 6 卷 4 号。
⑤　参见傅桂馨：《通信》，《新青年》1917 年 3 卷 1 号。
⑥　俞颂华：《通信》，《新青年》1917 年 3 卷 1 号。
⑦　参见刘竞夫：《通信》，《新青年》1917 年 3 卷 3 号。

里有唯物的色彩和整体论色彩。三纲是孔子之道中发展出来的重要伦理维度，因此要动摇旧伦理，进行伦理革命，就必须动摇孔子的地位。共和政体已经把君臣之维动摇了。大家庭改革是动摇父子、夫妇的维度。五伦中的"三纲"是不平等的关系，在平等为基础的共和体制下没有合理性，这是历史趋势。《新青年》未必是有意设计这个话题，时代发展到那时，旧伦理的瓦解已经不可避免。教会率先发现大家庭的罪恶，家庭在民风和文化上的重要地位也逐渐被认识，加上当时盛行的军国社会主义，对家族制度也是一种威胁。[①] 日本早已抛弃了孔子伦理，对于清末以来中国的反孔具有先导意义。另外，与自由原则协调的西方小家庭以潮流的面目出现，对于大家庭也是一种压力。各种因素共同形成时代对大家族制度的认识，《新青年》在这个氛围中站在更坚定的一方，促使大家族制度的批判和反孔问题深化了。

　　大家庭问题也与当时的思潮发生互动。当时已经有家庭改造的观念。李平的《新青年之家庭》提到自己的老师胡彬夏强调家庭的重要性和对文化的重要性。胡彬夏对比欧美和中国，感到"改良家庭，即整顿社会"[②]。李平也因认识到"家庭于吾人及社会之关系，既如此密切。故前此国人知腐败青年之堕落，要皆恶劣家庭所养成。家庭不良，社会国家斯不良耳"[③]。其实，李平的文章还继承了李平母校校长黄炎培的思想，[④] 说明这种思想并不新鲜。当时普遍思考这个问题，家庭因为在传统社会也是当时社会的中心地位，这才激发出这种观点。此前《新青年》倒不太关注这类问题，所以李平在文章最后说"欲为《新青年》筹改造新家庭之准备，因作斯篇"[⑤]，可见，她是有鉴于《新青年》的不足，要把改造家庭的话题引入《新青年》。陈独秀之所以选择这篇文章，[⑥] 是因为他为了反孔需要讨论这个问题。在陈独秀这里，家庭改造的目的是伦理改造。而黄炎培、胡彬夏等人是把家庭看作社会的基础，才重视家庭教育，没有着眼整体的伦理改造。反对大家族制度的思想是

① 参见黄炎培：《抱一日记（续）》，《教育杂志》1916 年第 8 卷第 4 号。
② 胡彬夏：《基础之基础》，《妇女杂志》1916 年第 2 卷第 8 期。
③ 李平：《新青年之家庭》，《新青年》1917 年 2 卷 6 号。
④ 黄炎培：《理想的家庭》，《教育杂志》1916 年第 1 卷第 2 号。
⑤ 李平：《新青年之家庭》，《新青年》1917 年 2 卷 6 号。
⑥ 其实前一号（2 卷 5 号）孔昭铭的来信已经提到"家族制度下的结婚问题"（孔昭铭：《通信》，《新青年》1917 年 2 卷 5 号），陈独秀在答信中已经把家族主义联系到孔道。

时代已经有的，陈独秀为了反孔而与之共振，将伦理改造的内容强化，同时也强化了伦理思想在《新青年》文化思想中的重要性。

有人来信对《新青年》不关心青年婚姻道德问题表示不满，[①] 其实他说的是家庭伦理问题。的确，家庭改革的话题在《新青年》上并不很多，此时出现也是匆匆过客，随着反孔的结束，《新青年》改造家庭的论题很快就式微了。原因可能是当时的《妇女杂志》更关心这个问题。其次，因为北大教授主编时，提女子贞操问题已经走入道德领域，而不在伦理范围内讨论它。最后，后来《新青年》把这个问题归入女子问题，比如 3 卷 3 号叶新民的通信[②]，3 卷 4 号孙鸣琪的《改良家庭于国家有密切之关系》和 3 卷 5 号的《说青年早婚之害》[③] 等文章都重在反早婚，理由是早婚让人没有志向，不利于后代，影响国家的强弱，都属于女子问题的一部分。当然反早婚也是家庭改革的重要部分，但是家庭伦理问题的讨论基本终结了。6 卷 4 号上夏道漳的《中国家庭制度改革谈》算是最后的余响。[④]

北大时期初期，出现伦理的来源问题。《新青年》的回答是"废弃此不平等不道德之尊抑，而以个人人格之自觉及人群利害互助之自觉为新道德，为真道德"[⑤]。这里虽然说道德，其实指的是伦理。也就是说伦理的根据不来自既成的习俗和旧伦理，而来自人心、社会的利害关系和个人独立人格的自觉。陶孟和对伦理思想的贡献是三点：第一，认为社会进化了，社会关系复杂了，社会生活中的伦理也更为复杂；第二，认为社会进化，伦理也要进化；第三，认为伦理进化的基础是个人。由以上三点还可以推出第四点：人的伦理观念要依据于人的关系，即主观的"理"要跟从客观的"理"。这两点可以从下列的话中推断出来。他说："制度所以范围关系、范围活动，则社会制度诚可为革新人群、革新社会之基础。社会之进化，社会制度之进化而已。"[⑥] 其实社会中的各种关系都是伦理，伦理问题就在社会关系中。关系就是伦，每个"伦"中都有一个"理"（关系的规定性，来自主观要求或者

①　叶新民：《通信》，《新青年》1917 年 3 卷 3 号。

②　叶新民：《通信》，《新青年》1917 年 3 卷 3 号。

③　郑佩昂：《说青年早婚之害》，《新青年》1917 年 3 卷 5 号。

④　夏道漳：《中国家庭制度改革谈》，《新青年》1919 年 6 卷 4 号。

⑤　记者：《答 L.T.M 生》，《新青年》1917 年 3 卷 2 号。

⑥　陶履恭：《社会》，《新青年》1917 年 3 卷 2 号。

权力制衡的结果）。关系也是"理"，就是主观观念的基础。有一种关系，就有了一个本质，比如上下级关系的"理"（本质）就是下级服从上级。如果不服从，就是违背了上下级关系的"理"。陶孟和指出社会只存在于社会关系和社会制度里。他把关系分为五种，生命关系、经济的或实业的关系、政治关系、智识关系和宗教关系。他说"制度者，关系活动之标准，吾人所共认共守者也。若家族制度、婚姻制度、赡养制度、劳动制度、政治制度、教育制度、宗教制度，莫非规制吾人之活动，而吾人之日常起居，晤接周旋，罔不有礼节仪制以范围我。兹所谓制度者，非具体之制度也，就具体之制度而深求其本，详探其旨，咸不外乎一种道理之表象……观念旨意之表象。具体制度之变更，亦即观念旨意之嬗变也"①。陶孟和也看到制度既是关系和活动的外在标准，要人来遵守，是道理的表现，也是官能的表现，因此制度的变更与观念变更相关。他也把日常起居的"礼节仪制"作为制度的一种。从他的表述来看，他所谓"关系"就是伦理，与古代所谓五伦有交叉，基本上就是人间的伦理关系。制度反映伦理、体现伦理。他谈的不是制度的外表，而是制度背后的规范，是人们遵照执行的那些观念——群体共同遵守的规则，未必是明规则，也有潜规则。此外，陈独秀也认为"道德彝伦"也必定进化。② 他还说"一种学说，一种生活状态，用之既久，效力不行了，就要更新"③。总之，同人此时认为伦理的来源是社会生活中的"理"。

这个思想与同人的环境发生互动。首先，与北大学术风气互动。北大教授康宝忠虽然不是同人，但是他的思想也与同人类似，他说："伦理之俦出于人事，本原之理，至为幽玄，而其形成之表相，无一不渊源于民族社会之涵溶，共同之枢纽，既隐不可知，共异时之特征，则触处皆是。"④ 他特别强调伦理和社会之间的相互适应，这点与陶孟和一致，当然，康宝忠写作时间要晚一些。考虑到陶孟和是社会学家，可以猜测是康教授更多受到陶孟和的影响。总的来说，应该是在北大形成的学术空气，增强了探讨伦理根源的话题。

---

① 陶履恭：《社会》，《新青年》1917 年 3 卷 2 号。
② 陈独秀：《孔子之道与现代生活》，《新青年》1916 年 2 卷 4 号。
③ 陈独秀：《孔子之道与现代生活》，《新青年》1916 年 2 卷 4 号。
④ 康宝忠：《社会与伦理》，《北京大学日刊》1918 年 10 月 31 日 5 版。

其次，与现实互动。民国初年秩序混乱，内无道德，外无法守。人们对伦理产生期待，希望外有法守，规范人心。林纾等人反对新文化"铲伦常"，思想背后有旧式的天下观念。林纾写《妖梦》，用"狄莫"影射"胡适"。用"莫"射"适"，很可能来自孔子的一句话"君子之于天下也，无适也，无莫也"，间接表明了林纾希望铲除胡适，目的是为了天下的秩序。同人也与林纾有类似的问题和目的，同人也要建立秩序，只不过是"新"秩序而已。伦理革命兴起的最大语境就是民国的建立。共和政体本身就是一个崭新的伦理。新的"伦"产生新的"理"（现实关系），又反作用于思想的"理"。思想的"理"混乱，在现实上造成秩序的混乱。北大同人正是从现实生活的变动出发去促进伦理的整体变动。

其实，除了社会生活的变化成为伦理的源头，北大同人还为伦理开出主观的来源，即个人的心理需求。因为他们从个人主义出发，伦理还不能不是顺应人性人心的。同人提出的通过个人自由追求达到秩序的设想也暗含着这条道路。吴虞曾认同道德对于伦理的决定意义，强调个人影响伦理的具体方法，即用道德补足了陶孟和没有说完的意思。[①]

伦理的主观来源说与保守派思想发生互动。孔教会讽刺西化派人物的"最幽玄之理想"是"男女结合而生子，纯为情欲之结果，非有礼义孕于其中"，并说自己"阅某报，见有拾路粹之牙慧而变其说者，谓父母之生子犹树木之结果实，果实既熟，坠之地上，别成一树，与母树绝无关系"[②]，觉得非常不满。这里的某报即为《每周评论》，提到的观点来自胡适的《我的儿子》。胡适的观念是同人比较赞同的。汪长禄给胡适的信中说："这种议论我从前在《新潮》《新青年》各报上面已经领教多次。"[③] 可见，时人也是把这个作为同人共同的观点。孔教会终于按捺不住，对北大教授发起攻击。互动展现了他们的交锋点在于情欲和礼义的关系上。孔教会的文章指出这派"丧

---

① 参见吴虞：《礼论》，《新青年》1917 年 3 卷 3 号。

② 《辟仇孝讨父说》，《昌明孔教经世报》1922 年第 2 卷第 10 号。

③ 胡适：《我的儿子》，《每周评论》33 期。其实，其他同人也不完全与胡适观点一致，胡适发表《我的儿子》以后四个月，鲁迅在《我们现在怎样做父亲》中否定了孔融的话（孔教会误以为是路粹的话），也就是否定了胡适的言论。不过，孔教会反对胡适是反对其中的个人主义，而鲁迅是肯定个人主义的。

心病狂之人欲骋其智识，以相从与肉欲尽发，期礼法外之自由"①。孔教会反对礼法由自由发展天性（包括肉欲）而来，比较强调伦理对个人欲求的压制。

第一次世界大战以后，北大同人的伦理思想重点在于平等思想的宣传，尤其表现为反对上层思想中的等级观念。

批判等级观念虽然是同人的平等价值观决定的，但是在此时变为重要议题，却是与当时情境互动的结果。第一次世界大战以后，国内出现反思西方的思潮。比如《东方杂志》记者征引辜鸿铭，而后者是维护古代礼法，尊重君主政体的。杜亚泉似乎要统一思想，不喜欢思想分化争鸣的状态。他认为西方思想的进入使中国失去原来的名教纲常统一的国是，乃至精神界破产，希望国家强有力，压倒一切主义，以暂定稳定时局。② 看起来，这是学术自由的问题，其实涉及是否有纲，是否有个统一的中心的问题。同样面对民国初期道德堕落的状况，康有为、严复、杜亚泉、钱智修的关注点③与《青年杂志》同人不同，这些"新潮"人士受欧洲反思近代化思潮的影响，从秩序导向出发，怀念等级制带来的稳定。④《东方杂志》15卷4号上的《迷乱之现代人心》，6号上日本人写的《中西文明之评判》，同期上有钱智修的《功利主义与学术》，这些文章思想都与欧战背景下西方反思欧洲文明的潮流一致。

同人从反袁开始就是最反感政治压迫的一群人。他们担心这类言论会为虎作伥，帮助军阀压制自由言论。为维护共和政体内在的平等原则，陈独秀强迫杜亚泉明确表态是否拒绝西洋文明，维护"吾国固有文明中之君道、臣节、名教、纲常"，是否要"废无君臣的共和制"⑤，质问杜亚泉敢不敢承认自己的话里的意思，包含认为文明和政治的衰败是西洋文明输入的结果，包含恢复旧伦理，包含反共和制。三者都是关于伦理的（政治制度背后是统治和被统治的关系，也可以算到伦理中去）。其态度咄咄逼人，明显是仰仗着

① 《辟仇孝讨父说》，《昌明孔教经世报》1922年第2卷第10号。
② 参见伧父：《迷乱之现代人心》，《东方杂志》1918年第15卷第4号。
③ 参见耿云志：《五四新文化运动前夕——新旧思想冲突之聚焦》，《兰州学刊》2019年第4期。
④ 参见《国民共同之概念》，《东方杂志》1915年第12卷第11号。
⑤ 陈独秀：《再质问〈东方杂志〉记者》，《新青年》1919年6卷2号。

反袁世凯复辟的过程中体现出来的民意。他说，儒者三纲之说，是我们伦理政治的大原，是伦理的大原，也是政治的大原。三纲的根本义是阶级制度，阶级本身是不合理的。与此相反，近世西洋的道德政治，乃以自由平等独立之说为大原，① 才是伦理进化的方向。

第一次世界大战以后，国学复兴的苗头再起。作为孔子思想的维护者，姚叔节虽然没有点《新青年》的名，驳斥的却是《新青年》的看法。他把共和国总统与下属的关系看作君臣一伦的变形，强调等级制度在共和国也应该有。他说五伦并不是压迫的，说"夫妻父子在丧礼上都有对等的义务"②。这里还是古代的文化结构（儒家的文化结构），以阶级地位为基础，外面以伦理（文化形式）来规范，通过教育，使人在内面修德，实在不可教了才会动用政刑。也就是说"教"在儒家传统中具有核心地位。其中六经又被认为是教的根本文献。姚叔节的主张是中国要尊经，因为经中有五伦，有礼乐，有政刑，有国史，有文字。③

陶孟和早就批驳过"总统当作一伦"的说法，他说民治国家的命令和服从不是外来的专制命令，而是"大家约束大家"，服从也不是盲目的奴隶的服从，而是"大家顾全大家的利益，大家顾全大家的生命的一种服从"④。钱玄同则直接回击姚永概，"共和国以民为主体，所谓总统，所谓各部各省官长，都是国民的公仆，没有什么'君'可以来'出'令，没有什么'圣王'可以来'行吾教'，更没有对于'不率吾教'的人可以'从而刑之'的道理。国民定了法律以后，大家互相遵守，国民所志凡在法律范围以内，都是正当的，断断没有别人可以来'定民志'或'收逸志'"。他还说，姚永概要求的订立三纲五伦，施行教化，是为了使民心顺从，从姚的话看更可见孔经与共和不能并存。⑤《新青年》与姚永概代表的桐城派之间的交锋点在于遵守外在既有的伦理，还是重新创造一种新伦理，其实就是奴从的文化与自主的文化之间的对立。他们以平等为原则，把命令还原为人自己自愿的服从，符合

---

① 陈独秀：《再质问〈东方杂志〉记者》，《新青年》1919 年 6 卷 2 号。
② 姚叔节：《示正志中学校一二班毕业诸生》，《新青年》1919 年 6 卷 2 号。
③ 参见姚叔节：《示正志中学校一二班毕业诸生》，《新青年》1919 年 6 卷 2 号。
④ 陶履恭：《我们政治的生命》，《新青年》1918 年 5 卷 6 号。
⑤ 参见玄同：《答 S.F. 君》，《新青年》1919 年 6 卷 2 号。

民意，符合人类共同利益的自我需要。

同人之所以如此重视这类"逆流"，很可能与北大受到的压制有关。此时，大总统是徐世昌，政府中人主张贤人政治，希望继续"办上下，定民志""人伦明于上，小民亲与下"。贤人政治暗含不平等的伦理，自然受到同人的反对。同时，徐世昌又对北大的教育和北京教育界进行干涉，引起北大同人的反感。

但是，"一战"胜利后，国学复兴是潮流，因为它的后台是西方在欧战中产生的批判近代文化的思潮。《新青年》在这个潮流中，也不得不调整自己的立场。仔细观察会发现，反孔到五四以后基本上不提了，因为中国传统文化已经不能做全盘的否定了。当然伦理领域的新设计在五四以后的创造声浪中越来越兴旺。《新青年》主张过的就有新村主义，后来到京沪时期则转向社会主义的新伦理。

北大时期还有男女问题也属伦理问题。当时新旧思潮冲突的一个焦点就是男女问题。古代男女之大防一直被看作维持秩序的方法。到清末，随着文明世界的女性意识觉醒，开始在中国出现女子问题。"五四"前后，出现了男女问题。新旧思想的交锋点在于解决男女问题的根据是外在规范还是内在需要。有人认为男女发生问题恰是因为礼教造成的，主张社交公开。男女不出问题要靠道德，而不是靠礼防（伦理）。[1]《新青年》言论上是反对外在规范的。京沪时期，陈独秀曾批评过广东、浙江、江苏省议会反对男女同校的议员。[2] 可见，同人的意见是一贯的。

男女问题的回答与同时的思想者发生互动。《国民公报》主编蓝公武与同人讨论的是男女问题中的贞操问题。他赞成男女之间爱情是相互的，认为夫妇关系以爱情为主，是极危险的，因此认为贞操不是以爱情有无为标准，也不能仅看作当事者两个人的自由态度。这中间当然有一种强迫的制裁力，他同意胡适排斥法律的办法，认为夫妇关系爱情之外尚当有一种道德的制裁，即尊崇对方的人格。[3] 他与胡适的交锋点在道德和伦理的交叉点。在男女问题上，他与同人一样要通过内心的"理"，推出"伦"。

---

[1]　杨潮声：《男女社交公开》，《新青年》1919 年 6 卷 4 号。

[2]　独秀：《随感录·（八六）男女同校与议员》，《新青年》1920 年 8 卷 1 号。

[3]　《讨论·蓝志先答胡适之》，《新青年》1919 年 6 卷 4 号。

五四以后，伦理革命的呼声减弱了，因为学生们已经被发动起来，伦理革命的要求已经激发起来，下面只剩下如何行动的问题了。故此，五四以后趋向于小问题的解决。比如关于大家庭问题在《新青年》6卷4号再次出现，是第一次世界大战以后改造社会思潮，进而在五四以后家族问题讨论大兴的结果。夏道漳认为早年《甲寅》和《大中华》提倡改良家庭，只列举事实和不良的原因，改革方法则只说采用个人家庭主义，没有细致考察我国习俗，提一种具体的方法。①《新青年》发表此文大概因为这篇文章提倡探讨具体方法，并提供了自己的解决办法，此时正是胡适大力倡导解决问题的时候。

京沪时期到党员时期，最突出的特点是关注阶级伦理。虽然党员时期基本不提伦理问题，但是唯物主义和阶级论为伦理提出了新的核心思想。这里发生的是新思想与新的思想核心之间的互动。这种思想当然也是与同人早年的思想互动的。比如，与进化论的互动。钱玄同早年曾从进化论出发，赞同夏曾佑的观点，认为儒家所以能在中国被尊崇，因为经荀子加工后便利于皇帝，所以"教竞君择，适者生存"②。到京沪时期，杂志的物质主义突显出来。除了李大钊从唯物主义出发表达类似观点，陈独秀也重申此说。陈独秀说孔子是从中国社会中选择出来的，认为孔子适应中国气候适合的农业，农业生活中生出家族主义，然后孔子适合这种思想，因此，"是由中国的社会才产生孔子的学说，决不是有孔子的学说才产生中国的社会"③。陈独秀的说法是对唯物论的粗浅理解，其中也有进化论的色彩。同人对马克思主义的理解得到了早年思想的帮助。从平等到等差，其实是很大的转变，但是在伦理问题上完全没有任何冲突，原因是这些思想的冲突最终以某些成员退出群体而消除了内部的冲突和应力。

京沪时期，新的思想核心还为大家族问题提供了新答案。李大钊运用经济基础和上层建筑的模式来分析中国的思想。他在7卷2号上的文章认为中国大家族制度就是中国的农业经济组织，就是中国二千年来社会的基础构造。一切政治、法度、伦理、道德、学术、思想、风俗、习惯都建筑在大家族制度上作他的表层构造。孔门伦理都是损卑下以奉尊长，牺牲被治者

---

① 夏道漳：《中国家庭制度改革谈》，《新青年》1919年6卷4号。
② 钱玄同：《通信》，《新青年》1917年3卷4号。
③ 陈独秀：《新教育是什么》，《新青年》1921年8卷6号。

的个性以事治者。他还揭示了大家族制度的崩溃命运，连带着孔子主义的崩溃。①

唯物的家庭模式也与俄罗斯社会改革经验互动。8卷5号有俄国与女子等的相关介绍，8卷6号介绍劳农俄国的结婚制度，都通过介绍一个按照阶级观念建立起来的新社会中的家庭伦理，以实例来说明新社会伦理的可能形态，以供推翻孔门伦理以后的借鉴，不至于重复西方的旧路，而对西方有所超越。

党员时期，《新青年》注重改造制度，特别是经济制度和政治制度。制度是一种规则体系，其中的基本制度决定了一个社会的结构范型和人的基本交往方式。② 作为一种现实的伦理关系和秩序，制度表达特定的社会道德价值要求，规范人的行为方式，引导社会风尚，塑造社会精神，加上党员时期，哲学已经彻底转变为马克思主义，所以物质性的制度就成了贯彻平等自由这类伦理理念的工具。

党员时期的制度思想似乎与早先的伦理思想有较大距离，其实后来的思想也与早期思想发生互动，因此才得以形成。比如早年他们努力建立资产阶级共和的新伦理，后来又连资产阶级的旧经济伦理也加以否定，要建立完全崭新的平等的伦理——共产主义伦理。其实后期的思想，在开始就有基因，陈独秀在第1卷中就指出资本主义存在经济的不平等，但是那时的语境尚不要求扫除一切等级制度，后来语境变化了，经济的不公平已经造成欧洲文明的缺陷，救治的要求在第一次世界大战后提出来，于是经济伦理问题也被提上议事日程。就像生命一样，在某些环境下某一生命形态仅仅在压抑之中，一旦条件允许，就会呈现出来。比如当初陈独秀认为资本主义的不平等还是容忍了，认为社会主义理想太高。现在，社会主义的潮流已经传播到中国，那么伦理的设计也相应发生变化。开始《新青年》是从制度出发的，即从共和体制的现实出发，来向思想推进，即主要是对伦理的主观的"理"的改变，然后由回归制度的改变，着手外在的伦理，来继续实现主观的"理"——平等、正当、和善，等等。从这方面看，前后是一贯的、相互衔接的。

---

① 参见李大钊：《由经济上解释中国近代思想变动的原因》，《新青年》1920年7卷2号。
② 参见朱贻庭：《伦理学大辞典》，上海辞书出版社2011年版，第270页。

## 二、道德问题

伦理的"理"内化到人的内心就成了道德。与伦理直接相关的道德，也是《新青年》讨论的重要问题，可能更重要。

《青年杂志》第 1 卷并没有完善新伦理的企图，反而从教育杂志的本质要求出发，关注重塑青年道德。陈独秀讨论经济问题，比如职业问题，讨论的也是与道德有关的问题。他追求的是个人独立自营的美德，[1] 重视的是个人主义的道德。高一涵提出使青年负责的根本方法是改造青年的道德，[2] 还提出对不适于今的道德"须从根本改造之"[3]。

这种新道德与中国历史上的传统道德发生互动。陈独秀认为东洋民族的状态是宗法社会和封建政治的结合，所以以忠孝为道德，但是用在今日文明社会就有四种恶果，即"损坏个人独立自尊之人格""窒碍个人意思之自由""剥夺个人法律上平等之权利"和"养成依赖性，戕贼个人之生产力"[4]，总之，不利于个人的人格。同人似乎认为个人主义的道德最适合今日。因此在这个前提下，传统道德只能作为批判的对象。同人树立新道德，就已经暗含着反对传统道德的立场了。

《新青年》的这个立场也与民国初年道德状况互动。道德问题是民国初年的大问题。人们不满民国以后的道德堕落，美国人李佳白给昌明礼教社办的《扶风》写颂词，内容是："哀此中国，现象如斯，未来命运，不可前知，道德堕落，谁与维持，潜移默化，端赖鸿词，将倾大厦，摇动待支，如椽有笔，急起扶之，一洗浇风，涤瑕荡疵，崇论宏议，传诵一时"。[5] 甚至有读者以"前十年之人心，不如斯之恶劣""人心陷溺道德堕落"等表述语，情绪激烈。[6] 还有慨叹当时的人心是"道德全丧之人心"[7]。总之，当时慨叹道德堕落几乎成为口头禅。《新青年》读者陈圣任、陈其鹿和傅桂馨也提出

---

① 参见陈独秀：《今日之教育方针》，《青年杂志》1915 年 1 卷 2 号。

② 参见高一涵：《共和国家与青年之自觉》，《青年杂志》1915 年 1 卷 1 号。

③ 参见高一涵：《共和国家与青年之自觉》，《青年杂志》1915 年 1 卷 1 号。

④ 陈独秀：《东西民族根本思想之差异》，《青年杂志》1915 年 1 卷 4 号。

⑤ 李佳白：《颂词》，《扶风月报》1914 年第 1 期。

⑥ 佩剑青年：《通信》，《新青年》1917 年 3 卷 1 号。

⑦ 胡豫奇：《卫生展览会并道德研究会》，《晨星报》1915 年第 114 期。

要改善世风，<sup>①</sup>说明社会和同人都关心这个问题。后来鲁迅曾说过：民元时期有希望，民国二年的二次革命失败以后渐渐坏下去。<sup>②</sup>道德问题的提出也是与时代互动的结果。道德问题是1915年的大问题。<sup>③</sup>民国以后道德的堕落、政治的腐败混乱是很重要的语境。时代提出问题，同人也与同时代人一起回答这个问题。

道德的功用在于改善社会。社会一旦失序，人们习惯性地想到修德。近代传教士已经提出一些新道德。比如丁义华牧师来华传教数十年，1910年发起了"以改良各等不善之风俗为宗旨"<sup>④</sup>的北洋万国改良会，还在《大公报》上撰文提出普及教育、严禁鸦片、禁止赌博、不置奴婢、不纳妾、夫妇平等、尊尚道德、担负责任、改良风俗等二十五个改良方略，<sup>⑤</sup>其中涉及道德的就有很多项。民国元年吴稚晖、李石曾、汪精卫等人发起进德会。在南京临时政府迁往北京的路上，宋教仁提出组织"六不会"，宗旨是不赌、不嫖、不娶妾、不作官吏、不吸烟和不饮酒。<sup>⑥</sup>说明民国初年至少一部分高层知识人是用道德来服务于新国家和新社会的。有人引罗斯福的话"最紧要能保护国家者，国民道德是也"<sup>⑦</sup>作为理据。《新青年》也不例外，非常重视道德的社会功能。高语罕甚至说过，古今之别可以通过道德来超越赶上。<sup>⑧</sup>蔡元培1916年归国后发现北京政府道德污滥、狂赌狂嫖，而江浙政界教育实业界"凡崭然现头角者几无不以嫖赌为应酬之具"，所以追念往昔清流与敝俗奋斗的高风，于1918年提出组织"进德会"<sup>⑨</sup>，也是这个潮流的延续。

正是在这个背景下，孔教作为修身大本成为解决道德问题的方法。孔子

①　参见陈圣任：《青年与欲望》，《新青年》1916年2卷1号；陈其鹿：《听蔡子民现实演辞感言》，《新青年》1917年2卷6号；傅桂馨：《通信》，《新青年》1917年3卷1号。

②　参见鲁迅：《250331 致许广平》，《鲁迅全集》(11)，人民文学出版社2005年版，第469—470页。

③　参见〔美〕衡德森：《改良社会策》，钟春晖译，《大同月报》1915年1卷1号。

④　《万国改良会纪事》，《北洋官报》1911年2903期。

⑤　参见丁义华：《四面八方之改良观》，《大公报》1912年5月11日。

⑥　参见《进德会宣言》，《北京大学之进德会（七年一月十九日刊）》，北京大学档案馆BD1918002。

⑦　《对学生谈话赴美留学入境无阻》，《晨星报》1915年第114期。

⑧　参见高语罕：《青年之敌》，《青年杂志》1916年1卷6号。

⑨　《进德会宣言》，《北京大学之进德会（七年一月十九日刊）》，北京大学档案馆BD1918002。

之道作为千百年来主导的意识形态，已经处于被废弃的边缘。新知识人接受日本学者贬孔的态度，民国教育部、内务部时常发出排斥孔子的政令，连民间也已经感受到这种变动。举个例子，《新青年》的一位读者在支持陈独秀反孔时说，"吾国万般之不进化，莫不缘孔老为之厉阶。至今缙绅先生中，尚不乏非议共和国体者，即其验也。虽其言尚不为生活所重，余恐国中有国粹头脑诸先生，无不直接间接助之张目。（观许多无常识之议员，赞成孔教或孔道可知）……今孔教之声盈天下，余素腹非之。而倾心于庄墨耶稣之流，夫以庄严之国宪，定孔道为修身大本，则将来之教育方针可知。余为共和国体危"①。从她的口气看，孔教当时已经没落，只有缙绅先生和无常识的议员赞成，而且认为不为当时人重视。孔子再次成为道德的救助者，恰恰因为有人把废孔与道德堕落联系起来。2卷6号常乃惠通信中认为"今之尊孔者……因误认今日社会道德之堕落为亡弃旧学之故，思以孔道为补偏救弊之方"②，揭示出当时尊孔的背景，就是应对道德危机。袁世凯的复古得到一部分人赞同，也由于民国以后道德的危机所致。③

针对认为孔门修身之道是我国德教之源的言论，陈独秀提出"孔门修身伦理学说"与共和立宪政体不兼容，"儒教礼教"不能实行于今世国民之日用生活。④陈独秀批评孔门修身伦理学说其实是对于道德而言的，说到底，他不认为废孔造成道德堕落和社会失序。陈独秀的立场并非个例，当时还有不少人与陈独秀一样不承认孔道崩解是道德失序的原因。比如梁启超就说过："须知今日社会上种种病症，半由世界文明进化之轨，不相顺应，半由承受前清及袁氏之遗毒而食其恶报。"⑤他坚持认为解决的办法是跟上世界，而不是走回头路。《新青年》的态度更为明确，它认为失序的原因是新道德没有成立。陈独秀就认为"社会已成之道德，不能范围今日之人心"，"封建时代之道德宗教风俗习惯，仍复遗僵印影，逞其余势，善恶是非之辨，遂纷不可理"⑥。《新青年》可以说是道德问题背景下出现的。陈独秀说：现在所谓

---

① 曄：《通信》，《新青年》1917年2卷5号。

② 常乃惠：《通信》，《新青年》1917年2卷6号。

③ 参见梁启超：《五年来自教训》，《大中华》1916年第2卷第10期。

④ 参见陈独秀：《再论孔教问题》，《新青年》1917年2卷5号。

⑤ 梁启超：《五年来自教训》，《大中华》1916年第2卷第10期。

⑥ 记者：《答程师葛》，《新青年》1916年2卷1号。

罪恶，未必为罪恶，所谓道德未必非不道德。① 同人模糊了道德的界限，然后可以重新树立新道德。

同人对于新道德的信心可能来自平等的伦理和自由对共和国民道德的高要求，因为平等的伦理之下，如果没有个人的修养和道德自觉，可能产生很恶劣的后果。这种看法来自国外学者。袁世凯称帝时，古德诺认为共和国民最重要的是有道德。主张君主立宪的人也说"民国要素首维道德"②。这种认识影响深远，也因此可以从中推导出适合共和国体的新道德尚未树立的结论，促进了舆论对道德的关注。

虽然同人的目的是建设新道德，但他们的言论更多是反对旧道德。《新青年》反对奴隶道德，③ 早已经耳熟能详，无需赘言。这里只谈这个思想与当时的情境互动。同人反对旧道德，是因为他们主张新道德，但值得说的真道德，也不过是所谓"主人的道德"④，包含自由和自治，⑤ 以"为自己服务，不令他人为己服务"为第一要义⑥ 等，内涵尚很空洞，未必对其效果能有了解。相反，旧道德却更为现实，比如"奴隶道德"⑦ 和"惰"⑧，等等。读者对其弊端有真切感受。

陈独秀提出的道德救弊方案是"第一当改良社会经济制度，不使不道德之金钱，造成社会种种罪恶。第二当排斥社会已成之道德，而尊行真理，不使不道德之道德，演成社会种种悲剧"⑨。这里所谓已成的道德，都可以以救弊作为导向，用真理来检查一番，加以抛弃。《新青年》反对的是伦理改变以后的旧道德，要废弃"不平等不道德之尊抑"⑩，反对与三纲配套的忠孝节。道德革命的理由在于作为旧道德的"忠孝节"还在国人脑中，阻碍了国民在平等的共和制下产生平等自由、独立自主的新道德。陈独秀甚至歌颂

---

① 参见记者：《答程师葛》，《新青年》1916 年 2 卷 1 号。
② 王濯荃：《国体与政体》，《大同月报》1915 年第 1 卷第 9 号。
③ 参见陈独秀：《敬告青年》，《青年杂志》1915 年 1 卷 1 号。
④ 高一涵：《自治与自由》，《青年杂志》1916 年 1 卷 5 号。
⑤ 参见高一涵：《自治与自由》，《青年杂志》1916 年 1 卷 5 号。
⑥ 记者：《答陈蓬心》，《新青年》1916 年 2 卷 3 号。
⑦ 陈独秀：《敬告青年》，《青年杂志》1915 年 1 卷 1 号。
⑧ 高语罕：《青年之敌》，《青年杂志》1916 年 1 卷 6 号。
⑨ 独秀：《答程师葛》，《新青年》1916 年 2 卷 1 号。
⑩ 记者：《答 L.T.M 生》，《新青年》1917 年 3 卷 2 号。

民国以后的道德，他说："共和思想流入以来，民德尤为大进。"[①] 他举的例子是，黄花岗七十二士、冯段反袁、唐蔡岑陆恢复共和不居功、国民党人为尊重约法、首先主张作为政敌的黎元洪继任等等，都是克制私利，为公献身的道德。这是很重要的新观点，与批评民国以后道德堕落的说法完全对立。他说："浅人所目为今日风俗人心之最坏者，莫过于臣不忠、子不孝、男不尊经、女不守节。然是等谓之不尊孔则可，谓之为风俗人心之大坏，盖未知道德之为物，与真理殊，其必以社会组织生活状态为变迁，非所谓一成为万世不易者也。"[②] 他的意思是所谓的堕落道德中有部分是应当抛弃的旧道德。

这样说的时候，陈独秀不是作为一个学者，而是作为舆论家发声，他的言论目的在引导风气潮流，塑造新的生活形态。在道德领域，他的思想不过是救弊的"药"，这个特点尤其明显。他的语言（思想）受到语境的影响而发生变形。这个时候，如果我们单纯根据其言辞来把握他的思想就是错误的。

反旧道德还与孔教问题互动。在道德问题上，保守派直接与同人交锋。康有为不满于近来的扫除礼义廉节之说[③]，指的很可能是《新青年》，至少包括《新青年》在内。林纾批评北大同人覆孔孟、铲伦常。"覆孔孟"除了推倒偶像，还有否定孔孟道德的意味。"铲伦常"也包含伦常所要求的道德。同人与保守派的交锋点在于是否用孔子时代的旧道德来作为新时代的道德，并建立在孔子的尊荣地位之上。

折衷派仍然是同人的主要对手。常乃惪认为孔子学说以絜矩之道为根本，优点是一贯系统完密。他说絜矩也就是尽职，就是某一个职位有一个职位的道德和应尽的义务。[④] 他肯定孔子学说中的这个部分。俞颂华认为，孔子之道虽然不完全真实，但是对文化和道德有用。俞颂华和陈独秀一样认为孔子学说深入中国文化内部，只不过他因此认为孔子可以看作一国文化的特质，[⑤] 采取肯定的态度。陈独秀则认为孔子的学说渗透得太深，因此不得

---

① 陈独秀：《孔子之道与现代生活》，《新青年》1916 年 2 卷 4 号。
② 陈独秀：《孔子之道与现代生活》，《新青年》1916 年 2 卷 4 号。
③ 参见康有为：《致黎元洪、段祺瑞电 [1916 年 9 月 5 日]》，《康有为全集》(10)，中国人民大学出版社 2007 年版，第 313 页。
④ 参见常乃惪：《我之孔道观》，《新青年》3 卷 1 号。
⑤ 参见俞颂华：《通信》，《新青年》1917 年 3 卷 1 号。

不连根拔除。折衷派是从文化和道德方面看，从稳定性上看，而陈独秀从政治方面看，从变的方面看。折衷派还有傅桂馨，他基本上是支持陈独秀的，但他认为孔子教义的"消极道德之信条，如礼让廉耻等，颇足以针砭今日之颓俗"①。陈独秀直接给予否定，认为孔子之道反而带来不道德。②

保守派和折衷派在否定孔子之道的部分内容的同时，肯定孔子的某些价值，特别是孔子的道德。他们对孔子的维护，让同人更加感到孔子的"危害"性。孔子的偶像地位就是它把持中国思想界的标志，更加有推翻的"必要"，要建立新道德就不能不打击它。互动使得反孔进入道德领域，同时也使得同人的观点更为激进。

关于如何提高道德，有人提出通过提倡学术，提高个人的道德，使得社会风气改善。③这种见解反映的是当时同人的共同见解，高一涵也说"道德者本诸学理"④。这种通过个人学习然后提升道德的方法，是传统的方法，但是内容模糊。有人提出道德要实践的看法，认为当时青年写道德文章洋洋洒洒，"莫不言之成理，持之有故，及审其行事，则所言非所行"⑤。这种看法虽然与同人不是对立的，但是思想上却是有对立的。同人认为道德重在主观认识的变化，认为道德应从学理中来。当然他们肯定是需要实践的，但是他们并没有强调，可能是没有与这类特异的观点有交集所以没有及时更新，于是成为同人的标志性特点：重思想改造。

关于道德问题值得说的还有同人的道德来源观。同人认识到伦理对道德的影响，比如钱玄同指出，古代以来的定名分的观念，使国人骄和谄。⑥陈独秀所谓"儒者三纲之说，为一切道德政治之大原"⑦也是一样。按照陈独秀的意思，伦理内化为个人的道德，因为有外在制度伦常观念（旧文化）于是有人们的奴隶道德。⑧也就是说，国民的道德由共和制平等原则即平等的

---

① 傅桂馨：《通信》《新青年》1917 年 3 卷 1 号。

② 参见独秀：《答傅桂馨》，《新青年》1917 年 3 卷 1 号。

③ 参见陈其鹿：《听蔡孑民先生演辞感言》，《新青年》1917 年 2 卷 6 号。

④ 高一涵：《共和国家与青年之自觉》，《青年杂志》1915 年 1 卷 1 号。

⑤ 庸公：《论为学生之道（续前）》，《新学镜》1915 年第 2 期。

⑥ 钱玄同：《通信》，《新青年》1917 年 3 卷 4 号。

⑦ 陈独秀：《一九一六年》，《青年杂志》1916 年 1 卷 5 号。

⑧ 参见陈独秀：《一九一六年》，《青年杂志》1916 年 1 卷 5 号。

伦理推导而来。其次，同人认为合理的道德来自天性。高一涵说的"道德之根据在天性"①，不来自宗教和习俗，不是外来的。

由于同人把新伦理（实际上是伦理领域里人的新关系）与新制度和新制度背后的新原则统一起来，因此认为新伦理是按原初的"个人"推导出来的，隐藏的意思是共和有利于个人的充分发展。因此，同人在"忠孝节义"中保留了"义"，因为"义"的根源归于"己"（"义由己起"）②。1916 年《新青年》注重激发个人欲望，③ 反对禁欲。主张欲望与世运一起进步，文明愈发达，欲望愈增加——同人要发展高尚的欲望。这种看法改变了传统的把欲望看作道德敌人的习惯心理。

由此推断，《新青年》所谓道德的"道"就是两个，一个是新伦理的本质，一个是个人的本性——导出新道德的一外一内两个源泉。同人大概都有这种信念，共和国家是国家形态中最能使人充分实现自己本性的形式，后来的社会主义国家目标也是走向共产主义社会，在共产主义社会，人的劳动本质得到充分展开，人在劳动中实现自己的本质。在同人眼里，道德来自伦理，同时也来自个人的内心需要，比如自由需求，归根结底是来源于本性。所以《新青年》的两个"道"就合并为一，归于人性所需求，个人的本性了。因为高一涵所说的个人本性本来就是共和制伦理的根据，因此，上面列出的两个途径最终归于人性。

陈独秀刚到北大时，有人认为当时"旧道德已废，新道德未生"④。有人认为道德（旧道德）无用，激发了无政府主义气味的对道德价值的质疑⑤，陈独秀则用历史观来解释道德应该改良，不能取消。⑥ 无论为了确立道德的用处还是为了改变道德真空状态，建立新道德都是必须的。关于新道德，陈独秀开始给学生提供的是主人道德和平等、博爱、公共心等内容。⑦ 北大时期道德发生思想元的转变。第 4 卷北大同人共同编辑以后，有对于道德的集

---

① 高一涵：《共和国家与青年之自觉》，《青年杂志》1915 年 1 卷 1 号。
② 陈独秀：《一九一六年》，《青年杂志》1916 年 1 卷 5 号。
③ 陈圣任：《青年与欲望》，《新青年》1916 年 2 卷 1 号。
④ 高硎若：《生存竞争与道德》，《新青年》1917 年 3 卷 3 号。
⑤ 参见淮山逸民：《通信》，《新青年》1917 年 3 卷 1 号。
⑥ 参见记者：《答淮山逸民》，《新青年》1917 年 3 卷 1 号。
⑦ 参见记者：《答淮山逸民》，《新青年》1917 年 3 卷 1 号。

中讨论。

4卷2号可以说是道德专号，上面有很多新道德内容。陶孟和提出拯救道德的方案。首先，他主张新道德是创造的。欧战胜利前，同人基本上注重的是变动的道德、理性的道德。因为坚持个人主义，所以也主张自主的道德。陶孟和主张创造即理性地、意志地决断，这也是新道德之一。[①] 这条表明他主张的道德是高级知识人的道德，对专业没有专精的知识很难有创造性。其次，他还主张新道德是进取的。[②] 这一条本来就在创刊时陈独秀提出的"六义"（六种价值）中，只不过陈独秀在阐发时并没有联系道德，现在陶孟和加以补充。他说，戒掉恶习、去除癖好、洁身持己、无损于人，这些学究先生都能做到，但是现在世界不能只是不作恶，除了修养自己，还要修养自己之外的人。[③] 这条说明同人主张积极有为的道德。最后，他还主张新道德需要用智识。[④] 他说，要知善而为之。为善要自觉自动。道德之进化，社会之革新就靠那些不以社会习俗为准绳，不为腐旧礼法所拘囿的人。他举近世欧美的进步为例，认为民政、政治、劳动保护、工业革新，都利用新知识以进道德，采取新知识以救济社会上、政治上、经济上各种固有的罪恶。[⑤] 他的话包含两重含义，一是按照道德做事需要有意识地思考过；二是真道德都是新知识带来的，没有获得新知识的能力，无法认识道德。说到底，知识可以为道德的指导。他肯定和赞同高一涵道德以学理为本的说法。以知识为道德的基础。道德是设计好的，这个不算是新道德的内涵，仅仅是新道德的条件。这进一步表明他所说的道德是知识人的道德。他还认为道德是个人的事情。没有人高于他人。[⑥] 与此同时，同人也受无政府主义影响，提倡人道主义，后者也是一种新道德。

北大同人的新道德与北大发生互动，北大的环境为这个话题的重新出现起到了促进作用。由于蔡元培的努力，北大的道德之风很盛，北大内部进行着一场道德实践。从《进德会宣言》看，蔡元培不满国人认为只要讲公德就

①　参见陶履恭：《新青年之新道德》，《新青年》1918年4卷2号。

②　参见陶履恭：《新青年之新道德》，《新青年》1918年4卷2号。

③　参见陶履恭：《新青年之新道德》，《新青年》1918年4卷2号。

④　参见陶履恭：《新青年之新道德》，《新青年》1918年4卷2号。

⑤　参见陶履恭：《新青年之新道德》，《新青年》1918年4卷2号。

⑥　参见陶履恭：《我们政治的生命》，《新青年》1918年5卷6号。

可以了，私德可以出入，认为从全社会的角度看，一个分子不良，祸及全体，"私德不修祸及社会"。他主导的进德会接续的是同盟会员立志改良社会，先自己修身的传统。① 蔡元培的提倡得到教师学生的赞成。北京医学专科学校校长汤尔和是蔡元培的密友，在《北京大学日刊》上发表《健康与道德》（讲演），认为道德需要修养，但是提出健康的道德，认为对身体不利的、牺牲生命的道德是不好的。② 北大学生评价蔡元培的进德会说：它是校长改革三育都完备了的象征。③ 进德会成立大会前（即 11 月 18 日），已经有 469 人，其中职员 92 人，教员 76，学生 301。④ 有不少学生索要志愿书，⑤ 并纷纷表达自己追求进德的热情。⑥

　　注意一下同人与北大的距离倒是很有意思的。北大同人虽然多参加了进德会，但是在《新青年》上并没有为进德会摇旗呐喊。他们提出与蔡元培的规定不同的内容，不是消极的道德（道德底线），而是合理的道德。陶孟和的第三条就是针对进德会的。陶孟和有意识超越蔡元培，认为消极的道德容易。他以王阳明和基督作为得位君子积极发挥作用的榜样，增加了教育他人的积极行动使他人获得修养。⑦ 这里有与蔡元培的进德会戒条对话的意味。蔡元培的几种戒条，都属于消极道德，是独善其身的道德，而陶孟和强调《新青年》本来就隐藏的道德要求，就是主动积极地改造社会，可见同人是针对少数有智识的人提出的。蔡元培的消极道德吸收大多数人，使得大多数人都可以遵行，并且可以稍稍改变社会。

　　与同人身份互动。陶孟和说的道德似乎与学者身份有关，因为他举的例

---

① 参见《进德会宣言》，《北京大学之进德会（七年一月十九日刊）》，北京大学档案馆 BD1918002。

② 参见汤尔和：《健康与道德》，《北京大学日刊》1918 年 3 月 15 日。

③ 参见高照临：《致蔡校长函》，《北京大学之进德会（七年一月十九日刊）》，北京大学档案馆 BD1918002。

④ 参见《进德会近闻》，《北京大学之进德会（七年一月十九日刊）》，北京大学档案馆 BD1918002。

⑤ 参见《学生索要志愿书函》，《北京大学之进德会（七年一月十九日刊）》，北京大学档案馆 BD1918002。

⑥ 参见《申请加入进德会的来函》，《进德会宣言》，均收在《北京大学之进德会（七年一月十九日刊）》，北京大学档案馆 BD1918002。

⑦ 参见陶履恭：《新青年之新道德》，《新青年》1918 年 4 卷 2 号。

子都是学者写作和演说这类事。① 大学教授的道德主要是智识阶级的道德，这正好与有意识的道德一致。他们接受了新的构想，即道德是需要经过有意识地批判和研究才能获得的。他们在北大校园环境中提出自己的新道德内涵，但并不与北大进德会的各种戒条完全一致，两者针对的对象是不同的。这个新道德内容还是空洞的，而且意思是新知识人才有道德、有自信和傲慢。总之，同人当时比较理想化，这是他们的学者和教师身份决定的。

与早先的思想互动。这里试比较一下陶孟和的新道德与青年"六义"。第一条"创造的"对应于"六义"的"进步"，第二条"进取的"对应于"六义"的"进取"，第三条"智识的"对应于"六义"的"自主"和"科学"，只有"实利"和"世界"两条没有在陶孟和的新道德里找到对应内容。大概因为新道德只涉及国内，还没有谈到国际道德问题。世界就包含在新知识里面。"实利"明显不属于道德领域的内容，或许可以勉强看作进取的一部分。陶孟和的贡献在于暗示出道德要不断更新，这点得到陈独秀的呼应。陈独秀说，一切宗教、法律、道德、政治，不过是维持社会不得已的方法，非个人所以乐生的原意，可以随着时势变更的。②"六义"暗示着青年接受西方现成的道德，而此时陶孟和的"道德"已经是变化的了。陶孟和没有具体规定新道德的内容，他只说了新道德的特点：创造性、入世性和意识性。新道德的内涵基本上还是自主自治。"六义"针对的青年虽然也是知识人，但它要求的道德还是普通的、大家都可以有的道德——是普通国民的道德，现在陶孟和对道德的素质要求更高了，成了"超人"的道德。清末以来就有以个人的美好使社会更美好的想法，此时的《新青年》进一步强调积极改造的一面。陶孟和继承了沪皖时期自主自治的个人引领社会道德的模式，按照学者立场加以修改。《新青年》早年的思想核心作为后来作者思想的互动者，也会形成后来作者的思想内容。

与思想核心转变发生互动。北大同人时期，关注点已经从国民变成人类，从国家走向社会。陶孟和所谓新道德就是建立在对社会的关注基础上；而陈独秀则是从人类的角度上去讨论新道德的。他从科学角度和宗教哲学关

① 陶履恭：《新青年之新道德》，《新青年》1918 年 4 卷 2 号。
② 陈独秀：《人生真义》，《新青年》1918 年 4 卷 2 号。

心的人生问题入手，修正科学家的回答，确立了个体死亡但是群体不容易死的前提，群体的文明事业是个人"死后联续的记忆和知觉"[1] 这个说法，凭借群体使个人的有限变成无限。原来以神、天命等超人力量为基础的道德崩解了，道德来自社会中的人之间的协商。道德问题通过人生问题的理性思考而加以解决，这是陈独秀给《新青年》道德思想的贡献。

与新思潮发生了互动。4 卷中新道德的变化，也受到第一次世界大战胜利前后西方思潮的影响，当时主要是无政府主义的影响。同人在主人道德之外增加了互助慈爱的道德。进入北大的陈独秀也接受了蔡元培从法国带来的无政府主义（社会主义），但是他此时纠缠于社会主义和个人主义之间，偏于自我主义，认为爱己是基础。[2] 这算是原来思想和新思潮的过渡形态。新思潮的影响是巨大的，鲁迅也是在第一次世界大战以后，无政府主义盛行时期参加《新青年》的，他此时认同的牺牲精神和人道主义情怀，就来自托尔斯泰的思想影响，因此他才能在武者小路实笃的启发下发生重大思想转变，从消极和绝望中跃起，参加了《新青年》团体。

与沪皖时期思想发生了互动。北大时期，同人的道德来源观基本继承了沪皖时期的，只不过增加了一个新的来源——真理。陈独秀说，道德需要基于真理，[3] 认为道德与真理是流源关系。[4] 这个真理是伦理的"理"。按照陶孟和同一号上发表的观点，这个真理就是"社会关系"。这是沪皖时期政治伦理的一个内涵更广泛的变体。道德变化的真理在于伦理的一部分已经发生变化，道德也要发生变化。常乃惠在记录陈独秀演讲的按语中认为道德与良知不同，包括元知和推知两方面。本心就有的，是元知；习惯所养成的叫推知。本心不能变，推知一定会变。[5] 这仍然是说道德有来自本心的，也有来自习俗或者伦理等外在规定的，这还是认为本性是道德不变的来源，而社会关系和伦理变了，道德则必须变化。在这里，真理其实是对原来两个来源的超越和综合。五四以后，陈独秀对道德来源的看法又偏重本心方面。比如他

---

[1]　陈独秀：《人生真义》，《新青年》1918 年 4 卷 2 号。

[2]　常乃惠：《记陈独秀君演讲辞》，《新青年》1917 年 3 卷 3 号。

[3]　记者：《答 L.T.M 生》，《新青年》1917 年 3 卷 2 号。

[4]　常乃惠：《记陈独秀君演讲辞》，《新青年》1917 年 3 卷 3 号。

[5]　常乃惠：《记陈独秀君演讲辞》，《新青年》1917 年 3 卷 3 号。

把"忠孝节"这类道德分为伦理的和情感的，后者是内省的、自然而然的和真纯的，伦理的则可能相反。[1] 他的意思是道德由外面的伦理来规定，可能是不好的，而来自内心的就是好的。同人的道德来源基本上是以本性作为道德的最根本的来源，道德的变迁却是根据外在伦理的变化而变化。变化的根源却在于本性要求和现实需要的真理。他们在北大时期因为与身份互动，生成了真理本位。在不同的情境下又会表现出对本性的强调。

五四运动爆发后，互助的人道主义的道德主导了《新青年》思想。同人说，"我们相信人类道德的进步，应该扩张到本能（即侵略性及占有心）以上的生活；所以对于世界上各种民族，都应该表示友爱互助的情谊"[2]。同人主张新道德为的是发达人类本能的光明面。所谓光明面是指"富于同情心、利他心、相爱、互助、全社会公同生活"，他们说旧道德是利己社会的产物。[3] 实际上几乎否定了早先强调个人权利的道德倾向。其实旧道德也是光明的，只不过是少数人光明，多数人黑暗。他们给新道德增加了内涵，不再是独立自由，那个本来不能产生道德，所以他们说利他的利己，总算把道德与个人结合起来了。从这个角度看，陈独秀出狱后大赞基督的人格并不是很突兀的事件，陶孟和早先提到基督在道德上的意义，而陈独秀本人也早就认识到道德的社会和人类的根源，在新思潮的推动下用基督的牺牲精神作为个人自我修养和社会责任加以协调的工具，不是非常自然的吗？这些新观点背后其实发生了道德根源论的细微变化。原来仅仅把道德源泉归于本性就行了，现在由于受五四以后积极向上的风气影响，同人开始将本性区分出光明的和黑暗的，主张将光明的本性作为道德的源泉。

细微变化是与时代互动造成的。《新青年》继承了旧观点，继续主张道德的更新。这个旧观点基本就是沪皖时期的观点，此时重申，其实是与五四以后国内思想潮流发生互动的结果。一方面，五四以后，随着社会风气的变化，旧道德的批判被青年普遍接受，比如对于"孝"的批评。学生们的热情和决绝态度与京沪时期的新方向一致。另一方面，与同人本来属于同一集团的章士钊在文化观念上日趋保守。他推断欧战之后的欧洲在"道德上复旧之

---

① 　陈独秀：《基督教与中国人》，《新青年》1920 年 7 卷 3 号。
② 　《本志宣言》，《新青年》1919 年 7 卷 1 号。
③ 　参见独秀：《随感录·（七一）调和论与旧道德》，《新青年》1919 年 7 卷 1 号。

需要必甚于开新"，他认为道德各有所宜，批评不知保存"固有之道德学问"是忘本。① 他肯定旧道德的稳固性，这点与同人发生冲突。其实道德并无新旧，有适应性、合理性的就是好道德，新道德仅仅在刚刚适应的那一刹那才存在。两者各执一词，实则是道德的两面。调和论者章士钊其实还算持平，他反对两个极端。但是面对同人，他就显得保守了。因为他强调稳固性，也激发同人强调变迁的热情。不止章士钊一人有"保守"态度，在中国精神文明论的启发下，旧道德的价值重新被认识，欧洲的暴露出来的种种弊端，道德的不良，都已经成为共识。一时国内出现回归中国传统的潮流。同人对此更为警惕，于是进一步强调道德的更新。

另外，同人强调道德更新也因为西方新潮流，特别是人道主义和民主主义思潮的高涨，由此而产生的急躁情绪。同人急于赶上这个潮流，迅速变革国内的道德状况。陈独秀说"我们希望道德革新，正是因为中国和西洋的旧道德观念都不彻底，不但不彻底，而且有助长人类本能上不道德的黑暗方面的部分"②，他还说西洋"前途的光明，正在要抛弃私有制度之下的一个人、一阶级、一国家利己主义的旧道德，开发那公有互助富于同情心利他心的新道德，才可望将战争、罢工、好利、卖淫等等悲惨不安的事止住；倘若他们主张物质上应当开新，道德上应当复旧，岂不是'抱薪救火扬汤止沸'"③。从他的话可见，他反对的旧道德也包括西洋的旧道德。

五四运动以后，陈独秀强调道德的作用。他说"道德问题这是人类进化上重要的一件事，现在人类社会种种不幸的现象，大半因为这道德不进步，这是一种普通的现象"④。他出狱以后对于精神的东西比较偏重，这是他个人的经历决定的，但是与同人的思想也不矛盾。毕竟沪皖到北大时期，同人思想上都偏重于精神层面。此时，对道德的重视是与国内思想界重视道德的传统发生互动的结果。本来我国思想中就偏重道德，五四以后更多人看重道德的作用。绍兴的《教育杂志》有《教育偏重科学毋宁偏重道德》，认为偏重

---

① 参见《章行严君之演说（续昨）》，《申报》1919 年 9 月 30 日 10 版。

② 独秀：《随感录·（七一）调和论与旧道德》，《新青年》1919 年 7 卷 1 号。

③ 独秀：《随感录·（七一）调和论与旧道德》，《新青年》1919 年 7 卷 1 号。

④ 独秀：《随感录·（七一）调和论与旧道德》，《新青年》1919 年 7 卷 1 号。

道德让人"欺伪",偏重科学让人追求智能,相比之下,追求智能的祸害比欺伪更严重。① 这是对科学的反攻。当时国内有人受欧洲人反思欧战的思想影响,把道德和科学对立起来。同人虽然反对这种观点,但是对道德更为重视却是一样的。

京沪同人时期,道德的思想元又一变。陈独秀随着社会思潮,开始注意道德文化思想内容的物质性。沿着第7卷的"重物质"方向,整个文化思路转变为先改造社会和政治,然后改变文化和思想。把文化和思想放到次要位置,道德不再像7卷1号时那样受重视了。后来陈独秀说的旧道德,指的是私有制度下资本家对于工人的残忍,是利己主义的道德。《新青年》转向社会主义以后,也注意到其中的新道德的曙光,说明道德到底仍然是《新青年》同人贯穿始终的关切。说明编辑部回到上海以后同人思想其实发生了很大的改变。此时,同人关注道德的新特性——阶级性。这是因为与变化的思想核心发生互动造成的。

道德变迁动因问题发生与新思潮的互动。关于道德状况的决定性因素,早年陈独秀虽然说过道德堕落源于人口增加、经济制度没有改良和分配不均,但那不过是抄袭西洋的观点,并没有落在对中国问题的思考上,而且精神因素被作为关键因素,诸如个人意志力和孔子教育等被作为道德的决定因素。真能用物质因素来作为决定因素要等到京沪时期,同人受到马克思主义等社会科学思想的启发,开始强调物质因素,比如他们注意到在"人满的国家"中才符合丛林法则。因为有道德的("有顾虑"的)人都被消灭了。② 同人从马尔萨斯的人口论出发,把人口问题当作道德问题的根源。接触马克思主义后,陈独秀认为某种道德来自民族和社会的决定。他说"非洲蛮人以斩杀仇人为道德,印度女子以自杀或自焚殉夫为道德。他们自己必以为是他们个人的伟大,其实是社会一种恶俗造成他们个人的盲目行动"③。道德由社会恶俗造成,既有伦理造成道德的缘故,又有物质决定道德的意涵。因为国外思潮在国内产生的激荡,必定不限于同人受到影响,国民党刊物《建设》也否定理想和学说造成道德改变的说法,认同唯物论,以社会为因,以道德

① 参见俟:《随感录·(三三)》,《新青年》1918年5卷4号。
② 顾孟余:《人口问题,社会问题的锁钥》,《新青年》1920年7卷4号。
③ 陈独秀:《新教育是什么》,《新青年》1921年8卷6号。

为果。① 物质主义的潮流对道德变迁动因的看法有扭转作用。

与新思潮的互动也有另一面。同人在新思潮中其实也遇到了自己早年的观点。比如，杜威认为道德要有意识，其次道德要追求适时宜。他反对强制的道德，要自然的真道德。② 杜威似乎带来了欧战以后欧美思想中反物质主义的思想。杜威的思想对于同人来说也有似曾相识的感觉，因为某些思想正是《新青年》早年的思想，这一定程度可以解释为什么同人开始接受杜威，后来又拒绝而选择罗素和马克思主义了，因为《新青年》的自由道德观念已经成为主流，到1926年有人甚至还援引卢梭的学说，作为道德建设和建国的根本，理由是"无自由则国家不能存，无德行则自由亦不能在矣"③。说明这种思想的影响深远而持久。与此同时，五四时期青年的自由言论，使得各自道德受到冲击，自由的弊端也已经显示出来，同人要选择新的道路。

党员时期继承了京沪时期的道德观念，仍然认为不同阶级有不同的道德，批判资产阶级道德，把利益与道德结合起来，认为有什么样的利益便有什么道德，着力推动仁义道德的平民化。④ 仁义道德不是完全不好，而是它属于堕落的阶级。与此同时，道德问题变得次要了。另外，道德来源的看法在党员时期也有一些变动，同人似乎暗示了道德的阶级来源。

这些新看法与思想资源发生互动。此时列宁的观点被介绍进来。列宁认为资本主义社会没有真道德，资产阶级的道德只是对付无产阶级的工具。无产阶级的道德与资产阶级的道德不同，是要破坏资本主义社会，"联络我们的劳动阶级"⑤。任弼时评价说，"列宁的道德观念，完全是立脚在被压迫阶级利益上头"⑥。道德思想背后是利益，这是唯物论推导出来的结论。瞿秋白说：中国资产阶级一旦有了极大的工程、几万万的银行资本，他肯定不要"敬长上"、"不争夺"的"美德"。物质力的自然发展，不是唯心论可以打消，也不能靠仁爱的空名来限制⑦。10卷以后的《新青年》对无产阶级的道德阐

---

① 胡汉民：《阶级与道德学说》，《建设》1920年第1卷第6号。
② 杜威：《伦理哲学（续）》（转自晨报），《新中国》1920年第2卷第1号。
③ 翰臣：《道德为建国之本》，《唤群特刊（三五特刊）》1926年第1期。
④ 屈维它：《东方文化与世界革命》，《新青年》1923年10卷1期。
⑤ 任弼时：《列宁与青年》，《新青年》1925年11卷1号。
⑥ 任弼时：《列宁与青年》，《新青年》1925年11卷1号。
⑦ 屈维它：《东方文化与世界革命》，《新青年》1923年10卷1期。

释得不多。《新青年》对新道德的提倡建立于对苏俄新人物道德观念的介绍上，比如列宁就是作为这样的典型来介绍的，一方面"列宁时常注意青年的道德观念"，另一方面列宁的教导中也有无产阶级的道德观念，比如"联络劳动群众""反抗一切压迫""反对一切私有财产"①等行为中包括服从群众和阶级、不压迫他人等内在规范。通过把集团的典型人物作为道德典范和道德思想的来源，进而与背后的共产国际立场发生互动。

将道德按照阶级划分，并认为道德来自阶级，是有同人发挥的成分。列宁只说资产阶级道德来自圣经，不过是作为阶级压迫的工具。党员同人在"阶级意识"作用下，将一切都按阶级来划分，这属于与核心思想发生互动。党员时期最重要的核心思想就是阶级观念，很多思想都以它为中心发生转移，形成了后期不同于早期的面貌。"阶级性"这个概念好像一个新开关，进入这个思想以后，就会有一系列相互生发的思想构成思想星团。10卷和11卷发生了这个改变。

这些思想受集团性的规制。此时同人的思想属于无产阶级的思想（至少他们自认是无产阶级），与资产阶级相区别。外国帝国主义不爱和平，不讲诚意，不老实，所以无产阶级也不能主张这类道德，②意思是以牙还牙。无产阶级在与资产阶级相区别的时候就受到对方的限制，因此，必定反对那些通常所谓仁义道德。从利益出发审视道德，至少在共产党系刊物中比较普遍。恽代英在《中国青年》里撰文评论1923年9月1日日本东京横滨大地震，揭露英美打日本战后重建的主意，借机发财，批判英美资本家的假慈善。他说，不能只看到公使团假仁假义地劝中国人息内争，教会里外国人为我们办妇孺救济的事情，也要看到他们运子弹、运鸦片的行径。恽代英说，"人的道德心，最怕碰着了经济上的计较心，一天有这样经济的制度———一天有这样要不顾人家疾苦，或甚至于要利用人家疾苦以自图利益的经济制度———什么道德行为总是空话呢"③。揭露资本家的慈善和道德行为背后的赚钱意图，为的是避免模糊阶级界限。这种道德观是团体都如此的，正说明它的团体性，新集团的核心思想渗透到整体思想体系之中。此前完全没有这个看法，

---

① 任弼时：《列宁与青年》，《新青年》1925年11卷1号。
② 屈维它：《东方文化与世界革命》，《新青年》1923年10卷1期。
③ 代英：《道德的生活与经济的生活》，《中国青年》1923年第3期。

这是党员时期的《新青年》所属集团给它的观点。

## 三、伦理道德问题与文化

这里要讨论的是伦理道德思想与文化思想之间的互动。

首先，伦理道德思想是文化思想的重要部分。

古代的礼和现代伦理都是文化。《乐记》中说："簠簋俎豆，制度文章，礼之器也。升降上下，周还裼袭，礼之文也"[1]。器物、制度和行为都是礼的表现和载体，而器物和行为则是物质化的文化，即礼是意义，器物和行为都是符号。带有象征意义的器物、精神所指定的形式（文章和制度），以及穿衣和行为动作中都具有意味，都渗透了精神文化的内容。伦理就是文化的结果，伦理的规范就是文化的一部分，伦理思想本身又属于文化一。新文化革命当时也被人称为伦理革命，就是因为人们直觉到文化与伦理之间存在关系。从功能上看，《曲礼》说礼规定了环境、自我、治理、风俗、学校、军队、祭祀等生活的各个领域，确定社会和家庭关系，以及个人的行为举止，总之礼和伦理作用于文化的各方面。[2]

道德是个人内心的准则，与外在伦理相互呼应的。道德不仅是念头，而且是行为，所谓"道德者仁义之行也。……盖行者心之声也"[3]，行为方式正包括在广义文化中，而道德作为人的精神观念形态的东西自然又属于狭义文化的一部分。道德的目的和道德的行为都与文化有关，可见道德与文化的相关性。

另外，伦理道德相关的秩序问题也是文化问题。伦理是外在秩序的表现，道德是内在秩序的表现。所谓道德沦丧和礼崩乐坏都是失序的表征。伦理道德有关外在关系建构和内心修持，伦理道德问题的目的在伦理，着重点在道德。它的核心问题是社会秩序问题，以及如何通过个人的修养保护社会秩序。秩序是文化的一种状态和目的。稳定的秩序就是文化稳定的表现，相反是文化危机的表现。秩序问题与文化关系非常密切。

不过秩序问题不能算《青年杂志》的根本关怀。《青年杂志》似乎认为

---

① 《礼记·乐记》，《四书五经》（中），中国书店 1985 年版，第 208 页。

② 参见《礼记·曲礼》，《四书五经》（中），中国书店 1985 年 2 版。

③ ［美］衡德森：《改良社会策（初续）》，钟春晖译，《大同月报》1915 年第 1 卷第 3 号。

提高民族文化的竞争力，才是当时的急务，而秩序伤害个人创造力，反而可能是阻力。同人是革命者，对秩序之类一般不会特别强调。陈独秀给常乃惪的回信中说，"吾人宁取共和民政之乱而不取王者仁政之治"，因为"共和民政为自动的自治的政制，导吾人于主人地位，于能力伸展之途，由乱而治者也。王者仁政为他动的被治的政制，导吾人于奴隶地位，于能力萎缩之途，由治而乱者也"①。陈独秀当然希望社会处于有秩序的状态，而且他认为民主就能达到秩序状态。这个秩序是新秩序，也就是新文化。与此相反，保守的人注重恢复失去的旧秩序。正因为《新青年》不太把秩序看得非常重要，需要人为争取然后获得，所以它在伦理道德问题中，更多谈论从内心之"理"发出新的"伦"——社会关系，而不是接受旧的"伦"和旧的"理"。总体上看，《新青年》的着眼点在道德，着手点却在伦理，对伦理则重在清除不合乎共和制度的不平等旧伦理，为道德确定合适的环境。确定伦理使道德有所依归。

伦理道德是文化的重要部分，自然关于伦理道德产生的思想也是文化思想的重要部分。就《新青年》本身来说，从《新青年》对道德价值的肯定可见它是把道德看作文化的重要部分。陈独秀说"伦理思想影响于政治，各国皆然，吾华尤甚"②，他深信"道德为人类之最高精神作用，维持群益之最大利器，顺进化之潮流革故更新之则可，根本取消之，则不可也"③。他的话意味着道德与文化的发展无关，而与文化本身的存在有永恒的关联。同人以平等的共和伦理作为文化思想改变的基础，说明他们也把伦理思想与文化思想联系起来。

虽然《新青年》讨论的是伦理问题，其实讨论的是中西文化、新旧文化的嬗替问题，比如它批判伦理，并把伦理作为中心问题，来解决社会变迁的问题，涉及文化的整合功能的发挥。再有，外在文化生活与高级思想（包括

---

① 　独秀：《答常乃惪》，《新青年》1916 年 2 卷 4 号。关于共和国的秩序问题，美国人在《科学》杂志上有一篇文章讨论过，也认为混乱的状态是共和国的正常现象（[美] 哈格利：《科学与共和》，杨铨译，《科学》2 卷 2 号）。不知道是否陈独秀受到该文的影响。从时间上看是可能的，因为《科学》2 卷 2 号出版在 1916 年初，《新青年》2 卷 1 号出版都已经到 1916 年下半年了。

② 　陈独秀：《吾人最后之觉悟》，《青年杂志》1916 年 1 卷 6 号。

③ 　记者：《答淮山逸民》，《新青年》1917 年 3 卷 1 号。

学术和意识形态等，即文化一）之间相互匹配的问题，也是文化运动两个层面相互配合的问题。总之，讨论伦理其实就在讨论文化。

其次，伦理道德思想与文化思想的互动还表现在文化价值在伦理道德思想中发挥作用。

（一）反文化倾向

《新青年》认为道德和伦理的根本源泉是天性，所以敌视一切违背天性的规则，在他们的眼中，从天性出来就不会有约束人的情况。从道德来自天性这个观点出发，他们反对社会上一切既成的束缚人性的规则和风俗。而文化对于人性来说本来就有压制，所以其文化价值就呈现明显反文化的一面。他们虽然也提外在伦理对道德的决定作用，但不是那么重要，仅在提倡新道德时才这样说。他们的文化思想倾向于去除旧有的束缚人的文化，把文化视为束缚人心的，而不是认定文化也可以塑造人性，因为他们的人性更多有本能的内容。

作为反文化倾向的一个并存特点，他们追求真诚。因为《新青年》让伦理道德服从人心，所以它非常重视内心的真。道德从内部来，故此真诚是重要价值。2 卷 5 号伦理学教师杨昌济从治生的角度，赞扬"泰西之俗，颇有尚质之意，交际率真，不尚伪善"①，明确把道德与真诚结合起来了。陈独秀攻击孔子的道德，说儒者"作伪干禄"是我们中国民德堕落的源头，②说孔教"戴假面具欺人"③。可见，在陈独秀看来，孔教一大缺点就是虚伪。

另一方面，他们极端反对扼杀天性。反对孔子的政治哲学就因为其对个性的压制。李大钊说，"孔门伦理都是损卑下以奉尊长，牺牲被治者的个性以事治者"，认为孔子的政治哲学以修身为本，不是使人完成他的个性，反而是使人牺牲他的个性。④周作人翻译俄国的文章，引拉夫洛夫的话说，"现存的社会秩序是极端的不道德"。所谓"不道德"就是"阻碍个人的物质及精神的进步的发达者"⑤。这里的不道德指斥的是不合理的伦理，很明显，衡

①　杨昌济：《治生篇（续前号）》，《新青年》1917 年 2 卷 5 号。
②　独秀：《答傅桂馨》，《新青年》1917 年 3 卷 1 号。
③　独秀：《答俞颂华》，《新青年》1917 年 3 卷 1 号。
④　李大钊：《由经济上解释中国近代思想变动的原因》，《新青年》1920 年 7 卷 2 号。
⑤　《俄罗斯革命之哲学的基础（上）》，起明译，《新青年》1919 年 6 卷 4 号。

量合理与否的标准是符合个人的需要和天性与否。

他们反文化并不彻底。他们在批判旧文化的同时，也要塑造新文化，并不反对西方文化，并不拒绝西方文化对个人的约束，因为他们认为西方文化是顺应人的天性的。另外，当时他们尚致力于否定旧文化，没有机会充分展开其赞同文化的方面，或者仅仅隐藏在文化建设的实践中。这种反文化倾向仅仅是表面上的，如果发生思想交锋，同人可能加以修正。

（二）自由原则

我国的德教来自宗法伦理、内涵等级制，自然与自由的新人不能相容。同人担心德教危害自立，所以提倡的新道德以自由作为第一要义。道德就是尊重自己的自由时也能尊重他人的自由。这被高一涵认为是发扬共和精神的根本。高一涵认为"道德之根据在天性，天性之发展恃自由"[1]。自由是天性发展的条件，因此是道德更深的根源。可见自由对于道德非常重要。同人反对旧伦理的原因就是为在新文化中宣扬自由独立的人格，自由是伦理道德领域的重要标尺，其他的文化主张，都不过是给自由保驾护航。从这个角度看，《新青年》在精神文化上对伦理道德领域贯彻自由的原则。在这里同人确定了自由的价值。其实，将伦理和道德作为内心自由的外化，也就是贯彻了自由原则。

同人自身的道德和伦理选择也很好地体现了自由原则。他们在现实生活中总是反抗强权的，为的就是保持道德的自由和自主。为此他们与政府保持距离，看不起孔子狗苟蝇营、恓恓惶惶态度，认为一入政府就会气节有亏。吴虞在文章中提倡名节之士和赞扬严子陵的高节。[2]正是与政府的这种分离的姿态，让高一涵认为，道德不能由国家干涉，主人的道德须由主人自己培养，以自己的良知为标准，不能听人指挥，养成奴性道德。[3]这些关于生活的言行也体现着自由原则。

（三）平等原则

沪皖时期，同人主要谈政治平等，涉及伦理中的平等。早年提到旧伦理

---

[1]　高一涵：《共和国家与青年之自觉》，《青年杂志》1915年1卷1号。

[2]　参见吴虞：《消极革命之老庄》，《新青年》1917年3卷2号。

[3]　参见高一涵：《非"君师主义"》，《新青年》1918年5卷6号。

时是"忠孝节义"并提的，[①] 不久陈独秀在罗列《新青年》的"罪状"时提到旧伦理的"忠孝节"[②]，去除了"义"。这样做肯定是经过思想斗争的。因为《新青年》没有攻击朋友这个伦的"理"——平等关系，而且把人际关系都还原为朋友关系。新伦理保留了旧伦理中的朋友之伦，反对的不过是不平等的部分。他们反对女性的贞操观念原因之一是男人可以蓄妾，女人不能再嫁，男女是不平等的。

北大时期，无政府主义和人道主义的观念是同人最重要的观念，也是他们统一的看法。他们提倡的把家庭扩充到全社会的友爱，是对平等的社会关系的推广。党员时期，虽然区别资产阶级和无产阶级，但目的却在于消除包括经济在内的不平等。可见，平等原则是《新青年》贯穿始终的原则，在伦理道德领域也明显地表现出来。

**（四）科学原则**

陈独秀说，道德需要基于真理。[③] 这是科学原则的一种体现。

以科学作为道德的基础，本来是常识。凭借科学来树立道德，是赫胥黎的看法。[④]《新青年》开始并没有强调这一点，科学民主的观念虽然早就进入国内，但是在《青年杂志》创刊时恰恰受到质疑。《新青年》在沪皖时期对科学也有不满的地方，比如它介绍梅特尼廓甫的观点，认为科学进步会导致人们不能"牺牲"[⑤]，也就是说科学可以让人自私。沪皖时期，也不太谈论科学与道德的关系，只有在涉及道德和宗教关系时暗示这层意思，比如蔡元培认为宗教不是道德的根本，他认为"德法的道德心来自知的作用"[⑥]，接受科学和美作为道德的源泉。北大时期因为与大学结合，所以科学的意识更为明确，陶孟和的道德观就有社会学知识的背景。第一次世界大战以后，旧思想沉渣泛起，同人维护科学的尊严。五四以后，陈独秀否认西洋物质进步而道德跟不上是因为西洋人太重科学不重道德，认为原因在于"道德是人类本能和情感上的作用，不能像知识那样容易进步。根于人类本能上光明方面的

---

① 参见记者：《答淮山逸民》，《新青年》1917 年 3 卷 1 号。

② 陈独秀：《本志罪案之答辩书》，《新青年》1919 年 6 卷 1 号。

③ 参见记者：《答 L.T.M 生》，《新青年》1917 年 3 卷 2 号。

④ ［英］赫胥黎：《科学与文化》，龚自知译，《京师教育报》1916 年第 36 期。

⑤ 陈独秀：《当代二大科学家之思想》，《新青年》1916 年 2 卷 1 号。

⑥ 蔡元培：《蔡孑民先生之欧战观（政学会欢迎会之演说)》，《新青年》1917 年 2 卷 5 号。

相爱、互助、同情心、利他心、公共心等道德不容易发达，乃是因为受了本能上黑暗方面的虚伪、忌妒、侵夺、争杀、独占心、利己心、私有心等不道德难以减少的牵制；这是人类普通的现象，各民族都是一样，却不限于东洋西洋"[1]。他正视科学和道德之间的某些矛盾，坚持把科学原则运用于道德上，是为了维护科学原则在道德问题上的价值。

**（五）现实原则**

同人看重道德伦理的实效，这是道德伦理的现实来源相关的部分，但是在批旧伦理道德时用共和制度的现实来要求其他伦理道德一致时才显露出来。

反对三纲五常是因为它们不适合现代生活，很明显，衡量伦理和道德规范的价值依靠的是其与中国现实的适合程度。这个原则背后是适者生存的观念。一种思想是否适应现实需要是它的合理性和生命力的来源。

胡适用实用主义来解释三纲五常，从真理论出发，把衡量三纲五常等外在规定的好坏归结为真伪问题。他主张用怀疑眼光来分析真理和所遵从的各种外在观念。[2] 表面上是科学原则的体现，但是实用主义的真理观背后隐藏的是适用不适用这个衡量标准，也就是实际上体现的还有现实原则。

再次，伦理道德毕竟是具体领域的对象，其中隐含的文化观念会受到这个特殊领域本身的激活或者限制，经过互动而生成对文化问题的遮蔽和敞开。

**（一）遮蔽作用**

《新青年》讨论伦理道德问题是被现实逼出来的，反对旧道德旧伦理是其主要内容，因此它更多地强调变迁，而对道德伦理的稳固方面谈论较少。陈独秀认为"宇宙间精神物质"都在进化和变迁，道德彝伦也一样。[3] 为了反对康有为把儒家经书看作"人伦日用""家国天下"等方面须臾不可离的东西，陈独秀强调旧伦理不能作为万世不变的道理，应该随着世界的改变而改变。正因此，他强调道德伦理的变迁，而没有认真探讨如何变迁，使这方面的思想没有充分展开。

---

① 独秀：《随感录·（七一）调和论与旧道德》，《新青年》1919 年 7 卷 1 号。
② 胡适：《实验主义》，《新青年》1919 年 6 卷 4 号。
③ 陈独秀：《孔子之道与现代生活》，《新青年》1916 年 2 卷 4 号。

因为强调道德体现自由原则，所以同人站到道德的对立面。初期，《新青年》从国家和人民之间的关系来立论，抵制道德幸福说，认为这个学说实行起来会"侵害小己之自由"，因此他们选择保护权利说，把个人权利和自由放到第一位。① 这也是社会不满《新青年》的原因之一。文化并不是为了解放的，而是为了塑造"文化"人的，但是现在要建立一种解放的文化，因此遮蔽了文化的本质属性，呈现反文化的面目。

那时陈独秀等人反对民国用传统道德的一个重要理由是传统道德不适应民国的现代生活，但是他所谓的现代生活，不仅指中国当时的生活，更重要的是指西方的现代生活，他认为是最先进的生活。同人所谓现实常常是世界的现实，而不是中国的现实。同人的理想性遮蔽了现实原则。

（二）敞开作用

伦理道德思想作为文化的一部分，局部带动全体。陈独秀发现了儒家的三纲伦理思想在中国历史和文化中的核心地位，认为伦理思想是根本思想，"伦理问题不解决，则政治学术，皆枝叶问题"②，明确了伦理问题相对于政治问题和学术问题的优先性。因为伦理道德问题，终于找到政治文化的核心——儒家。关注伦理道德问题使《新青年》深入触及一般的文化问题。政治问题局限于政治文化，教育问题局限于文化的传承，文学问题局限于文化的高级知识的文字形态，宗教和哲学问题讨论的是文化的根基问题，只有伦理和道德问题才真正能涉及一般生活中的观念和生活形式，使文化批判深入到平民生活层面，触及社会价值观，使得西方伦理为代表的新伦理成为新道德的价值源头之一。

# 第四节　教育思想的互动

《青年杂志》创办之初就被定位为教育杂志，主要讨论教育问题，所以《新青年》上的教育言论较多，讨论的范围也较广，有学校教育、社会教育，

---

① 高一涵：《国家非人生之归宿论》，《青年杂志》1915 年 1 卷 4 号。
② 陈独秀：《宪法与孔教》，《新青年》1916 年 2 卷 3 号。

后来还有政治思想教育。这些教育的观念也是在时代的互动中生成的。

## 一、教育价值目标问题

教育价值目标问题是教育的根本问题，即教育将什么作为价值，采取什么主义。作为教育杂志，《青年杂志》在创刊时确定的教育目标有可能成为根本性的。

沪皖时期的《青年杂志》制定的教育方针主要包括三个方面。

第一，现实主义和理想主义结合。现实主义是同人明确提出来的，陈独秀认为现实主义是"今世贫弱国民教育之第一方针"[①]。内涵是以现实为导向，以现实为本位，认清人生现实，要为解决问题而教育。

现实主义方针的确立，是与世界现实互动的结果。陈独秀通过"外览列强之大势。内鉴国势之要求"[②]而订立教育方针。他确立"厚生利用"的文化发展方向，就是参照了当时世界大势而提出来的。比如他说"最近德意志科学大兴，物质文明，造乎其极"[③]。改造中国的现实，让中国人过上好日子。改善生活条件就是靠物质文明的发达，西方的物质文明是改造中国的借鉴对象，为了追求这个目标，科学才有了重要价值。

与思想的互动，首先是与核心思想互动。现实主义来自其哲学基础——物质主义。

其次，与传统观念互动。清末有一种思想认为中、德在政治上接近，教育上差距很大，中国重古文，而德国"重穷理，而更重专门，文兼武艺，武兼文才"[④]。这里比较中、德两国，其实是比较中西，说明清末时已经认识到西方重实际和专门的技术的重要性了。清末以来兴起的致用思潮也对于现实主义态度发挥作用，就教育层面看，清末学部的教育宗旨中就有"尚实"一条。[⑤]

与当政者互动。《新青年》第1卷是在袁世凯称帝的背景下出版的，那

① 陈独秀：《今日之教育方针》，《青年杂志》1915 年 1 卷 2 号。
② 陈独秀：《今日之教育方针》，《青年杂志》1915 年 1 卷 2 号。
③ 陈独秀：《敬告青年》，《青年杂志》1915 年 1 卷 1 号。
④ 《再续西儒演义》，《申报》1903 年 1 月 15 日 3 版。
⑤ 《学部奏请宣示教育宗旨折》，舒新城编：《中国近代教育资料》（上），人民教育出版社 1981 年版，第 221 页。

时管制很严。《青年杂志》的教育方针不能不面对袁世凯的教育理念。袁世凯也提出教育要"崇实"①。《青年杂志》的现实主义大体与崇实相通。陈独秀赞扬西洋民族以"实利"为本位，②以及"六义"中的"实利的"都与崇实有关联。③此外，也与民国初年的教育界互动。比如陆费逵就主张民国应该以实利主义为教育方针。④

不要以为同人的教育方针纯粹是现实主义，其实现实主义背后还有理想主义。现实主义是认清现实，但是改变现实要按照理想。《青年杂志》开篇即以梁启超《少年中国说》的笔调提出社会教育的理想，希望培养的学生青年要遵从"六义"，即六种适于今世争存的理想：自主的、进步的、进取的、世界的、实利的、科学的。⑤从这六个要求来看，《青年杂志》此时要培养的是有世界眼光，具有刚健人格、负责任的、理性的人。

一般人都说《新青年》教育目的是培养国民，这个看法其实是不完全的。联系到陈独秀创办《青年杂志》前不久在《甲寅》杂志上撰文拒绝爱国心⑥的背景，认为他不为中国培养国民也是有根据的，至少不是为当时的政府培养国民。当然他也说"共和国民之教育，其应发挥人权平等之教育精神"⑦，但他指的是他心目中的共和国的国民。与其说他培养的是国民应有的素质，不如说是现代人共有的素质。落在中国范围内，首先是国民身份，但决不是为了培养爱国的青年国民。

作为旁证的是，高一涵讨论教育时，不主张"隶属于政治"的教育主义，认为政治不能干预教育，反对"谋现世一部分幸福之政治主义"，主张"谋普遍世界无终极幸福之教育主义"，主张世道主义，超越人道主义，不限于人类范围。⑧说明高一涵的教育主义是拒绝政治的，这与一般人以为《新青年》无处不政治的印象相反。在两个教育主义之间，高一涵选择超轶于政

①　《大总统颁定教育要旨》，《政学旬报》1915 年第 65 期。
②　陈独秀：《东西民族根本思想之差异》，《青年杂志》1915 年 1 卷 4 号。
③　陈独秀：《敬告青年》，《青年杂志》1915 年 1 卷 1 号。
④　陆费逵：《敬告中等学生》，《陆费逵教育论著选》，人民教育出版社 2000 年版，第 118—120 页。
⑤　陈独秀：《敬告青年》，《青年杂志》1915 年 1 卷 1 号。
⑥　独秀：《爱国心与自觉心》，《甲寅》1914 年第 1 卷第 4 号。
⑦　陈独秀：《今日之教育方针》，《青年杂志》1915 年 1 卷 2 号。
⑧　高一涵：《一九一七年预想之革命》，《新青年》1917 年 2 卷 5 号。

治的宗教性教育。而且前面已经说过，当时同人有拿教育代替宗教的潜在意图，因此可以理解，他们的教育是全人类的、普遍的、非国家的，因为与宗教相通，属于终极的教育。

在现实主义教育方针指导下，为改变现实，陈独秀确立了理想主义教育目的，即培养"敏于自觉、勇于奋斗之青年"[1]，以改造社会，而不是被社会改造。因此，同人要改善青年的趣味和意志，[2] 反对"志行薄弱，随俗进退"，要塑造有独立性的自觉的个人，以"自度度人"[3]。

这种思想与当时的重要思潮互动，比如与教育论争的背景互动。高一涵将教育作为宗教的相对物，带来宗教性教育的看法（世道主义教育有宗教色彩），这个神奇的出发点是因为高一涵观点的背景是孔教为教育大本的论争，正是孔教问题导致同人在现实主义教育和理想主义教育之间找到交叉点。另外，作为教育杂志，《青年杂志》从一开始，就属于清末以来形成的社会改造潮流，继承了清末新知识人培养独立的社会细胞来改造社会的观念。《青年杂志》具有超国家色彩，原因是清末以来就有一种声音，认为专制国家不如无国家，《青年杂志》也承认这个基本前提。他们的现实主义和理想主义结合的方针就在陆费逵的实利主义之外，找到新的立场——宗教的、超国家和超政治的。

第二，兽性主义。陈独秀在《今日之教育方针》里明确主张兽性主义，要受教育者学习兽性，即"意志顽狠，善斗不屈""体魄强健，力抗自然""信赖本能，不依他为活"和"顺性率真，不饰伪自文"[4]。军国主义是兽性主义的具体体现。表面上这个主张仅存在了很短时间，但是因为它来自同人的物质主义哲学所以根深蒂固，说到底，同人的教育最终是为了个人的心灵的自由，其中就包括本能和自然心性，就算它后来变为集体主义者，它对人性的态度都没有增加压抑本能的内容。

兽性主义是与世界经验互动的结果。陈独秀从白人和日本的崛起经验中获得这种见解。虽然人们说陈独秀受法国影响，对人权启蒙等有强烈认同，

---

[1]　陈独秀：《敬告青年》，《青年杂志》1915 年 1 卷 1 号。

[2]　陈独秀：《今日之教育方针》，《青年杂志》1915 年 1 卷 2 号。

[3]　陈独秀：《敬告青年》，《青年杂志》1915 年 1 卷 1 号。

[4]　陈独秀：《今日之教育方针》，《青年杂志》1915 年 1 卷 2 号。

但是我们看到《新青年》一开始的教育思想是与德国比较接近的。2卷1号上的《新青年》一文针对中国太多白面书生的情况，赞扬德国体育。①《青年杂志》虽然不提尚武，但注重包括体育在内的"三育"，介绍国外磨炼意志的团体。谢鸿介绍德国青年团，其中深藏对德国国民教育的钦佩。② 德国国民教育的成功是《青年杂志》教育思想的重要资源。

兽性主义也是与军国主义思想发生互动的结果。陈独秀不赞成军国主义，只是赞成法国人的"可矜式军国主义"，因为它有德国的进取、兽性的一面，又有英国崇尚自由的一面。此时，陈独秀的教育观念中有军国民主义。陈独秀在《今日之教育方针》中虽然已经说军国民教育主义"已为近世教育家所不取……以其戕贼人间个性之自由，失设教之正鹄"，但为了拯救军国民教育，③ 他把军国主义和军国民教育分开，特别强调德国和日本虽以军国主义闻于天下，但国家强盛主要靠德智力三者兼具的教育。他质疑军国民教育，是因为外国人批评它，同时他又认为教育的目的是让人获得自由，所以针对中国青年不擅长体育的现状，于是选择了军国民主义中的体育——"力"的教育，④ 希望用它提高中国人民的意志力。同一号上介绍德国青年团充满军人因素，如模仿军营野操，地方上的指导者也多是退伍的将佐等。⑤ 读者来信中问，《新青年》对当时的军国民主义和实利主义教育，是否有所偏重。⑥ 陈独秀回答说："救吾国之衰微，宜偏重进取主义，进取主义中宜富强并重。"他虽然回避说军国民主义，却用进取主义代替两者，强调富强并重。实利主义隐含着"富"，那么"强"就是军国民主义的目的，所以可以说他承认 L.T.M 生两者兼顾的看法，对军国民主义并未完全拒绝。⑦ 陈独秀赞扬斯巴达人的教育，"期以好勇善斗，此所谓军国民教育主义也"⑧。

---

① 陈独秀：《新青年》，《新青年》1916年2卷1号。
② 谢鸿：《德国青年团》，《青年杂志》1915年1卷3号。
③ 陈独秀：《今日之教育方针》，《青年杂志》1915年1卷2号。
④ 五四以后，他还坚持体育，但是提醒学生界应当警觉的三件：兵式体操、拳术、比赛的剧烈运动。反兵式体操说明此刻反对军国主义。见独秀：《随感录（八十）·青年体育问题》，《新青年》1920年7卷2号。
⑤ 谢鸿：《德国青年团》，《青年杂志》1915年1卷3号。
⑥ L.T.M 生：《通信》，《新青年》1917年3卷2号。
⑦ 记者：《答 L.T.M 生》，《新青年》1917年3卷2号。
⑧ 陈独秀：《今日之教育方针》，《青年杂志》1915年1卷2号。

重视军国民教育是与当时教育思潮发生互动的结果。1916 年时任教育总长的范源廉提倡军国民教育。① 江苏教育会提倡少年团，学习英法德国的少年团教育制度，以军事化方式教育青年学生。有人认为这是"优美特性之国民"的特点，认为这种教育对中国的情况如同灵丹妙药。② 同人对此也表示赞同，认为这个看法"深切著明"，呼唤"我爱国自爱之青年少年诸君，盍猛省，盍奋起"③。其实，蔡元培民国元年《对教育方针之意见》提出军国民教育、实利主义教育、道德教育、世界观教育和美感教育。民国初年很多教育家也提"身体体育主义"④，后来，袁世凯提倡尚武，提倡体育，是为了卫身，也可以卫国。⑤ 国家在 1915 年左右，把体育与尚武精神相联系，⑥ 应该是受德国和日本教育的影响。袁世凯也和同人一样受进化论的影响。袁世凯说，"人有竞争，方可向上；国有竞争，始能进步；学问因竞争而益修明；艺术因竞争而愈发达；是竞争者，国家进化必由之道也"⑦。《青年杂志》反对国人不求上进的态度，讲进取，⑧ 不太讲人与人的竞争，只提到世界上处于竞争时代，似乎回避了这个话题。就它强调体育来说，明显不是直接受袁世凯的启迪，而是他们都属于当时世界的教育思潮。即使同人与袁世凯势难并立的情况下都认同这个看法，可见这是重要的思想核心。

第三，惟民主义，也就是树立以民为中心的教育观念。陈独秀认为国家主义是欧洲中古的成就，到近代变成惟民主义。⑨ 他有超越国家主义的立场，

① 《教育总长提倡军国民教育》，《教育杂志》1916 年第 8 卷第 9 号。
② 参见《苏教育会提倡少年团》，《新青年》1916 年 2 卷 2 号。
③ 《苏教育会提倡少年团》，《新青年》1916 年 2 卷 2 号。
④ 王朝阳：《学校训练之根本精神》，《教育研究》1913 年第 3 期；野鹤：《教授上之筋肉运动主义》，《教育研究》1913 年第 3 期。
⑤ 《大总统颁定教育要旨》，《政学旬报》1915 年第 65 期。
⑥ 1915 年 5 月 15 日第二次远东运动会在上海开幕。交涉员杨少川代表袁世凯宣读祝词："窃思今日世界，为青年竞争之世界，国家立于世界，优胜劣败，惟视诸君为转移。欲负转移之重任，国家元气，实系于人类之知能之发达，非辅以强健之精力，即莫致其知能于使用之地。所以取教育之美备，德育智育，尤当注意于体育也。"《纪事一》，《进步》1915 年第 8 卷第 3 号。
⑦ 《大总统颁定教育要旨》，《政学旬报》1915 年第 65 期。
⑧ 陈独秀：《敬告青年》，《青年杂志》1915 年 1 卷 1 号。
⑨ 陈独秀：《今日之教育方针》，《青年杂志》1915 年 1 卷 2 号。

因此更容易认同最新的惟民主义。

这一方面是共和政体的题中应有之义，另一方面也是互动的结果。首先是与袁世凯教育训令发生互动。两者进入同一个领域，构成互动关系。他们有共同的观点，都不反对民主。同人在自由基础上不忘自治；袁世凯也说："今将以教育普及为期，必使人人有自治之精神而去其依赖之性质。"[①] 袁世凯还提出重自治[②]，认为民主是地方自治的基础。两者的差异点在实现惟民主义的内涵。比如袁世凯 1915 年 1 月颁定《教育要旨》，注重国民教育。[③]《青年杂志》也注重国民教育，即重视教育中小学学生青年，只不过陈独秀更重视社会教育，他的教育范围比《教育要旨》要广。他说："自广义言之，凡伟人大哲之所遗传，书籍报章之所论列，家庭之所教导，交游娱乐之所观感，皆教育也。"[④] 再如，袁世凯的自治体现在自食其力，即独立的经济地位。同人所谓自治是指自我管理自己，使自由更为圆满，其根本点在自由。陈独秀的关注点在人民身上的缺点：听从统治者，不相互联络，没有团体思想等，他希望通过教育加以改造。[⑤] 简言之，他要以民为中心建立国家，因此需要做主的人民，不被国家压迫，强调青年的自我觉醒。[⑥] 同人要促进民主，而袁世凯则不涉及政治。后者似乎仍是国家主义，未到惟民主义的境界，他提倡的教育也不可能是真正惟民的。

互动使同人在与袁世凯不同的立场上提出教育的人民导向。当然这个选择也受制于同人教育思想中内在的、本有的思想基因，即政治上要以民为教育对象。袁世凯站在政府立场上，而沪皖同人则是在民间舆论家的立场。此时他仍主要是作为革命的媒体人来教育社会上的青年，属于广义的教育。陈独秀针对袁世凯对教育的钳制，希望在广义教育领域开出一片自由空间。清末时期，学堂是革命发祥地，其中有自由的空间，进入民国以后，学堂已经被收编，专制气焰大盛，革命的气势消沉，所以他说二三年来，"学校破坏，诚可痛心"，他还说从广义教育方面说，就算执政把学校都废弃，广义教育

---

① 《大总统颁定教育要旨》，《政学旬报》1915 年第 65 期。
② 《大总统颁定教育要旨》，《政学旬报》1915 年第 65 期。
③ 《大总统颁定教育要旨》，《政学旬报》1915 年第 65 期。
④ 陈独秀：《今日之教育方针》，《青年杂志》1915 年 1 卷 2 号。
⑤ 陈独秀：《今日之教育方针》，《青年杂志》1915 年 1 卷 2 号。
⑥ 次山：《青年之生死关头》，《新青年》1917 年 3 卷 1 号。

也不可能全废除。① 其抵抗专制压迫的意图非常明显。

惟民主义教育方针与早期同人思想资源和现实发生互动。同人继承了清末反清时期建立的启蒙思路——教育个人以抵抗社会，以及反对国家主义教育。同时又因为国家政体已经变为共和制而发生变化。民国政府的合理性就在于贯彻平等原则，共和制度的建立是其惟民主义教育方针的深层基础，同人提倡惟民主义是天经地义的，比较特殊之处是当时同人认为中国的现实是国家和政府相互对立，政府是专制的，因此惟民主义本应该体现为为国家服务，但是因为存在专制政府而表现为拒绝为专制政府培养顺民，以国民的自觉作为追求目的的教育导向。

到北大以后，陈独秀的教育观，发生了一些变化。陈独秀在答复胡晋接时解释此时他心目中的真教育就是现代西洋的教育，即"自动的而非他动的""启发的而非灌输的""实用的而非虚文的""社会的而非私人的""直视的而非幻想的""世俗的而非神圣的""全身的而非单独脑部的""推理的而非记忆的""科学的而非历史的"②。陈独秀的回信反映了他做学长以后对教育的新认识。与这封信同时，陈独秀在南开学校演说《近代西洋教育》，认为西洋教育有三方针：自动的、启发的、世俗的、直观的和全身的。③ 这应该是简略版，是前面那封信中九条最重要的部分，也是他到北京以后的新教育观。"实用的""直视的""推理的""科学的"都是现实主义的；"自动的""启发的""全身的"算是兽性主义，不过比后者更丰富了。因为北大时期从人类立论，人性和兽性合一才是平民，可以说自动的和全身的都因为人类有共同的自由本质，与惟民主义合并成为平民主义和人道主义；"社会""世俗"则既是惟民主义的，也是现实主义的。

新观点与老观点互动。沪皖时期陈独秀的"六义"④，可以看作六种教育目标，是教育方针的具体化。自主的、进取的是兽性主义，实利的、科学的是现实主义。进步的、世界的是现实主义和惟民主义。对比北大和沪皖的教育目标，兽性主义的内容更有教育专业的色彩，兽性主义的内涵也更为

---

① 陈独秀：《今日之教育方针》，《青年杂志》1915 年 1 卷 2 号。
② 独秀：《答胡晋接》，《新青年》1917 年 3 卷 3 号。
③ 陈独秀：《近代西洋教育》，《新青年》1917 年 3 卷 5 号。
④ 陈独秀：《敬告青年》，《青年杂志》1915 年 1 卷 1 号。

丰富，包括本能和人性。现实主义方面更多了，也更加具体。新观点保留了原教育方针的精神，却做了一定修正。如果对照讲演中的五条，则是表现为兽性的内容增多了，惟民主义只有"世俗的"，现实主义只有"直观的"。很可能是因为面对学校教育，更尊重当时的教育学理论，而当时教育理论是比较重视启发、自动等兽性主义方针。当然，兽性主义的背后是惟民主义和理想主义。现实主义变得不重要，可能是因为在学校中，理想主义的成分更重些。

北大时期教育方针的改变还是与北京互动的结果。随着编辑部移到北大，陈独秀结识更多北大和北京教育界的人士。北大的领头人蔡元培也认为新教育是自然的，主张尊个性，[1] 也就是兽性主义的。他的权威地位影响了北京学界，这使得《新青年》与北京学界的教育观念接近，保证《新青年》的教育方针有前后一致的方面。《新青年》在北大的环境下，转变为以高等教育为主，适当保留初等教育和社会教育思想，在政治压力大的时候也因为转向批评民间势力而强化了社会教育的味道。但是同人此时是站在高于民间的学者立场上，这时同人的教育方针也造成一定影响。北大同人出现两种倾向，一种是胡适选择学术教育，是大学教育，而另一种是普通民众的教育，是中学以下教育。前者是纯教育的，后者仍然是有政治目的的。

底层支持革命的教师也是同人教育思想的支持力量。比如在安徽支持陈独秀的胡晋接，在此时提出支持陈独秀改造青年思想的观念，认为"必一般青年淜除其数千年来污浊之思想，而发生一种高尚纯洁适于世界二十世纪进化潮流之思想，然后吾国前途之新国民乃能崭然露头角于新世界"[2]。从胡晋接的思想脉络来看，他的思想基本上还是清末的思想。因为他是清末革命思潮中受教育的知识人，这点与同人的来源相同。通过这些底层教育家的支持，北大同人的教育方针与清末教育思想互动。

同人还与当时的教育思想互动。比如通过蔡元培而与法华教育会等无政府主义势力的互动。法华教育会认为政治革命与教育要相互配合[3]，这是现实主义教育方针。再如第一次世界大战以后，与变动的教育界发生互动。第

---

① 蔡元培：《新教育与旧教育之歧点》，《新青年》1918 年 5 卷 1 号。

② 胡晋接：《通信》，《新青年》1917 年 3 卷 3 号。

③ 《旅欧教育运动》，《旅欧杂志》1916 年增刊。

一次世界大战以后世界大潮涌来的感觉在国内是比较普遍的。江苏教育会等团体组织新教育共进社，编译丛书，编《新教育》月刊，表明教育界在第一次世界大战后被再次激活。《时报》这种大型报纸也开始推动教育变革，于1919年2月开设副刊《教育周刊》，内含两个栏目，一个是"世界教育新思潮"，一个是"每周大事记"。设置的原因是"自欧战停止，世界潮流一变，教育亦随此潮流为变迁。今以世界最新之教育饷吾全国教育界"和"今后之教育不能不令全国学子略谙世界及国内大势"。① 在这个潮流中，平民主义已经成为共识。随着"一战"后平民主义流行，平民主义教育也大行其道。蒋梦麟认为第一次世界大战是"军阀教育与平民教育相冲突之结果"②。1919年10月10日，教育部教育调查会议决教育新宗旨是"养成健全人格，发展共和精神"，其中的共和精神指的就是"一、发挥平民主义，俾人人知民治为立国根本；二、养成公民自治习惯，俾人人能负社会国家之责任"③。也就是说，第一次世界大战以后，国家教育宗旨才不再首鼠两端，确定为平民主义方向。五四以后，变化更加显著。蒋梦麟等江苏教育会的人迎接世界新潮，宣传杜威的平民主义世界观，说："平民之发达，国家之基础，全世界之先进国，因此次大战而咸为觉悟。"蒋梦麟还教人人做一个好平民，使个个平民做堂堂的一个人，方法是让学生自知是一个自动的平民。④ 南北教育界合作迎接杜威，成为有力的教育运动。⑤ 杜威的平民主义也得到宣传；姜琦解释德谟克拉西教育，把陈启修的在《北京大学月刊》上发表的"德谟克拉西"观念运用于教育。⑥ 随着平民主义的兴盛，惟民主义教育方针在第一次世界大战以后得到强调。也正是在这个背景下，同人的平民主义得到时代共振，为《新青年》被时代发现奠定了基础。

也有相反的思潮，比如《东方杂志》代表的保守者。陈独秀与《东方杂

① 《本报每星期一附录教育周刊》，《时报》1919年2月25日1版。
② 蒋梦麟：《世界教育新思潮发刊之用意》，《时报》1919年2月24日。
③ 抱一：《八年来之教育消息》，《申报》1919年10月10日5张"国庆纪念增刊"。
④ 蒋梦麟：《教育究竟做什么》，《新教育》1919年第1卷第1期。
⑤ 《欢迎杜威先生》，《杜威氏之教育主义》（均载《时报》1919年5月5日"世界教育新思潮"）；《青年之新精神》，《杜威氏之教育主义（续）》（均载《时报》1919年5月12日"世界教育新思潮"）。
⑥ 姜琦：《教育上"德谟克拉西"之研究》，《新教育》1919年第1卷第1期。

志》记者的争论涉及面很广，其中涉及教育的，仅限于对教育出版物的批评，不过背后却有教育方针之争。杜亚泉反对某些诲淫诲盗的书和报纸刊物上的荒谬看法，流露出对普及教育的不满。他受第一次世界大战中欧洲反思现代欧洲文明的潮流影响，否认知识平等，认为"教育普及而廉价出版物日众，不特无益学术，反足以害之"[①]。陈独秀旗帜鲜明地反对"专重高深之学，而蔑视普及教育"[②]。虽然开始《新青年》也不提底层民众的教育，那是因为清末以来形成的普及教育已是常识，无须重复。现在陈独秀特别着意维护廉价出版物，其实是为了维护教育平等的共识、平等的原则和惟民主义教育方针。杜亚泉既反对军国民教育，也反对卢梭的自治教育，认为"未可施诸国民普通教育者也。"[③] 实际上触动了同人的"平民主义"。但是两者的斗争并非针锋相对，比如同人也是赞同杜亚泉的学术立场，只不过同人不忽视普通教育而已；再如杜亚泉又尊崇智德力三者并重的教育，这点又与同人的观点一致。因此他们是在相同观点的基础上进行争辩的。

京沪同人时期，《新青年》回归社会教育，日益走上北大时期的第二条道路，回归沪皖时期的教育方向。此时惟民主义教育方针转化为对社会教育的重视。陈独秀《新教育之精神》的第一条"宜注意社会方面"[④]，五四以后，重申"教育与社会的关系是很大的"[⑤]，这时他心目中新教育的教育主义是社会的。[⑥] 这个向底层的转进使胡适被新的思想动向挤压出去，成为陈胡分裂的关键点，也是《新青年》脱离大学进入上海新文化环境的一个结果。

向社会和底层的转向与同人本来的思想出发点互动。1915年《青年杂志》创刊之初，陈独秀就关注社会教育，但没有明确将社会教育当作教育的方向和原则，而是着力在塑造个人来去改造社会，个人是手段，目的是社会。北大时期，李次山讨论生死问题时，强调社会的重要性。他们从宗教出发确立教育的主义时，强调社会，因为社会是个人的人生意义来源；而从中国现实

---

① 伧父：《迷乱之现代人心》，《东方杂志》1918年第15卷第4号。

② 陈独秀：《再质问〈东方杂志〉记者》，《新青年》1919年6卷2号。

③ 伧父：《迷乱之现代人心》，《东方杂志》1918年第15卷第4号。

④ 陈独秀：《新教育之精神》，《陈独秀著作选编》(2)，上海人民出版社2009年版，第190页。

⑤ 陈独秀：《新教育是什么》，《新青年》1921年8卷6号。

⑥ 陈独秀：《新教育是什么》，《新青年》1921年8卷6号。

方面出发讨论教育时，则关注个人。北大同人后期两者都包含在杂志里，但毕竟不是完全分裂的，是可以相通的。京沪时期，同人非常明确地突出以社会为导向。此时的社会内涵变了，社会成为集体主义的群体，而不是个人集合而成的集体。五四以后，教育的"社会"色彩更加浓烈。陈独秀指出，"在教育主义上，旧教育是个人的，新教育是社会的……新教育在改良社会，不专在造成个人的伟大"①。教育思想上发生了向社会、团体和集体的转向，表面上脱离了个人。说明此刻通过个人改变社会的方案变得不重要了。最明显的证据是他直接否定了《新青年》早年赞同的新村运动，认为是个人主义教育结果的表现。这是很大的变化，告别了清末以来的个人奋斗方式和胡适的点滴改革。陈独秀还否定了北大的教育方式，他说，旧教育个人主义只进行学术，而不重视学术应用。② 他认为教育本是必需品不是奢侈品，提出"把社会与教育打成一片，一切教育都建设在社会底需要上面，不建设在造成个人的伟大底上面"③。这篇文章可以看作陈独秀在教育观念上与北大时期决裂的宣言。此时个人主义在《新青年》上渐渐成为不名誉的词汇。对个人主义的否定几乎就是对兽性主义和人道主义的否定，这是对早年思想的接受和超越。

回归社会的想法与当时的教育思想互动。当时教育家反对把读书和社会分开。④ 有识之士都注意到教育与社会的紧密关系。有人说"今之教育家往往与社会相分离，此犹是中国以前闭户攻书之旧习也。不知今之教育随地随时皆教育也，随事随物皆教育也。倘教育家而与社会相分离，则出学校之门一步即非教育势力所能达，而恶习之移人，十年教之而不足一日败之而有余，此教育家不可不知也"⑤。蒋梦麟提到社会运动的教育是提高社会程度的方法，对于受不到普通教育的平民，给他们一种教育。⑥ 陈独秀也反对个人主义教育将学校和社会隔离的做法。⑦ 这些观点都与清末以来的教育理念不

---

① 陈独秀：《新教育是什么》，《新青年》1921 年 8 卷 6 号。
② 陈独秀：《新教育是什么》，《新青年》1921 年 8 卷 6 号。
③ 陈独秀：《新教育是什么》，《新青年》1921 年 8 卷 6 号。
④ 若愚：《学生与劳动（二）》，《晨报》1919 年 2 月 26 日 7 版。
⑤ 忘闲：《教育与社会》，《时报》1919 年 3 月 3 日"教育周刊"2 号。
⑥ 蒋梦麟：《社会运动的教育》，《新教育》1919 年第 2 卷第 4 期。
⑦ 陈独秀：《新教育是什么》，《新青年》1921 年 8 卷 6 号。

同，是时代变迁的共同趋向。第一次世界大战后的民主主义强化了社会的方面。五四以后，学生在社会中发挥作用，未必是政治的表现，其实就是教育的表现。五四以后，改造社会的主题变得重要，是因为此时突然认识到新知识到生活里的程度严重不够。这是五四以后社会主义思潮影响的结果，受社会主义思想影响的知识人，认为教育问题必须先解决经济和政治制度问题。他们与北大学生一样创办夜校和补习学校，用马克思主义武装工人劳动者。互动使得同人的教育思想与时代潮流一致，至少两者是合作的关系。再如《新青年》在京沪时期还提出一种新的教育目的，即教育为"生活共产和全地球各国大同"培养人才。① 可以说背后的教育方针是社会主义和共产主义。这种崭新的教育方针和目的在中国还显得很遥远，但是充满魅力。

这个思想与新的思想资源互动。陈独秀在《新青年》上发表"知耻"的来信，在回信时他指出在当时"贪狠的资本家生产制度"，工资太少，工作时间太长，工人根本得不到平等的教育。② 在马克思主义潮流里，陈独秀肯定会在阶级层面来讨论社会教育。当时社会教育的思想弥漫在教育思想界。马克思主义虽从阶级层面讨论教育，但也更偏社会教育方面，尚非阶级教育。此时社会主义风潮对同人的影响大于马克思主义理论本身的影响。接受马克思主义以后，陈独秀进而质疑平民主义，这里阶级观念产生作用。将平民的内涵分为资本家和工人，惟民主义的"民"的内涵窄化了。但是，在同人看来，窄化恰恰是为了实施真正的平民教育，去除欺骗性。《新青年》在京沪时期后期开设俄罗斯研究专栏，每一号都会介绍苏俄的各种制度设施，其中就有教育的方针和目的。比如 8 卷 4 号《苏维埃的教育》谈平民教育，其中引用卢那察尔斯基的话说，社会主义的教育最重要的原理是不独传播专门学识，还要一切创造的精神完全都是适合于新生的纯正的社会主义为宗旨。③ 这样就预示着新的教育方针出现。

党员时期的教育方针发生了较大改变。因为 1923 年的《新青年》重视教育的阶级内涵，按照阶级区分文化，所以《新青年》提出的教育主义变为

---

① 《莫斯科苏维埃〈年历公报〉（六）·苏维埃的平民教育》，杨明斋译，《新青年》1920年 8 卷 2 号。

② 陈独秀：《劳动问题·答知耻》，《新青年》1920 年 8 卷 1 号。

③ 《（十三）苏维埃的教育》，震瀛译，《新青年》1920 年 8 卷 4 号。

为阶级培养青年而不可少的政治教育。任弼时说，"某一阶级的青年，乃为拥护本阶级的后备军"，资产阶级对本阶级子弟进行阶级教育，无产阶级也对子弟做阶级解放的政治教育。①基于此种认识，教育的原则变成党应该在培养工人的学校掌握指挥权这样具体的原则了。

这些思想与共产党团体发生互动。同人的立场与其他共产党刊物形成一种联系和组成一个整体。首先它们具有类似的观点，比如《向导》周报"提倡平民教育和补习教育"②。团体的共振背后又是与马克思主义理论的互动。同人接受马克思主义的阶级观念，作为核心思想，将整个思想结构加以重整，

总的来说，《新青年》的现实主义和理想主义结合的教育方针最为稳固；惟民主义教育方针也比较稳固，只不过呈现出多变的教育目标，"民"的内涵也发生了变化，从个人教育、国民教育到高深的教育，到平民教育，再到阶级教育；兽性主义变化较多，开始是内容丰富了，后来与兽性主义密切相连的个人主义遭到质疑，体现出一点神性主义意味的集体主义。

## 二、教育内容问题

第二个重要的教育问题是教育内容问题，教育方针指导下产生关于教什么的新问题。

在沪皖时期，《新青年》早就注意到了这个问题。

《新青年》杂志最突出的是人格教育，这是杂志的底色，影响创刊时期的一切言论，比如它使高一涵的政治学知识也偏重人格教育，关注的是"共和国家之青年""他日立身之计"，"以勤劳易利益，自保其人格，并以保他人之人格"③。同时，又受政治关注点的影响，他们的人格教育更重视宏观方面，如国民、父亲、理性地思考生活的风俗等。

《新青年》的人格教育思想受当时国内教育潮流的影响。初期受《中华学生界》的影响比较大。对比早期《青年杂志》与《中华学生界》，会发现很多相似处，从《青年杂志》出版预告的内容看，绝大部分要点见于《中华

---

① 任弼时：《列宁与青年》，《新青年》1925 年 11 卷 1 号。
② 《国民革命的母亲行动政纲草案》，《向导》1927 年第 201 期。
③ 高一涵：《共和国家与青年之自觉》，《青年杂志》1915 年 1 卷 2 号。

学生界》。《中华学生界》第 1 卷第 2 期和第 4 期上发表了陆费逵的《敬告中等学生》。该文指出中等学生需要"人格之修养":"英吉利之教育,以养成人格为第一义,诚知所先务也。近年学校渐兴,教科亦有进步,然注意于灌输智能者多,注意于养成人格者少。"①《青年杂志》出版预告开篇提出质询,"我国青年诸君欲自知在国中人格居何等者乎"②。两者在呼唤人格教育方面正好相互呼应。《敬告中等学生》说:"国家之成立,必有一种人为其中坚……其为国家之中坚者,须具普通之学识能力。其具此能力者,以中等学生为最易而最多。他日国家社会,将以中等学生为之中坚,可断言也。嗟乎诸君,果如何方可自淑其身,而达此国家社会中坚之目的乎?"③《青年杂志》出版预告中说,"深望诸君之学识志气,因此而日益增高,而吾国将来最善良的政治、教育、实业各界之中坚人物,亦悉为诸君所充任"④。两者在认定青年学生为未来中坚这一点上完全一致。甚至可以说《青年杂志》创办之初,陈独秀一定程度上模仿了《中华学生界》。1915 年教育界都在讨论人格教育,除了陆费逵以外,还有很多权威人士也提倡人格教育,比如日本学者石黑英彦⑤和国内一些教育家,比如莳海⑥等。《教育杂志》认为古代教育注重人格与现在的人格教育思潮深合,认为今后教育之改进要以人格为教育全体之中心,人格有脱离一切制限之意义。他说公民教育与人格教育自相矛盾,但是先要认定人格为立于个性之上。

当时,除了人格教育⑦以外,《新青年》的内容还有国民教育或者公民教育。也就是说同人重视对国民进行教育,使他们成为公民——政治行为

---

① 陆费逵:《敬告中等学生》,《中华学生界》1915 年第 1 卷第 2 期。
② 《青年杂志出版预告》,群益书社编:《日本潮》第 1 编。
③ 陆费逵:《敬告中等学生》,《中华学生界》1915 年第 1 卷第 2 期。
④ 《青年杂志出版预告》,群益书社编:《日本潮》第 1 编。
⑤ [日] 石黑英彦:《通俗教育之真意义》,《时事新报》1915 年 11 月 30 日"教育界"。
⑥ 莳海:《现代青年之人格》,《青年进步》1917 年第 1 册。
⑦ 主张人格教育的人还有贾丰臻、蒋维乔等。贾丰臻观点见《演说人格教育》,《教育杂志》1916 年第 8 卷第 8 号。又见《养成完全人格之训勉》,《教育周报(杭州)》1916 年第 121 期。另见贾丰臻:《教育谈屑》,《教育杂志》1916 年第 8 卷第 10 号。蒋维乔曾说,外国有效的到中国没效,原因在于人没有人格。改良人格端在教育。先改良自己的人格,然后可以表率他人。见蒋维乔:《答范静生总长书》,《教育杂志》1916 年第 8 卷第 9 号。

体。陈独秀说"吾人论政若不以促进共和为鹄的，则上之所教下之所学日日背道而驰，将何由而使其民尽成共和之民哉"①。他虽然说的是论政，但是也包括为政治服务的教育，他的意思是教育要为政治上的共和体制服务。

国民教育思想与执政者的思想互动。袁世凯那时也希望通过教育变化国民气质，提高全民素质，振兴国家，这毕竟有德国和日本作为榜样。但袁世凯培养的国民是"必于忠孝节义植其基"，"矢其忠诚，以爱国为前提"。袁世凯的教育要旨中有爱国、尚武、崇实、法孔孟、重自治、戒贪争、戒躁进等。他提出法孔孟，"吾国民诵习孔孟之言，苟于其所谓居仁由义而求得共和法治国为人之真谛；将见朝野一心，共图上理，由是扬国粹而跻富强"。他希望以孔孟接续共和，认为孔子的某些言论体现"共和国民之真精神"②，认为孔孟在治世修身与西哲相合。③ 当时的环境下，陈独秀没有直接针对孔孟，更别提直接在教育领域驱逐孔孟之道了。《青年杂志》开始并没有对此多表态，因为孔子成为帝制的支柱，直到 1 卷 6 号才开始突然发起对孔子的抨击。当然在袁世凯当政时，《青年杂志》也没有直接"反对""忠孝节义"，但绝没有宣传这种教育原则。关于爱国，杂志上也是一言不发。《青年杂志》不是不爱国的，它的教育主义中有国家主义内容，它在选择教育方针的时候也照顾中国的国情，但它不以国家作为根本的服务对象。办《青年杂志》以前，陈独秀质疑爱国，在《青年杂志》上则不谈爱国，反而说了很多国家应服务于民的道理，强调个人幸福的重要性，暗含着有民才有国，有民才有政府的意思。对比两者，袁世凯的教育要旨强调国家的意义，而《青年杂志》则站在超国家的高度，在忠诚和爱国上面附加了条件，即理性判断，要根据对象才表示忠诚，要选择国家再表达爱。

公民教育思想与时代的思潮存在互动。《教育杂志》很早就提出实施公民教育，认为公民教育就是确认个人为组织国家之分子，唤起国家观念，对自己有自营自主之能力。④ 它着眼新国家的本质，重视共和立宪国民的养成。《教育杂志》主张坚筑共和政体之基础，"此其主旨在养成适于共和国可

① 　独秀：《答常乃惪》，《新青年》1917 年 3 卷 2 号。
② 　《大总统颁定教育要旨》，《政学旬报》1915 年第 65 期。
③ 　《大总统颁定教育要旨》，《政学旬报》1915 年第 65 期。
④ 　朱元善：《今后之教育方针》，《教育杂志》1916 年第 8 卷第 4 号。

以有为之善良国民。其注重之点，如协同之德，义务之感，自治之精神勇敢之实力等是也"①。从这段话可见作者认识到共和时代培养拥护共和者的现实需要，提倡国民教育是当务之急。还有《教育杂志》的天民认为："公民教育者，近世教育之新思潮也。各国实际之教育方针咸注重于此。其办法虽不同，而以其国家主义发挥公民教育之精神。则其轨辙无或异也。"②《教育杂志》是商务印书馆主办的重要教育杂志，文章往往转抄日本教育杂志，他们的说法也多是来自对海外的译介，代表最新最有力的教育潮流，同人与之共振也能与世界教育潮流发生互动。另外，当时还有很多教育内容，诸如爱国教育③、世界教育④ 等，也与公民教育有直接或间接的联系。

公民教育思想与同人自身的思想结构互动。早年陈独秀是主张国家主义的。他在《安徽俗话报》上曾有《国语教育》《王阳明先生训蒙大意的解释》《西洋各国小学堂的情形》等教育论文都是站在民族和国家的立场上启蒙底层民众。之后他受日本和康梁的启发，也受当时舆论的引导，主张学堂教育，靠人才改造国家。民国建立以后专制的抬头以及政治思想的倒退，都令他变成反对国家的态度，其实他并不是反对国家而是反专制政府。袁世凯死后，黎元洪当政，国家一时变得有希望了，他思想中的国家主义一面立即显露出来。1917 年 5 月在给胡子承的信中有整顿国家教育的思想，⑤ 他在教育的主义和原则上不谈国家，在选择方针的时候照顾到中国的特点，这样使《新青年》的教育内容呈现一定程度的混杂状态。另外，沪皖同人的革命家身份限制了他们教育思想的专业性，也给他们的教育思想中增加了政治维度，因此在他们的教育思想中除了人格教育以外，公民教育显得更为重要。

学界一般都强调《新青年》此时重视人格教育，其实在人格教育之外，还有对于职业教育和生活能力教育的认知。只不过这个内容没有真正呈现出

---

① 王蓥：《今后教育改进之管见》，《教育杂志》1916 年第 8 卷第 11 号。
② 天民：《公民教育问题》，《教育杂志》1916 年第 8 卷第 5 号。
③ 1916 年 12 月 25 日上海寰球中国学生会第二次演说竞争会。学生的论题《中国人之对于国耻》《救国的教育》《今日中国学生之责任》《自鸣钟与学术》《爱国学生之兴味》《少年之时期》《请看今日之中国》《师范生之修养》。主题以爱国的居多。见《记载：演说竞争会》，《学生》1917 年第 3 卷第 1 号。
④ 贾丰臻：《教育上之觉悟》，《教育杂志》1916 年第 8 卷第 9 号。
⑤ 独秀：《答胡晋接》，《新青年》1917 年 3 卷 3 号。

来，总的来说，同人谈职业教育还是很少。培养青年学生的生活能力也是《新青年》主张的教育内容。1卷2号《今日之教育方针》中第三条即"职业主义"，其中"应付生活所需"和"开拓新生活的责任感"[①] 都属于生活教育。1917年陈独秀介绍西洋教育"注重职业，所教功课，无非是日常生活的知识和技能"[②]，就是对这个潮流的肯定。吴稚晖贡献了一点劳动教育的内容。他积极鼓动青年购买工具，以便促进修养。[③] 虽然涉及职业，但更多内容是人格教育和道德修养教育。

这个内容是与教育思潮互动的结果。当时教育家更关心的是职业教育。[④]1914年黄炎培做江苏教育厅长时教育界流行的是实用教育和生活教育。[⑤] 北京教育会请美国人麦顾黎演讲，麦氏说各国共和教育与普通教育加以区分处理，批评中国将两者合并，并说任何国家都是先解决生活问题，再施行高尚教育。[⑥] 又因为中学生与社会脱节，他们数量超过社会需求，所以形成大量"高等游民"，也是教育家重视职业教育的动因。黄炎培说："今之学校毕业生，不适于职业，不惟其知识技能之缺于应用也，即其思想习惯，亦殊格格不相入。夫改良社会习惯，诚属紧要，然非所语于习业时之学生，安有谋生活而必于良社会之理，亦安有必俟社会既良而始习业之理。故学校训练学生，其标准不仅使安于现在之境遇而已，直将使之降心下气，虽投身极腐败之社会，执极下贱之役而不恤。他日须有大能力改良之，今日先须有好志气忍耐之。非养成此等精神，必不适于习业。"[⑦]《教育杂志》也注重职业教育，认为近世各国提倡职业教育，给予国民以治生之术，认为保持独立人格需要职业上有财产。[⑧]1915年9月1日《顺天时报》上有一文说："近来中国人士渐知注重生活教育。"作者引日本的情况为例，说明近数年社会教育很受重视。[⑨] 可见，陈独秀重视社会教育和生活教育是受1915年前

---

① 陈独秀：《今日之教育方针》，《青年杂志》1915年1卷2号。

② 陈独秀：《近代西洋教育》，《新青年》1917年3卷5号。

③ 吴敬恒：《青年与工具》，《新青年》1916年2卷2号。

④ 黄炎培：《抱一日记（续）》，《教育杂志》1916年第8卷第10号。

⑤ 黄炎培：《抱一日记（续）》，《教育杂志》1916年第8卷第12号。

⑥ 转自黄炎培：《抱一日记（续）》，《教育杂志》1916年第8卷第12号。

⑦ 黄炎培：《抱一日记（续）》，《教育杂志》1916年第8卷第9号。

⑧ 庄俞：《今日之职业教育》，《教育杂志》1916年第8卷第9号。

⑨ 《社会教育之一端》，《顺天时报》1915年9月1日2版。

后东亚的潮流影响。在这个潮流里，同人把职业教育也作为重要内容，这是现实主义教育方针指导下的产物。值得重视的是这个内容并不多。按照现实主义方针，生活教育应该得到充分表现，为什么没有呢？原因是《青年杂志》选择的恰恰是黄炎培认为不急需的改良社会习惯的道路，这也是清末以来新知识人一直坚持的道路。同人选择的教育内容，绝不是教读者如何缝纫，像《妇女杂志》那样，或者如何谋生，像《教育杂志》那样。他们关注的是被教育者的社会角色，而不是为了自己的生活。

北大时期的教育内容与沪皖时期相比发生了一点偏离，学术的内容增加了，比如反对国粹成为重要内容。前面提到陈独秀给胡晋接的回信，表达了对北京教育界的感触，"上焉者为盲目的国粹主义，下焉者科举之变相耳"①。国粹主义是高层知识人更容易有的精神倾向，追求文凭是学生的目标，很明显陈独秀受到教育界的作用，更强调与学术相关的教育内容。北大的高教背景是同人提出新教育内容的互动对象之一，同人的思想因为环境的变化而发生转移。这个变化是与新环境互动的结果。陈独秀是文科学长，他要进行学校改革不能不面对文史哲方面的传统思想。在北大这样的高等学校，自然科学研究成为重要的教育内容。特别是在以德国大学为榜样的大学，知识生产和知识传播同样受到重视。在老北大，国学研究者较多，学风偏于保守，这样国粹成为主要斗争对象。

还有与时代思潮的互动，主要体现在第一次世界大战以后。第一次世界大战后有一个新动向是对学术的重视。因为有个看法是认为将来国家要发生"学战"，有人说："盖欧战后世界既变而为大同，学问尤不可缺乏，世界愈太平，学问愈紧要"②。总体来看，第一次世界大战以后学术的地位提高，职业教育受到质疑，偏于强调通识，类似培养社会精英。当然不是说职业教育的观点不在了，而是在言论中，开始转到强调教育与理想的相关性和创造性。

时代开始认同教育从思想上着手，虽然现在看来属于常识，但那时之前的教育还主要是知识的灌输，是圣贤思想的传授。教育本身不产生思想，一

① 胡晋接：《通信》，《新青年》1917 年 3 卷 3 号。
② 《学生会交谊会纪事蔡耀堂之演说袁观澜之演说》，《时报》1918 年 9 月 21 日 3 张 5 版。

般教育只要帮助文化的传承。"一战"胜利以后教育界要教青年自己产生思想，现在的教育更多服务于文化的创造和更新。这是很重要的转变，《新青年》应该是着先鞭的。刘经庶说"今之稍知教育者，类知思想与教育关系之密切矣，顾其视启发思想为教授唯一之目的者，则不可多觏"[①]。这种思想来自教育学生自主思考的教育理念，后者在杜威的影响下正在流行。这个思想的教育学背景是西方教育越来越强调尊重儿童。杜威的教育理念与《新青年》社会教育的思想是同源的。《新青年》当然不是在学术上反驳赫尔巴特的教师中心论，而是从卢梭的人的观念和德国的精神哲学而来。《新青年》早在第一次世界大战中间就提出自主思想的目标（所谓"有意识"），这对当时中国教育来说还是比较独特的。

五四以后，同人的教育内容又一变，即把普及教育和高等教育结合起来，把知识传播和知识生产结合起来。这两者本来就在同人教育思想中，现在更加紧密地联系起来。胡适正是在那时提出"研究问题"，"研究问题"就是两者的结合。

这个教育内容与五四运动后的思想互动。有人提到五四以后，学界对学生采取放任主义，学生不喜欢课本，所以群起做种种运动。但是五四以后的实践暴露了青年团体生活力的薄弱和个人才学的缺乏。[②] 作者认为五四是青年界学问的一回极大试验。[③] 这种不足促使学生从课本知识走向实践和社会生活，实现了教育的发展和深化。五四后知识向生活实践开放也是实验主义教育影响的一个体现。教育其实更为全面了，打破了新式学校的弊端，社会和学校分离的状态得到一定改善。学生更关心社会，而不是仅仅关心个人的经济问题，教育重视社会改造和创造，特别是学术。总之追求"道"而不是"术"。同人把高深知识、日常生活实践和社会实践结合起来，正是顺应了时代的思想动向。

京沪时期，工人如何接受教育的问题随着社会主义思潮的激荡和劳工神圣观念的强化而受到重视。同人回归基础教育，关心工人的基础教育。同人把基础教育的前提确定为经济条件的改善。同时他们站在阶级意识一边，因

① 刘经庶：《思想与教育》，《时报》1919 年 3 月 10 日"教育周刊"。
② 《"五四运动"以来青年所得的教训》，《虔铎》1925 年第 1 期。
③ 《"五四运动"以来青年所得的教训》，《虔铎》1925 年第 1 期。

为阶级意识是意识和物质的结合，但又因强调物质而忽视意识。

这种思想与当时平民主义和社会主义教育思想探索互动。7 卷时曾在《新青年》发生论争，围绕先增工资减工时，还是先进行教育的问题展开。知耻认为工人素质差，给他们减工时增工资，他们只会游惰。所以先要教育他们，获得资产阶级的文化。① 他强调平民主义教育在当时的重要性和紧迫性，他是从平民教育的理念出发的。陈独秀反对知耻的说法，认为是苛待工人，是不肯改善工人生活条件的借口，是资本家的腔调。② 陈独秀也赞成平民主义教育，但反对把教育作为条件。③ 陈独秀回答时带有敌意，所以不能平心静气地探讨，产生了一些误会。知耻是教育平等和平民教育的赞助者，未必是为资本家考虑，他并没有说中国人需要驯良，也没有把教育和储蓄习惯作为增资减时的条件，陈独秀是借题发挥，批评他人的类似言论。他的实际意思是不做经济斗争，教育也做不好。他们的交锋点背后是物质和精神两种出发点的交锋，也是资产阶级教育与无产阶级教育的冲突（后者把教育作为经济的结果）。这里教育和改善生活的先后问题，其实是阶级意识重要还是一般知识更重要的问题，以及在教育问题中以什么思想为主导的问题。这些问题都是按照马克思主义核心思想推导出来的，表明同人有了模糊的马克思主义立场。工人教育是关乎工人文化的问题，至少在上海，这是一个重要问题。7 卷 6 号《新青年》上有人提出工人补习教育问题，认为是新文化运动一桩很重要的事情。④ 这个方向是五四青年提出和加以发展的，老师辈并没有关心这个方面，但是后者一定是赞同的。青年们主要着眼读书识字、行为文明等方面，侧重知识传授（包括卫生知识）。而陈独秀则提醒他们应先改善物质生活，再进行教育，不能靠慈善。⑤ 同人与社会主义教育者看法不同，实际上这个互动中显示了同人与同路人的差别，解决问题的方法各不相同。没有生成思想而只是在思想场域中划分阵营，表明了同人的看法和新的价值诉求。在这里，社会主义教育受到平民主义教育的内在抵抗。陈独秀这时运

① 知耻：《通信·劳动问题（其一）》，《新青年》1920 年 8 卷 1 号；知耻：《工人教育问题》，《新青年》1920 年 8 卷 2 号。

② 独秀：《答知耻〈工人底时间工资问题〉》，《新青年》1920 年 7 卷 6 号。

③ 陈独秀：《答知耻〈劳动问题（其一）〉》，《新青年》1920 年 8 卷 1 号。

④ 章积和：《工人教育与工作时间》，《新青年》1920 年 7 卷 6 号。

⑤ 陈独秀：《答章积和》，《新青年》1920 年 7 卷 6 号。

用唯物主义和经济决定论都显得有点机械，要等胡适与之辩论，才减少了片面性。

该思想与苏俄经验互动。《新青年》8卷以后，除了延续自己的教育理念以外，主要是通过大会决议和国外经验介绍来提供借鉴，比如8卷2号《苏维埃的平民教育》介绍俄国的教育经验，报道各美术技艺大学和美术造形绘图等科都由平民共有，随意入科。大学教授由学生选举，还描写了劳农委员教育团与教员老爷和教育官僚们的斗争。介绍了劳工学校的目的就是要以勤劳工作为教育学术的根本，唤起学习者的劳动生产兴趣。儿童练习做的工是为了发展体育，唤起前进和乐于做工的心理。学校由有经验的教员和工厂有经验的工人来规定做工细则，又时时注意学童所作的工是否有益智德体育，以便及时修改。[1] 这种合乎理想的理性安排是在两个原则基础上建立起来的。苏维埃这种克服阻力重新建立新制度的方式很有魅力，而且苏维埃采取的民主形式也是很符合民主主义时代方向的。这种新型的教育制度展示了新生活的图景，与国内的教育腐败形成对照。此外，还有人报道俄国的社会教育，突出教育普及的广度，通过俱乐部图书馆和把学校设置在工厂，自己创造社会教育，不需要有知识的人来。俱乐部深入民居，还有剧场会场音乐队，手段是集会报纸等。[2] 这些举措作为平民教育的榜样来介绍。同人介绍它们作为建设新文化的借鉴，能影响后来中国的新生活建设。

再如《中国社会主义青年团第一次全国大会纪略》要求从事社会教育，要求社会主义的青年营在地方上应该为所在地方的青年无产阶级组织俱乐部、学校、讲演会，以发展他们的智识和社会觉悟，并发刊通俗的日报、月报、小册子。应特别注意青年农民，又使因年长失学的青年受普通教育。政治教育方面，社会主义的青年营向大多数青年无产阶级宣传社会主义，方法是集会讲演、刊行出版物和小册子，并讲述中国政治情形及其他种种情形，以启发并养成青年无产阶级的政治觉悟即批评力。学校教育方面，社会主义的青年营发起运动促使改革学校制度，使一般贫苦青年得受初步的科学

---

[1] 《莫斯科苏维埃〈年历公报〉（六）·苏维埃的平民教育》，杨明斋译，《新青年》1920年8卷2号。

[2] 《（二七）俄国底社会教育》，震瀛译，《新青年》1921年8卷5号。

教育，并极力运动建设普遍的义务教育和学术参加一切校务管理。<sup>①</sup> 会议决议涉及的方面很多，政治教育、学校教育和社会教育都有，以社会教育为主，甚至学校教育也希望它向社会开放。这里面的具体做法有的来自实践，有的来自俄国的经验。《新青年》发表这个文件，一定是认同它的方向和教育理念。

党员时期更加强调阶级意识教育。阶级教育是党员时期的教育内容，目的是进行思想意识的教育，培养阶级意识。关于有意识地培养本阶级的后备军，已如前述。教育成为一种阶级教育和阶级再生产的工具。在这个基础上，《新青年》借助于介绍列宁教育青年的观点而主张新的教育内容：适应战争，使之变成阶级的战争，反对与实际生活隔离，注意辨识资产阶级的奴隶教育。另外，党员时期教育问题被分阶段对待，夺取政权前后有不同的教育问题，教育的内容也要不同。在共产党夺取政权以前，也就是无产阶级革命时期阶级教育的范围比较窄，共产教育用来教育"一辈党员，职员，组织者和宣传者等等"<sup>②</sup>，专用于党员的是政治教育。无产阶级专政环境下，教育的内容则是"在各工厂，各种文化机关，各学校，各大学之中都有共产主义的精神，全国文化生活都受共产主义之指导"<sup>③</sup>。共产教育的范围更大了。

该思想与早先同人的教育思想互动。党员时期同人继承了京沪时期对资产阶级平民主义的反对态度，也就是反对沪皖和北大时期的教育方针，因此在教育内容上与平民主义产生区别。任弼时抵制"'爱惜平民''普及教育'"这样的口号，把此当作资产阶级迷惑平民的"诱饵"。他批评了五四前后的教育理念，不愿意让平民阶级成为资产阶级的奴隶，希望使平民觉醒，获得本阶级的解放。<sup>④</sup> 此时资产阶级已经被排除在平民阶级之外。阶级观念的进入使原来的平民和普及教育内容变得可疑了。通过与平民主义思潮互动而与同人自己早年的教育思想互动。在互动中，除了阶级作为核心概念发挥重要作用以外，现实的反馈也使这种自我克服成为可能。教育者开始认识到仅用

---

① 《中国社会主义青年团第一次全国大会纪略》，《新青年》1922 年 9 卷 6 号。
② 瞿秋白：《世界的社会改造与共产国际》，《新青年》1923 年 10 卷 1 期。
③ 瞿秋白：《世界的社会改造与共产国际》，《新青年》1923 年 10 卷 1 期。
④ 任弼时：《列宁与青年》，《新青年》1925 年 11 卷 1 号。

教育的方法来实现社会改造是不可能的。恰好马克思主义作为平民主义运动中的一支，带来了新方向。在与新方向的互动中，新方向日益巩固，《新青年》的教育内容也因此发生变化，变成围绕政治斗争的需要确定教育内容，与五四前后的平民教育拉开距离。

该思想还与苏俄的教育经验互动。项莱将无产阶级教育称为共产派教育，对阶级意识的看法是：党员和职员都有精细的学理训练，即马克思主义教育。需要"最小限度的政治知识和马克思主义教育以及组织演说辩论的才能，学习公共会议之习惯法"，"共产派教育使无产阶级知道资产阶级的科学及全部教育制度均有阶级性质，而决与资产阶级的科学、艺术、道德、宗教宣战，借以建立共产派教育的基础，以备创造无产阶级的社会主义的新文化及平民生活之新模范。只有批评资产阶级的科学艺术——只有为着无产阶级革命而批评，为着阶级斗争之伟业而批评，方能创造无产阶级的新文化，否则所谓新文化都是幻想而已。共产派教育还要发展到党外群众间、与共产党有同情的人和漠视政治的普通民众中"[1]。这里可以看出《新青年》的教育内容几乎与项莱介绍的苏俄设计完全一样，也带着当时苏俄教育中普遍存在的无产阶级文化派的味道。因此论及教育内容时也限于配合无产阶级的政治斗争的方面。此外，苏俄也把教育分阶段。认为以共产教育区别于改良派教育，"他的宗旨是在训练成一辈革命战士，训育各个工人之阶级的共同责任心，使党中之战斗力、鼓动力与组织力发展增高"[2]。瞿秋白和炅涓都更强调无产阶级的阶级教育，他们实际上忽视了项莱的预告：掌权后无产阶级还要关心技术教育，表明同人按照自己当时的理解和需要而强调了苏俄经验中的相关部分。

关于教育还有教育方法问题。因为教育方法比较具体，从沪皖时期到京沪时期，都不太被《新青年》重视。党员时期一些有关教育方法的思考也多是借鉴当时新教育的潮流，并无多少建树，特别是因为这个专业化的问题中文化思想比较稀薄，没有超过教育内容中体现出来的文化思想，因此这里不再赘述。

---

① 《共产主义之文化运动》，炅涓女士译，《新青年》1923 年 10 卷 1 期。

② 炅涓女士：《共产主义之文化运动·译者志》，《新青年》1923 年 10 卷 1 期。

### 三、教育问题与文化

教育问题本身也是文化问题的一个子问题，与整体存在互动。教育思想与文化思想之间也有互动关系。

首先，教育思想属于文化思想的一个部分。

教育是文化的一种形式，是传递文化的重要途径。基础教育是文化的自我保护，随着现代大学功能的改变，教育也有了发展文化的方面，比如科学研究和批评都属于知识生产的方式，能够提供文化的新形式。教育涉及文化的各种部门，因为教育是维持这些领域正常进化的工具和载体。教育具有选择和传递文化，吸收融合先进文化的功能。特别是现代教育具有自主性、超越性，是文化批判和社会监督的基础。总之，文化中少不了有教育因素。与此同时，文化反过来决定教育目的，比如教育受主流文化制约。

因为教育和文化的这种关系，所以教育思想无非就是文化思想。这个道理一目了然，无需多论。这里简单说明一下《新青年》的看法。

改造国民性是《新青年》初期的教育思想的一部分，它属于文化论题。《新青年》的改造是从个体的国民开始的。李次山提到大隈重信在袁世凯去世后，发表言论警告中国人，罗列华人"贿赂"等通病。李次山解释这些陋习的原因是野蛮专制的熏陶，虚浮作伪之习性实已深入脑底。[①] 他还指出其他弊病，诸如享福、爱求官、宴饮时间太长（没有时间观念）等，这些都与中国传统文化有直接关系。《新青年》要改造浸润着传统文化的社会，就要把新教育与社会结合。所谓改造社会，其实就是改造社会中的文化，改造人的思想和行为方式。它涉及主客观文化关系、文化更新等文化问题。

《新青年》本身对于教育的认识开始就涉及文化。它所谓的教育包括伟人大哲的精神成果、书籍报章中的言论、家庭的教导和个人交游娱乐的观感等，[②] 都包括在广义教育中，都属于"化"人的"文"。陈独秀这个教育范围涉及文化的"精"和"粗"两个方面，即高级的思想成果（文化一）和日常生活习惯（文化三）。《新青年》从创办开始就要"放眼以观世界"[③]，介绍

① 次山：《青年之生死关头》，《新青年》1917 年 3 卷 1 号。
② 陈独秀：《今日之教育方针》，《青年杂志》1915 年 1 卷 2 号。
③ 《社告》，《青年杂志》1915 年 1 卷 1 号。

政治学理、国外的英雄和哲学思想，全瞄准了国外的文化（主要是文化一）。北大时期将大学中的学术研究作为文化创造的基础，也属于着眼文化问题来讨论教育问题。

其次，教育问题中呈现出文化价值。教育思想受到文化思想的作用，是潜在的基础。

第一，崇尚真实、真诚的文化。在教育领域，"真实"是同人很重要的共同诉求，体现在现实主义教育方针中。

李次山抓住国人不真诚的民性讨论诚伪问题，[①]从青年教育方面呼应的是胡适和陈独秀，新文学宣言中文化精神进一步强化了同人对诚伪问题的看法。新教育的一个核心方面是反对虚伪，杜威的教育思想中有儿童中心论，就是以儿童的本能、天生心理机能作为教育的重要抓手，显示出对内心真实的尊重。

第二，崇尚世界主义。沪皖时期《新青年》已经有超国家的倾向，在教育上也提出超逸于政治之上的教育。而且"六义"之中就有"世界的而非锁国的"，到北大初期，世界的没有强调，应当是因为北大的环境，特别是北大的文科学者和北京的青年以世界的眼光为共识，所以无需多说。如果是针对内地青年发言，"世界"应当是重点。到第一次世界大战结束时，这种意识与世界潮流一致，得到进一步加强。张崧年说，"今之世界所谓大通之世。处斯时世倘欲有所树立，必应受世界教育，得世界知识，有世界眼光，俱世界怀抱，并令身亲种种世界事业。此数者中，自以世界教育、世界知识为先，无是，余应不可能，所谓世界教育知识自指现代者而言"[②]。他的话表明此时同人有意识地提倡教育上的世界主义。京沪时期，论及教育较少，但立足世界审视中国，说明教育上的世界主义已是题中应有之义。党员时期，也一样维护教育上的世界主义，当然《新青年》在民族革命的背景下，对于教育也增加了国家的因素，只不过把国家因素看作过渡形态，最终还是要实现超国家的全世界无产者的联合。世界社会革命的目的也是为了建立世界文化，以及与之相联系的阶级教育和职业教育。特别是在与无产阶级文化派脱

---

① 　次山：《青年之生死关头》，《新青年》1917 年 3 卷 1 号。
② 　张崧年：《劝读杂志》，《新青年》1918 年 5 卷 4 号。

离关系以后，更加强调文化和教育的世界主义性质。

第三，重现物质主义。沪皖时期《新青年》的哲学基础是物质主义。教育方针的第一义即现实主义是物质主义的体现。陈独秀解释了现实主义教育方针背后的哲学基础："现实世界之内有事功，现实世界之外无希望。唯其尊现实也，则人治兴焉，迷信斩焉。此近世欧洲之时代精神也。此精神磅礴无所不至，见之伦理道德者，为乐利主义；见之政治者，为最大多数幸福主义；见之哲学者，曰经验论，曰唯物论；见之宗教者，曰无神论；见之文学美术者，曰写实主义，曰自然主义。一切思想行为，莫不植基于现实生活之上。古之所为理想的道德的黄金时代，已无价值之可言。"①虽然没有说教育，这里罗列的方面没有一个不是属于教育领域。陈独秀提出教育目的是"第一当了解人生之真相；第二当了解国家之意义；第三当了解个人与社会经济之关系；第四当了解未来责任之艰巨"②。目的大多数都是关于现实生活的。人生真相、国家，人与社会经济的关系都是实实在在的物质性。后来党员同人强调阶级等与物质密切相关的因素，说明同人教育自始至终是以物质性因素为导向的。

再次，文化思想受教育思想的遮蔽和敞开作用。

就敞开作用方面说，《新青年》以教育代宗教，关心人生终极问题，从人类的本根和生物性上确立教育原则，于是带来物质主义和世界主义的视角。

在教育领域重视旧文化的消极影响，注重文化选择问题和文化改造问题，最终使《新青年》的整个思想领域都在文化问题领域。陈独秀因为参与教育领域的斗争，质疑孔子之道（孔教）作为教育大本的合法性才转向反孔。也就是说，他在教育的背景下认识孔子在文化领域的渗透。也因为认识到孔道通过教育进入社会肌体各部分，所以才把孔子之道当作传统文化核心加以攻击。也因为在教育领域重视文化的影响，使文化传承问题成为关注重点，抵消了一部分因为强调变迁而造成的对文化传承的忽视。

《新青年》因为注意到教育对文化的维持作用，使文化更新观发生巨

---

① 陈独秀：《今日之教育方针》，《青年杂志》1915 年 1 卷 2 号。
② 陈独秀：《今日之教育方针》，《青年杂志》1915 年 1 卷 2 号。

大变化。认识到要更新文化，就不能采取教育的方式，而只能用革命的方式。[①] 第 2 卷开始，文学问题的解决就采取的不是教育的方式。进入北大以后，强调学术创新，也使推进文化变成了积累知识，于是知识积累和跨越式发展的方式也就变成文化的方式，文化呈现出断裂的特点。这样教育在革命的氛围中就陷入矛盾的境地：对旧的不适合的文化，需要改进的，不能采取教育的方法，而对于新文化则可以使用教育的方法。于是教育成为传播文化理想和新文化的工具。

因为教育包括高等知识人的知识生产和底层民众的知识接受，后者使文学成为教育的方法。提出文学革命的时候，《新青年》就是把文学当教育工具看。陈独秀在 2 卷 6 号的《文学革命论》中说："欧洲文化，受赐于政治科学者固多，受赐于文学者亦不少。"[②] 这时陈独秀所谓的"文学"不完全指现在的文学，其实是范围更为广阔的。他反对的三种文学都是与其教育方针不一致的，比如贵族文学"藻饰依他，失独立自尊之气象"，违背惟民主义；山林文学"深晦艰涩，自以为名山著述，于其群之大多数无所裨益"，违背惟民主义，脱离民众、脱离社会；古典文学"铺张堆砌，失抒情写实之旨"，违背现实主义。以上是就内容说，至于形式方面，旧文学的问题在于"其形体则陈陈相因，有肉无骨，有形无神，乃装饰品而非实用品"[③]，这种徒有其表的倾向违背现实主义原则。可见，文学革命与《新青年》当时的教育主义相匹配，两者是互动的。而两者的内在关联是文学作为教育的工具，可以教育底层民众，使他们觉醒。清末知识人就认为用文学来作为教育方法，也是因为社会教育的紧迫性和文学的有效性使然。同人在面对一样的教育问题时也就采用了与清末知识人一样的方法。

《新青年》关于教育的论述贯穿始终，教育的范围从国民教育和基础教育（第一二卷）到高等教育（北大，京沪和党员时期），还有更重要的社会教育（全部《新青年》时期）。即使不是从事过具体的学校教育，也会把新闻媒体当做社会教育和宣传的工具。原因之一是同人具有教育家的身份，有一种教育家的认同，这也是后人把他们的思想称为启蒙思想的缘由之一。在

---

① 　陈独秀：《文学革命论》，《新青年》1917 年 2 卷 6 号。

② 　陈独秀：《文学革命论》，《新青年》1917 年 2 卷 6 号。

③ 　陈独秀：《文学革命论》，《新青年》1917 年 2 卷 6 号。

教育家心态的作用下，他们既关注培养精英，又关注普通教育，因此融合了两个层面的教育。也因此构筑了一种双层的文化变迁模型，即由上层高级知识精英来生产知识，然后把合理的知识输入到底层民众的生活中，给底层民众的文化传承物经过高级知识人的理性检验过，显得更为可靠。这个模型把文化创造活动和文化传承活动结合起来，形成一个理想的渠道，到五四时期成为新文化运动的双层结构的来源。

就遮蔽作用方面来说，刚才说的以革命方式进行文化革新，既是《新青年》教育思想对文化思想的敞开作用，又呈现出遮蔽的一面。因为革命总是采取决裂的方式，违背了教育的本性，说到底还是忽视了文化的继承性。比如共产派教育一直在与资产阶级教育对比中确立自己的特殊性。按照革命方式来从事文化革新，势必在感情上难以接受人类文化是共同的财富的看法，结果是违背了文化的本性。


## 第五节　文学思想的互动

文学问题是《新青年》的标志性问题之一。必须声明，这里的"文学"指的不仅是纯文学，还包括杂文学。这样说的理由是，《新青年》当时使用"文学"一词时，就带有杂文学成分，有时还指学术，就算他们知道"文学"这个词刚从日本传来的新意义，他们在使用的时候也还是会常常回到传统意义上去。① 这是同人思想的互动性和当时情境（比如读者认识状况）所决定的。为了不误解他们的思想，发现其中隐藏的观念，本书兼顾了他们的用法和后来的狭义。

描述文学问题的互动史，可以分为内容和形式两个大问题。尽管有人以后现代主义的思想立场出发质疑这种区分，但是当时人恰恰是这种视野，后人不能苛责前人。后人的分析应该尽可能实现后见之明与前人视野的合理融合，合理的标准之一就是照顾对象本身的思想肌理，因为如此才能有助于了解真实的对象。

---

① 详见本章后面文学与文化关系的讨论。

## 一、内容问题

文学革命本身的提出是互动的结果。《青年杂志》创刊时并没有准备提倡文学革命。陈独秀在《敬告青年》和《近代欧洲文艺史谭》上都提到文学，但是都没有明确要主动推动革命。陈独秀在 1 卷 2 号上提到"吾国文艺复兴"①，不过他在此并没有当作可以提倡的方向，而是看作自然结果。《一九一六年》中说到中国有史以来造的罪孽蒙的羞辱时，没有提文学，② 说明当时陈独秀尚不关心文学的危机。第二卷复刊时提出的办刊方向也不提文学。直到 2 卷 2 号发表胡适的通信，罗列文学革命八事的时候，才将他在美国培育的文学革命种子播撒到《新青年》上。但是，从回信的语气看，陈独秀并没有多么激动，虽然他鼓动胡适写成一文，"以告当世，其业犹盛"，但是他并没有奋袂而起写作《文学革命论》；在 2 卷 4 号发表常乃惪来信，谈到胡适来信中提出的文学革命主张，陈独秀回信中仍然对胡适的主张保留意见。2 卷 5 号发表胡适的《文学改良刍议》，陈独秀也没有在同一号上发表配合的文章，也没有加按语，而是到 2 卷 6 号才突然毫无保留地支持胡适的文学革命主张。一直以来人们认为是胡适说服了陈独秀，但是从陈独秀对胡适反驳的态度来看，并没有强有力的证据。可能还有其他原因发挥作用。第一，陈独秀本来有对旧文学的不满；第二，文学革命的思想在国内一直存在；第三，张永言问编者，《青年杂志》有没有提倡文学的意图，③ 其实也许不知不觉中提醒了陈独秀；第四，常乃惪对胡适来信的反馈，反映了社会对文学革命的关注；第五，可能是更重要的原因是他在北大的教育实践。我们联系他发表《文学革命论》的时间 1917 年 2 月 1 日，此时他刚刚进入北大，接触到文科（文学）的教育问题，从而使他意识到旧的文学需要扫除。他面对的北大文科环境对他发现胡适文学改良的价值很有帮助。陈独秀为人文教育问题所困扰，才突然意识到文学革命的重要性。陈独秀说他支持胡适，"甘冒全国学究之敌"，这里"文学"指的是人文学者的学问。

《新青年》文学革命以白话文作为标志，其实文学内容倒是先涉及的方

---

① 陈独秀：《意中人·记者识》，《青年杂志》1915 年 1 卷 2 号。
② 陈独秀：《一九一六年》，《青年杂志》1916 年 1 卷 5 号。
③ 张永言：《通信》，《青年杂志》1915 年 1 卷 4 号。

面。《敬告青年》中有"称颂功德，奴隶之文章也"[①]，这应该是《新青年》最早提及文学的观点，是关于文学内容的。当时《青年杂志》关注青年修身，自然涉及思想的内容。《近代欧洲文艺史谭》想利用文学来发挥启迪民众的功能，关注点也在文学内容。文学革命一开始就针对文学内容而发。胡适提倡文学改良的时候，特别重视言之有物（物就是情感和思想），认为言之无物是中国近世文学的大病所在。陈独秀反对文学载圣人的"道"，只要赤裸裸的抒情写世。他虽然主张"实写社会"，但是也说"以悲天悯人而执笔者，皆世界上可敬之文豪"[②]，也大体上是要写当今的实况和作者的思想感情。与胡适类似，刘半农的文学内容也包括作者意识、情感、怀抱，[③]他认为这些是文要载的"道"。

这些关于文学内容的看法是在争论中互动而来的。陈独秀开始对胡适的观点有不少质疑，其中最重要的是关于"言之有物"的不满。陈独秀担心"言之有物"的"物"是"载道"的"道"。胡适坚持自己的意见，在写《文学改良刍议》时把通信中本来放到最后一条的"须言之有物"放到了文学改良八事的第一条，因为这是他最关键的切入口。按照常理推断他所谓"思想"中应该包括"道"，但是他应该是赞成不载他人的"道"，而载自己的"道"。他心目中的内容是"实写今日社会之情状"、健康（感情积极向上）和个人亲闻亲见的。[④]这三者陈独秀应该都会赞同。陈独秀《文学革命论》关于内容的看法并没有出胡适所谓"情感和思想"的范围。他强调国民和社会的普通思想感情[⑤]，强调抒情写世的重要性。陈独秀反对文以载道还受到杂志其他同人的质疑。曾毅认为陈独秀误解"道"是俗传之狭小"道"字，其实"道"的本义极宽泛，道即理，就是思想，古人所谓"道"只不过特指"正当的"[⑥]。他的意见与胡适一样，只不过特别强调道是好的思想。他说："事之所存，即莫不有道之所存，言之有物，物即道也，即理也。"[⑦]陈独秀回答曾

---

① 陈独秀：《敬告青年》，《青年杂志》1915 年 1 卷 1 号。
② 独秀：《答陈丹崖》，《新青年》1917 年 2 卷 6 号。
③ 刘半农：《我之文学改良观》，《新青年》1917 年 3 卷 1 号。
④ 胡适：《文学改良刍议》，《新青年》1917 年 2 卷 5 号。
⑤ 陈独秀：《文学革命论》，《新青年》1917 年 2 卷 6 号。
⑥ 曾毅：《通信》，《新青年》1917 年 3 卷 2 号。
⑦ 曾毅：《通信》，《新青年》1917 年 3 卷 2 号。

毅时说出了自己反对文以载道的理由，因为他反对的是狭义的道，即"天经地义神圣不可非议之孔道"①。后来，陈独秀还受到易宗夔的质疑。② 陈独秀为了克服"文以载道"的旧弊，刻意回避思想（道）。经过思想论争，分歧双方在写真实、写真情和反对古代的"圣道"方面找到共同点。

与内容相关的问题还有应用文和文学文的区分问题。这个问题的提出来自《新青年》的互动。陈独秀在回复胡适时就提出应用文和文学文的区分，并以此质疑胡适。③ 他一定发现胡适所谓文学其实是应用文，于是将两者区分开来：应用之文以理为主，文学之文以情为主。④ 常乃惪说文学"虽无直接之用，然其陶铸高尚之理想，引起美感之兴趣"⑤，这是指真正的文学文，与陈独秀一样，强调文学文的"美"。胡适也说过，"思想不必皆赖文学而传，而文学以有思想而益贵；思想亦以有文学的价值而益贵也"。⑥ 可见他承认文学可以给思想增加点东西，使言行远，至于是什么帮助了思想更"贵"，他没有说，推断起来应该是美。但是他极力回避提到文学的美，在不久后，他曾对此有解释，不过他强调的是文学的"好"和"妙"。他说"一切语言文字的作用在于达意表情；达意达得妙，表情表得好，便是文学"⑦。"好"和"妙"其实仍然很空洞。其中可能包括"美"，也可以包括合适、合理等内涵，后者是应用文的内在要求。我们可以看到，陈独秀做了这个区分，固然来自西方学术的思想，但也是因为胡适的白话中应用文意味过于明显，所以要纠正其弊端。胡适是要树立白话的价值，因为当时人的见解和常乃惪一样，认为文言更美，白话不够美。这种情况是胡适无法完全否认的，故此他避开"美"，只谈"妙"。结果在这些互动中，应用文和文学文的区分埋下了同人思想内部的矛盾。

其实，这个矛盾也在陈独秀的思想中存在。陈独秀心目中的文学指的也是有应用能力的文字，具有教育人、指导人、表现真理、改造现实和社会的

---

① 　独秀：《答曾毅》，《新青年》1917 年 3 卷 2 号。
② 　易宗夔：《论新青年之主张》，《新青年》1918 年 5 卷 4 号。
③ 　独秀：《答胡适》，《新青年》1916 年 2 卷 2 号。
④ 　独秀：《答常乃惪》，《新青年》1916 年 2 卷 4 号。
⑤ 　常乃惪：《通信》，《新青年》1916 年 2 卷 4 号。
⑥ 　胡适：《文学改良刍议》，《新青年》1917 年 2 卷 5 号。
⑦ 　胡适：《建设的文学革命论》，《新青年》1918 年 4 卷 4 号。

功能。在《青年杂志》六义中，陈独秀的文学包括在宗教人生观里面，[①] 更多表现出教育功能。陈独秀所谓"文学"单独来用的时候是指"杂文学"，包括应用文和文学文，只有在质疑胡适的观点时才会强调文学的审美功能。陈独秀反对"文以载道说"时有点文学审美的意思，[②] 他在概念上有文学脱离实用的意味（文学之体），但是在讨论文学之用时，说的还是应用文特色。他说，文学之文是特指描写得美妙动人的罢了，[③] 因为他后面也提到"文学之文，特其描写美妙动人者耳。其本义原非为载道有物而设"[④]。他在讨论"文学"时经常在广义和狭义之间跳跃。他说的文学本义却是"文以代语而已。达意状物，为其本义"。他这里又说的是文学状物和达意的实用功能。他本来要警惕的是文学不追求本身的目的，而去追求其他意义，却用达意状物这种实用功能来说明，明显是自相矛盾。他似乎把状物达意等同于美了，所以他才认为状物达意不会破坏文学自身独立存在的价值。陈独秀文学思想的矛盾在于，一方面他执着于最新的文学概念，主张文学不为任何目的服务，仅关乎审美，于是调和两者勉强形成了"状物达意"观。另一方面陈独秀强调写实。他虽然区分了应用之文和文学之文，但是前者总是影响着后者的理解。应该说陈独秀自己也没有想明白。文与道不能离，自古如此。陈独秀反对文以载道，其实是不满文中的腐朽思想，借助于现代的文学独立性来作为理论支持。这样，语境和现实还是把他驱策到文与道的结合上。

陈独秀的这种混杂观念与当时人的看法存在互动。当时已经有两种文学含义，传统的广义的和外来的狭义的。前者如《庸言》在 1914 年开始关注"新文学之潮流"[⑤]，其新文学指的是所有文字写作的成果。有人所谓"文学"指的是写作文章和品评文章的学问，认为两者在当时都被看作国粹。[⑥]还有人说"文字所行之远近，验权力教化所及之广狭"[⑦]，说的也是教育用的文学。1907 年有人说文学是"输入知识鼓舞感情之无上品"，知识"宣之于

---

① 　陈独秀：《敬告青年》，《青年杂志》1915 年 1 卷 1 号。
② 　独秀：《答胡适》，《新青年》1916 年 2 卷 2 号。
③ 　陈独秀：《文学革命论》，《新青年》1917 年 2 卷 6 号。
④ 　独秀：《答曾毅》，《新青年》1917 年 3 卷 2 号。
⑤ 　《庸言大刷新之广告》，《申报》1914 年 2 月 13 日 1 版。
⑥ 　啬庵：《论中国文学之特质》，《中华学生界》1915 年第 1 卷第 1 期。
⑦ 　《三续新订学务章程》，《申报》1904 年 4 月 15 日 1 版。

书者谓之文学"，但是他又剑指当时人用外国新名词入文入诗入词，[①] 似乎指的又是狭义的文学。总之清末以来的人的观念就发生混乱。在《新青年》上发声，且写过《中国文学史》的曾毅提到文学时也涉及应用文，[②] 可见他所谓的文章并不是狭义的文学。程师葛所谓"精深伟大的文学"[③] 也是广义文学。后者如黄远庸曾说的"文学者，为确实学术以外之述作之总称，而通常要以美文为限，其他种纪载而词旨优美者，祇能名为有文学之趣味，不能名为独立之文学"[④]。早年周氏兄弟在日本时已经用"文章"来翻译狭义的文学。刘半农说，Literature 指写作中有美的风格的那些，如韵文、散文、历史等，或者叫纯文学。刘半农说这种看法是私见，[⑤] 说明这种狭义还不流行。上海大同学院沈藻墀对陈独秀、刘半农的区分很感兴趣，感到解除了自己的疑惑，[⑥] 再次说明这种区分尚不常见，属于新潮，思想新锐的人才在学习使用这个时髦的含义，同人中一部分人就是这些人中的一部。

　　总的来说，两种用法同时存在于当时的思想界，因此使用者往往不同时候使用不同意涵。就是这个背景下，陈独秀关于应用文和文学文的区分就出现分裂状态。

　　应用文和文学文的区分到北大时期才充分展开，并在同人中发生互动。陈独秀对言之有物背后的实用性保持警惕，他说"言之有物如果不善解之，学者也容易执指遗月，失文学之本义"[⑦]。这是他在论证自己的思想时提及西方的现代概念，认为文学是以审美为本质的。他将"文学"分为"文学之文"和"应用之文"。陈独秀在给刘半农的《我之文学改良观》加的识语中，再次提到这个区分。[⑧] 陈独秀后来在回信时曾再次阐明这个区分，[⑨] 可见他比较重视。刘半农把文分为文字和文学（即应用之文和文学之文），[⑩] 呼应了陈独

---

①　僇：《论今日改良文学之必要》，《申报》1907 年 4 月 12 日 2 版。

②　曾毅：《通信》，《新青年》1917 年 3 卷 2 号。

③　程师葛：《通信》，《新青年》1916 年 2 卷 1 号。

④　远生：《晚周汉魏文钞序》，《申报》1916 年 1 月 6 日 14 版。

⑤　刘半农：《我之文学改良观》，《新青年》1917 年 3 卷 3 号。

⑥　沈藻墀：《通信》，《新青年》1917 年 3 卷 5 号。

⑦　独秀：《答曾毅》，《新青年》1917 年 3 卷 2 号。

⑧　参见陈独秀：《我之文学改良观·识》，《新青年》1917 年 3 卷 3 号。

⑨　参见记者：《答沈藻墀》，《新青年》1917 年 3 卷 5 号。

⑩　参见刘半农：《我之文学改良观》，《新青年》1917 年 3 卷 3 号。

秀的观点。钱玄同看了胡适的《文学改良刍议》，想做的是《应用之文亟宜改良》，没有写出，列了十三条大纲发在《新青年》通信上，[①] 由此可见，钱玄同也对文学文和应用文加以区分。与此相反，胡适对于这个区分非常疏远。胡适只是以文学（其实是"文"）表达思想和感情，把文当做一个整体，狭义"文学"只不过是表意表得好，抒情抒得妙。[②] 从他举的例子看，他的"好"和"妙"指的是生动传神。胡适对文字与文学不加区分，在文学文中引入应用文的原则，诸如清楚、明白等要求。这是因为他的文学思想中保留着《文选》那样的杂文学观念，即文是一个坏文到好文的序列。好坏的标准是适合，适合于情境就是好公文，适合于心境就是好文章。难怪胡适从来不提刘半农、陈独秀的观点，因为如果刘半农是对的，则胡适的白话文学就是白话的应用文。胡适为了清除已经死去的古文，抓住其不能应用的特点，强调文学的应用性。通观胡适的文学思想没有见到他强调文学的独立性，他保持着与文学文的距离。一直以来，研究者都认为胡适强调形式（如白话），其实他的出发点是认为文学是承装内容的工具（与应用文一样），在此基础上才讲形式。

胡适（有时候还有陈独秀）将文学文和应用文混为一谈，并非个别现象。前面提到的从广义文学角度论文学的人成了同人的同路人，这里有误解在起作用。常乃惪的文学改良其实也是文字改良，[③] 即应用文改良。傅桂馨所谓文学也是包括应用文在内的。[④] 余元濬的文学指的是具有艺术性的学术文字，具有文字的总集成的意思，包括应用文，只不过是有文采的而已。[⑤] 他把应用文当作浅近的文字，而文学是语言丰富内容深邃的文字。两者差别不在应用和审美，而在深浅难易知识多少的不同。任鸿隽 1920 年仍然认为新文学是文字运动，[⑥] 可见这种观念的根深蒂固。这种认识与胡适的看法一样，根源在于传统的"文"的观念。胡适的思想处于当时的共同认知基础上。这个观念与团体之外的人发生互动。较早接受西方应用文和文学文区分的学者，

---

① 参见钱玄同：《通信》，《新青年》1917 年 3 卷 5 号。
② 参见胡适：《建设的文学革命论》，《新青年》1918 年 4 卷 4 号。
③ 参见常乃惪：《通信》，《新青年》1917 年 3 卷 1 号。
④ 参见傅桂馨：《通信》，《新青年》1917 年 3 卷 1 号。
⑤ 参见余元濬：《通信·读胡适先生〈文学改良刍议〉》，《新青年》1917 年 3 卷 3 号。
⑥ 参见任鸿隽：《通信》，《新青年》1920 年 7 卷 5 号。

用这个区分来抵制白话文学。比如胡先骕指出文学自文学，文字自文字。他还批评刘半农沈尹默的白话诗"真可覆瓿矣"，提出创造新文学，必以古文学为根基，而发扬光大之。① 在当时比较保守的清华留美预备学校得到响应。谭认为清华学生应该研究"渲绘之文"，与应用之文亦并重而不偏废，他说"近世中国文学之革命，倡之者不乏明哲，其本意颇佳，而其流弊则趋于粗俗，而失去文学之趣味"，因此他还嘲笑有人写的白话诗《万牲园看猴》。② 原来抵制白话的人可能从感受上觉得文言的优美，后来学理上用美丑来区分也是方法之一。对白话文言之争，清华内部有赞成和反对两派。丹的《白话文学要义之大略》认为，"白话文学之精神在于实用，不关实用者，白话文学无容纳之必要。故论理文则求有思想之条理，必不许一种无十分根据而不容人辩论之议论。必不容滥用'自然之理也''其他可知'之句调，记述文则求事实之条理，必不许一种似而非之词句，必不容'苦块昏迷''焚香鼓琴'之假话。抒情文则求出于诚意，合于自然。必不许一种无谓之诗词，牵强之感想。必不容'阳关三叠''肠一日而九回'之滥调。""白话文学者求事理之合真，而已诚意感人为用者也"③。南承认胡适的"白话解"是正确的，并以之作为文章立论的根据。④ 同人严肃对待，特别对胡先骕的言论加以批驳。不仅胡适给予回应，罗家伦也在《新潮》上加以反击。不过，罗家伦的理由恰恰说明他的理据是应用的。他问胡先骕文学的伟大作用，问文学的目的是什么。⑤ 这样就用文学的功能（也是应用文的功能）代替文学本质了，也就是取消了文学。这个互动的后果是胡适拒绝这个区分，原因是胡适文学思想的最大假说就是白话必须进入文学文。另一个后果是正因为有应用文的身影，文学文的转型得到清末以来启蒙民众的旧观念的帮助。因为清末启蒙运动已经形成一种观念：白话可以用于普通民众的应用文（新闻报道），以及不重要的小说和戏剧，所以民众比较容易接受文学使用白话，因此能得到多数人认同，也因此增加了白话文学的说服力。加上后来有实用主义教育理

---

① 参见胡先骕：《中国文学改良论》，《东方杂志》1919 年第 16 卷第 3 号。
② 参见谭：《磊淼丛谈》，《清华周刊》1919 年第 164 期。
③ 丹：《白话文学要义之大略》，《清华周刊》1919 年第 167 期。
④ 南：《何谓白话文学》，《清华周刊》1919 年第 169 期。
⑤ 参见罗家伦：《驳胡先骕君的〈中国文学改良论〉》，《新潮》1919 年第 1 卷第 5 号。

念的推波助澜，白话文得以在国民教育领域获得胜利，进而攻占了文学文的堡垒，这才有胡适宣布"反对党已破产了"[1]的成绩。

接着与同时代人观念的互动实现了与传统资源的互动。同人是接触现代观念比较积极的人，因此胡适的观念也在同人中发生互动。文学文与应用文问题反映了同人间的差异，这个差异一直没有协调。胡适回避了深入的争论，拒绝接受文学的形式美的价值，主要原因上面已经提到，是因为不能接受文言才美的经验性看法，还有就是他提倡白话的目的是发挥实用功能，让现实生活成为文学的内容。钱玄同与胡适比较接近，他反对陈独秀说文学"华美无用"，认为这是陈独秀的一时之论，从文学革命论知道陈独秀很重视文学。[2] 陈独秀承认自己当时偶有一种肤浅文学观念浮于脑里，遂信笔书之，不是说全体文学都没用。[3] 这个"误会"一方面反映了陈独秀概念的内在冲突，另一方面也说明同人共同的思想倾向会引导到对文学的"实用"的方面。同人提倡文学革命，深层的目的其实是发挥文学的实用功能。在这个底线的作用下，纯粹的审美的文学基本上仅保存在观念里，成为新文学概念的次要方面，后来发展为现代文学史的一条副线。

北大时期通过文学文和应用文的争论，对于美的认识毕竟加深了。胡适虽然不谈文学的美，但是却也努力提高白话文学的美，他侧重使用方法来获得这些美。他讲结构的方法，包括裁剪和布局，还有取材，认为形式方面是创造新文学的准备。[4] 这是要求新文学作品不是粗制滥造的，而是完全被作家主观控制的。他表面上的对手是报刊上的小说家，深层对手是那些认为文言才美的人，他要促进白话文学的创作来产生美的白话文。但是，即使是促进白话文的美化，胡适也没有把文学文和应用文分开。陈独秀本人也认为好文学的要素为"结构之佳，择词指丽，文气之清新，表情之真切而动人"[5]，但是他尚时时意识到文学更广泛的审美特质。

与胡适不同，刘半农提出应用的"文字"已与文学区别开来，认为"文字"

---

① 胡适:《五十年来中国之文学》,《胡适文集》(3),北京大学出版社2013年版,第236页。
② 参见钱玄同:《通信》,《新青年》1917年3卷4号。
③ 独秀:《答钱玄同》,《新青年》1917年3卷4号。
④ 胡适:《建设的文学革命论》,《新青年》1918年4卷4号。
⑤ 独秀:《答常乃惠》,《新青年》1916年2卷3号。

不能"侵略文学之范围"①。他按国外最新的文学观念来定义文学，即确定文学是美术的一种。简单地说，就是应用文字不需要美，而文学以"以美观为主，知见之事不当掺入"②。他反对以文学包括各种学术。③刘半农是同人中对欧洲文学趋势也就是欧洲文学新概念介绍和了解很多的人，因此是同人中的理想派。他对纯美的文学比较重视，强调文学的审美特征。钱玄同也把文学文和应用文分开，认定胡适和陈独秀提出的文学革命是纯文学的改良。钱玄同于1917年元旦日记中就提到陈独秀和胡适提倡文学之文的改良，未涉及应用之文，所以他与沈尹默谈应用文改革之法，并提出"今日欲图改良，首须与文学之文划清，不可存丝毫美术之观念"④。

胡适的方向与陈独秀、刘半农和钱玄同的方向有矛盾。刘半农为了调和胡适的观念和文学文美的特征，折衷而成一个新说：认为文学的美在"骨底"，而不在"皮相"。从他的意思看，前者应该指内容，⑤也就是说美在内容。他这样说是为了反对那些单纯形式上的美，这样说倒是为陈独秀做了补充——状物达意这类内容本身就可以是美，也可以理解为"美"本身就可以是文的内容。

同人关于美的认识与时代观念互动。美文（Belles-lettres）之名早在1915年就在《中华学生界》上出现过，"Belles-lettres"这个词又被翻译为纯文学。纯文学是精致艺术，是艺术中的高级部分。维护古文的人往往认为白话文学不够雅致，不美，他们从文言作品中看到中国文字的美。"啬庵"反对把中国原来美的根本废弃之，认为"吾国文学所以确然为国粹之一种者，以其文字构造在世界中最古故，在世界中最美故"⑥。常乃惪提出应用文用白话，文学文用文言。余元濬要求学者的文字还是要雅致，认为这是古人的学理。⑦这样的观点很普遍。正是这个思想环境令胡适不肯承认文学文和应用文的区别。文学革命的意义也就在于突破这种定见，在白话文学中创造更

---

① 刘半农：《我之文学改良观》，《新青年》1917年3卷3号。
② 刘半农：《我之文学改良观》，《新青年》1917年3卷3号。
③ 刘半农：《我之文学改良观》，《新青年》1917年3卷3号。
④ 钱玄同：《钱玄同日记（整理本）》（上），北京大学出版社2014年版，第296页。
⑤ 刘半农：《我之文学改良观》，《新青年》1917年3卷3号。
⑥ 啬庵：《论中国文学之特质》，《中华学生界》1915年第1卷第1期。
⑦ 余元濬：《通信·读胡适先生〈文学改良刍议〉》，《新青年》1917年3卷3号。

多美文。

五四以后，《新青年》也曾受到时代裹挟，强化了美的观念。为此，它出现过超越写实主义的倾向，间接介绍世纪末文艺，朱希祖还在按语中节选了厨川白村的另一篇文章，其中有："自然科学的勃兴，那时的'诗美'从地上灭掉了，而且自然主义的文艺，把世界全然丑化了。然而到了最近的时代，从更深一层的奥底观察，从前所看为丑的事物中，反有今日以前全然不知的美发见出来了。"① 这个浪漫主义就是新罗曼主义（新艺术）。这篇文章的思想与《新青年》现实主义道路矛盾。朱希祖在按语中联系中国现代文艺，说中国当时还是拟古时代，是掩蔽丑的时代："吾国文艺若求进化，必先经过自然派的写实主义，注重科学的制作法，方可超到新浪漫派的境界，若不经过这个阶级，而漫然学起新浪漫派的文艺来，恐怕仍旧要退到旧浪漫派的地步，因为未讲科学而讲新神秘主义，未能写实而讲象征主义，其势不陷入于空想不止的。"② 就是在介绍主观的美时，也强调客观的现实主义。这再次提醒我们，刊物的整体性具有不可思议的韧性。《新青年》的思想毕竟是以现实主义为导向的，面对现实是其根本的思想内核，关于美的声音是受到限制的（含在外人的观点中），它的深切关怀不允许这种浪漫的文艺观在《新青年》上充分展开。这里与自身的思想结构发生了互动。

关于内容和形式的重要性差异，其实是从应用文和文学文差异问题引申出来的。胡适开始对文学革命的内容和形式是都关注的，而且很显然革命的动力来自内容，并非白话，但是后来却以白话著名，这是很有意味的。从胡适被接受的过程看，他逐渐抓住被当时人赞同的方面即白话文学，而大加发挥，用进化和历史观念批死文言，与国语运动衔接，提出"国语的文学，文学的国语"③ 的策略，都使胡适的文学思想偏于形式。这是与思想斗争活动互动而成的。一旦陷入争论，自然还是白话更为旗帜鲜明，牵连的人也较广，得到认同和反对的可能性更大。所以胡适在讨论中逐渐突显了其白话文主张。后来因为涉及新文学建设，白话降格为形式问题。胡适率

① ［日］厨川白村：《文艺的进化》，朱希祖译，《新青年》1919 年 6 卷 6 号。
② 朱希祖：《文艺的进化·按语》，《新青年》1919 年 6 卷 6 号。
③ 胡适：《建设的文学革命论》，《新青年》1918 年 4 卷 4 号。

先承认白话也能写落后内容①（周作人后来也提到这点②）。为了调和这种纠缠，胡适找到中国文学不良的症结在于文言阻碍了内容的改善。胡适写《尝试集》时发现字和文法不够，还得句子有长短变化，因为没有这个还是"不白话"（钱玄同语），于是有了诗体大解放。这样一来，"达意表情也就能更曲折如意了"③。白话有涵容现代生活的更大能力，其解放意义不容否定。但随着白话运动的发展，连文言也可以翻译为白话了，那么白话的革命意义就失去了。自从胡适和周作人质疑以后，新文学就变成以内容来区别于旧文学了。胡适给 TFC 回信时说，他们的宗旨在于借戏剧输入这些戏剧里的思想。从易卜生号的内容可见他们不注意艺术家易卜生，而是社会改革家的易卜生。④ 潘力山也说过，旧文学重外表，新文学重内容。⑤ 正是以内容为核心的文学思想，使得我们明白白话不过是一种手段和旗号，它虽然在《新青年》文学革命中声名显赫，但却不是底层的动因。

在同人的内容和形式的关系方面，内容永远是第一位的，是目的，而形式是手段。同人对于文学的形式解放，诸如白话，诸如不用典，其实都是为了打开文学的内容世界。刘半农给周作人的信中抄寒山和尚的白话诗，并嘲笑那些形式至上的"盲徒"⑥。从这个看法可见同人对于文学重视内容，因此他们可以对旧形式加以革新。当时同人试验白话诗歌主要是要让自己的生活进入诗歌，所以，他们才写眼见的东西。有人质疑《新青年》反对用典的观点，认为古典有用，希望不要全禁，他们把用典当做修辞手法，其实在同人思想里用典是关乎文学内容的，拒绝古典是为了去除读旧书的知识人在社会上的影响，让没有读过多少书的平民也能成为文学的拥有者，他们的生活也可以进入文学，拥有真正平民的文学。就是陈独秀也没有意识到这一点，曾认为"不必禁止用典"⑦。只有钱玄同彻底支持胡适，最赞同反对用典，⑧ 并且

---

① 参见胡适：《建设的文学革命论》，《新青年》1918 年 4 卷 4 号。

② 参见周作人：《思想革命》，《每周评论》1919 年第 10 期。

③ 胡适：《〈尝试集〉第二编》自序》，《现代中文学刊》2011 年第 6 期。

④ 参见适：《答 TFC》，《新青年》1919 年 6 卷 3 号。

⑤ 参见潘力山：《论新旧》，《新青年》1919 年 7 卷 1 号。

⑥ 刘半农：《7 月 31 日得到启明自绍兴来函》，《新青年》1918 年 5 卷 2 号。

⑦ 独秀：《答常乃惪》，《新青年》1917 年 2 卷 6 号。

⑧ 钱玄同：《通信》，《新青年》1917 年 3 卷 1 号。

一以贯之。首先因为钱玄同对于敌对阵营的卖弄文字非常反感，赞同用白话消除知识人的特殊身份。其次，他担心因为借助于典故来表情达意，很容易受到古人经验的束缚，只能表达与古人有共鸣的思想感情。[①]

北大的文学内容导向和文学作为学术的追求，使同人将文学区分成两部分。朱希祖提出学者要文言，而一般读者可以读白话。[②] 也就是说写作的人完全不用接受古代的文学，而古代文学的作品是文学研究专家的研究对象。这个区分打破了古代写作和读书互动的良性循环，明显割裂了写作者与古代传统的联系，使"学文"和"文学"分离，学者和作家的分离，实际上很难实现。

这种看法是回应反对白话文学的人而产生的。前面有胡先骕，后有汪懋祖，[③] 他们看到白话对于古典传统的阻隔作用，以及对于知识人身份的威胁。因此，竭力贬抑。他们要维持高级知识人的崇高地位，所以他们与传统文人一样特别强调古文的价值。同人则注意到传统文学中的不合时代的思想，因此想隔绝新文学与旧文学，使平民接触和创造新文学，做新人。而古代国粹是有毒的，由高等学者来处理，这个想法甚至使整理国故的思想成为他们的共识。

京沪时期，《新青年》已经不太谈论文学内容问题了，成果如下：陶孟和讨论历史学与文学的关系，强调历史与文学的差异，批评旧历史的一个弊病就是附于文学之内。陶孟和要让历史学脱离文学，因此他提出新历史的内容要超越政治，反对历史用浮华的文笔。[④] 表面上这是历史写作学问题，其实却是"史"学的自觉，脱离文，也使"文学"独立。在学科意义上体现为"文"被历史挤压出去，使"文"成为一个单纯审美的领域。"文"仅仅从事用文字来传情达意和塑造美的对象物。这算是对狭义文学审美特点的一个另类表述，是以促使历史学摆脱文学来实现的。还有陈独秀 1920 年纠正了对新文学特点的误解，认为当时以"通俗易懂"概括新文学的特点是不完全的。文学本身有自己的价值，[⑤] 这个价值应该是审美，这些都是文学独立思想的延

---

① 玄同：《随感录·（四四）》，《新青年》1919 年 6 卷 1 号。
② 朱希祖：《白话文的价值》，《新青年》1919 年 6 卷 4 号。
③ 汪懋祖：《读〈新青年〉》，《新青年》1918 年 5 卷 1 号。
④ 参见陶孟和：《新历史》，《新青年》1920 年 8 卷 1 号。
⑤ 参见陈独秀：《新文化运动是什么？》，《新青年》1920 年 7 卷 5 号。

续。直接讨论美的则有陈望道。他肯定文章需要"明了"、"遒劲"和"流利"。特别是最后一个关于审美的美质与嗜好和趣味有关，与前面的知识的美质和感情的美质不一样，[①] 算是对于文章美的重新申明。我们会发现，京沪时期，同人对于文学更强调它的审美了。

这个转变与《新青年》思想转向发生互动。京沪时期开始《新青年》逐渐不再谈论文学，而转向政治经济问题的讨论，并且把思想归结为物质的生产力的作用，因此不太积极对文学的内容多加关注，这样就有让文学回归审美本质的可能。

大体上文学问题在第 8 卷以后就消失了，因为关注对象已经变为政治和经济问题。如果说他们会提出文学内容的新看法的话，应该间接表达在那些卫星刊物中，如《中国青年》继承了《新青年》面向青年的办刊方向，1923年以后表达左翼人群的新要求：做有价值的新诗人。这些新诗人应表达特殊的"感情"[②]，内容还是思想和感情，但是感情是群体感情，思想也是社会思想，排斥个人的内容。邓中夏提出要多做表现民族伟大精神的作品，多写描写社会实际生活的作品。他们希望有正经学问和社会问题作为内容。革命的知识人反对"不研究正经学问，不注意社会问题专门做新诗的风气"[③]。他们拒绝新文学初期的自然、恋爱、虚无等，彻底走到反面去。排斥这类文化因子，抵抗个人的浪漫主义，替换为客观浪漫主义，形式上也还是浪漫的。[④]《中国青年》认为，文学是人类高尚圣洁的感情的产物。所以先有革命的感情才有革命的文学。[⑤] 因为读者要求看到文艺作品，使刊物感到文艺的重要，所以还提出以"以革命为中心"的"革命的文学"[⑥]。此时因为《新青年》已经成为党的理论刊物，所以与《中国青年》实际上存在划分论题的情况。它们一起来完成第三国际的各种论题。《新青年》不论文学，但《中国青年》上的文学论也属于共同集团的意见。因此可以看作《新青年》文学内容观的曲折表达。也就是说，《新青年》不说不意味着它没有文学新观念，而是表

---

① 　陈望道：《文章的美质》，《新青年》1921 年 9 卷 2 号。
② 　中夏：《贡献于新诗人之前》，《中国青年》1923 年第 10 期。
③ 　中夏：《贡献于新诗人之前》，《中国青年》1923 年第 10 期。
④ 　中夏：《贡献于新诗人之前》，《中国青年》1923 年第 10 期。
⑤ 　代英：《答王秋心〈文学与革命〉》，《中国青年》1924 年第 31 期。
⑥ 　楚女：《"中国青年"与文学（答悚祥）》，《中国青年》1924 年第 36 期。

达在自己的同一团体的刊物上了。京沪时期，《新青年》已经和南方的革命形势联系起来了，但它尚不能像王独清等南方作家那样主张文学内容的革命化。王独清强调有革命生活才有革命艺术，"因为革命家的生活是应当彻底而有诚意的"。他呼吁革命艺术家先创造生活。① 还有把革命成功归功于"一般文学家不惜赴汤蹈火，上断头台所换来的"②。秋士认为文学除了研究讴歌爱和美的以外，还可以以文学助进社会问题解决。③ 邓中夏的《新诗人的棒喝》和《贡献于新诗人之前》提出"须多做能表现民族伟大精神的产品"、"须多作描写社会实际生活的作品"以及"新诗人须从事革命的实际活动"④。中夏的意见得到赞同。⑤ 邓中夏的观点与王独清类似，可见这是当时革命青年的共识。总之，他们都认为作家应该参加革命生活，改变自己的心理，用文学促进现实生活的革命化。《新青年》因为与革命生活的脱离，又因为内部北大同人的存在，所以只能谈谈审美这种旧话题，尚跟不上时代变化。

党员时期，文学内容发生了较大变化。上面说《新青年》不再讨论文学内容问题，但创作还是有的，也可以表达它的意见。《新青年》后两卷中出现了革命文学，将革命生活作为表现对象，重新恢复了对思想的表达，而减少对美的强调。只有在蒋侠僧的笔下提到"共产主义者也爱百合花的娇艳，但同时想此百合花的娇艳成为群众的赏品；共产主义者也爱温柔的美的偶像，但同时愿把此温柔的美的偶像立于群众的前面"⑥。此时注重的是美的普遍共享和平民化。观点在共通美和阶级美之间。这表现在观念与《中国青年》中的力量正好呼应。

党员时期，重视革命生活的倾向更盛了。1925 年中学生关心无产阶级的痛苦，呼吁革命；关注平民生活，声称"能注到平民生活，而革去贵族式的文学，这才是真正的文学，民众的艺术"⑦。中学生还呼吁"富于刺激性的

---

① 王独清：《革命艺术》，《革命生活旬刊》1926 年第 9 期。
② 樊晓云：《革命的文学》，《今日》1922 年第 1 卷第 1 期。
③ 秋士：《告研究文学的青年》，《中国青年》1923 年第 1 卷第 5 期。
④ 中夏：《新诗人的棒喝》，《中国青年》1923 年第 1 卷第 7 期；中夏：《贡献于新诗人之前》，《中国青年》1923 年第 1 卷第 10 期。
⑤ 远定：《诗人与诗》，《中国青年》1923 年第 1 卷第 17 期。
⑥ 蒋侠僧：《无产阶级革命与文化》，《新青年》1924 年 10 卷 3 期。
⑦ 《文学的使命及其真谛》（续），《山东正谊周刊》1925 年第 4 号。

文学"，目的是"使人人都有'政治活动'的精神，'革命'思想的文学，中国就有好的那一天，我们的幸福也有达到目的的时候"①。他所谓革命文学不是无产阶级革命的文学，而是鼓动革命的文学，包括鼓动民众革命。他还反对太多"描写'自然''爱''美'的文字，或'神韵'的诗歌小说，要他们来为调和香味的原素"，认为这些不是急需的，是"不关痛痒于社会的文学"②。中学生的观念可以看作生活一般人的共识，因为他们思想比较纯正。与此同时，中学生的思想中又有新潮的成分，更容易在感情上受到社会上新锐思想，比如反军阀的革命思想的感染。《新青年》同人也属于这个国民革命的潮流，也不能置身事外，何况他们有共同的思想来源就是苏俄，同人更不会不受到这种潮流的裹挟，尽管这里提出的新方向是与它早年的主张不一样的，他们早年提倡的文学中就含有不急需的，不关痛痒的内涵。

## 二、形式问题

形式本来不在本书讨论范围内，因为形式固然是文化的一个表现，但不是所有形式问题都体现同人的文化思想，那些琐碎的技巧就没有文化意味。这里讨论形式问题的互动主要限于与文化思想有关的。

沪皖时期比较突出的一个形式问题是创作方法问题。《新青年》最先关注的文学问题就是西欧文艺思潮，介绍的是西洋的创作方法流变。陈独秀关注创作方法，他所谓的"抒情写世"，其实是兼顾浪漫主义和写实主义。两者中又最重视写实主义（包括自然主义），他说"写实主义、自然主义，乃与自然科学、实证这些同时进步，此乃人类思想由虚入实之一贯精神也"③。相比写实主义，他又更看重自然主义，因为后者"意在彻底暴露人生之真相"。这里有进化论思想的作用。自然主义比现实主义晚出，自然显得比现实主义更进步。值得注意的是，陈独秀似乎又并不那么严格遵照进化观念，理由是欧洲人和东洋人都从美学方面批评自然主义，可见他的进化信念在细节上也不是那样坚定。胡适是因为读了《青年杂志》上陈独秀的《欧洲文

---

① 许宝琦：《我的希望》，《山东正谊周刊》1925 年第 4 号。
② 许宝琦：《我的希望》，《山东正谊周刊》1925 年第 4 号。
③ 陈独秀：《现代欧洲文艺史谭》，《青年杂志》1915 年 1 卷 3 号。

艺史谭》才想与陈独秀交流。他们的交集开始就是反古典主义。虽然胡适批评的是古典主义模仿古人，使用古典套语，其实针对的还是没有新鲜内容的弊端。他提倡白话为文，目的是让文学向生活开放，把新鲜的内容带入文学之中。于是他也赞成写实主义，并抵制自然主义。陈独秀虽然憧憬自然主义，但考虑到中国的旧文学是古典主义，所以他也承认古典主义的死敌——浪漫主义也有价值。[①] 他反对古典主义主要反对其内容的空洞和缺乏真意。[②] 他认为浪漫主义也要改变其内容，[③] 即用科学合理的理想去冲击古典主义。他反对古典主义也不仅仅为了攻击其"文体"，更重要的是攻击其内容。陈独秀批评两汉赋家和骈体四六徒具美丽的形式外，还批评它与生活脱离，脱离平民。[④] 那么陈独秀是为了容忍理想派，所以反对文以载道，不能用陈言和古人的道，要抒情写意。这里可见陈独秀对于潮流和本土现实的一种处理方法，是思想与现实互动的显例之一。

提倡写实的创作方法和反对古典主义都与同人个人思想结构发生互动。陈独秀说宗教和美文都是幻想时代的产物。[⑤] 这个看法限制了他关注主观审美为目的的文学，而倾向于写实的文学。陈独秀对古典主义的内涵也掌握得不够准确，使用中会发生误用。陈独秀赞扬谢无量表现了"国民最高精神"[⑥]，胡适质疑谢无量的诗歌是古典主义，而陈独秀盛称谢诗也因为他是古典主义，这与提倡写实主义的理论自相矛盾，到胡适批评后，陈独秀承认这种说法令他"惭感"[⑦]。陈独秀误用根源于他的文学观念不稳定，存在理性和感性的冲突。而胡适的文学观念正如前面已经说过的，强烈关注应用性，以及为了避免追求美而给文言保留余地，所以他的思想中与浪漫主义也保持距离。这里体现出同人个人的思想结构会限制和决定对创作方法的选择。

他们的创作方法论与时代观念也发生互动。陈丹崖质疑反对古典主义，

---

① 记者：《答张永言》，《青年杂志》1915 年 1 卷 4 号。
② 记者：《答张永言》，《青年杂志》1915 年 1 卷 4 号。
③ 独秀：《答曾毅》，《新青年》1917 年 3 卷 2 号。
④ 陈独秀：《文学革命论》，《新青年》1917 年 2 卷 6 号。
⑤ 陈独秀：《敬告青年》，《青年杂志》1915 年 1 卷 1 号。
⑥ 独秀：《寄会稽山人八十四韵·识》，《青年杂志》1915 年 1 卷 3 号。
⑦ 独秀：《答胡适》，《新青年》1916 年 2 卷 2 号。

认为形式很重要，他的理据是"无高尚优美隽永妍妙之文字，决不能载深远周密之思想"①。这个看法有代表性，孙文和梅光迪等都是这个看法。② 他主张内容和形式要协调，这是自古以来就有的陈腐观念。他宣扬这个老生常谈其实是因为不肯放弃中国旧文学中经过文人加工的形式。陈独秀和胡适则用写实主义来代替古典主义，用质朴来代替华美，以写实主义的坚实的内容来代替古典主义的美好形式。陈独秀还用浪漫主义的真诚和个性来代替古典主义的虚伪和模仿。在互动中，显出同人的观点的新颖性。

另一个具有文化意味的形式问题是白话和文言的差别问题，这个问题也仅仅在文化冲突中才具有文化意味。这一对文学观念也是在互动中形成的。

新旧文学不仅是两堆作品，还是两个体系、两套制度。比如旧文学家在创造和模仿这两极中以模仿为主，新文学家也模仿，但是他不会以此为值得夸耀的特点，他追求的是创新和独特性。两种文学的形式上的差异反映的是心理的差异，两者的冲突是文化的冲突。

白话和文言就是新旧文学的标志。胡适的新文学观念之一就是白话是文学的正宗。陈独秀等同人也深表赞同。③ 这样主张的目的是以白话的文学代替文言的文学，高雅精致的文学艺术用平民口中的语言来表达，表现平民的生活，使得平民能够分享，背后是文化的替换，从贵族的文化变成平民的文化。这方面早有大量研究成果，这里仅仅讨论其互动的方面。

白话的观念是在互动中发展的。同人自身对白话的认识也有一个过程。一开始，胡适的白话诗虽然以白话为形式，但重点在内容的"白"，此时胡适还不知道白话诗是自然地说话，而是认为没有典故，不借助古书，能够写眼前景、写意抒情。所以《朋友》和《赠朱经农》这类诗歌都是他心目中的白话。有点类似民歌、古诗、古风或与梁启超、黄遵宪等人的新体诗相近。④3 卷 4 号胡适《白话词》也是这样，心目中的白话主要是按照生活来写，在句式上不用对偶，线性的安排，流水而下。并非现在理解的句子不拘长短，采取散文句式。当时还没有打算解放诗体，仅仅追求语言向生活

① 陈丹崖：《通信》，《新青年》1917 年 2 卷 6 号。
② 参见胡适：《国语的进化》，《新青年》1920 年 7 卷 3 号。
③ 参见独秀：《答胡适》，《新青年》1917 年 3 卷 3 号。
④ 参见胡适：《白话诗八首》，《新青年》1917 年 2 卷 6 号。

开放。①4卷3号时胡适曾说自己当时正在搜求古代的白话文学，他心目中的白话诗包括南宋张九成的《论语绝句一百首》，认为张是专意做白话诗的老前辈。此时他的白话诗意思是没有对仗的诗。②胡适开始写白话诗时还保留着文言的成分，是钱玄同的劝告使他到北京后不再使用文言。并且明确了"白"的含义是"说白""土白""清白""明白""黑白"的"白"，以及干干净净、没有堆砌涂饰。③总之，"白"的三种内涵分别是日常语言、清楚明白和简朴洗练，都是现代人交际语言的特点，也就是说白话的"白"使交际效能最大化，增大现实生活进入文字的可能性。到《新青年》8卷5号《诗》上，胡适提出诗的经验主义，也涉及现实生活。可见他对于白话向生活开放是多么重视。从胡适对白话之"白"的认识过程来看，其概念有大体的中心，在遇到外界影响以后会发生变动，最后他保持着对生活开放的深层追求，彻底放弃了文言的绝大多数外在特征。对文言采取了慎重择取的立场。

同人的观点总体上是有共同倾向的，但同人内部也有反向互动。蔡元培认为应用文要用白话，美术文有一部分仍用文言。④刘半农认为文言白话可以并存，因为"二者各有所长、各有不相及处，未能偏废"，他根据自己平日译述的经验，认为文言也有简洁之处⑤。他的观点对胡适的白话代替文言的道路是一种负向力量。虽然刘半农的并存论最终也是以白话为最后归宿，但是他的主张过于平和，正像前面提到的常乃惪的类似看法一样，没有得到同人的呼应，没有成为《新青年》思想的标志，对于社会来说它也缺乏特征，因为社会上有大量的折中见解和调和立场。不是同人不能提出新旧并列的观点，而是同人的思想结构和早期思想资源限制和压抑了这类观点。同人讨论白话和文言的关系时，内部的互动是在大体统一的基础上的探讨、解释、质疑和牵拉而形成的。

同人在文言和白话的争论中使用的最重要理论是进化论，同人以进化论作为文化变迁的重要理论依据，因此古文和白话的问题也涉及文学进化。在

---

① 参见胡适：《白话词·沁园春"新俄万岁"有序》，《新青年》1917 年 3 卷 4 号。
② 参见胡适：《旅京杂记·记张九成的白话诗》，《新青年》1918 年 4 卷 3 号。
③ 参见胡适：《通信·论小说及白话韵文》，《新青年》1918 年 4 卷 1 号。
④ 参见蔡元培：《国文之将来》，《新教育》1919 年第 1 卷第 2 号。
⑤ 参见刘半农：《我之文学改良观》，《新青年》1917 年 3 卷 3 号。

古文和白话的观点网络中存在改革与否、变化与否，主动改革还是自然进化，以及改革的方向是文是言等分野。《新青年》选择了努力改变现状和以白话代替文言的方向。至于进化的方向，同人认为要文言合一。钱玄同对于文言合一的看法是"从事教育感到吾国文言之不合一，致令青年学子不能以三五年之岁月，通顺其文理，以适于应用"①。他是从教育的效果出发，感到言文不统一，阻碍教育。

　　同人接受周围情境的反馈而形成互动。一部分读者对《新青年》提倡白话文体为正宗的说法大加赞扬。② 还有读者认同文学革命，特别是对言文一致尤为赞同。易宗夔听了蔡元培的推荐，关注《新青年》的文学革命，他建议《新青年》专心搞言文一致。③ 胡先骕攻击《新青年》，罗家伦在《新潮》上反击胡先骕时，说胡先骕误解了同人的意思，说同人们并不主张文言合一。④ 这是违背事实的，也许罗的意思是他们用言来代替文。另外，同人的白话主张也与当时社会的思想状况互动。比如白话论的胜利借助了国语运动的威势。胡适把白话文学联系到"标准国语"上，⑤ 可以获得当时比较有力的国语运动的支持。"国语运动"是从民国以来就得到很大发展的一个运动，有较为广泛的群众基础。"一战"胜利以后，民心觉醒，国语写作也变成重要事情，有人鼓动大家练习白话文字，认为"既经有了这番预备的工夫，到了一二年后，实行国语教育起来，就可以措置裕如。断没有为难的地方，从此教育可望普及，岂不是我中华民国一个大转机么？诸君倘然信我的话，那么就请诸君大家努力进行，打破了那文字的障碍，这件事我真是朝朝夜夜的馨香祷祝"⑥；到五四以后运动更加兴盛，"用国语做文章的人也渐渐的多"⑦的现实促进了全国教育联合会全体一致通过小学教科书改用国语的议案。白话教育酝酿已经不是一天，从清末以来为了启蒙民众很多读书人都把教育落

---

① 钱玄同：《通信》，《新青年》1917 年 3 卷 6 号。
② 常乃惠：《通信》，《新青年》1917 年 3 卷 1 号。
③ 易宗夔：《论新青年之主张》，《新青年》1918 年 5 卷 4 号。
④ 罗家伦：《驳胡先骕君的中国文学改良论》，《新潮》1919 年第 1 卷第 5 号。
⑤ 胡适：《建设的文学革命论》，《新青年》1918 年 4 卷 4 号。
⑥ 陆基：《师范生小学教员都要练习白话文字（续）》，《大公报》（天津版）1919 年 2 月 24 日 6 版。
⑦ 胡适：《新思潮的意义》，《新青年》1919 年 7 卷 1 号。

后归咎于文言，认为应用文（报纸杂志）应该用白话文。社会上的共识就是普通民众应该读白话，了解时事。1917 年几乎教育界有共识，国民小学国文课改国语课。那几年正是教育部推行白话文在教育界从小学做起。这个变化有北大的推动作用。1919 年用白话的目的是提倡新文学开通普通人民的智识。白话报可抵无数国民学校。目的是做未来全国语言统一的基础。[1] 正因为有近二十年的启蒙运动已经建立的民意基础，白话文在应用文中代替文言势不可挡。所以钱玄同才会提醒《新青年》杂志改为白话，因为读者是普通民众。

同人将白话与国语联系起来是一个有效的策略，这个策略的形成也是互动的结果。先把白话与国语混在一起的是陈独秀。他给胡适的信中说："盖以吾国文化，倘已至文言一致地步，则以国语为文达意状物，岂非天经地义，尚有何种疑义必待讨论乎。其必欲摈弃国语文学，而悍然以古文为文学正宗者，犹之清初历家排斥西法，乾嘉畴人非难地球绕日之说，吾辈实无余闲与之做无谓之讨论也。"[2] 这里已经把白话（言）与国语联系起来了。他为白话文学提出三要件：一个统一的国语、国语文典和名人使用国语著书立说。[3] 此外，参与国语研究会的北大同人为白话文学找到新的理据。总之，在胡适提出国语的文学和文学的国语之前，文学与国语已经联系起来了。

进化论讲究优胜劣汰，孰优孰劣是白话和文言的重要问题。首先，哪个是进化的哪个是退化的呢？胡适从国语进化角度入手，认为白话是文言的进化，使用的进化标准是应用，应用能力增加就是进步，否则是退步。[4] 这个应用的标准来自进化论的"用进废退"说，与实验主义的实验观点也有相关性。胡适很早就确立了这个标准，他在《藏晖室札记》中论及文言和白话的差别时，所列的第九条理由就是文言不能应用。由此，我们更容易理解他的"应用"标准与区别应用文和文学文是多么不相容了。胡适批驳当时把白话用于应用文，把文言用于美文的说法。[5] 他说承认文言不能应用，只能写

---

① 参见《破天荒的大白话报国语日报要出版了》，《申报》1919 年 11 月 12 日 1 版。
② 参见独秀：《答胡适》，《新青年》1917 年 3 卷 3 号。
③ 参见独秀：《答方孝岳〈我之改良文学观〉》，《新青年》1917 年 3 卷 2 号。
④ 参见胡适：《国语的进化》，《新青年》1920 年 7 卷 3 号。
⑤ 参见胡适：《国语的进化》，《新青年》1920 年 7 卷 3 号。

无用的美文就是文言报丧的讣闻。他也和陈独秀偶然犯的错误一样，以"无用"修饰美文。可见这个无用指的是不能对生活起作用，也可见他用白话做文学，深层目的就是让文学有用，变成"应用文"。

他的这个思想是与他人互动的结果。《民心周刊》上留美学生张贻志的文章认为"文言没有退化，因为古人进行了加工"[1]。意思是文学被加工了，就是更优秀的和进化的。有读者将"文理"与"白话"对举，这个"文理"其实就是"文言"，是加工过的语言。他说"学者之于文学，常自恐其不足以应用。故能孳孳而谋所以充实之"[2]。邃奥文理看作文学的"文"的特点，这是传统文论的观点，即文学文是加工了的应用文，是经过高级专门的学者继承古来本有的"经理艺术"，加工过的文字。在他们眼里，白话和文言的差别在于没有加工。这个看法其实是在维护用文学来划定身份的传统，使高级知识人具有某种特权，使文学成为他们垄断的奢侈品，因此维护文言的地位就是在维护旧制度。胡适让白话进入整个文章写作，包括应用文和美文学，就是为了改变这种制度和现状。起初他们的争端在第一次世界大战后的国内思想潮流中被掩盖起来了。此时国内思想界出于"学战"的需要，以及欧战后科学大竞争的预测，急需把精力放到科学学术的提高上，而古文的深奥迂远尤其显得不合时宜，所以留学生才会有人提出"以国语代现今所用之国文，则可以省时省力，而人人得以其余时余力研究各种科学，发达其天赋之种种能力。国家前途，庶其有瘳"[3]。这种观点受到国人的赞扬。老教育总长张一麐在五四以后也强调国语教育的重要，提倡用白话教育，认为可以节省时间，承认拉车的和出粪的像古代一样都可作诗是好现象。[4]市民报也宣传女子改良文字[5]，可见文字改良已经形成风潮。与此同时，有的市民报仍然主张文言价值比白话高，显露出保守的一贯立场。高级知识人在五四以后也仍然有此类认识，比如孙中山就认为文字有进化而语言则是退化的。[6]廖

---

① 张贻志：《平新旧文学之争》，《民心周刊》1919年第1期。
② 余元濬：《通信·读胡适先生〈文学改良刍议〉》，《新青年》1917年3卷3号。
③ 《国语教育之动机（来稿）》，《国民公报》1919年1月5号。
④ 参见张一麐：《我之国语教育观（续）》，《国民公报》1919年7月3号。
⑤ 参见益滋：《论女子有改良文字之责》，《时报》1919年4月3号"新妇女"。
⑥ 参见廖仲恺：《56.廖仲恺致胡适（7月19日）》，《胡适来往书信选》（上），中华书局1979年版，第64页。

仲恺认为语言退化是事实。① 但总的来说，第一次世界大战以后，文言和白话的对立没有那么强了，但文言加工论反而更被强调，因此关于文言与白话优劣的判断标准就从可用与否变成优美与否，以及加工度高低了。胡适反对文言才美的说法，他在评论《孙文学说》的短文中提到了自己的不满。②

在如何推进白话代替文言的问题上，同人主要是主张废除。钱玄同作为国语统一会的成员，一个语言学家，却主张废止国语。③ 他的理由是为了取消其中的错误思想。在 5 卷 2 号上钱玄同受到朱经农和任鸿隽的反对，周作人从思想革命的角度出发，暗中支持了钱玄同的激烈主张。周作人反对古文大半因为它晦涩难解，养成国民笼统的心理，另一方面是因为古文里面的思想荒谬，于人有害。④ 周作人为了去除那些荒谬思想，所以要排斥古文，即让平民不要接触这些文字。他排斥文言，其实就是希望把用文言写的荒谬思想一起尘封。稍微不同的是陈独秀和刘半农两人。陈独秀认为言文相对而行，⑤ 他说："既然是取'文言一致'的方针，就要多多夹入稍稍同性的文雅字眼，才和纯然白话不同。俗话中常用的文话（像岂有此理、无愧于心、无可奈何、人生如梦、万事皆空等类）更是应当尽量采用，必定要'文求近于语，语求近于文'然后才做得到'文言一致'的地步。"⑥ 他们比较稳健，主张在白话的基础上融合文言。胡适早年也是主张废除文言的，但也说了可以保留一些文言。⑦

同人的看法差异是与环境互动的结果。比较明显的是朱经农、任鸿隽的质疑和钱玄同的反驳，以及胡适调整立场。朱经农认为文言不是死了，《左传》《史记》也都有价值。文言有死有活，不宜全抹煞，文言白话应该兼收。主张文学的国语是取文字的精华，去除白话的糟粕，另成一种雅俗共赏的活文学。⑧ 他属于那种承认白话的价值，但反对消灭文言的人，他的看法与陈

① 参见廖仲恺：《56. 廖仲恺致胡适（7 月 19 日）》，《胡适来往书信选》（上），中华书局 1979 年版，第 64—65 页。
② 参见胡适：《孙文学说之内容及评论》，《每周评论》1919 年第 31 号。
③ 参见玄同：《通信》，《新青年》1918 年 4 卷 4 号。
④ 参见仲密：《思想革命》，《新青年》1919 年 6 卷 4 号。
⑤ 独秀：《答曾毅》，《新青年》1917 年 3 卷 2 号。
⑥ 独秀：《答钱玄同》，《新青年》1917 年 3 卷 6 号。
⑦ 胡适：《通信·论小说及白话韵文》，《新青年》1918 年 4 卷 1 号。
⑧ 朱经农：《通信·新文学问题之讨论》，《新青年》1918 年 5 卷 2 号。

独秀、刘半农的观点接近，只不过他是作为外人对钱玄同表示异议，而陈独秀和刘半农则是尊重同人的意见的情况下对同人观点加以修正。胡适回答朱经农时解释了自己说的古文之死不是指文言没有文学史的地位，而是反对少数懂得文言的人把文学当作私有物。因为文言文对于一般"通俗社会"便同死了一样。可见胡适说文言死了，是希望它在未来写作中没有价值，并不是否定早先的文言作品没有价值。其实胡适提出造新文学的人就要用白话，[①]就是因为胡适的白话文学着眼点在文化的生产领域，而故意把历史传统中断。文化生产的资源在"现在"和"生活"（即活着的人现在的生存状态）。前面提到同人对文学的区分也是这种观点的引申。而朱经农和任鸿隽等人都是强调过去文学作品的价值，即作为文化生产的资源——文化产品的价值，而胡适讲的是文化生产。这点其实是钱玄同和胡适一致的地方。蓝公武批评钱玄同的说法，认为国语废除则智识也没有了，所以是学野蛮人。[②]而且"语言不是几个人可以凭空制造的，要废就废。要行就行"[③]。钱玄同把用外国语与做文明人联系起来，蓝公武则把它分离。钱玄同的逻辑与周作人一样，是语言联系着典籍和思想，去除语言可以拒绝中国传统的旧思想。这里存在国家主义和世界主义的差距。钱玄同当然也是国家民族立场，不然也不会去参与国语统一会，但他的无政府思想起着更大的作用。

　　形式方面与文化思想有关的问题还有诗体解放问题。诗体解放其实是精神自由的一个表现。在这个意义上，诗体问题成为文化问题。胡适说，若用历史进化的眼光来看中国诗的变迁，方可看出自《三百篇》到现在，诗的进化没有一回不是跟着诗体的进化来的。[④]诗体解放（"诗体的释放"[⑤]）是胡适在《尝试集》序言中提出的一个口号，是他摸索白话诗的过程中逐渐形成的一个诗学主张。其内涵早有研究，无须赘述。

　　胡适偏重文体解放的形成过程也是互动过程。胡适早年与梅光迪交锋时，焦点在于白话诗不守诗歌规范，是否就不美。胡适刚到北大时仍然赞成

①　胡适：《建设的文学革命论》，《新青年》1918 年 4 卷 4 号。
②　知非：《答傅斯年先生》，《国民公报》1919 年 1 月 7 号。
③　知非：《答傅斯年先生》，《国民公报》1919 年 1 月 7 号。
④　参见胡适：《谈新诗——八年来一件大事》，《星期评论》1919 年"双十节纪念号"。
⑤　胡适：《〈尝试集〉第二编·自序》，《现代中文学刊》2011 年第 6 期。

填词，只不过反对填写皮黄，还没有大解放的认识。钱玄同指出他反对填词与胡适废律诗是一样的理由，都是因为束缚自由。① 这样钱玄同就找出了胡适的自相矛盾处。钱玄同进而总结，今后当以白话诗为正体，其他古体之诗，只能偶一为之，不可以为韵文正宗。胡适后来也接受这个说法，思想因此向前进了一步，显得更为彻底。这是周围环境对思想发展起作用的例子。诗体解放是自由精神的发展，其实它已经隐藏在胡适所谓"各随所好，各相题而择体"② 里了。胡适说，今日做诗应该注重词这种长短无定之体，也不必排斥固有的诗词曲诸体。胡适提出诗的进化方向是"自然的音节"③，诗体解放也是为了达到自然。④ 这个转变背后有翻译外国诗获得的经验，但主要还是相题择体的观念，导致了诗体不能不解放。因为题是多变的现实和自由的个性，与之匹配的形式——诗体又怎么能不自由呢。

刘半农说要推翻古人作文的死格式，比如古人的"起承转合"与八股家"乌龟头""蝴蝶夹"等格套。⑤ 这个想法对于胡适的诗体大解放思想应该有促进作用。胡适说自己被钱玄同点醒，但是也说过"北京的诗是尹默、玄同、半农三个人的影响"，并打算"一定把第二集贡献给尹默们三个人"。⑥ 这里虽然没有直接说受益于刘半农的这个观点，而且把列举题献者时把刘半农放在最后，但是关于文学体式不需要体式的说法的确是刘半农先说的，而且刘半农的话直接关乎对格套的抛弃，与胡适在此后不久开始的诗体解放思想更为接近。即使不是直接明确地决定了胡适的诗体大解放思想，也一定在同人中成为共识，对胡适造成潜在的影响。可能因为刘半农当时针对的是旧文学的套路格式，对于诗体另有观点，即他的"增多诗体"主张，⑦ 所以对胡适来说作用不是那样直接，但同人之间相互启发是常见的现象，即使不直接得自首创者，也可能间接受到影响。沈尹默、周作人、鲁迅等人按照理念做的白话诗实践，对胡适的白话诗也有帮助，白

---

① 参见钱玄同：《答胡适》，《新青年》1918 年 4 卷 1 号。

② 胡适：《通信·论小说及白话韵文》，《新青年》1918 年 4 卷 1 号。

③ 胡适：《谈新诗——八年来一件大事》，《星期评论》1919 年"双十节纪念号"。

④ 参见胡适：《谈新诗——八年来一件大事》，《星期评论》1919 年"双十节纪念号"。

⑤ 刘半农：《我之文学改良观》，《新青年》1917 年 3 卷 3 号。

⑥ 胡适：《〈尝试集〉第二编·自序》，《现代中文学刊》2011 年第 6 期。

⑦ 参见刘半农：《我之文学改良观》，《新青年》1917 年 3 卷 3 号。

话诗思想虽然肇端于胡适，但是最后形成推动的却是与同人的帮助分不开的。

## 三、文学问题与文化

首先，文学思想与文化思想的互动中，文学思想从属于文化思想。陈独秀说，拥护德先生，就不得不反对孔教、礼法、贞洁、旧伦理、旧政治。拥护赛先生，就不得不反对旧艺术、旧宗教。拥护德赛先生，就不得不反对国粹和旧文学。[①] 意思是要进行文化革命就不能不在文学领域发起革命。这种认识说明当事人就意识到两者的关联性。在学界基本上也对此有共识，一直以来都讲文学革命作为文化革命的一翼，所以这里不需要多论证。

其次，文学问题中体现出文化价值。

第一，强调真实和真诚。《新青年》主张现实主义，就是要文学赤裸裸地抒情写世，思想根源是唯物主义哲学和对科学的崇拜。因为他们信仰科学，所以希望文学能求真，共同关注文学的内容方面，追求文学的真实性。他们针对的是国文浮夸空泛之弊。刘半农关于诗的看法是："作诗本意只须将思想中最真的一点，用自然音响节奏写将出来，便算了事，便算极好。"[②] 刘半农树立的诗的精神就是"真"，而且认为是不随时代变化的本质属性。陈独秀承认"不诚实三字，为吾国道德文学之共同病根"[③]。次山也以文字不能"存信立诚"作为批评对象。[④] 京沪时期的《新青年》发表杨重熙的来信讨论挽联、寿联和喜联，反对用典故和陈腐话。陈独秀回信说"对联等一切虚伪的为当然不应该存在"[⑤]，这是早年的延续，再次表示对虚伪的不满，可见对于真的追求可谓一以贯之。

当时人因为把文学当作教育，因此也提倡文学要务实戒虚。[⑥] 文学作为心灵的符号系统，本质上需要真诚。加上文学革命作为基础的道德危机语境，以及应用文的强大吸引力，使文学的真诚受到人们的重视，连带着文化

---

① 参见陈独秀：《本志罪案之答辩书》，《新青年》1919 年 6 卷 1 号。
② 刘半农：《诗与小说精神上之革新》，《新青年》1917 年 3 卷 5 号。
③ 独秀：《答张护兰》，《新青年》1917 年 3 卷 3 号。
④ 参见次山：《青年之生死关头》，《新青年》1917 年 3 卷 1 号。
⑤ 独秀：《答杨重熙〈挽联，寿联，喜联〉》，《新青年》1920 年 8 卷 1 号。
⑥ 参见叶新民：《通信》，《新青年》1917 年 3 卷 3 号。

中的真诚也被强调。强调真实和真诚也是各种互动中被凸显出来的。

第二，强调自由和自然。前面写到胡适反对作律诗而支持填词和钱玄同反对写诗词而支持填皮黄，他们的理由都是因为文体束缚自由的一面。刘半农主张形式的自由，也是如此。

同人主张自由，背后的理由是人的天性。万物顺从天性，就是自然。所以他们也追求美学的自然，反对涂脂抹粉。刘半农肯定古代韵文中的好赋，说"其不以不自然之骈俪见长，而仍能从性灵中发挥……"①古代赋并不是因为古老而当废，是因为虚情假意，是雕琢阿谀的贵族文学。这句话正好说明了自然和性灵之间的相关性，他们主张文学真诚就是因为他们赋予性灵崇高价值。周作人也说，创作不能完全抹煞自己去模仿别人。个性的表现是自然的，个性是个人唯一的所有，而又与人类有根本上的共通点。

自然、真诚和自由的性灵是相互关联的价值观念，构成了《新青年》文学思想的重要概念群。追求自由和自然的原因，首先在于他们受了德国哲学的影响，相信人的本质规定性就是自由，这是同人哲学的重要出发点之一。他们作为自我意识很强的知识人，也对自由有更深的体悟。其次在于他们有民众立场。他们立足普通民众的日常生活，所以美学上追求朴素。最后，追求自由无非为了让文学对生活开放，让文学随类赋形，合于情理，富于美感。同人的文化价值预设是心灵的自由。由这个前提推导出作为心灵体现的文学（文化）也是自由的，再推导出文学形式也是自由的。理由是："言为心声，文为言之代表。吾辈心灵所至，尽可随意发挥。万不宜以至灵活之一物，受此至无谓之死格式之束缚。"②

第三，强调现在。从第 1 卷树立的乐利主义人生观开始，就表明他们重视现在，这无疑属于现代的观念。钱玄同从政治进步而得到的教训是"现在的人要干现在的事"③。同人选择文学道路的时候，有当代文化的针对性。表面上《新青年》给人趋新和崇洋的印象，它的文学经验有很多都来自国外，比如陈独秀的文学思潮论和胡适的国语形成论，但是它的经验的另一半倒是中国的，那就是中国的现实状况。胡适的《文学改良刍议》里举的例子绝大

---

① 刘半农：《我之文学改良观》，《新青年》1917 年 3 卷 3 号。
② 刘半农：《我之文学改良观》，《新青年》1917 年 3 卷 3 号。
③ 钱玄同：《通信》，《新青年》1917 年 3 卷 5 号。

多数都是中国的状况，它的文学革命的姿态本身决定了它不得不针对当时
文坛创作的情况。它选择西方思潮的时候基本上是按照中国需要，比如对
现实主义的选择，既有西方潮流的影响，也有从当下中国的发展状态出发
的理由。因为中国文化有"虚文"的特点，也就是胡适所说的"文胜质"，
所以要用实在的现实主义来根治"病症"。为了整治中国的病症，甚至对
最新的潮流（新浪漫主义）也不接受，可见选择文化产品时会受到现在状况
的影响。

　　"现在"作为《新青年》的一个价值核心，这点可以从文学思想领域中
看到。同人用国语写文章，不单因为它方便教育，还因为用合于时代的形式
来写当代的事和情才是合理的。文学进化的标准是适应现实，违反这个标准
的文言自然在排斥之列。

　　第四，强调变迁和革命。文学领域是文化中最后一块保守的领域。文学
革命之所以名声最响就因为在这个领域中《新青年》把文化变迁的观念彻底
化了。文学变成变化的了，那么整个文化就被彻底推动了。陈独秀承认钱玄
同说的元明词曲小说不是现在理想的新文学，并且说"抄袭老文章算得什么
文学呢"[1]，言下之意，文学是创新的。并把古典主义排斥在文学之外，意思
是文学要以"我"为中心。"我"带来新经验，是知识和经验的生产者，而
不是大家共享某种知识和经验的人。《文学革命论》从"革命"这个词开始，
即"革故更新之义"，跳出政治范围，扩展到各个领域，推出"文学艺术亦
莫不有革命"，"莫不因革命而新兴、而进化"等看法，他甚至说"近代欧洲
文明史，直可谓之革命史"。此文中确定了"吾人精神界根深蒂固之伦理、
道德、文学、艺术诸端"，把革命引向这些领域。[2] 文学革命本身就要求强
调文学的变迁，因此《新青年》因为讨论文学问题，就把变迁看得特别重要。
胡适也主张历史的进化观念，强调文学不能保持不变。傅斯年从新角度阐述
文学应该变革，原来老师辈只是说一时代有一时代的文学，这是来自历史的
总结，而傅斯年引入更多学理，从德国理性哲学取来构架，使文学随着时代
变迁变得更加有理了。[3]

---

① 　独秀：《答钱玄同》，《新青年》1917 年 3 卷 6 号。
② 　陈独秀：《文学革命论》，《新青年》1917 年 2 卷 6 号。
③ 　傅斯年：《文学革新申义》，《新青年》1918 年 4 卷 1 号。

第五，强调平民。文学的形式也与文化有关，用什么形式代表着属于什么文化，选择什么形式也体现什么文化价值。比如自由体诗代表着自由主义文化，再如胡适在《文学改良刍议》中提出的用白话和通俗等文字问题就暗含着平民的价值导向。陈独秀说三大主义的罪状时说"失独立自尊之气象"，"失抒情写实之旨"和"于其群之大多数无所裨益"，共同点是"其形体则陈陈相因，有肉无骨，有形无神，乃装饰品而非实用品；其内容则目光不越帝王权贵，神仙鬼怪，及其个人之穷通利达。所谓宇宙，所谓人生，所谓社会，举非其构思所及"①，说明同人改革文学的动力来自抒情写实有利于平民（普通人）的价值提升，说到底是平民的重要性把文学导向三大主义。

同人还借助于民国以后平民主义的制度化，以及第一次世界大战后民治主义的兴盛，使民众生活进入文学领域，逼迫文学文改换了内容。从反映精英和贵族的生活的旧文学变成反映平民生活的新文学。

最后，文学思想也作用于文化思想，对文化问题产生敞开和遮蔽作用。

就敞开作用方面说，首先，当时人使用"文学革命"这个词的意思与现在不一样，它不仅指对小说、散文、诗歌、戏剧四种文体的改造，还指生活中实用书写的改造和对于古代学术成果的新判断。所以当时他们要改造的是对所有文章形式和文字形成的所有作品的看法。因为"文学"带有典籍的意涵，所以在文学领域自动锁定了旧文化作为文学革命的对象，新文学运动由此成为新文化运动的一翼。"文学"一方面指的是对应于西方的那种已经科学化的科学门类，另一方面指的是未来要建造的科学化的人文社会科学，因为这里面有改造旧文学的内容，以至于文学这个词的人文思想（文化一）的意思在这个领域里保留着，这是对手作为语境给自己带来的限制。文化革命在那时《新青年》同人眼里几乎就是学术、文学典籍和文学创作的革命，是对文学内容和形式的改革，以便用文学来容纳新知识，容纳科学，使文学真正成为科学的一部分，融入科学文化。后来新文化运动强化了同人本来就有的启蒙民众的观念，把文学带入社会底层生活，这个"新文学"是科学化的人文社会科学，它进入普通生活，改造人们的生活。因为文学革命实现整个文章体系向生活开放，使文化三借助平民主义而进入文学文之中，或者说使

---

① 陈独秀：《文学革命论》，《新青年》1917 年 2 卷 6 号。

文化一与文化三结合。用"语"改"文"使生活中的文化地位提高，使文化三成为学术的对象。

其次，应该说《新青年》提倡文学革命，在当时的语境下，主要是按照西方的概念对旧文学加以改造，并与中国对象结合。除了改造中国文学（整个书写体系）使其焕发生命力以外，文学革命还对高级文学（美的精致的部分）加以改造，使其向平民能读书和写作的方向发展（通过普及教育），把纯文学连接到平民教育，因此使《新青年》的文化思想结合了精英文化和平民文化。

最后，文学文受到应用文的影响，获得了白话形式和现实内容，实现了现代转型。前面说到胡适提出文学改良其实当时是应用文和文学文一起改的，但因为当时文学文都没有清晰的概念，在通信和争论的时候对手往往是说应用文，甚至《新青年》其他同人也徘徊在文学文和应用文之间，钱玄同在1920年还向胡适请教"文学"是什么。[1] 正是在应用文的身影下，文学文也跟着应用文的白话运动实现文学的现代转型。现代"文学"概念的文学写作才出现，可以嫁接上"文学"的狭义。

就遮蔽作用方面说，首先，在当时的语境下，人们对于文学这个词的认识有很多旧观念的缠绕，因此文学这个词对应的文献和教育等意义，使文学革命受到应用文的强烈拉力。文学革命主要在应用文领域实现"文"的共享，即普通民众可以写日常生活的文字，而对于创造的"文学"之"学"和"文"中的审美领域（狭义文学、纯文学）则一直存在不能为普通民众共享的窘境。同人一直没有解决好提高和普及的关系问题。《新青年》倾向于人类共享文学，让一般人都能共享文化，谈论文学为了让文化整体上变为平民的、现在的。但他们的文化普遍主义并不彻底。如何由个人独创的改变和提高或者发展，又成为人们共享的东西，这个转换一直没有机制保障。后来受到文学革命的惯性影响，文学变成一种工具，谈论政治制度文化革命的时候，文学就无从谈起，或者显得不太重要，因此在文学建设方面做得不够。

其次，一切以当前人的需要来要求文学，以创造和沟通为关注点，作为

---

[1] 钱玄同：《致胡适》，《钱玄同文集》(6)，中国人民大学出版社1999年版，第95—96页。

工具的文学思想内容受到更多强调。中国现代文学思潮常常受社会思潮的影响，成为社会思潮的工具。文学文总是陷于内容的真和形式的自由组成的体系中，排斥文学自律，纯文学的美被置于次要方面。同人的文学革命作为始作俑者，预告了这个倾向的开始。当然造成这个结果的原因也不完全在文学之内。

再次，文学被当作教育的手段。文献是教育的重要工具，而教育是文化再生产的基础。在清末时期的"文学"之意就有教育的意思，如《文学兴国策》中的文学就是教育之意。文学与文化中的教育早就因为文教自古相连而难分彼此。到了知识转型时代，这个意义仍然在人们的思维之中，比如蒋梦麟曾说"去年北京大学里一班人闹出一个文学革命来，于是教育就有生气起来"①，这是将文学革命与教育概念联系起来的说法。在《新青年》上，李次山也把文学理解为教育。② 读者张护兰说的文学涉及语言文字和课本编纂，③ 认为所谓文学其实就是学生学习的内容。他还引梁启超的话，说"中国文学倘不高明，即中国科学亦永无发达之日。以中国现在之文字，学现在世界之科学，欲其进步，殆绝不可能之事。盖吾国文字乃古时之文字，惟宜对古人用之，不宜用以求今之科学也"④。那么所谓文学在时人眼中就是语言和思想教育的工具，属于教育范围。这样理解的读者还有叶新民，他把文学革命作为教育的一个部分。在讨论《文学革命论》的时候叶新民讨论的是教育界，"务实戒虚可为我国教育界之当头棒喝，迩年来中国虽风气大开，各埠遍设学校灌输新智识，养成健良之国民。奈家庭之间开通者虽亦不乏，而顽固者亦正占多数"⑤。到1923年瞿秋白还有这种认识，他说五四以后"'文学革命'居然三分天下有其二，实因社会现象的日益复杂，不得不要求文字上的革命，以应各种科学之需要——文字原为一切科学的工具。此等工具的改良实是中国新式社会生活的必要条件"⑥。这不是中国独有的观点，将文学与教育联系起来，也是西方的看法，比如英文教师亚丹说新文学、新知识要

① 梦麟：《教育之精神复活》，《时报》1919年5月19日"世界教育新思潮"。
② 参见次山：《青年之生死关头》，《新青年》1917年3卷1号。
③ 参见张护兰：《通信》，《新青年》1917年3卷3号。
④ 张护兰：《通信》，《新青年》1917年3卷3号。
⑤ 叶新民：《通信》，《新青年》1917年3卷3号。
⑥ 瞿秋白：《现代中国所当有的"上海大学"》，《民国日报》1923年8月2日4张。

付丽在大学上，① 这里有文学思想与大学和教育的联系，胡适此时在日记中引用此说是表示赞同。李濂镗曾在中学时就提出文学将来应该为一种有文法的白话②，认为"今日吾国欲臻富强之域，非昌明科学普及教育不可，欲昌明科学普及教育，则改良文学，实入手第一着"③。李濂镗将文学作为科学的手段，这是传统的把文学当作手段的观念。任鸿隽反对直译的理由是文学家的本领就在于"把艰深的出以浅显，难识的代以易知"④。其实任鸿隽所谓文学家指的是文字好的作者，其中一个优点就是明白易懂，这是应用文的要求。梁启超在 1917 年提出"宜注重普通文学，吾人往往有一种误解，以为学文不以班马韩欧为旨归，即属鄙俚不文，其实一时代有一时代之文学，而教育之道，尤重普及寻常，但能理明词达即可"⑤。他说的普通文学就是应用文，文学涉及教育，也是教学生学会应用文，词达明理就行了。总之，教育使文学仅仅关注文的工具性，这是文学成为教育手段的历史根源。

最后，从文学出发的文化运动，主要在典籍之中，即在文化一领域中。文化的意义更多表现为思潮和文字记载，当然也包括符号化的艺术，而对于生活则隔着一层。这使对国学的科学研究变成与社会生活隔绝的东西了。把早先的文学成果看作高级知识人才可以面对的对象，因此新文学的思想中有贵族化因素，与它主张的平民化有矛盾，只不过这个贵族是精神贵族——高级知识人。就这个弊病看，五四运动后学生运动和各种教育运动恰恰补充了这一点，是对弊病的救治。

---

① 参见胡适：《藏晖室札记》（续前号），《新青年》1917 年 3 卷 5 号。
② 参见李濂镗：《通信》，《新青年》1917 年 3 卷 2 号。
③ 李濂镗：《通信》，《新青年》1917 年 3 卷 2 号。
④ 任鸿隽：《75. 任鸿隽致胡适》，《胡适来往书信选》（上），中华书局 1979 年版，第 86 页。
⑤ 梁启超：《北京教育界欢迎梁任公大会》，《教育杂志》1917 年第 9 卷第 2 号。

# 第二章　文化思想在文化学层面的互动

各领域的思想固然属于文化思想，但毕竟是分散的状态，背后的文化思想整体应是另一种样子，至于究竟是什么样子，要到后面去展示。现在我们直接从文化学层面来看《新青年》文化思想的各方面在互动中呈现的状态。掌握这个层面的思想流变，是文化思想研究的题中应有之义。

## 第一节　文化体用论

所谓文化体用论，是指关于文化本质和功能的认识。根据《新青年》上的有关言论可以发现它们涉及最多的是文化、主客观文化和文化功能。

### 一、"文化"的内涵

关于文化的认识，当然是在运用"文化"一词之前就有了，但是他们使用"文化"一词时认定的文化内涵，对文化观的体现更为集中。

"文化"这个词早就出现在汉文典籍中，是"人文化成"之意，即使百姓文明起来的意思。中国传统所谓文化，其实是文明的意思，中国的文化水平最高，所以可以化民成俗，文化达不到的地方就是野蛮的外夷。"文明"即曾经灿烂辉煌，创造出成就的文化形式，就是在某个地方上充分发展和适应了环境的文化，常常有巨大的生产力，因此往往对应于大量的物质和精神的成果。"文明"的对立词是野蛮，即教化不高的意思。其实，任何种族、团体都不可能没有教化，也就是不可能没有文化。[①] 中国自古被认为是文化

---

① 关于文化和文明的关系，可以参看埃利亚斯《文明的进程》和威廉斯的观点（转引自伊格尔顿：《文化的观念》，南京大学出版社 2003 年版，第 10 页）。

中心，故此传统中国的"文化"就是对应着"文明"的意思。与此同时，文明则偏物质成就，这点在民国初年日常语言中可以认为是常理，对于当时中国人来说，西方的强势是以"文明"的形态出现的，代表西方既成的成就，因此作为一种价值观，表现了当时知识人的崇洋心理。西洋的东西常用"文明"一词来修饰就是证明。19世纪末，日本学者用它对译德文"Kultur"（英文Culture），把现代义注入汉语"文化"之中。[①] 清末时传回中国，指的是民族文化（文化二）。在当时，汉语更常见的情况是两个词混用。清末接触西方知识以后，就有把文化和文明并用的情况，比如《北洋官报》发刊词中既有"国家文化"，又提到"鼓吹文明，疏瀹智识"[②]，这与中国传统意义两者是一回事儿有关（当然，这是"文化"与"国家"联用，似乎用了文化二的意涵）。《新青年》创刊的时候该词的新词义在国内尚不流行，偶有人使用，多数使用者采取的意思还是汉文原意。"文明"一词已经占据汉语的某个意思，当时人对日本传来的"文化"概念则比较陌生，直到第一次世界大战和五四以后，才被众人发现，成为时髦词汇。[③]

一开始，同人此时很少使用"文化"一词，他们更多使用"文明"。

高一涵和汪叔潜在《青年杂志》中最先使用"文化"一词。高一涵在引美国学者柏哲士的言论时说，"自由之界，随文化之演进而弥宽。文化愈高，斯自由愈广"[④]。高一涵所谓"文化"竟然是物质文化、精神文化的总和。汪叔潜说"所谓新者无他，即外来之西洋文化也。所谓旧者无他，即中国固有之文化也"[⑤]。他又把文化引申为伦理（制度），认为欧美"现今一切之文化，无不根据于人权平等之说"[⑥]。汪叔潜的文化概念因为与地域有关，是来自日本的文化新意义。但是因为他对比中西，并且明显以西方为高级的文化，因此隐含着认为西方人权观念代表的是文明。

考虑到陈独秀作为主编可以看到来稿，而汪文中说的法兰西革命以后人

① 冯天瑜：《新语探源：中西日文化互动与近代汉字术语生成》，中华书局2004年版，第567页。
② 《北洋官报丁未正月六日发刊词》，《北洋官报》第一千二百七十五册。
③ 方维规：《论近现代中国"文明"、"文化"观的嬗变》，《史林》1999年第4期。
④ 高一涵：《共和国家与青年之自觉》，《青年杂志》1915年1卷1号。
⑤ 汪叔潜：《新旧问题》，《青年杂志》1915年1卷1号。
⑥ 汪叔潜：《新旧问题》，《青年杂志》1915年1卷1号。

权说大倡，成为同一号中陈独秀《法兰西与近世文明》指出的三个近代文明特征之一，有理由怀疑，陈独秀论法兰西和近世文明的关系，得到了汪叔潜此文的启发。

如果真的如上面推测，陈独秀是被汪叔潜带动，强调法兰西成就的话，陈独秀把汪叔潜的"文化"替换为"文明"就显得更有意思了。实际上，陈独秀此时也的确更多使用"文明"，即法语的 La Civilisation。他说"文明、开化、教化诸义，世界各国无东西今古，但有教化之国，即不得谓之无文明"①。从他的解释看，他用的是中国传统的文化意义，即一个唯一最高的"文化"（文明）。但他的意思里也有文化的意味，因为文明的对立面是野蛮，而文化的对立面是自然，有教化就可以叫有文明，那么这个文明又是文化的意思，因为有教化就是有文明，那么这个文明就失去最高价值意涵，成为民族的行为方式之意了。我们从汪叔潜和陈独秀的例子可以看到当时交叉使用"文化"和"文明"的混乱状况，各自使用自己常用的词，但意思却已发生混淆。当然，混淆的状况下，也有自己的词义位置，比如陈独秀的"文明"既有原来的"文明"义，又掺入了新起的"文化"义。因为陈独秀崇拜法国为中心的欧洲文明，所以这个文明具有价值意味，但他也不得不承认当时非常不"文明"的中国也是有教化的，故此称为东洋文明本身就带有肯定它的意思。于是他的"文明"也指与自然相对的"文化"。

这种状态非常普遍，是概念转换时期的常态。人们会在不同地方使用不同的意义，体现出接受不同的概念加以融合的痕迹。当时来自德国的民族性的"文化"（文化二）观念已经传入中国，但是尚未完美融合到汉语词汇体系中。"文明"这个词历史悠久，所以先被引入，先被汉语吸收了。② 现代意义的"文化"Kultur 是德国抵抗英美文化的产物，是反思现代性的浪漫主义产物，与民族国家相关。伊格尔顿指出德国人从法国人借来文化一词，对文明进行批判。用平民的反对贵族的。③"'文化'与'文明'之间的张力与德法之间的敌对状态有很大关系。"④

---

① 陈独秀：《法兰西人与近世文明》，《青年杂志》1915 年 1 卷 1 号。

② 方维规：《论近现代中国"文明""文化"观的嬗变》，《史林》1999 年第 4 期。

③ 伊格尔顿：《文化的观念》，方杰译，南京大学出版社 2003 年版，第 12 页。

④ 转引自伊格尔顿：《文化的观念》，方杰译，南京大学出版社 2003 年版，第 10 页。

与陈独秀一样用"文明"指"文化"的，还有高语罕。他说，科学昌明可以"增进吾人之文明"①。文明可以增进，那么指的自然是文化。文明既然是某一时期最好的文化，那么它是静态的。一般所谓"文明的没落"其实是文明中心的文化没落，脱离了物质生产的状况，成了阻碍生产力的形式。

这里可见陈独秀认同的是清末以来译介的近代英法文化，高一涵和汪叔潜则迎接的是日本从德国接受的新潮流。后者才是真正启蒙性的，而陈独秀倒是带有贵族化色彩的。当然，陈独秀并不是真的承认贵族化，但他运用的"文明"一词毕竟强调了优越的成分，更多精英色彩。1 卷 5 号"文化"增多了，"文化"概念是时髦的，正在逐渐渗透到同人思想中。同人渐渐有意识地使用这个词的新意义，如李亦民的《法兰西人之决斗》里说"法兰西人以昌明文化著闻天下"②。1 卷 5 号《自治与自由》的后面空白处题记："一国文化最确之标准，非其户籍之繁稀也，非其市府之大小也，亦非其出产之多寡也，乃其国人之品格耳（殷曼生）"。这些"文化"概念基本上指的是民族和国家的文化（文化二），也是当时的流行用法。

当然也还有传统的用法。陈独秀给胡适写信时说"以吾国文化，倘已至文言一致地步，则以国语为文达意状物，岂非天经地义"③。此处出现"文化"一词，而且有国别，应该是文化二，然而他主要说的语言和文字，说明他的"文化"仍是精神产品（文化一），是文明的核心。只不过这个传统用法是西方的传统用法（阿诺德的用法）。

同人的定义与时代理解发生互动。这时通常的"文化"内涵是日本的新意和中国古义之间的融合。当时社会上的"文化"词义可从当时人翻译外人言论中看出。龚静知翻译的赫胥黎文章提到从阿尔纳德（阿诺德）的话中总结出二义："一格物致知为成文致化之原，二文学综赅格物致知之学。"即阿诺德认为科学是形成文化的源头，文学又是承载科学的宝库。赫胥黎赞成前者，反对后者。赫胥黎为自然科学代言，压制人文科学，他说："盖文化之为物，其大小精粗，自与文学技艺等部分之事功有迥然不同之处。"④ 这里的

---

① 高语罕：《青年之敌》，《青年杂志》1916 年 1 卷 5 号。

② 李亦民：《法兰西人之决斗》，《青年杂志》1916 年 1 卷 5 号。

③ 独秀：《答胡适》，《新青年》1917 年 3 卷 3 号。

④ 赫胥黎：《科学与文化》，龚自知译，《京师教育报》1916 年第 36 期。

"文化"是在阿诺德的定义之上增加了文化生成的意思。没有日文气味，完全是中国的"人文化成"之意。

"文化"一词从日本传入后，还是比较缓慢地扩散着，仅仅作为一种时髦的词汇在使用着。但是，《新青年》却不是从"文化"这个词直接进入这个思想领域的，它是从文明的意思进入的。在这个互动中可见思想（概念）来源于时代传统，同人开始表述文化的时候就决定了它与时代的联系。也反映了同人个人作为敏感的触角，正在形成关于文化的观念。

同人的概念与当时思想传统发生互动。陈独秀的概念模糊其实在当时人中属于常见现象。与《青年杂志》第 1 卷同时期的《甲寅》，提到中国的文化时称之为"神州文化"①，这里也主要是指文化一，也就是精神的文明，指文教、文献等积累的文明成果。同时，这个文化有文明的意味，此外，这个思想传统中包含着古代传统。文化还有中国传统王道的意味。在古代，自认为文化中心的人往往以文明眼光评判不文明的地方，其实只有文明中心地区才是文明，周边地区都属于不太文明，被文明中心所"化"。中国传统观念中，对"文化三"的认识是，由文明的"文化一"扩展而成，古人的观念中是兼有文明和文化意义的。于是没有世界观念的古人的文化模型为：中心是文明中心区，外面是文化区，文化一按照数量差从中心向外扩散，扩散到边缘，就是文明区与自然区（野兽）的交界，文明区的人因为有文明的"文化一"的沾溉才有资格称为"人"。文化区之所以区别于外层的自然区，是因为在有文明的量的差异。"文化"一词尚不普遍，日本在清末还在使用"文明"，比如福泽谕吉的《文明论概略》（1875 年）。清末中国流行的也是"文明"一词。此外，还在"文化"概念里附加了民族、国家和精神产品的意味。沪皖时期，文化这个概念一方面具有民族地方性质，中国文化已经退化为"野蛮"，国人乐于用"文化"（文化二）来抵抗西方"文明"。在进化论的推动下形成世界文明中心，世界文明中心是可以转换的，这个想法应该来自德国。德国人在英法文明的框架中，发展出一个各民族一视同仁的文化，认为文化可以上升为文明，取决于上帝的意志，取决于它对某个民族的青睐。这样就为边缘地区的崛起制造了依据，目的是为了反抗英法，希望代替英法的中心地位。

---

① 黄毅民：《通信·国家与我》，《甲寅》1915 年第 1 卷第 10 号。

民族文化的概念也正时兴。第二方面又有传统"文化"概念内涵的文明向外传播的意味，使用者保持着中国人传统的文明意味，认为有一点文明的人就能算人，而完全不接受文明中心影响的人虽然外表上是人，但还是"野兽"。因此，他们把受到文明影响小的地方称为野蛮，而把完全没有文明的人，称为"禽兽"。中国古代对中国之外的民族多以动物之名来称呼就是这个观念的体现。这一方面表现了中国文化中心的观念，另一方面又认识到文明中心已经不在中国。

此时，同人的思想结构中也包含着当时人的概念内涵，在指"文明"的意思基础上，还增加了文化一和文化二的内涵。这种混合状态对应着当时人的各种愿望和知识传统。这是互动的一种形态，即各思想者分享大体类似的概念内涵，形成某一时期相对的稳定性。《新青年》同人也在这个概念系统中。

真正集中笔墨专门介绍文化的是陶孟和。他的《人类文化之起源》运用人类学知识探讨文化起源，因此"文化"一词包括物质和精神，是人体的延展，是与人相关的生活形式，是区别于动物的社会特征。这个文化与自然对立，是人化，是人把自己的意志（意义）赋予无意义的自然界，也包括改造人本身的自然性。[①] 陶孟和在《人类文化之起源》的最后部分，将文化概念的新意义做更清晰的表达。他的"文化"已经包括了政治制度和生活形式——文化三，这个意思当然不是陶孟和的创造，而是来自英国人类学家的成果，这是人类学家的视野所带来的洞见。他也在"文化"里放入"文明"的意涵，比如文章的第三节把"文化"与野蛮对举，[②] 说明这里的"文化"实即"文明"。与此同时，他也用到"文明"，此时正与野蛮相对举。[③] 此外，作为社会学家的陶孟和特别强调当时也是新名词的——社会。他认为一旦脱离社会，文明也会变成野蛮。[④] 这样一来社会成了文明的必要元素。其实，野蛮人也有社会。社会其实是文化的要素，可见这里说的"文明"其实倒是"文化"。

陶孟和还有与西方新思潮的互动。"文化三"的意涵是从国外输入的。

---

① 陶履恭：《人类文化之起源》，《新青年》1917 年 2 卷 5 号；陶履恭：《人类文化之起源（续前号）》，《新青年》1917 年 3 卷 2 号。

② 陶履恭：《人类文化之起源》，《新青年》1917 年 2 卷 5 号。

③ 陶履恭：《人类文化之起源（续前号）》，《新青年》1917 年 3 卷 1 号。

④ 陶履恭：《人类文化之起源（续前号）》，《新青年》1917 年 2 卷 6 号。

那时作为一般社会生活和心理的"文化三"还没有流行，还主要在人类学家、社会学家的词汇库里，但正在潜滋暗长。人类学和社会学的新知识也正把文化概念日益转向社会生活方面。

同人的思想进步还与北大同人的身份发生互动。因为北大具有国内的学术高位，所以北大同人不可避免地保留着传统概念中包含的高级精神产品的意思。北大国史编纂处计划编辑政治史和文明史长编，有人报告征集材料的情形是说："中国文明表象现尚无于科学方面、哲学方面研究之者，故此搜集中国史事材料最有兴趣，亦最关重要也。"可见当时北大学者的文明史研究是从科学方面和哲学方面入手。刘师培编辑文明史风俗类时，将自己所谓文明史"分为经济、风俗、宗教、科学、文学、美术类"①，其中宗教、科学、文学、美术等都属于精神高级产品，属于"文化一"范畴。其中的经济和风俗，应该属于文物制度和低级日常生活，其实倒是文化史的内容，表明已经有"文化三"的身影。1918 年 2 月《北京大学日刊》罗列法国学者邵可侣的著作，在"文化"后面加的括号里注明"方向　道路　文明之进步"②，指的是文化的方向和道路是"文明之进步"，是把文化当作一种运动看。因为这篇文章发表在《北京大学日刊》，同人是可能与之有交集的。这里把文化看作引导文明进步的东西，自然应该是指高级精神产品——"文化一"。

同人的概念内涵还与时代同期的概念互动。这些一般的用法就算不是直接成为同人概念的内涵，也是作为这个概念总体上的配合者而发挥作用。他们通过各种途径获得这个时代的概念内涵，同人的内涵也不能不在这个体系中找到位置，受到这个体系的牵制。而且越是一般人的看法，越说明这个是流传最广的内涵，是常识（传统的内涵就是在这类常识中），那么同人的概念越可能与之互动。他们毕竟要向这类读者发声，在不辨析概念的情况下，说明他们默认使用的是他们共同的内涵。一般人所谓文化还多是以文字制度等化成风俗的意味。比如 1917 年 4 月 15 日，南洋公学二十周年纪念图书馆募捐的启事中说到"学问益新，国家之文化因之而日进"，希望捐款者"大

---

① 均见《文纳君报告征集国史材料经过情形（民国六年十月至七年六月）》，《国史编纂处纪事》，北京大学档案馆 BD1917007。

② 《人地学社宣言书》，《北京大学日刊》1918 年 2 月 19 日 2 版。

惠于我国之文化"，提到热心文化者。① 这里多次用了"文化"，指的是与国家相关的"文化"，也就是民族文化，将文化与图书馆联系起来的语境又暗含着高级文化产品的意思。1919 年 4 月 13 日新闻报道陈独秀辞职，其中有"于孔子之道，认为阻碍文化"②。"阻碍文化"的动词是"阻碍"，其后的宾语应该是个动作性的名词。因此这里的"文化"必定不是一个状态，而是一种动作，"文"（制度秩序等一切符号成果）就是那个文明中心所包含的东西，那么"文化"就是"文"向外传播。从上面的例子看，当时一般民众（包括传统学者）使用的"文化"往往有文化一和文化二的内涵。1920 年总统府顾问叶恭绰心目中的"振兴文化八事"都与图书和古物有关，说明这个旧人在五四以后的文化概念仍然是文化一。③ 这些传统的内涵有惰性，因此同人的概念转换只能渐进地和自相矛盾地混杂着。

对"文化三"的重视与传统思想互动。在中国自古就认为文化一形成文化三，因为大道被文化一掌握，虽然道也在文化三中，百姓日用而不知，但是百姓的日常生活中也有小道。文化就是从上层的文化一进入百姓的日常生活中文化三中，这就是以文来"化"百姓了。这个模式已经成为中国知识人的思想传统。传统的文明观念中就有文化三的地位，只不过是作为边缘地位。同人本来就是带着传统文明观念开始思考的，因此这个观念就自带在对文化的理解中。更何况整个时代的人几乎全部都有类似的情况，对新概念的理解也是建立在传统概念的基础上，因此这种思想一旦受到西方新观念的刺激立即复活。同时代各种意义的用法，类似一个大辞典，内部会有一个系统，里面有核心思想，有常识，也有新颖的看法，个人可以随便取用，由此形成共振或减振，整个时代的词汇意涵也就是在这个互动系统中形成和发展起来的。同人在选择的过程中，体现出自己的某些特点，比如同人对"文化一"的重视，以及转型时侧重"文化三"就是同人在时代概念体系中互动选择的结果。

---

① 《南洋公学二十周纪念图书馆募捐》，《有关"南洋公学"念〔廿〕周年纪念预志等文件及北京教育品制造所赠品文件》，北京大学档案馆 BD1917008。

② 《北京大学之消息陈独秀辞职》，《申报》1919 年 4 月 13 日 7 版。

③ 《总统府顾问叶恭绰条陈振兴文化八事及办理情形》，1920 年 1—7 月内务部佛字二百四十二号，全宗号一〇〇一（2），案卷号 1718。

在进化论的指导下，同人寻找文明发展的方向，也就是人类创造文明的努力方向。李大钊曾把现代文明总结为协力的文明。[①] 钱玄同虽然不太用"文明"和"文化"这样的词，但他的话有文明意味，比如 5 卷 6 号陈大齐给钱玄同的信中说："现在我们中国人苦于没有辨别力，不知道哪种是粪，哪种不是粪，若想阻止人家吃粪，须得先指点指点他们才好。"[②] 钱玄同表示赞同，并大加发挥。那些话内涵很复杂，一方面他说中国人文化上低级，意思是中国文化属于野蛮的；另一方面，他又用粪便打比方，这样就把中国人比喻为狗，也就是说这里有人与非人的差别，也就是带有文化的意思。他的实际意思是中国文化野蛮，但是比喻义听起来是说中国没有文化。这当然是他的言说策略，他是把中国文化放到进化的低端，但是却说它完全没有文化，那么需要的就不是提高进化的段位，而是用文化来填补空白的问题。这应该属于悖理之语，但是也是他用"石条压驼背"[③]的方法所致。无"文明"只是用来输入新文化的一种极端说法，是一种语言策略。

陈独秀说同人多数不赞同钱先生的"医法"[④]，只不过是在压力下辩护的言论。其实同人中有一部分人是赞同的，比如刘半农、鲁迅等，甚至陈独秀本人也有矫枉必须过正的想法。同人把中国文化看作与文明相对的野蛮的文化，这点毋庸置疑。他们的文明概念带有法国的气味，而不是德国的。同人的"文明"是以欧洲近代文明为代表，是由富强的国力、时代和进化规律拣选的。他们打击本民族的文化深层目的不过是要努力促进中国文化皈依新文明，所谓跟上进化的脚步，因此认同文明的同人全是坚决的文化革新论者。

关于文化的观点及其变化是由这些因素相互结合形成的。互动形成了对文化的"文明"的意涵，而且很难改变。他们所谓"文明"除保留了自古流传下来的空间意味，还在进化论的线条上对应时间意味，比如古代文明、现代文明。文明在空间上有静止的状态，在时间上有其发展历程。从长远来看，是有终点的。当前的文明绝大多数都达到了终点或者衰落，但在进化论看来，世界文明一直在上升着，找到新的更高级的形态。这个想法其实是一

---

① 李大钊：《青年与老人》，《新青年》1917 年 3 卷 2 号。
② 陈大齐：《通信》，《新青年》1918 年 5 卷 6 号。
③ 陈独秀：《本志罪案之答辩书》，《新青年》1919 年 6 卷 1 号。
④ 陈独秀：《本志罪案之答辩书》，《新青年》1919 年 6 卷 1 号。

种信仰，并没有现实根据。不断上升的观念似乎只有在知识领域的积累中才存在，自然中更多的是循环形态或者新陈代谢的形态。

早期同人保留着"文明"视角，固然因为"文明"这个词先被使用，还因为当时"文化"指高级知识，而他们此时关心的还包括日常生活在内，而日常生活因为是文化成果，所以当时是放在"文明"这个词中的。另外，陈独秀所谓"文明"包括宗教法律和文学。[①] 他在 2 卷 3 号的通信中说，"法兰西人为世界文明之导师，今之巴黎，犹为科学文艺之渊薮，吾国人而欲探讨欧西真正之文明，理应游学彼中，以求真谛"[②]。从这句话看，他很可能强调文明这个词义的思想和科学文艺的一面，即高级思想（文化一）。文明本来指的是那些有价值的东西，比较重视精神文明，于是"文明"中就包含了"文化"。陈独秀还说"欧美文明进化一日千里"[③]，就是强调文明的进化。文明可以进化，那么就是说它不是最高价值，文明是空间的。只有文化在精神领域，它可以进化（就是变得文明）。那么说明在陈独秀的词汇中文明更多是文化的意思，"文明"这个词代替了"文化"，所以陈独秀并不急于使用"文化"一词。

到第六卷，"文化"也开始成为陈独秀的词汇。6 卷 2 号陈独秀批评杜亚泉的思想专制"独尊一家言，视为文明之中心，视为文化之结晶体"，又说"盖文化之为物，每以立异复杂分化而兴隆"[④]。这个说法既是他对"文化"一词本身内涵的第一次把握，又预示着他的"文明"执念已经松动，暗中接受各国文化的合理性。他把"文明"和"文化"并列，仿佛是两种东西，文化的结晶成为文明的中心。这样一来，文化仍是精神的东西，它的精华成为文明的中心，文明是从文化中产生出来的。他又认为文化分化斗争才能实现发展，为此，他改造了杜亚泉的思想，总结出这个文化和文明的关系框架。杜亚泉的原话是中国人喜欢"统整"，"此实先民精神上之产物，为吾国文化之结晶体"[⑤]，他的意思是中国人爱"统整"是民族心理造成的（"吾国文化

---

① 陈独秀：《法兰西人与近世文明》，《青年杂志》1915 年 1 卷 1 号。
② 记者：《答一民》，《新青年》1916 年 2 卷 3 号。
③ 独秀：《答毕云程》，《新青年》1916 年 2 卷 3 号。
④ 陈独秀：《再质问东方杂志记者》，《新青年》1919 年 6 卷 2 号。
⑤ 伧父：《迷乱之现代人心》，《东方杂志》1918 年第 15 卷第 4 号。

之结晶体"应该是赫尔德的意思，指民族文化——文化二），并没有说是文明的中心[①]（杜亚泉通篇都是说"西洋文明"和"吾国固有文明"，只有两处提到文化，一处是这里，一处是他引用外人的言论，所以杜亚泉也讨论的文明）。陈独秀加上这一点就把文化和文明的关系确定下来了。也就是说，在与杜亚泉的论争中他的"文明"概念发生了裂解，搭起文化和文明之间的桥梁，即文化是指精神产品，文明是文化的创造物，包括物质和精神。文化传到物上就是物质文明，传到人心中就是精神文明。在与杜亚泉论战时才会接受杜亚泉的用法，即把一家学说作为文化的结晶体。于是文明有中心，把学说作为文明的中心价值。

这是对古代文明文化主从关系的颠倒，意义重大。转折的枢纽在于文化一与文化二和文化三关系的颠倒。民主主义的核心观念改变了文化二，特别是改变了文化三与文化一的关系。到底是先颠倒，后遇到杜亚泉的论调，还是相反，尚不得而知。

在这篇文章中，陈独秀还说，"就历史上评论，中国之文明固属世界文明之一部分，而非其全体。儒家又属中国文明之一部分，而非其全体"；还说"吾人不满于古之文明者，乃以其不足支配今之社会耳"[②]。以上两种用法用"文明"指古代和中西的文明成果，具有阶段性和地域性，不再是唯一的。古代也可能存在某种文明状态。这样就可能承认中国过去的辉煌是文明，肯定其价值。这个看法应该受到中国古文明（杜亚泉所谓吾国固有文明）的压力，使得陈独秀的概念系统发生了调整，因为也就是上面谈到"古之文明"之后就说到不能否认其价值。[③] 这是陈独秀文化概念发生变化的表现（在陈独秀的思想中此时也没有把它作为思想核心，但为后来转向马克思主义的文化观和文明观埋下伏笔）。

同人与北大发生互动。1919 年"文化"这个词基本上包含两层意思，精神领域的思想（文化一）和社会生活方式（文化三）。几乎就对应着上面文化和文明之间的关系。不过两者的关系尚没有像陈独秀那样清晰地表达出来，表现之一是在同人所在的北大，学术领域出现一个迹象，即开始

---

① 伧父：《迷乱之现代人心》，《东方杂志》1918 年第 15 卷第 4 号。

② 陈独秀：《再质问东方杂志记者》，《新青年》1919 年 6 卷 2 号。

③ 陈独秀：《再质问东方杂志记者》，《新青年》1919 年 6 卷 2 号。

考察文化在各种领域里面的表现。比如北大的《欧洲文化史》课程，目的包括"（一）陈述欧洲社会各种建设，以明其文化之意义；（二）应用近今欧洲考古成绩，以明其文化之起源；（三）比较欧人今昔生活变迁，以明其文化之趋向"。并且指出"陈述希腊文化或罗马文化时均略分物质生活、家庭生活、政治生活、宗教生活、文艺生活等等以分别述之。又如在希腊文化中，以其科学哲学为影响于后来欧洲思想最大，在罗马文化中，一切法律调度为影响于后来政治生活最大，皆特别详及之"①。这些话里都暗含一个结构，即"文化"是民族心理和历史积淀的成果（这里有文化二的遗存），主要限于精神领域，而生活和思想都受到"文化"的影响。影响思想成为文化传统，影响生活则成为社会习俗。两者合并起来是文明。这样一来，这时的文化和文明的关系变成了文化是精神核心，文明是文化的表现，是精神表现和物质生活。到 1919 年，在北大"文明"这个词倒比"文化"低一级了。这个思想与陈独秀的想法类似，似乎是北大同人的共识。

北大要做最高文化中心，它更加强调高级思想和精深的学术。蔡元培在同年《告北大学生书》里有"树吾国新文化之基础"，以及"今以后愿与诸君共同尽瘁学术，使大学为最高文化中心，定吾国文明前途百年大计"②等话。这里的新文化指的高级人才创造的精神产品。蔡元培按照当时人的观点，以科学作为文化的要素，给民族精神注入科学。因此胡适可以顺理成章地推出"整理国故"和"再造文明"的道路。也就是说蔡元培强调学术时是把文化一和文化二结合。这是后来京沪时期的北京同人的道路，而上海同人则将文化一与文化三结合。

与此相反的是参与社会的北大学生心目中的文化。学生在迎接蔡元培时发的《北京大学全体学生宣言》中说："文化以谋人类之幸福，而对于国家社会之现象，惟负观察批评之责"③，学生的意思是发展人文思想，目的是振兴国家，又是谋人类幸福，对不良现象加以批评。这里有将新文化用来影响文明的意思。但是，学生当时的认识还有另一面：学生还赞同蒋梦麟的"良

① 《国立北京大学史学系课程指导书》，北京大学档案馆 BD1919029。
② 《告北大学生书》，转引自《京学界将回复原状》，《申报》1919 年 7 月 20 日 6 版。
③ 《北京大学全体学生宣言》，转引自《京学界将回复原状》，《申报》1919 年 7 月 20 日 6 版。

社会创造文化"① 的说法，那么就是肯定社会也是文化的生产者，而不仅是大学。因此意味着（可能他们没有意识到）社会生活本身自己产生文化。他们并没有强调这一点，在当时的情境下，他们正在接受蔡元培的理念，通过学术来提高文化。这个对立其实并不是纯粹对立，因为北大同人的思想中文化的两层含义都有。因此可以说参加政治运动的方向其实也是文化的重要方面（日常生活）。不过学生的爱国热情使得这个文化三中有更多文化二的内涵。

学生们的观点与当时《新青年》的思想有距离。《新青年》认为国家文化应该不是与民族直接相关的，而是人类的，因此，他们觉得可以将欧美的国家文化（政治文化）移植到不同民族中，特别是中国。人类视角是《新青年》接受现代文化的中介，而学生此时强调国家，是因为五四运动以后，国家意识的强化。似乎这就是五四时期的文化定义，这是 1919 年五四前后，社会上高级知识人心目中的"文化"内涵，后来才形成了江苏教育会所总结的新文化运动的两个层次。

《新青年》随着陈独秀到上海后，情况在逐渐变化。北大对杂志的作用越来越弱。1920 年 4 月陈独秀写《新文化运动是什么?》，第一次解释了当时他心目中的"文化"：它"对军事、政治、产业而言"，包括"科学、宗教、道德、美术、文学、音乐"②。这里的政治指实际政治而言，至于政治学自然应该归入文化。由此可见陈独秀所谓"文化"就是文化一，并不包括文化三。然而他关注政治和社会中与"文化"关联的方面，其实已经关注文化三了，但是他自己做定义，也会把这个概念限定在精致的"文化一"上，认为与政治、经济等门类对立。这是观念与观念的运用之间存在差距的现象。

其实，陈独秀所说的"文化"内涵更狭窄。当时他和北大同人共同的文化观念，即文化指高级知识和人文知识。这样看的原因是中国旧学大多属人文领域，与此同时同人活动的领域也是文史哲等人文领域，对高级学术中的自然科学部分没有多少关注，早年很少发表《科学》杂志上的那种自然科学论文，通过吴稚晖介绍一些物质文化的内容，也完全人文化了，变成塑造人

---

① 《北京大学欢迎蔡校长之盛会》，《申报》1919 年 9 月 23 日 6 版。
② 陈独秀：《新文化运动是什么?》，《新青年》1920 年 7 卷 5 号。

格的教育手段。他在整个人文领域中提倡科学，其实是将自然科学方法运用到人文思想领域。总的来说，陈独秀讨论的"文化"仅仅是高级学术中的人文知识。

　　当时关于"文化"的用法还是比较混乱的。同人间有差距，也会互动。比如同人发表在卫星刊物上的思想与同人的思想发生一种特殊的互动，即补充性支持。与同人观点属于家族相似的，发生差异性共振。在陈独秀的《新文化运动是什么?》发表后不久，罗家伦在《新潮》上说前一个时代中国人只承认西洋物质文明和政治法律比中国高，但是否认精神文明和社会伦理比中国强："到这个时代大家才恍然大悟，觉得西洋人不但有文明，而且有文化。"[①] 这里的"文明"指的是物质的文明，而"文化"变成精神的文明，是人文的概念。可见当时"文化""文明"的关系还没有确定下来。这种不稳定的关系到1926年也没有彻底消除。1926年胡适曾说，文明是"一个民族应付他的环境的总成绩"，文化是"一种文明所形成的生活方式"[②]，这说明他还是把文明当作文化的上位概念，把文化归于文明在生活上的特殊表现，接上了人类学意涵的文化三，但还保留着传统观念。考虑到文明包括物质和精神的两方面，所以胡适的这次翻转，其中可能有唯物主义的作用，胡适的这个认识为传统中国的辉煌过去成为处理的材料做好了概念准备。同人本来就是以个人形态接触时代的各种知识，接近那个同时代可以共鸣的思想整体。他们吸收同类的思想，将差异和新颖的发现带入群体。同人的互动壮大了思考的人群，一人计短二人计长。内部可以相互确认，也能相互修正，还能扩大团体的势力。

　　同人的文化概念还吸收了时代中的传统看法。"文化"被广泛使用，是在近代欧洲注意风俗、信仰、观念、语言的价值时开始的。[③] 与民众的价值提升和人类学的发现都有关系。德国思想家赫尔德使用"文化"一词，为它增加了民族内涵；阿诺德抵抗浪漫主义的思想（浪漫主义与"文化"一样带有德国气味，或者说大陆气味），同时维护精英的古典文化，所以强调其中

---

① 　罗家伦:《近代中国文学思想的变迁》,《新潮》1920年第2卷第5号。
② 　胡适:《我们对于西洋近代文明的态度》,《现代评论》1926年第4卷第83期。
③ 　冯天瑜:《新语探源:中西日文化互动与近代汉字术语生成》,中华书局2004年版,第570页。

思想精华的意思。后来人类学家给文化增加了日常生活方式的内涵，将思想与现实结合。北大时期的《新青年》保留着赫尔德和阿诺德的思想，用文化指文明的灵魂。在这个意义上，文化这个词比文明概念更好。这个看法适用于文明社会中，文化的改造可以改造文化下属的文明，进而发展文明。但是在世界范围内，按照进化的道路，旧文明就很难重新振发。而且文化概念中除了思想精华的意思之外还有民族自我认同的意味，与民族历史相联系，因此"文化"对于传统更为亲善，它使旧文明具有合理性。当然，在民族意识觉醒的背景下，"文化"更容易代替"文明"。这就可以理解在第一次世界大战胜利以后，虽然德国失败了，但是"文化"这个词却在世界流行起来。

"文化"被广泛使用还与第一次世界大战以后的世界潮流有关。欧战以后世界出现一个改革社会的风潮，这是新文化运动的更直接的动因之一。在日本，觉醒的智识阶级，比如黎明会要"扑灭逆乎世界大势之危险的顽迷思想"和"应顺战后世界之新趋势，促进国民生活之安固充实"，新人会则"从事现代日本之合理的改造运动"[1]。日本排斥顽旧思想、社会改造等社会主义思想都与中国当时相近。即使不同，也在介绍时寻找共同点，成为"友声"。

第一次世界大战以后欧洲文艺没落，东方文艺复兴。它是世界的新潮流，在它里面本国的旧有文明有希望焕发生机。因此这种潮流既能满足国家主义的想象，又能满足怀恋东方文明的心理。当时基本上没人认为直接回到古代就可以了，几乎都认为接受外国新机，实现文艺复兴才能振起民族文化。所以人们更乐于接受文艺复兴说。特别是在五四以后，人们对此有更多共识。如蒋梦麟《新文化的怒潮》认为文艺复兴需要几个要素：天天讲学的学者，异域的新思潮，个人自由，人民对于旧生活的厌倦。[2]他还说"凡一个大潮来，终逃不了两个大原因：一个是学术的影响，一个是时代的要求。换言之，一个是思想的变迁，一个是环境的变迁"。"因为社会有病，所以几个学者便要研究他是什么病，这就生出一种学说来了，所以环境变迁的时候就会生出新学术来。用了这新学术去改变环境，这环境更加改变了；环境更加改变要求学术的人更多；于是愈演愈大，愈激愈烈，就酿成新文化的

---

① 《欧战后之日本》，《大公报》（天津）1919 年 3 月 21 日 6 版。
② 蒋梦麟：《新文化的怒潮》，《新教育》1920 年第 2 卷第 1 期。

大潮。"①作为江苏教育会成员的蒋梦麟在有关文艺复兴的论述中建构起了江苏教育会的新文化运动观（关于运动的发展结构）。他认为新文化运动有两部分，一部分是学者的学术，一部分是普通民众的生活。在他的描述中生活（社会）仅仅提供病症和问题，然后由学者的学术推动不良生活的改变。这里他强调的是改变来自学者，生活只提供问题，这是历史唯心主义的看法。这里的文化运动是以文化一为动力的生活运动（文化三）。不仅有学者的高级文化活动，还有社会活动。这样就形成新文化浪潮的机制。如果按照两层文化结构来看的话，学生的政治运动和学术都是文化运动的一部分。这样"五四"以后文化运动的两个层面就合并了，一方面提高，一方面普及。至于两者的关系，一般认为后者是主要的，但前面说过蒋梦麟曾认为"良社会创造文化"，这句话里暗示着底层文化运动倒是作为创造文化的前提，具有优先性和合理性，又有唯物主义的色彩了。

江苏教育会的文化运动构想，很可能来自日本的文化主义。五四运动以前，日本的文化运动思想就被介绍进来。1919 年 4 月 14 日《晨报》发表日本学者的《文化主义之提倡》，所谓文化主义是指选择新潮的一种超越的态度。作者说，"所谓文化者，对于自然之语也。以自然之事实，依一定之方法，而孵化之，而穷极之。使其理想全然实现，是谓文化"。文化成了理想化和人化自然界（也应该包括人的生活世界）。他还讲到人化的方法："就文化内容言之，从限定之范围，各自致力，经陶铸而成者；即吾人所谓艺术，学问，宗教，道德，法律，经济是也。"他说"此等之文化财（Kulturgitter）在文化生活全体中，各自致力，而后产出也"②。这里有精神文化，也有物质文明（经济），以精神文化为多。意思是这些高级知识成就来自各领域的知识。总的来说，他的这篇文章认为人要被文化，成为有人格的人，同时文化应该是来自合理的思考，来自对生活的合理思考，合理思考的代表当然是精致的文化（文化一）。他的描述包含了文化运动的两层。当然，这种关系也不是日本人创造的，很可能仍然来自欧洲，因为日本学术有德国学术的背景。另外，我们可以看到陈独秀在第 1 卷中翻译的《欧洲文明史》就有类似

①　蒋梦麟：《新文化的怒潮》，《新教育》1920 年第 2 卷第 1 期。
②　《文化主义之提倡（译日本文化运动杂志）》，《晨报》1919 年 4 月 14 日 2 版。

的想象。

但是我们会发现《新青年》接受这个文化分层的结构，看起来有点困难。他们一直都摇摆在这两个层面之间，原因何在？在于江苏教育会的这个模式。这个模式是从中国立场来审视文化文明关系的结构，而且还是脱胎于中国古代以中国为文化中心的思想。这个模式是单一文明内部的文化文明关系，即在一个独立的文明里，它的形成和发展都是由上层的文化外化而成。比如，中华文明是由中华文化创造出来的，化外属于自然区域。蒋梦麟在这个传统模式上增加了西方来的新思想，一个用文化来推动文明发展和复兴的维度。同人在与对手杜亚泉的论战中融合了杜的旧定义，因为原来他们也是这样看，按照德国的意见，文化造成民族心理（国民性）。无意中陈独秀给文明和文化两个词找到位置，即文化大于文明，文明是静态的，文化是历史中持续存在的。文明对应地域，文化与民族有关，地域文明与民族的定居有关，因此文明和文化的关系就成了民族的文化在时间中形成民族心理，民族心理（陈独秀则指国粹）是空间中形成文明的中心。文化指精神内容，文明则有精神和物质两面。文明是文化形成的结果。

这个模式已经见于前面陈独秀批评杜亚泉时说的话里，我们说陈独秀提出了这个模式，但是仔细看，这是陈独秀无意中替杜亚泉总结的，他自己并没有表示赞同。虽然杜亚泉自己也没有这样表述。因为陈独秀比较敏锐，抓住了杜亚泉的文化—文明结构模式。《新青年》虽然较早总结了这个结构，但是它的继续思考趋向于两者的分离，分成学者研究问题的路向和运用新"主义"来指导生活的路向。当然，就胡适、陈独秀个人来说还是承认这个结构的存在，他们的实践却选择了其中之一部分。不幸的是，《新青年》的世界眼光使这个模式很难成立。中华文明放到世界上去，会发现自己落在西洋文明之外的蛮荒之地，成为文化的下层，中华文明也就失去了作为文明的地位，而成为一个民族生活必备的"文化"了。原来的结构中，文化是高于文明的，但是现在这个文明已经成为文化了。所以在世界范围内，站在文明进化的大序列中，就变成欧洲文明的外边，只能把自己看作文化的一种，与自然相区别。这里文化这个词就发生转移了，一个是民族文明之源泉的文化（高级的精神财富，文化二），另一个是日常生活形态的文化（文化三）。前者是赫尔德意义上的文化，后者是人类学意义上的文化。前者是站在一个文明之中时的表述方式，后者是在"野蛮"之中时的表述，这正是两种用法产生的背景决定的，前者是欧洲文明人讨论欧洲文明内部关系时用的，德国反叛英法，也不过是在老欧洲文明中进行的。因为内部有差等，当某一个不太文明的民族（所谓不太文明是指英法的文化没有传达得很圆满的地方）认为自己民族的文化可以作为欧洲文明的新发动机时，就可以借助这个框架对文明加以更新。而后者是文明的人类学家在蛮族中进行调查时运用的词汇。

《新青年》站在人类学家的立场上，自以为是欧洲人（精神上皈依欧洲文明），站在"蛮族"里看，因此，它拒绝中国文化作为中国文明的发动机，因为他们认为中国的"文明"不算文明，也就没有了最高价值，已经降为野蛮。当然从西化已经进入中国的角度看，也可以叫不太文明的。不过《新青年》不认为中华文化可以像德国那样自信自己的文化能成为欧洲文化的新发动机（毕竟中国没有德国那样发达的科学和国力），因此只能认为中华文化没有资格作为形成中国文明的发动机，而要换成西洋的文化作为发动机，然后用它更新中国文明。日本人脱亚入欧以后，成为欧洲文明的不太文明的民族，但因为它跟从德国脚步，以大和民族文化挑战欧洲文化中心，要改造欧洲文明（起步时期只是要控制亚洲，作为争霸的准备）。故此《新青年》除了胡适转向（也没有完全转向）以外，同人多是排斥以这个本民族固有文明为中心的立场。如果有文化一，也是外来的文化一。同人也赞成创造新的文化一，只不过不如胡适那样强调，而是用现成的外来的文化一而已。

论争的立场还与"文化"和"文明"的理解发生互动。拒绝保守国粹是陈独秀与杜亚泉不同的地方，正是它造成陈独秀"文化"概念的扭曲。按照新的文化思想，民族心理（文化二）是文明中心，因此民族心理中有传统的思想（包括孔孟之道），因为陈独秀等同人拒绝国粹，于是不得不拒绝民族心理做中华文明的中心。他们要用西方的思想作为新文化，来做新文明的中心。这样其实是拒绝了来自德国的这种新的文化观念。但是同人的文化概念是已经被文化二影响过的文明论，因此他们的拒绝造成了逻辑矛盾。因为"固有"文明的物质性（它决定国人的思维）和落后性，而拒绝固有文明，则"文明"就既不是本民族的也不是生产力相适应的东西了。在反对国粹的立场前提下，同人的"文明"一词就失去了与固有文明的联系，而成为世界总体的生产力的对应物，这与他们的无政府主义思想倒是非常和谐的。

五四以后，出现"新文化"一词，而且非常流行。对新文化，社会上大概有两种解释，一种是外来的文化，不过这个时候的新文化指的倒不是启蒙文化（陈独秀所谓近代思潮），而是第一次世界大战以后欧洲将要掀起的新文化（陈独秀所谓最近代思潮）。另一种是融合中国文化而创造的新文化，既不是中国的也不是西方的，而是更加合理的文化。前者的代表是陈独秀，后者的代表是梁漱溟、章士钊和《学衡》派等人（与前者不那么敌对的还有后来的胡适）。第二种解释更接近于蒋梦麟的"文化—文明"模型，也是在文明内和站在中国立场上产生的。这两种解释至今莫衷一是，隐藏在关于"新文化运动"性质的思想启蒙说和文艺复兴说之中。其实，两者都对，又都不全面，只有合在一起才是完整的"新文化"。其实，第二派大体也是运用外来的新文化来激活中国旧文化，只不过以中国文化为本体而已，不似陈独秀对传统文化表现得没有感情。早年是两种态度并存，五四以后对立起来。

总的来说，《新青年》更能接受第一种解释。因为《新青年》偏取外来文化，并且早期迎接的恰是启蒙文化，所以同人开始还跟不上潮流，无法定义新文化的内涵。胡适名之为"新思潮"，是坚持"一战"胜利以后的看法，拒绝五四以后学生嚷嚷的新文化（文化三）。陈独秀开始并没有给它命名，但是他主张的新文化应该是《精神独立宣言》中体现的"最近代思潮"[1]。陈独秀回到上海以后发表的《新文化运动是什么?》对"新文化"本身并没有解释，而只是从运动的方向着眼，强调普及新文化。[2] 他坚定站在接引外来文化的方向上，抵制调和中西的倾向。陈独秀说"现在新文化运动声中，有两种不祥的声音：一是科学无用了，我们应该注重哲学；一是西洋人现在也倾向东方文化了"[3]。说明他在接受最近代思潮的情况下，还在维护近代思潮（启蒙思想），他说近代思潮对于中国来说还是新的。[4]

这种说法其实倒是主流的。蒋梦麟的模式中没有提到外来资源的价值，关于学者利用的资源，他没有强调外来思想，大概因为那在当时几乎是常

---

① 陈独秀：《论自杀》，《新青年》1920 年 7 卷 2 号。
② 陈独秀：《新文化运动是什么?》，《新青年》1920 年 7 卷 5 号。
③ 陈独秀：《新文化运动是什么?》，《新青年》1920 年 7 卷 5 号。
④ 陈独秀：《论自杀》，《新青年》1920 年 7 卷 2 号。

识。1900 年以后中国环境的变化确立了用国外新学术解决中国问题的思路。五四以后蓬勃的译介外国新思潮的潮流，更说明这个方面是无需强调的，第一次世界大战以后应该已经成为共识。

但是《新青年》里也有第二种解释的思想因子。第二种新文化的观念在《青年杂志》创刊时就在易白沙的"西学"思想中出现了。胡适的解决问题的口号也就属于蒋梦麟模式。"整理国故"使再造文明显得像复兴中国旧文化，"再造"似乎也含有缅怀过去的意思，其实胡适的意思是创造一种新文化，不仅中国文明要再造，西洋文明也要再造。胡适算是折中两端的态度，早期偏于第一派，后期偏于第二派。

到第 6 和第 7 卷，同人使用"文化"一词已经比较频繁了，但仍存在混用的现象。7 卷上顾孟余写道"由文化一面观看，文明有两大种，便是物质文明和精神文明"①。他似乎把文化作为一种文的成就来看，所以和文明混用，称为物质文明和精神文明。文化的内涵也存在混用。既有狭义的高级思想产品，又有低等思想（维持生活的那些观念），也包括生活方式。他说人数太多的社会里，决不能产生文化的人才（前面称之为"高等技术、高等科学的人才"），不容易享受高等的教育，因为即便有了文化的人才，也决不能收他的效用。② 细读文字，会发现他所谓"文化"又指的是高等技术和高等科学，也就是高级知识。如此一来，综合前后两段引文中"文化"的意义，可以发现"文化"的广狭两义都用到了，既作为一种文明形态，又作为文明核心的精神文化。这个混用带有一点合理性，因为如果把文明看作有价值的文化，那么两者是种属关系，某些时候可以通用。

陈独秀等人不满新文化运动中精神文化偏于人文知识，顾孟余强调高等技术和高等科学就有一点纠正的意味了。陈独秀在 8 卷 1 号上开始反思新文化运动限于精神层面的问题。这个思想也许来自吴稚晖、汪精卫等人。因为这一期上陈独秀给高铦回信时说："吴稚晖先生说'新文化若不竭力发挥自然科学和物质文明，简直是复古的倾向，不是革新的倾向。'汪精卫先生说'我们天天发理论的空言，闲却了实用的科学，岂不是变相的清谈。'"③ 他赞

---

① 顾孟余：《人口问题，社会问题的锁钥》，《新青年》1920 年 7 卷 4 号。
② 顾孟余：《人口问题，社会问题的锁钥》，《新青年》1920 年 7 卷 4 号。
③ 独秀：《答高铦》，《新青年》1920 年 8 卷 1 号。

同吴汪两人的观点，认为是说离开物质的文明，离开自然科学的思想，同样发生复古的清谈的流弊。反对胡思乱想，希望用自然科学的逻辑方法来医治。陈独秀为了拒绝一味强调中国精神文明的优秀，因此希望用西方科学的物质力量来强有力地支持自己对文化的观点。

关于文化概念的内涵，还值得一提的是，在这封信中，陈独秀开始偏向普及文化的一方，重新重视底层民众的文化对文明的基础性作用，肯定了群众日常生活中产生的文明创造力，把它看作文明更新的动力。此前江苏教育会提出的新文化运动双层结构还是以文化中的高级知识分子来提供文明更新的动力，现在陈独秀已经超越了这个认识，也超越了北大时期的立场，这里已经显示出唯物主义的影响，是一个明显的转变。陈独秀与北大同人的分离，背后有新文化运动两条逻辑的分离。这个转变不是无关紧要的，是陈独秀接受唯物历史观的结果，也使"文化"这个词因为包括物质文化和精神文化，而一下子包含了文明概念——强调物质其实是对文明概念的回归。

五四以后，"人类"这个词出现频率增多了，文明和文化的意义也都在人类的视域中被重新审视。文明这个概念是超国家的概念，文化概念是国家民族相关的概念。五四后，胡适要再造的文明就属于"人类"的。第9卷《新青年》中"文化"变成全人类的，与"文明"的意思一样了，于是《新青年》上的"文化"已经不再是中国的民族的精神产品，而是人类社会的一个总体性的文化成果，它的最终目的就是变成一个总体性的人类文明。党员时期，瞿秋白再次给文化下一个唯物主义的定义："所谓'文化'（Culture）是人类之一切'所作'。"[1] 这与早先的"文明"的意思和前面提到的胡适后来的"文明"定义是一样的。

1922年有关文化的话题突然减少到极低的程度，几乎形成一个空白。就是有提到文化运动的人也改变了态度。徐卓呆用小说讽刺文化运动，借蚁国的男蚁来主张男权，讽刺女权主义，讽刺劳动主义。[2] 他认为，劳动者只想缩短劳动时间，增加劳动工资，把这钱去看影戏、喝酒、宿娼。真挚的中流民众，战战兢兢盼望现在的地位安全，拿着不够的薪水，在那里维持呼

---

[1]　屈维它：《东方文化与世界革命》，《新青年》1923年10卷1期。
[2]　卓呆：《蚁国之文化运动（上）》，《游戏世界》1922年第18期。

吸，无论向哪一面看，向着一国百年大计的一个也没有。全国都是群盲充塞，引导他们的一个也没有，偶然有一二个大人物讲讲世界大势，又因他大得过分，这时代中容他不下。他呼吁政治家挽回时局。[①] 当然他也表达了对资本家和军阀的不满。[②] 他明显站在小市民的立场上，对劳动者、对主张自由的妇女不满，寄希望于官府，表达了小市民的担忧。这反映了 1922 年一般民众对于新文化运动的见解。市民阶级对新思想不够理解，认为不适合现实，这也算是对强势话语的抵抗。这一年《学衡》杂志创刊，《新青年》仅出了一号（9 卷 6 号），这都说明 1922 年是文化运动的低潮期。原因大概是经过 1919 到 1921 年的连续高潮，暴露出弊端，人们已经厌倦了，还有就是知识分子也对苏俄的热情减弱了。当然这一年也是转折时期，1923 年以后重新出现文化论题。

党员时期，瞿秋白在批评中国人迷恋的东方文化时表露出他对文化的见解。他把经济、政治和国际地位这类国际社会心理都包括在文化的元素（内容）中。[③]1923 年，瞿秋白对文化提出对精神和精神化的物质做一体的认识，他指出文化的具体内容是："一、生产力之状态；二、根据于此状态而成就的经济关系；三、就此经济关系而形成的社会政治组织；四、依此经济即社会政治组织而定的社会心理，反映此种社会心理的种种思想系统"[④]，也就是说，文化是由生产力、经济关系、政治组织、社会心理和思想系统组成。这样他的"文化"概念就是一个除了纯物质以外无所不包的人化的世界。

《新青年》内部也有不一致的声音。蒋光赤在分析罗马文化的衰落时指出：经济改变，造成文化消失。[⑤] 蒋光赤仍然保留了文化是高级精神产品的意思，这样一来，文化又在经济之外了。蒋光赤还说：各阶级也有共同的文化，资产阶级统治者加以改造，而劳动者则享受不到。[⑥] 很明显，他的思想是统一的，即认为文化是高级精神产品。同人拿文化作为斗争工具，揭露资本家罪恶的时候都强调文化是高级精神产品，不认为无产阶级也有自己的文

①　卓呆：《蚁国之文化运动（下）》，《游戏世界》1922 年第 19 期。

②　卓呆：《蚁国之文化运动（下）》，《游戏世界》1922 年第 19 期。

③　屈维它：《东方文化与世界革命》，《新青年》1923 年 10 卷 1 期。

④　屈维它：《东方文化与世界革命》，《新青年》1923 年 10 卷 1 期。

⑤　参见蒋光赤：《经济形势与社会关系之变迁》，《新青年》1923 年 10 卷 2 期。

⑥　参见蒋侠僧：《无产阶级革命与文化》，《新青年》1924 年 10 卷 3 期。

化。这里无产阶级仅仅是文化的消费者。无产阶级文化也几乎是在这个思想基础出发的，因此他们指望的是无产阶级来创造精致的精神文化产品，忽视了无产阶级在日常生活中创造的文化。

9卷6号上有文章说马克思唯物史观要旨有二："其一，说明人类文化之变动"，"其二，说明社会制度之变动"[1]，文化主要是精神的上层建筑，与政治和经济并列。文化和社会生活此处是分开的。到瞿秋白，其文化观念发生很大变化，应该说显得十分独特，具有转向意义。瞿秋白主持的《新青年》不谈高级精神产品，文化把经济、政策和政治等都包括在内。这样，《新青年》与胡适的"文化"就完全不是一回事了。胡适们关心精致文化（思想、哲学和文学），而《新青年》关注的不仅有"精致"的文化，还有"粗陋"的文化。胡适后来把《新青年》后期的关注对象称为政治，其实是误会了，《新青年》从来都在谈论文化，早年谈政治是谈政治文化，现在谈政治和经济是把它们当作文化三来谈。它改造经济关系和政治制度，最终目的是拯救整个文化。

党员时期的文化思想也不是孤立产生的，它也在情境中产生互动。

首先，受到苏俄思想资源的滋养。项莱从人类文化理想出发将无产阶级革命作为达到文化解放的途径，而不是从文化斗争的现实出发，还认为无产阶级只有夺取政权后才能生产文化，而认为只有马克思主义是斗争过程中产生的伟大的文化。[2] 这种表述使文化工作成为政治斗争结束后再做的"不重要"的事情了。另一方面只认马克思主义是新文化，忽视了斗争中无产阶级产生的文化果实。项莱的思想与瞿秋白的观点类似。还有，第11卷流露出共产国际的马克思主义文化夺取欧洲文明地位的意图。比如蒋光赤说，所谓文明人，人们语言中的假的文明，都是充满不合理不平等的假文明。[3] 类似于德国进行文化争霸，当时德国的方法是创造民族文化来代替旧文明的"神话"，创造了文明中心转换论。它努力把自己的文化作为欧洲文明的发动机（核心）。苏联也属于新的争霸者，不过创造的是真假文明论，即认为欧洲文

---

[1] 陈独秀：《马克思学说》，《新青年》1922年9卷6号。

[2] 参见项莱：《共产主义之文化运动·项莱之演说》，奚浈女士译，《新青年》1923年10卷1期。

[3] 参见蒋光赤：《在伟大的墓之前》，《新青年》1925年11卷1号。

明是虚假的文明，并不是真正的平等合理，只有通过阶级文化可以达到真文明（世界的文化）。争霸的途径是在各国发动民族革命，以反对帝国主义，然后合并到无产阶级对资本家的斗争，然后得到解放。[①] 苏俄的文化目的成为《新青年》的文化目的。正因为把文化放到了遥远的将来，所以《新青年》第 11 卷表现出对文化的漠视。

其次，此时《新青年》文化概念还与时代潮流互动。1923 年时，新文化的内涵变得多元了。原来都是从事文学和教育的人搞，参与者现在多起来，连科学技术工作者也参与其中，其实质是科学文化进入人文文化之中。正好是这一年年初开始爆发持续近两年的"科玄论战"，自然科学家开始讨论文化。科学社的杨铨认为"所谓物质文明者，即工程事业之代名词也"，"人类文化固非仅属工程事业，而工程事业每为一切文化之先河"[②]。其实自然科学涉及自然，更多是涉及物质文化。他强调物质文明的创造在文化中非常重要。茅以升说，文化视野必有赖于书报之流传，而书报的印刷，必藉机械的设备，其计划制造，又没有一样不是工程家的成绩。[③] 茅认为物质技术是人文的基础和支撑。自然科学家们似乎是在文化领域争夺位置。人文文化是人的生活形式，而自然科学文化则是人征服自然的能力，是人的能力，是人处理与自然之间关系的手段和方式，也是文化。《新青年》站在自然科学家一边的，在科学观念上更亲近自然科学家。它要把自然科学放到文化内涵中，与自然科学家一致了，在当时的文化概念体系中，《新青年》站在物质文化优于精神文化的立场上，和自然科学家一起与精神文明之上的人文学者拉开距离。

## 二、主观文化与客观文化

由于《青年杂志》是教育杂志，肯定要涉及个人接受文化影响的问题。它并没有直接讨论主客观文化，而是在涉及主客观文化的方面有相关的看法和态度。之所以要专门讨论主客观文化，是因为《新青年》非常重视个人的文化过程，有很多个人与文化进行对抗的看法，并且表现出对于文化的反叛

①　蒋光赤：《在伟大的墓之前》，《新青年》1925 年 11 卷 1 号。
②　杨铨：《工程学与近世文明》，葛正权记，《科学》1923 年第 8 卷第 2 期。
③　茅以升：《工业与近世文明》，龚征桃记，《科学》1923 年第 8 卷第 6 期。

姿态。

文化是与群体相关的概念，但也涉及个人。个人是文化的出发点和归宿点。群体性的文化总要落在具体的个人身上，也总是以个人的参与为前提。德国社会学家齐美尔将文化从个体的角度来思考，区分为主观文化和客观文化。他所谓的客观文化是"经过创作、提高和完善的事物"，而主观文化是指用客观文化"引导人类灵魂走向完善或指出通向更高存在阶段的单程或全程"中，所达到的"个人发展程度"①。也就是说，主观文化是主体自我完善、提高而形成的心灵形式，如道德、个人习惯等。客观文化是主体之外的一切人化了的事物，如物质、制度、习俗、生活形式等。客观文化作用于主体，在主体中形成主观文化的一部分。即那个既有的文化整体，化入个人所呈现的状态。这部分主观文化和本能一起作用于主体周围的事物，再形成客观文化，这是一个互动的过程。

美国学者普罗瑟的理解是：主观文化又叫个人的文化过程，指个人独有的文化过程，包括个人的信仰和价值，还包括个人在文化里的经验感知。②"客观文化指的是文化器物，如装饰品、文件、人造物。"③他研究的是文化传播，在文化传播中主观文化起主导作用，所以他遇到个人主动选择的问题，进而发展了齐美尔的主观文化概念。

尽管齐美尔对文化的了解与我们并不相同，但他从 Kultur 的本意"培植"追索文化过程，创造性地做出的区分也是文化研究的一个重要角度。我们的分析就是建筑在齐美尔和普罗瑟的概念基础上。

沪皖时期，《新青年》对主客观文化的认识，体现在他们的个人主义主张之中，更体现在它的文化建设和文化改造的路径上——它的一个重要任务就是建立新的主客观文化体系。

首先，唤醒青年人的觉悟。对于旧客观文化中熏染的主观文化者，同人开出改造他们的灵药：觉悟。沪皖时期《新青年》希望建立与共和制国家相

---

① ［德］齐美尔：《桥与门》，涯鸿、宇声等译，上海三联书店 1991 年版，第 92 页。
② ［美］迈克尔·H. 普罗瑟：《文化对话：跨文化传播导论》，何道宽译，北京大学出版社 2013 年版，第 229 页。
③ ［美］迈克尔·H. 普罗瑟：《文化对话：跨文化传播导论》，何道宽译，北京大学出版社 2013 年版，第 230 页。

配的公民文化，不过着眼点却在个人修身。比如 3 卷 1 号次山的《青年之生死关头》与早先的陈独秀一样主张青年的修身。修身的方式是先觉悟，然后按照西方共和国民的要求思考和行为。

　　与《妇女杂志》教女青年做针黹女红、让个人服从于社会不同，《新青年》是培养独立于社会之外的个人和群体，替换社会腐败的细胞。因此，觉悟以后，为抵制不良的客观文化，还需要呼唤抵抗力。陈独秀提出抵抗力问题，他说"吾国衰亡之现象何止一端，而抵抗力之薄弱为最深最大之病根"①。因袭重负和不良的国民性，都是客观文化的一部分，要用主观文化来改变，那么主观的力量必须足够，所以《新青年》早期特别重视意志力和抵抗力，目的是使主观文化能形塑客观文化。高一涵认为人心中有勤力和惰性的差别，鼓动大家从自己开始，克服惰性，伸张勤力。他认为，克服惰性，个人身心清明，壮健振兴之相就出来了。相反则身心颓散，衰朽弱亡之象就出来了。② 陈独秀认为易卜生的剧是刻画个人自由意志的；③ 刘叔雅介绍叔本华关注其自我意志；④ 高一涵要青年"练志"，因为"志者，根诸心，发诸已，非可见夺于他人，而亦非他人所能夺"，志的表现是"预定其当然之理，排除万难，拨开障碍，而循轨赴的以求之，设已然之事，而不与吾当然之理合，则立除其已然者，而求合乎吾所谓当然"。他又提出"练胆"，胆就是朝着正确的目标，"鼓其豪兴，以赴前途，无所于惧，无所于恐者也"⑤。高一涵借法兰西的历史，谈论的也是中国的状态。在《抵抗力》里，陈独秀说"抵抗力者，万物各执着其避害、御侮、自我生存之意志，以与天道自然相战之谓也"⑥。第一卷似乎都倾向于强调个人的意志，以意志力为中枢，树立国民抵抗世俗的力量。为此，陈独秀在主观文化的内容上曾经主张兽性主义。这个当然是因为竞争的时代需要。

　　因为同人反对的是中国当时的客观文化，一方面要让青年有抵抗力，拒

---

① 陈独秀：《抵抗力》，《青年杂志》1915 年 1 卷 3 号。
② 高一涵：《乐利主义与人生》，《新青年》1916 年 2 卷 1 号。
③ 陈独秀：《现代欧洲文艺史谭》，《青年杂志》1915 年 1 卷 4 号。
④ 刘叔雅：《叔本华自我意志说》，《青年杂志》1915 年 1 卷 4 号。
⑤ 高一涵：《共和国家与青年之自觉》，《青年杂志》1915 年 1 卷 3 号。
⑥ 陈独秀：《抵抗力》，《青年杂志》1915 年 1 卷 3 号。

绝旧客观文化的侵蚀，另一方面要建立新的客观文化。新客观文化的核心是主观的东西。高一涵前面说的志，就是以"心"为根。

沪皖时期，为了更新文化，他们阻断主观文化与客观文化的互动。社会心理也是个人文化所合成，但是对于个人来说也就是客观文化。而他们认为社会心理是由个人改造来加以改变的，意思是通过主观文化来改造客观文化。陈独秀的《敬告青年》就是想区隔出一块新鲜的空间，培养新的客观文化种子。

这个主观的东西还必须是从自我中来的。高一涵批评"古之人，首贵取法先儒"，赞扬"今之人，首贵自我作圣"[1]。毕云程来信说，自己很赞同梅特尼廓甫的观点：以个人的完全发展，为人类文明进步的最大目的。[2]《青年杂志》特别强调个人独立平等的人格，呼吁青年以自我为本位。[3] 在同人看来，客观文化要由主观文化来型塑。他们特别强调"我"的主导性，强调个人是文化的目的而不是工具。同人的主客观文化关系被表述为按照主观文化，甚至按照本能，选择或者创造客观文化，而不是被动地被客观文化形塑，这是《新青年》的一个出发点。于是，自由在文化学上成了新的主观文化的新特点。这个立场是同人与其现实目的——改造不合理的社会和客观文化互动的结果，也是与把个人主体性放到至高无上位置的启蒙哲学互动的结果。

文化从自我中来这种设想很好，但是实行起来却有困难，个人本能而外无非客观文化的型塑。现在要哪个部分来外化为客观文化呢？虽然从渊源上说客观文化无非是人总体的心灵外显，是人化的自然和环境，原则上客观文化的基础是主观文化，但个人却实在是已经形成的文化的产物。在某一个人身上，往往客观文化去规范主观文化，使个人无法形成个人文化的更新，这才是常态。这样同人对个人提出了一个无法实现的要求，实际情况是并非所有个人都可以外化。

传统的客观文化往往打着天道的幌子，《新青年》却要选择人道。陈独秀说："兹所谓人道者，非专为人类而言。人类四大之身，亦在自然之列。

---

① 高一涵：《共和国家与青年之自觉》，《青年杂志》1915 年 1 卷 1 号。

② 毕云程：《通信》，《新青年》1916 年 2 卷 2 号。

③ 陈独秀：《敬告青年》，《青年杂志》1915 年 1 卷 1 号。

惟其避害、御侮、自我生存之意志，万类所同，此别于自然者也。"① 细读此段文字，可知他所谓人道，更多是"自然"。他其实是把人的自然本性作为主观文化的开端。沪皖时期提倡的主观文化更多偏于原始森林中适用的接近本能的文化，甚至就是反文化的野蛮的本能行为。重要的表现就是《青年杂志》在教育方针中主张兽性主义，固然因为当时受德国和日本的影响，② 他还说皙种有殖民地因为有兽性。兽性指的是好斗、体力好、信赖自我的本能，兽性是本能的东西，并非人的文化的东西，恰恰是非人的非文化的部分，强调适应弱肉强食的丛林法则，所以用反文化的兽性来激活文化。这样又回到原始时代的初创文化的意图，所以陈独秀说进化论者说"吾人之心，乃动物的感觉之继续，人间道德之活动，乃无道德的冲动之继续"③。社会往往是保全人性的障碍。高一涵认为古人认识到天性各自不同，但是古人要求同风，所以用道德来束缚人性。④ 这样看，道德就在古代变成压抑天性的东西。他明显是站在人性的一面，希望发挥个人的独立性。他说："盖受命降衷，各有本性。随机利道，乃不销磨。启瀹心灵，端在称性说理。沛然长往，浩然孤行，始克尽量而施，创为独立之议。"他希望建立一种新的保护个性的社会。他提出，"夫共和国家，其第一要义，即在致人民之心思才力，各得其所。所谓各得其所者，即人人各适己事，而不碍他人之各适己事也"⑤。他的潜在意思是共和国家就被当做一种帮助个人的文化设施，其体现的客观文化对个人没有约束作用。进化论生物学成为认识人性的基础，是从非人性积累而来的，这成为认识人的基石。那么就有了用自然来做文化的基础，重新建立新的主观文化的意图。

当时，陈独秀也说过，自我发展的来源是心灵里面的本能之上的自动的发展力，这是人区别于动物的东西。⑥ 他也承认，自我发展（主观文化）要

---

① 　陈独秀：《抵抗力》，《青年杂志》1915 年 1 卷 3 号。
② 　五四前时代风气转向欧美，特别是美国，作为标志的是梁启超认同威尔逊主义的国际原则，标志着时代潮流正在向新原则方向发展。这次转折对于中国知识发展方向有很大意义。
③ 　陈独秀：《今日之教育方针》，《青年杂志》1915 年 1 卷 2 号。
④ 　高一涵：《共和国家与青年之自觉》，《青年杂志》1915 年 1 卷 1 号。
⑤ 　高一涵：《共和国家与青年之自觉》，《青年杂志》1915 年 1 卷 1 号。
⑥ 　陈独秀：《今日之教育方针》，《青年杂志》1915 年 1 卷 2 号。

从本能之上的心灵力量得来。他认为"强大之族，人性兽性，同时发展，其他或仅保兽性，或独尊人性，而兽性全失，是皆堕落衰弱之民"①。也就是说他认为主观文化的来源包括本能和超越本能的心灵力量。但是，他对人性部分所说很少。因为为了解放，为了强大，去除外在的束缚，真正的本心更多强调其本能的一面。在他眼中，恐怕中国文化就是独尊人性而兽性全失的，于是中国才成为衰弱之民。因此兽性成为治疗中国文化病根的良药。于是，沪皖时期，《新青年》主张最大幸福的乐利主义，肯定了肉体的力量，使主观文化中的身体经验开放，客观文化也因此被彻底打开，个人的苦乐成为合理性的根本。客观文化也相应地受到主体本能的规定。

可惜，陈独秀没有谈论新的主观文化应该如何利用人性，可能就是人类应该有的所有美好的特征和理想的部分。是不是可以由此推断，他的思想暗含着新的主观文化并非完全新的，而是在旧的主观文化上加以改造，因此才只强调缺失的部分？

同人早期一方面批判中国的客观文化。这方面同人有更多的表现，比如批判不平等的伦理和批判社会陋俗；另一方面改造主观文化（通过唤醒青年人的觉悟和抵抗客观文化等方法）。沪皖时期，《新青年》从个人自由意志受压抑的方面来指认社会恶习的不良。②同人强调个人被社会恶习压迫，所以要中断个人被动的文化过程。类似心脏手术中，终止体内循环，用人工心脏进行体外循环。这个方案不是《新青年》首创，从清末就开始形成了。

由于《新青年》认为解决因袭重负的关键在个人身上，所以它反对固有的客观文化，阻断客观文化对个体的形塑，拒绝客观文化内化成主观文化。当然也不是完全反对客观文化的主观化过程，它把共和制度当作新的客观文化资源，从共和制度出发，来要求主观文化发生适应性变化。但这个客观文化是残缺不全的，是生长在旧客观文化里面的，比如共和制度的政治文化就还没有建立起来。为巩固新客观文化的目的考虑，它不能不致力于对旧客观文化的打击，于是它采取的手段是换客观文化。

同人在反思政治不良的现状时，寄希望于个人的改变。不过在他们的潜

---

① 陈独秀：《今日之教育方针》，《青年杂志》1915 年 1 卷 2 号。
② 独秀：《碎簪记·后序》，《新青年》1916 年 2 卷 4 号。

意识中，个人本身是没有文化的，至少在反叛旧文化的时候是如此。《新青年》的还原论思想把个人还原为生物，一切都从本能出发，这样，个人就成了一个空虚的点。幸亏他们强调大己，使个人与人类连成一体，暗中肯定了个人的文化属性。只不过他们总是强调个人为文化立法，而不是相反。如果说他们有明确承认个人的文化属性的地方，就是他们肯定具有西方先进的文化的个人是新人，表明他们不是否认个人身上有文化的印记，而是希望把国人恢复到去除了传统文化的状态，然后更换为西方近代文化而已。

《新青年》在打击旧客观文化、破坏主客观文化联合体、培养已经形成的新客观文化等行动之外，还持续接引西方文化。最后这项工程因为它是直接改造主观文化最有效的方法而影响深远，成为《新青年》的重要标志。《新青年》第一二卷中就有很多西方生活的介绍，目的是介绍西方的经验，让国人感受西方文化。这个客观文化被认为是西方人按照人性加以扩展建立的，现在《新青年》把它接引过来，作为培养主观文化的源头，以便建立新的主客观文化联合体。刘叔雅给《佛兰克林自传》加识语提倡富兰克林自强不息，勇猛精进的气概："吾青年昆弟读之，倘兴高山仰止之思，群效法其为人，则中国无疆之休，而不佞所馨香祷祝者也。"[1] 这种做法说明同人知道只改造主观文化是不够的，知道主观文化其实也少不了客观文化的滋养，因此也承认需要客观文化的支持，只不过他们所提倡的客观文化是西方文化。

第一，这个立场与国内的思潮互动，表现在此时自清末以来形成的启蒙思潮也设想通过个人教育来改变风俗。自从严复提出关注"民智、民力、民德"[2] 的治本路线以后，从"民"入手振衰起敝就是中国知识人改造社会、实现文化改造的默认路径。戊戌政变失败后，梁启超有"新民"说，庚子事变以后留日学生在日本接触了日本的国民性理论，给批判民族文化、改造国民增添了理论依据。同人无疑是接受了这种立场，在《青年杂志》创刊时就提出"自觉"说。这些看法一脉相承，都是从人民精神改良入手改变整体，采取替换主观文化的方式，进行客观文化的改造。

第二，这个看法还是与国外思想互动的结果。人的本性是圆满的，而因

---

[1]　刘叔雅：《佛兰克林自传·叔雅识语》，《青年杂志》1916 年 1 卷 5 号。

[2]　严复：《原强》，《严复集》（1），中华书局 1986 年版，第 14 页。

为外在原因而残缺不全，人类要做的就是恢复到当初圆满的境地，达到人的完全发展，这个看法是启蒙思想的前提，来自卢梭、洛克，基于基督教的教义。后来的德国哲学家齐美尔也从这个角度讨论主观文化，追求文化的开端状态。齐美尔说，在自然状态下，主体内心只有本能，等个人按照本能对外在事物施加人力，使它们人化，让它们满足自己的意愿以后，就形成了最初的客观文化。①

因为沪皖同人多有留日经历，可以直接接触国外思潮，此时他们还是保持着早年接受的西方思想。由于《新青年》开始就取法于使欧洲焕发生机的启蒙文化，所以他们也服膺这个观念。同人共享这个看法，把个人主观文化作为主客观文化互动体系的中心，认为个体的天性是自然所赋予的，一定是好的。这种说法其实不过是信仰，除了用于批判以外，不能有所建设。但是同人接受了这种欧洲理性主义色彩的看法，以为可以用来作为主观文化创造的理论基础。这样的立场加上它有还原论思维方式，使它坚信有一个恢复到个人创造文化的原初时期。

第三，与同人的身份互动。沪皖同人多有革命经历，他们作为社会边缘人，容易选择反对客观文化的资源。《新青年》似乎是故意忽略客观文化对于主观文化的影响。因为客观文化是旧文化，整个文化存在失效的问题。它从中国民性薄弱的现象出发，寻找造成国弱的原因，发现客观文化束缚主观文化，进而使得客观文化也不能进化。它认为中国的客观文化，即已经形成的传统制度、心理习惯和行为模式等，是中国落后、不能适应世界的原因，因此现在要把它改造过来（改造社会其实就是改造社会里的客观文化）。这种革命态度恰恰得之革命者的身份。而它反对客观文化的思想也为它带来更多带有革命精神的成员，比如在北大时期居然老夫子朱希祖也写出提倡革命的文章。

第四，与现实问题互动。中国文化在西学东渐和西力东侵的背景下，出现文化危机，改造文化已经成为时代总主题。中国知识人要建立新的客观文化，表现之一是批评中国社会的污浊，努力改造社会，同时隔离旧的主客观文化互动的体系。于是新知识人着力于干预个人文化过程。《敬告青年》认

---

① ［德］齐美尔：《桥与门》，涯鸿、宇声等译，上海三联书店 1991 年版，第 83—92 页。

为现实是中国青年有青年年龄和老年身体的占一半；年龄和身体都是青年，但脑筋是老年的人占九成。[1] 它认为当时青年人内心充满陈腐内容，还认为原因是新鲜活泼的青年"寖假而为陈腐朽败分子所同化者"，还有不敢抵抗旧势力的。[2] 人性本善，社会不良是当时教育者的通识。社会的思想状况即客观文化，那么不良社会代表客观文化不良。作为新文化人的《新青年》同人致力于培养独立的国民，以抗世俗。同人选择这种个人为中心的启蒙文化，固然因为其为欧洲近代文明的重要动力，也是因为新文化是创造改造中国现实的主客观文化互动模式所需要的。

第五，它与同人自身思想架构发生互动。同人的思想体系中个人、个性和自由是核心价值。陈独秀注重自然法和人为法的差别。[3] 自然法是自然规律，人为法就是文化。《新青年》要将两者统一起来，而且用自然法来统一人为法，即让文化按照自然规律来安排。这是它的物质主义哲学决定的，同时它对主观思想的本能式的改造进一步强化了它的物质哲学，这个哲学导致它尊重科学和理性。

文化教育学认为教育的目的就是从客观文化向主观文化过渡，形成完整的人格。《新青年》则相反，以人格为导向，强调自求幸福，[4] 按照本心做事，个人之间相互平衡而形成合理的社会。这是从我出发塑造客观文化的模式。一般的主客观文化本来是一种互动的关系，到同人心中变成了一种以主观为主的互动关系。

因为他们对旧文化有负面评价，当他们致力于推动改变的时候，遇到客观文化和主观文化的联合体的反抗，进一步强化了对旧客观文化的负面评价。恰好他们引入的又是一种个人为中心的文化，旧客观文化对个人的效果就更加负面。在破坏旧的主客观联合体时，一方面批判客观文化，另一方面《新青年》集中解决主观文化问题，特别致力于改造主观文化。批判客观文化的目的是建立主客观文化的新关系，计划重建以主观文化为主、保障自由的客观文化。

---

① 　陈独秀：《敬告青年》，《青年杂志》1915 年 1 卷 1 号。

② 　陈独秀：《敬告青年》，《青年杂志》1915 年 1 卷 1 号。

③ 　陈独秀：《再论孔教问题》，《新青年》1917 年 2 卷 5 号。

④ 　高一涵：《乐利主义与人生》，《新青年》1916 年 2 卷 1 号。

北大时期,《新青年》提倡易卜生主义仍然是主张主观文化的主导性。胡适谈到法律,说法律的效能在于除暴去恶、禁民为非,但是坏处是死板板的条文,不通人情世故。① 法律也是文化的一部分,是文化的制度层面,是文化中形而下的东西。在胡适看来,易卜生主义有制裁社会的意味,提倡易卜生主义就是提倡个人对于社会的文化规范的反抗。胡适借易卜生质疑了把社会习惯当作道德的情况,质疑那些伪君子。他说:"社会最爱专制,往往用强力摧折个人的个性,压制个人自由独立的精神。等到个人的个性都消灭了,等到自由独立的精神都完了,社会自身也没有生气了,也不会进步了。"② 他反对社会中的客观文化压制个人,暗含的意思是主客观文化之间的关系应以来自自我的主观文化为中心。

但是如果联系同人的健全的个人主义来看,同人的主客观文化关系并非完全以主观文化为中心,应该说他们以主观文化作为出发点,但是落脚点还是客观文化和主观文化的和谐。可惜因为他们受到争论的环境限制,更多强调前者,所以显得是不够理性的。导致的一个结果就是对如何才能使主观文化得到发展,而又能实现与客观文化的互动沟通,共同发展,这个问题一直没有去解决。

北大时期,同人也拓展了沪皖时期的批判旧客观文化的道路。刘半农慨叹"中国人的背脊上,被五千年旧习惯的一块大石碑压住了","中国人的脑子,被五千年旧道德的麻醉药吃昏了。断断不以我的说话为然,还要骂我荒谬","惟其如此,所以我更觉得非改革不可"③。同人要建立主客观文化之间新的合理的联合体,但是受到传统力量的抵抗,因此反客观文化的方面就得以突显。

北大时期,同人继续保持沪皖时期的主观文化脱离客观文化的思想。沪皖时期的抵抗力化身为北大时期的"奋斗主义"。《新青年》抵制消极逃避,认为梁巨川的自杀是消极的,没有和他所反抗的东西奋斗。④ 陶孟和、李大钊和陈独秀都不主张消极地以自杀唤醒他人,主张奋斗。五四以后,反抗旧

---

① 胡适:《易卜生主义》,《新青年》1918 年 5 卷 6 号。
② 胡适:《易卜生主义》,《新青年》1918 年 5 卷 6 号。
③ 刘半农:《南归杂话》,《新青年》1918 年 5 卷 2 号。
④ 陶履恭:《论自杀》,《新青年》1919 年 6 卷 1 号。

的客观文化已经成为共识，但是主观文化仍然无法建立，因此陈独秀注意到
新的危害：西方来的新客观文化（近代思潮）包含悲观绝望的内容。他从自
杀现象背后找到一种规律：当社会变固定了的时候，它的道德的组织和制度
的组织往往发挥一种极有势力的集合力，压迫驱逐那和它组织不同的分子。
如果出现自杀，说明社会应该调整自己。他鼓励被压迫的人不要自杀，要
有单枪匹马奋勇向前的精神，积极造成新的集合力，反抗压迫人的社会。[①]
五四后，王星拱在讨论奋斗主义时说过："奋斗的人生观，是进化的人生观。
奋斗是自卫、免除危险、维持生存、改良社会之最有效的方法。"[②]

　　这个思想除了与沪皖时期的思想互动以外，还与清末通过改造个人来改
造社会的思想互动。这个思想在民国后仍然保持在教育界，到第一次世界大
战以后，再次成为重点。蒋梦麟也曾说社会本身不能自己改良，要我们个人
去改良它。他也鼓动大家奋斗。[③] 此时，社会在个人面前常常呈现负面形象。
奋斗的人生观在五四以后是一个潮流，也被顽固的人"痛骂为越轨乱天下犯
上作乱的邪说"[④]，因为它抵抗旧客观文化，以主观文化为中心。

　　北大时期也有客观文化的建设目标，将"个人"发展为"人类"，减少
了沪皖时期的个人任性的一面，增加了社会合作、人类一体的意识。《新青
年》也不是完全没有支持客观文化的主观化的。比如陶孟和从社会角度出发，
强调人人之间的联系，认识到"人既群居，道德的关系、心理的关系，乃无
往而不存"[⑤]。他批驳了归咎于社会的懒惰思想，提出通过社会制度的改造进
化促使社会的改造。北大时期，某些客观文化比如与群众的爱国心本能联系
在一起的社会心理习惯也受到重视。

　　第一，该转变与事理逻辑互动。为了改造社会风俗，需要培养个人的独
立性，因此同人主张个人权利和自由。这是事理本身的力量发挥了作用。本
来个人文化过程是自然的，人根本就不会直接接触现实，我们从出生就浸泡
在文化的羊水里，像鱼在水里游动一样，与物自体不能接触（康德说的是感

① 　陈独秀：《自杀论》，《新青年》1920 年 7 卷 2 号。
② 　王星拱：《奋斗主义之一个解释》，《新青年》1920 年 7 卷 5 号。
③ 　转自陈独秀：《自杀论》，《新青年》1920 年 7 卷 2 号。
④ 　转自王星拱：《奋斗主义之一个解释》，《新青年》1920 年 7 卷 5 号。
⑤ 　陶履恭：《社会》，《新青年》1917 年 3 卷 2 号。

官构成的水，其实此外还有文化、习俗等）。文化通过教育形塑我们的自我。齐美尔说"没有客观文化就没有主观文化，因为主观发展和主观状态只能将如此炮制的客观纳入主观道路才能成为文化"①。齐美尔的意思是客观文化荣养个人的心理和行为，使主客观相互和谐。也只有变成个人的主观文化了，客观文化才能够实现自己，不然逐渐就会被新客观文化代替。要建立稳固平和的主客观联合体，个体需要修正自己的行为，主动接受客观文化，外在的各种制度、人际关系、风俗习惯等对自己的影响，认同和遵从文化，否则，就要发生文化失序。这些文化共同形成当前的文化状况，由此形成相关的事理，"理"就是文化规定的道理，按照事理本身，客观文化是更常见的，主观文化是次要的，在这个事理作用下，同人的思想不知不觉地就会向事实状况偏移。原来同人们不去顺应这个过程，而是要改造它，从个人的形成过程中排除客观文化作用。他们把个人文化过程看作不好的，也不加深对个人文化过程的认识。他们采取的个人文化方式是通过顿悟方式获得自觉。

原来那种强调主观文化的中心位置，对于破坏旧文化很有用，但是一旦涉及文化建设，原来的说法明显是偏颇的。作为学者的北大教授们自己不能不被事理牵引而重视客观文化的方面。

第二，与时代潮流互动。早在第一次世界大战刚结束的时候，研究系与《新青年》同人逐渐接近，与同人对话。蓝公武曾比较清末时期中日接受西方新文化的差距，认为阻碍中国接受近代文化的原因是国内的偶像没有破除。② 因为接受新客观文化的困难，时代开始感受到去除旧客观文化的必要了。五四运动以后的社会舆论环境变化，国外潮流的冲击，使国人向西方学习的思想更为坚定。《新青年》与时代同步，继续从事新客观文化的接引。不过这时的客观文化内容更为丰富了，与早年的启蒙文化已经不完全相同了。

第三，与传统思想互动。沪皖时期，同人并不批评老子，因为老子思想对于反抗旧客观文化有利，老子思想的"返本归真"思想也有助于重建主观

---

① ［德］齐美尔：《桥与门》，涯鸿、宇声等译，上海三联书店1991年版，第93页。
② 蓝公武：《破除铟蔽思想之偶像（录国民杂志）》，《国民公报》1919年1月22日。

文化。老子的个人自然本位的反文化立场，恰恰与同人早期是一样的。到五四以后，同人的观点发生变化，随着时代潮流，在健全的个人主义中越来越凸显集体主义的一面。集体主义属于以客观文化为中心的价值观。而且五四以后致力于积极改造客观文化，因此老子的思想就显得消极了。陈独秀提出要批虚无主义，就是批老子思想，只不过受到北大同人思想中的核心——无政府主义的个人的抵制。

京沪时期基本延续了五四以后的主张，是陶孟和提出的社会制度作为改造对象的思路，作为过渡时期，实现了从注重主观文化到注重改变客观文化的转向。党员时期，本来对文化的讨论就很少，加上重视物质力量。更多强调阶级群体中的个人，而且强调个人对于阶级的服从，因此实际上是强调客观文化的。带来的一个后果就是党员时期主观文化的缺失。总的来说，此时主观文化肯定不被看作文化创造之源。以上原因都不过是马克思主义思想核心带来的外在变化。这种思想转变是与马克思主义思想互动的结果。

## 三、文化功能

所谓文化功能，指的是文化能够在人类生活中发挥的作用和价值，属于文化的"用"。波兰社会学家马林诺夫斯基和英国学者拉·德克利夫—布朗等人提出的文化功能主义强调文化的功能，这是从非历史维度来讨论文化问题。

《新青年》同人无疑认为文化是有功能的。例如，《新青年》衡量一种文化的价值尺度之一就是适用性，它否定某些旧文化的符号，就因为它们无用，比如偶像。[①] 这种立场就隐含着对文化功能的承认。

《新青年》的观点中至少揭示了文化的整合和导向的功能。

文化的整合功能是族群团结和社会秩序的基础。同人完全认识到文化具备这种功能，虽然他们从来没有说过整个文化的价值作用，但是从他们严肃对待文化的价值、对旧知识人的、孔教的和东方民族的价值采取批判态度可见他们潜在地承认这种价值观对于民族和社会具有整合作用。沪皖时期，陈独秀批驳尊孔者，讨论的不是孔教是否是宗教问题，也非孔教可否入宪问

---

① 　陈独秀：《偶像破坏论》，《新青年》1918 年 5 卷 2 号。

题，而是孔教是否宜于民国教育精神之根本问题。[①] 也就是说，孔教这种文化形式是否可以凝聚民族精神的问题，即民族价值整合问题。《新青年》潜在地主张文化作为价值对社会有整合作用。《新青年》涉及价值整合的观念大致表现在他们没有说文化本身的价值，而是设定了理想的文化具有什么价值。他们的思维是还原论的，追求从最核心的价值入手来梳理整个思想。他们提倡新文化也是注重那些价值标准，目的是为了用新价值观而造成整个族群的精神转变，进而实现民族复兴和国家强盛。陈独秀曾指出"古代文明，语其大要，不外宗教以止残杀，法禁以制黔首，文学以扬神武，此万国之所同"[②]。意思是宗教、法律和文学等文化形式都在古代文明中发挥一定功能。在文化中，同人主张过个人自由作为核心价值，无论实现它的方式是培养新人还是改变制度，最终追求的都是这个价值，希望这个新文化的核心价值对未来社会发挥凝聚作用，并且他们不满足于一些知识人具有这种观念，还要让大众都具有这样的认识。

另一方面，对价值的整合功能的认识还体现在他们有意识地破除旧文化。他们反孔恰恰是因为他们认为孔子学说对社会有整合作用，是旧文化的核心因素，具有整合民族思想的功能。他们讨论中国旧文化（儒家文化）的时候都是把他们作为旧社会的核心价值而具有整合社会，整合各种思想观念的作用。《敬告青年》提出，"吾愿青年之为孔墨，而不愿其为巢由"[③]。当时，陈独秀对孔子的私德和积极进取的精神是肯定的，清末以后的知识人推崇的墨子也自然成为陈独秀认可的人物，构成青年人的中国榜样。在《新青年》中易白沙是较早关注孔子的。他指出当时有两种议论：一种认为今日风俗人心之坏，学问之无进化，孔子为之厉阶；一种认为欲正人心，端风俗，励学问，非人人崇拜孔子无以收拾末流。易白沙反对两说，认为国人当反求自身，认为推诿给孔子，是惰性的表现。[④] 说明当时同人并未想发动对孔子的攻击。因为孔子被统治者"绑架"和利用，他们才把孔子作为攻击对象。之所以攻击孔子与统治阶级的结合，是因为专制统治者，比如袁世凯，喜爱

---

① 陈独秀：《宪法与孔教》，《新青年》1916 年 2 卷 3 号
② 陈独秀：《法兰西人与近世文明》，《青年杂志》1915 年 1 卷 1 号。
③ 陈独秀：《敬告青年》，《青年杂志》1915 年 1 卷 1 号。
④ 易白沙：《孔子平议（上）》，《青年杂志》1916 年 1 卷 6 号。

打着孔子的幌子搞专制。陈独秀发现孔子对传统思想价值整合的价值是有害的，三纲五常之说虽然是宋儒提出来的，但孔子的文化思想是其根本，而孔子思想和孔子后学的思想，即整个儒家思想，具有整合整个封建专制体系的作用。孔子学说起整合作用的宗法文化对释放被文化压抑的个人，有阻碍作用。因此，他们反对旧文化的价值一致，破除传统的结构与行为的协调，以形成新的共同生活，形成新的秩序。

首先，这个思想与当时老派知识人互动。《新青年》与旧知识人的冲突是文化冲突，其中最核心的就是价值冲突。他们一直在批判旧知识人的价值观，树立自己的价值观，目的是为了打破旧文化对社会的价值整合作用。这不是他们的独特之处，同时代的新知识人都有这种看法。就算那些维护国粹的遗老遗少对国粹的依恋，也无不暗含着对于文化整合作用的体认。他们怀念旧物，不过是为了让文化整合社会秩序，恢复有王法的状态。

关键是如何整合的问题。在这方面，他们与其他知识人相互区别，所以他们采取反对整合的姿态。文化并不是为了解放的，而是束缚人的，但是现在要建立一种解放的文化。这是不是自相矛盾呢？《新青年》的特点在于认识到整合作用后，对它做导向性的区分，以适合时代为原则加以选择。钱玄同说得最俏皮也最精彩，他说"国粹何以要保存呢？听说这是一国的根本命脉所在。'国于天地，必有与立'的，就是这国粹，要是没有了这国粹，便不像大清国的样子，大清国就不能保存了"①。他讽刺国粹无力保存大清国，突出了《新青年》选择文化的实用原则。文化的整合作用如果具有害处，那么就要把整合当作敌人加以消除。他们采取的策略就是提倡非整合的个人文化，拆散其整合功能。正因他们认识到客观文化的整合功能，因此提倡个人文化来抵抗。前面说了，虽然他们表面上对于旧文化采取排斥态度，且恰好他们当时主张的新文化是文艺复兴发展到启蒙运动时期的文化，其中的价值是个人和自由，这些价值正好适合从事破坏整合的工作，但是，他们还是暗含一个观念，即个体自由为价值的新文化在人类这个层面上重新获得整合。《新青年》潜在的观念是承认文化整合功能的，也就是为了文化而反文化，反不适合时代的旧文化，但最终还是为了中国文化本身的存续。

---

① 钱玄同：《随感录·(二九)》，《新青年》1918 年 5 卷 3 号。

其次，价值整合观念与他们的自身文化互动。《新青年》本身也有自己的文化，他们自身的结合依靠的是共同价值观念。这是他们的行为体现出来的认识，也许是无意识的，但同样是一种深层的认识。虽然我们一般都把这类"认识"排除在"思想"的范围之外，其实这是思想的一部分。同人的文化是新知识人和革命者的文化，这种文化在他们群体整合中发挥核心作用。同人群体大体有共同的价值选择，然后可以成为一个团体。某人一旦在重大事情上观点不一致，就会退出这个团体。这就是潜在地认为群体整合最重要的是文化价值认同。自身文化参加到互动中来，形成暗含的观点。《新青年》致力于在培植一种新的亚文化，发挥负文化的负功能。

他们宣传的新文化，基本上是他们自己遵从的文化价值，也是把团体聚合起来的核心价值。比如，沪皖和北大时期特别主张自由和解放的价值。《新青年》也承认秩序的必要，不过他们很少谈论秩序，更多谈论解放。第1卷里陈独秀说，"均产说兴，求经济之解放也"[1]。均产说就是社会主义，这里固然没有直接说文化，但是陈独秀把一种学说与解放联系在一起，学说本身属于文化一，又因为被人付诸行动，转化为某种生活形式，而生活形式属于文化三。他认为思想学说具有解放功能，一定程度上，可以说这里暗示了新文化的解放价值。

北京同人后期和京沪时期前期，价值整合的功能受到一定程度的忽视。此时同人把文化当作解决具体问题的工具。陈独秀说："输入学说若不以需要为标准，以旧为标准的，是把学说弄成了废物；以新为标准的，是把学说弄成了装饰品。"[2]这段话充分表明同人的现实导向原则，他们此时强调文化的价值和功用就在于处理人与自然，人与人之间的关系，把它当做有用的工具。

这个转变是与同人当时思想共同倾向互动的结果。因为五四以后，胡适解决问题的主张得到社会和较多同人认可，陈独秀也深受胡适影响。还有就是前期已经充分重视文化的整合价值了，所以按照思想化为语言的逻辑，如果没有遇到新契机来激活旧思想，整合价值已经成为共识，无须多谈。反而

---

① 陈独秀：《敬告青年》，《青年杂志》1915年1卷1号。

② 独秀：《随感录·（九○）学说与装饰品》，《新青年》1920年8卷2号。

是比较新的言论，因为受到环境激活而呈现出来。另外，解决现实问题作为价值也早就潜藏在同人思想中。沪皖时期反孔，也有一个理由是孔子不能适用于当代。陈独秀陈述其反对理由是"果实行于今之社会，不徒无益而且有害，吾人当悍然废弃之，不当有所顾惜"①。同人的思想共同倾向中有文化工具观，在五四后因某种原因被激活以致压抑了文化价值整合的宏观作用，而集中于重视文化在微观上起的作用。当然，价值整合也属于工具性的，所以两者本身相通，算是一种转化，而非转折。

到党员时期，对文化价值整合功能的认识依然如故，不过这时候从社会的价值整合变为阶级的价值整合。《新青年》当时并不说无产阶级文化有把无产阶级整合为一个团体的价值，也不太能讨论用无产阶级文化来教育个人，因为无产阶级的文化是什么，在苏俄还没有搞清楚，更别说作为学徒的中国知识人。所以只能变成用马克思主义的先进世界观来教育和团结无产阶级。与此同时，阶级意识还沉在黑暗的无意识中。与《新青年》同时代的卢卡奇思考阶级意识，认为："阶级意识……是一种受阶级制约的对人们自己的社会的、历史的经济地位的无意识。"②《新青年》从强调主观能动性刚刚转变为重视物质条件，因此比较强调物质的力量，认为文化是政治经济的附属物，甚至认为是经济决定无产阶级的阶级意识即阶级认同，因此它没有深入研究，弱化了文化为阶级奠定价值、整合阶级价值观的功能。

以上只是总体上的倾向，在具体行动中，同人仍然重视文化对阶级团结的意义。任弼时在介绍列宁主义时说，"无产阶级对自己的青年子弟，亦教养以为本阶级解放的政治教育，以培养自己的新基础，而达到解放的目的"③。政治教育具有唤醒阶级意识的作用，其实也就潜在地承认阶级意识可以通过有意识地传授而获得，其中的文化带有本阶级的价值观，对本阶级起整合作用。

再次，规范整合。文化是行为的规范，是处理个人与外界关系时的群体

---

① 陈独秀：《答常乃惠》，《新青年》1917 年 3 卷 2 号。
② ［匈］卢卡奇：《历史与阶级意识》，杜章智、任立、燕宏远译，商务印书馆 1992 年版，第 106 页。卢卡奇认为当时早已经进入意识领域（［匈］卢卡奇：《历史与阶级意识》，杜章智、任立、燕宏远译，商务印书馆 1992 年版，第 115 页）。
③ 任弼时：《列宁与青年》，《新青年》1925 年 11 卷 1 号。

性规程。同人肯定认为文化具有规范整合功能，因为他们思考文化问题的前提和暗含的基础就是这个。从同人的思想整体来推断，他们不会否认文化的规范整合功能。在同人的文化思想中规范整合功能体现为对个人形成规范——人格的塑造。他们对文化塑造个人人格，实现社会化的功能，采取两种态度：一方面拒绝旧文化的这类功能，要求个人独立培养人格，另一方面以超地域的新视角，从人类的共同性着眼来培养新人格，也就是承认它的这种功能，又抵制这种功能。这是因为他们暂时把规范作为一种负面的对象，强调这种规范对于个人的束缚作用。但是这不能说明他们否认规范功能，他们的排斥就是在承认规范的存在（抵制也是承认的一种形式）。不过，他们认为不变动的规范随着时代变化而变成负面的东西，需要打破而已。

总的来说，同人认为文化的确对个人发挥形塑的功能，但是在具体到个人身上时则采取反抗态度，反而表现出以自身文化为导向，似乎要否定文化的功能。这种矛盾的态度来源于其改造文化的目的，是与文化实践互动的结果。

规范整合的观念与时代互动。一般人们的印象是《新青年》的自由主义与文化的规范整合是矛盾的。个人主义很容易破坏规范，解构整合，但是，同人的个人主义是与政治上专制相对，而与集体主义并不是截然相对的，相反其中隐藏着集体主义。集体主义和协力的思想在同人思想中本来就有，是人格的重要方面。比如高一涵和陈独秀心目中的"大己"，李大钊笔下的"我即宇宙"，胡适的"大我"都是个人的归属之地，是规范着个人的东西。再如读者投稿论述生活上的协力与倚赖，[①] 也都隐藏着集体主义思想的因子。之所以言论上更强调个人主义，完全是因为那个时候急需个人主义，故此采取了这种文化策略。至少合作在开始就与个人奋斗同样重要，不过社会协力的一面当时并未展开，就像种子休眠，等待时机出现。北大时期，陶孟和的社会构想是组成别人倚赖我，我也依赖他人的社会。他与陈独秀、高一涵讨论政治问题时，认为社会是个人构成。对于协力的一面，此时并未展开，因为受当时需要的影响，所以仅仅谈论个人。第一次世界大战结束和五四运动的发生使互助团结的集体主义成为主流思想。同人也随着时代潮流向集体主

---

① 罗佩宜：《论生活上之协力与倚赖》，《新青年》1916 年 2 卷 2 号。

义转向，因为与时代互动，使同人的思想有了走向社会主义和马克思主义的现实条件。

《新青年》还关注文化的导向功能。虽然他们不常提这个功能，但潜在的想法是存在的。《新青年》靠思想文化来推动社会进步，提倡新文化，背后的认识就是文化对于社会的导向作用。

同人希望文化给社会带来安全、发达，而不仅仅是生存而已。李亦民明确说，"盖国际种族间之竞争，已为吾人所深感，欲争存于此竞争之旋涡，决不可固步自封，须取相当途径，以求进步，然后可以立足"①。他反对停留在狭义安全层面求生存，还要从广义安全层面求生存发达。李亦民正是从这个安全导向的理念出发，继承了清末以来的国民性批判思想。国民性是传统文化的一种核心内容，来自历史，并引导民族走向未来。批判和改造国民性，无非是指望文化能带来民族昌盛，至少是安全的保障。关注国民性正由于认为文化具有社会导向功能。前面已经说过，同人在沪皖时期曾显示出鲜明的批判国民性倾向，北大时期的思想深处也包含批判国民性的色彩，鲁迅能参加《新青年》，原因中就有批判国民性这个共振点。

安全导向是互动的结果。沪皖时期文化危机是重要的前提条件，是时代与同人互动的一个要素。同人选择这个要素作为自己思想的重要关注点，与关注文化危机的旧派具有共同的言论基础。两者的分野在于解决文化危机的方案不同。保守者认为文化危机来自外国，因此排斥外国文化。同人把文化危机归因于国内自身的问题，因此深入讨论自身文化内部的不足之处，包括国民性问题等。

拯救文化危机的答案在《新青年》看来是使文化与时代一致。陈独秀说，"古道不可强今人行之，此正本志之所主张"②。他的价值观是"宁忍过去国粹之消亡，而不忍现在及将来之民族不适世界之生存而归削灭"③。一切文化的导向无非是与当时的生活一致，所谓进步也不过如此。后来提倡无政府主义和马克思主义都是为了让中国文化与世界主流衔接上，参与工农运动也是为了预先避免资本主义的歧路，找到符合时代引领时代的生活方向。

---

① 李亦民：《安全论》，《青年杂志》1915 年 1 卷 4 号。
② 佩剑青年：《通信》，《新青年》1917 年 3 卷 1 号。
③ 陈独秀：《敬告青年》，《青年杂志》1915 年 1 卷 1 号。

　　党员时期，同人希望文化带来更多安全和发展。此前，《新青年》同人从事资产阶级文化的引进和传播工作，非常关注教育和学术，努力为社会提供新知识，包括新的理论、科学、技术等。这些新知识依赖于文化上的发明和发现，这样做表明同人确认新知识为社会的动力。第 10 卷上，瞿秋白明确认定文化是社会的动力。他说，"西方之资产阶级文化，何尝不是当时社会的大动力"[1]。这是在扬弃了早年《新青年》的社会导向实践基础上，接引新的无产阶级文化，用理想导向于全人类的文化。他还说："文化只是征服天材，若是充分的征服自己，就是充分的增加人类驾驭自然界的能力。此种文化愈高，则社会力愈大，方能自强，方能独立，方能真正得自由发展。"[2]消灭资产阶级为的是解放文化，以解放人类的生产力，控制自然，控制自己的能力，实现人类整体的安全和发展。党员时期同人的文化导向十分明确，就是人类的发展。

　　与此同时，党员时期，文化的导向功能也和其他功能一起被架空了，文化似乎成为一种状态，等待制度改变以后获救。瞿秋白说"世界的文化——人类的生存——因生产力的抑遏不舒，爆裂的冲突时时发现，已经处于非常之危险的地位。现在的制度不破，人类的文化决不可救"[3]。他的意思是制度决定文化。这里的文化其实指与政治和经济制度分开的意识形态，制度则是物质性的文化层面。那时他并不是把制度也看作文化的一部分。在他的描述框架中，文化并不像他理性认知的那样是动力，而不过是一个改造的目的，是不必直接从事的事业。于是，在言论上对文化的整合和导向等等的功能就不太涉及。这个思想的内部矛盾是与当时同人的思想结构互动形成的。此时制度变成一个核心价值，物质主义压抑了精神性的东西，而此时同人眼中的文化还主要是资产阶级创造的精神产品，工人阶级还不能创造"文化"。这些概念的存在限制了文化的导向作用，使文化导向功能反而成为一种目的，放到将来去"实现"，而不是一直发挥作用，而此刻资产阶级的文化导向功能倒是要加以拒绝的。

---

[1]　屈维它：《东方文化与世界革命》，《新青年》1923 年 10 卷 1 期。
[2]　屈维它：《东方文化与世界革命》，《新青年》1923 年 10 卷 1 期。
[3]　瞿秋白：《世界的社会改造与共产国际》，《新青年》1923 年 10 卷 1 期。

## 第二节　文化时间特性论

文化一般总与空间、人群和行为模式有关，是共同遵守的、某一时段中的人的思想和行为方式。但是文化也有时间属性，来自过去，指向未来。同人关心的文化时间特性涉及古今差别和文化变迁等问题。

### 一、新旧—古今

在沪皖时期，同人就特别喜欢思考文化的新旧或者古今问题。

明确提出新旧问题的是汪叔潜。他在《青年杂志》创刊号上发表《新旧问题》，打算从根本上弄清这个问题。他之所以提出这个问题，是因为看到虽然国内求新的趋向非常明显，但新旧之争并没有平息，而是出现新旧混杂、似是而非的状况。他解释古今新旧的根本是"中西"，认为"所谓新者无他，即外来之西洋文化也，所谓旧者无他，即中国固有之文化也"。他更关心西洋文化与中国文化根本上是否可以相容，重视中西伦理是否相容。[①]汪叔潜一方面揭示出其不相容性，另一方面把它接到进化的链条上。汪叔潜从新旧的相对性中超脱出来，认为新旧是结构性的，新旧的对立被转换为好坏的对立。他似乎也受了古德诺事件的刺激，但是他的落脚点更远。他针对的是当时国内新旧不明的状态，针对的是时人失去进化的方向感的状态。因为那些人重视中国的"国情"，以至于模糊了是非。新旧问题对于当时国人都是重要问题，但是却是非难明，所以造成种种冲突和乱象（包括倒退）。汪叔潜别出心裁，提供新答案。他更重视的是价值，认为新比旧更有价值。

新旧问题在《敬告青年》里表现为老年人和青年人新旧思想的对立。[②]考虑到不太可能是他看过陈独秀的文章以后才写作这篇文章，那么陈独秀整合了汪叔潜思想的可能性更大。汪的文章没有扣紧青年的话题。而陈独秀的文章倒像是把汪叔潜的话题拓展到青年话题中。汪叔潜是当时新成立的通俗图书局的主人，也是安徽人，革命者，曾为留日学生。[③]从他的背景可见与

---

① 参见汪叔潜：《新旧问题》，《青年杂志》1915 年 1 卷 1 号。
② 陈独秀：《敬告青年》，《青年杂志》1915 年 1 卷 1 号。
③ 马勇：《〈新青年〉中的安徽人》，《江淮文史》2019 年第 6 期。

陈独秀有很多交集。他所说的话被陈独秀运用，而且与陈独秀的《法兰西人与近世文明》同调，指出欧美现今一切之文化无不根据于人权平等之说。《青年杂志》第 1 卷中有关"新旧—古今"的看法基本上是这个立场的发展，比如用进化阶段的不同来解释中西的优劣。高语罕说，西方与我国不是一样的进化阶段，[①] 这明显是对汪叔潜观点的引申。再如在政治思想上，高一涵《民约与邦本》强调古今政治思想的不同，[②] 也顺应时代潮流，突出这个对立。这是从思想变迁角度认识古今。以上古今观念是在新旧问题成为冲突焦点的时刻，同人选择的一个新站位。

因此，把新旧问题看作中西问题不仅是汪叔潜个人的思想，也大体与群体的思想一致。他们这些人都赞成引入西方文明，特别是认同法兰西的革命文化，背后的人权平等说都是这些人共振和分享的思想。

新旧古今问题的新答案是进化论内部不同取向的互动结果，背后是思想与现实的互动。维护中国中心的知识人要努力消除自从清末以来形成的维新和西化的趋向。本来清末和民初国内有强烈的趋新倾向，但民国不见起色，使稳健保守的思想抬头（可能还有外国来的批判西方近代文明的思想对某些人发挥作用），使新旧的观念变得复杂了，在思想领域导致混乱，出现否认新旧的决然对立的看法。有人认为在中国是新的，在西方是旧的；有人说昨天是新的，今天已经旧了；甚至有人说天底下没有新的，渐渐地新旧所含的明确价值界限变得模糊了，调和思想进一步扩散，出现种种"图新"幌子下的复古。

不仅有严复等进化论早年的信奉者，现在怀疑进化本身，还有人从现实的精神主张把旧物中与新机迎合的成分加以培养，[③] 这种看法现在看来非常合理，但当时却可能掩护保守思想，造成国体的"倒退"。《新青年》当时担心的是新旧暗斗，影响国家元气，故提出自己的立场，主张新旧不可调和，[④] 要求国人选择一个方向。对它自身来说当然是选择"新"，所以才会利用西方文化当时的强势地位，把中西代替新旧。这个"新旧"是当时历史

---

① 　高语罕：《青年之敌》，《青年杂志》1916 年 1 卷 6 号。
② 　高一涵：《民约与邦本》，《青年杂志》1915 年 1 卷 3 号。
③ 　参见曾毅：《通信》，《新青年》1917 年 3 卷 2 号。
④ 　参见汪叔潜：《新旧问题》，《青年杂志》1915 年 1 卷 1 号。

条件下的概念，在 1915 年的中国，新因素说到底是来自西方的东西。对于旧的中国中心的文化立场来说，西方是新的。中国文化自身的自然新陈代谢根本难以与中西差距的程度相比，因此同人决绝的态度有其历史合理性。恰恰是因为新旧观念正被颠覆，同人才出来维护这个观念。同人改变现实的真正基础是面对文化的危机。这个观念是批判自身文化的前提。现在看来似乎是文化不够自信的表现，但是一种文化的谦卑总是好于文化的傲慢，何况他们并没有从此沉沦下去，还是要创造自己的新文化的。因此，他们的自我文化批判是积极心理的表现。

北大时期，读者毕云程再提新旧问题，他的立场是汪叔潜反对的立场，即认为新旧是比较之词，进化中的自然现象。旧的也新，只不过比新的旧。这是时代共识，也是他立论的基础。他的特异之点是不赞同天下无新论以及主张人为推动进化。① 后者特别重要，是对新事物的一种新态度，明确指明了同人赞同的立场。陈独秀把他的信放在通信的第一篇，没有回复，应该是完全同意他的这种见解，而认为他说的那些常识都不重要（后来李大钊再次提到新旧是相对的②，他也未加反驳）。后来主张人为推动进化成为同人的共同观点，可见与意见有差异的读者互动也丰富了杂志的看法。

李大钊刚进入《新青年》同人群体时其思想与陈独秀等人有距离，他带着章士钊的调和论。他的《青年与老人》主张调和与协力，尊重老人，③ 思想更为稳重，但在《新青年》里就显得不协调，因为态度不够鲜明。陈独秀特别在这篇文章后面加了一个带有商榷意味的识语，避免青年误会。经过长期的沉默以后，李大钊在 4 卷 4 号再次出现，写了《"今"》，把新旧问题换成古今问题，立论偏于"今"的一边。④ 李大钊的《"今"》是受陈独秀《一九一六年》的启发，在肯定未来的同时，强调"今"的价值。他认为新旧是相对的，因此容易态度模糊，古今的区分就拉开了时间距离，更容易检验人的价值观。不少学者强调李大钊的调和观念与陈独秀的差异，但那是他进入团体之前的看法，在团体中他多少要加以改变，只不过这个改变并不容

---

① 参见毕云程：《通信》，《新青年》1917 年 2 卷 5 号。
② 参见李大钊：《"今"》，《新青年》1918 年 4 卷 4 号。
③ 参见李大钊：《青年与老人》，《新青年》1917 年 3 卷 2 号。
④ 参见李大钊：《"今"》，《新青年》1918 年 4 卷 4 号。

易。4 卷 5 号上李大钊再次谈论新旧，题目是《新的！旧的!》，仍然带着调和意味。在承认新旧同时存在的前提下，认为"这两种精神活动的方向，必须是代谢的，不是固定的，是合体的，不是分立的，才能于进化有益"[①]。李大钊的看法其实并不完全是调和的，而是偏于新的一面，不然《新青年》也不会接受他，但他的思想比较现实一点，表述比较全面一点，态度不那样偏激决绝，[②] 但是，这个态度对同人来说显得太暧昧了。钱玄同不得不再次加上商榷意味的识语，表示不能接受李大钊让老人也享受幸福的观点。至少在钱玄同看来老一辈总是比较僵化的，更应该消灭。

李大钊在关注苏维埃运动，写《庶民的胜利》之前，在《新青年》上发表的所有文章都是讨论"新旧—古今"问题的，[③] 说明这是李大钊当时关注的问题。从李大钊融入团体过程与原有成员互动的过程可见，"今"和"新"是《新青年》文化观的一个核心观念，背后的根据来自现实，来自进化论，可能也因为《新青年》是青年的杂志，所以时间这个问题比较重要。另一方面，李大钊进入同人圈子时正好是陈独秀在与欧事研究会同人一起参与反袁的时候，同人群体容纳了反袁同盟者的人员，其中章士钊等人的调和思想也被带入杂志。这样就在杂志内部带来了与调和论既合作又斗争的机缘。调和论也是同人重要的互动对象。

这样就出现一点矛盾，按照进化论推论，未来应该更好，同人憧憬未来，但不能让未来影响了现在。这显示出《新青年》价值核心在"现在"，他们着力于现在是"新"的，不太关心未来如何，所以现在争取的是现在的新。这个立场非常重要，可以解释《新青年》为什么不追求最新的，而选择使文化变新的核心的东西。对反动的"新"则保持距离，以及不太重视在他们看来不现实的新，比如早期对于社会主义思潮。从这个角度看，《新青年》的趋新是有限度的，限度就是对现在和现实必须有意义。由此可见，《新青年》的进化论和理想都是为了让现实更好的工具，与"现实"相较属于次级概念。

---

① 李大钊：《新的！旧的!》，《新青年》1918 年 4 卷 5 号。

② 正是这种理性和态度成为他后来被留美学生有限度肯定的原因。见张奚若：《24. 张奚若致胡适》，《胡适来往书信选》（上），中华书局 1979 年版，第 31 页。

③ 参见他投给《新青年》的第一篇稿件《青春》（《新青年》1916 年 2 卷 1 号）。

　　《新青年》用"古今"来解说"新旧"，只在辩论时使用，是一种策略，因为一般来说"新旧"之间同人认可"新"，"古今"之间认可"今"，但"新旧"上情况比较复杂，因为有人质疑辩难，在互动中同人也重视了他人意见，因此在称赞"新"的时候也对表面的"新"加以拒绝，而突出"今"的意味，因为"今"中有"现实"之意，比"新"更有说服力，而且如果将时间拉长，古代的东西与现在更容易脱离，"古"的更可能失去适用性。对同人来说，有了进化论，新旧就不单纯是自然现象，本身就有价值意涵：新的比旧的好——"新"更多表现的就是"今"的意思。

　　北大时期，古今讨论的立足点已经发生变化。古今的价值取决于适应时代与否。陈独秀说，"吾人不满于古之文明者，乃以其不足支配今之社会耳，不能谓其在古代无相当之价值"①，说明随着讨论深入，不得不照顾到古代文明的价值，但是创造今日文明的冲动更为强烈，于是发展了原来的观点，突出了适应时代的原则——这是互动的结果。《新青年》强调"适用于今"，这点在第一次世界大战以后，进一步得到读者的认同，并进而转变为对旧人物的不满。②彭啸殊继陈百年、钱玄同之后把旧的不好的东西看作"粪"，但他并不是笼统地说古的就不好，而是说国粹既然无用，就不该保存。③

　　开始，同人主要是借助于自身势力对反对者施加压力。陈独秀要求国家社会早日"决定守旧或革新的国是"，他说"无论政治、学术、道德、文章，西洋的法子和中国的法子，绝对是两样，断断不可调和牵就的"④。他的潜在意思是西洋的东西都已经是中国的现实，根本无法完全放弃西洋的东西，不能不派留学生，不能不办学堂，因为大家都认为这是好的。可见他的真实意思是要坚决求新，向西方学习，不能新旧调和。他借助于时代中文化价值的既有情境，凭已成事实和社会心理的力量逼迫对手取消抵抗。

　　不过，这个情境正在受到威胁。《新青年》诞生于民国之后的失望情绪和欧战后的自强潮流中，伴随着它的是保守势力一直在逐渐加强。北大时期保守的国家力量虽因袁世凯覆灭受到打击，但仍然非常强固。当时守旧者借

①　陈独秀：《再质问东方杂志记者》，《新青年》1919 年 6 卷 2 号。
②　王禽雪：《通信·摆脱奴隶性》，《新青年》1919 年 6 卷 1 号。
③　彭啸殊：《古迷》，《新青年》1919 年 6 卷 3 号。
④　陈独秀：《今日中国之政治问题》，《新青年》1918 年 5 卷 1 号。

口国粹和国情,以空间性思维抵制新事物。5 卷 6 号不满北京上层思想者为旧思想辩护的态度,批徐世昌,也批严复。高一涵指出严复的错误在于"将古今立国的异点,看作中西立国的异点"①,并运用进化论,看出中西问题其实就是古今问题,是进化论上的新旧问题。新的就是好的,旧的就是坏的。《新青年》早期不论古今问题,而是归于新旧问题,因为后来社会上对新旧问题的认识变得面目不清了,加上欧战以后对于欧洲文明没落的说法引起认同(来自斯宾格勒《西方的没落》),重新认识东方的声音慢慢积累起来,敏感的学者比较早地接触国外的新思潮,渐渐学舌,反思欧洲文明,讨论中国更理直气壮地以中国为本位。此时中西问题自然不再像欧战初起的 1915 年那样不证自明。因此以中西作为评判标准的新旧问题也就更不确定了,古今的价值也不那么确定了,受到质疑。于是同人才开始讨论古今问题,因为古今必须是绝对的,是有好坏之分的。

在这个背景下,同人的古今价值观也不能不调整。他们在坚持"今"的价值导向基础上,确定"适于今日"作为价值标准,同时又兼顾古代的价值。

古今新旧的问题之所以重要,是因为它涉及文化的选择标准和发展方向,将成为改变生活的重要思想基础。陈独秀在与《东方杂志》的论战中比较关注时间问题。杜亚泉等人的中国固有文明,主要是空间的东西,尽可能去除了其中的时间性,如果说有时间性的话,也是遥远的过去(古)。恰恰是因为《东方杂志》赞扬古物,才使《新青年》上逐渐增多了反古言论,目的是为了努力区分新旧,进一步明确新旧不可调和的特点。

古今问题涉及心理。彭啸殊从中国哲学入手认同黄远庸的话,认为中国存在笼统思想的原因是古迷。他说"近年排旧革新,全国风靡,乃有许多人提倡起国粹来了"②,可见当时排旧革新是老生常谈,提倡国粹倒是新潮。这次提倡国粹与《国粹学报》从民族主义出发提倡国粹不同,此次有中国文明中心论的意味。鲁迅批判求古的人,讽刺他们"可惜时时遇着新潮流、新空气激荡着",所以没法实现,并认定锡兰岛的 Vedda 族的可悲处境宣告古迷者的未来。③ 当然,鲁迅的话也不全对,新思想也不断受到新潮流的冲击,

---

① 高一涵:《非"君师主义"》,《新青年》1918 年 5 卷 6 号。
② 彭啸殊:《古迷》,《新青年》1919 年 6 卷 3 号。
③ 唐俟:《随感录·(五八)人心很古》,《新青年》1919 年 6 卷 5 号。

是受到新潮流中反思的复古的思想冲击。正是在这种潮流的感召下，具有复古心态的人开始苏醒和抵抗。

也正是在这种背景下，周作人进一步强调思想革命，再次关注文学的新旧。他反对古文大半因为它晦涩难解，养成国民笼统的心思，不利于科学，①是对上一号彭啸殊观点的呼应和引申。表面上周作人也论的是古今差别，而不太直接谈新旧，然而就是新旧的意思。从新旧文学概念的并存情况看，旧文学未必是要被抛弃的文学，而是按照旧习惯创作的文学。

周作人注意思想的差别和分野是因为同人遇到新形势。一开始，古文很少表达新思想，因此文言就可以作为旧思想的标志，但是随着时代的发展，白话也可以表达荒谬思想，只用白话和文言区分就不行了。周作人此时辨析新旧文学，是因为新旧文学已经突破了白话和文言的边界。周作人认为如果创造新文学，白话就不是最关键的，关键是具有适合于今的思想。于是新文学的新就不是新写的意思，而是对应于新的知识和内容的意思了，这里的新旧又成了思想体系适应和不适应时代的两种状态。这是"适应时代"标准的运用。

对适应时代的意思看得更深的是鲁迅。他对新有保留态度，主要因为他担心新东西不断来，而效果不明显，国家没有很多改变。鲁迅认为中国很难改变，但是思想更新倒是有可能的。他希望世人打破恐惧，热烈欢迎变化的产生。针对当时人担心中国处处都需要改革，而且很容易造成过激主义（王光祈），他说过激主义不会来，只有"来了"要来的。②"来了"就是新主义的冲击，也就是要迎接潮流，顺应改变。他更多着眼于对现实的改变，不光要适应时代，还要改变时代。

潘力山的文章认为，同样的东西在不同地域中显出新旧差别。新旧是相对的。新旧只有地域意义，在不同地域中才能谈论新旧。这种思想似乎背后是为原来的《新青年》思想辩护，抵抗第一次世界大战胜利后涌来的新思潮。可能有人认为《青年杂志》的思想在西方是旧的了，同人认为对于中国仍然是新的。潘力山说："共产主义集产主义那些话头，在美欧已经说了几十年，

---

① 仲密：《思想革命》，《新青年》1919 年 6 卷 4 号。
② 唐俟：《随感录·（五六）来了》，《新青年》1919 年 6 卷 5 号。

不是很新的东西，现在那个潮流，才绕到东亚，又新起来了。"① 这种看法的背后暗含着思想的新旧与地域有关，虽然在世界层面来看已经是旧的，只要在一个地域是新的，那么仍然是有价值的。这仍然是建立在适应于"今"的标准之上，也就是这个"今"有了区域性，出现大时代和小时代的划分，同样是适应时代，但是还会根据时代的地理位置而发生变化。

五四运动爆发后两周，《国民公报》转载了孙幾伊的《论新旧思想》。这篇文章说明思想何以有新旧的区别，他先提到原来新旧两字只是比较的，不是固定的，然后他辨析了新旧的意涵，先确定了一个假说作为分析的起点，这个假说就是"能适应时代的为新，不能适应时代的为旧"，在这个基础上再区别新旧，② 这个假说很明显是《新青年》同人刚刚确立的。这个看法未必是同人的独创，但至少也说明同人比较早地确立了这个新看法，从孙的语气推断，这个标准尚没有成为当时人的共识。一个时代中的思想者，其思想往往不是完全独创的，多少会受到周围人的启发，或者思想斗争形势的逼迫，当几种立场之间发生争论，使得问题进一步深化以后，大家都有可能得出新的发现，只存在早晚和谁能提出这类差别。

与此类似，孙也正是从适应时代这个标准，而设计了他的新旧思想分析的图式，即通过判断，来达到对新旧对立的超越，产生更新的东西。反之，不经过判断得出的就是旧。③ 后来，胡适把评判态度作为新思潮的一个重要方面，把评判的态度加以具体化："（1）对于习俗相传下来的制度风俗，要问这种制度现在还有存在的价值吗？（2）对于古代遗传下来的圣贤教训，要问'这句话在今日还是不错吗？'"④ 向旧制度和旧思想发问，判断它们是否符合当前的生活，由此判断新旧，做出取舍。虽然评判的态度一直是《新青年》的文化态度，但到这里在时代思潮的带动下，有了更明确的表达。

孙的对话情境是当时新旧争论的激烈状况。他说，那些先知先觉提倡和创造思想，在当时非常不适合，但是多年以后居然有实现的一天。"先知先觉的人是进化的倡导者，现在提倡新思想的人，可以吾此说自慰，现在攻击

① 潘力山：《论新旧》，《新青年》1919 年 7 卷 1 号。
② 参见孙幾伊：《论新旧思想》（转载新中国），《国民公报》1919 年 5 月 18 号。
③ 参见孙幾伊：《论新旧思想》（转载新中国），《国民公报》1919 年 5 月 18 号。
④ 胡适：《新思潮的意义》，《新青年》1919 年 7 卷 1 号。

新思想的人，更不可不知吾此说。"① 这篇文章发表在当时与《新青年》关系良好的《国民公报》上，可以看作对《新青年》思想的一种呼应，因为这里面的思想大多是《新青年》上说过的，比如适合时代，比如符合科学，唯一不一样的就是前者所谓新思想是指欧美和本国思想的结合。孙还提醒新思想者将来他们可能成为落后的，他对"适合"的要求也加以修正，认为现在不适合的可以变为将来适合的，为新旧的思想恢复了理想色彩。当时胡适也有对新思想者的提醒，按时间看，两者没有承继关系，但是两人在《新中国》杂志有交集，可能是当时一种比较新的论调。

同人此刻与当时最稳固的思想立场——调和论发生互动。结合大报上的言论，可以发现《新青年》思想的时代背景还是以调和论为主基调。当然调和论涉及的话题很广，就新旧来说，体现为强调新旧的相对性，有时候体现为强调新旧的有限性，比如"思想有新旧，道德无新旧"②。孙的思想其实就是调和论的变体。到 1923 年还有人强调新旧的相对性，说"新与旧亦比较上之名词耳，焉有一定之标准哉。譬如我国孔孟庄老之学，士林鄙弃不屑，以为极旧矣。而西洋诸国，反以为世界最新之学说，殚精竭虑以研求之。又如我国新女子，多半短袖翘靴，蓬首露胸，效作西洋新装束。而德国妇女，则又流行中国宽大之服装。究竟谁为新乎，谁为旧乎，则亦因时因地因人，而各异其观念耳"③。这种折中调和的观念，取消了新旧的实际差异，显得更客观。在时代思想中调和论应该属于思想基础部分，因为它比较实际，一直存在着，成为同人对话的对象之一。同时也要看到，此时调和论之所以不断重申，也是因为有极端言论的存在。不然，这个思想也可能沉默下去，变成时代的共识。一般在言论领域出现的思想往往是被激活的和有争议的思想，而没有当前意义的和当前没有异议的思想不会出现在言论场域。当然，也存在另一种情况，就是相反的思想拥有巨大的世俗权力，控制着言论场域，不允许平衡它的言论出现在言论领域。前者是健康的言论场域的状态，后者是言论场域失去本性的状态（言论界本来是自由讨论、充分交流的地方）。

此时的古今新旧观与调和派的批评有关。第一次世界大战时期的中国兴

---

① 孙幾伊：《论新旧思想》（转载新中国），《国民公报》1919 年 5 月 20 号。

② S 在《时报》副刊"小时报"上的言论，转自《什么话（五）》，《新青年》1919 年 6 卷 6 号。

③ 傅立鱼：《创刊之词》，《新文化》1923 年创刊号。

起调和论，恰恰是因为清末的极端论调到民国初年遇到现实的挑战而趋于过激。第一次世界大战胜利以后，到五四以前新旧思想冲突非常激烈，以至于成为一个全国关注的事件。有人在观看北京学界搞得戏剧演出时，产生感想："新旧之争势不能免，旧者势力虽极伟大，终必有退败之一日；新者虽一时受其迫压，亦终必有战胜之一日。"[①]北京的记者敏感地把握了当时的主要文化现象就是新旧思想的冲突，他甚至在看戏的时候都在捕捉新旧斗争的信息。这种新旧对立是"一战"胜利激发起来的话题。第一次世界大战结束以后，新旧的价值意味突然再次突显出来，新代表有价值，相反旧则遭到否定。比如周作人的《思想革命》中新旧就已经出现价值意涵，孙幾伊口中的新旧也已恢复了价值意味。人们在关注北大与林纾的论争中也明显偏于新的一面。造成这个回归的原因应该是第一次世界大战结束后国内思想状况发生变化，以及在关注胜利时看到的是战后大发展的机会，整个世界当时都在一种除旧布新的心态中。

在激烈的斗争中，随着极端思想的更加发展，调和论出来居间平衡，一时腾于众口。在新旧对立为主要矛盾的时候，对调和论的斗争还不是那样重要，所以五四以后，同人与调和论的争论无暇展开。直到陈独秀出狱后，新文化运动已经蓬勃兴起，旧势力在文化领域已经被宣判有罪以后，就该轮到调和论兴盛了。1919 年 9 月章士钊发起新旧调和论的论战，论战在《东方杂志》《时事新报》上展开，参加者是张东荪、蒋梦麟等人。陈独秀一出狱重新主编《新青年》就参加了与调和论的斗争，他在 7 卷 1 号上发表《调和论与旧道德》，反对"太新太旧都不好""新旧本来不能完全分开"等看法。他说"新旧因调和而递变，无显明的界限可以截然分离，这是思想文化史上的自然现象，不是思想文化本身上新旧比较的实质。这种现象是文化史上不幸的现象，是人类惰性的作用"，是因为"人类社会中惰性较深的劣等民族劣等分子，不能和优级民族优级分子同时革新进化的缘故"[②]。陈独秀把周围的保守意见整合起来作为靶子，使《新青年》对新旧问题的看法又上了一层。陈独秀反对调和，主要是反对主动的调和，而承认自然的调和。

---

① 静观：《年假中之北京学界》，《申报》1919 年 2 月 8 日。
② 独秀：《随感录·（七一）调和论与旧道德》，《新青年》1919 年 7 卷 1 号。

反调和应该是在"一战"胜利后的时代氛围中，在与反动的政府和守旧派的斗争中，进一步成为同人共识的。早年很多同人和读者都单独批判过调和态度，钱玄同、刘半农和鲁迅都反对调和。《新青年》的标志性态度就是不调和。核心同人中带一点调和态度的只有胡适、李大钊和高一涵。6 卷 1 号上高一涵也明确表示反对调和，说以前自己也信调和论，但现在的观念稍微变化了，觉得"政治改革全赖一般扎硬寨打死仗的人天天和那反对派战争，才能时时改进，若才争得两步，又倒退一步，去等候那守旧的人，则政治进步，便觉停顿狠多了"[1]。连胡适也在 7 卷 1 号的文章反对调和。他解释反对调和的原因是："评判的态度只认得一个是与不是，一个好与不好，一个适与不适——不认得什么古今中外的调和。调和是社会的一种天然趋势。人类社会有一种守旧的惰性，少数人只管趋向极端的革新，大多数人至多只能跟你走半程路。这就是调和。调和是人类懒病的天然趋势，用不着我们来提倡。""革新家的责任只是认定'是'的一个方向走去，不要回头讲调和。社会上自然有无数懒人懦夫出来调和。"[2] 此处胡适的看法与陈独秀的观点完全一致。陈独秀作为编者此时正受胡适的影响，此时把调和看作懒病，可能来自胡适，但是陈独秀本人比胡适更加不承认调和，拒绝调和是陈独秀思想基因中的东西。高一涵、胡适旗帜鲜明地表明态度应该是受到时代氛围的影响。作为旁证的是 7 卷 1 号不仅有陈独秀的文章，还有来稿中也有一篇相关话题的文章，就是潘力山的《论新旧》。陈独秀可能从胡适和潘力山的文章中把握到时代的调和之音，引起他的重视，于是重新重视这个在沪皖时期就已经表明态度的老话题。陈独秀在给《论新旧》加的识语中说：如果不去思索"为什么""何故"等问题，就算生活在现代生活中，也是旧生活。[3] 这样一来，"新旧"内涵又发生了变化，"新"变成了经过选择的东西，新生活变成有意识的生活，而不是随波逐流的生活。这里"反思"意识变得非常重要，就是孙幾伊和胡适说的"判断"。这个转变是与当时新思潮一起涌入中国的现状互动产生的结果。外来思想太多，对于中国来说都是新的，但是面临选择的时候需要更高的评判标准，很自然地首先就是要有追问和反思的态

---

① 　高一涵：《和平会议的根本错误》，《新青年》1919 年 6 卷 1 号。

② 　胡适：《新思潮的意义》，《新青年》1919 年 7 卷 1 号。

③ 　独秀：《论新旧·附识》，《新青年》1919 年 7 卷 1 号。

度，不能人云亦云，不能唯新是求。第一次世界大战以后进入中国的新思潮对《新青年》来说也造成威胁。大量最新的思潮和对欧洲近代文明的反思也进入中国，具有选择的必要。《新青年》周边思想氛围的改变也要求同人重新思考新旧问题。因此，它否认新东西就一定有价值。这是一个新动向，是时代带给它的。

这个转变也与《新青年》思想结构互动。《新青年》为了维护"新"，到第 8 卷时仍在思想深处赋予新旧以文明和野蛮的意味。周作人将浙江省议会提议查办第一师范男女公学的计划与野蛮民族回避亲属的礼法相类比，[①] 隐含的意思是浙江省议会有违反进化论的旧思想。同人把旧的习俗礼法看作野蛮民族的存留，就取消了它为自己辩护的权利。对同人来说，有了进化论，新旧就不单纯是自然现象，而具有价值意涵。进化论是重要的核心价值和判断基础，是思想的大前提、公理。很多观念和看法是从它推导出来的。后人必须明白，他们那时非常迷信进化论。你可以说他们当时忽略了进化中的退化的存在，只是把落后的现象看作不进化，不知道进化的过程中也有退化现象，不过按照进化论，这些退化的现象会不适应时代于是要被淘汰。后来，鲁迅自己说他的进化论的"轰毁"[②]，就是这种错误的纠正。另一方面同人又要抵抗更新的思潮来否定自己原来的文化选择。但是前面已经说到，在《新青年》整体的思想体系中，是基于核心的思想概念——现实——而生长出来的。因为反思和判断的最终根据是现在的状况。这个辩论突出了进化论中的核心就是适者生存——适合时代（环境和条件）的就能生存。

这个转变还与当时的现状互动。第 8 卷《新青年》开展社会调查，发现了地方上的"旧"。有人认为，"社会思想大都守旧"，所谓"喜新的"也并不真懂，只是了解些"平等、自由、博爱、牺牲、奋斗、解放、改造、联合、互助、新思潮、新文化等一切新流行的名辞"，所以他们的势力也敌不过守旧者。他们的感情也容易改变，一会儿革新，遇到阻力，又变成守旧了，反过来反对新思潮。[③] 现在同人关心的是真求新还是假求新。所谓真求新，就是理解新的意义，也知道旧的意义，也就是有意识地求新。五四以后，唯新

---

① 仲密：《随感录·（一〇五）野蛮民族的礼法》，《新青年》1921 年 8 卷 5 号。

② 鲁迅：《三闲集·序言》，《鲁迅全集》（4），人民文学出版社 2005 年版，第 5 页。

③ 朱仲琴：《社会调查·海属社会面面观》，《新青年》1921 年 8 卷 5 号。

是求的人不止存在于乡间。求新已经形成一种风潮。潮流所及不免生出流弊，产生很多并非真求新的人，这种现象促使同人和冷静的或者保守的人一起反思"新"的真正含义。

这个转变与时代中的思想发生互动。在时代言说中，一方面调和论被中等市民阶层舆论掌握，成为常识，[1] 另一方面希望思想发展的激进青年养成求新的习惯。逐渐地，新旧又变得不再那么对立，而是你中有我，我中有你，各做各的，两不相碍。一旦人们取消明确的方向性，就会陷于宽容和调和的氛围中。五四以后，《新青年》上也出现一些调和之声，较早的有陈独秀刚出狱时产生的调和论调。后来有刘半农用敲冰作喻，解释与冰的斗争不是因为仇冤，而是为了我要赶路，[2] 表达了对立的无奈。对于旧物的反抗情绪变弱了。陈建雷的《树和石》写树被石头压住，于是树说，自己被压坏的话，石头也会落水，那时石头会很冷，而自己却生新枝了。[3] 在表达胜利信心的同时流露出新旧事物相互依赖的意思。经过互动以后，调和论的合理性也被吸收到同人的思想中，因此压抑了以新为贵的思想。

总的来说，京沪时期《新青年》同人逐渐不太讨论新旧问题。像 7 卷 1 号这样集中讨论新旧的声音已成绝响。第 9 卷以后直到党员时期，在宣传共产主义的时候，因为把共产主义崩坏作为历史前提，所以他们的看法中似乎有回到人类原始时代去的复古意味。[4] 表面上是开新的，恰恰是复古的。对此同人并没有任何前后矛盾的感觉，一方面因为同人大多已经更换，另一方面，"新旧"早就不成问题。

这个动向与五四以后的社会思潮互动。五四以后，古今问题和新旧问题已经成为共识，所以不太出现在言论中，逐渐变得并不是那样激烈地冲突了。当然，新旧对立的观念并没有消除，不过是转变了方式，不再抽象地谈论新旧，而是结合具体事物，比如新文学和旧文学是什么，新生活和旧生活是什么，如何改造，等等。1925 年讨论的就是新旧文学的问题。[5] 叶楚伧认

① 傅立鱼：《创刊之词》，《新文化》1923 年创刊号。
② 刘复：《敲冰》，《新青年》1920 年 7 卷 5 号。
③ 陈建雷：《树与石》，《新青年》1920 年 7 卷 5 号。
④ 周佛海：《自由和强制——平等和独裁》，《新青年》1922 年 9 卷 6 号。
⑤ 杨世楷：《新旧文学的一个争辩》，《虞铎》1925 年第 1 期。

为无新旧。有人表示赞同，并提到《新青年》上周作人说只有是非，并无新旧，那么新旧两字成立不成立，提议大家可以研究一下。[①] 在这个背景下，作为新旧问题最早讨论的人，对于这个话题更是缺乏多谈的兴趣。

党员时期变成复旧的新动向是与马克思主义互动的结果。马克思主义提出原始社会是宗族共产主义的，这样就说明自由竞争的资产阶级违反了人类本性，而成为人类罪恶的源头，所以要求回到人的类本质比较完整的状态。18 世纪怀念黄金时代和人类自然生活的思潮也是社会主义思潮的开端，隐含的意思是：文明是不人道的，政府和私有制都使人类误入歧途，共产主义就是为了达到最合理的文化。我们会发现马克思主义的思想与早年同人的思想有很大距离，马克思的人类观建立了一种文化想象：新中有旧，旧中有新。马克思主义代替了简单的进化观念以后，复古显得是螺旋上升的结果，所以也不那样显眼了。当然，马列主义在夺取政权，建立无产阶级专政的过程中，它也是趋新的，是要改变现实的。只不过落脚点不是在观念上，而是在人类社会的改造。与此一致，党员时期《新青年》也更多努力于制度的革新。列宁还特别强调无产阶级的文化应该吸收人类的包括资产阶级的成果，这样也使得新旧问题变得不那么重要。《新青年》在此影响下，与早期从思想入手解开文化和生活的"联结"不同，他们着手以共产主义为目标，下手改造生活中不合理的制度。因此，同人对于思想文化的贡献更少，即使有，也是直接重述教科书中的说法，并没有深刻的思考。

## 二、文化变迁

文化的另一个时间特性是文化变迁，即文化在时间中的流变。

《新青年》从创刊之初开始就认为文化必须变。陈独秀说"以人事之进化言之，笃古不变之族，日就衰亡。日新求进之民，方兴未已"[②]。他说的是人事必须变动，也就是文化必须变动。《一九一六年》上说，人类文明愈演愈疾，1916 年的人应该"万事一新"，不能满足于以前的文明。[③] 意思是文明年年都在变化。陈独秀在第 2 卷明确表达了《新青年》对文化变迁的总看

---

① 野鹤：《叶楚伧〈我的新旧观〉·附言》，《新思潮》1925 年第 1 卷第 1 期。
② 陈独秀：《敬告青年》，《青年杂志》1915 年 1 卷 1 号。
③ 陈独秀：《一九一六年》，《青年杂志》1916 年 1 卷 5 号。

法："宇宙间精神物质，无时不在变迁即进化之途。"①

同人强调文化变迁的绝对性，不太关注文化的相对稳定性。陈独秀从《一九一六年》开始就强调一切事物变迁的形态，每一年都应该与前面一年是不一样的。②易白沙也委婉表达过类似思想，他说的是："人文孟晋，决非一代一人能奏功效。"③虽然周作人曾说："有了古时的文化，才有现在的文化"，似乎是强调文化的稳定性，但是他强调的却是"但倘如古时文化永远不变，祖先永远存在，那便不能有现在的文化和我们了"④。第一章中各领域的思想经常显露出同人把文化变迁绝对化，忽视文化稳定性的倾向。这是同人的显著特点。

同人的文化变迁观是与进化论互动的结果。文化的进步根据在进化论。同人的进化论根深蒂固，早年的教育形成了同人思想的基本骨架。五四以后，在进化论受到怀疑的情况下，陈独秀还是坚信不疑，认为对待文化"只是要进化。不应该有彻底不彻底的观念"⑤。正如进化论中包含的适用的原则，陈独秀的文化变迁观中也有适用的观念。陈独秀决定取舍的一个基点是适用生存，对当下生存有用的就需要保留，于是他强调文化的适应性的一面，因此才提出变动论的。他说"吾宁忍过去国粹之消亡，而不忍现在及将来之民族不适世界之生存而归削灭"⑥。他发出文化没有效用就要灭亡的警报，因此推导出国粹文化必须随物质和生存变化，否则不能适应环境的争存。

此变迁观与同人的内心欲求互动。同人抱着改变中国文化现状的欲求。陈独秀批评中国文化中的问题："精之政教文章，粗之布帛水火。无一不相形丑拙"，"举凡残民害理之妖言，率能征之故训，而不可谓诬，谬种流传，岂自今始。固有之伦理、法律、学术、礼俗无一非封建制度之遗，持较皙种之所为，以并世之人，而思想差迟，几及千载"⑦。文化现状不令人满意，是

---

① 陈独秀：《孔子之道与现代生活》，《新青年》1916 年 2 卷 4 号。
② 陈独秀：《一九一六年》，《青年杂志》1916 年 1 卷 5 号。
③ 易白沙：《孔子评议》（下），《新青年》1916 年 2 卷 1 号。
④ 周作人：《祖先崇拜》，《每周评论》1919 年第 2 号。
⑤ 陈独秀：《谈政治》，《新青年》1920 年 8 卷 1 号。
⑥ 陈独秀：《敬告青年》，《青年杂志》1915 年 1 卷 1 号。
⑦ 陈独秀：《敬告青年》，《青年杂志》1915 年 1 卷 1 号。

旧人物也能看到的现实，但是努力推动变迁却是这些革命者同人的选择。在这里，国家在世界中的地位是考虑的一个出发点，潜在的民族生存危机导致对文化改变的需要。

强调文化变迁与同人对具体问题的关注点互动。如果有人跟同人争论，同人一定会提到文化的相对稳定性，但如果没有讨论，他们会在一些自己关注的观点上建立起世界观，未必重视思想的系统性，因为他们毕竟不是理论家，而是批评家、舆论家，所以他们论及的观念未必是自己观念的全部，而是他们当时最为关注的地方，是用来思索问题的重要支点。当时，国内老一辈的倒退复古观念仍然有力，因此，《新青年》为了与敌人相区别，也为了反对对中国传统文化固步自封的态度，于是把话说绝，强调变迁的绝对性。

党员时期，比较特殊之处是认为文化变迁有个终点，是最合理的共产主义文化，实际上否定了早年文化与生活一直在相互适应的观点。因为文化思想不是以严密的逻辑推理建立起来的，而是比较模糊地把各种观念凭借直觉吸引到一起的。这种反常的观点是与马克思主义思想中的某些理想化观点互动产生的结果，认为未来有一个最理想的文化状态，从此不再变迁了。这种违背同人的深层哲学基础的看法因为被放到无穷远而失去了讨论的机会，于是这个自我矛盾的地方被忽略了。

既然认定文化是变迁的而且必须变迁，那么如何变迁呢？这涉及文化变迁的动力和变迁的方式。

第一，关于文化变迁的动力，同人认为生活环境的变化是动力之一。《青年杂志》创刊伊始，陈独秀就以适与不适的原则来衡量文化现象。他说，"以吾昏惰积弱之民，谋教育之方针。计惟去短择长，弃不适以求其适。易词言之，即补偏救弊，以求适世界之生存而已"[1]。野蛮和文明的差别也体现在同一种生活阶段、生产方式下，生产力和组织人群的方式效力有高下，产出越多越高级，所以人们衡量文明与否的标准往往按照其竞争力。繁荣和能产都是竞争力的表现，当然武力有时也被当做衡量标准。其实，能产、繁荣和有扩张力等表征背后起作用的是与生活的适应。与生活适应的文化就能解放人的生产力，发挥出物质环境的最大潜力，因此创造灿烂的文明。比如，中原

---

① 陈独秀：《今日之教育方针》，《青年杂志》1915 年 1 卷 2 号。

文化之所以不断受到游牧部族的侵扰或者被征服，却那么顽强，就是因为中原的文化恰恰适应中原地区的生活和生产状况，因此才有中华文明。传统中华文明可以说是农耕文化中的最高文化，是当之无愧的农业文明。文化与生活的一一对应和匹配是同人都赞成的一个基本观点。同人认为文化失效的原因就是失去效力。[①] 他们认为生活（首先是政治生活，其次是世界人类的生活）已经进化，他们主张要改变旧文化，为的就是使文化适应变化。胡适的点滴改良是主动调节不适应之处的方式。

这个观点是与世界视角互动产生的。同人从世界视野着眼，认为中国的生活方式发生变化，因此要全面引入西方的方式，其实中国的状态很多样，不平衡，无法用纯粹的一种文化形式。当时中国的发展状况肯定不足以谈论资本主义。工商业在开放的大城市才有了一定发展，内地的广大农村还只有落后的农业。因此，由生活变化带动文化变迁，不可避免地是阶段性的，长期存在混杂状态。固然，同人从生活出发决定中国的文化肯定是对的，但他们常常比较急躁，看不得保守的文化思想存在。也就是说他们知道文化变迁要跟从生活变迁，本来应该知道变迁的长期性和复杂性，甚至有倒退，但他们在进行思想斗争的时候似乎忽视了这个本来是合理合逻辑就能推导出来的看法。

造成这种盲区的原因可能是：第一，他们不能容忍与传统生活方式相适应的文化形式和文化思想，认为它们是中国落后之因。第二，从沪皖时期直到京沪时期，他们都重视思想改造，因此忽略了生活也可能是思想落后之因。第三，他们在进化论的引导下，认为先进的形式仅有一种，文化也只有一种是先进合理的，这或许是他们的文明论起点产生的结果。第四，在他们的眼中，"现在"生活就是整个世界的"现在"。如果"现在"作为整体来影响文化选择的话，他们就忽略了中国内部文化的差异性。世界视角是其互动的焦点。同人评价文化的时候认为文化需要与现实生活相匹配，但他们在用进化要求文化变革的时候，是用整个人类的进化作为标准，所谓的新生活也是世界上发达国家的新生活，忽略了生活的地区差异性，忽视了旧文化与当地生活的匹配。一方面，造成它的理想性；另一方面，造成了它的革命性。

---

① 陈独秀：《孔子之道与现代生活》，《新青年》1916 年 2 卷 4 号。

文化习俗本身天然要维护自己的适用性，一种文化习惯没有改，往往是因为生活没有改，如果要改变文化，必须解开旧礼法和生活结合的"团"。同人从思想入手，主要是改变观念，他们运用进化论，强力地改变中国的文化思想，比如胡适关注问题，就有将新文化压入中国旧生活的意图。真正改变了这个偏向的是五四以后的新文化运动，后面我们会谈到，新文化运动时有一个改造生活改造社会的高潮。同人开始用进化论要求中国按照西方新生活来改变观念时，实际上存在脱离现实的倾向。总之，新旧观念的差异说到底是新旧生活的差异。从这个角度看，同人转向党员时期实际上有拨乱反正、注意到生活改造对文化改造的重要意义。

关于文化变迁的动力，同人还认为人心是动力之一。沪皖时期，他们还同时认为文化要适应人心。合理的文化就是人心需要的，即让人更为自由、幸福。束缚人心的文化就是不合理的文化。文化失效主要是因为它不符合人心了。至少当时他们认为旧文化已经束缚人心了，与人心脱节了，因此束缚人心的文化必须发生变迁。

关于文化变迁的方法，同人要主动推进文化变迁，发挥人的决定作用。主动推进文化变迁是同人一以贯之的路径。从开始教育新国民到最后改造社会制度来拯救文化，都强调人在历史上的主观能动性。主观努力是它借文化一来为文化变迁提供动力的方式，客观生活是它借文化三为文化变迁提供动力的来源。沪皖和北大时期之交，毕云程的信提出一个进化靠人为来实现的问题。[①] 由于侧重点在强调文化变迁，因此不太强调文化变迁是自然过程，来不及等待自然变迁，要靠人力促进变迁。《新青年》其实更为强调人为力量对文化的推动作用。应该说生活是潜在的动力，而人的努力是显在的动力。文化变迁是必然的，同时又需要主动加以推进。

这个思想与清末的思想互动。人心的推动力量是清末以来知识人都重视的文化变迁的力量。人心改造更是清末以来新知识人选择的路径。当然，林毓生甚至把这个思想解决问题的路径追溯到更遥远的中国传统。这或许有一定道理，但是此刻同人更直接接受到的是清末的传统。

到京沪时期，在人心和生活这两个动力中间，同人认为生活更为根本。

---

① 参见毕云程：《通信》，《新青年》1917 年 2 卷 5 号。

陶孟和在这时强调思想习惯比社会生活要迟缓，[①] 说明物质的力量是变迁的根本动力。京沪时期，同人的物质主义倾向更加强化，但从主观向客观转变有一个过程。实验主义者胡适认为文化变迁的动机是遇到实用上的困难，于是加以改变，目的是提高文化的适用性。[②] 这种看法已经把变迁的动力放到生活中去了，同时也把变迁的主动者定为人，是物质和人为的结合。当然，还有陈独秀较为偏重主观的方向。他说："创造就是进化，世界上不断的进化只是不断的创造，离开创造便没有进化了。我们不但对于旧文化不满足，对于新文化也要不满足才好；不但对于东方文化不满足，对于西洋文化也要不满足才好；不满足才有创造的余地……"[③] 这个思想是他回到上海以后，和《创化论》的译者张东荪等人联合搞社会主义者同盟，受到柏格森的创造进化论的吸引，将创造看作文化的推动力量了。在创造进化中人的主观能动性显得非常突出。此前他虽然曾经说过，"人类生活之特色，乃在创造文明"[④]，但是直到与柏格森思想发生互动，才明确强调主观创造的方面。

物质主义的态度与唯物主义哲学互动。最早强调物质力量的是马克思派的学者。"马克思号"上开始出现物质作为变迁动力的思想，介绍马克思唯物史观时也涉及变的问题。陈启修说："物质的结合和位置，既然是转变不定的，所以人类的文化史，也是随着物质的结合如何，转变不定的。物质的结合，从甲状态变到乙状态，人类的文化就从甲种变到乙种。若是物质的结合更从乙状态变到丙状态，人类文化也就从乙种变到丙种。如此类推，物质的结合一变人类的文化也一变。"[⑤] 这里只是说了变的状态的断裂跳级，但是如何变的，似乎没有指出。马克思派学者的物质主义倾向自然是从马克思主义哲学中带来的，也使同人思想接上了西方思想发展的主潮。陶孟和虽然没有直接谈论文化变迁。但是讨论了思想变迁和社会变迁的关系。[⑥] 陶孟和批评黑格尔历史哲学，有把历史建立在唯物基础上的意思。他批评黑格尔历史哲学是主观的。黑格尔的历史哲学其实说的是某个民族是世界精神的代表，

---

① 参见陶孟和：《新历史》，《新青年》1920 年 8 卷 1 号。
② 参见胡适：《国语的进化》，《新青年》1920 年 7 卷 3 号。
③ 陈独秀：《新文化运动是什么？》，《新青年》1920 年 7 卷 5 号。
④ 陈独秀：《一九一六年》，《青年杂志》1915 年 1 卷 5 号。
⑤ 陈启修：《一、马克思的唯物史观和贞操问题》，《新青年》1919 年 6 卷 5 号。
⑥ 参见陶孟和：《新历史》，《新青年》1920 年 8 卷 1 号。

是文明的中心，同时文明中心可以替换为不同的民族。"皇帝轮流做，明年到我家。"陶孟和否定黑格尔，固然有西方学者否定黑格尔的原因在，但是他也有自己的立场——科学。陶孟和也是从英国留学回国后，带回来欧洲物质主义的主流思想的。从早年介绍赫克尔的唯物一元论开始，到后来接受马克思主义，对于物质主义哲学的认同是贯穿始终的。这个物质主义的灵魂不断显露出来，与对精神的强调相互颉颃，但是前者总是最根本的。

陈独秀强调创造与五四以后的新文化运动的思想有较大互动。五四以后蓬勃兴起的文化运动，包括两层含义：一是从文化源头上提高文化——发展学术；二是灌注学术到日常生活中去，以改造社会。在前一个层面上，主要是通过译介国外的学理，最好是自己创造学理。当时的准备工作就是引入国外的，选择本国传统的资源，融合现代人的理性，创造新的文化。整理国故是预备性的工作，是盘点国货的存底，目的是创造。北大强调这个层面的文化运动。在蔡元培的积极倡导下，胡适是推动者，也是阐释者，他在《新思潮的意义》里说的就是这个运动。京沪时期，同人受到北大同人的牵制，对于创造也比较重视。特别是在西方强调创造的观点刺激下，产生了以创造来推动文化变迁的思想也是合情合理的。

在京沪时期，文化变迁的动力有多种角度，但是无非是人心和生活两条途径，或者将两者结合，或者强调其中一方。这种散乱状态是与当时思想互动的结果。《新青年》与社会分享共同的认识，基本上建立在文化变迁共识的基础上，没有自己独特的发现。多是受到当时外来哲学的作用而发生这种变化。只有在潮流变化的时候，造成了一种混乱，这个混乱一定程度上造成了同人的分裂。他们因此选择了不同的文化（社会）改造的方式。胡适坚持进化论（实验主义），走改良的道路，而陈独秀随着潮流，接受了历史唯物论，继续革命的道路。

最终在党员时期，彻底实现向物质转向。党员同人认为文化发展的动力是生产力，这是唯物史观的方向。蒋光赤运用马克思主义的原理，明确指出"生产力为人类文化的根本"，他还提到自然与人类文化和生产力的关系。①

①　参见蒋侠僧：《唯物史观对于人类社会历史发展的解释》，《新青年》1924 年 10 卷 3 期。

　　这个立场与同人当时所属的集团互动。共产党的刊物多是主张唯物主义的。《向导》上有读者担心到了共产主义，文化就不进化了。记者答复说，"世界文化进步之根本动力是社会的生产力，不是人的欲望，人的欲望不是世界文化的母亲，反是世界文化的儿子，文化愈进步，欲望就愈会无厌"①。《新青年》有类似言论，也是来自共产国际的马克思主义哲学。它与共产国际的同人分享文化变迁动力的物质主义解释。与此同时，因为它与共产国际思想的隔膜，也造成了它的思想的不完备。因为对马克思主义的掌握不够熟练，有时候机械地把经济和文化简单看作正相关的。比如在描述罗马文化消亡的原因时，只是说经济改变了，造成文化消失，② 但是没有细讲如何消失。原因是第三国际的理论家们也没有想清楚。波格丹诺夫接受了马赫的观念，认为艺术"在阶级社会中则是组织阶级力量的最强大的武器"③，按照这个定位，加上对马克思主义的误解，否定过去的一切文化，认为这种社会经验对各个阶级来说各不相同，因此不同的阶级在文化艺术上是不可能有继承关系的。尤其是无产阶级的阶级经验是同过去一切阶级的经验对立的，无产阶级的文化艺术更不可能同过去时代的文化艺术有任何共同之处。这样，就忽视了文化艺术的继承性和超阶级性，陷入一个阶级一种文化的错误认识。同人也受本集团当时的认识局限，因此虽然认识到文化变迁的物质力量，但思想显得生硬，不全面。

　　总的来说，无论是人心还是生活，还是后来的物质生产力，都不过是进化的变相。说到底，在同人看来，文化变迁的真正动力是进化。生活作为文化的动力以消极的面目出现，但是它是更有力量的前提。因为他们也说了人为推进文化变迁的方向是进化方向，进化自然是生活进化，意味着行动者需要顺应生活的进化。从京沪时期开始物质因素得到强调，人为因素变得次要，生活包括制度等外在的现实对于文化的推动作用显现出来。

　　第二，关于变迁的形式。同人认为文化变迁要人为推动。陈独秀在《敬告青年》上就说过"进取的而非退隐的"，说明文化要人去主动改变，而不

---

① 　惠民：《读者之声·社会革命成功之后》，《向导》1926 年第 168 期。
② 　参见蒋光赤：《经济形势与社会关系之变迁》，《新青年》1923 年 10 卷 2 期。
③ 　［苏］波格丹诺夫：《无产阶级和艺术》，《苏联"无产阶级文化派"论争资料》，人民出版社 1980 年版，第 89 页。

能等待进化。主动是《新青年》早期的一个核心观念，后来转变为物质因素起决定作用，但仍然还是肯定主动。胡适后来怀疑唯物主义历史观不提倡主动，其实党员时期偏于强调物质的决定作用的同时，有时候还是会肯定主动的，比如党员时期主要讨论分配，而分配其实就是文化形态，产品如何分配是文化的一种重要内容。分配对于生产的功能，应该就是文化对于生产力的反作用。党员同人没有因为认为生产力是文化的动力就放弃了主动性。他们要打破阻碍生产力的生产关系来解放生产力，以此推动文化变迁，说明继续在发挥人的主观能动性。另外，同人利用马克思主义思想来指导更新思想，来改变旧文化，就说明在行动上表达出人力推动文化变迁的看法。实践上中国共产党是非常重视文化工作的，它把文化作为战胜对手的战线之一。瞿秋白重申"我们决不否认精神上的力量能回复其影响与物质的基础，社会思想往往较其经济发展落后一步，所谓历史的'惰性律'；然而最根本的动力，始终是物质的生产关系"①。他说，"无产阶级应当有积极奋斗的进行计划，方能拯救普天下的劳动者——人类之文化"②。主动推进文化变迁是《新青年》一以贯之的路径。

对于第二种动力——人心，《新青年》更强调对人的改造，强调人的主观推动作用有与早期思想结构的互动。前面有相关的内容，此处不再赘述。它还与中间派的斗争有互动。张厚载一般被认为是保守派，其实他是中间派。他也赞同文化变迁，与同人有共同的观点，只不过他在变迁方式上与同人不同，他认为变迁是自然的，他说："既无文学家倡言改革，而文学之自身终觉不能免多少之改革，但倡言改革，乃应时代思潮之要求，而益以促进其变化而已。"③从这句话看，他甚至是不反对主动推动的，但是对于他熟悉的旧戏却认为不需要主动改造。

同人认为革命是文化变迁的形式。前面已经说到，《新青年》把革命推进到一切领域，这也是一个体现。五四以后，朱希祖再次提及革命的意义，他把进化和革命联系起来，"世界是时时进化的，时时变换的。把旧的

---

① 屈维它：《东方文化与世界革命》，《新青年》1923 年 10 卷 1 期。
② 瞿秋白：《世界的社会改造与共产国际（共产国际之党纲问题）》，《新青年》1923 年 10 卷 1 期。
③ 张厚载：《通信·新文学及中国旧戏》，《新青年》1918 年 4 卷 6 号。

不适用的，变换做新的适用的，就叫作革命。所以新的都是由革命而来，新的青年是最富裕革命精神的"①。到党员时期，无产阶级革命是对人类文化的促进。②总的来说，通过革命的方式来促进文化变迁，是同人文化思想贯穿始终的。

同人的文化革命思想在时代思想结构中与调和论互动。五四以后调和论势力巨大。不仅有杜威的新旧文化的结婚说，③还有章士钊的调和论。章士钊认为进化就是调和，关于调和与变迁以及进化的实现方法，章士钊的观点是"逐渐改善，新旧相衔，斯成调和"④。调和也是进化的形态，但它是渐变。调和论赞成文化变迁，但是反对断裂式的进化方式，认为正常状态就是新旧杂糅的中间状态。前面已有相关讨论，此处从略。同人本有革命基因，在于调和论斗争的过程中更加强了革命的姿态。

通过运动来推进文化的观念，隐藏在《新青年》早年从欧洲文明史中找到的模式中，⑤虽然一直没有阐发这个观点，但他们的文化实践体现了这个观点。它努力扩大自己在思想场域中的思想份额，致力于推动人们思想的变革，总是在推动某种运动，比如国民运动、直接行动、文学革命、伦理道德革命等，有启发民众的色彩，因此也就表明它认同运动（包括政治运动和文化运动）是推动文化变迁的方式。这个模式是在五四运动后逐渐成为时代共识。因此，它也当之无愧地被称为新文化运动的先驱。

这个思想仍然是与清末时期的思想潮流互动的后果，但是在五四运动以后进一步与时代互动。时代意识到运动的重要性。1919年9月《新思潮学社简章》中总纲第二条宗旨是"谋社会改革，作文化运动"⑥。1919年10月31日江苏各校演说竞进会定期开会时拟定演说题范围为"关于新文化运动之种种问题及其推行方法"⑦。江苏省教育会特别印发传单题目为《解释新文化运动》，显然是因为有人提出要界定一下"新文化运动"的含义。它解释

①　朱希祖：《敬告新的青年》，《新青年》1920年7卷3号。

②　蒋僧侠：《无产阶级革命与文化》，《新青年》1924年10卷3期。

③　《京学界将回复原状》，《申报》1919年7月20日6版。

④　《章行严君之演说（续昨）》，《申报》1919年9月30日10版。

⑤　[法]薛纽伯：《现代文明史》，陈独秀译，《青年杂志》1915年1卷1号。

⑥　《新思潮学社简章》，《申报》1919年9月5日11版。

⑦　《演说竞进会定期在宁开会》，《申报》1919年10月31日10版。

的话里有一条："新文化运动是一种社会运动、国民运动、学术思想运动。"①
这个解释揭示了新文化运动的三个特征，改造社会、国民参与和学术思想。
当时人多认为文化运动是推动文化变迁的有效方法。用运动推动文化似乎已
经是时代共识。《新青年》早年的观点这时被时代共振增强了，同人也走向
群众运动推进文化变迁，当然主要表现为通过政治运动（比如革命运动）来
改变社会制度。

党员时期，关于文化变迁的思想，与北大时期和京沪时期没有大不同，
差别仅在于变革方式：以前用文化方式促进文化变迁，党员时期以经济关系
变化和社会结构变化来促进文化向合理化的方向变迁。因为强调生产力对文
化的决定作用，所以在思想理论上一定程度地忽视了文化本身的反作用。但
是共产党在实践上是非常重视文化工作的，把文化看作战胜对手的战线之
一。第 10 卷以后的《新青年》不提文化的生产，而关注经济社会的改造，
要按照党纲来改造社会（推动文化变迁）。② 这种思想状态是与思想核心变
动以及早年思想互动的结果。按照马克思主义观点，文化是经济政治的附属
物的构想，历史唯物论确定了从物质层面下手来改变经济基础和政治意识形
态的方向，但是因为《新青年》一直主张人为改造文化，因此造成在理论上
忽视文化的反作用，但是实践上又通过人为来体现了文化的反作用。

## 第三节  文化空间特性论

文化总是在空间中存在，所以它有空间属性。正是空间造成文化的差异
性，也是空间提供了"化"的可能。有差异的文化之间不可避免会有冲突。
冲突的根源在于文化是一个体系，内部各部分之间相互协调，与外部形成斗
争关系。

关于文化的空间属性，同人涉及比较多的是文化区隔、文化控制和文化
结构等方面。

---

① 《演说竞进会演题之解释》，《申报》1919 年 11 月 2 日 10 版。
② 参见瞿秋白：《世界的社会改造与共产国际（共产国际之党纲问题）》，《新青年》1923
年 10 卷 1 期。

## 一、文化区隔

文化区隔是文化的重要形态之一。地域是文化在空间中区隔的最显著特征，其他还有阶级等社会空间中的区隔。前者属于自然空间的区隔，后者属于观念空间的区隔。

在《新青年》同人的文化区隔论题中，最重要的是中西分野。这个问题不算是同人开启的新问题，中西问题几乎是当时（甚至到目前）有关文化问题的最大问题之一，这也是时代赋予的问题。因为清末民初以来的文化问题就是建立在文化冲突基础上的。整个文化问题都不是在中国中心的框架中来讨论的，或者说这个时期就是话题从中国中心向多种文化间——首先是中西文化间转变的时期。在这个背景下，《新青年》从一开始就涉及这个问题就一点也不奇怪了。

这个问题对《新青年》文化观的形成非常重要。《新青年》总是在区别中西的基础上认识问题的。创刊号上汪叔潜的《新旧问题》把新旧问题归并到中西问题，[①] 汪叔潜为了明确文化改革的取法方向，把"新"变成"西"，于是"西"就成了代表进化方向的文化资源。在中西文化之间中，他选择了西方文化。同一号上陈独秀也提出中西融合的想法，认为任何国家都不能再闭关锁国，必须顺应共同的潮流，[②] 他的意思当然是把共同潮流看作西方文化。因为他针对的是特别国情说（袁世凯和筹安会等人思想背后的立场）。汪叔潜和高一涵都认为西方文化（近代文化）的本质是人权说。[③] 这个认识与他们讨论政治问题而涉及中西差异有关，西方的政治文化与中国不同的地方，当时被认为是人权上的差异。

1卷4号陈独秀才更为明确地提出"东西洋民族"不同，根本思想也"各成一系"，认为像"水火之不相容"[④]。虽然说的是东西洋，其实背后是指中西。其东西洋水火不容的思想预设呼应了1卷1号汪叔潜的看法。关于中西

---

① 参见汪叔潜：《新旧问题》，《青年杂志》1915 年 1 卷 1 号。

② 参见陈独秀：《敬告青年》，《青年杂志》1915 年 1 卷 1 号。

③ 参见汪叔潜：《新旧问题》，《青年杂志》1915 年 1 卷 1 号；高一涵：《近世国家观念与古相异之概略》，《青年杂志》1915 年 1 卷 2 号。

④ 陈独秀：《东西民族根本思想之差异》，《青年杂志》1915 年 1 卷 4 号。

学术不能并置的观点本来在世纪初就由严复表达过了，①现在被汪叔潜和陈独秀继承，只不过这次不是为了反对中体西用，而是针对民国初年逐渐兴起的中西调和论。

陈独秀罗列的中西不同很多，他从思想差异上着眼认为"西洋民族以战争为本位，东洋民族以安息为本位"，"西洋民族以个人为本位，东洋民族以家族为本位"，"西洋民族以法治为本位、以实利为本位，东洋民族以感情为本位、以虚文为本位"②。这个范围就很广了，涉及团体之间、团体和个人之间、人与我之间、人与事情之间的不同。可以说陈独秀是把汪和高的看法加以推扩，在尊重人的价值的基础上，也涉及思想趋向等更为普遍的差异。这是沪皖时期，《新青年》中西差异的认识。读者顾克刚认为西洋文明精神有二：积极和崇实，按照这个行事就可以处处与西方文明一致。③他应该也是把两者作为西方文化的特点了。其实，中国也有积极和崇实，有消极的老庄，也有积极入世的孔孟墨，文化中常有崇虚的方面，但也不断有人加以纠正。不过与西方对照，显得消极和崇虚而已。此外，高语罕也对比中西进化的差距，再反观国人的心理，觉得非常刺目。④可见同人将中西文化作为问题的核心，是判断新旧问题的根据。

重提中西的根本对立，不单纯是理论原因，还有现实基础。因为中西冲突长期以来非常激烈。冲突带来不安，也造成国民的认识加深。⑤近代以来中国文化问题的出现就是因为外部西方文化的到来，因此本国文化才成为问题。近代政治动荡、道德堕落等现象多少都是由这对文化区隔的存在直接或间接导致的。

对文化的空间感知主要来自文化冲突的经验，中西对立的观念是与文化冲突经验互动的结果。文化冲突是同人所属时代的重大问题。原来在中国封闭的空间中只有一个中心文明，国人很少会产生类似的文化冲突经验。如果说在清末，同人还会选择民族文化为中心的话（如陈独秀在《安徽俗话报》

---

① 参见陈独秀：《吾人最后之觉悟》，《青年杂志》1916年1卷6号；严复：《与〈外交报〉主人书》，《严复集》（3），中华书局1986年版，第558—559页。
② 陈独秀：《东西民族根本思想之差异》，《青年杂志》1915年1卷4号。
③ 参见顾克刚：《通信》，《新青年》1917年2卷5号。
④ 参见高语罕：《青年之敌》，《青年杂志》1916年1卷6号。
⑤ 参见陈独秀：《吾人最后之觉悟》，《青年杂志》1916年1卷6号。

上排斥外来的力量，害怕因为矿山和铁路权利的失去，进而失去主权，流露出安徽意识①），民国以后，这个立场不太急切了，反而在现实问题的逼迫下选择了对世界的认同。

中西并举的概念对立也有一个形成过程。沪皖时期，学人有时候说中西，有时候却用东西洋，"东洋"这个词至少在 1833 年出现在中文中，一直都是指日本，这是按照中国视角来命名的，到庚子年左右，列国派驻东洋舰队，逐渐指包括日本在内的一片区域（太平洋区域）。这个名词很可能来自日本，因为后来日本的东洋概念指的就是这个意义。② 也是日本人用东西洋来对比两个文明的差异。后来报刊上转载日本文章（包括《浙江潮》《东方杂志》等），才把东洋这个意义带入汉语，这时的"东洋"，是在世界视野中与"西洋"对举的名词。民国以后，中国报纸也开始用东洋指日本人心目中的东洋，包括中、日、印、菲等国。东西洋并称一直指东西洋的留学生和学务。陈独秀早年没有采用汪叔潜的中西之分，而是继续用东西洋来指称，③这是那时的常见用法，东西洋文明有时表述为东西方文明、东西文明和东西文化等，当时被认为是两种进化不同阶段的文化。后来也是在东西洋对立的基础上确认中国的特点的，④ 很可能是受了日本的启示，不局限于中国与西方的对立，而是扩展到更大的东亚，而中国是东洋文化的代表。改变旧文化，不是中国一国的事情，而是两种文明之间的更替（一种没落的文明和一种正兴盛的文明）。跳出中国的视角有助于国人理解自己的处境。这不是习惯问题，是视野问题，中西对立是清末就形成的，张之洞、严复等人都这样立论。东西洋则消除了中国本位的可能，而是把东洋与落后联系起来。东洋的代表日本则是学习西洋的榜样。陈独秀预设了强烈的学习西方的前见。查阅全国报刊索引的题目可以发现，"中西"一词在 1891 年的报纸上开始出现，1910 年开始到 1939 年间中西作为文章题目的情况持续增加，由此可见中西

①　参见《论安徽的矿务》，《安徽俗话报》1904 年第 2 期。

②　1906 年版《东洋》杂志中日本人心目中的东洋就是太平洋、印度洋，涉及的主要是太平洋西岸的国家：日本、大清国、俄国、朝鲜、印度、波斯等。另外，这个用法也是当时的共同意义。1906 年《山东官报》也是如此。参见《各国新闻：东洋列国海军之大势》，《山东官报》1906 年第 75 期。

③　参见陈独秀：《法兰西人与近世文明》，《青年杂志》1915 年 1 卷 1 号。

④　参见陈独秀：《东西民族根本思想之差异》，《青年杂志》1915 年 1 卷 4 号。

对立恰恰是民国初年开始成为思考对象的，正是《青年杂志》创刊时国人开始更接受"中西"的分法，而少用"东西洋"了，可能受到日本人的"东洋"意义的影响，所以"东西洋"的说法逐渐退出《新青年》，但是世界视野仍保留着，毕竟"中西"关系是中国人更关心的关系。在这番互动中，时代概念的动向限制了同人概念的选择。

中西对立确立以后，就该弄清对中西的态度了。

在沪皖时期，陈独秀认为东洋是宗法社会的看法[①]使东洋在进化链条中处于劣势，判断的依据是其暮气沉沉的状况，实际上没有西方文明强盛。这是用东洋所处的被征服地位来论证东洋方式的不好。陈独秀怒不可遏，痛骂民族劣根性："民族而具如斯卑劣无耻之根性，尚有何等颜面，高谈礼教文明而不羞愧?"[②]他的话隐含一个推理：礼教让人忍辱，忍辱的人卑鄙无耻，人的道德低劣，培养出这样人格的文明没有价值，所以礼教文明没有价值。同人因为不满于那种失败了还沾沾自喜的自大，所以故意强调中国的不足，更加偏于肯定西方（包括西化的日本）。关注的是西洋文明的好的方面，如"积极和崇实"[③]。与此相反，对中国则强调其不好的方面。他们口中的"国粹"都是讽刺意味的，并非真的"粹"。北大时期的思想基本延续了沪皖时期的看法。胡适对比中美英的妇女，赞扬美国妇女的合理的生活。[④]毕竟这样重要的看法不容易在两三年内发生变化。这种语境性在北大时期更为明显。钱玄同在给刘半农《南归杂话》加的按语中表达对"道德天下第一""世界文明古国"这类自诩不思进取的态度的不满。钱玄同未必真的对日本有好感，但针对中国人的心理，才为日本人辩护。[⑤]

保守主义者和激进者都喜欢把空间概念和时间概念合并。严复把古今立国的差别当作中西立国的差别，拒绝进化论进入中西文化领域，以便保持中国的特性。在进化论的背景下，古今差别是有价值差异的，归为中西文化差异以后，就消除了进化的意味，古代的东西也可以继承到现在的中国。严复

---

① 参见陈独秀：《东西民族根本思想之差异》，《青年杂志》1915 年 1 卷 4 号。
② 陈独秀：《东西民族根本思想之差异》，《青年杂志》1915 年 1 卷 4 号。
③ 顾克刚：《通信》，《新青年》1917 年 2 卷 5 号。
④ 胡适：《美国的妇人》，《新青年》1918 年 5 卷 3 号。
⑤ 钱玄同：《南归杂话·按语》，《新青年》1918 年 5 卷 2 号。

从高呼世变之亟到强调中国本位，转变点就是时空观念的转换。高一涵批评严复："他就不晓得看看欧洲古代国家是什么样儿；他就不晓得欧洲现在的国家观念，是自古如此的，还是从那政教合一时代变来的呢？""严氏以中国停滞未进化的立国原理，去比那欧洲已进化的立国原理，所以觉得不大相同。然此特古今立国原理之差异，而非东西立国原理之差异也。误认为东西异点者，不是未明历史进化的观念吗？"[1] 与此相反，汪叔潜把新旧问题等同于中西，表面上与严复一样，都把时间概念归结为空间问题。但是当时新旧正失去价值意味，中西在当时倒是有进化和落后之别。可见，汪叔潜肯定了已经形成社会共识的中西价值差异，为的是替"新"正名。严复则是用中西价值平等的观念，让中国古代的东西复活。严复的中西价值观与汪叔潜的有差异。从上面高一涵的话可见他们把中西看作进化不同阶段的形态，西方比中国更为先进。其他同人与汪叔潜一样，都肯定西方在价值上优先。

鲁迅说得更俏皮，也更清楚。他承认外国人称中国人为土人是合理的，因为中国社会里吃人、劫掠、残杀、人身买卖、生殖崇拜、灵学、一夫多妻，凡所谓国粹，没一件不与蛮人的文化恰合；拖着大辫吸食鸦片烟也与土人的奇形怪状的辫发和吃印度麻一样，还有缠足，更是土人的装饰法，[2] 这是说中国文化的不足取法，反过来则是肯定西方文化急需输入。

这种看法与时代思潮存在互动。当时，对立地把握中西，并不是同人一家，因为中西对立是时代的共同经验。1916 年杜亚泉也把西方归为动的文明，东方归为静的文明，认为西方重人为，中国重自然；西方是外向的，中国是内向的；西方尚竞争，中国尚和平，等等。但是杜亚泉提出的是统整文明的说法，[3] 他认为动静应当互补，各取对方之长，以补自己之短。调和在国内是新旧结合，在国际上则是建设新文明的契机。杜亚泉也是欢迎西学的，对固有的文化的态度不是保守，而是要广大之。西方人把东方作为治病的药，而东方也把西方作为治病的药。可惜的是这些保守的文化人士的折中观点，因为与激进的观点交锋而弱化了其迎接新潮的一面，另外他们在选取中国固有文化的时候，选择所谓的中国文化的特异性，反而束缚

---

① 高一涵：《非"君师主义"》，《新青年》1918 年 5 卷 6 号。

② 鲁迅：《随感录·（四二）》，《新青年》1919 年 6 卷 1 号。

③ 参见伧父：《静的文明与动的文明》，《东方杂志》1916 年第 13 卷第 10 号。

了自己，忽视了其与现代理念的不和谐的方面。比如 1918 年杜亚泉主张政治原理不变，认为君道臣节、名教纲常是中国文明的基础；拯救世道人心，"决不能希望于兹外输入之西洋文明，而当希望于己国固有之文明"①。此外还有传统知识人质疑外人热衷改造中国，而国人不仅不拒绝，还大开门户来迎接，批评说"其所弃者非特本身也，乃并其子孙之体魄与灵魂而俱弃之"②。他们过于强调本国中心，反而突出了保守的一面。《新青年》同人面对同样的经验，但是他们选择了外来的文明。其实，杜亚泉等人和陈独秀胡适等同人面对同样的问题，他们要解决的问题就是如何拯救中国文化的问题。杜亚泉采取复兴本国文化的直接方法，而《新青年》以人类一体的角度来审视选择，同样落脚在民族文化的重生。可以说他们的目的是一致的，不过采取的方法不一样而已。不过，两者的分歧也不是没有意义的，他们在回答问题时做出选择，他们的选择对思想内部做出分割，就此产生思想。为时代的方向提供了多种可能答案。而且因为分割和争论，问题的重要性得到强化。

这个价值来自早先的概念，因此与早期思想发生互动。中西对立的价值差异其实来自比它更早出现的东西洋文明对立。傅斯年 1914 年前后读到英国杂志批评东方文明的话十分不满，后来接触到东方思想界的病症，渐渐相信了。③ 东方文明这个名词是欧洲近代文明自我认识的对象，而且是以贬低对象为手段建构自我的产物。中西这对概念是晚清时期产生的，民国初年这对概念基本上有了自己确定的意思，无论西方如何复杂，在那时的语境中，西方指的就是科技发达的欧洲列强。这对概念被北大同人接受，而带上了其自有的贬中崇西的价值意涵。

当然，北大同人更加强调用世界眼光超越中西对立，《新青年》跳出民族的立场，而从人类高度立论，主张学习西方文化。因为从世界主义立场来审视，中西其实一定程度上消除了对立。这种看法与其北大教授身份互动。张崧年就是从学术角度出发认为与世界学者共论一堂，需要了解人家，"今之世界所谓大通之世。处斯时世倘欲有所树立，必应受世界教育，得世界知

---

① 伧父：《迷乱之现代人心》，《东方杂志》1918 年第 15 卷第 4 号。
② 官一：《论废礼教为亡国灭种之媒》，《扶风月报》1914 年第 2 号。
③ 参见傅斯年：《中国学术思想界之基本误谬》，《新青年》1918 年 4 卷 4 号。

识，有世界眼光，俱世界怀抱，并令身亲种种世界事业"①。这时，同人似乎更加急切地接受最新的西方思想，要更加义无反顾地学习西方文化。

与无政府主义思想互动。此时同人在北大受到无政府主义思想的影响。无政府主义者比较反对国粹。因为他们关注世界，有批评自己文化的倾向，对中西问题的态度更为激烈，他们反对国粹派热衷讨论的"东学西渐"，不能接受国粹派自以为国粹重要。② 这种文化态度会对比较接近无政府主义者的同人造成影响。周作人较早认识到，文学只有合理与否，没有国别的差异。钱玄同表示赞同，并引用吴稚晖的话"今日欧美的物质文明，并非西学，乃是人类进化阶级上应有的新学"③。这还是把中西放到进化链条的不同阶段来看。北大的无政府主义氛围在这里起到支撑作用。同人与无政府主义发生互动，也就是和北大的校园氛围互动。

《新青年》与保守的新潮互动。其实国粹不亡的思想不断露头，在当时应该属于新东西。清末以后知识人几乎完全转而追求西化，到民国后旧学界出现了对旧学的回归。有些老人认为旧学的价值不成问题，而恰恰是新学的人感到西化趋势超过他们的预期，所以开始转回来寻找旧学的资源。旧学人物提倡新学，不过是为了利用，背后还潜藏中国文化中心观念。到第一次世界大战结束时，杜亚泉仍然用东西洋文明来对举，但对立的内涵减少了。他说，"今日西洋之种种主义主张骤闻之，似有与吾固有文明绝相凿枘者，然会而通之，则其主义主张，往往为吾固有文明之一局部，扩大而精详之者也"④。在认为西洋文明不过是固有文明一部分的前提下，他还提出尽力输入西洋学说，使其融合于固有文明之中，提出用中国固有文明拯救世界，西方文明不可靠了。⑤ 其实，杜亚泉并不保守，也要输入西洋学说，只不过他是中国中心的。明显杜亚泉是在西洋混乱等待救济的背景下这样说的，这个想象是"一战"中在欧洲部分学者中激发起来的。如果论新潮，杜亚泉是更新的，不过他只能接受这个新，是因为内心本来就保有中国文化本位的

① 张崧年：《劝读杂志》，《新青年》1918 年 5 卷 4 号。
② 参见冰弦：《蔗渣谭》，《新青年》1918 年 5 卷 3 号。
③ 钱玄同：《复周作人》，《新青年》1918 年 5 卷 5 号。
④ 陈独秀：《再质问〈东方杂志〉记者》，《新青年》1919 年 6 卷 2 号。
⑤ 参见伧父：《迷乱之现代人心》，《东方杂志》1918 年第 15 卷第 4 号。

观念，于是一见到这种观念立即奉若拱璧。杜文又说："十九世纪科学勃兴，物质主义大炽，达尔文之生存竞争说，叔本华之意志论，推而演之，变成强权主义。其尤甚者，则有托拉邱克及般哈提之战争万能论。不仅宗教本位之希伯来思想被其破坏，即理性本位之希腊思想亦蔑弃无遗。现在道德观念，竟以权力或意志为本位，而判定是否道德，则在力不在理。战争责任不归咎于强国之凭陵，而委罪于弱国之存在，于是弱者劣者为人类罪恶之魁。"① 杜亚泉增加了一种偏见，中国有精神有人文，西方主要是物质。这样就把东西方变成东方精神，西方物质，加上欧战背景，西方自然处于劣势，就算他提出东西方调和，也是以中学为主。

陈独秀们当然不是不希望中国超越，但他们认为这个还不是时候。他反对杜亚泉那种一迎一拒的姿态，认为是油滑官僚的做法。② 陈独秀最后逼问杜亚泉是否认定以下三条："自西洋混乱矛盾文明输入破坏吾国固有文明中之君道臣节名教纲常，遂至国是丧失，精神界破产，国家将致灭亡。""今日吾人迷途中之救济，非保守君道臣节名教纲常之固有文明不可。""欲保守此固有文明，非废无君臣之共和制不可。倘废君臣大伦，便不能保守君道臣节名教纲常，便不能救济国是丧失，精神界破产，国家灭亡。"③ 核心在于西洋文明是不是导致国家将亡，是否要恢复中国古代固有文明，为了保住固有文明，是否需要改变共和政体。三个问题其实是紧密相连的关于文化的态度，而根本点在于政治上是否废除君臣之纲，是否废除共和制。陈独秀的语气看似平和，实则招招致命，因为这三条推论与民国体制违背，与大多数知识人的观念相悖，就是杜亚泉也不敢这样想。他的意思就是从西方文明而来的共和政体已经稳固，杜亚泉没有胆量挑战这个既成的事实。袁世凯失败后，主张共和体更成为民意。他把西洋文明和固有文明加以对立，以道德伦理为关键点，以政治为根本点。与政治相关的那些道德伦理不可动摇，文明的对立也就不可动摇，在他眼里不存在通融的可能。东方文化派不是否认西方的东

---

① 伧父：《迷乱之现代人心》，《东方杂志》1918 年第 15 卷第 4 号。

② 参见陈独秀：《再质问〈东方杂志〉记者》，《新青年》1919 年 6 卷 2 号。陈独秀针对的三篇文章，均发表于 1918 年的《东方杂志》。它们是杜亚泉的《迷乱之现代人心》，钱智修的《功利主义与学术》和平佚编译的《中西文明之评判》。

③ 陈独秀：《再质问〈东方杂志〉记者》，《新青年》1919 年 6 卷 2 号。

西好，但是他们认为各种制度或者文化行为是可以混合在一起的。而同人是有机的观点，认为某些思想只能与某些思想在一起，不能任意结合。这是两种选择。即同人对于文化的空间性非常重视，认为它是系统性的。前者是连续观点，同人是断裂的观点。空间对立思想形成中西的本质差别的思想，或者说是中西本质差别的思想造成空间对立。但不是绝对的，杜亚泉也讲中西对立，但是却认为两者可以融合。杜亚泉又赞同辜鸿铭说的欧洲没有中国的伦理纲常是不好的，又拒绝成为完全抵抗新潮的人。难怪陈独秀说他自相矛盾。其实，这些自相矛盾的表现反映了他进退失据的精神状态。

关于中西文明，陈独秀反对《东方杂志》质疑中西文明之评判中说的"此次战争，使欧洲文明之权威，大生疑念"。此时陈独秀尚未受到欧洲文明破败的信息。[①] 陈独秀开始并不了解这个动向，不承认欧洲文明没落，认为那种看法是"梦呓"。"盖自欧战以来，科学社会政治无一不有突飞之进步，乃谓为欧战文明之权威，大生疑念，此非梦呓而何？"[②] 陈独秀选择性忽视欧战后的思潮，而关注人文思潮中的发展，没有重视其已经与早年的思想不同，其实在西方文明这里出现了分裂，陈独秀反而是落后的，不够新潮。到后来陈独秀似乎不得不面对这种新的强势话语，但是仍然不肯接受，他在1920年提醒年轻人："西洋人也许有几位别致的古董先生怀着好奇心要倾向他；也许有些圆通的人拿这话来应酬东方的土政客，以为他们只听得懂这些话；也许有些人故意这样说来迎合一般世人底心理；但是主张新文化运动底青年，万万不可为此呓语所误。"[③] 这话与后来胡适的观点一样，胡适认为柏格森、倭铿等人反思西方近代文化，无非是发几句牢骚，就像富人吃厌了鱼肉，想尝咸菜豆腐的风味一样。[④]

此处，同人其实通过杜亚泉等人与欧洲的新思想发生了互动。杜亚泉的看法不过是欧洲批判一战时产生的对东方文化的向往。第一次世界大战以后，西人喜爱中国文化的消息渐渐增多了，比如在1911年4月16日时报转载德国人办的中文报纸《协和报》上的文章《中国文化》，其中说到德国

---

①　陈独秀：《质问〈东方杂志〉记者》，《新青年》1918年5卷3号。

②　陈独秀：《再质问〈东方杂志〉记者》，《新青年》1919年6卷2号。

③　陈独秀：《新文化运动是什么？》，《新青年》1920年7卷5号。

④　胡适：《科学与人生观序》，《胡适文集》(3)，北京大学出版社2013年版，第140页。

人热爱中国诗歌和庄子的情况，慨叹"二十世纪真文化大同之世"①，《时报》上还有《西人爱读中国书　书估大起忙头》这样的文章，说海关官员英国人好威乐爱经史子集，十几年了，回国后大力推崇中国，"谓中国文字之渊雅奥博耐人玩索求之太西各国无与伦比"。近期回中国受图书馆之托购买中国书。记者最后叹道"呜呼西人尚爱读中国书，奈何吾中国人而反有蔑视国学者耶"②。国粹派嘴里的夏樊纳、香港大班、九龙英国海关，以及缅甸的洋和尚，这些都是有"东学瘾"的人。③《时事新报》当时也有类似倾向。《时事新报》的"泼克"栏目攻击新文艺的人崇拜外国的偶像。我们会发现强调中国价值的人往往以西人的态度来衡量中国文化的价值，说明他们与《新青年》一样都是认为西方的眼光更为可靠，这其实是时代共识。他们更为新潮，其思想来源是分裂的西方思想中反思西方文明的那部分资源。

《新青年》怕有人借机把中国拉到后退的道路上去，再次错过发展的时机，为了避免保守旧物再次回潮，因此抵制新潮。胡适还提到观风俗的目的："我平日的主张，以为我们观风问俗的人，第一的大目的，在于懂得人家的好处。我们所该学的，也只是人家的长处。我们今日还不配批评人家的短处。"④鲁迅说，"我辈才力不及，不能创作也该学习"，即使所崇拜的仍然是新偶像，也总比中国陈旧的好，与其崇拜孔子、关公，还不如崇拜达尔文、易卜生，与其牺牲于瘟将军、五道神，还不如牺牲于 Apollo。⑤ 这些话针对的就是《时事新报》的批评，表达的是向西方文化学习的立场。这个立场限制了他们承认西方的弱点。第五、六卷大部分思想都是针对文化思想的逆流展开的，所以呈现特殊的形态。

五四运动以后，《新青年》的中西观念发生变化，至少开始接受对西方思想的批判了。这是与思潮互动的结果。

首先，与世界潮流互动。五四期间，杜威来到中国，他指出东方（包括

---

① 《中国文化》（转《协和报》），《时报》1911 年 4 月 16 日 2 张 3 版。
② 钧：《西人爱读中国书　书估大起忙头》，《时报》1919 年 1 月 25 日 2 张 3 版。
③ 冰弦：《蔗渣谭》，《新青年》1918 年 5 卷 3 号。
④ 胡适：《美国的妇人》，《新青年》1918 年 5 卷 3 号。
⑤ 唐俟：《随感录·（四六）》，《新青年》1919 年 6 卷 2 号。

中国）对西方文化的两个错误态度：一是彻底抵制，物质和思想都拒绝；二是只要物质，不要思想。他说前者注定失败，后者非常危险。① 杜威的解说对于《新青年》承认西方文明中的问题一定有很大的作用。胡适不必说，陈独秀此后也暂时停止抵制批评西方文明，而迎接最近代思潮了，直到开始受罗素的影响才又重新出现，② 但也是在承认西方文明有问题的前提下。这为他要创造一种超越中西文化的文化准备了心理条件。这里显示出权威的力量。

其次，《新青年》与五四运动以后国内的爱国思潮有互动。中西问题涉及民族情感，因此爱国是很重要的话题。其实是第一次世界大战以后新变化的显著化，也是民族主义重新崛起的结果。五四以后，国内民众对民族文化的热情十分高涨。一直以来，《新青年》与狂热的爱国主义保持距离，以一种理性态度来处理中西问题。陈独秀抵抗五四后越来越强烈的东方文化自满倾向，指出"西洋文化我们固然不能满意，但是东方文化我们更是领教了，他的效果人人都是知道的，我们但有一毫一忽羞恶心，也不至以此自夸"，他提醒新文化运动的青年，万万不可相信"科学无用了""西洋人倾向东方文化了"的妄想。③ 也就是在他承认西方有问题，但是更反感那种抵制西方将科学也排斥的观点。自我满足心理是正常的，但在某些时候是危险的。在国际竞争并没结束的情况下，回到温暖的"老窝"里去恰恰是危险的行为。鲁迅在参加《新青年》以后，即反对调和，反对"二种思想"作祟，指出原因是"世界虽然不小，但彷徨的人种，是终竟寻不出位置的"④。但是，五四以后，《新青年》也不能拒绝这种民族主义思潮，因为《新青年》不是不爱国，它是受到周围浅薄的爱国主义影响，而采取拒绝爱国的姿态。其实它的爱国是深藏在思想的内在逻辑里的，表面上采取世界主义，其实也有意图使中国成为一个跟上世界进化潮流的国家，当然他们的爱国更多是爱民族文化，因为北大时期它认为国家是暂时的，将来要达到无政府社会，可以说同人的努力无一不是为了拯救中国文化不至于灭亡。

---

① 参见杜威：《现代教育的趋势（续）》，《国民公报》1919 年 6 月 27 号。
② 参见陈独秀：《新文化运动是什么？》，《新青年》1920 年 7 卷 5 号。
③ 陈独秀：《新文化运动是什么？》，《新青年》1920 年 7 卷 5 号。
④ 唐俟：《随想录（五四）》，《新青年》1919 年 6 卷 3 号。

新文化运动中的一个核心问题就是中西问题。无论参与新文化运动是为了启蒙还是为了文艺复兴都是为了拯救中国的文化，抵御西方文化的压迫。五四以后，世界的社会改造变成舆论的一部分之后，加上民族主义的核心价值，再加上对西方的不满，唤醒了一直存在的调和论。连蔡元培都发表了东西调和的论调。1921 年蔡元培在华盛顿乔治城大学发表题为《东西文化结合》的演讲，提到西方在文艺复兴时受阿拉伯和中国的影响，认为近代也如此。① 考虑到他的对象，他在这里说了不少中国文化的好话。陈独秀主张创造，在《新文化运动是什么?》中说的话暗含了中西融合的意味，不过是以创造来融合，既非西方的也非中国的，算是对融会中西的主流思想的一种顺应，既保持旧的思想的惯性，又有对西方文化的失望，这样就形成了一种另辟蹊径的思路。梁漱溟后来回忆："大约两三年来，因为文化运动的缘故，经常用东西文化，但是人人说得很滥，大家究竟有没有实在的观念呢? 大约杜威来北京常说东西文化应当调和，罗素从欧洲来对西方文化很反感，所以难免说中国文化如何好。后来梁任公从欧洲回来，也很听到西洋人对西洋文化反感，对中国文化有不知其所以然的一种羡慕。所以梁任公在《欧游心影录》中说东西文化融合的话。"② 这番观察反映了当时的气氛。

此外，也与个人经历有关。陈独秀出狱后很有世界大同的境界和宗教的情怀。他在诗里表达了将古往今来、中国外国成为一体的看法。他写"我不会做的事由弟兄们给我做"③，是人类相互依赖结为一体的意思，表现出保守和折中的倾向。这是他在监狱中悟道的结果。他的受难经历，令他真正突破了文化区隔，而倾向于人类一体，更能接受调和的观点。

京沪时期，《新青年》不太讨论中西问题，这是与时代状况互动的结果。中西实际上是在中国的语境中，当然以中国为中心。五四以后，国人正沉浸在振兴的期望中，欧美势力回到亚洲，日本受到压力，亡国危机也变得不那么紧迫了，所以这时关于文化更多谈论新旧，而不太讨论中西。《新青年》也如此，中西问题进一步消融于世界视野中。中西区隔在五四以后越来越弱

① 参见蔡元培：《东西文化结合》，《蔡元培全集》(4)，中华书局 1984 年版，第 52 页。
② 梁漱溟：《自序》，《东西文化及其哲学》，世纪出版集团、上海人民出版社 2006 年版，第 10 页。
③ 独秀：《答半农的 D——诗》，《新青年》1920 年 7 卷 2 号。

化了，变为阶级区隔。阶级区隔本身的世界特性，把胡适等民族主义者排除在外。马克思主义又带来了阶级观念，更多关注资本主义文化和无产阶级文化的差别了。当时的理想是在和平状态下，发展社会主义，缓解资本主义的贪婪带来的文明灭亡危机。将文化按阶级划分，因此中西文化的差异就不是那样重要了。因为无产阶级从事的是超国家的事业，而且阶级文化实现解放，民族国家的文化也可以得到解放。

到党员时期，更多倾向于讨论阶级区隔，中西区隔尤其不必要。瞿秋白也说过"文化本无东西之别"，"东西文化的差异，其实不过是时间上的"[①]。中西文化变成国家和国际之间的差异，阶级文化也是可以看作空间分布的文化，不过不是地理空间而是心理空间，中西文化对立进一步消解了。

中西文化对立与阶级概念互动。两者共同存在于同人的思想中，后来中西文化对立逐渐被阶级对立挤出了视野。关于阶级文化，同人认为，"现代的文化是阶级的文化！阶级为文化发展的障碍，阶级不消灭，人类文化永无充分发展之可能"，因为社会中有阶级的差别，文化亦随之而含有阶级性。统治的阶级为制服被统治阶级，于是利用文化迷惑被统治阶级之耳目，而另一方面，被统治阶级生活于劳苦之中，几乎没有享受文化的机会。文化固然是全人类的财富，但因阶级斗争的缘故，文化不得不有阶级色彩。[②]《新青年》此时讨论的是阶级文化的对立。在这种新的文化中，重视的是资本主义和它在国际上的表现形式——帝国主义和殖民主义，无产阶级将西方殖民压迫变成资本主义的压迫。因此，中西对立变得不那么重要了，逐渐变成了西方分裂的两个内容之间的争夺，中西横向的分割中增加了阶级的纵向分割，不是地域空间的而是群体空间的。民族文化仍然是比较重要的内容，重要性不及阶级文化，但是国家民族文化并没有取消，还是在阶级区分的旁边存在着。比如把文明人的文化与"野蛮人"的文化加以对比，指出文明人的文化压迫。批判"一切黄色民族、黑色民族、非白色民族，都是不开化的民族，都要受白色的开化的民族的处治"的态度。[③] 不过它又认为"苏维埃制度是落后诸国从原始的简单生活进于最高文化共产主义之过渡方法，唯采此制则

---

① 屈维它：《东方文化与世界革命》，《新青年》1923 年 10 卷 1 期。
② 蒋侠僧：《无产阶级革命与文化》，《新青年》1924 年 10 卷 3 期。
③ 蒋光赤：《在伟大的墓之前》，《新青年》1925 年 11 卷 1 号。

过渡期间之痛苦最少；可以代替全世界资本主义式的生存分配制度者本只有共产主义"，"只有苏维埃制度方能保证农民革命之完成"。指出"殖民地及半殖民地同受帝国主义之束缚，因而有民族运动；本地之资产阶级虽能利用人种观念、民族观念、门第观念以及种种传说迷信——凡为农民式的无觉悟的无产阶级群众所不能详辨者，皆足为鼓励之助。资产阶级往往假名独立解放运动，以图诱惑劳苦群众之阶级的社会运动，令成为简单的资产阶级的民族运动——虽然，资产阶级即于其所谓'民族运动'，亦未必忠实耳"[①]。虽然民族的团结有碍于国际联合，但是它仍努力于反对帝国主义的运动，因为有一个重要的观念就是中西文化的差距和不平等可以通过阶级斗争来一体解决，从而建立公平合理的新秩序。

党员时期的《新青年》一方面以窄化的阶级文化代替一般的民族文化，同时又保持社会主义（无政府主义）追求的人类文化。无产阶级文化也相当于北京同人时期的无政府主义一样是超国家的。《新青年》里宣传无产阶级革命时常常显露出深层的关于人类文明的危机。无产阶级革命在中国实际上是解决世界问题特别是文化危机问题的一个方式。[②] 它认为无产阶级革命才是解决民族问题的彻底办法。[③] 但是，它把两者分为两个阶段，以无产阶级文化来实现人类文化的发展。关于民族文化和人类文化的关系，瞿秋白认为民族文化是天然条件的不同和生产力发达的速度不同，所以使得人类文化呈现出来的差异性。[④] 民族文化与人类文化成为一体，连带民族文化也受到肯定。连带着对义和团的认识也发生了变化，[⑤] 爱国的方面被突出。中国革命的文化也因为阶级的视角而得到肯定。因为共产主义运动中有国际和国内两方面的结合，因此共产党承认资产阶级民族革命的合理性和必要性。[⑥] 关于无产阶级文化的看法是："无产阶级亦与其他阶级一样，在共产主义未实现

---

① 《东方问题之题要（共产国际第四次世界大会通过）》，一鸿译，《新青年》1923 年 10 卷 1 期。

② 瞿秋白：《世界的社会改造与共产国际（共产国际之党纲问题）》，《新青年》1923 年 10 卷 1 期。

③ 郑超麟：《苏维埃制度底下民族问题之解决》，《新青年》1924 年 10 卷 4 期。

④ 屈维它：《东方文化与世界革命》，《新青年》1923 年 10 卷 1 期。

⑤ 陈独秀：《二十七年以来国民运动中所得教训》，《新青年》1924 年 10 卷 4 期。

⑥ 陈独秀：《殖民地及半殖民地职工运动问题之题要》，《新青年》1923 年 10 卷 1 期。

以前，当然能够创造出自己特殊的文化——无产阶级的文化。而在另一方面说，这种无产阶级的文化为真正全人类文化的开始。真正全人类的文化，在无产阶级完全得到胜利之后，才能实现：无产阶级消灭各阶级之后，全人类成为一体，文化再没有含着阶级性的可能。"①这段话中涉及文化的阶级性，以及无产阶级的文化与人类文化的关系。无产阶级文化是达到人类文化的手段和途径。世界文化是个更高的概念，它受到生产力发展的影响。突出文化的阶级性是为了把文化当作阶级斗争的工具。虽然原则上认为无产阶级文化是世界文化的开端，但是无产阶级文化本身的内涵是不清楚的。蒋僧侠只说群众也是温柔和美的欣赏者，并没有说他们是文化的创造者。无产阶级文化仅仅是资产阶级文化被无产阶级服务和掌握，似乎只要将资产阶级文化改变服务对象就可以转化了。

对于阶级文化特别是无产阶级文化的认识与思想结构产生互动。此时某些同人的文化是指文化一。特别是与无产阶级文化对举的资产阶级文化，是那些高级的文化成果。蒋侠僧说，"无产阶级文化，在欧洲美洲已经开始发展了。无产阶级既成为政治上一大势力，在文化上不得不趋向于创造自己特殊的，而与资产阶级的相对抗。这种趋向经过自己的思想家表现出来。无产阶级亲手创造出许多伟大的无产阶级诗人。"②开头还有与无产阶级生活有关的文化三，但一提"思想家"，文化一的意味立即凸显。他预言将有新的文化，高的文化，但具体什么内容尚不清楚。"思想家"的范围除了马克思主义的经典理论家以外，就是为无产阶级服务，以无产阶级斗争为内容的作家。他们都是高级知识精英，而无产阶级工人似乎并不被当作文化的生产者。此时的文化已经包括一切制度和生活方式，但他们谈论的常常局限于高级文化，而对工人自己创造的文化（自己的生活方式、习惯和礼仪）则忽略其价值。这种认识可能因为当时的工人缺乏阶级意识，他们厌弃自己的身份，所以不能形成统一的文化，往往仅形成粗俗的文化成果。蒋僧侠说是因为有阶级存在的缘故。

这些思想与国际共运发生互动。《新青年》此时关于无产阶级文化的认识，反映了俄国的思想变动。蒋侠僧的无产阶级文化论中还保留着俄国

---

①　蒋侠僧：《无产阶级革命与文化》，《新青年》1924 年 10 卷 3 期。
②　蒋侠僧：《无产阶级革命与文化》，《新青年》1924 年 10 卷 3 期。

1920 年整顿无产阶级文化协会[①] 前后的论争调子。党员时期的《新青年》属于共产国际，因此接受了共产国际对文化的一些看法，比如从阶级角度来划分文化。[②] 阶级文化的区分存在于分析阶级的立场上，隐含在苏联的相关论述中，以及在列宁评价各阶级，如无产阶级、农民、资产阶级的特性等的言论中。共产国际内部关于无产阶级文化的争论也会对同人的阶级文化认识造成影响。同人自己其实对新文化的内涵研究得不够。波格丹诺夫[③] 和卢那察尔斯基组织前进派，倡导无产阶级文化。布哈林早年受到波格丹诺夫的影响，部分支持前进派。[④]1918 年布哈林还是赞成的，原因可能是布哈林对波格丹诺夫有偏爱。[⑤] 他坚持无产阶级文化的纯粹性，说"旧剧院必须砸烂。谁不了解这一点，他就是什么也不懂"[⑥] 他还反对党干预文艺，赞成文艺多样化。这与他的无产阶级文艺纯粹性矛盾。[⑦] 他认为原则上，无产阶级的阶级文化比资产阶级文化高，认为无产阶级能克服资本主义文化和知识生产的无政府倾向；无产阶级需要一个共同的世界观体系，并以其各个文化分支的结合和计划性代替无政府状态。这是无产阶级文化的第一个原则。[⑧] 与布哈林一样相信波格丹诺夫的还有托洛茨基。[⑨] 列宁对无产阶级文化派则加以批评。列宁主张用马克思主义世界观和无产阶级在专政时代生活和斗争的条件，发扬现有文化的优秀典范传统和成果。[⑩] 列宁指出人

---

① ［苏］安东诺夫:《对无产阶级文化协会的讨伐》，《苏联"无产阶级文化派"论争资料》，人民出版社 1980 年版，第 139—140 页。

② 瞿秋白:《世界的社会改造与共产国际（共产国际之党纲问题）》，《新青年》1923 年 10 卷 1 期。

③ 《波格丹诺夫院士案件（1923 年 11 月）》，《苏联历史档案选编》(5)，社会科学文献出版社 2002 年版，第 322—323 页。

④ ［俄］布哈林:《无产阶级与文艺政策问题》，《布哈林文选》（上），郑异凡等译，人民出版社 1981 年版，第 340 页。

⑤ 郑异凡:《布哈林论稿》，中央编译出版社 1997 年版，第 188 页。

⑥ ［美］斯蒂芬·H.科恩:《布哈林政治传记》，徐葵等译，东方出版社 1988 年版，第 297 页。

⑦ ［美］斯蒂芬·H.科恩:《布哈林政治传记》，徐葵等译，东方出版社 1988 年版，第 296—297 页。

⑧ ［俄］布哈林:《无产阶级革命与文化》，《布哈林文选》（上），郑异凡等译，人民出版社 1981 年版，第 84—85 页。

⑨ 参见关于布哈林的文章。

⑩ ［俄］列宁:《论文学与艺术》，人民文学出版社 1983 年版，第 121 页。

类文化的一致性，提出向有价值的文化学习。① 列宁说："无产阶级的科学和文化，并不是从天上突然掉下来的，也不是那些自称无产阶级科学和文学专家脑袋里乱想出来的，而是由资本主义压迫社会之下，人类所集储的智识有系统发展出来的结果。"② 最后是列宁的看法占了上风。共产国际内部对于无产阶级文化的不同态度，造成了同人思想的混乱。中西文化变成国家和国际之间的差异，中西文化对立进一步消解了。而中西文化都失去合理性，都要加以改造。文化变成世界性的新文化。瞿秋白说，无产阶级夺取了世界，然后还给人。③

　　与思潮发生互动。这个转变与对东西文化不断质疑的思潮以及与马克思主义思想产生互动。马克思主义的核心思想——阶级斗争，被同人接收后，它的阶级概念成为同人的核心概念，因此改变了同人原来的思想结构。同时马克思主义关于社会发展动力的观点也造成同人思想的变化。社会的发展，包括文化发展，因为天然条件所限，生产力发达的程度不同，所以应当经过的各种经济阶段过程虽然一致，但各国各民族的文化与统一时代乃有先后。人类社会发展有共同公律，呈现特点不同不过是因为来自经济上的影响。不是各有各的发展动力。瞿秋白认为，东西文化"没有不可思议的屏障。正因人类社会之发展有共同的公律，所以东方文化与西方文化有相异之处"④。他认为文化只有一个，形态差异不过是这个文化实现自己所呈现出来的外形。按照瞿秋白的逻辑，东西方文化应该是一样的，因为决定文化形态的主要原因是一样的，如果存在差异，那是主要原因的发展程度不同，譬如都是人在玩泥巴，小孩子玩的是泥按模，而这个孩子长大了就玩起了雕塑。这里瞿秋白主要强调的是东西文化的动力是一致的。马克思主义最终是达到全人类解放，因此它的背后是人类一体的认识，阶级不过是阻碍这一进程的需要被消除的，于是1923年《新青年》在列宁主义的背景下产生对东西文化的一种新认识。

---

① 　[俄] 列宁：《俄罗斯革命之五年》，《新青年》1923 年 10 卷 1 期。

② 　任弼时：《列宁与青年》，《新青年》1925 年 11 卷 1 号。

③ 　瞿秋白：《世界的社会改造与共产国际（共产国际之党纲问题）》，《新青年》1923 年 10 卷 1 期。

④ 　屈维它：《东方文化与世界革命》，《新青年》1923 年 10 卷 1 期。

## 二、文化传播、冲突与控制

区隔了的文化自然地存在传播的倾向，因为文化的主体总是倾向于把文化扩散出去。它们争夺空间，以满足主体的各种需要：安全需要、扩散需要和发展需要等。另外，互动的文化自动结构化，一定要确定整体中各部分的关系，这个关系通常是通过互动中的斗争来决定。

从历史经验来说，不同文化的人交际时几乎总伴有同化现象，这就是文化传播。同人并没有直接讨论文化传播，而是将文化传播视为当然，从来不加反思，不过我们可以从他们的行为和相关看法中发现他们的思想。

他们肯定认为文化需要传播。比如，同人接受西方文化，就是接受西方文化的传播；他们让国人接受外来的文化就是要促进文化的传播；鲁迅说过，国内的南北方传播他们的文化（小说和武术），来毒害对方，[①] 算是明确表述过文化的传播特点；他们在文化向地方上传播的想象中有文化传播的思想。

关于文化如何传播，他们认为通过研究，通过教育改造个人，改革风俗，使新文化从西方传来，输入内地的各处。当然他们也在无意中提供榜样，比如沪皖时期介绍名人，北大时期介绍国外生活经验，党员时期介绍列宁，都属于另一种文化传播的方式。

这种认识与《新青年》的文化职能互动。《新青年》重点关注的是中西文化传播，它是译介外国思想的急先锋，由于它传播的文化主要是西方文化，目的是努力促进西方近代文化（思想）的输入，提倡的是硬性的嫁接，因此，没有谈论如何在文化的接触中逐渐同化，没有提中西文化互动。自然形成了它对文化传播的潜在看法：通过灌输来传播，即借助于思想来传播文化，而不是通过模仿等无意识方式。

这种认识与早期思想互动。清末时，维新人士就提到向国民灌输新智识，《青年杂志》创刊之时成为时代共识。图书公司将"向国民灌输新智识"用作广告语，[②] 可见其认同程度。《新青年》也是在清末思想中诞生的，同人自然也一直把文化看作一种智识，智识的译介和传播自然就是文化传播，不

---

① 唐俟：《随感录·（六四）有无相通》，《新青年》1919 年 6 卷 6 号。
② 《伊文思图书公司广告》，《新青年》1921 年 8 卷 5 号。

过他们从来不去称它为"文化传播"而已。

单向传播的观念与同人核心思想结构互动。互动存在于历史前见中，思想结构中的中西文化的优劣定见，对于文化融合的认识起了限制作用，背后起支撑作用的思想是对文化的结构性看法，变化的观念对于同化的思想形成排斥。比较一下《新青年》对国内乡间文化的叙述① 和俄罗斯文化的介绍，就会发现同人在中国地方风俗里只看到问题（假公营私、轻贫重富、好奢恶俭、守旧恶新），而在俄罗斯只看到自己需要的药方。为了文化向地方流动，需要挖掘不合理的恶俗，而引进俄罗斯的生活形态，不免挖掘好的生活形态，这种心理造成现代文化要向乡间传播，而俄国文化向国内传播。通过"制造"缺失，强化单向传播的合理性。

与当时的思潮互动。新思想传播就是文化传播，不过着力点在思想上。但这种认识并非《新青年》独有，是有时代特征的思想。中国关于文化的讨论其实与当时的国际环境有关。第一次世界大战结束后，借助于思想传播文化的方式成为时代共识，研究系也参加到这个阵营中来，比如报纸报道新文化运动时，基本上认为改造社会事业日日进行，靠的是新思潮的传播。② 如果这样看，他们改造人们思想的策略，基本上就建筑在文化传播方式的预设之上。

如果传播是以文化体系整体的形态进入另一种文化体系，则会发生文化冲突。文化冲突指两种或者两种以上的文化相互接触时，出现对抗的状态。它必须以一方的胜利为结束，或者消灭对方，或者统治对方，形成一个新的文化体系。这个过程必定触及核心价值观念，核心价值观关联着文化主体的尊严、情感，根本无法自愿地接受异种文化，因此在心理上产生完全无法顺应的感觉。文化冲突是文化传播过程中出现的状况，也是传播的极端方式。

相比文化传播，《新青年》谈论最多的还是文化冲突。它关注的主要是西方文化在国内与旧文化的冲突。新旧文化在一个时空中相遇，就体现出文化的空间属性。从《青年杂志》创刊伊始，同人就强调文化的不相容性。1卷1号汪叔潜《新旧问题》和1卷4号陈独秀《东西民族根本思想之差异》

① 马伯援：《湖北河南间底风俗》，《新青年》1920 年 8 卷 1 号。
② 《永嘉新思潮之萌芽》，《申报》1920 年 1 月 15 日 7 版。

都是以新旧文化和东西文化不能相容作为重要理据。汪叔潜认为中西文化根本不能相容，他说欧美现今一切之文化无不根据人权平等之说。① 从他的话中可以推导出他所谓的"文化"（家族制度、社会制度和国家制度）不能相容。陈独秀说，"东西洋民族不同，而根本思想亦各成一系。若南北之不相并，水火之不相容也"②。陈独秀还说，"欧洲输入之文化，与吾华固有之文化，其根本性质极端相反"③。陈独秀给读者回信时还说"记者非谓孔教一无可取。惟其根本的伦理道德，适与欧化背道而驰，势难并行不悖。吾人倘以新输入之欧化为是，则不得不以旧有之孔教为非，倘以旧有之孔教为是，则不得不以新输入之欧化为非。新旧之间，绝无调和两存之余地"④。钱玄同说，推翻了四千年的帝制，便该把四千年的国粹也同时推翻，因为这都是与帝制有关系的东西。⑤ 这类"水火不容"的思想预设，"一家眷属"的看法，都指向一个观点，就是中西文化和新旧文化不能相容。由于有这个出发点，他们更容易认为文化冲突不可调和，在文化冲突中态度更决绝。

中西新旧文化不能相容的观念与中国的文化现状互动。近代以来中西文化之间的冲突非常激烈，中国文化一直在抵抗西方文化，民族危机进一步加剧了文化冲突。《新青年》横空出世的时候，中西文化早就进入冲突时期，成为文化冲突的主要矛盾。陈独秀早就提出数百年来，吾国扰攘不安之象，其由此两种文化相触接相冲突者，盖十居八九"⑥。恰恰是文化冲突的现实，令同人认为两者是无法调和的。

这种文化冲突的认识角度与世界文化冲突的现实互动。不光是中国面临这种冲突，世界上都是这种状况。国际政治问题背后其实也有文化动力。美国学者韦罗贝认为普鲁士打仗是为了推行自己的主义和文化。协约国的战争有抵抗其文化入侵的意味。⑦ 他揭示出世界大战实际是文化较量。以这种角

---

① 汪叔潜：《新旧问题》，《青年杂志》1915 年 1 卷 1 号。
② 陈独秀：《东西民族根本思想之差异》，《青年杂志》1915 年 1 卷 2 号。
③ 陈独秀：《吾人最后之觉悟》，《青年杂志》1916 年 1 卷 6 号。
④ 独秀：《答佩剑青年》，《新青年》1917 年 3 卷 1 号。
⑤ 玄同：《随感录（二八）》，《新青年》1918 年 5 卷 3 号。
⑥ 陈独秀：《一九一六年》，《青年杂志》1915 年 1 卷 5 号。
⑦ ［美］韦罗贝：《协约国与普鲁士政治理想之对抗》，陈达材译，《新青年》1918 年 5 卷 5 号。

度看，抵制外国侵略就具有抵抗的意味。20 世纪的世界动荡有一部分源于文化冲突，其表征就是列强的战争。当然根本原因在于资本主义的生产方式的问题，但文化冲突也是重要动因。第一次世界大战文化层面的解释就是德国文化的传播和扩散，遇到英法老牌资本主义文化的抵触，于是发生了文化冲突，在军事上的表现就是世界大战。战后，苏维埃文化继德国文化而起，作为近代欧洲文化的新挑战者，也向世界传播文化，与欧洲原来的文化发生文化冲突，以至于英国人在 1924 年呼吁恢复德国以抵御苏联文化。[①] 党员时期，《新青年》认为东西文化冲突与世界革命有着联系，[②] 意思是世界革命的理由就是东西方文化的不平衡，是由于文化冲突造成的。也许他反对这个推理，但从他的描述中可以得到这个看法。瞿秋白还说，"现在的制度不破，人类的文化决不可救"[③]，背后是资产阶级制度文化与人类正义的世界文化之间的冲突。世界文化的大传播和大冲突背景下，同人基于中西文化冲突的现实，加强了自己对文化冲突的关注。

异种文化之间不仅有冲突，当互动使两者形成共同体以后，他们还要产生权力合作的关系。任何一个文化体系都是有差异性存在的统一体。统一体在外部表现为稳定的样态，但是内部则一直存在着斗争，存在控制和反控制的斗争。文化控制是指几种具有主体性的文化在相对平衡的状态下，让他方服从于己方的倾向。文化权力斗争的主体可以有很多种，比如：中西是在人类学层面的，古今是文化形态学层面的，雅俗是在美学层面的。

文化控制手段不是以强制力推行，而是以社会评价、内心反省等非直接强制性力量实施。关于旧文化控制的方式，《新青年》认为是通过思想意识（其中包括下意识）、伦理道德、风俗习惯、信仰信念、社会舆论等来实现。当时政治上民主共和制已经奠定，但是在文化上旧文化还实现着对新文化的控制，新知识仅仅在教育部门才有地位，在社会习俗中也是处于弱势地位。因为新知识人被旧文化控制着，必须靠觉悟才能认识到自己的从属地位，才有从旧文化的控制中解脱出来的可能。《新青年》思想启蒙的路径基本上就

①　参见《被压迫民族中的中国》，《新青年》1925 年 11 卷 2 号。

②　屈维它：《东方文化与世界革命》，《新青年》1923 年 10 卷 1 期。

③　瞿秋白：《世界的社会改造与共产国际（共产国际之党纲问题）》，《新青年》1923 年 10 卷 1 期。

是为了使更多人觉悟，然后自觉抵制文化控制。同人打击北京的高层旧知识人，目的就是抵抗文化控制。第一次世界大战结束后不久，北大同人攻击徐总统的"上谕"，其实是抵制泛政治化的文化，为国家权力划界，维护民权。这里就有新文化抵制旧文化通过政治权力所施加的控制。

在党员时期，同人认为，统治阶级为制服被统治阶级，利用文化迷惑被统治阶级的耳目，另一方面，被统治阶级生活于劳苦之中，几乎没有享受文化的机会。① 蒋僧侠描述的就是统治阶级（资产阶级）对被统治阶级（工人阶级）的压迫，通过文化的方式实现统治，使得被统治阶级自愿地维护对他们不利的文化奴役。此外，因为资产阶级是遍布国际市场的，因此随着帝国主义的出现，文化上也就带有文化侵略的色彩。在国家之间的文化控制就被定性为文化侵略。党员时期的《新青年》讨论东方落后国家受到资本主义西方国家的剥削压迫，其中就有"文化侵略"意识。"文化侵略说"在20世纪20年代出现，类似20世纪60年代的"文化帝国主义"概念。

党员时期同人的文化侵略说与马克思主义经典论述互动。同人从列宁的看法中获得了对资本家教育的抵抗观念。任弼时说："资产阶级为求保持资本主义制度之永存，不独教化自己的子弟，使他去继续维持将来的政权和旧制度，并且想许多教育方法，使一班非资产阶级的青年也能作他永久的奴隶，不致反抗自己，故资产阶级的学校和教育之本质，均是建筑在自身利益的奴隶教育上面，而美其名曰'爱惜平民''普及教育'，以遮饰一班不识之徒，其实平民受了这种教化变成了资产阶级的永世奴隶犹不觉。"他还说"资本主义垄断思想确是可怕的现象，他们不仅垄断本国内的青年思想，并常常到国外去作垄断思想的事业以为帝国主义侵略的先锋，中国教会学校即为美国侵略中国之表现"②。这些话是建立在对列宁态度的把握基础上。他说："列宁时常注意青年的道德观念，本来道德的真意义在资本主义社会没有存在的余地，因为阶级的利益不同，统治阶级所有的道德观念即为保全资本制度，不侵犯私有财产，不反抗资本家……这完全是如保护资产阶级的法律一样，是对付无产阶级的工具。无产阶级本身利益不同，故其道德观念也显然与资

---

① 蒋侠僧：《无产阶级革命与文化》，《新青年》1924年10卷3期。
② 任弼时：《列宁与青年》，《新青年》1925年11卷1号。

产阶级相反。"列宁指出了反抗文化控制的道路。列宁解释无产阶级不讲资产阶级道德的原因：资本家的道德来自圣经，无产阶级不信上帝，资本家、神甫、贵族都利用上帝的道德去压迫人家。"我们的道德就是要破坏这样的社会，要联络我们的劳动阶级。"①资产阶级对无产阶级的文化控制，被无神论的无产阶级揭穿，也激起了党员同人对国际文化侵略的警惕，使同人站在国内反文化侵略的思潮一边。

　　该思想还与反殖民主义思想互动。共产国际揭露殖民主义者（帝国主义）的伪善和侵略目的。有人针对英国也放弃庚子赔款充华人教育经费，揭露英国资本家的目的是"要永远为他们统驭中国的劳苦群众"②。有人认为并非只有无产阶级革命才能解决文化侵略，而是赞同列宁的主张，需要全民族的解放运动。③此前郑超麟就不这样说。他说"除开一部分日本人，凡是东方的民族，没有不受那所谓文明的、白色的种族之欺凌剥削。无数万万东方殖民地或半殖民地的劳苦群众，简直是欧美资产阶级之压迫的对象——欧美资产阶级用他们的力，饮他们的血，吃他们的肉，统治他们的土地，蹂躏他们的文化……无恶不作、无微不至"④。共产国际的抵抗态度为中国提供了一种国际主义和民族主义的抵抗之路。不可否认其中有苏维埃想要去除各民族与资产阶级国家之间联系的意图。在非基督教运动中第三国际发挥积极作用是理所当然的，因为它希望借此驱逐欧美的旧文化。当初苏联也在争取以无产阶级革命文化的输出，代替欧美的文化输出。另外，当时，整个世界都有反殖民的浪潮，日本人在东亚推行殖民政策也是打着驱逐白种人的旗号。反抗强势文化对弱势文化的欺凌。这些反殖民的思想与同人的反文化侵略思想相互共振，形成潮流。

　　该思想与五四以后的思想潮流互动。沪皖时期和北大时期，欧洲文明还是作为进化的方向，被同人主动地接收，文化依附并没有成为问题。到欧战结束以后，民族自主性进一步觉醒，民族自决的意识高涨，社会上存在强烈的反帝国主义的需求，于是在文化上表现出民族文化的觉醒和对于西方文化

---

① 任弼时：《列宁与青年》，《新青年》1925 年 11 卷 1 号。
② 振宇：《英国资本家退款兴学的用意》，《向导》1922 年第 14 期。
③ 参见记者：《沫云：〈黎明期的台湾〉·附志》，《新青年》1924 年 10 卷 4 期。
④ 蒋光赤：《在伟大的墓之前》，《新青年》1925 年 11 卷 1 号。

的抵抗。在五四以后反对侵略主义①成为时代潮流的背景下，文化的输入也被看作帝国主义控制殖民地文化的方式。这是民族国家建立潮流和民族独立运动背景下形成的对帝国主义的抵制。新文化运动中文化与爱国结合形成了文化独立的观念。当时这种认识比较普遍，1923年带保守色彩的东北知识人明确表示"文化能以独立，斯不至为外来文化所风靡"②，说明对于文化已经有自主独立的意识。《新青年》初期还不能彻底转变早先热烈迎接西洋文化的立场，并没有积极参加到这个潮流中去。胡适坚持全盘西化的思想，而且后来《新青年》一直被认为是主张全盘西化的。胡适从知识人自愿西化的方面看，认为根本没有帝国主义，主要是我们自己需要学习；这也就是陈独秀与胡适的差异。其实在杂志的后期，随着越来越布尔什维克化，杂志一方面具有超国家的性质，另一方面具有反帝国主义的立场，这自然也体现在文化方面。陈独秀在国际主义的视野里，是从经济入手确定帝国主义，然后才涉及文化侵略。

与非基督教运动的互动。虽然北大的同人参加了非基督教运动，上海的同人也参加了，甚至上海的非基督教运动就是同人教育的上海大学的学生积极提倡的，但是《新青年》本身对非基督教运动是淡化处理的。9卷6号出版于1922年7月，已经是非基督教运动发起之后三个月了，但是里面似乎没有任何痕迹。如果联系到后来苏联解密档案中发现的事实，即第三国际也积极鼓动这个运动，那么6号上的缺位就显得意味深长了。如果说6号因为与5号中间拖期太久，因此6号主要发的是旧稿子，那么也说明《新青年》并没有把这个运动当作重要的工作。而且里面毕竟有《评第四国际》（李达）的稿子，是1922年4月写的。而且非基督教运动（反基督教运动）持续时间较长，完全可以在党员时期发表反基督教和反帝国主义文化侵略的见解，但是后来主要反对帝国主义，对文化侵略倒并没有深入讨论。原因可能是：早年有陈独秀对基督教的好感；《新青年》继承了教会提出的很多论题，用与基督教一样的眼光审视中国，很多方面是一致的。可能因为非基督教运动中有排外的可能性。以知识分子为对象的《新青年》与以工人为对象的《向

---

① 毋忘：《告国人共起反抗侵略主义》，《国民公报》1919年5月10号。
② 傅立鱼：《发刊之词》，《新文化》1923年第1期。

导》不同，前者需要输入外来的马克思主义，关注国际主义，所以反文化侵略似乎被定位在工人阶级，至于知识人则要提防其中的排外倾向。虽然《新青年》没有参与轰轰烈烈的非基督教运动，但是它也曾批评帝国主义文化，不过它不太强调文化侵略这类隐藏的阴谋，而是关注帝国主义对于弱小民族文化（东方民族文化）的"蹂躏"，[①] 涉及白种人欺压有色人种的问题。

在雅俗文化方面，同人一方面维护俗文化的尊严，反对官方文化立场，另一方面又带有精英文化的立场。这个立场从始至终没有变过。

这个立场与同人的小资产阶级身份发生互动。前三个时期同人是精英立场的，因此与平民大众有距离。他们支持平民的俗文化，目的是压制官方色彩的雅文化，但他们作为高级知识人并没有完全认同平民的俗文化，而是另建了一套雅文化。一个明显的标志就是他们把文化的创造权赋予文化，这是他们的身份带来的立场。如果说，前三个时期还容易理解，那么到立场转到无产阶级一面去的党员时期，就很难理解了。党员时期，《新青年》应该最强调工人阶级的主导权。但在文化上，正如前面曾说过的那样，仍然把文化看作精英的文化，而并没有提及工人文化。虽然克鲁普斯卡娅说过"不要等到有知识的人来兴办，他们自己便创造许多大事业了"[②]，但是在同人眼里，工人仍然是消费文化的阶层，涉及文化问题时也以教育为主，即采取一切手段来提高工人的文化水平，尚没有激励工人阶级创造文化的想法。总之，工人不是作为文化的创造者而被提到，比如《新青年》认为职工会仅仅是"共产主义学校"，在资产阶级国家的职能只是"教育训练工人如何做反对资本家的斗争，甚至如何推翻资本主义"，在无产阶级专政下，"则是教育、训练工人使之能够管理国家、指导经济组织"[③]。当然，这是同人从俄国的革命经验中获得的认识。其实工人有自己的文化，只不过在高级文化方面，他们显得力不从心。工人的生活文化被排斥在文化建设的领域之外，就反映了同人仍然作为小资产阶级的精英分子而与大众文化保持距离。

与当时的传统观念互动。自古就存在雅俗文化的权力斗争，而且都是高雅文化控制粗俗文化。按照伊格尔顿的说法，这个关系直到后现代主义出现

① 蒋光赤：《在伟大的墓之前》，《新青年》1925 年 11 卷 1 号。

② 《俄罗斯研究·（二七）俄国底社会教育》，《新青年》1921 年 8 卷 5 号。

③ 郑超麟：《列宁与职工运动》，《新青年》1925 年 11 卷 1 号。

才正式结束。①《新青年》讨论文化的时候中国才出现了一点现代文化，中国大部分还都在前现代时期，因此，少数人的文明与大众的野蛮之间那种老式的文化斗争还是以前者居于主导地位。民国初年舆论还是由知识分子掌握，报纸上的言论还主要是精英的。市民，更别提工人，尚不能直接参与文化建设。在国际上也是如此，资本家说布尔什维克是生番野人，阻碍世界的文明进步。② 布尔什维克自己也并没有彻底否定这个指控，只能辩解。③《新青年》是主张平民主义的，但是从沪皖到京沪时期基本上都只论高级知识分子对市民阶层青年的教育，党员时期的同人也多是有人道情怀的小资产阶级知识人，所以他们很难有大的突破。幸好，工人阶级的文化实践是现实存在的，不用提倡它也存在着，比如在具体革命实践中自然创造出来的新文化形式，比如罢工、劳动补习学校、诉苦、宣传，等等。

## 三、文化结构

文化系统可以被看作一个有结构的超有机体（阿弗烈·克罗伯，Alfred L. Kroeber）。著名的文化人类学家马林诺夫斯基等人对文化结构做过深入的探讨。本书所谓文化结构指的是文化具有的各种要素形成整体时相互之间的某种稳定的关系。

关于文化的结构，《新青年》也有相关的看法。它一开始就关心中西文化是否能够兼容的问题。汪叔潜确定新旧问题即是中西问题以后，即要讨论"西洋文化与中国文化根本上是否可以兼容"④，他在思想时潜在地预设了文化结构的刚性。两种文化各自有结构，对于改变具有抵抗力，因此导出两者不相容的结论。陈独秀更关注政治，他主张国家政体（共和政体）一旦确立，政治文化就应该加以配合，这个看法暗含着文化的整体观，认为文化不是混杂的，而是有机联系的。于是他才有这样的看法：在政治、经济、文化各个领域内，"西洋的法子和中国的法子，如像水火冰炭，绝对两样，断

---

① ［英］伊格尔顿：《文化的观念》，方杰译，南京大学出版社 2006 年版，第 145—150 页。

② 《俄罗斯研究·（十八）文艺和布尔塞维克》，震瀛译，《新青年》1920 年 8 卷 4 号。

③ ［俄］哥尔基：《文学与现在的俄罗斯》，郑振铎译，《新青年》1920 年 8 卷 2 号；A. Lunacharsky：《苏维埃政府底保存艺术》，震瀛译，《新青年》1921 年 8 卷 5 号。

④ 汪叔潜：《新旧问题》，《青年杂志》1915 年 1 卷 1 号。

断不能相容"①。高一涵也说，"共和政治不是推翻皇帝便算了事，国体改革，一切学术思想亦必同时改革。单换一块共和国招牌，而店中所买的，还是那些皇帝'御用'的旧货，绝不得谓为革命成功"②。从《青年杂志》创刊之初起，同人就明确了文化的方方面面是相互联系的，是一个相互协调的整体，内部不能存在冲突的部分。北大时期陶孟和说，"从今以后，我们每人先把专制的观念——不特政治上的专制，连思想，风俗，习惯，家庭，各方面的专制也包括在内，一一推翻，更把奴隶的根性——凡是对于君王，官吏，父兄，思想，风俗，习惯，为盲目的服从，含畏服的心理者都在内——掀倒，才可以有政治的生命，才可以联合组织做共同的组织"③。这样就是把政治和文化作为一个大的文化系统，具有结构：各部分相互关联，其中有核心，一旦核心毁坏了，就必须调整全系统。陈独秀还说过，拥护德先生就要反对孔教礼法贞洁旧伦理（忠孝节）、旧政治（特权人治）。拥护赛先生就要反对旧艺术（中国戏）、旧宗教（鬼神）。拥护德赛先生就要反对国粹和旧文学。④ 从陈独秀的表述可知，他认为礼法、孔教、旧政治、贞洁、旧伦理的病根在反民主。而旧艺术和旧宗教的病根在反科学。而国粹和旧文学则是既不民主也不科学的，而且也有中心和边缘之分。这里面的逻辑关系也透露出同人反对的旧文化各方面也是相互联系的，牵一发动全身。陈独秀认为在文化中有核心的价值，比如他之所以对孔子发难，理由之一就是孔子思想是中国传统社会中的核心价值。他对于孔教的批评并不考虑原始孔教没有等级制度，而是认识到"儒教经汉宋两代之进化，明定纲常之条目，始成一有完全统系之伦理学说，斯乃孔教之特色，中国独有之文明"⑤。"完全统系"性就是要打倒孔教的理由。他认为孔子之道渗入伦理、政治、社会制度和日常生活之中，因此它是否适应现代社会就是很重要的问题。⑥ 因为这个问题与整个文化领域有关，是整个文化能够进化的决定因素，所以思想改革的时候优先从孔子之道下手。打击核心和重点可以导致整体的崩溃。到五四以后，同人进一步

---

① 　陈独秀：《今日中国之政治问题》，《新青年》1918 年 5 卷 1 号。
② 　高一涵：《非"君师主义"》，《新青年》1918 年 5 卷 6 号。
③ 　陶履恭：《我们政治的生命》，《新青年》1918 年 5 卷 6 号。
④ 　参见陈独秀：《本志罪案之答辩书》，《新青年》1919 年 6 卷 1 号。
⑤ 　陈独秀：《宪法与孔教》，《新青年》1916 年 2 卷 3 号。
⑥ 　陈独秀：《宪法与孔教》，《新青年》1916 年 2 卷 3 号。

认为整个物质制度和思想都形成一个有结构的系统。李大钊说：中国大家族制度就是中国的农业经济组织，就是中国二千年来社会的基础构造。一切政治法度、伦理道德、学术思想、风俗习惯都建筑在大家族制度上作它的表层构造。①

陈独秀将旧文学和旧道德看作"一家眷属"，虽然没有说这一家之中各自发挥什么作用，但他们相互勾连、相互帮助，必须一起打倒，也就是说它们至少具有联合功能。林毓生说的五四文化运动具有全盘性反传统性质，②就包含着同人将中国传统文化作为一个整体加以改造的观念，这恰恰反映了同人的文化系统性观念。他们反对总统施仁政、显仁爱，从学理上看是因为现代国家元首不应该作为国民道德的指导者，从文化的角度说，他们认为"既在二十世纪建立民国，便该把法国美国做榜样；一切圣功王道，修齐治平的鬼话，断断用不着再说"③。他们认为这种导师的身份是与封建帝制相配套的，在推翻了四千年的帝制以后，也该把与之有紧密联系的"国粹"同时推翻，因为这都是与帝制有紧密联系的东西。它认为提倡孔经的人，大多维持三纲、五伦、礼乐、政刑、历史、文字。同人从文化结构的认识出发，认为这些是相互匹配的，这个判断对错有商量的余地，但三纲之说的确与现代民主观念抵触。民国的现实也不允许在思想上提倡三纲五伦。钱玄同说姚永概论三纲五伦的观点"与共和国的制度无一不相反背"④。

在同人眼里，解决文化问题的方法也有结构。沈兼士说，彻底解决妇女问题，处理新世界一切问题之锁钥是家族制度问题。世界大战告终，社会将要得到改造，建设新世界的唯一原则是民主。趁机打破家族制度，妇女问题才能去除障碍。家族制度的重要元素是儿女，现在要解决妇女问题，必须先从儿童处理方法着手，才能彻底解决妇女问题。⑤沈兼士描述了解决文化问题的先后顺序，这个顺序对应于文化的结构。他认为在结构中有些是最重要的，应该优先解决才能事半功倍。这样就可以理解，为什么《新青年》喜欢

---

① 参见李大钊：《由经济上解释中国近代思想变动的原因》，《新青年》1920 年 7 卷 2 号。
② 林毓生在《中国意识的危机》（贵州人民出版社 1988 年版）中提出此说，《中国传统的创造性转化》（生活·读书·新知三联书店 2011 年版，第 152 页）也再次提及。
③ 玄同：《随感录·（二八）》，《新青年》1918 年 5 卷 3 号。
④ 记者（玄同）：《答 S.F.〈姚叔节之孔经谈〉》，《新青年》1919 年 6 卷 2 号。
⑤ 参见沈兼士：《儿童公育》，《新青年》1919 年 6 卷 6 号。

从根本处着手，因为打破文化的根本处就可以打破文化的整体，实现旧文化的解构。

在思想内部，同人也认为有结构。傅斯年认为中国思想界常犯谬误，旧错难改，改了还有新错，因为"中国学术一切误谬之上，必有基本谬误，为其创者。凡一切误谬所由生成，实此基本误谬为之潜率，而一切误谬不能日就减削，亦惟此基本误谬为之保持也"[1]。当然这个"根本说"来自英国杂志作者，但是傅斯年能够接受这种根本论，也必定是建立在结构论的基础之上。此外，胡适、陈独秀回复易宗夔的时候也说"旧文学、旧政治、旧伦理，本是一家眷属，固不得去此而取彼"[2]。思想是高级文化部分，它的结构性也一定程度反映了同人的结构化思维方式。

同人心中的文化结构，可以从他们改革的层次推断出来。他们一开始认为解决政治问题必须先解决思想问题，这里隐藏着精神层面是政治问题的基础的看法。他们并不关心物质层面的文化，只关心社会组织和精神生活。其实，这只是表面现象，同人的物质主义哲学决定了他们一定认为精神层面是制度层面的跟从者，认为思想革命必须与制度革命匹配。[3]同人提倡精神的力量是在政治制度已经变为共和以后的背景下才提出来的。反孔也是知道孔子是从中国传统中生成的，传统的根本点是生活的情境——精神和物质组成的一个环境，不仅有思想，还有生活方式和生产力的状态，因此改造文化其实必须是精神和物质两方面互动进行的。一面根据共和政体要求而改变精神，一面根据精神的要求而改变更多现实。如果这个判断是正确的，应该在他们促进精神发展以便改造现实的认识上，加上精神跟随生活和制度变化的维度，那么也就很好理解，到第一次世界大战结束以后，特别是五四运动以后，在新思潮的作用下，《新青年》渐渐受到马克思主义的影响，将制度文化放在优先地位，把物质文化放在更深层的地位，这个转向非常顺利，因为在它的文化结构中本来就是精神和物质互动的关系，并不是仅仅认为用精神来改造物质一方面。

同人的文化结构观与保守人士互动。在同人看来，传统文化共贯同条，

---

[1]　傅斯年：《中国学术思想界之基本误谬》，《新青年》1918 年 4 卷 4 号。

[2]　胡适之、陈独秀：《复易宗夔》，《新青年》1918 年 5 卷 4 号。

[3]　参见陈独秀：《旧思想与国体问题》，《新青年》1917 年 3 卷 3 号。

是一个整体，因此《新青年》要加以整体铲除。为了整体改变，就要集中攻击核心部分。顾实不认为三纲是孔教的根本教义，认为"三纲之义""不可偏废"。陈独秀批驳他，认为体系的局部坏则整体崩坏，今日要把君臣去掉，其他二纲也不能保留；《妇女杂志》社说以为夫妻平等与君父二纲不冲突，陈独秀批评它，认为"三纲一贯之根本精神之出于礼教"①。如果没有顾实和李女士维护君父两纲的观点，陈独秀恐怕不会强调三纲的整体性，不会认为孔子思想不能改良，而要根本排斥它。其实这与他推断孔子是社会的出产品相矛盾。既然家族制度还在，那么孔子思想就有合理性，这一点他似乎没有去思考，也是因为同时代人没有去批驳他，至少没有让他听到，所以他无暇顾及这个矛盾处。可见同时代人将影响思考者的思想程度。

杜亚泉认为，政体虽然改变了，但政治原理不变，故以君道臣节名教纲常为基础的固有文明可以和当时的共和国体融合会通，可以实现"统整文明"②。从杜亚泉的话里可以发现他忽视了文化本身的系统性，认为各部分可以有融合的较大自由。陈独秀认为短期所谓的共和体制变化了，只能满足"为民"，而不能"由民"。③按照陈独秀的看法，勉强在共和体制下保留君主制度的纲常，则会损害共和制度。陈独秀有明确的文化结构意识。陈独秀说"君臣尊卑者，孔子政治伦理之一贯的大原则也。辜鸿铭、康有为、张勋皆信仰孔子之伦理与政治，主张君主政体者也。此数者本身之全体，虽为异物，而关于尊重君主政体之一点，则自然互相连缀"④。可见同人有空间对立思维方式，而不像杜亚泉和其他调和论者那样认为可以不同内容混合在一个时空。陈独秀似乎反的就是孟子所谓忠君、孝父、从夫这类大伦。他说过要反对妇女受压迫，子孙受压迫，并认为民主共和的国家组织社会制度伦理观念应该与政体协调。⑤

文化结构思想与具体问题互动。讨论政治问题也带来文化结构的思想。他们在讨论政治问题时，直觉上感到政治革命不彻底，他们追求"彻底"的

---

① 陈独秀：《宪法与孔教》，《新青年》1916 年 2 卷 3 号。

② 伧父：《迷乱之现代人心》，《东方杂志》1918 年第 15 卷第 4 号。

③ 陈独秀：《再质问〈东方杂志〉记者》，《新青年》1919 年 6 卷 2 号。

④ 陈独秀：《再质问〈东方杂志〉记者》，《新青年》1919 年 6 卷 2 号。

⑤ 陈独秀：《旧思想与国体问题》，《新青年》1917 年 3 卷 3 号。

心理强化了这种认识。政治体制也是有结构的，具有主体性。因此陈独秀说："如今要巩固共和，非先将国民脑子里所有反对共和的旧思想，一一洗刷干净不可，因为民主共和的国家组织、社会制度、伦理观念和君主专制的国家组织、社会制度、伦理观念全然相反。一个是重在平等精神，一个是重在尊卑阶级，万万不能调和的，若是一面要行共和政治，一面又要保存君主时代的旧思想，那是万万不成。而且此种脚踏两只船的办法，必至非驴非马，既不共和，又不专制，国家无组织，社会无制度，一塌糊涂而后已。"①国家政体也属于文化的制度部分。同人特别关注政治问题，政治体制改变后产生的思想与政治体制不匹配的问题，引发同人思考理想性的政治体制与现实的协调问题。同人不像严复等人，质疑体制与现实的矛盾，而是抓住体制与思想的不匹配，使他们认识到文化一与文化二与政治（文化三的一部分）之间的结构性联系。

同人心中的文化结构有双层：属于知识生产的高级文化和属于知识运用的底层文化。前者是精致文化，后者是日常生活中的文化。文艺复兴说侧重高级文化，启蒙侧重低级文化层面。文化层面对应于文化的主体不同，文化的功能也会不同。底层文化更加现实，需要急抓急用的知识，与自己有关的知识。而高层文化则内容更高深，境界更扩大。一个以消费为导向，一个以生产为导向。沪皖时期《新青年》在两个方面中比较偏于后者，北大时期则比较偏于前者。京沪和党员时期又回归后者。从这里可以看出，《新青年》的平民主义中其实存在一种分层，分为创造知识的平民和使用知识的平民，明显前者有更多特权，平民中存在知识的不平等。由于两层并存在同人的文化观中，所以设计了一种高层生产知识，下层消费经过消毒的知识的文化结构。在这个双层文化结构中，中心本位是精致的思想文化（文化一），平民日常生活的文化是归宿地。

这个双层结构与保守势力互动。第一次世界大战以后，高级文化受到重视。《东方杂志》的编辑钱智修撰写《功利主义与学术》也关注文化结构的两个层次，即"高深之学与普及教育之关系"②。他反对功利主义其实是反对

---

① 陈独秀：《旧思想与国体问题》，《新青年》1917 年 3 卷 3 号。
② 钱智修：《功利主义与学术》，《东方杂志》1918 年第 15 卷第 6 号。

现在就进行普及教育，而提倡学术。此时，国内出现一种声音，认为欧战结束后，各国之间要发生"学战"，即学术上的较量。所以，知识人纷纷注意学术，为了提升国家的战斗力。北大同人更早地建立了这两个层面互动的想法。陈独秀不满《东方杂志》的地方在于其片面强调高深学问，他说，"倘谓一国之文化，重在少数人有高深之学，不在教育普及，则欧洲中古寺院教育及今之印度婆罗门亦多硕学奇士，以视现代欧美文化如何"。陈独秀也赞同高级文化是教育文化的中心，但他认为普及和学术不可单一。[①]同人要建立的是这两个层次相互联系的结构，即底层提供问题，上层提供解答。《新青年》一开始就建立起了文化结构的构想，即高深学术带来生活的变化，上层指导底层。经过启蒙思想家和科学家的理性讨论，将成果转变为合理的生活。

与新文化运动的互动，前面已经讲过，此处不再多说。新文化运动接受从高层文化到底层文化的双层文化结构，发扬光大了同人的文化结构，同时也使同人率先在团体内部出现分裂。其后的发展就是对这个结构中引出的改造文化的路径的不断探索。一方面形成了文艺复兴说，出现一批知识人从事整理国故的文化生产准备，另一方面出现更多底层知识人运用外来的新知识化为行动，从事平民日常生活的改造。同人分成两条道路，社会上也出现这种分道而驰的现象。

《新青年》当然是选择了第二条道路，而把胡适等北大同人排斥出去，后来的斗争和杂志的关注点造成这个文化结构说终于没有形成良性互动的结构。党员时期关于文化结构的总体认识没有动摇，一些具体的看法发生了变化，比如文化结构的中心变化了。前面提到同人的思想和物质双层结构，早期以思想为中心，这个中心是指关注的中心，受当时情境的限制，同人强调思想是中心。到了党员时期，物质的方面突显出来。瞿秋白特别批评了重视思想的文化研究倾向，他把各种思想观念联系到当时的生产状况，做了唯物论的表达。他重申"我们决不否认精神上的力量能回复其影响于物质的基础，社会思想往往较其经济发展落后一步，所谓历史的'惰性律'，然而最根本的动力，始终是物质的生产关系"[②]。《新青年》认为研究文化应该按照

---

① 陈独秀：《质问〈东方杂志〉记者》，《新青年》1918 年 5 卷 3 号。
② 屈维它：《东方文化与世界革命》，《新青年》1923 年 10 卷 1 期。

从物质到精神的顺序：从生产力到经济关系，再到社会政治组织，再到社会心理，再到思想体系（高级的知识，比如科学和人文学术的逻辑化的认识）。这是《新青年》对文化结构的新贡献：以动态生成的文化的时间中的结构——因果律的线条描述，丰富了对文化结构的认识。从前面的相关情况可以推想，这个改变是与党员时期思想结构巨大变化发生互动的结果，无需赘述。

## 第四节　文化实践论

文化实践指的是有意识地实现文化理想，从事文化建设的活动，包括创造、发展和毁灭文化。文化实践论是指包括文化理想、文化行动在内的认识。虽然同人没有直接说文化建设如何做，但在他们的教育观念和具体的文化斗争中，可以总结出相关看法。文化实践论的中心是建设什么文化和如何建设。

### 一、确定文化方向

第一步是选择文化理想的方向作为"立"的目标。《新青年》与旧知识人的冲突最核心的是价值观的冲突，前提和目的是树立自己的价值观，确立未来文化的发展方向。

自《青年杂志》创刊，它就对文化的发展方向有明确的意识。个人主义是《新青年》的第一个文化价值。同人在 7 卷以前都是个人主义者，其奋斗目标是反抗旧社会。一开始，《青年杂志》要建设一个公民社会，为实现这个目标，反对"弃智绌聪"和"克己制私"等[1] 压抑个人能力的文化。所谓"六义"[2] 就是新文化的六种目标，是成为挣脱旧文化的个人所具备的条件。当时同人心目中的新文化是围绕已经实现的（名义上）共和制建设新的政治文化，提倡个人主义是为了培养具有活力的国民。陈独秀特别提到个人能力的焕发，说明他选择个人主义固然是为了追求自由，但是与国家建设目的结

---

[1]　高一涵：《共和国家与青年之自觉》，《青年杂志》1915 年 1 卷 1 号。
[2]　陈独秀：《敬告青年》，《青年杂志》1915 年 1 卷 1 号。

合，也有了振兴国家，追求民族自由独立的意味。这样看才容易理解，他之所以不满东方民族的"劣根性"，宣扬好勇斗狠的文化了。①《敬告青年》中说"吾愿青年之为孔墨，而不愿其为巢由，吾愿青年之为托尔斯泰与达噶尔，不若其为哥伦布与安重根"②，这是通过对青年偶像的选择表达了《新青年》希冀的文化是一种积极入世的文化。这种文化激活个人的能力，同时导向社会。

这个文化方向与专制思想互动。按照中国的传统，家族文化建立在血亲的基础上，因此在中国文化中个体受到压抑，因为中国自古把一切都看作自然的生命过程，因此个人都是生命之流中生长出来的，个人不过是这个流的一部分，成熟的人就是受了教育的人，成为人就是成为自我意识到自己的价值属于祖宗的血脉的一部分。《新青年》反对旧文化，因为宗法社会的旧文化罪恶在于妨碍个人的独立自主和自由。从《青年杂志》总结的宗法社会恶果看，它选择的方向有"个人独立自尊之人格"、"个人意思之自由"、"个人法律上平等之权利"以及"个人之生产力"③。这四条都是关于个人的权利和能力的，说明它选择的新文化的性质是有助于人格独立、意志思想的自由、权利平等，有助于提高人的能力。陈独秀赞同孔昭铭提出的个体改良主义，就因为"已成之社会，惰力极强"，如果不能"诚心坚守"孔昭铭提出的"个人与社会宣战主义"，"则自身方为社会所同化，决无改造社会之望"。他明确解释了个人与社会进化的关系："社会进化，因果万端，究以有敢与社会宣战之伟大个人为至要。自来进化之社会，皆有此伟大个人为之中枢，为之模范也。"④宗法社会的旧文化在与西洋文化竞争中失去了自救的能力，故此它就失去了合理性，于是它就成为《新青年》反对的对象，因为它压抑个人的特点，所以同人从这点开始自己的思想。宗法社会中的专制思想和同人的个人主义互为原因、相互推动，稳固了同人早年的思想核心。

与清末思想界互动。民国初年知识界继承了清末形成的培养新人来改造社会的思路，《新青年》同人本来就在清末受到教育，来自那个"话语池"，

---

① 　陈独秀：《东西民族根本思想之差异》，《青年杂志》1915 年 1 卷 4 号。
② 　陈独秀：《敬告青年》，《青年杂志》1915 年 1 卷 1 号。
③ 　陈独秀：《东西民族根本思想之差异》，《青年杂志》1915 年 1 卷 4 号。
④ 　独秀：《答孔昭铭》，《新青年》1916 年 2 卷 4 号。

认同过这个思路。《青年杂志》创刊以后，同人也没有改变这个认同，仍保持这个核心动力在自己的文化思想结构中。加上专制思想的再兴，作为革命者和教育家的同人选择了在政治方面体现自由精神的个人主义，使他们成为民国初年继承清末思想的一群人，他们成为清末思想的延续者，同时也是自己早年思想的维护者。

与西方思想资源的互动。《新青年》创刊时欧洲思想已经发展出"均产说"即社会主义，但陈独秀觉得不适合中国，所以拒绝了，反而继续宣传进入民国以后受到质疑、不再时髦的个人主义。他是参照中国的实际状况，与欧洲思想发生互动，选择了其中较好的思想。同人文化选择的重要原则是选择最有力的最合理的方向，有力的方向必定是进化的方向，因为当时中国新知识人普遍相信进化是潮流。最合理的方向在同人那里就是现实需要的方向。于是他们选择了中国急需的，又是欧美文明振兴根源的个人主义。同人认为西方文化（近代文化）的本质是人权说，认为拥有人权，则国家文明就不退转，从此日新月盛。[1]《敬告青年》里论及"自主的而非奴隶的"部分提到近世欧洲的解放作用，表明陈独秀看重的是学说解放人的功能。这个需要也帮助陈独秀选择解放人的个人主义。

对于西方近代的个人主义，同人是加以改造了的。他们用"大己"来调剂，认为个人的永恒生命在"大己"中。同人的文化建设是从原子个人作为一个自然人的经验开始的，但是这个人又与其他人融为一体，因为属于一个社会，相互依赖，因此不能损害他人利益，否则最终就是损害自己。这个改造可以认为是同人与西方产生的社会主义思潮和中国传统的道德观念互动的产物。

与同人身份的互动。前面提到同人的革命者和教育家双重身份，身份为他们选择了敌人，这个身份让他们站到专制的对立面，当然也可以说敌人强化了他们的身份。总之，他们对自由的追求，使他们在政治态度甚至文化态度上都是反专制的。他们的态度是建设性地监督政治势力。同人很少成为当权者的合作者，仅有的一次就是黎元洪做大总统的时候（详见第三章第一节），而黎元洪恰恰是最讲民主的政治家。他们是带有革命理想的文化工作

---

[1]　高一涵：《近世国家观念与古相异之概略》，《青年杂志》1915 年 1 卷 2 号。

者，属于觉醒的知识人，他们本来就是启蒙哲学教育出来的，因此也较容易接受启蒙哲学，也更容易认同个人主义。思想形塑了他们的身份，他们的身份稳固了他们的思想。

《新青年》同人为了认清现实，想要建设不虚伪的、真诚的、心与境谐的文化，反对虚伪的形式。早在创刊号上，陈独秀就提出"诳人之事也，虽祖宗之所遗留，圣贤之垂教，政府之所提唱，社会之崇尚，皆一文不值也"[①]。陈独秀反对旧文学，反对的就是它的虚伪，这点前面已论述过。

这个思想与中国现实和西洋思想一起发生互动。同人并不是完全从西洋出发的，他们并不是知识的搬运工。比如在文学上，他们心中起初只有西方的兴盛的印象，他们长期浸淫于旧文学中，一旦与西方文学对比，不满的感觉更为强烈，不免借西洋的"药"来治中国的"病"。一方面，西方文学流行现实主义，也有浪漫主义，以及当时的新罗曼主义，在三者中同人选择的是现实主义，这一步明显取决于中国的现实，同人认为中国古代文学（主要是当时的中国文学）都是虚情假意和虚幻不实的，因此文学不能适合于当代。他们把虚伪看作中国文学的大病，因此他们选择了现实主义。这种思想又与中国需要认清现实的需要结合。西方文学提供了选择的可能，但是中国现实才是最根本的决定因素。

同人文化思想中有一个大前提就是平民文化，他们提倡白话和反对用典都是为了给普通民众（受国民初中级教育的国民）所需要的文化，要用白话这种工具，唤醒真性和理性等每个人自带的东西，在此基础上建立新文化。钱玄同选择西洋文化，其实是选择西洋背后的平民文化。同人都是如此，也一直如此，只不过平民文化中的内容则多有变化。一、二、三卷上政治文化属于平民的底层文化，到北大时期仍然保持这个基础，只是增加了高层文化。五四以后重返底层文化，是平民的，也是人类的，后来则成为无产阶级的和人民的。

同人的平民主义与西方资源和早期思想互动，前面早有提及，此处无需赘述。它还与同人身份互动。他们作为新知识人接受了西方启蒙思想资源以后，启蒙思想包括平民主义的各种相关的思想就成了他们的符号，形成了他

---

① 陈独秀：《敬告青年》，《青年杂志》1915 年 1 卷 1 号。

们的身份——革命者和文化人结合的身份。这决定了他们关心政治问题和文化问题的交叉视野，因此更把平民主义作为重要的文化核心价值。北大时期，他们作为文化人的方面更加突出，偏重于高层文化，因此他们的身份限制了他们的观点，虽然他们建立了双层互动的结构，但是他们与平民文化的真正融入总是比较困难，这恰恰背叛了他们的平民主义，因此一旦同人脱离北大校园，回到社会上，就恢复了底层文化的关注，可惜与此同时对经济制度的关注仍然压抑了对底层文化的关注，不过那时平民主义已经不仅仅指底层文化，还指世界的无产阶级文化。

第一次世界大战结束和五四以后，文化建设方向也面临重大变化。《新青年》重新确认了文化建设方向，内容变得更为广泛。同人确立的理想的新时代、新社会的内容是"诚实的，进步的，积极的，自由的，平等的，创造的，美的，善的，和平的，相爱互助的，劳动而愉快的，全社会幸福的"[1]。这里除了保持着个人主义和真实真诚和平民主义的内涵，还增加了"美的""善的""和平的""相爱互助的""劳动而愉快的""全社会幸福的"。值得注意的一点是，"人格独立"消失了，这是很大的变化。当然，不是彻底消失了，北大同人一直是秉持人格独立的精神的，只不过此时却没有出现在新文化的内涵里，的确是很有意味。人格独立的观念在五四以后已经初步达到宣传的目的，不算不重要，在京沪时期仍然是同人共识，直到党员时期才彻底被集体主义压抑下去。

内涵的丰富与时代潮流互动。第一次世界大战以后，特别是五四以后，西方思想迅速流入国内，很多思想都成为人们追求的对象，比如人道主义、无政府主义互助论、社会主义等，这些思潮多数是集体主义的思想，与近代启蒙思潮有一点距离。个人主义在"一战"中受到怀疑，但是同人仍然维护个人主义，只不过增添了集体主义的内容，包括集体主义的温情和乐观。这对同人来说并不困难，因为他们本来就保留着"大己"作为依托，一直保持着乐观向上，重视的是个人主义的积极发展的一面，而不是消极和绝望的一面。新理想中保留的多是带有民主国家色彩的，而增加的内涵更多是世界的、人类的，反映了五四以后社会思潮趋于民主、国家、世界、和平等主

---

[1]  《本志宣言》，《新青年》1919 年 7 卷 1 号。

题，这也是当时世界潮流的主题。可以说这个新的文化方向已经不仅是民族文化的，还是人类文化的、世界文化的了。在这个氛围里，同人为了人类幸福可以超越知识阶级的个体要求，为更多人的幸福选择文化。

京沪时期，关于输入外来文化的原则，陈独秀强调要根据现实需要来选择，而不是只讲时新。① 这时候《新青年》反而抵制某些新学说。同人面对五四以后迅速涌入的西方的最新文化，陈独秀一开始指的是《精神独立宣言》② 中的新近代思潮（新理想主义和新唯实主义），③ 在文艺上就是《文艺的进化》④ 的方向。他在时代新思潮的冲击下，选择了西方最近代思潮中的某一部分，实现了西方资源的更新。与此同时，同人强调文化的现实原则，使西洋资源为中国文化建设服务。

这个变化仍是与时代互动的结果。在选择各种新加的思想资源时，面临如何抉择的问题。还有对于早年同人认同的思想的态度，比如个人主义和进化论等在社会上出现被否定的苗头。理性思考的《新青年》同人就不得不明确原则，并坚持原则，克服思想膨胀带来的思想眩晕。五四新文化运动高潮时期，同人文化思想的量的扩张势必要转向质的确认。

党员时期，文化建设的方向又发生新变。同人歌颂赤潮下的美好愿景："远东古国，四万万同胞，同声歌颂神圣的劳动。/ 猛攻，猛攻，捶碎这帝国主义万恶丛！/ 奋勇！奋勇！解放我殖民世界之劳工。/ 何论黑，白，黄，无复奴隶种！/ 从今后，福音遍被，天下文明。/ 只待共产大同……"⑤ 文明成为理想中的文化形式，似乎被推到未来去了，成为共产主义大同世界里自然获得的东西。就方向来说，个人主义变得更加微弱，更多突出不分人种的国际主义，消除私产，消灭阶级。其中继承了五四以后"劳动神圣"观念，增加了社会福利进步、文明发达、文化生活自由等新内涵。

这种转变与世界文化格局变化、俄国文化建设及对无产阶级文化的误解互动。西方文化在第一次世界大战中再次分裂，出现社会主义和资本主义的

---

① 独秀：《随感录·（九〇）学说与装饰品》，《新青年》1920 年 8 卷 2 号。

② 参见《精神独立宣言》，张崧年译，《新青年》1919 年 7 卷 1 号。

③ 参见陈独秀：《自杀论》，《新青年》1920 年 7 卷 2 号。

④ 参见［日］厨川白村：《文艺的进化》，《新青年》1919 年 6 卷 6 号。

⑤ 秋白：《赤潮曲》，《新青年》1923 年 10 卷 1 期。

文化阵营。社会主义阵营起初只有一个国家，后来慢慢扩展开来，形成新的文化对立。党员时期，《新青年》选择俄国道路，向俄国学习。它对苏俄的新文化充满憧憬，介绍了大量苏俄的文化活动，描绘了未来的文化图景。俄国的文化建设经验成为党员时期《新青年》文化经验的一部分。第8卷翻译介绍俄国的情况，比如卢那察尔斯基写的《苏维埃政府底保存艺术》介绍俄国保护艺术的情况，以及给一般游客提供文化艺术的情况，表现了苏俄对文化艺术的尊重[①]等。无产阶级文化也强调美，这个是出于为苏俄辩诬而被强调的，卢那察尔斯基的文章就是明显的例子。蒋光赤也有这个意图，他写到海涅死前表达了对共产主义当权后把美的东西都放逐，凯旋的无产阶级将他的诗抛入坟墓。他发议论说如果海涅活到十月革命，亲睹俄国无产阶级对于旧有艺术保护无所不至，当另有感想。蒋光赤说："共产主义者也爱百合花的娇艳，但同时想此百合花的娇艳成为群众的赏品；共产主义者也爱温柔的美的偶像，但同时愿把此温柔的美的偶像立于群众的前面；共产主义者对于资产阶级之无意识的玩物，非常地厌恶，然对于美术馆、博物馆及一切可为群众利益的艺术作品，仍保护之不暇。还说什么破坏呢？共产主义者对于帝王的冠冕可以践踏，但是对于诗人的心血——海涅的《织工》，哥德的《浮士德》，仍是歌颂，仍是尊崇！"[②]他称赞格拉昔莫夫在诗中表示的态度是无产阶级对于文化的态度。"整理过去的文化，创造将来的文化，本是无产阶级革命对于人类的责任，这种责任也只有无产阶级能够负担。"他表达了对当前苏俄文化的不满足，表明心里还有更高的文化——"美妙的音乐，贵重的作品"。同时还解释了物质问题对于文化的前导作用。[③]预言将有新的文化，高的文化，但是具体什么内容尚不清楚。蒋光慈除了混用文化的内涵以外，也不能指出更多。[④]此时的文化似乎没有指出工人文化，说明这里说的文化是精英性的文化。这些介绍其实就是在表明《新青年》选择的新型文化，通过选择占位的文化实践使其文化内涵进一步结构化了。

---

① 参见 A. Lunacharsky：《苏维埃政府底保存艺术》，震瀛译，《新青年》1921 年 8 卷 5 号。
② 蒋侠僧：《无产阶级革命与文化》，《新青年》1924 年 10 卷 3 期。
③ 蒋侠僧：《无产阶级革命与文化》，《新青年》1924 年 10 卷 3 期。
④ 蒋侠僧：《无产阶级革命与文化》，《新青年》1924 年 10 卷 3 期。

　　这个转变与马克思主义互动。接受马克思主义影响以后，《新青年》以主义和制度为方向，[①] 以劳动作为新文化的要素。在五四时期的社会主义大潮中，劳动神圣这个价值所代表的新文化就逐渐在《新青年》中奠定了地位，现在得到进一步突出和加强。马克思的人类观建立了一种文化想象，并为拯救人类的"堕落"提供了科学的道路，即从物质和制度上下手，经过奋斗，改造出一个新世界。党员同人自然是无条件接受马克思思想的引导。蒋光赤在谈罗马文化的衰落时体现的就是这种将经济问题与文化问题结合起来的思想。同时同人们只是憧憬遥远的未来会实现文明的复归，但是当前就很少关注工人文化建设的问题。讨论的只能是对资产阶级文化的优秀内容的继承。在列宁纠正了无产阶级文化派的孤立主义之后，同人也注意到对资产阶级中人类共享的文化成果的接受，这种新立场也同样限制了同人对工人的文化三的重视。

　　与对共产主义的认识互动。同人树立了一系列的对共产主义的设想。此时的新文化方向就是共产主义文化，而反对的就是资产阶级经济制度（文化）。比如，共产主义社会"用全社会力量发展全社会生产力，生产力当然可以发达到最高程度，而随生产力发展而发展的文化，当然也可无止境地发达起来。阶级既归消灭，文化的阶级性亦随之而失去，全人类的文化方有开始发展之可能。虽然无产阶级革命一时不能创造成全人类的新文化（因为阶级一时不能消灭），然而无产阶级革命却开辟了创造全人类的新文化之一条途径"[②]。这样的表述确定了共产主义文化的方向，但是要达到这个目标的方法则语焉不详。他们只说要达到这个目标需要通过世界革命，[③] 并坚信，"苏维埃制度是落后诸国从原始的简单生活进于最高文化共产主义之过渡方法，唯采此制则过渡期间之痛苦最少；可以代替全世界资本主义式的生存分配制度者本只有共产主义"[④]。蒋光赤在揭示资本主义是人类文化灭亡的罪魁祸首后，指出"欲拯救人类文化出于灭亡之祸，则除社会革命、无产阶级独裁而

---

① 独秀：《随感录·（九八）》，《新青年》1920 年 8 卷 4 号。
② 蒋侠僧：《无产阶级革命与文化》，《新青年》1924 年 10 卷 3 期。
③ 屈维它：《东方文化与世界革命》，《新青年》1923 年 10 卷 1 期。
④ 《东方问题之题要（共产国际第四次世界大会通过）》，一鸿译，《新青年》1923 年 10 卷 1 期。

外，无他出路"①。似乎只要社会革命，共产主义文化就自然会达到。与此同时，同人对于文化含义的理解使他们不能得出无产阶级现在的文化就是共产主义文化的结论。无产阶级在当前只能造本阶级的文化，但是未来属于共产主义文化——全人类的文化。他说俄国收集到别阶级的尊重人类文化的分子，正一面发展无产阶级文化，而别一方面同时开始全人类文化的途径。至少他不认为无产阶级本身可以这样做。在这个理解基础上，党员同人的文化建设方向就确定了共产主义，但是却用一个破除文化的"社会革命"来"建设"，在逻辑上很难自洽。

## 二、采取行动

目标确立以后，要如何行动呢？

文化实践论首先是在他们自己的文化实践中体现出来的。比如破除旧文化和建设新文化并重，但是他们的行为偏于"破"，破除旧文化，态度上"破"字当头。《新青年》的破字当头的态度非常明显，几乎无需举例说明。他们攻击旧物的姿态最受人注目，也最被当时人侧目。这个"破"却是互动形成的，而不完全是同人有意识的选择，是意识和现实的合作结果。

表面上看，同人选择"破"是有意为之，因为经常会有读者来信说需要建设。3卷1号上常乃惪就说，"愿大志此后，提倡积极之言论，不提倡消极之言论，提倡建设之言论，不提倡破坏之言论"②。陈独秀也承认建设的重要，不过是排在第二位，揭出破坏对于建设的重要性，他的理由是不破除旧观念，建设新文化就不可能，他以家族制和反孔为例：要提倡小家庭，如果大家族制度依托的儒家伦理不从思想中破除，社会氛围就不会允许小家庭的存在。③下一号回复李杰来信时，陈独秀再次表述了类似的意思。④同人的主动选择其实却是与现实权力关系互动的被动选择。为了实际上推进，不得不选择这个路径。连续发表两封来信，回答两次，可见2卷《新青年》反孔姿态带来多大的反对之声。

---

① 蒋光赤：《经济形势与社会关系之变迁》，《新青年》1923年10卷2期。

② 常乃惪：《通信》，《新青年》1917年3卷2号。

③ 独秀：《答常乃惪》，《新青年》1917年3卷2号。

④ 独秀：《答李杰》，《新青年》1917年3卷3号。

另外，质疑之声①也会作用到同人的选择上。3 卷时期的《新青年》是自觉采取"破"的姿态的。钱玄同进入《新青年》，恰恰是作为破坏的力量而出现的，他也是这样认同的，他后来说，自洪宪复辟以后，自己就发现对旧物都不能保留。②通过对读者的反批评，杂志实际上确立了"先破后立"的路线，以及当前重在"破"的策略。

在《新青年》由北大教授共同编辑时，北大同人就在认真思考这个问题。1917 年 10 月 16 日刘半农给钱玄同写信提到钱玄同提出的"造新洋房"的建设和"打鸡骂狗"的破坏两种方法，③他们选择了后者。傅斯年认为文学革新有两层（两条途径），"一个对于过去文学之信仰心，加以破坏，其二，对于未来文学之建设，加以精密之研究"。同时他还特别申辩说，破坏好像已成过去，但他发现国人不相信旧文学已经不合于今世，所以他说"欲求新说之推行，自必于旧者之不合适宜处，重申详释，方可奏功，然则破坏一端，尚未完全过去"④。种种迹象表明北大时期同人是深思熟虑以后选择"破"的道路的。

这个动向与时人的调和论发生互动。民国以后言论界认为破坏的时期结束了，出现调和论。本来言论界一向比较持重，这是时代和社会本身的特点决定的，一旦条件允许，折衷公允的态度就立即出现。《新青年》到北京后就遭到调和论者的批评，当时《新青年》受质疑，主要因为偏激。⑤《青年杂志》本来可以采取《甲寅》的调和论，但它与《甲寅》的差别（人们过多注意《青年杂志》与《甲寅》的相似性了）在于它的文化结构是"硬"的，在它看来，中西不能调和，好坏不愿调和。调和论和"因革说"都对文化的结构认识不清，认为文化变迁是数量的变化，可以任意组合。钱智修的观点是"因者，取于人以为善，其道利在同。革者，创诸己而见长，其道利在异。因革互用，同异相资"⑥。同人基本上都是反对调和的，鲁迅更为明显，他说，要想进步，要想太平，总得连根的拔去了"二重思想"。因为世界虽然

①　常乃惠：《通信》，《新青年》1917 年 3 卷 2 号；张护兰：《通信》，《新青年》1917 年 3 卷 3 号。
②　钱玄同：《答陈大齐〈保护眼珠与换回人眼〉》，《新青年》1918 年 5 卷 6 号。
③　刘半农：《致钱玄同（1917 年 10 月 16 日）》，《中国现代文艺资料丛刊》(5)，上海文艺出版社 1980 年版，第 303 页。
④　傅斯年：《文学革新申义》，《新青年》1918 年 4 卷 1 号。
⑤　胡哲谋：《偏激与中庸》，《新青年》1917 年 3 卷 3 号。
⑥　钱智修：《功利主义与学术》，《东方杂志》1918 年第 15 卷第 6 号。

不小，但彷徨的人种，是终究寻不出位置的。[①] 北大时期，文化之间不调和的认识最为突出，这是章士钊不能成为同人的障碍之一。其实新旧杂陈是常态，他们认为不可调和，主要是他们看到新旧调和不利于更新。作为时代主流的调和论一直存在，"一战"胜利后更是甚嚣尘上，随之保守势力如遇春风，《新青年》受到的压力也就更大。加上政治立场与北洋政府有距离，它提倡的新文学和已经不提的反孔也成为它的罪状，以至于易宗夔再次规劝同人，不要偏激，不要针对现实势力，努力创造新文学，不要破坏旧文学，避免造成对立和阻碍，但是同人坚持自己的态度，陈独秀回答说"鄙意却以为不塞不流不止不行。犹之欲兴学校必废科举，否则才力聪明之士不肯出此途也。方之虫鸟，新文学乃欲叫于春，啼于秋者，旧文学不过啼叫于严冬之虫鸟耳。安得不取而代之耶"[②]。他们为了去除旧势力，为"聪明之士"保驾护航，也就是改变舆论风气，因此采取了"打鸡骂狗"的方式。他们主要针对有意识地调和的思想观念，前面已经提到陈独秀认为调和是自然状态，人不能因此放弃推进更新。调和在鲁迅看来，造成不能进步和不能太平的效果，可见他们的新旧并不是事物在时间中并存的新和旧，而是一种体系和结构，这点已见前述。

这个动向与现实环境互动。《青年杂志》第一卷其实倒是以"立"为主的，它提出青年的道德和具体的教育方针，到5号才开始批评现实中的问题，比如第6号的批评孔子，但还主要是接着第5号《述墨》的思路而来，在学术层面讨论孔子，隐射现实。第2卷时当政者已经改为黎元洪，《新青年》改为督促政府的立场了，所以作为再造共和的参与者，自然有纵横捭阖的自信，进一步激发了责任感。北京同人在北京遇到更多高层人物的旧思想，另外他们的言论受到忽视，更加强了"黑幕层张"的印象。他们并不是不知道要建立新文化，而是推行的时候发生了阻碍，于是以破坏作为首选。《新青年》同人选择反叛的姿态也是被它的对手所逼，如钱玄同"废灭汉文"的说法，固然与他的无政府思想有关，但也与多数人坚决捍卫文言和它的附属形式有关。

"五四"以后，《新青年》再次向青年呼吁，不过这次是由朱希祖发声。

---

① 唐俟：《随想录·（五四）》，《新青年》1919年6卷3号。
② 胡适之、陈独秀：《答易宗夔〈论新青年之主张〉》，《新青年》1918年5卷4号。

他提倡革命态度，他把改良改为革命。① 与此相反，此前胡适日益表露出他的绅士风度，就在朱希祖发表文章的前一号上，胡适进一步阐发他的改良方案。他提出的礼俗改革，使之合乎理性，是文化革新的一个重要方面。胡适以个人经历为根据，提出丧礼的改革方法，② 反映出《新青年》团体内关于文化建设的姿态发生了分歧。

这个分裂是与舆论场域发生互动的结果。五四以前，研究系接近《新青年》的时候就提出了一个"谈判"的底线，即革新的态度要平和。《国民公报》记者蓝公武明确反对"天经地义"之说。③1919 年 2 月，《每周评论》上发表"世纪"写的《破坏与建设》，针对的是 6 日《时事新报》上的同名文章，而后者针对的正是《新潮》杂志的态度。蓝公武在《破坏与建设》一文中说明"破坏与建设"问题是当时言论界比较关心的话题，也是《新青年》同人与研究系言论的分界线之一。乐于接近研究系的胡适，也不得不尊重他们的意见。而朱希祖似乎代表着原来的革命派，被五四以后激进的思想氛围感染，重新提倡革命。因为在舆论场域中，同盟者的质疑干扰了同人思想的一致性，造成同人的分歧。

正是陈独秀从监狱放出后，在 7 卷上有很多"立"的言论。陈独秀到上海以后，环境发生变化，关于物质的言论增多了，而且强调点滴创造。他竟突然质疑那种"彻底、完全、根本改造，一劳永逸"等想法，认为那是懒惰心理的表现。陈独秀提出改造社会要改造制度，这样才经济，他说"不是说改了制度就不用努力了，无论在何种制度之下，人类底幸福，社会底文明，都是一点一滴地努力创造出来的，不是象魔术师画符一般把制度改良，那文明和幸福就会从天而降"④。"此外我们时常有彻底、完全、根本改造、一劳永逸一些想头，也就是这种懒惰的心理底表现。人类社会底进化决不是懒惰者所想象的那样简单而容易。"⑤他的意思有一步步行动的意味，而且是在制度建立以后，继续努力点滴改革，此时与胡适思想较为接近。陈独秀的观点

---

① 朱希祖：《敬告新的青年》，《新青年》1920 年 7 卷 3 号。
② 胡适：《我对于丧礼的改革》，《新青年》1919 年 6 卷 6 号。
③ 知非：《答傅斯年先生》，《国民公报》1919 年 1 月 7 日。
④ 独秀：《随感录·（九一）懒惰的心理》，《新青年》1920 年 8 卷 2 号。
⑤ 独秀：《随感录·（九一）懒惰的心理》，《新青年》1920 年 8 卷 2 号。

也与胡适的观点发生互动。陈独秀明确提出改造社会从大处着手即改革制度最为经济。但是他驳斥了一劳永逸的说法，再次提到个人努力。这或许是与胡适的互动造成的。

强调创造的思想与当时时代思潮互动。这时陈独秀与杜威思想和伯格森的创造进化思想互动。所以陈独秀思想带上了建设性的和改良的了，偏离了"破"的态度。五四以后，舆论界的风向明显偏于创造和建设的一面。更重要的是，五四以后，社会思潮中爱国成为强势话语，加上第一次世界大战以后传入国内的对东方文化的赞扬强化了爱国心，增加了人们的文化自信心。正是在这个时期，出现整理国故的思潮，胡适提出新思潮的目的中有"再造文明"的一面。对于外国"重视"中国文明的新闻，国人有两种态度，一种是自鸣得意，一种是自我检讨。《新青年》自然是后者。虽然同人强调文化建设，但是对中国旧文化的批判心态还保留着。他们从世界视角审视中国旧文化，感到无法让人满意。冰弦很怀疑在外国储存的中国书，"足当'学术'二字"，感觉"'东学'美名，西人纵举而媚我，我犹面作紫霞红"①。同人批那种以东学为傲的思想，抵抗第一次世界大战后欧洲反思思潮中"到东方去"的潮流。他们反对旧学，自然是不愿意跟从欧人的此派见解。第5卷出现对于爱国的自大的集中批评，反映了当时时代思潮中的一个新动向。在第一次世界大战进行的时候，同人正在提世界主义，反思国民性，反对国粹。鲁迅说中国人合群爱国的自大就是中国人在文化失败后，不能振拔改进的原因。②与鲁迅呼应的是钱玄同，他说"适用于现在世界的一切科学，哲学，文学，政治，道德，都是西洋人发明的；我们应该虚心去学他，才是正办"，若说这些都是中国就有的，而且更好，那就是"发昏做梦"③。同人的逻辑是：你说自己那么好怎么败了呢。虽然有"成王败寇"的心态，但事实胜于雄辩，也是非常有说服力的。同人当然希望中国超越西方，但认为还不是时候。《新青年》同人并不是不爱国，而是采取自省的方式更理性地爱国。某些人形式上是爱国，其实倒是害国。同人是在世界主义的背景下争取国家权利。

点滴创造的思想是同人互动的结果。胡适在五四以后提出"少研究些主

---

① 冰弦：《蔗渣谭》，《新青年》1918年5卷3号。

② 鲁迅：《随感录·(三八)》，《新青年》1918年5卷4号。

③ 玄同：《随感录·(三〇)》，《新青年》1918年5卷3号。

义，多研究些问题"，他是想扭转社会上空谈学理主义的现象，也有主导《新青年》方向的意图。因为第一次世界大战结束以后，李大钊被布尔什维克主义吸引，受世界社会主义潮流的引导，转向马克思主义的宣传。在陈独秀入狱以后的《新青年》中策划了一期"马克思号"。当陈独秀出狱时，胡适在社会上的地位很高，在同人中的地位也更为巩固。陈独秀也不能不尊重胡适的意见，加上胡适说法也有合理性，因此在陈独秀彻底转向马克思主义之前，他还是强调研究问题和逐渐改良的。

因为时代思潮变化，同人也与国粹思想发生互动。与同人相反，旧派人物坚持国粹不亡的信念，这时他们又披上时髦外衣，从完全没有信心地跟从西化，变为自信满满地宣传旧学。其实，在《青年杂志》创刊时，同人所谓的国学包括西学。易白沙所谓国学是中国所造之学，属于未来的学术。① 陈独秀也曾使用过国粹一词的褒义，他说墨子、庄子、许行的学说是人类最高的理想，是我国的国粹。② 蔡元培也主张"以真正之国粹，唤起青年之精神"③。古代的国粹、古代的价值并不是不能用，比如在文艺上，陈独秀提到古代的东西可以作为资源来利用，不过需要按照当前人的需要理性地加以选择。④ 要确定真正的国粹，需要进行整理工作，于是外国人示范和提倡⑤ 的"整理国故"（"将历史上遗传之文明之思想一一怀疑，一一批评，而与二十世纪之新思想相融合调和"⑥），很快就成为一部分同人的自觉行动。胡适等人虽然没有在《新青年》上加以倡导，但在五四以后国学复兴的背景下，也必然深藏在其他同人的思想意识深处，因为就算是沉默也表示可以接受这种态度。可以看出他们对于国粹中的好东西还是知道的，因为新文化的来源也应该包括本国的资源，只不过很少提而已。因为《新青年》有叛逆者姿态和反传统立场，所以人们往往看到他们的言论中充满对国粹的批评。特别是鲁迅对国粹的批评最为激烈，也影响最为深远。鲁迅

---

① 易白沙：《孔子平议下》，《新青年》1916 年 2 卷 1 号。

② 独秀：《答李杰》，《新青年》1917 年 3 卷 3 号。

③ 蔡元培：《致汪兆铭函（一九一七年三月十五日）》，《蔡元培全集》(3)，中华书局 1984 年版，第 26 页。

④ 独秀：《答吕澄》，《新青年》1919 年 6 卷 1 号。

⑤ J.H.C：《中国学研究者之任务》，《新青年》1917 年 3 卷 3 号。

⑥ 傅桂馨：《通信》，《新青年》1917 年 3 卷 1 号。

说"要我们保存国粹，也须国粹能保存我们"①，明显是按照当代人的需要来选择的意思。钱玄同讽刺国粹派以为国粹没了就不像大清国的样子，但是大清国却没有得到保存。②钱玄同心目中的国粹包括生殖器崇拜的道教、方相氏苗裔的"脸谱"戏、三纲五伦的孔教等负面的东西，他担心中国被逐出文明人之外，所以对国粹做了无政府式的否定。他说，"依我看来，要想立国于二十世纪，还是少保存些国魂国粹的好"③。人们只看到这些话里的反国粹的方面，其实反过来思考，不在这些"国粹"里的真国粹，也就得到肯定了。实际上这些激烈言论背后确实有肯定的意味，只不过同人并不强调这些内容而已。3 卷 4 号陈独秀答复钱玄同时说，"全部十三经，不容于民主国家者盖十之九九。此物不遭焚禁，孔庙不毁，共和招牌，当然挂不长久"④，语言更加暴烈，态度更加激烈。陈独秀的文学革命重视内容革命，关注"表现什么"，"为什么人"的问题，只要写的是现在和当下，古人的技巧也可以使用，让古人的积累为现在服务，也就是说同人其实对国粹加以区分，反对旧人心目中的国粹，而保留着真正国粹的位置，不过因为"破"的表面立场而遮蔽了肯定的部分。《新青年》反对国粹，实际上是反对旧的国民性，从根上拒绝旧的文化二。关于这个，陈独秀论的不多，鲁迅和钱玄同讨论得最多。联系到钱玄同此时的很多激烈思想多少与鲁迅有关，可以认为对国粹的彻底态度主要以鲁迅为源头。但这却不是鲁迅一人的思想，《新青年》的立场天然倾向于这种立场，因为激进的进化论是忽视继承的，进化论使得文化遗产变得不神圣了，遗产天然地就有不合乎未来的意味。⑤

《新青年》反对国粹，恰是表明文化态度，因为爱国粹就是一种心态。他们从文明人的角度，对国民性中的落后因素加以排挤（他们从世界人的高度谈，其实对民族文化有消解作用）。前面已经提到《新青年》使用国粹这个名词的时候更关注国粹中的粹，而不是国。与它相反，旧人物（后来被称

---

① 唐俟：《随感录·(三五)》，《新青年》1918 年 5 卷 5 号。
② 玄同：《随感录·(二九)》，《新青年》1918 年 5 卷 3 号。
③ 记者（玄同）：《答姚寄人》，《新青年》1918 年 5 卷 5 号。
④ 独秀：《答钱玄同》，《新青年》1917 年 3 卷 4 号。
⑤ 朱希祖的《敬告新的青年》（《新青年》1920 年 7 卷 3 号）讨论的就是遗产问题。

为保守人物）则更多重视其中的"国"。因为同人具有世界主义思想，所以他们的"国"是一种未来的东西，对现实的国则可以超越。

党员时期，即使在从阶级分野来谈论知识的时候，同人也乐于介绍项莱那种带有无产阶级文化派气味的论断，① 严格区分强调资产阶级文化与无产阶级文化的差别，总之，是在"破除"资产阶级文化的意义上来确立无产阶级文化的特点。不仅直接破坏资产阶级文化，还培养反对派（破的方式之一就是培养对抗派②），至于培养反对派的无产阶级文化则主要局限于敌对的政治文化。瞿秋白说，无产阶级"以革命的方法改造社会，复兴人类的文化"③。听起来，似乎革命的对象不过是社会，而不是文化本身。其实经济反映的人与人的阶级关系就是文化的一方面。所以，"破"也还是针对着"文化"的。当然，以上转变指的是观念上的，而在具体操作层面还是按建立无产阶级文化为导向，主张破坏。

与早先的倾向互动。当然，《新青年》毕竟是以革命的"破"的精神为主的刊物，因此，它受到早先重视"破"的思想核心的影响，喜欢革命的文化论。《新青年》的激烈言论已经成为一种标志，也因此形成一种集中的效应，吸收了大量近似的言论，同时也成为一种显性的态度束缚着同人。

与外来资源的互动。根据蒋光赤的介绍，"无产阶级文化观有两种。一种是反常的反叛资产阶级文化的非理性的倾向，如克里洛夫式的，一种是十月革命以后的伟大纯正的趋向，如格拉昔莫夫式的"④。后者是"整理过去的文化，创造将来的文化"的，由无产阶级承担对人类的责任；前者是无产阶级文化派的立场，倾向于无产阶级独自建设自己的文化。这是在俄国文化斗争和建设过程初期产生的两种方式，后来是后者成为主流。蒋光赤的这篇文章中写到对文化的看法，"文化为全人类的结晶，不应为任何阶级所独占。但是在有阶级的社会中，文化虽为全人类产物，其势力不得不为统治阶级所私有"⑤。这种对文化的理解，使他不能得出无产阶级现在也有文化的认

---

① 项莱：《共产主义之文化运动·项莱之演说》，奚祯女士译，《新青年》1923 年 10 卷 1 期。
② 洛若夫斯基：《共产主义之于劳工运动》，《新青年》1923 年 10 卷 1 期。
③ 瞿秋白：《世界的社会改造与共产国际（共产国际之党纲问题)》，《新青年》1923 年 10 卷 1 期。
④ 蒋侠僧：《无产阶级革命与文化》，《新青年》1924 年 10 卷 3 期。
⑤ 蒋侠僧：《无产阶级革命与文化》，《新青年》1924 年 10 卷 3 期。

识。蒋光赤与俄国当时的宣传方向一样，都是批驳资产阶级说无产阶级毁灭艺术的谣言，[①] 但是对于无产阶级文化的内容并不清楚。此时《新青年》对资产阶级的文化也有两种态度，一种是羡慕的，并且吸收这种文化，但是并不把它当作未来方向；还有一种是拒绝的，要创立一种工人阶级自己的高级文化。他们作为知识人对于唱《国际歌》和崇高的脱帽礼等无产阶级文化缺乏兴趣，感情上难以接受工人阶级的粗鲁，理智上把这种粗鲁解释为经济能力不足造成的。直到俄国清理了无产阶级文化派，才传来列宁的教导："无产阶级的科学和文化，并不是从天上突然掉下来的，也不是那些自称无产阶级的科学和文学专家脑袋里乱想出来的，而是由资本主义压迫社会之下，人类所集储的智识有系统发展出来的结果。"[②] 列宁反对青年和新教育家拒绝旧式学校，他认为应该"择其善者而取之"[③]，列宁讲的是一种接受旧文化的态度，因此摆正了创造文化与旧文化的关系。列宁是从俄国的思想状态中提出这种态度的，但是对于中国的现实来说也一样适用。任弼时也意识到新文化与旧文化的联系。他说"某种新社会和制度之产生，并不是与一切旧有社会和制度毫没有继承关系突然创造出来的，而是从旧社会和旧制度化身的结果。所以我们对于旧制度虽然根本反对，然而对于旧社会所遗留的科学和文化，也有可采用地方，因为那些科学与文化是一种人类历史产物，我们要革新的设施必须根据旧有的产物而加以去取的选择"[④]。在列宁的影响下，《新青年》不再是破就打破、立就新立的两极化态度，而是对旧文化有所保留和有继承地改造，批评了文化虚无的观点，一定程度上修正了北大时期，乃至京沪时期的以破为主的言论。因此，《新青年》的文化思想关于破和立的关系，认识更为辩证了，可以说这个时候才真正转向"立"的方面。

这种态度与国内思潮互动。五四退潮后，言论界对国粹的态度已经更客观了，以至于《中国青年》这样激进革命的刊物都承认"我们是中国人，不能把古人精神凝结遗留给我们的一部分国粹弃之不顾；古书自然亦有一读的

---

① 蒋侠僧：《无产阶级革命与文化》，《新青年》1924 年 10 卷 3 期。

② 任弼时：《列宁与青年》，《新青年》1925 年 11 卷 1 号。

③ 转自任弼时：《列宁与青年》，《新青年》1925 年 11 卷 1 号。

④ 任弼时：《列宁与青年》，《新青年》1925 年 11 卷 1 号。

价值"，主张"要有条件，有步骤底读适用的古书"①，只不过讲究读法而已。古书可以读，但是以现代人的立场为基地，也就是从古书里找现代可用的东西，就可以避免误用。楚女在评价《中国学生》第 2 期上王基永评瞿菊农《教育与玄学》②的文章时，赞成王基永说的"教育底真挚价值与意义，不是在理想，而是在就社会的历程，用科学的方法，一方面承继以前的文化，一方面创造新的文化"③。总之，是努力向现实斗争中获取资源，而不是从社会的陈套中寻求指导，不受旧文化的束缚，创造新文化。在这个国内思潮之下，《新青年》也不免倾向于认为破中应该有立。

解释完《新青年》破的立场的来源。下面探讨一下它对如何建设新文化的看法及其互动的情况。

第一，《新青年》从思想入手建设文化。这个特色已经众所周知，因此这里也不再赘述。

从思想入手的建设方法与同人提倡的文化改造方法互动。按照《新青年》重视个人作用的思路，强调不能把社会不良的责任归于社会，主张从自己做起，改革制度，以促进进化。同人改造旧文化时采取的个人主义就对建设文化起了决定作用。破的时候依靠个人，建设也依靠个人。4 卷 3 号上高一涵要求人民亲自去打开种种障碍，打破习惯专制、舆论专制，因为习惯、舆论都是自己心意造成的，所以要先从自己心中打起。④同人希望每个国民都能在思想上打破束缚。个人作为主动者，与腐败不合理的统治者的思想争夺话语权，维护民国的意识形态的统一，负责任地改变不好的制度，进而改变民族文化。北大时期同人设想通过代际更迭来实现新文化思想的培植。鲁迅认为用科学来治疗昏乱，经过几代人可以逐渐好转。⑤不断培植新的，自然可以代替旧的。这是在对旧人物绝望以后提出的一个温和的简便方法。这里的新旧，自然主要指思想上的新旧。这种从思想入手的互动情况已见前文，不再赘述。

---

① 半点：《"怎样读古书"》，《中国青年》1923 年第 17 期。
② 王基永：《评瞿菊农的教育与玄学》，《中国学生》1924 年第 2 期。
③ 楚女：《新刊批评：中国学生、平旦（周刊）、赤光（半月刊）、襄军（季刊）》，《中国青年》1924 年第 40 期。
④ 高一涵：《读弥尔的自由论》，《新青年》1918 年 4 卷 3 号。
⑤ 鲁迅：《随感录（三八）》，《新青年》1918 年 5 卷 4 号。

　　第二，强调文化的建设要借助于西方知识。2 卷 4 号陈独秀答孔昭铭时说，"介绍西方学说，改造社会，此固本志唯一之宗旨。出版以来，一字一句，皆此物此志也"①。刘半农提到钱玄同"先时尝谓治一切学问，非用西人研究科学之方法不为功"②，这是对西方知识的赞歌；周作人对文化建设的贡献在于介绍日本的创造的模拟。反对"将西洋新思想和东洋的国粹合起来"，"凡是思想，愈有人类的世界的倾向，便愈好"，"日本新文学便是不求调和只去模仿的好。又不止模仿思想形式，却将他的精神，倾注在自己心里，混合了随后又倾倒出来。日本文学界能有诚意地模仿，所以可以得到许多独创的作品"③。此时周作人的对话对象是调和论，主张在彻底学习西方的基础上再进行创造。更加强调对西方文化的谦虚态度，是对"取法西方"的新文化传统的维护。前面曾提到胡适有"我们今日还不配批评人家的短处"④ 的言论。

　　这种看法固然受早期清末形成的介绍外国思想的潮流影响，比如商务印书馆就是译介外国思想的急先锋。《新青年》也沿着这条路径前进，寻求改造中国的道路，希望扩大国人对世界的认识范围。《新青年》同人准备文化建设的时候才发现西方的知识是重要资源，而本国的资源多不足取。4 卷 4 号的《建设的文学革命论》似乎才彻底贬低中国文学，因为建设要寻找样本，于是发现中国旧文学中可以作为资源的并不多。胡适向西洋学习文学方法，认为西洋的经验可以作为很好的资源。他说"西洋的文学方法，比我们的文学，实在完备得多，高明得多，不可不取例"。他举的例子都是中国小说，但说到方法需要外国提供。"原因是中国文学的方法实在不完备，不够做我们的模仿。"⑤ 这个观点是他们讨论小说时确定的，即与国外相比，中国小说终"不能算作第一等"⑥。他曾拟过几条翻译西洋文学的办法：只译名家著作，不译第二流以下的著作；全用白话；韵文之戏曲也都译为白话散文。最后一条是创造，⑦ 但是说当时还不是时候。可见同人在文学上推崇西洋，克服国

---

① 独秀：《答孔昭铭》，《新青年》1916 年 2 卷 4 号。
② 刘复：《越谚序录（续）》，《北京大学日刊》1918 年 8 月 1 日。
③ 周作人：《日本近三十年小说之发达》，《新青年》1918 年 5 卷 1 号。
④ 胡适：《美国的妇人》，《新青年》1918 年 5 卷 3 号。
⑤ 胡适：《建设的文学革命论》，《新青年》1918 年 4 卷 4 号。
⑥ 钱玄同：《通信》，《新青年》1917 年 3 卷 6 号。
⑦ 胡适：《建设的文学革命论》，《新青年》1918 年 4 卷 4 号。

人对中国文学的自矜，也是逐渐形成的，建设的时候不能独创，只能借鉴西洋的好形式。

第三，同人也会使用一般文化传播的手段，比如潜移默化的方式和树立偶像供人模仿等。《新青年》第 1 卷从青年教育的原理出发，为青年提供榜样，比如介绍《意中人》时译者解释该剧的意思："曲中之义，乃指陈吾人对于他人德行的缺点，谓吾人须存仁爱宽恕之心，不可只知憎恶他人之过，尤当因人过失而生怜爱心，谋扶掖之。夫妇之间，亦应尔也。特译之以飨吾青年男女同胞。"① 介绍作品是介绍正确的生活态度和心理，让人模仿，修改自己的行为。此外，还有介绍模范人物，如欧战中的中国青年、② 德皇威廉第二、③ 列宁等用来模仿。这种方式一以贯之，是思想教育的补充。陈独秀在回答常乃惠的信中把孔教不适合当代归罪于孔子，而不归于后学的改造，是要打破偶像，彻底改变。因为其影响力在偶像的作用下更为强大。④ 这种方式是传统的方法，古人所谓风教就是让百姓得到教育，是文化建设的一种手段，认为偶像对于文化建设有用。同人本来就是要运用西方文化来进行中国的文化建设，故而文化建设的重要方面就是文化传播。所以使用这种方式也是与其文化建设的任务互动的结果。

第四，最直接地促进新文化建设的方式自然是创造新文化。沪皖时期《青年杂志》就强调创造的一面，陈独秀在第 1 卷上就说"盖人类生活之特色，乃在创造文明耳"⑤。北大时期，同人培养独立的学术团体，建构新文化的学术源头，通过高级知识人理性地思考现实问题，而创造出新文化。党员时期，他们放弃文化建设，其实仍然是进行文化建设，比如组织工会、劳动运动、组织工人补习学校，用工会把工人团结起来，然后进行教育⑥ 等有关无产阶级的政治斗争和生活的文化。虽然是低级的教育，也发展得不充分，而且多数为介绍俄国的文化，但是也有推动中国化的客观效果。只是在心理上他们不会把它归于文化领域而已。

---

① 薛琪瑛女士：《意中人·译者序》，《青年杂志》1915 年 1 卷 2 号。
② 记者：《欧洲飞机阵中之中国青年》，《新青年》1916 年 2 卷 3 号。
③ 《德意志皇帝（威廉第二）》，李亦民译，《青年杂志》1915 年 1 卷 1 号。
④ 参见独秀：《答常乃惠》，《新青年》1916 年 2 卷 4 号。
⑤ 陈独秀：《一九一六年》，《青年杂志》1916 年 1 卷 5 号。
⑥ 张特立：《二七前后工会运动略史》，《新青年》1925 年 11 卷 2 号。

　　创造新文化与时代思潮和外来资源都发生互动。强调"创造"要到第一次世界大战结束后，特别是五四以后才成为主流思想。不仅中国如此，日本也如此，也许与柏格森《创造进化论》的流行有关。正好赶上欧洲文明没落，需要重新创造文化的历史时刻。党员时期其创造的文化是与具体的阶级斗争实践互动的。就思想上来说，把创造工人阶级的文化当作未来的事情，但是工人阶级生活本身自动产生了自己的文化——文化三。

　　第五，通过改变社会来建设文化。通过实践和解决问题来实现文化的提升是同人一贯的认识。这个路向在早期就有，到后期更为发达。这个方向在北大时期出现。胡适希望提升高级文化，然后作用在生活中。陈独秀等人后来把解决制度问题作为中心，直接借鉴俄国的经验来改变生活，认为在将来共产党执政后，"必须在各工厂，各种文化机关，各学校，各大学之中都有共产主义的精神，全国文化生活都受共产主义之指导"①。这里算是掌权后的教育问题，主要是社会成员角色的技术教育，对于人文思想则没有涉及，可能因为瞿秋白尚无概念。第 10 卷《新青年》继承八九卷开始的工作，进一步介绍俄国新文化的实践和思想。比如项莱说的无产阶级革命时期较重视科学，人文的东西要等到革命成功后才会关心。② 前面已有相关描述，无论苏俄是否真的认为文化建设工作到革命成功后才开始，革命既然是改变政治制度的工具，那么它就不可能不在社会生活中建设新文化。另一方面第一次世界大战结束后，各种解放运动和社会革命方兴未艾，全世界都面临一个通过革命改变资本主义制度困境的趋向，由此形成 20 世纪的革命属性。《新青年》参与革命运动，自然不免借助于革命来进行文化建设。《新青年》为了配合第三国际的宣传，在文化建设思想上转变为通过社会制度等物质层面的改变来改变旧文化，所以显得专心于制度改造，而很少谈论文化。从后人的角度看，制度也是人文的结果，也是意识的产物，是文化物质性的层面，这里少谈文化，是指少谈文化建设，特别是精致文化的建设。按照当时的看法，最终的文化建设放到经济和制度建设以后再最终实现，目前至少是不急需。这样做一方面克服了京沪时期在文化建设方面的无产阶级文化派色彩，另一方

① 瞿秋白：《世界的社会改造与共产国际》，《新青年》1923 年 10 卷 1 期。
② 项莱：《共产主义之文化运动·项莱之演说》，奚湞女士译，《新青年》1923 年 10 卷 1 期。

面也扼杀了可能的文化三的建设（同人作为知识人，很难对无产阶级文化三有实质的贡献）。

与同人的具体文化实践互动。陈独秀以媒体人身份参与政治，以革命者身份参与舆论，文化实践中促进新型文化的传播的目的被社会秩序牵引。在两者交叉互动中，形成了改变社会秩序与创造新文化的关联。北大时期，《新青年》在学术领域活动，从事的是输入学理，同时理性思考中国问题。它提出了一系列的改造设想，比如男女社交公开、① 改革家族制度、② 儿童公育问题，③ 这些是社会改造的新方案：重新安排社会，更加符合理性。有功之臣自然是胡适，他对解决社会问题鼓动力最大。虽然解决的方案也无非是思想领域的总结和推演，没有诉诸实施，但已经埋下了种子。到第一次世界大战结束，创造和改造成为时代主流，这个方案就成了社会的强音。五四以后，同人中的问题与主义之争，表现出问题派的走强，在社会上问题得到更多注意。《新青年》也因为受到胡适的影响，而表现出更多社会问题色彩。比如第 7 卷社会问题色彩非常浓。4 号被编成"人口问题号"，是因为同人要重新思考中国退化的原因，陶孟和认为人口多是中国退化的原因，而不像外国人说的中国"维持五六千年国家种族文化于不坠"，是因为人口的传衍力。④ 他们把人口问题当做社会问题的锁钥，⑤ 用来解开中国的历史问题。解决问题即改变社会的具体行动成了同人那时文化实践的方式，同时也是同人文化实践活动推动的，加上时代思潮的作用，使改革社会与建设文化的联系更加紧密。

与五四以后的新思潮互动。五四以后已经出现用改变社会生活解决文化问题的动向，或者说五四以后时代认定社会生活问题是重要的文化问题，文化三受到重视。社会舆论都从社会视角审视政治问题，认为社会不合理，想按照无政府主义的世界主义来改造社会，用理性来重新设计政治生活。《新青年》也更加强调社会改造，主张民众运动。⑥《新青年》认为政治、道德、

① 杨潮声：《男女社交公开》，《新青年》1919 年 6 卷 4 号。
② 夏道漳：《中国家庭制度改革谈》，《新青年》1919 年 6 卷 4 号。
③ 沈兼士：《儿童公育》，《新青年》1919 年 6 卷 6 号。
④ 陶孟和：《书籍批评》，《新青年》1920 年 7 卷 4 号。
⑤ 顾孟余：《人口问题，社会问题的锁钥》，《新青年》1920 年 7 卷 4 号。
⑥ 《本志宣言》，《新青年》1919 年 7 卷 1 号。

科学、艺术、宗教、教育，都应该以现在及将来社会生活进步的实际需要为中心，建造更合理的社会，追求社会生活进步。①"人口问题"实际上就是将社会上关注的文化三问题和北大教授的文化一的关注点结合起来的成果。现在第 1 卷中对人格建设的热情已经不再，而北大时期开始的对社会的关注，到这时变成了促进文化建设的明确路径。

从社会入手解决文化问题，有两种思路，一种是思想改造的老路，陶孟和、胡适坚持这一思路。第二种思路是从事物质因素的改造，陈独秀的政治改造和李大钊的经济改造是这一思路，两者都已是制度改造思路，只不过前者偏于政治的意识层面，后者偏于社会科学的经济改造。后者对同人原来的思想结构来说更为独特和新颖。李大钊介绍马克思学理的时候，有通过经济改造来创造新文化的想法。五四以后，陈独秀通过《精神独立宣言》表示开始接受欧洲新思潮，告别社会党的人道、互助、平等的思想，从这个"骗局"中脱离出来，② 特别是在接触到历史唯物主义以后，更加怀疑思想观念的价值，而倾向于认为政治制度才是物质性的。到党员时期同人明确意识到"现有的制度不破，人类的文化决不可救"③，因此强调政权的保驾护航作用。通过政权来推进阻碍新文化的力量自然最为直接，这也是"破"的一种方式，但是背后深藏建设的动机。党员时期的时代风潮仍是社会改造，《新青年》也认同这个潮流，这种思路没有因为《新青年》变为共产国际的宣传刊物而改变。10 卷以后，杂志仍然以改造社会为职志，改造的是全世界的社会。瞿秋白站在共产国际的角度说，"世界的无产阶级既不得不实行改造社会，并且应当实行改造社会，却尤其要有对于此社会之现实的考察，勿堕于幻想，要有对于此社会之总体的运用，勿敷衍苟安——就是应当有改造社会之计划，改造社会之步骤，改造社会之总原则——党纲（Programme）"④。这时改造社会与以前不同，是在党纲的指导下进行的，而不是胡适那种局部的改良。

---

① 《本志宣言》，《新青年》1919 年 7 卷 1 号。
② 独秀：《随感录·（七六）保守主义与侵略主义》，《新青年》1920 年 7 卷 2 号。
③ 瞿秋白：《世界的社会改造与共产国际（共产国际之党纲问题）》，《新青年》1923 年 10 卷 1 期。
④ 瞿秋白：《世界的社会改造与共产国际（共产国际之党纲问题）》，《新青年》1923 年 10 卷 1 期。

第六，采用运动的方法建设文化。运动的方法主要目的是建立新文化的社会控制，而不是对新文化的内容有所贡献。这种方法仅仅出现在同人思想的某个阶段。京沪时期，随着集体主义在同人思想结构中的地位上升，建设平民文化的方法发生了巨大变化，开始重视采取运动的方式，通过思想领域中的宣传和提倡，动员民众自己起来改变现实（资产阶级统治的现实）。

这种方式是与第一次世界大战结束以来的运动潮流互动的结果。陈独秀脱离政党运动以后就提出国民运动，第一次世界大战结束后，更加高举"国民运动"的旗帜，甚至写成传单，希望直接推动运动的形成。但是，真正的"运动"还得等到五四运动显示了运动威力以后才能成为共识。党员时期，张特立在讨论工会运动时提到的对发动工友组织工会起到大作用的三件事中有两件是运动——五四运动、大战后的劳动运动，[1] 可见运动形式本身对无产阶级的文化建设有很大示范作用。《新青年》通过民众改造社会，建设新文化的路向，是在五四以后快速转入实践，而且是在政治斗争实践的过程中发生的。

第七，通过世界革命的方式进行文化建设。五四以后朱希祖已经强调过革命的意义。京沪时期的蒋光赤说得更清楚，他说要达到真文明，只有靠无产阶级在世界范围内用暴力推翻资产阶级统治，实现共产主义。[2] 瞿秋白也说，世界革命是中国寻求救亡的一条道路。世界革命可以逃脱被殖民的命运，才能让大多数人享受科学，才能破除宗法社会封建制度，为真正文化的发展扫清障碍。世界革命是解决文化问题的必经之路，是走向新文化的道路。关于发展新文化的道路和策略，他认为东方民族先行从事一切革命运动，独立地斗争，锻炼其主观的阶级意识，[3] 就是说世界革命也是从具体国家的反抗开始的，是解决文化问题的重要方式。

最后，以社会运动和文化运动互动的模式发展文化。前面已经说过，运动方式是同人曾用过的方式，并且有一个文化发展双层模式，由此衍生出一个社会运动和文化运动互动发展文化的方式。

这种方式与同人的思想传统互动。党员时期还保留着早年思想改造的观

---

① 张特立：《二七前后工会运动略史》，《新青年》1925 年 11 卷 2 号。
② 参见赤：《（一三三）共产主义之界说》，《新青年》1922 年 9 卷 6 号。
③ 参见屈维它：《东方文化与世界革命》，《新青年》1923 年 10 卷 1 期。

念，比如五四新人奚湞强调文化运动是社会运动的内力，[①] 意思是文化也要对社会改造起作用，就是五四时期从思想文化角度改造社会思想的遗留。她进而得出一个判断：共产主义派的社会运动和文化运动不相离。但是从项莱的意见看，至少当时俄罗斯共产派对于文化运动是带点轻视的。奚湞本人的认识也集中于北大时期同人的思想教育方面，关注的不过是文化运动增进劳动群众的政治知识及政治觉悟，使农工了解其所处的社会地位，自觉自己的政治能力。[②] 改造社会其实就是改造文化。改造政治制度和经济制度，就是改造一系列思想问题，改造了人的行为方式。实际上，要改造社会，作为社会一部分的文化就不可能不改造。当然，她没有从这个角度看，她的思想和当时人的观点一样受限于社会运动和文化运动的两分。

这种方式还与同人建构的文化发展双层模式互动。同人建构起来的双层模式，在五四以后，发展为文化运动双层联动的模式，以学术思想成为新文化的源头，推进到现实生活中去。五四以后有人说，发展文化包含创造文化运动和宣传文化运动，两者一样重要。还说："文化运动，必定要完全经过这两个条件，然后才可以说它是在'发展'路上。创造文化运动，全赖现代一般的大思想家；而宣传文化运动，又全赖现在的新闻界；这两种人，在发展文化运动中，各负有一种不同的特别使命，也是占同等的重要地位。"[③] 思想家和新闻人都是思想的工作者。按照思想的逻辑和事理的逻辑，文化运动必定延伸到社会上去。文化运动推动社会运动，社会运动为文化运动提供经验和事实材料。这个模式中宣传文化运动的延长线上就是社会运动，宣传文化不过是社会运动的过渡，是社会运动和文化运动之间的中介。而与社会运动相对的文化运动，在当时人看来就是高级文化的生产和传播。他的说法反映了同人的双层模式在五四以后成为共识，借助于社会思潮反过来对同人发生作用。因此，党员时期的这个方法其实与双层文化模式是承继关系。

---

① 参见奚湞女士：《共产主义之文化运动·译者志》，《新青年》1923 年 10 卷 1 期。
② 参见奚湞女士：《共产主义之文化运动·译者志》，《新青年》1923 年 10 卷 1 期。
③ 马毓英：《发展文化运动中一个重要问题——新闻记者底训练》，《江汉潮》1923 年创刊号。

# 第三章　文化思想外部的互动因素

思想在互动中形成和转变，但是如何互动的呢？互动凭借什么因素？这些问题的回答有助于了解《新青年》文化思想的生成，也有助于了解一般思想的产生方式。

同人文化思想的产生和发展要受到很多因素的作用，这些因素共同构成语境，并与思想互动。可以把这些因素分为现实的和精神的两方面。

1919 年底群益书社为《新青年》征订前五卷合订本的广告词中认为《新青年》是中国近五年思想的变迁史。[①] 郭湛波的《近五十年中国思想史》也指出，《新青年》可以看作陈独秀个人思想的变迁，同时可以看到当时思想的变迁。[②] 这里虽然说得笼统，但已经意识到《新青年》思想的互动性。只不过局限于思想方面，有关现实（思想外部的东西）与思想互动的方面则付诸阙如。这里所谓现实因素是指在思想周围的物质环境或者精神物化的环境中发挥作用的各种因素，是在思想者身处的环境中对思想起干涉作用的因素。

## 第一节　集团归属与互动

现实因素中比较突出的是杂志同人的集团归属。《新青年》并非独立于时代之外，它与某些集团有亲缘性，与另一些集团处于敌对状态。集团性指的是《新青年》的同人体现出来与某些集团合作、与另一些集团斗争的一种

---

① 《〈新青年〉第一二三四五卷合装本全五册再版》，《新青年》1919 年 7 卷 1 号。
② 郭湛波：《近五十年中国思想史》，上海古籍出版社 2005 年版，第 72 页。

属性。同人个人归属于集团，与自己的集团和其他集团也有归属和斗争的关系。

## 一、互动的集团

1915 年 6 月，陈独秀从日本回国，创办《青年杂志》，当时陈独秀属于"欧事研究会"。主撰陈独秀接近的政治人物或好友多是欧事研究会[①]的，比如早年在政治上追随并一直保持友谊的柏文蔚、一起办过"欧事研究会"刊物《甲寅》的章士钊，还有陈炯明、张继，后来交往的蔡元培、吴稚晖等人。京沪时期的同事李汉俊的哥哥李书城也属于欧事研究会。作者中除了陈独秀本人以外，还有参与编辑欧事研究会报纸《中华新报》的高语罕。陈独秀本人也是欧事研究会刊物《甲寅》和《中华新报》[②]的作者，甚至编者。日本学者斋藤道彦和末次玲子都认为欧事研究会与新文化运动和五四运动有联系[③]，陈万雄拒绝这样的推论，[④]但是我认为与这个联系至少在陈独秀创办《青年杂志》时是有影响的。

陈独秀之所以参加"欧事研究会"，是因为他的政治观念与"欧事研究会"一致。欧事研究会的成员都是民国的缔造者，都属于革命者，此外，还都是维护民国的人，希望在民国的政治框架内发挥政党力量，反对专制，热爱共和。欧事研究会表示："对于共和主张到底，宁死勿退，宁辱勿改。"[⑤]其成员组织了"共和维持会"，发布"维持共和国体宣言"，猛烈抨击袁氏政府"大权集于一人，外虽有民主之名，而内实有君主之实"，呼吁："共和既立，不得复建君主"[⑥]。研究会主张"爱国不等于爱袁氏政府"[⑦]。政治上取渐进主义，民国建立后不走武装斗争道路，只有在共和危机时才会从戎，不以革命

---

① 关于欧事研究会的情况，可以参见张劲：《"欧事研究会"述评——纪念辛亥革命100周年》，《同济大学学报》（社会科学版）2011 年第 6 期。

② 《甲寅》杂志与《新青年》之间关系的相关研究已经不少，此处不再赘述。研究会筹组《中华新报》从事反袁宣传的情况，参见程潜：《护国之役前后回忆》，全国政协：《文史资料选辑》17 卷 48 辑，中国文史出版社 2002 年版，第 12 页。

③ 转自陈万雄：《五四新文化的源流》，生活·读书·新知三联书店 1997 年版，第 55 页。

④ 陈万雄：《五四新文化的源流》，生活·读书·新知三联书店 1997 年版，第 56 页。

⑤ 《筹安会之所示教于国人者》，《中华新报》（上海）1915 年 10 月 18 日。

⑥ 《复辟评议》，《甲寅》1915 年第 1 卷第 5 号；《帝政驳义》，《甲寅》1915 年第 1 卷第 9 号。

⑦ 《筹安会之所示教于国人者》，《中华新报》（上海）1915 年 10 月 18 日。

作为唯一选项，他们有多种选项，① 他们又有革命这个选项。他们的底线是民主，可以宽容异己，倾向于利用民国制度来合法代表民意，发展民国，维护国家法律制度②，维护共和国体。他们比较讲学理，而不是现实，与孙中山的革命派不同，后者更注重现实条件；他们尊重孙中山，但反对无条件服从他。③ 研究会在政治斗争之外，也倾向于文化事业。这类知识人鼓吹共和国家组织的原则，共和国民应具的知识，提出开办报纸杂志，作为灌输民众知识之法。④ 他们又对政治斗争感兴趣。他们是革命的自由派，自由的革命人，追求革命的自由，革命为了自由，不是为革命而革命。他们的最高追求是自由，所以他们与自由主义者比较接近。不是作为党派整体革命，而是出于个人觉悟参加革命，推翻专制。因此这批人成为民主共和的信仰者。因为反对专制，反对帝制，所以反对袁世凯，反袁也是他们的共同基础。

有人也提到欧事研究会的立场与《新青年》初期主张的核心内涵一致。⑤ 从以上对欧事研究会政治态度和在政治文化之间的姿态，可以看到《青年杂志》第一二卷中的政治态度，也就是说《新青年》开始的立场的确是这批革命者的立场。

第一次停刊后，陈独秀参与了"欧事研究会"反袁活动，在军务院中发挥一定作用。这个机会给他带来一系列变化。

军务院为反袁后革命者的合作奠定了基础，后来的政府就是它与北洋军阀妥协的成果。成果之一是接受了黎元洪做大总统的成案。黎元洪本人没有军队，在政府内被轻视，因此他比较接近国民党，以寻求支持。黎元洪履职后，国民党在北洋政府中供职的人不少。⑥ 蔡元培之所以能做北大校长，与他的国民党身份有关，也与他是光复会的元老，又是"欧事研究会"成员等有关。据说蔡元培被推荐是黎元洪听从汤尔和、马叙伦等人的推荐，而黎元

① 参见《护国之役前后回忆》，全国政协：《文史资料选辑》17 卷 48 辑，中国文史出版社 2002 年版，第 15 页。

② 参见转自孙中山：《附二：孙中山致黄兴书》，《黄兴集》，中华书局 1981 年版，第 406 页。

③ 参见蒋永敬：《欧事研究会的由来和活动》，《传记文学》1979 年第 34 卷第 5 期。

④ 参见蒋永敬：《欧事研究会的由来和活动》，《传记文学》1979 年第 34 卷第 4 期。

⑤ 参见周丽卿：《〈新青年〉与民初政治光谱》，（台北）清华大学 2011 年博士学位论文，第 48 页。

⑥ 韩玉辰：《政学会的政治活动》，全国政协：《文史资料选辑》17 卷 48 辑，中央文史出版社 2009 年版，第 124 页。

洪也有此意。其实背后是黎元洪接近南方政府和国民党中的温和派的企图在
起作用，因为黎元洪继任大总统这件事情上南方政府和国民党员（温和派，
如欧事研究会）出过力。有人回忆说，"由于肇庆军务院代表西南坚持恢复
民元约法与民二国会，黎元洪乃得依法继任总统"，"黎元洪别无政治资本"，
也希望"假西南以自重"，为此曾在反袁中沟通反袁派与西南的日本青木中
将被聘为总统府顾问。[1] 原因是黎元洪是思想比较民主的共和元勋，黎元洪
"素持平民主义"[2]，从善如流，他给黄兴发电称"凡百施为，诸待咨商"[3]；当
时对黎元洪有共识："在上虽有仁慈之总统，而无决断之伟力"[4]；楚伧评价
黎元洪说："诚朴得诸天，福运过于人。小人所引为傀儡，君子能谅其苦衷，
虽非撩乱之才，不失自好之士。器度有余聪明不足，其善容嘉言处，即受人
挟制处。苟假雷雨以出京，引贞干为羽翼，则顺时行化，苍生之泽矣。不然
千秋之论未易定也。"[5] 连林传甲于 1916 年黎元洪当总统时提出中国总统年
俸太高，[6] 试想如果是其他官员，怎敢与虎谋皮？其继任符合法定程序，又
得各方赞同，自然被众人拥戴。

　　"欧事研究会"有意识地辅助黎元洪。章太炎给欧事研究会成员的信中
有："兄等且当扶护黎公，安其生命。"[7] 可见，在章太炎眼里，欧事研究会
和部分国民党有为黎元洪保驾的任务。《中华新报》上还发表章士钊的言论，
其中有"苟段总理及以后之总理能准此而行，以后之总统能如今黎公之宽
仁，吾国亦非不可入于宪政之正轨也"[8]。这是"欧事研究会"力挺黎元洪
的表现。此时章士钊和《中华新报》都偏袒黎元洪，他们代表欧事研究会
的态度。

　　另外，与陈独秀关系紧密的西南军阀等政治人物也支持黎元洪。岑西

---

① 韩玉辰：《政学会的政治活动》，全国政协：《文史资料选辑》17 卷 48 辑，中央文史出
　　版社 2009 年版，第 122—123 页。
② 《黎大总统新政录》，《新闻报》1916 年 6 月 25 日 2 张 1 版。
③ 《黎大总统再致黄克强先生电》《温宗尧致陆都督电》，《时报》1916 年 6 月 19 日 1 张
　　2 版。
④ 周恩来：《中国现时之危机》，《校风》1916 年第 45 期。
⑤ 楚伧：《人物闲评（一）·黎元洪》，《民国日报》1917 年 7 月 7 日 1 张 2 版。
⑥ 林传甲：《请总统减俸兴学》，《申报》1916 年 11 月 29 日 6 版。
⑦ 《章太炎尺书》，《中华新报》（上海）1917 年 2 月 7 日。
⑧ 章秋桐：《章秋桐之责任内阁论》，《中华新报》（上海）1917 年 3 月 10 日 2 张 2 版。

林覆黎大总统电："望我公力护旧约法，恢复国会，创设责任内阁，纳民心于轨物，示天下以大公。"① 黄兴向黎元洪提倡议："恢复旧约法，召集旧国会，按诸法理及此次起义之民意，实如矢赴的，如水归壑，万无反理。"他认为当以这两件事是急务，希望黎"排除莠言，迅速解决"②。虽然信是写给黎元洪的，其实是告诉外人黎元洪的主张就是他们的主张，要黎顶住压力，保证外面有兵力支持。与陈独秀多有过从的伍廷芳也给黎元洪发报：盼保守共和日臻治理，以慰全国苍生之望。③ 在黎元洪接任大总统时，谷钟秀、黄兴、温宗尧等不断在各种电文中提到北京的旧人物。这批新人物保护黎元洪的事情之一就是恢复约法。④《黄兴通电》不满北京以袁世凯遗令《约法》二十九条由副总统代行大总统职权。一方面北京使用新约法，另一面副总统代行。"足征逆党势力尚弥漫北京"要求大总统命令规复旧约法，除去袁氏一切伪造之法律与民国抵触者，从速召集旧国会组织内阁，严惩祸首。可见欧事研究会和军政府的人都支持黎元洪，反对北京的老官僚。

由于所属的"欧事研究会"采取拥黎的立场，陈独秀也成为黎元洪的支持者。第 1 卷《青年杂志》中的《一九一六年》提出反对政党政治，因为那时政治腐败。到黎元洪时期，政党又活跃起来。政党政治有希望时，陈独秀又在 2 卷 1 号上发表汪叔潜的信，并解释自己所为"国民运动"与"政党运动"的关系。而且第 2 卷有明显的关注政治的倾向。在这个短暂的政党政治的恢复期，陈独秀是支持这个新总统的。总统虽然无能，但是道德良好，尊重国会和民意。一个共和国家需要的就是这种不强势的总统。所以，陈独秀对于黎元洪是颇有好感的。

这点虽然没有直接文字证据，但可以从《新青年》对黎元洪的态度推断出来。《新青年》对黎元洪总是保持善意，查遍《新青年》没有发现一句批评黎元洪的话。复刊的《新青年》第 1 号中《国内大事记》提到黎元洪大总统继任前后的军事政治情况，此处陈独秀对于黎元洪的报道全为正面。黎元洪的举措一定是陈独秀等人最为赞同的。这篇报道对于新总统和国会寄予厚

---

① 又载《时报》1916 年 6 月 22 日 1 张 1 版，标题为《岑都司令覆黎大总统电》。
② 《黄克强覆黎大总统电》，《益世报》1916 年 6 月 25 日 2 版。
③ 《黎大总统致伍秩庸电》，《时报》1916 年 6 月 10 日 1 张。
④ 《黎大总统覆谷中秀等电》，《时报》1916 年 6 月 14 日 1 张 1 版。

望。"望治之情，较胜于昔日"大概也是陈独秀的心情。① 他有办大书局的念头也许正是对这种局面的憧憬和信心。这号《新青年》对大总统表现出热情，也有所督责，反映了陈独秀配合黎元洪，监督政府的立场。后来也没有直接批评过黎元洪，就连黎元洪导致张勋进京复辟这么大的错误，同人居然一句都没有批评，甚至有辩护态度。② 可见他们与黎元洪有多深的关系。

在对德国的态度上，《新青年》也大致与黎元洪一致（也可能是黎元洪与陈独秀他们的集团态度一致。开始黎元洪赞成绝交和宣战，但是后来态度变了。因此《新青年》开始也采取这个立场，"以正义故，以自由故，以反对武力专制故，固与汪精卫蔡孑民、张溥泉、王亮畴、王儒堂诸先生热心赞成与德宣战"③。但是后来又变成反宣战的人了。《新青年》也从主张对德绝交，改为反对宣战。在庆祝第一次世界大战胜利时表现得并不积极，而且在庆祝时选择的角度是反军人，主张国际主义。④ 参战之争中《新青年》发挥在野的监督者作用，希望代表民意，左右政治。一开始陈独秀认为战争对于社会是必要的，希望能加入欧战，以黄人的血为欧洲文明做贡献，认为出征的军人也可以得到文明的熏染。⑤ 其实，这是当时"欧事研究会"的意见。《甲寅》日刊上，发表李大钊的《美德邦交既绝我国不可不有所表示》和《我国外交之曙光》⑥，敦促政府绝德宣战，说明"欧事研究会"在绝德宣战上是支持的。国民党的孙中山派，包括马君武、邹鲁、冯自由等都是反对宣战的。特别是马君武因为曾留德，对德国有特别感情，所以反对参战最力。⑦ 马君武因为《新青年》当时主张参战，还拒绝再为《新青年》投稿。⑧ 孙中山派主要不

---

① 《国内大事记》，《新青年》1916 年 2 卷 1 号。
② 陈独秀：《时局杂感》，《新青年》1917 年 3 卷 4 号。
③ 独秀：《随想录（廿二）》，《新青年》1918 年 5 卷 2 号。
④ 参见 5 卷 5 号《关于欧战的演说三篇》以及陈独秀的《克林德碑》。
⑤ 陈独秀：《对德外交》，《新青年》1917 年 3 卷 1 号。
⑥ 李大钊：《美德邦交既绝我国不可不有所表示（1917 年 2 月 9 日）》，《李大钊全集》（最新注释本）（1），人民出版社 2006 年版，第 257 页；李大钊：《我国外交之曙光（1917 年 2 月 9 日）》，《李大钊全集》（最新注释本）（1），人民出版社 2006 年版，第 259—260 页。
⑦ 韩玉辰：《政学会的政治活动》，《文史资料选辑》17 卷 48 辑，中央文史出版社 2009 年版，第 127 页。
⑧ 独秀：《随想录（廿二）》，《新青年》1918 年 5 卷 2 号。

希望军阀借宣战之机发展军事力量。

《新青年》与黎元洪保持统一步调，还与蔡元培有关。开始蔡元培也与黎元洪一样主战，后来也随着黎元洪而改变为反战。1917 年秋，黎元洪辞职时，蔡元培曾随即辞职，范源濂把蔡元培追回，蔡元培就决定"绝口不谈时事"，以避免"主战派"找麻烦。① 从报道中可以看出蔡元培为配合黎元洪反对参战，得罪了段祺瑞。

《新青年》难得与政府的意见一致，此时因为总统是黎元洪，所以与之保持同步。它赞同对德绝交，不满舆论中多数人反对与德国绝交。读者李嘉亨对陈独秀的《对德外交》有疑问，认为外交不能谈正义，而应该谈实力，对《新青年》的赞成表示不解。还认为对德宣战为少数执政的主张，并非举国一致。② 陈独秀回答说：我国国民偷安无远见，如果国家大政都按照少数服从多数，不敢保证落后的东西不会得到多数支持。他还特别强调《新青年》反抗舆论的立场。③ 陈独秀的回信一方面表明同人并不认为民意就是多数人的意见，而是认为应该有理性的意见。另一方面说明此时《新青年》为了支持黎元洪，表达研究会的共同态度，可以挑战舆论。

如果说同人的坚持与黎元洪有什么关系的话，那就体现在杂志的立场随着黎元洪的观点发生转移。《新青年》3 卷 1 号上，陈独秀认为对德外交这种关乎国家存亡的重大政治问题，国民应该参与意见，并一起"从事于利害是非之讨论，以促政府积极之进行"。他本人赞成参加协约。理由是德国人狭隘的爱国心将不利于我族。另外，跟从协约至少可以表明中国人服公理不服强权。④ 陈独秀希望可以参加朝政，促进民意的形成，使舆论可以参与国政，促进政府的决策。黎元洪受到《新青年》影响的地方很难明确指出来，而且就是有，也未必是对这份杂志观点的认同，而是受到这个集团态度的影响。比如，黎元洪本来极力主张立孔教为国教，但是任大总统后，态度有明显改变，当康有为、张勋等再次提出时，他并不明确表态而是主张开国会讨论，这里面应该有《新青年》为参加者的反孔运动的作用。后来黎元洪反对

---

① 霜羽：《北京通信·大学校长问题之过去现在未来》，《申报》1919 年 5 月 13 日 6 版。

② 李嘉亨：《通信》，《新青年》1917 年 3 卷 3 号。

③ 记者：《答李嘉亨》，《新青年》1917 年 3 卷 3 号。

④ 陈独秀：《对德外交》，《新青年》1917 年 3 卷 1 号。

宣战，执政者分为两部分，总统反战，而政府主张宣战。后来陈独秀就不再主张宣战了，更别说主张参战。

蔡元培与黎元洪的关系其实非常紧密，表面证据虽然不多，但可以从侧面推断出来。

第一，黎元洪当总统后邀请蔡元培回国主持北大。黎元洪对蔡元培有知遇之恩。

第二，蔡元培几乎与黎元洪共进退。黎元洪退出后，蔡元培就要离开北京，上面说的 1917 年秋的辞职风波就是一例。蔡元培请辞的原因是，按照老派做法，被举荐人为了支持应该随着举荐人共进退。黎元洪第二次做总统后，1923 年再次处于危机之中。蔡元培又出面以与彭允彝不和睦为由，离开北京，引发"倒彭"风潮。

第三，北大经费困难时，黎元洪自请压缩总统预算，表现出与一般官僚不同的姿态，也表现出其对北大的特殊关怀。除了公开给予资金支持，黎元洪暗中也帮助北大的建设。财政部给北大的资金有限，北大经常遇到经费问题，[①] 当初教育以基础教育为主，不主张大学教育。大学经费一直不足，严复做校长时就须向总统索要经费。[②] 糜万铭在 1914 年做过北大校长，1926 年在南方大学当校长时说，民国三年时教育部制定教育经费，每月仅十三万。[③] 1916 年教育部处于维持状态，"所谓维持者，凡例行公牍，照常画诺缮发，其关于推广教育事项概行停止"。部款支绌，部员薪金搭放钞票，人心不固，无意办公。袁世凯去世后，教育界一片萧条，主要是生计不佳，经费严重不足。安徽甚至有停办学校的命令。[④] 蔡元培回来大力发展教育，最重要的是钱。北大召集人才靠的是高薪，北大办事多成绩大也靠金钱支持，北大在北京学界的地位原因之一是可以拿钱支持其他国立学校。这都因为黎元洪的支持，经费相对比较充足。北大较快发展，也加速了经费问题的恶化。蔡元培后来与彭允彝的交恶，其中原因就有彭对罗文干的贷款问题不依不饶，而贷款问题背后牵连着经费问题。甚至学校改

① 静观：《国立北京大学之内容》，《申报》1918 年 12 月 28 日。
② 严复、张元奇：《拟会衔上大总统函（附草稿一件）》，北京大学档案馆 BD1919003。
③ 糜万铭：《四周纪念校长演说词》，《南大周刊》1926 年第 1 期。
④ 侯鸿鉴：《对于今日最危险时代教育维持之商榷》，《教育杂志》1916 年第 8 卷第 7 号。

革的某些方面都是为了应对经费问题。大学改制固然考虑到欧美趋势，也因为"要将工科办得好，非有一笔巨款不可"，而相信安福部没有"热心去为北大追加预算"①，于是想出一举两得之计。黎元洪第一次辞职后，虽然有冯国璋的支持，但是经济问题一直存在。1919 年 2 月因缺乏资金，北京大学为筹集画法研究会基金特开游艺大会，②还不得不募集北京大学研究所国学门经费③，以及开澡堂收费，④都反映了北大当时经费的窘迫。黎元洪第二次大总统任，无权可用，对财政也不能插手。1922 年 10 月 23 日北大的讲义费事件⑤是经费问题进一步恶化的结果。胡适 1922 年 4 月 26 日以专心写哲学史为由向蔡元培推辞教务长的委任，但从他后来并没有写出哲学史后半部来看，那不过是托词，很可能因为在没有资金的状况下，教务长很难做。⑥

第四，1922 年黎元洪第二次任总统前，尚未决定回京。胡适曾劝阻蔡元培不要表态，但是蔡元培终于没有忍住，⑦于 6 月 8 日联袂王家驹、李建勋、毛邦伟等 10 人，代表教育界发表通电，欢迎黎氏北上复职。

第五，在黎元洪第二次做总统期间，蔡元培等组织好人政府。⑧

第六，黎元洪保护北大的新思想。1922 年 11 月李大钊领导社会主义青年团，当时有人视为过激党，要求取缔。此时大总统黎元洪拒绝了王怀庆要求速订取缔专条的文书，11 月 7 日王怀庆再呈总统书，希望对陈独秀采取

---

① 毂：《破坏大学》，《国民公报》1919 年 7 月 26 号。

② 静观：《年假中之北京学界》，《申报》1919 年 2 月 8 日。

③ 《募集北京大学研究所国学门经费启事》，《研究所国学门委员会第一二次会议纪事》，北京大学档案馆 BD1922010。

④ 稻红：《北京大学开放浴室便利得很》，《时报》1919 年 4 月 4 日 3 张 7 版。

⑤ 《北京大学之轩然大波》，《申报》1922 年 10 月 23 日；《北大风潮已告平息》，《大公报》（天津）1922 年 10 月 27 日 7 版。

⑥ 《杂件择存十一年胡适黄炎培给蔡元培的信件及其它重要行政函件底稿》，北京大学档案馆 BD1922001。

⑦ 1922 年，黎元洪受到社会各界欢迎，希望他重新出山。事态尚未明朗的情况下，胡适听说蔡元培等人要发电敦促黎元洪来京，便写信去劝止，认为无谓，蔡元培回信说被他人签名所推动，发表也无害。而且也觉得西南军阀利用黎元洪来与孙中山平衡，以便开和议也是未为不可（胡适：《十一，六，八》，《胡适日记全编》(3)，安徽教育出版社 2001 年版，第 693 页）。胡适日记还记载了蔡元培曾在宴席上提出敦促孙中山结束护法（见《胡适日记全编》(3)，安徽教育出版社 2001 年版，第 683 页），说明蔡元培此刻是站在西南军阀和黎元洪一边，以求平衡孙中山的势力。

⑧ 裴高才：《黎元洪和蔡元培的"共进退"》，《人民政协报》2011 年 10 月 13 日 6 版。

行动，但是内务部对步军统领衙门公函中，又加以抵制，理由都与黎元洪的调门一致。[①] 而保护的人中包括北大同人李大钊和陈独秀。

最后，上面已提到，蔡元培与黎元洪的关系非常紧密，几乎与黎元洪共进退。黎元洪第一次辞去大总统职务后，蔡元培就离开北京；黎元洪面临再次退位，他就以与教育总长不和睦为由离开了北京。

由以上判断，甚至可以推断，陈独秀到北大也是因为他在战后总统继任的筹商中发挥作用的结果。目前研究界关于陈独秀到北大的原因全部都按照沈尹默、蔡元培等人的回忆来解释，固然不错。但是深层的原因很可能是他在军务院的角色。蔡元培选择陈独秀很可能是看重他与"欧事研究会"等国民党派别之间的联系。虽然没有直接证据，但有蛛丝马迹，比如 1915 年袁世凯倒台后，一时天下混乱，南方与北方对峙，关于总统任选，形成一种斗争局面。吴稚晖曾经回忆说，"惟时黎元洪由副总统升任大总统时代的内阁，即定于上海霞飞路章先生的宅内。陈先生就像演赤壁之战，章先生充做诸葛亮，他充做鲁肃。客到之先，客散之后，只有他徘徊屏际"[②]。吴稚晖说此时在上海，章士钊和陈独秀，一个像诸葛亮一个像鲁肃，与各方力量周旋、联络，而各方力量因为共同敌人袁世凯而联合起来。章士钊和陈独秀在上海作为联络人，为黎元洪的内阁名单出过力。有一种说法是蔡元培选拔文科学长首选是章士钊[③]，不知道因为什么原因章士钊未成，[④] 于是学长之位落在陈独秀手上。黎元洪做总统后邀请蔡元培回国

---

①　《京畿卫戌总司令王怀庆报告北大李大钊等领导社会主义青年团革命活动情形并再请速订取缔过激党人专条的文书》1922.11.12，中国第二历史档案馆 1922 —〇〇一 （2）-1155。

②　稚晖：《章士钊—陈独秀—梁启超》，《京报副刊》1926 年 1 月 23 日。

③　在此前后，还有一位人选是汪精卫。蔡元培确定陈独秀为学长前曾请汪精卫回国主持文科。蔡元培给汪精卫写信请他做中国今日的菲希脱（费希特），"弟深愿先生惠然肯来，主持国文类教科，以真正之国粹，唤起青年之精神"（《旅欧杂志》1917 年第 15 期）。这里"主持国文类教科"似乎就是文科学长。请汪精卫出任文科学长有两种可能，一种是在请陈独秀为学长之前，即他归国后即邀请汪精卫；一种是在陈独秀代理学长三个月的时候，蔡元培将汪精卫作为替补人选。从这封信可见当时蔡元培请文科学长的期望是用"国粹"来做费希特。

④　章士钊说"以议士来京师"（《大愚记》，《甲寅周刊》1925 年第 1 卷第 1 号），应该是忙于政务，无暇接掌。不似陈独秀在反袁活动结束以后即回归文人身份，留在上海办刊物、办书局。

主持北大,① 对蔡元培有知遇之恩。蔡元培则利用北大为黎元洪安排亲近的人也是合情合理的。对黎元洪有感恩之心的蔡元培任用北大学长自然更容易考虑两个对黎元洪有帮助而且也愿意继续帮助的文人。蔡元培虽然听说过陈独秀的名声和事迹,但是应该对陈独秀并不了解,翻阅《新青年》就是考察一下该人的思想倾向。当然,请陈独秀肯定是由于他"品学兼优堪胜文科学长之任"②。蔡元培如果单纯为了回报黎元洪,也可以选用他人,既然选择陈独秀,也是看上了他的性格意志、教育理念和眼光,与现有的可见材料并不矛盾。之所以这个理由当事人不说,很可能是因为蔡元培担心受到误解,而遭受物议。任用私人,总容易受政敌攻击。

上面提到在政治集团方面,陈独秀与西南军阀之间有紧密联系。这样说的理由是陈独秀原来所属的"欧事研究会"与西南军阀关系良好,在政治活动中相互协作,都属于边缘的政治力量。1916 年 5 月 8 日,反袁势力全面联合起来的组织在肇庆成立的军务院,是一个各派的联合体,主要由滇桂两系地方军阀(西南军阀的大部分)、梁启超的进步党和国民党内以欧事研究会为核心的稳健派组成。他们在反袁的斗争中结下友谊。他们的关系还可以从办西南大学这件事情上看出。寄居于旧躯壳和旧环境中的北京大学触发

① 蔡元培因为沈步洲、汤尔和、夏元瑮、马叙伦和范源濂等人策划得以被挑选。其中教育总长范源濂是关键人物。不过不能从范源濂与蔡元培的交往来找理由,而是从背后的人来找理由。蔡元培作为国民党老人,他就代表国民党。当时黎元洪正好需要国民党和西南军阀的支持。蔡元培与吴稚晖和汪精卫等人关系亲密,在国民党内有较大影响。

② 《教育部公函文科学长一职希选员送部核派》(北京大学档案馆 DB19170108),《函教育部请派文科学长》(北京大学档案馆 DB19170111),《教育部函复已令派本校文科学长》(北京大学档案馆 DB19170113),《布告奉部令派文科学长》(北京大学档案馆 DB19170115),《教育部》(北京大学档案馆 DB1917006)。关于蔡元培为陈独秀伪造简历的说法(庄森)十分可疑。因为陈独秀的简历早在 1916 年 9 月的《申报》上就登载了。《青年杂志》广告说:"独秀先生精于国学及英文日三国文字。尤究心于哲学、教育学、历史学、地理学。癸卯甲辰之交任上海国民日报安徽白话报撰述,皆以主张急进为当道所忌。先后停刊。继复在安徽公学、安徽高等学校从事于教育实际。十年以来。据其考验所得,谓中国卢此新陈交替外势压迫时,唯教育青年乃可救急。致教育之法,首在以精神文字改造青年之思想,必思想迁变而后科学常识乃有可言。"(《申报》1916 年 9 月 3 日 1 版)从这则材料可见 1916 年 9 月为《青年杂志》造势的时候就公开说陈独秀在安徽公学和安徽高等学校从事教育,此时蔡元培还没有做北大校长。虽然没有说做教务长和校长,但是从其他内容的可靠性上看,应该不是虚构。也许从事实际教育的时间太短,不能找到记录而已。

五四运动，产生巨大文化作用以后，西南军阀和无政府主义者[1]又要在南方办一个比较自由的大学。西南大学是护法各省（两广云贵闽湘川陕）所共同筹立。[2]倡议者是陈炯明（也应算在西南军阀中）和岑春煊。"《新青年》杂志主任陈独秀亦愿为助"[3]，他从北京南下是要办广东的西南大学，后来没有办成，陈独秀对此非常看重，遗憾之情溢于言表。[4]那时《新青年》出版第7卷，北大受的压力很大，所以陈独秀对西南大学心生向往，也是可以理解的。

有趣的是，甚至北京大学都与西南军阀有某种亲近感。前面提到蔡元培在迎接黎元洪二次做大总统时表现出与西南军阀接近的立场。还有一个表现是，北大教授陈启修在1919年3月出版的《北京大学月刊》上发表文章，把西南军阀生活的地区作为文化主义的兴盛之地，认为最适合新文化发展，也适合发展社会主义，作为代替北方军阀的军国主义的未来力量。[5]从他的语气看，他赞同文化主义，认为是中国急务。他特别强调不是北洋系和西南系，但是内容所指就是两者。北大校长到教授应该都与西南军阀比较亲近，特别是在与北洋军阀产生对立以后。

当然北大和黎元洪的关系都与反袁活动有关。蔡元培自然是反袁派的人。北大把此次活动中的人引进北大，形成人员汇聚。除了陈独秀、章士钊两者都在两广护国军都司令部工作，并替黎元洪就任大总统出力以外，还有两广护国军都司令部外交局长温宗尧的弟弟温宗禹。前者就是在《新青年》上发表英文文章的 Wen Tsung-yao。这些人都是反袁中聚集起来的力量，并团结在黎元洪的身边。

可以说，黎元洪是北大和陈独秀的"靠山"，同时也是他们扶植和保护的

①　西南大学是岑春煊提议的，以章士钊、汪精卫为筹备员，蔡元培将办理北大的经验详告汪氏。参见吴稚晖《海外中国大学末议》，《时报》1919年12月24日。西南大学积极主办者有章士钊和伍廷芳，此外李石曾、陈独秀、汪精卫都是参与者。西南大学的开办是反袁势力的又一次合作，是放弃与北京政府合作以后的产物。似乎是西南军阀、军务院班底和无政府主义者结成的培养自己文化人才的同盟。

②　《华侨请拨商科大学补助费函》，《申报》1920年6月5日11版。

③　顾润卿：《西南大学近讯》，《英语周刊》（ENGLISH WEEKLY）1921年第276期。

④　独秀：《答高铦》，《新青年》1920年8卷1号。

⑤　陈启修：《从"北洋政策"到"西南政策"——从军国主义到文化主义》，《北京大学月刊》1919年第1卷第3号。

政治象征。后来冯国璋基本上萧规曹随，善待北大。① 同人与他的关系也基本良好。黎元洪虽然曾反对冯国璋为副总统，但主要是为了反对北洋派。黎元洪手下孙洪伊联合冯国璋，共同倒段，两人的敌人都是段祺瑞②。一旦失去黎元洪，则北大和《新青年》都会受到打击。黎元洪和冯国璋失去总统位置以后，特别是在老官僚徐世昌上位以后，北大受到很大压力。与徐世昌和段祺瑞的关系紧张，加上安福系和某些议员的针对，使《新青年》同人时时感到威胁。因为失去黎元洪和冯国璋的支持，南方革命党的力量受到压制，北洋军阀强势，《新青年》的文化思想发生不小的变化，比如停止干预政治，遁入学术领域。4 卷改为教授主编和从事文学哲学的方向，不谈政治就是初步的表现。胡适认为杂志应该多关心文学和哲学，反对论政，就是在政治压力下的产物。6 卷 2 号起，《新青年》开始关注出版界和民间。就在这一号上，《编辑部启事》把《新青年》和北京大学加以区分③ 是为了保护北京大学而采取的丢卒保车之举。另外，北大同人与直系军阀（如冯国璋、吴佩孚等）比较接近，因为直系军阀主张和平统一，也与西南滇桂军阀有联系。直系军阀与黎元洪关系也良好，为了对抗皖系段祺瑞，黎元洪请直系的张勋入京就是因为这层关系。黎元洪 1921 年再次做总统，背后也有直系军阀的身影。

还有一个集团是党员时期《新青年》所属的共产国际。中国共产党作为共产国际的一个支部，即使第 9 卷不是共产国际的理论刊物，也受到共产国际的强烈作用。但真正属于这个集团，却是到第 10 卷，同人全部变成清一

---

① 北大与冯国璋也比较友好。1918 年 5 月 23 日北大日刊上有《本校校长及各科学长决意辞职》，内容是因为当天早上 8 点各班带领学生到总统（此时的总统由冯国璋代理）府前要求废约（中日防敌军事协定），蔡元培按照总长的要求解说没有危险，但是学生一意孤行，蔡自谓办理不善，请求辞职，各科学长也跟从辞职，后来被挽留。这件事表现出北大对冯国璋的善意。《新青年》上也从来不批评冯国璋。

② 韩玉辰：《政学会的政治活动》，全国政协：《文史资料选辑》17 卷 48 辑，中央文史出版社 2009 年版，第 125 页。1914 年袁世凯颁布《褒扬条例》规定妇女节烈贞操可以风世者，可以得到褒扬。1917 年 10 月冯国璋修订《褒扬条例》。有人认为同人讨论《贞操论》是反对冯国璋修订袁世凯的《褒扬条例》，其实并非如此。同人讨论贞操论是针对与谢野晶子的《贞操论》，那时已经是 1918 年 5 月。因为褒扬条例古来就有，冯国璋批准《褒扬条例》的修订版，也是 1917 年 10 月的事儿了。两者都没有产生很大的反响，不是新东西，所以引不起同人的注意。

③ 《编辑部启事》，《新青年》1919 年 6 卷 2 号。

色的共产党以后，才真正实现了对集团的归属。同人与共产国际是上下级关系。同人的向心力和对共产国际的尊重，使共产国际是一个重要的思想来源和思想的潜在限制者。共产国际带来文化斗争的经验和具体指令。另外，因为共产国际的政治斗争，《新青年》文化思想受到具体政治斗争的压制。同时也树立了马克思主义文化，比如列宁的经典文化思想，俄国领导教育工作的经验。

总的来说这个集团归属对思想有很大影响。陈独秀认为共产党可以作为先锋队后，感到原来的"我们厌恶首领、厌恶指导者的心理"需要去除。[①]陈独秀克服这种天性的原因是无产阶级革命和专政需要组织力战斗力，这是共产党政治斗争的内在要求。为了无产阶级革命所以需要克服小资产阶级心理。这种思想对于早期自由主义思想来说是多大的变化啊。

民国初年，报纸得到津贴是常见的情况。[②]当时人以收受津贴为不名誉的事，因为它影响报纸刊物的客观性，有人说"所谓'不私'，是指报纸为社会公器"[③]，这是当时人们理想中的报刊特性。陈独秀得到津贴也情有可原，他不是因为津贴而听话，而是志同道合才接受津贴的。陈独秀其实是拿钱办自己刊物。第八九卷就有津贴了，但是《新青年》还是一个各种思想都比较混杂的刊物，当时维经斯基似乎并不严加管制，所以他与陈独秀合作愉快。后来共产国际对此不满，于是有马林查账，并曾因为津贴事与陈独秀发生冲突。陈独秀被捕，经马林营救后才改善了关系。《新青年》才发生了彻底转变（1922 年 7 月才出版 9 卷的最后一号，这一号的内容与第 10 卷的内容已经接近，应该还有一些早期留下的存稿，比如关于社会主义的稿子。但是里面已经有针对第三国际的敌人第四国际的文章了）。

还有一种集团亦敌亦友。它们存在竞争关系，有时可能成为具有交集的集团，有时发生冲突；或者曾经交恶，有时候又能合作。《新青年》与国民党左派，至少在共和制度的追求上一致，立场比较接近，在政治上都针对专

---

① 独秀：《答凌霜》，《新青年》1922 年 9 卷 6 号。
② 汪松年：《〈大公报〉在天津》，全国政协：《文史资料存稿选编·文化》，中国文史出版社 2002 年版，第 3 页。
③ 汪松年：《〈大公报〉在天津》，全国政协：《文史资料存稿选编·文化》，中国文史出版社 2002 年版，第 3 页。

制暴政，但是同人比左派更热爱自由，在文化建设方面与国民党有差异。同人与某些左派的个人有联系。沪皖时期有安徽籍国民党员光明甫，京沪时期的《觉悟》副刊邵力子等人。同人和左派还是有距离的，比如楚伧讽刺改良国粹的说法①，至少1918年春国民党的报纸不支持改良旧思想、旧文学。五四以后，上海的国民党文化机关率先接触社会主义，也着力文化建设，于是《新青年》与之合作有了基础。

同人与研究系在反对专制和反袁上观点一致，但是研究系本来与北大对立，而且一直有斗争，是对北大带敌意的集团。这个矛盾来自民主派和立宪派在清末的较量。蔡元培和陈独秀到底是国民党的人，国民党在宪法问题上主张民权主义，而研究系和进步党都是国权主义，两者有天然界限。梁启超是讨袁的领袖，也同意黎元洪接任，所以与黎元洪关系较好，但与段祺瑞更亲近。黎段冲突以后，研究系与北大的关系是旧恨又添新仇。在蔡元培长校（即做北大校长）后，研究系报纸没少给北大添麻烦，两者有较深的过节。②李大钊在《BOLSHEVISM 的胜利》里还讽刺了梁启超。《新青年》6卷1号发表宋云彬论黑幕书的来信，钱玄同评论说1913年袁皇帝专政以来，复古

---

① 楚伧：《人间哀响》，《民国日报》1918年4月5日。

② 傅斯年批张东荪时揭示出两者结仇的缘故："至于我所以不客气者，也有缘故。我们是北京大学的学生；张先生是和北京大学惯作对头的，我们对他当然无所用其客气。他今天登一篇骂北京大学的投稿，明天自撰一篇骂北京大学的文，今天指明了骂，明天含讥带讽的说着，这里头虽然一半是攻击个人的，但是攻击大学本体的，也有一半。就是那一半攻击个人的，也还是舍去学问上的讨论，专蔑视别人的人格。我的同学朋友常对我说，'他这里边是有作用的，要……'记者一向以君子待人，不敢信这话为真，但是他记载实社的一件事，我们同学常常想着，因为他那手段真是辣啊。我不晓得什么是实社，我在北京大学六年，不曾见里边有一个实社分子，所以我并非为实社辩护，只是他竟在武力政治渐次施行的时代，登了这样一段大可注意的新闻，题目是《北京大学之……主义》下边注上'教育部其知之乎？'""这样的居心罗织，我们如何敢忘他这大德惠呢？"（傅斯年：《答时事新报记者》，《新潮》1919年第1卷第3号）《时事新报》报道过（《新民报》和《公言报》转载）北大的无政府主义社团实社。（《咄咄北京大学之无政府主义》，《公言报》1917年10月16号6版）当时无政府主义是非常危险的帽子，北京大学特意登广告，说前面的报道根据不足，说太侔在《顺天时报》上登广告说"太侔早已南旋，实社通讯处已移设上海"。北大的广告说"不特实社与本校从无关系，即太侔个人与本校亦久已断绝关系。各报所载显系误会，特此声明"（《北京大学广告》，《公言报》1917年10月21号1版）。按照时间看，太侔登的广告是很蹊跷的，在新闻报道后就登了广告，有理由怀疑是为了避免被追究而放的烟幕。《时事新报》还纵容马二先生配合张厚载与《新青年》同人争论新旧戏问题。钱玄同、刘半农等人也予以还击。

潮流一日千里，认为黑幕书之类也是复古。① 玄同评黑幕小说是贻毒青年，针对的是《时事新报》大量发表"黑幕"的行为。这种情况到 1918 年 12 月（胡适回家奔丧期间）发生变化，在北京的研究系报纸《国民公报》开始关注《新潮》和北大教授，表现出一定的认同。研究系转变态度的契机是梁启超脱离段祺瑞以后，开始带着研究系转入思想领域。1918 年 11 月 23 日《国民公报》编辑蓝公武写评论，宣布了联络新人物协同做大事业的想法。② 研究系开始觉醒，认识到周围的腐败，发布对于腐败运用的武器是正义人道。感觉到与旧的不能共存，这是能与同人同步的思想基础。此后，《新青年》开始与《国民公报》合作。《国民公报》1918 年 11 月 25 号剧话《涵庐剧评》似乎是《国民公报》发表同人文章的第一篇，批的是中国剧评界没有历史进化的观念。③针对的是张厚载背后的《公言报》，《公言报》背后是安福系，是北大和研究系的共同敌人。加上《国民公报》想要与北大师生接近所以有了这个开端。④

　　《时事新报》当时尚未转过来，还在对北大和北大同人时时加以批评，只不过它企图拉拢《新潮》杂志，采取的手法也是打拉结合。张东荪写《破坏与建设是一不是二》，批评同人。傅斯年写《破坏》，坚决站在老师一边，驳斥张东荪。双方的敌意保持到五四前，随着蔡元培和研究系在段祺瑞政府的威压下合作，才逐渐接近。1919 年 4 月《时事新报》"学灯"栏扩充，将广告登在《新青年》6 卷 4 号上，表明了两者一定程度的和解。其扩充的大纲为"一、对于原有文化，主张以科学解剖之；二、对于西方文化，主张以哲学与科学调和而一并输入之，排斥抄袭盲从之说及皮相之论；三、对于新旧学派之态度，对于新派所持之主义加工研究，不作无价值之调和论；四、对于教育主义，顺应世界潮流，主张德莫克拉西之教育，以发展人格为主旨，不以职业教育之实用主义为满足；五、对于教育制度，反对抄袭的制度与固执不化的制度；六、对于教育事情，揭穿各种教育上之流弊；七、对于学风，主张改造活泼朴实之学风，排除现在萎靡不振之积习。"⑤ 反对调和

---

① 钱玄同：《"黑幕"书》，《新青年》1919 年 6 卷 1 号。

② 知非：《敬告新时代之新人物》，《国民公报》1918 年 11 月 23 日。

③ 涵庐：《涵庐剧评》，《国民公报》1918 年 11 月 25 号。

④ 傅斯年：《答时事新报记者》，《新潮》1919 年第 1 卷第 3 号。

⑤ 《上海时事新报学灯栏大扩充》，《新青年》1919 年 6 卷 4 号。

论，主张民主教育，主张揭露教育上的弊端，以及建立活泼朴实的学风等都与《新青年》一致，即使不能说直接受《新青年》的影响，也是顺应时代而与《新青年》发生同频共振。五四时期，北大与研究系有合作，共同暗中发动五四运动。

同人终究还是与整个研究系保持距离，哪怕是陈独秀到上海后与张东荪一起提倡社会主义的时候，同人内部也是排斥研究系的。同人书信中把接近研究系作为不名誉的事情。这是两者又合作又竞争的关系决定的。这两者之间有合作，也有舆论场域中的话语权的争夺。在面对共同敌人的时候，有合作，在联合体内部又存在对立和斗争。很可能是故意弱化《新青年》同人对于白话的贡献，《国民公报》在向《新青年》示好的同时，还是特别称赞1917年留美学生卫挺生主张用国语代替国文的建议："卫君今尚留学美国未归，是篇见民国六年冬留美学生季报第四期。洋洋数万言，于俚词文词本体优劣之比较，及施用俚词文词之利弊得失，言之綦详，若吾国学界能采用其说。以国语代现今所用之国文，则可以省时省力，而人人得以其余时余力研究各种科学，发达其天赋之种种能力。国家前途，庶其有瘳。"只是在文章后面才提到《新青年》杂志的贡献："《新青年》杂志（陈独秀、胡适之、周作人、刘半农、沈尹默诸先生撰述。自本年起，所载诗文，俱用语体，意义精辟，言辞畅达，语体文字中空前之杰作也。）"[1] 评价虽然很高，但没有把白话文的提倡之功归于《新青年》。胡适的言论受到褒扬，但赞扬的却是胡适用白话编纂哲学讲义。介绍胡适身份时说："是为中国用此白话著述哲学之始。此讲义系国立北京大学教授胡适之先生所撰。先生主张改革中国文学，以为革新国民思想之基础，其议论已见《新青年》杂志，此讲义共有二种。一论中国哲学，一论西洋哲学。读之不特可知世界哲学大要，且于国语学亦殊有裨益。先生近时对于国语问题，有最精要之论曰，造成国语的文学，及文学的国语，此实言文一致论，及统一国语论二问题之根本解决方法也。"[2] 绝口不提胡适提倡白话文学之功。当时人对胡适的理解是他改革文学（写作一切文章和文字留下的记录）以促进革新国民思想，认为胡适在国

---

① 《国语教育之动机》，《国民公报》1919 年 1 月 5 号。
② 《国语教育之动机（续）》，《国民公报》1919 年 1 月 7 号。

语问题上的贡献在文学与国语的关系上。

　　研究系在第一次世界大战结束后，开始在包括白话在内的一些主张上与《新青年》有共同关注。他们明显以《新青年》同人为对话对象，比如张东荪的《白话论》在陈述了自己的白话主张以后，特别说"我的宗旨，尤在表明只把文章改为白话是不能满足的，所以现在的改良文学家，只改用白话，便以为尽了能事，我是不以为然的，况且这改良亦不能专从文学（指小说戏曲）着眼……"[1] 如果说改良文学家还可以包括启蒙民众的通俗刊物上的作者的话，那么专从小说戏曲上着眼的人则肯定是指当时的北大同人们。其实，对于《新青年》上提倡的白话文学，研究系早就有暗中的呼应。可以找到的证据是 1917 年胡适的《文学改良刍议》发表后不久，梁启超曾经发表文章讨论文学改良，说"宜注重普通文学，吾人往往有一种误解，以为学文不以班马韩欧为旨归，即属鄙俚不文，其实一时代有一时代之文学，而教育之道，尤重普及寻常，但能理明词达即可"[2]，他从教育方面认同不学古文，同时表达了与胡适一样的历史观念。

　　研究系在欧战胜利以后成为一支新文化思潮的力量，一直与《新青年》同人呈现配合又竞争的态势，对《新青年》的思想转换产生作用。研究系的《国民公报》做了一系列调整，在 1919 年初与《新青年》配合。五四前后因为研究系与北大的关系改善，而一起针对安福系，所以《国民公报》帮助北大和《新青年》揭露安福系的阴谋，指出是《公言报》故意把学生运动与无政府党人之间做勾连。[3]

　　京沪同人时期，陈独秀与研究系是比较亲密的。共同推动新文化运动，宣传社会主义思想。后来研究系和同人的分裂，是因为对社会主义的不同认识，在阶级斗争观念的认识上，显出不同阶级的思想差异。后来，因为共产党与研究系分裂了，《新青年》也与研究系分道扬镳了。从《新青年》的周边刊物可以看出两者的差别。《中国青年》攻击研究系："学灯从前的成绩，他对于思想界所尽的力，我们已经看得够了；我们早看见他从赞助学生运动

---

① 东荪：《白话论》（录时事新报），《国民公报》1919 年 1 月 22 号。

② 《北京教育界欢迎梁任公大会》，《教育杂志》1917 年第 9 卷第 2 号。

③ 《请看陷害学生之阴谋不出日人必出于某派》，《国民公报》1919 年 5 月 11 号；《揭造谣陷人之阴谋》，《国民公报》1919 年 5 月 14 号。

而至攻击学生，从赞成社会主义而至反对社会主义，从骂曹锟而至于投降曹锟……""我们知道研究系当初因为想利用学生，所以极力赞助学生运动，后来因为学生看破了他的阴谋，不为他利用，所以又反对了；我们知道研究系因为想得一般青年的同情，所以赞成社会主义，后来因为他若再说社会主义，军阀和财阀便不要他做走狗了，所以便反对社会主义了。"[①]《新青年》也应该赞同《中国青年》的观点，只不过没有亲自动手，《新青年》再次与研究系交锋已是"科玄论战"的时候，10 卷 3 期上有陈独秀论张君劢和梁启超的文章，驳斥了张梁对马克思主义和俄国唯物哲学的误解，算在理论上与研究系划清界限。科玄论战其实不是《新青年》与研究系之间的论战，主角倒是留美学生为主的科学社，因为那时正是《新青年》9 卷结束以后，变为共产国际刊物之前的修整时期。等到 1923 年 6 月 10 卷 1 期出版，又办的是"共产国际号"，无法参与科玄论战。但是第 2 期就发表了陈独秀的《科学与人生观序》以及瞿秋白的《自由世界与必然世界》，很好地把马克思主义唯物史观贯彻到中国的思想讨论之中，摆出了共产国际—共产党集团的立场，作为超越争论双方的更高看法。《新青年》如此着急地介入，可见很愿意参加到这次论战中，因为早先两个集团就有这个差异，不过在联合的时候避免触碰，一旦发生分裂，则必定旗帜鲜明地划清界限，并充分展开这些差异，借此进行斗争。

黎明会[②] 是日本的新思想社团，也是第一次世界大战结束后产生的新团体，五四以后为中国所知。[③] 在介绍这个学会方面，李大钊功不可没。1919 年 4 月，日本学者率先关注《新青年》同人在北京的思想运动，认为"陈氏等诸人以政治的民主主义为本，在北京主张'思想之解放'，一以防护中国之民生，一以对抗过激派主义之传播，与我国黎明会之运动如出一辙。夫中国而欲放置过激主义之横流，决非旧思想可以为力，非采用陈氏等之黎明思想决不为功"。"考北京黎明运动之中心思想，在以'文学革命'为标语，而实行一种解放运动，其意为'欲免国家无数之革命与流血之痛苦，当提倡思

---

① 不平：《"今后的学灯"》，《中国青年》1924 年第 33 期。
② 《欧战后之日本》，《大公报》（天津）1919 年 3 月 21 日 6 版。
③ 《日本文化学会之发起黎明会相策应以宣传改造社会为目的》，《国民公报》1919 年 6 月 26 号。

想上之解放'，是故恒据政治的民主主义为本，以与背面之旧思想及专制主义战，一面则藉以防止过激派主义之侵入。"①黎明会关注的背景是中国发生的新旧思想论争与日本情况的类似性。它给《新青年》的思想解放加上一个抵抗过激主义的意涵，显然是一厢情愿，当时《新青年》恰恰比较接近无政府主义，而对布尔什维克主义才刚刚表示欢迎，所以这个看法完全是个误解。这和日本人从他们自己通过黎明运动来克服过激主义的立场有关。它对中国的情况掌握得并不准确，比如它在罗列北大刊物时，把《新潮》列在《新青年》之前；还说秦汾是同人之一，其实并非如此，秦汾是反蔡元培的。废除学长制时他到教育部中做事，等蔡元培五四后离校，他又回到北大；黎明会说蔡元培信奉国家社会主义，把陈独秀称为第四次革命②中政余俱乐部的领袖等都不准确。但是，黎明会发现了《新青年》北大同人做的事业与他们相类似。《新青年》的新文化运动也被解释为"黎明运动"，使《新青年》文化思想的解释达到一个高度。把《新青年》从事的事业很正确地接到世界（至少是东亚）的革新运动上去了。《申报》《时报》两大报纸相继报道这条新闻，③一方面这个新闻是关于中国的，另一方面也因为是日本人的言论值得听取。这个看法引起同人重视，《国民公报》④和《中华新报》也都报道了。

与《新青年》不属于一个集团的敌人也对《新青年》思想产生作用。与《新青年》敌对的集团也很多，不可思议的竟然有某些新人物组成的集团。陈独秀说是"有点新思想而不彻底的少壮学者"⑤，这个认识并不准确，当时他可能看见新人物思想也投降旧文化，就认为是保守人士，其实这类人倒是紧跟"新潮"的。比如那些能够直接接受西方思想，并且有离开家国经验的留学生。

留学生不是团体，不过是一种特定的身份，他们思想上有些类似，但也不是说只有一种态度，比如对新文学新文化，既有汪懋祖、梅光迪等反对的，也有任鸿隽、张蔚慈、朱经农等支持的，不能一概而论。他们的特点是

① 《新旧思想冲突之东论》，《时报》1919 年 4 月 27 日 2 张 3 版。
② 辛亥革命是一次革命，第四革命应该是反袁。
③ 《新旧思想冲突之东论》，《时报》1919 年 4 月 27 日 2 张 3 版。
④ 《吉野博士之我国最近风潮观》，《国民公报》1919 年 6 月 18 号；《吉野博士之我国最近风潮观（续）》，《国民公报》1919 年 6 月 19 号。
⑤ 独秀：《答臧玉海》，《新青年》1920 年 7 卷 3 号。

知识学习的深入，比较理性，有怀疑精神，爱国感情强烈，热爱传统文化。《新青年》早期的作者多是从焦躁的革命氛围中走出的留日学生。但是，与北大同人交锋的旧人物中就有留日学生。4 卷 3 号《王敬轩君来信》中的王敬轩身份为留日学生，这个人物虽然是虚构的，但是钱玄同给他安排这个身份，一定有他的道理，应该有原型。当时留日学生比较活跃，在国内各个高级阶层占有地位，因此他们的思想正是同人评判的对象。特别是其中与传统旧文化"妥协"的部分，更是受到同人的打击。王敬轩说的那句"能笃于旧学者始能兼采新知"是这批人的共同认知。[①]

但是给予同人严厉回击的倒是留美学生。他们反对《新青年》主要是反对它的"破"的简单化，认为违背常理。留美学生是最新知识的代表。恐怕是北大同人的教授身份激起了他们夺取最高的学术话语权力的欲望，他们采取的不是归化的姿态，而是挑战和改造北大的姿态，因此北大的同人不能令他们满意。《新青年》对欧战胜利的看法受蔡元培影响，认为是公理战胜强权，希望世界永久太平。这些看法受到张奚若的私下批评，认为"看事太不 critical"，"《新青年》等报谓世界将永久太平，未免蹈混事实与希望为一之弊"[②]。其实，同人早就质疑这种思想了，比如，1916 年刘叔雅就觉悟了，否定了相信世界战争不会发生的幼稚观念，认为"今而后方知战斗乃人生之天职，和平为痴人之迷梦"[③]。

张护兰不满于三种文学革命的反动力之一就是维护旧文体系和旧价值体系的老学究。[④] 这群人中有前清的学者或者官僚，清末时曾经维新或者思想比较务实的一批人，到民国以后，他们身上的旧学阻碍了他们继续求新。在政治上三心二意，文化上新旧兼顾，民国时已经显得偏于旧。主张新文化的人与这群人保持距离，在心理上划出了不同的空间。老学究也与政治权力关系紧密。北洋政府对学界名宿非常尊重，经常垂询康有为、林琴南和梁启超等人。《时报》说："大文豪福建林琴南氏……学问久为国人

---

① 参见《王敬轩君来信》，《新青年》1918 年 4 卷 3 号。

② 张奚若：《张奚若致胡适（1919 年 3 月 13 日）》，《胡适来往书信选》上，中华书局1979 年版，第 24 页。

③ 刘叔雅：《欧洲战争与青年之觉悟》，《新青年》1916 年 2 卷 2 号。

④ 参见张护兰：《通信》，《新青年》1917 年 3 卷 3 号。

所崇拜，当道犹器重之。"① 后人回忆说："徐树铮北池子徐宅经常招待老学究，如柯劭忞、王树枏、马其昶、姚永［原文误为'文'——引者注］朴、林纾、王式通等。"② 这些都说明政府对于老派人物的礼遇。这些教育界老人都是讲究学行的学者，而且都是教师。张百熙就是看重吴汝纶"淹贯古今，详悉中外"③ 才聘为大学堂总教习的。京师大学堂就是联系中西学术而办的，本来就是要接引新知识而建立的。桐城派因此而进入，④ 说明这些教书匠在清末倒不是头脑冬烘的人。严复和林纾都是译书局出身，学问可以说通达。但是民国以后，袁世凯聘严复为总监督，严复在教育部留日派和校内革命学生排挤下辞职。这说明严复的教育主张与革命派是有差距的。严复以后，从没到任的章士钊，到何燏时、胡仁源，再到蔡元培，北大的校长多倾心革命派。在学派上两派也有对立，东南的乾嘉学派，与桐城派有汉宋之争。

　　这些教育界维护旧学的教书匠，多为被章派学者排挤出北大的桐城派老教授，他们在北京办了正志中学，坚持教授国学，相比于当时求新的教育界趋势，他们具有独立的文化立场。正志中学则是五四以后被称为"古调独弹"的两个北京学校之一。⑤

　　正志中学的教师姚永概⑥ 以美国和法国有总统，各部各省有官长为据，论证共和之国不可离君臣，认为五伦是为了定民志的，礼乐政刑六经文字都是不能少的，否则国将不国。⑦ 钱玄同的观点与之针锋相对，认为孔经与共和不能相容。他没有直接驳斥姚永概的两个重要观点——共和之国尤其不能没有君臣和文明野蛮都要靠"礼"作为标准加以判断。只说"略通文理和粗

---

① 《林琴南之节高》，《时报》1919 年 1 月 19 日 3 张 7 版。
② 刘冰天：《关于徐树铮和安福俱乐部》，全国政协：《文史资料选辑》8 卷 26 辑，中国文史出版社 2009 年版，第 79 页。
③ 《管学大臣张百熙奏为敬举总教习折》，迟惠生：《京师大学堂档案选编》，北京大学出版社 2001 年，第 111 页。
④ 参见王达敏：《桐城派与北京大学》，《安徽大学学报》2017 年第 6 期。
⑤ 静观：《北大通信·都门学界消息》，《申报》1919 年 11 月 5 日 6 版。
⑥ 姚永概曾为北大教师，当时是正志学校教务长。
⑦ 姚永概：《示正志中学校一二班毕业诸生》，转自 S.F.：《通信·姚叔节之孔经谈》，《新青年》1919 年 6 卷 2 号。

知外事的小学生，就可以判断这话的是非"①，其实并非如此。如果礼作为外在规范来看，姚永概的话不错；如果把君臣关系对等于总统长官与一般人的关系，这个的确是个问题。在原则上人人平等的基础上，为什么还要有等级差异，这个问题钱玄同也解决不了。可见《新青年》也有不讲理和讲不清道理的地方。从两者对立之处看，他们站在维护伦理关系和破除一切不平等两个截然相反的立场，一个是理想的，一个是现实的。两者在文化的态度上产生差异，即一个是用理性来改变文化，另一个是认为现实存在的文化就应该继续维持下去。维护旧文化的人使《新青年》的文化立场更加理想化。

此外，还有所谓"老官僚"。比如徐世昌，他自己为桐城派一员，亲袁世凯，并且思想陈旧。1915 年 2 月袁世凯定教育纲要，当时的国务卿是徐世昌。他以为自己是文人总统，所以对于北大的事务多有干预。北大同人对徐世昌借助提倡道德干预学界非常不满。高一涵说"这几个月来，我是不谈政治的，是不读'总统命令'的。一则因为中国现在无举国公认的政府，无举国爱戴的总统；二则因为我们所讲求的是法治不是人治，所研究的是法律不是命令。"② 这点出了《新青年》因为政治现实的不满所以拒绝某些气味不投的政治人物。

同人时不时地暗中针对徐世昌。比如，刘半农辑录的一时期的荒谬言论《什么话?》里说到，第一次世界大战结束以后，某次徐世昌开放"三海"让学校里的人进去玩。有一间屋子里放了几盘点心，一个小学校的教员和几个学生看见了，都抢着去吃。第二天学生上课，那个抢吃的教员便骂道"你们也太不懂规矩了，抢大总统府里的点心吃还成个什么样子?"说的时候"大总统府里的"六个字说的特别响一点。③ 表面上讽刺小学教员，其实是揭露总统的淫威和在国民心理中总统的皇帝地位。胡适则直接表示对大总统的轻蔑，说"糊里糊涂地选出一个大总统"④。

徐世昌与北大的矛盾比较复杂，其中就有文化思想的差异。从当时的历

---

① 记者（玄同）：《答 S.F.》，《新青年》1919 年 6 卷 2 号。
② 高一涵：《非"君师主义"》，《新青年》1918 年 5 卷 6 号。
③ 《什么话?》，《新青年》1919 年 6 卷 1 号。
④ 胡适：《序曾琦君的〈国体与青年〉》，《胡适全集》(21)，安徽教育出版社 2003 年版，第 159 页。

史看，这类老官僚确然存在。学生运动常有去除某些官员的条款和要求，去除昏聩的旧官僚，山东马良和天津杨以德就是明显的例证。高一涵说"天地、君亲、师"的总统观念，在中国是狠人人心的，绝不止徐世昌一人独有这种思想，严复也有类似观念。又说这次"大总统令"实为中国旧思想之结晶，所以不能轻易放过去。①

与旧官僚和旧派人物联系紧密的还有孔教会。孔教会是陈焕章在异国他乡吸收了非主流的新思想而成立的文化舆论机关，针对的是清末西潮汹涌的形势和孔子在知识界受到质疑的情况。新思想比如崇洋的思想从清末以来就弥漫在社会中，已是"旧思想"。孔教会的思想其实反而是一种新的思想（在欧美这种思想与反思西方文明有关）。

孔教会频频向黎元洪进言，提醒黎元洪"激励人心士气，崇道德复廉耻"②，1916 年 10 月 4 日，孔道会名誉会长张勋请康有为拟定了"定孔教为国教"的电文，并以十三省督军、省长的名义致电黎元洪，请求国会定孔教为国教，并向国会施加压力，企图将定孔教为国教写进宪法。陈焕章在1916 年 12 月 9 日上书黎元洪，提出举办祀天礼的请求，借伸张黎元洪继位的正统性，进而达到定孔教为国教的目的。他们敦促参众两院和民国政府，通过定孔教为国教的决议。③《新青年》所属的集团与孔教会正好相反。《新青年》攻击的对象往往是这类集团。孔教会很少出现在《新青年》上（只有陈独秀《宪法与孔教》中出现"孔学会"，以及刘半农《"作揖主义"》提到孔教会会长），《新青年》主要打击康有为、杜亚泉这类人物。之所以《新青年》不直接攻击孔教会，或许因为孔教会杂志借助于对海外知识的了解来主张复旧，与古德诺没有直接被批评一样的道理：是非难明，说来话长。另一方面，这种用孔教来整治秩序的观念至少在上层是有市场的，在宪法审议会上这种立场占多数，反孔的人是少数派。④《新青年》以为这种现象说明腐朽思想仍然盘踞在上层。

① 高一涵：《非"君师主义"》，《新青年》1918 年 5 卷 6 号。
② 《孔教会长陈焕章昨日召对，请注意激励人心士气崇道德复廉耻，总统赞许》，《时报》1916 年 7 月 2 日 1 张 1 版。
③ 《孔教会之请愿》，《民国日报》1916 年 11 月 1 日 3 张 11 版。
④ 《国内大事记》，《新青年》1916 年 2 卷 2 号。

北大同人最危险的敌人是当政的实权人物和派别，比如段祺瑞、徐树铮和安福系。同人从府院之争支持黎元洪以后，就与段内阁处于若即若离的状态，同时也会流露出对政府的不满，比如《再质问〈东方杂志〉记者》表达对强力统一的不满，提到段内阁的失败。[①] 后来因为与老学究们的矛盾，发展到与徐树铮矛盾有激化趋势，这体现在与《公言报》的关系上。

一开始，《公言报》对北大是抱有好感的，曾称赞北大"当此文艺销沉时代得此或亦新学界之一线曙光"[②]。此时它对蔡元培也有善意，在报纸上发表蔡元培的演说词。[③] 在1917年《公言报》还与政府有距离。它反对章炳麟的态度可能不会受到章派同人的喜爱。[④] 后来，《公言报》成为安福系的喉舌，成为同人的敌手，成为研究系和北大的死敌。北大同人与政府的矛盾进一步激化了这个矛盾。

安福俱乐部是北洋系和交通系的结合，是武力和金钱的结合。它是黎元洪辞职以后出现的一个政治集团，它本身的不道德不光彩的地方不论，它与北大和《新青年》同人之间的斗争却是意义深远的。1919年7月初有安福部议员提议恢复民国元年大学学制，实际上是要把蔡元培的建树全部抹除，也说明反对蔡元培的一支力量来自旧教育界的既得利益者。[⑤] 同人对安福系具有强烈的敌意，当有谣言说安福俱乐部收买了傅斯年等人时，同人群起在报上辟谣，而且表达了对安福俱乐部的轻蔑。[⑥] 不过他们很少直接攻击安福系，而是攻击徐树铮喜爱的林纾和安福系选出的总统。攻击徐世昌之所以可能，是因为徐世昌为大总统以后，安福俱乐部已经分裂，[⑦] 安福系与徐世昌也明争暗斗，加上外部有南方政府的存在，安福系在北京也不能一手遮天。但其破坏力量不容小觑，威胁北大和《新青年》的正是安福俱乐部中的北洋系。很可能北大与段祺瑞的不睦，在于它站到黎元洪一边成为反战派。[⑧]

① 参见陈独秀：《再质问〈东方杂志〉记者》，《新青年》1919年6卷2号。
② 《北京大学研究所之全豹》，《公言报》1917年11月8号3版。
③ 参见《蔡鹤卿先生在通俗教育研究会演说词》，《公言报》1917年2月11日3版。
④ 参见白水：《各派当有觉悟》，《公言报》1917年11月24日3版时评；《请看章炳麟之通电》，《公言报》1917年12月8日3版。
⑤ 参见《论大学学制》，《国民公报》1919年7月6号。
⑥ 参见《北京胡适等来函》，《申报》1919年7月2日8版。
⑦ 参见静观：《北京特别通信·北京党派之分合》，《申报》1918年10月17日。
⑧ 参见霜羽：《北京通信·大学校长问题之过去现在未来》，《申报》1919年5月13日6版。

《新青年》想要发挥监督政府的角色，借助舆论对政治施加影响，表达人民（知识人）的诉求。段祺瑞政府一直没给他们通道，原来还有黎元洪和冯国璋可以发挥有限的作用，此时冯国璋辞职，总统变为安福系安排的徐世昌，因此政府中最后的纽带都失去了，同人只好自己出来表达诉求——直接向总统叫板就是一种表现。这种敌对加上他们与段祺瑞本来就有的矛盾，使北大承受很大压力。

还有一些组织与《新青年》关系较远，但是也能对杂志产生间接的影响，比如华法教育会，它和欧事研究会有很多接近的地方，与研究系有很深的矛盾，[①] 通过蔡元培和吴稚晖、李石曾等人在观念上相通。陈独秀认为"欧战"的原因是"君主主义与民主主义之消长，侵略主义与人道主义之消长"[②]，这是他到北大以后才有的观念，来源很可能是蔡元培和法华教育会。法华教育会的成员因为在北大任教或者因为受到蔡元培的尊重，他们的思想也获得同人更多认同。法华教育会关注学理和事实两方面、反宗教等思想都与同人接近，两者相互呼应。[③] 另外，江苏教育会也通过蔡元培而与同人有某种亲近关系，办《新教育》将生活和学术结合，[④] 是新文化运动的一支主要力量，[⑤] 而成为《新青年》文化事业的支持者。

## 二、集团归属参与互动

在思想互动中，集团归属对思想实施作用。

集团归属的基础在于文化"类型"，即文化的不同分野造成的群体性现象。在一个时代会有某些稳定类型的文化人，他们会有大体的认同，其趣味和思想核心将决定他们的归属。这种归属当然不是来自个人身上琐碎繁多的趣味和身份，而是来自与时代思想核心一致、与他人发生更多共振的那些思想。

集团是比类型更为严格的思想集中地。不同的集团归属，核心思想自然

---

① 参见《旅法华人之党派朋》，《大公报》（天津）1925 年 2 月 3 日 5 版。
② 陈独秀：《俄罗斯革命与我国民之觉悟》，《新青年》1917 年 3 卷 2 号。
③ 《华法教育会记事》，转自沙兰芳：《蔡元培等请设华法教育会史料一则》，《历史档案》1984 年第 3 期。
④ 《新教育·广告》，《光明》1919 年第 1 册第 2 期。
⑤ 《新文化运动之解释》，《申报》1919 年 11 月 2 日。

不同。集团的核心价值变动，拉扯着立场也发生变化。对义和团的态度方面，《新青年》就有前后截然相反的两种态度。对个人来说似乎没有矛盾，但是就团体来说，则是前后变化的。这个变化是因为归属的集团发生改变。第一个是陈独秀说的。他批评义和团，认为义和团是不好的东西，是闹得差点亡国的东西，而且还在毒害国人，所以他认为第一次世界大战结束时拆去克林德碑属于多事，"因为不久义和拳又要闹事，闹出事来，又要请各国联军来我们中华大国朝贺一次；那时要设立的石碑，恐怕还不只一处"[①]。远因（写《克林德碑》的时候离复辟已经一年多了）是复辟时百姓并没有反对（这个从鲁迅的小说《风波》里可以看到），近因是此时陈独秀受到压力，他不能直接写政治，于是把笔伸到民间。深层原因却是他此刻属于自由知识人集团，不能容忍那种不健全的个人主义以及对科学知识的无知。这是北大同人共同的见解，无论鲁迅还是钱玄同都有类似看法。第二个是瞿秋白说的，他肯定义和团。原因在于中国经过了五四和五卅两次民族运动，正是主张民族权利的时代；深层原因则是他主编的《新青年》已经属于共产国际，按照共产国际当时的世界革命构想，民族革命是其基础，在反帝国主义的背景下，自然对义和团做了不同的解释。虽然《新青年》上直接表达这种歌颂义和团的观点不多，但是在共产国际系统的报刊中则比较多。比如，《向导》《中国青年》等为反帝，而发表了不少对义和团的正面看法。九七纪念的宣传大纲把五卅运动与义和团运动对比，肯定义和团。[②] 这是共产国际这个集团对同人思想的直接干预，通过立场和身份认同来发挥作用。胡适不属于党员，一直属于自由知识人类型，因此可以不承认有帝国主义，[③] 也就没有改变对义和团的态度。

集团活动（包括政党活动）划分一个时代的群体，也划分思想，由此构成思想环境。比如民国初年北京的党派斗争对于《新青年》的思想就有环境的生成作用。没有党派的斗争[④] 就不会有《新青年》团体对安福系和徐世昌的斗争，毕竟袁世凯时期知识人的刊物是不敢表示异议的，就算冲劲十足的

---

① 陈独秀：《克林德碑》，《新青年》1918 年 5 卷 5 号。
② 《"九七"纪念的宣传大纲》，《中国青年》1926 年第 93 期。
③ 汪原放：《回忆亚东图书馆》，学林出版社 1983 年版，第 95 页。
④ 党派斗争情况参见静观：《北京特别通信·北京党派之分合》，《申报》1918 年 10 月 17 日。

《青年杂志》也不敢对当政者直接批评。其实《新青年》在北大时期的文化态度变化，与反袁以后建立的相对民主的环境及其失去有关。

政治集团背后无疑有共同的文化取向。比如"欧事研究会"的文化思想中就有与政治的紧密关联，以及重视不求速效的文化工具。他们重视舆论，以之联系和引导民众。他们可以进而革命，退而教书，或者投身舆论界。西南军阀也比较重视文化事业，他们在政治斗争中经常做些文化工作，比如创办西南大学。当然北洋军阀一方也不是完全不关注文化工作，特别是徐世昌颇以文化总统的形象出现，可惜他的文化取向往往是过去时代的，所以陈启修等人把新文化的理想寄托在西南文化的兴起上。

《新青年》的政治文化认同是与"欧事研究会"一致的。未必继承了"欧事研究会"的立场，其实是文化思想共振的结果。陈独秀本人是"欧事研究会"的成员，他作为核心支柱把那种文化态度带入了《青年杂志》。"欧事研究会"的集团思想，通过主撰选择具有"欧事研究会"色彩的撰稿人而实现在杂志上。我们当然不能说《新青年》的文化思想是"欧事研究会"的，两者仅仅在政治文化方面有某种共同性，比如主张民权，反对专制。

文化方面《新青年》与"欧事研究会"有不小差异，《新青年》主张不调和，不采取"欧事研究会"立场。所以，一定要认识到，集团的主张在内部是有差异的。思想者也要区别于圈子里的其他成员，比如都说《新青年》受《甲寅》影响，其实《新青年》恰恰在文化态度上采取了与《甲寅》完全不同的立场。章士钊与陈独秀都属同一个阵营，但是章士钊就没有参与到《新青年》中，章士钊后来还成为白话文学的敌人。章士钊从来没有投稿，而陈独秀也从来不向他约稿。说明他们在调和论上是有根本区别的。《新青年》与《甲寅》其实是分道扬镳了。《新青年》肯定不是"欧事研究会"的机关刊物，也不是西南军阀的刊物。它只是在某些政治和文化的选择上与它们具有共同趋向，属于共同的大集团，分享很多观念而已。当然，既然属于这个集团，在对敌斗争时，也会自觉配合集团的选择，服从集团的意志，受到集团的影响。

文化集团对《新青年》文化思想的干涉，更多通过共振形成呼应或者斗争形成对立来实现。一种是通过寻找同类，在阐释别人思想的时候，把自己的色彩赋予它身上，比如日本的黎明会是鼓吹新思想的集团，在第一次世界大战胜利后，在中国发现了《新青年》同人，于是按照自己的理想和历史作用来解释《新青年》同人在中国的意义，由此成为相互联系的集团。一种是既斗争又合作，如研究系。研究系来自宪法研究会，他们起初走具体政治的道路，后来脱离具体政治运动，追逐世界思潮，参与新文化运动，回到梁启超清末时就主张的教育新民的道路。非常类似的集团要在共同的场域内存在，不得不暗中学习，同时又保持距离，以便形成自己的立场占位，并争夺主动权和首发权。仔细观察可以发现，沪皖时期和北大时期，梁启超基本在《新青年》上是缺席的，只有当钱玄同赞扬梁启超的小说创作和批康有为时出现过。① 似乎这是《新青年》放弃与时代对话的表现，因为梁启超是时代名人，他的言论影响巨大。沪皖时期暗中受到启发，我们会看到沪皖时期的话题与梁启超在《大中华》杂志有关联。但是同人不与梁启超直接对话，似乎是有意为之。因为某些思想相似性，所以提到启发者会让人怀疑这些思想的独立思考的部分。北大时期有时与研究系争夺首发权，研究系自认为是新文明先觉，而《新青年》则说他们是鹦鹉文人。

集团对《新青年》思想发挥作用，也通过集聚同类人员，形成思想共识的方式，造成一种氛围，使得同类思想集聚在一起，形成思想场域。陈独秀、蔡元培与黎元洪等人的结盟，在北大造成的结果就是团聚了一群紧密相关的人。思想集聚令特定的思想比较安全。集团对思想的影响，说到底还是作为思想机制发挥作用，主要通过人际交往，把势力延伸到某些空间中去，形成特定思想环境。圈子中的同类思想发生共振，然后思想的某些部分得到加强。前面说到北大同人接近黎元洪，而对徐世昌不满，倒不是单纯的人物关系好坏和给不给钱的问题，这里有思想远近的原因。之所以北大同人与黎元洪接近，是因为他们有共同的对手袁世凯，同时他们也是政治共同体。温宗尧的教育论文 On Education 认为智力培养的教育是成功的最重要因素，是教育而不是天才区分主人和奴隶。天才仅仅是人的一半，教育是诸领域的方向盘和关键。这篇文章的观念与陈独秀的教育理念接近，有平民主义精神。他们的朋友关系不过把思想同气相求的倾向丰富了、加强了。教育思想

---

① 钱玄同：《通信》，《新青年》1917 年 2 卷 6 号；独秀：《答钱玄同》，《新青年》1917 年 3 卷 4 号。

肯定不是"欧事研究会"和都司令部人员的思想，但是政治活动中的交往，却可以集中志趣相投的人，他们表达的思想在大前提上基本相同，合作的时候在次要思想上相互补充，不能合作时往往是核心思想发生冲突的时候。主编通过这种集团性活动，吸附同人的思想，丰富杂志的内容，使杂志的核心思想得以演化为各种具体的看法。在杂志集中人才的意义上也把他们类似的思想形成一种共振，强化同人的思想，传播同人的相关思想。这就是黄兴为什么主张"欧事研究会""取人材集中主义"[①]了。

对手是最大的语境，是决定自己占位的力量。对手带来的益处是促使己方的思想更为深入，使自己的思想内容更为多样。这是在有共同点的敌人之间的争论中才如此，而完全对立的双方则很难实现。比如一般情况下旧的传统力量构成旧的思想场域。旧文化的势力弥漫在各个阶层，他们并不结成集团共同发声，原因可能是旧文化思想是一种潜藏的支持性的预设，有传统势力，他们往往与社会最高层结合，并且得到底层的认同，因此他们属于正统的思想。所以旧人物往往不屑与新人物争论，因此也就没有相互补充的可能。另外，如果双方没有理性交流的诚意，即使双方争论了也无法获得讨论的基础。比如，林纾与蔡元培的争辩中，蔡并不讨论孔子的是非，而只为北大辩解，原因是在对孔子态度问题上两者观点差距太大。林纾和其他旧人物一样以现实作为基础，他只是解释现实，而看不到其中不合理的东西。蔡元培和其他新人物一样以理想为基础，采取改造的态度。因为立场不同，没有共同语言。最后不过激化双方的对立，各自坚持自己的立场，而且更加坚定，完全不能达到和解。林纾给蔡元培最后的信中，以客气的言语表达了强烈的敌意。他说，"与公交好二十年，公遇难不变其操，弟亦至死必伸其说。彼叛圣逆伦者，容之即足梗治而蠧化，拼我残年极力卫道，必使反舌无声，獭狗不吠然后已"[②]。道理说不通，只好詈骂。

《新青年》与这些耆宿的矛盾主要源于思想差异，集团之间斗争强化或者丰富了思想差异。对手决定了《新青年》的表述内容和关注点。比如他们与林纾和康有为对立，就因为担心落后思想与政治高层结合。高一涵在批徐

---

① 黄兴：《复谭人凤等书（一九一四年九月十二日）》，《黄兴集》，中华书局1981年版，第389页。

② 《林琴南致蔡孑民书》，《时报》1919年3月26日2张3版。

世昌的时候还不忘批评严复，钱玄同、刘半农和胡适主要攻击林纾，他们当然不是否定严林的功绩，主要是为了打击已经跟不上时代的耆宿的威信，解除他们与高层的联系，以更新政治文化。黎元洪成为总统，引入了清末以来出现的新知识势力。以蔡元培为首的革命知识人冲击北京的教育界。原来北京政府依赖的所谓耆宿都是旧知识的代表（其实这个旧知识已经更新了不少），因此双方存在冲突。拿什么教育人的问题导致北京的"决战"。

正因为担心耆宿和政治权力结合，所以同人更担心耆宿背后的老官僚。新人与旧官僚的对立是清末就开始形成的结构关系。有人给《甲寅》写信论调和，作者认为章士钊的调和只适合于新人物和新人物之间，不适用于新人物与旧官僚之间。[①] 有意思的是新人物不是与旧人物对立，而是与旧官僚对立，可见作者关心的是新人物在政治场域中的地位。作者心心念念的新人物与旧官僚的斗争，是清朝退位留下的隐患。清朝留下的这些旧人物还在把持政府机关，使新人物不能求新求变。这些旧官僚应该不是保皇党，是属于旧思想浸润的骑墙分子，他们出于投机的目的而混迹于民国。《新青年》与徐世昌的对立就来自这种对立。其集团性超越人的主观愿望，成为思想冲突的根源。徐世昌刚履职之时，同人未必不对他抱有一丝幻想。胡适在《什么话》里记录了徐世昌就职宣言中的话"昌之所虑不在弭乱之近功，而在经邦之本计，不仅囿于国家自身之计画，而必具有将来世界之眼光"[②]，却没有加以评论，有以观后效的意思。胡适还对安福系王揖唐教训未来的总统感到不满，胡适在《什么话?》里记录了王揖唐的话，还批驳了林传甲给徐世昌上的《治安三策》。从这几条语录让人感到同人希望总统不要被安福系军阀和陋儒绑架，能听听正义之声。但在现实中，思想的对立总是要出现。徐世昌按着自己的思想行事就不可能不干涉北大同人的生活圈子，进而干涉他们的思想，于是思想斗争就不可避免。

对徐世昌贤人主义的批判前面已经提到，这里补充说明《新青年》与徐世昌的关系。一般研究者更强调徐世昌的文人色彩和正式民选的总统等特点，其实他是旧文人旧官僚的代表，总统也没有得到公认。在《新青年》同

---

① 参见 WKY：《通讯·调和》，《甲寅》1915 年第 1 卷第 5 号。
② 转自《什么话?》，《新青年》1918 年 5 卷 4 号。

人看来，他是个思想保守的人。不仅因为他在袁世凯时期就配合袁搞尊孔，而且他本人也有很多荒谬思想，比如徐世昌在袁世凯治下还主持恢复旧时官名，以及尊崇清废帝。张作霖曾通电揭露徐世昌的为人："诡诈百端，惟利是图，臣事满清，欺齐孤寡；辅翼项城，辜其付托；蹴使张勋复辟，又从而剪除之；重用安福党人，又迫段氏下野；信任曹吴，又使作霖以兵铲除。作霖愚昧，为其所卖。自民国以来，屡次变乱，徐世昌坐收渔人之利，外间不察，误以为和事老人，不知其实为导火线也。"①虽然属于敌方的辱骂之词，但也从侧面反映了一部分事实。

北大同人反对袁世凯，进而反对徐世昌，对他尊重孔教、暗藏专制思想等都相当不满。《新青年》5卷6号开始，同人在陈独秀的领导下，重新谈政治，是因为有舆论干政的理念，也因为徐世昌是安福系暗中操纵才成为总统的，所以他们并不承认他的地位。同人选择其贤人政治思想作为突破口，一方面为了深化反孔，因为当时人认为总统就是古代皇帝，可以保留君臣一伦，另一方面为了做学理的批评，因为贤人政治最有理论色彩。

因为有徐世昌，《新青年》更关注政治与道德关系领域。徐世昌应付道德困局的时候，归咎于新道德，提出用旧道德来解决，要求检束身心以为律度，"各秉至诚以回末俗"，又命令教育部通饬京外学校于修身学科，认真教授，并酌择往哲嘉言懿行，编为浅说，颁行讲演，以资启迪……②他与北大同人本来气味不投，还有意无意间干涉学界和教育界，同人不能说他不可以干涉学界和教育界，因此借道德问题和政治问题发难。同人反对总统训令中的道德话头，认为道德这类教育问题应该不属于政治领袖关注的对象。③高一涵发现这个训令中有"天地君亲师"的观念。高层官员和高级知识人心中还保留着儒家天地君亲师观念，普遍把总统看作五者合一的帝王，所以从总统的形象反思国人的旧观念，再次深入批判儒家。他们除了有对其中思想的反感，其实也有对大总统令这种形式的反感，对比一下黎元洪听取国会和民意的姿态，就可以知道同人需要的是什么样的总统，至少是尊重民意的，不

---

① 张达骧：《我所知道的徐世昌》，全国政协：《文史资料选辑》17卷48辑，中国文史出版社2009年版，第158—159页。

② 徐世昌的总统训令，转自高一涵：《非"君师主义"》，《新青年》1918年5卷6号。

③ 高一涵：《非"君师主义"》，《新青年》1918年5卷6号。

是对民众（主要是知识人）思想加以干预的。

政治斗争中表现出的集团归属最明显。政治集团还给《新青年》思想发展提供了机缘，比如拓展人脉网络可能丰富杂志的思想。如因为"欧事研究会"的关系，陈独秀与吴稚晖这种法日派接近。吴稚晖在主编《中华新报》时给《新青年》的稿子《青年与工具》《再论工具》①，是对物质文明的重视，为《新青年》的思想版图中增加了一块物质文明的内容，为后来接受唯物主义埋下伏笔，又为向主张劳工神圣的无政府主义转进做了准备。

政治集团的关系决定的是《新青年》的政治立场和态度。西南军阀对《新青年》的影响主要表现在政治立场上，比如《新青年》与徐世昌为敌，背后有西南军阀的身影。安福国会选出徐世昌后，只有旧日军政府的岑春煊、伍廷芳联合拍电致徐，劝他不要就职。② 说明徐世昌做总统，西南军阀并不赞成，所以高一涵才说"无举国爱戴的总统"③。顾克刚敏感地发觉第一卷重学说，而二三卷重时事。《新青年》从论政"非其旨也"到关注时政，原因是第一卷在袁世凯专制统治时期，所以隐遁于学理介绍，而第二卷时，袁世凯已亡，各方一心，政治显出希望，更重要的是陈独秀所属的集团发生了环境变化。黎元洪是他们"安排"的总统，与段祺瑞政府也处于合作时期，所以可以自由评论政治，另外谈时事也可以增进销路。陈独秀回复顾克刚的话表明他此时认为政治为国民生活的一个重要部分，也是青年教育的一部分。因此，《新青年》第二三卷的政治色彩最强。而第4卷变成北大同人共同编辑后，思想立即变成文学哲学，不涉及政治了。这个转变一般认为是北大同人的自觉选择，自觉选择固然是对的，但是人们忽略了背后的政治因素。第4卷是在张勋复辟，黎元洪辞职以后才开始酝酿出版的。当时的局面等于宣布南方军阀（特别是与"欧事研究会"关系紧密的西南军阀）辅政失败。此时黎段已经交恶。黎元洪引狼入室，而北洋军阀倒获得再造共和的名誉。南方军阀没有起什么作用，失去了代理人。黎元洪辞职后，西南军阀和国民党的势力

---

① 吴稚晖：《再论工具》，《新青年》1916年2卷3号。

② 徐世昌与国民党不是一条心，但与国民党也没有很深的仇恨。9月4日，安福国会组织两院选举委员会，到议员436人，徐世昌以425票当选为总统。歌电发出后，北方军阀当然一致敦促如期就职，只有南方劝阻。

③ 高一涵：《非"君师主义"》，《新青年》1918年5卷6号。

在北京变弱了。陈独秀在黎元洪辞职后，认同了北大其他同人提出的文学—哲学办刊方向，所以第4卷不涉及政治，仅仅打击学界的权威。第5卷，陈独秀写《今日中国之政治问题》有限度地恢复讨论政治，不过方式不同而已。与此同时第5卷仍然以文艺哲学和批评民间思想问题为主。这件事说明与政治集团的关系改变了《新青年》的内容。

黎元洪政治斗争的失败，使《新青年》转入思想革命。比如陈独秀在张勋复辟以后，写了《复辟与尊孔》，避免写复辟的政治原因，而是探讨这件事情背后的真正原因是人民思想的不彻底。辫子军一直存在，没有好好肃清，人们见怪不怪，关键是民众内心有一条辫子，这个辫子就是尊孔。这是陈独秀在即将告别政治的刊物上做的一个了断。[①] 此时，《新青年》几乎变成一个反政府的杂志了。在与政府的关系方面，同人要求独立性，认为国家比政府更重要。他们希望改造政府，与政府有合作也有斗争。一旦政府变成被单一力量左右，他们就会成为政府的反对派。总之，他们主张多党合作的政党文化，[②] 因此他们往往与中间政治势力结盟。

西南军阀的再次崛起可能是《新青年》忍不住再谈政治的原因之一。5卷1号标注的出版日期是1918年7月15日。5月孙中山被逐，7月初刚刚恢复中华民国军政府，军政府权力全归西南军阀。《新青年》的出版时间不是正式见刊时间，而是截稿的时间，也就是说5卷1号的截稿时间是1918年6月15日，此时，恰恰是军政府的酝酿时期。5卷1号不仅有重谈政治的《今日的政治问题》，还有《随感录》[③] 也涉及政治，陈独秀嘲笑中国政府和日本政府都是德国一样的军国主义，却打着自由正义和和平的旗号对德宣战，其实有对北洋政府的暗讽。这是在北洋政府的眼皮子底下表示敌意，可以看作对军政府的策应。5卷6号上他们说在专制国家，我们共和国的人民不能"再等待'执政者'解脱我们了"，"现在要靠着我们自己救我们了，要靠着我们共同的活动造我们良美的生命了"[④]。这个新动向当然也和欧战结束有关，他们放弃依靠政府代理人来实现自己的政治目标，而是采取政治、思

---

① 陈独秀：《复辟与尊孔》，《新青年》1917年3卷6号。

② 陈独秀：《今日中国之政治问题》，《新青年》1918年5卷1号。

③ 独秀：《随感录·（十一）》，《新青年》1918年5卷1号。

④ 陶履恭：《我们政治的生命》，《新青年》1918年5卷6号。

想、风俗、家庭、社会各方面联动的方式，改变一切专制，去实现政治目的。当然，这不是借助于现有的政治集团，而是要人民自决，要实现陈独秀早年提出的从政党政治到社会革命的转向。

在环境压力巨大的 6 卷时期，《新青年》也把北洋和西南军阀一起批评，比如反调和论调的时候。[①] 但是看陈独秀后来继续与西南军阀保持联系，说明并未伤了和气。或者当时南北一起批评，是为了保持中立，避免受到北洋政府更严厉的打压。

虽然《新青年》与军阀有联系，但不要认为他们依附军阀，相反他们应该是联合弱势的军阀，企图平衡北洋军阀的专制。在北洋军阀和南方军阀之间，因为南方较弱，特别是西南军阀中的岑春煊属于实力很弱的军阀。在皖直军阀之间，《新青年》选择比较民主和弱势的直系。这个背后有一个知识人的独立地位和监督政府的责任感在起作用。它代表人民"监督执政者，推翻执政者"，"鼓励执政者，指导执政者"[②]。北大同人在文化上不喜欢一元的文化，是因为思想上不愿意定于一尊，在政治上表现为不愿意任何一方军阀独大，希望各方政治势力相互合作。《新青年》与军阀集团的结盟应该更多以文化思想作基础，而不是为了个人的荣通利达。但是既然结盟就不能不受到盟友的影响，结盟对政治文化的具体实施方案有干涉，而对基本的政治文化观作用较小。

集团归属未必指同人与某集团具有完全一致的利益。比如陈独秀、蔡元培和黎元洪的亲近，是志趣相投的结合，不是私相授受。同人并不属于黎元洪的集团，他们的共同点是反袁，主张共和，反对复辟，主张文化建设，思想宽容——这是他们合作的根本原因。他们在此基础上，相互支持，互动而形成一个整体，带上集团性，思想也受这种集团性的改变。

党员时期共产国际如何影响《新青年》呢。一般来说，它采取的是直接控制方式，表现为思想指导和金钱控制。第 10 卷以后《新青年》完全成为共产国际的刊物，写到中国国内的事情也都是与国际殖民地被压迫民族的共性放在一起论述。到第 11 卷彻底变成一个介绍世界革命状况的刊

---

① 高一涵：《和平会议的根本错误》，《新青年》1919 年 6 卷 1 号。
② 陶履恭：《我们政治的生命》，《新青年》1918 年 5 卷 6 号。

物，配合共产国际的世界革命战略的需要。杂志的思想基本上都是按照共产国际的要求来定调，比如反对无政府主义和反对基尔特社会主义的种种策略都是共产国际做出的。至于金钱控制，则是采取拨款方式来巩固集团的权威。

政治斗争背后是文化的冲突。文化趣味和立场才是文化思想集团性的根本因素。研究系在欧战以后成为一只新文化思潮的力量，对《新青年》文化思想的转变是有作用的。作为《新青年》的盟友，研究系比较介意《新青年》的偏激态度，因此 6 卷以后更重在学理，7 卷头几号还是非常平和的。五四以后，梁启超领头的共学社成立，与北大一样研究学术。[①] 共学社接引新思潮，改变着舆论，这方面与《新青年》同调。1918 年 9 月研究系转向文化，它与北大同人的关系开始缓和，以欧战研究为由头，与北大教授联合。[②] 此时研究系关心人才缺乏，[③] 主张"于原有文化，主张尊重而以科学解剖之"，"于西方文化，主张以科学与哲学调和，而一并输入，排斥现在流行之浅薄科学论"[④]。这里暴露了研究系与《新青年》之间的分歧点：调和和反思科学。研究系从欧洲带回更多西方文明没落的信息以后，分裂终于演化为科玄论战。

集团归属的差异还体现在文化态度方面。比如留学生和同人的差异主要在对待旧文化的态度上。刘半农批评留学生在国外都"自命为志士"，"想做人"和"做学者"，但是回国却没有几个实现愿望，[⑤] 意思是被国内的黑暗势力压倒，失去锐气、成为奴隶和禄蠹了。陈独秀也批评"东西洋学过科学的新人物"迷信国粹，[⑥] 并认为留日学生对中国文化史没有什么帮助，西洋留学生除了马叔眉、严几道、王亮畴、章行严和胡适之几个外，对文化史也没有贡献。[⑦] 总之，同人对留学生不满的地方在于对旧文化妥协，又不能创造新文化。而留学生则最不满同人常常发表"背理之语"[⑧]，意思是同人对于旧

---

①　静观：《记北京之新学会》，《申报》1919 年 8 月 14 日 6 版。

②　《欧战研究社之组织》，《时事新报》1918 年 9 月 27 日。

③　知白：《人才消乏》，《时事新报》1918 年 9 月 20 日 3 张 3 版。

④　记者：《三一学灯·本栏之提倡》，《时事新报》1918 年 9 月 30 日。

⑤　刘半农：《南归杂话》，《新青年》1918 年 5 卷 2 号。

⑥　陈独秀：《克林德碑》，《新青年》1918 年 5 卷 5 号。

⑦　独秀：《随感录·（七二）留学生》，《新青年》1919 年 7 卷 1 号。

⑧　汪懋祖：《读〈新青年〉》，《新青年》1918 年 5 卷 1 号。

文化的革命态度过于决绝。这两个集团之间出现的冲突是文化革命者和文化建设者之间的冲突。

《新青年》受敌对集团影响的结果是在共同的话题中采取不同立场，在言论场域中划定地盘，与敌对集团对抗。其结果是对抗决定了时代的关注点，对方的存在使自己更加自觉自己的立场，使对方更加极端。随着斗争的激烈进行，甚至连本来两者相似观点都发生变化，比如在新旧戏论争中，胡适与张厚载对于旧戏需要改良这一点本来没有分歧，差异仅在于如何改良。张厚载不同意彻底改变，认为旧戏也有价值；胡适从进化论出发，认为旧戏一定要被新戏代替，新戏就应该是白话戏。两人虽然想理性讨论，但因为强化了敌意，张厚载加入了他以前的老师林纾的阵营，其对立变得不可调和，双方的观点也越来越绝对化。

集团的联合肯定有远近亲疏之别。最亲密的集团会成为合作和呼应的同盟，比如《新潮》就是《新青年》的紧密同盟者。《新潮》第 1 卷主要关心的是："今日世界文化至于何若阶级""现代思潮本何趋向而行""中国情状去现代思潮辽阔之度如何"，以及"以何方术纳中国于思潮之轨"①。这些内容与《青年杂志》创刊时《社告》中的关注点何其相似。《新潮》几乎就是《新青年》在第一次世界大战结束背景下的重新出发，学生们的主张其实是对老师看法的另一种阐发。若即若离的同盟则可能有对抗，比如《新青年》与留学生群体之间的联合就是。沪皖时期《新青年》作者大多属于留日学生背景，它与其他留学人员保持着联系，但是比较疏远，比如与《甲寅》（留日学生背景）和《科学》（留美学生背景，《科学》是最早在《新青年》上做广告的刊物）有一定交往。北大时期，通过胡适的关系与留美学生的一部分有了交集，后来一些留美学生还在第 7 卷时期成为同人。后期则是依赖留俄的学生，如瞿秋白、蒋光慈等。其中与留美学生的联合最为复杂，留美学生中有极端反《新青年》的分子比如梅光迪、汪懋祖等，也有非常亲近的如任鸿隽、陈衡哲等，也有保持距离的朱经农、朱我农等。总之，较为疏远的亲属集团内部是既斗争又联合的关系。胡适的态度最明显，他与留美同学既斗争又联合，比较起来更热衷于联合，而刘半农和陈独秀等人有时要批评留学生，特别是

---

① 《新潮（一卷三版广告）》，《新青年》1920 年 7 卷 4 号。

留美学生，① 更多表现出斗争的一面。

最后，具体从话题、概念、立场和学术等几个方面来看看集团归属的互动表现。

话题是兴趣集中的地方，可以汇聚集团成员的共同兴趣点。同一个集团的人会有共同的关注点，属于相异集团的也可能具有相同或相近的关注点，此时叫交锋点。

话题可以作为集团内的讨论的场所。文学话题的确立就是在集团中形成的。提出新文学的前后，《新青年》周围已经有一些对文学的看法。陈独秀提出新文学，其实已经在这类言谈中孕育了。吴稚晖在 1916 年 11 月为陈白虚《孤云传》作序时已经结合"世界最新思潮"，认为是"岸伟鲜洁之奇，为古人意境所未有"的原因，由此领悟到这是"文学界之新文明"，同时赞扬"今之科学固亦且文章明洁丰艳"，而且"决非倒行复古，咀嚼旧文学之蔗渣"，希望我国进行"十六七世纪西国文学复古""以为科学昌盛之预备"②。吴文虽然对陈白虚揄扬过当，但表达出来对复古的不满，认同陈独秀的反对复古的思想以外，也在集团内部呼应了《新青年》的文学话题。

集团的核心思想决定话题，比如党员时期《新青年》的话题关心的更多是经济、政策。时代的话题得到响应也需要集团性的发挥。女子问题是时代的问题，但是得到回应却要靠集团兴趣。反孔的话题也是时代所提出的，很多集团都对它感兴趣，同人参与其中，却是与更大集团的共振，比如反孔就是欧事研究会③ 和研究系④ 共同所属的反袁集团共振才成为《新青年》话题的。此外，话题可以扩大集团。比如女子话题的讨论，可以形成教授集团在社会话题中的主导力量，引导舆论。甚至能成为团结其他集团的契机，比如《国民公报》与《新青年》的接近是通过女子问题讨论实现的。

概念本来有比较固定的意义，但在对它的理解和选择的时候也会表现出集团性。属于一个集团的人对于概念的理解会趋于相同，一个概念的重要性

---

① 刘半农：《南归杂话》，《新青年》1918 年 5 卷 2 号；陈独秀：《克林德碑》，《新青年》1918 年 5 卷 5 号；独秀：《随感录·（七二）留学生》，《新青年》1919 年 7 卷 1 号。

② 吴敬恒：《孤云传序》，《中华新报》（上海）1917 年 2 月 2 日 3 版。

③ 馥炎：《孔教与宪法》，《中华新报》（北京）1916 年 12 月 28 日 2 版；铭心：《论以孔教为国教之非》，《中华新报》（北京）1916 年 12 月 29 日 2 版。

④ 藻蒱：《论中国今日不宜以孔学为国教》，《大中华》1916 年第 2 卷第 10 期。

也会趋于相同。同集团的人思想聚集在一起，更容易互动而强化某种概念的价值。

集团性强化的结果会带来核心观念的选定。早年陈独秀不强调社会主义这个概念，他对社会主义是敬而远之的。他在给读者回信时说社会主义理想过高，不适合中国现状，理由是产业不发达。① 其实对这个概念的理解受《新青年》所属的欧事研究会和革命者集团的作用，当时他所属的欧事研究会主要是一个个人主义的集团，并没有多少人提出搞社会主义。他们主要是提倡自由和个体，反对专制。李亦民提出"以个人主义为前提，以社会主义为利益个人之手段"，然后实现合群和公益,② 很明显，个人主义是超越社会主义的，社会主义不过是一种手段。陈独秀也局限于集团的思想。北大时期，受到蔡元培的影响，接触无政府主义。因为无政府主义也属于社会主义思潮的一部分，社会主义还是作为无政府主义的近义词。此时作为同人的凌霜是无政府主义者，他赞扬同样是无政府主义者的托尔斯泰，称他对近世思想界、文学界、道德界、宗教界，影响深切："近世纪以来，社会党旗帜鲜明，辉耀大地。托氏即此旗帜下大声疾呼之健将，或以言论或以实行，而总以达大同为目的。反对吊刑等皆人道正谊之先声也。"③"人道""和平""诚爱真"是凌霜重视托尔斯泰的特点，也是无政府主义和社会主义思想的要素。不过，北京同人教授集团是个人主义的无政府主义，更重视无政府主义中个人自由方面，强调个人与政府的对立。把社会主义看作实现个人权利，反对强权的思想武器。当时同人对于两个概念区分不清，陈独秀曾说"社会主义，乃耶稣教文明"④，明显是对社会主义的误解。这时也受到北大集团同人的概念系统的影响而产生误解。

直到第一次世界大战和五四运动以后，社会主义概念成为新建立起来的文化集团（趋新的国民党和研究系）的中心概念，才使得同人强化了这个概念的重要性。此外，《新青年》还接收到了再次启动的安徽革命同人的兴趣。本来在第 4 卷以后，安徽革命同人都已经消失，仅剩下安徽籍的学者。7 卷

① 记者：《答褚葆衡》，《新青年》1917 年 2 卷 5 号。

② 李亦民：《人生唯一之目的》，《青年杂志》1915 年 1 卷 2 号。

③ 凌霜：《托尔斯泰之平生及其著作》，《新青年》1917 年 3 卷 4 号。

④ 陈独秀：《记陈独秀君演讲辞》，《新青年》1917 年 3 卷 3 号。

6 号上程振基、李次山、高语罕、李少穆等安徽作者再次出现，此时这些革命同人也在关注社会主义思想。这里不能说是安徽革命同人对社会主义概念变成重要概念起了很大作用，因为也可能是主编努力转向，这才吸收了安徽革命集团的作者，这里不能说是单向的决定，而是一种相互选择，两者是互动的关系。可见，集团归属会促进核心思想的变化，核心思想的变化进一步稳固集团归属。

同集团的人总有类似的立场。立场方面，集团性通过身份来发挥作用。归于特定集团，就会突显某种身份。比如沪皖时期，作者主要是与陈独秀有过交往，或者辗转结识的人，或者是安徽同乡，或者是一起参加过反清革命，或者是《甲寅》杂志上交往的撰稿人。[①] 沪皖时期，他与革命者又是文化人的欧事研究会同一个集团，所以他的立场就是觉醒的革命知识人立场。第 2 卷时同人归属更大的反袁集团。因此，他就呈现出维护反袁成果的一方面，身份也从革命者转变为舆论中的政论家，突显平民的立场，监督政府和维护好政府。

立场也在集团的斗争中得到强化。在政治集团方面，北大时期的《新青年》因为属于北大，因此成为学界独立的代表而与安福系成为敌手。在于政府的集团斗争中，同人的立场也强化了其代民众发言的立场。第一次世界大战后的世界和平声浪中，同人作为与政府和安福系敌对的集团，提出的是"去兵"的主张，就是站在普通民众立场上表达和平安定的愿望。

学术也会在集团内部形成。比如同人的小说史研究就是奠基于同人对中国古代小说的讨论基础上的，即鲁迅和胡适的小说史观点中包含了集团共同的趣味，后者至少作为他们个人创新的基础。集团外部的学术斗争方面，他们站在老学究之外，与传统学术区别，建立新学术，这才有了"整理国故"运动。在集团归属中也呈现学风的不同，比如"学分南北"是五四运动以后，新学术集团中有意识的分野。[②]

---

① 主要有陈独秀、胡适、高一涵、汪叔潜、陈遐年（陈报、陈瑕）、高语罕（高世素、淮阴钓叟）、刘文典（叔雅、天明）、潘赞化（潘赞）、程演生（衍生、源铨、渊泉）、程宗泗、光升（明甫）、李次山（次山）、李寅恭与李张绍南夫妇、方孝岳、胡晋接、易白沙、谢无量、苏曼殊、吴稚晖、章士钊、李亦民、彭德尊、薛琪瑛、汝非、方澍、孟明、李穆、肖汝霖、谢鸿等。

② 参见沈卫威：《"学衡派"谱系——历史与叙事》，江西教育出版社 2007 年版。

## 第二节　现实空间与互动

另一个比较重要的现实因素是同人的空间归属。

除了团体结合对思想有影响，地理空间也对文化思想产生影响。符号在空间中也会积聚，越是重要的符号越要寻找同类符号，汇聚到一个场合、一个空间，使得意义更为明晰。这种现象可能与感情有关，人心的相互协调的符号聚在一起就会觉得舒服和安全，对不属于这个空间的符号加以排斥，例如在政府大会会场播放杰克逊的歌就是不雅正、不合适的。可见，空间对思想具有分割作用。

### 一、互动的现实空间

此处的现实空间分为校园、地域和世界三方面。校园是工作环境，在同人某个时期有特殊作用；地域是同人的生活环境，对应于城市；世界是相对于中国而言的，是虚拟的空间，对应于中国之外的大环境。

#### （一）校园

校园指的是《新青年》同人集中的特殊场域：学校。同人全都是知识人，他们的活动场域与教育界高度重合，与学校多多少少有某种联系。大多数同人有从教的经历，或者有一种教师心态。陈独秀在办《青年杂志》之前就参与过学校的创办和领导工作，正因此群益书社和蔡元培才选中他。早年办教育杂志，教育学生青年，尚属于社会教育，把整个社会作为校园，同人在里面从事教育工作。在陈独秀看来，办杂志就是一种变相的讲堂。这里当然指的是狭义的校园。学校是一个聚集人才的区域。正如"欧事研究会"等团体有聚集人才的功能，学校也有集聚人才的功能。安徽公学、北京大学、上海大学等学校都有此种功能。清末以来，参加革命的知识人，要么办刊，要么在中学堂教学。学校是他们的堡垒之一，也是谋生之地。民国以后，学校更是新知识人集聚的一种场所，仍然保留着政治失败后的遁逃薮功能，大学更是与文化有深刻联系。人才集聚能够给杂志准备思想者，并靠人才的扩散提高杂志的影响力。北大与《新青年》相互配合，《新青年》为北大辩护和集聚人才，北大为《新青年》提高社会声望和平台，一校一刊的配合堪称典范，这些已经得到充分研究。此处主要集中分析所有的学校与《新青年》文化思想之间勾连的规律。人们更关注《新青年》与北大相互配合，在社会上掀起思想洪流，而不太思考校园与杂志如何互动。

与《新青年》直接有关的校园有三个：北京大学、上海大学和广州高师。北大当然是其中最显著的代表。主要是通过教育实践、人际关系、思想斗争、校园文化和重要人员的思想领导等方式对杂志思想起作用。

学校可以提供同人的立场。《新青年》同人参与北大对抗政府的行动就决定了杂志的立场。比如第一次世界大战结束后，同人们的思想受到北大立场影响。李大钊说："我们这些和世界变局没有狠大关系似的国民，也得强颜取媚：拿人家的欢笑当自己的欢笑；把人家的光荣做自己的光荣。学界举行提灯，政界举行祝典。参战年余，未出一兵的将军，也去阅兵，威风凛凛的耀武。著《欧洲战役史论》主张德国必胜，后又有主张对德宣战的政客，也来登报，替自己做政治活动的广告；一面归咎于人，一面自己掠功，像我们这种世界上的小百姓，也只得跟着人家凑一凑热闹，祝一祝胜利，喊一喊万岁。"[1] 北大同人怎么可能与世界变局没关系，这完全不是同人应该有的认知，他之所以这样说是因为此时北大与梁启超和段祺瑞有隔阂，李大钊甚至都暗示了梁启超的名字。同人并不积极参与庆祝欧战胜利，原因就是欧战胜利是研究系和军阀的"荣耀"，对于北大来说是"耻辱"。因为北大和《新青年》虽然曾主张参战，但后来改为反战。蔡元培就属于反战派。[2] 正因为北大的这个立场才使他们言行反常，使他们重新阐释第一次世界大战，利用世界大潮营造一种反独裁、促民主的气氛。总之，北大与政府的对立与《新青年》此时把第一次世界大战解释为民主战胜强权的文化思想直接有关。

校园构造有利环境帮助同人思想。比如，《新青年》得益于蔡元培建立的"独立王国"。1917 年蔡元培出任北大校长后，调整学科和学制，在整理北大时干涉北洋大学的校务。对此，他是这样解释的："我没有本校与他校的界限，常为之通盘打算，求其合理化。"[3] 蔡元培是以教育总长的姿态来管

---

① 李大钊：《BOLSHEVISM 的胜利》，《新青年》1918 年 5 卷 5 号。

② 羽：《北京通信·大学校长问题之过去现在未来》，《申报》1919 年 5 月 13 日 6 版。

③ 蔡元培：《我在北京大学的经历》，《北大旧事》北京大学出版社 2018 年版，第 31 页。

理北京的大学，甚至全体国立大学的。当然他有建议的权利，但因为他的地位特殊无形中形成一种权力，加上他属于国民党的人，是南北政府合作的象征，地位更加不可撼动。请他来北大时，黎元洪和总长范源濂对他自然言听计从，继任总长傅增湘萧规曹随，采取无为政策，所以蔡元培在北京学界可以说是呼风唤雨，控制了北京教育界。北京学生界迎接蔡元培回北京以后，北京学界显出空前团结，学生非常配合，专心读书，上课遵守秩序。① 这几乎坐实了北京学界在蔡元培控制之下的看法。就《新青年》来说，它从独立教育界中获利。比如同人在北京教育界的名声产生得最早，能够得到其他学校师生的支持，一定程度上保护了它的异端姿态在北京的存在。

《新青年》同人参加校园的斗争，决定他们的立场变化。他们在校内打击的主要是留任北大但不服从蔡元培的旧势力，如法科学长等人，以及无学识的华洋教员，总的来说是桐城派的旧人和外国的懒惰者。② 从 1919 年的课表③ 可知，经过陈独秀的改革，蔡元培的人（也包括《新青年》同人）逐渐进入本科教师行列。人们说刘师培是旧学，但是刘师培与蔡元培和陈独秀都是好友，刘师培进校自然可以进入本科教学。吴梅和黄节也是 1917 年进入北大的，是蔡元培延揽的人才，成为本科阶段的教授。黄侃是章太炎的弟子，与浙江籍有一定联系，也可以存在。《新青年》同人到 1919 年能够进入国文系本科教学的只有胡适、钱玄同。同人早年大多数在预科，比如钱玄同、沈尹默、刘半农等，说明都是在学术上处于劣势的，在校内不太有势力的一群人。

学校风气和校园文化也会影响《新青年》。北大校园的文化对同人文化思想的形成和变化发挥过作用。北大同人几乎都是北大的教员，他们除了是杂志的编辑和作者，而且还是北大的一部分，参与北大的各种活动。他们参加国学门，组织歌谣研究会。同人的一些思考也会变成学校的方向。比如刘复的重造新韵主张引出北大的研究课题。周作人等的歌谣兴趣也丰富了《新青年》上的儿童文学思想，同时促进了北大歌谣研究会的成立，引领了一批

---

① 《北京通信·上课前之北大状况》，《申报》1920 年 5 月 20 日。

② 《北京大学之改革》，《教育杂志》1917 年第 9 卷第 5 号。

③ 《大学学科统系表》，《国立北京大学学科课程一览九年度至十年度》，北京大学档案馆 BD1919029。

北大学生，比如顾颉刚、常惠、刘经庵、白启明、台静农、孙少仙和董作宾等①的学术兴趣。两者的互动建立在北大学术氛围中。再如，党员同人时期也与上海大学的校园文化有关。此前大家并不重视上海大学与《新青年》等共产党刊物的校刊关系，原因是表面上两者联系不那么明显，但是两者之间通过作者而发生的联系是现实存在的。上海大学的校园文化与北大不同，不以追求学术为旨归，它更接近于清末的南洋公学那样的学校，因为它也是通过学潮而建立的。它的前身是东南高等专科师范学校，因为吃饭问题发生罢课，校中有学生自治会和学生维持会的对峙。自治会是五四后学生独立组织，维持会是临时多数学生组织的。自治会要求开除学生，决议改校名为上海大学，请于右任为校长，胡寄尘为教务主任。学生独立具有政治色彩，对抗校当局。曾有请陈独秀做校长的动议，②这是可以理解的，五四后陈独秀就是改革学校的榜样。因为建校之时奠定的文化就是自由独立的，所以上海大学比北大更有反叛色彩，加上它的主办者都是革命的行动派，因此它更多的是关注改造社会，而不是研究学术。上海大学有光荣的斗争史，争取女性自由的斗争，支持保定女师学潮，③还对五卅运动起过重要作用。④上海大学则用实际行动拓展了《新青年》的思想影响。京沪时期，广州高师的校园文化也与《新青年》发生互动，主要表现在戏剧论争中。学生爱好现代戏剧的趣味，融入了《新青年》的思想中。《新青年》也将广州的热情学生结合在一起。

　　校园与《新青年》的思想是互动关系。以前都说一校一刊，但是两者的关系却并未说清楚，两者是相互成就的关系。表面上是北大影响更大，但是刊物也使得北大得到助益。比如，陈独秀凭借《新青年》为北大呼朋唤类和发声辩护。陈独秀主动请教北京医学专科学校校长汤尔和关于练气功的问题，最后还邀请汤尔和投稿。实际是拉汤尔和进入同人团体，加强汤与北大的关系。发表北师大的教务长邓翠英的来信赞助同人们的事业，也为了加强

① 《研究所国学门纪事》，《研究所国学门委员会第一二次会议纪事》，北京大学档案馆 BD1922010。
② 《东南高师亦闹风潮》，《大公报》（天津）1922 年 10 月 23 日 7 版。
③ 《关于保定女师潮之两电△上海大学女生致直教厅电△女师学生致省会电》，《大公报》（天津）1924 年 4 月 10 日 6 版。
④ 《△上海学生警察冲突详报》，《大公报》（天津）1925 年 6 月 1 日 4 版。

邓与北大的精神联系。这些人属于蔡元培培养起来的北京学界的中坚力量。陈独秀的行为很难说到底是为《新青年》寻找同人，还是为北大团结盟友。当时，陈独秀的着眼点也会在校园。他请教汤尔和，理由之一是有人明目张胆把不科学的思想"倡言于学校"①。可见，《新青年》在发挥帮助北大的作用，使北大校园扩展为北京国立八校校园。《新青年》上也发表直接与北大相关的内容。比如关于改制以及大学定课程问题。② 当时《新青年》几乎是北大改革（改革北大包括学制在内的各项制度，改革北京教育界）的助手，他打击的对象都是北大的校内外敌人。校内局面基本控制后，这种斗争就集中到北大外部，以桐城派和后来的安福系为对手。《新青年》与北大的合作一定程度上决定了当时杂志的面貌。

还有，北大确定了社会对于文学主题的期待。有人因为北大是最高学府，要与国外争夺"文学"的制高点，所以深深希望北大能把"文学"做好。③这个"文学"的意思与现在的"文学"意义有差异，相当于人文学科。北大同人专业大体属于这个方面，当时人期望北大成为"全国文艺之中心，人才之渊薮"④。这个氛围对《新青年》的内容造成影响：到北大后，谈政治问题的杂志更加强化了文艺方面。北大同人时期是明显的文学变革时期，而且胡适的整理国故能在北大发扬光大也为此。这对在北大的《新青年》是有规范作用的，而对于离开北大的《新青年》来说，这个作用就小得多，终于到党员时期几乎消失。

在上海大学，《新青年》更直接地参与构建思想氛围。校园中《新青年》同类的杂志不少。何秉彝在《向导》上发表《帝国主义蹂躏上海大学的追记》，揭露租界警察突击搜查上海大学的情形时说：被警察查抄时，图书室有《社会进化史》《新建设》《新青年》《孙中山先生十讲》《民族主义》《上大周刊》等。⑤这些出版物构成学生接触的思想环境。整个学校是党化学校⑥，学生不是进

---

① 独秀：《答汤尔和〈三焦—丹田〉》，《新青年》1918年4卷5号。
② 《大学改制之事实及理由》，《新青年》1917年3卷6号。
③ 刘家愉：《对于北京大学思潮与蔡孑民校长之感想》，《国民公报》1919年4月12号。
④ 静观：《国立北京大学之内容》，《申报》1918年12月28日。
⑤ 参见《帝国主义蹂躏上海大学的追记》，《向导》1924年第96期；《上海大学主任被控》，《新闻报》1924年12月20日3张。
⑥ 大风：《于右任与上海大学（三）》，《东方日报》1939年2月9日。

国民党就是进共产党。沈雁冰为西洋文学史教授，[①]"陈望道为主任兼授修词学、美学、语法、文法学等"，总务长为瞿秋白，邓中夏为系教授主任，[②] 后来还有任弼时、蔡和森等。人们比较重视上海大学与中共党员的联系，其实中间很多共产党人都是《新青年》的同人：瞿秋白、彭述之、任弼时、郑超麟、蒋光慈、陈独秀、李季、李达、施存统、恽代英和沈雁冰，还有作为早期党员同人、此时已经脱党的陈望道，他们在上大最为活跃。在他们的影响下，《新青年》的思想塑造了上大学生的精神。五卅运动中，站在最前线的正是上海大学的学生们，运动中死去的何秉彝也是上大学生。

　　并不是说校园文化就完全左右同人的思想。比如蔡元培在北大创建的进德会，主张不嫖、不赌、不纳妾等消极道德，就对《新青年》没有直接影响，至少他们没有在杂志上加以宣传。从这个没有受到影响的地方，可以看到校和刊之间的差距，也可以看到权威的影响要发挥作用，应该有更高的机理。什么原因造成了《新青年》对于进德会的思想的排拒呢。应该说主要因为"消极"。李大钊曾提议改会名为"有不为会"[③]，可见其消极道德的特点是很明显的。而《新青年》从创刊之初就在提倡积极的道德。消极道德与旧传统太过接近，同人团体也无法把这条对全社会宣扬。校园发挥作用还需要通过《新青年》原有核心思想的过滤。但是，《新青年》似乎也受到这种消极思想的影响，前面讨论教育问题时发现的一个现象，即陈独秀到北大后，谈论教育时[④] 不谈"进取的"。我们是否可以从北大团体的核心思想对陈独秀的影响来找到答案呢。蔡元培当时在北京恶劣环境中发展北大新生力量，采取的学术独立和道德底线的提倡带有消极避世色彩也是可以理解的。再比如上海大学与《新青年》的关系，1925 年的五卅运动[⑤] 和此年秋冬的非基督教运动，[⑥]在《新青年》上都没有印记。原因是当时对《新青年》来说的权威不是校园

① 《上海大学续聘教员》，《民国日报》1923 年 5 月 2 日 3 张；《上海大学中国文学系近况》，《新闻报》1923 年 8 月 12 日 4 张。
② 《上海大学开第一次评议会》，《申报》1923 年 8 月 12 日 5 版；大风：《于右任与上海大学（六）》，《东方日报》1939 年 2 月 12 日；大风：《于右任与上海大学（四）》，《东方日报》1939 年 2 月 10 日。
③ 《北京大学之进德会》，北京大学档案馆 BD1918002。
④ 独秀：《答胡晋接》，《新青年》1917 年 3 卷 3 号。
⑤ 大风：《于右任与上海大学（三）》，《东方日报》1939 年 2 月 9 日。
⑥ 《上海大学非基督教同盟宣言》，《觉悟》1925 年 11 月 17 日。

里的人物，而是共产国际。瞿秋白本人虽然在上海大学也有很高威望，但上海大学当时是一个国共合作的办学机关，是共产党在文化统一战线中实践的较早场所，瞿秋白不能在学校形成笼罩性的影响。

在培养读者方面，学校也很有作用。以校风改变读者的精神状态，进而反馈给杂志。学生成为《新青年》的读者，而宣传的思想也与《新青年》有关。[①] 北大培养出的是热爱学术、具有独立性的读者。北大的校园文化非常特殊，其集会（集体生活）风气的流行很受关注。[②] 北大的学生都从抵抗现社会的自由平等的集合来理解北大的精神。[③] 这种无政府主义的社会实践，对《新青年》的文化思想有作用。人们比较关注"一战"胜利以后的工读互助团和新村运动。其实此前北大就已经做过类似的事情，它有日刊，有广播，有储蓄银行，有消费公社，有进德会等会社……[④] 这些共同生活的形式后来成为社会主义实践的萌芽。北大校园的民主氛围、独立王国性质，使同人的思想找到了依靠和生长场所。上海大学的学生都是有革命意识的浪漫人，[⑤] 他们对于浪漫的革命最为热心，最能理解《新青年》上宣传的共产主义和马克思主义。

作为北大教授同人都不能不受到校园生活的影响，产生和改变自己的思想。这样的例子太多。此处仅举一例，陈独秀早年并没有关注俄罗斯革命，仅从民主主义和反侵略主义角度来理解它。3卷2号陈独秀的《俄罗斯革命与我国民之觉悟》认为俄罗斯革命不仅革皇室的命，也革世界君主主义、侵略主义的命。[⑥] 当时陈独秀是北大的文科学长，接受了北大的无政府主义思想，关注的是"人类之正义"和"反对君主反对侵略的精神"。

校园的影响不能一概而论，各个学校也会有不同的侧重点。北大为《新青年》提供平台，提供话题；上海大学和广州高师却为《新青年》提供读者和提供实践经验。杂志起的反作用也不同，《新青年》主要为北大辩护和提

---

① 《上海大学筹建校舍于宋园》，《申报》1923年4月24日。
② 《国立北京大学之内容（续）》，《申报》1918年12月29日6版。
③ 梁绍文：《梁绍文君上校长书关于进德会事》，《北京大学之进德会》，北京大学档案馆 BD1918002。
④ 《北京大学之近状》，《教育杂志》1918年第10卷第5号。
⑤ 盈盈：《上海大学之浪漫观》，《小日报》1927年4月13日2版。
⑥ 陈独秀：《俄罗斯革命与我国民之觉悟》，《新青年》1917年3卷2号。

供帮助，而在上海大学，《新青年》是学生的精神来源之一。

### （二）地域

所谓"地域"，指的是《新青年》同人所在的活动地点。因为中国有乡缘、地缘等各种关系做为强力纽带，因此地域具有集聚人才、凝聚思想、实现共振的作用。主要思想生产者的活动范围会一定程度上对杂志的思想造成影响。

地域具有凝聚思想的作用，所以能形成独特的文化色彩。对《新青年》思想造成干涉的机理在于，地方的文化和环境构成思想的切近的对象和感受，能激活思想的某些方面。

现实空间为思想提供基础。《申报》记者在报道北京社会的苦乐时画了一幅对比图，由官界（高官和小吏）、学界（专门及大学教员和小学教师）、商界（大腹贾和摆小摊者）构成。北京苦乐不均的现实隐藏着新思想产生的基础。说到学界时，记者说："以学界言，为教员者，专门及大学各校皆有聘书请其任课，学术言论到处欢迎，此等教读生活收入虽不及官吏之优，而每月亦可在二三百元以上。其精神一方面之愉快，尤在多数学子能吸受其学说，极端表示其爱敬，而在一己又可趁此时机著书立说启牖群氓。居首都之地，尤易为登高之呼，此亦可谓安乐者矣。"① 同人属于学界中的高级人物，但同人超脱于这个阶层之上，对底层民众有人道主义同情。第一次世界大战以后，世界的平民主义思潮壮大，正好与《新青年》同人的民主主义方向一致。记者还概述了北京当时的状况说："北京社会光怪陆离，无奇不有。愚之所述仅就生计一端耳，而推究其影响所及，已甚可虑。盖世界最近之新风潮，莫不起于经济组织之不平，安乐苦痛相差之过甚，稍稍留心时势者固当认为有讨论之价值者也。"② 这种背景为同人强调市民自治、民众自决等思想准备了条件，也为兴起社会主义思想奠定了现实基础。如果不是政府以无政府主义和虚无党等名义打压，在北京是可以产生对旧官僚体制的冲击的。也正因为这里是北京，是政府所在地，政府的压制力更大，最后造成《新青年》仿佛偶然、其实必然地离开北京。

---

① 野云：《北京通信·北京社会之苦乐观》，《申报》1919 年 11 月 28 日 6 版。
② 野云：《北京通信·北京社会之苦乐观》，《申报》1919 年 11 月 28 日 6 版。

具体来看，北京近官所以与官场有联系。北京被看作旧官僚的集中地，"其间所行所为以及种种议论无不奉专制主义为治国经邦之要，是故非阿谀谄媚之辈不能自全其生"①。北大却要办一个与官僚隔绝的学术专区，可见其形势凶险。蔡元培整顿大学的一个目标就是要学生去除做官的念头，蔡元培提倡进德会，也要与官僚区隔。很自然，北大在自己与官僚之间划出巨大鸿沟。故此日本人认为"自蔡元培氏任北京大学校长以来，新思想之一脉幸而不绝如缕，文人学者间分歧为之少变"，同人"竭力提倡新思想以开风气之先"，得到青年欢迎，但是"守旧一派异常嫉视"②。在北京，民主与专制、新思想与旧思想之间有难以调和的矛盾。当时，北京的状态是，教育界和教育部都有新力量，但是政府对耆宿又非常尊重，陈腐思想仍能左右政局和文化环境。

这种矛盾有时给同人带来痛苦。思想斗争和政府挤压使他们精神紧张，与此同时他们又无法与政府脱离关系。比如蔡元培自身的矛盾是，他建立学术来对抗政府，但又是政府的一部分，他与旧知识人的斗争不过是统治集团内部的两个仆从的斗争，所以北大改革属于内部改革，反抗是有限的。新知识人的敌人与北洋政府有深刻联系，因此他们要么退出政治斗争，以失败告终，要么只能转变为推翻北洋政府的力量。

与北京多官不同，在上海，资本家集中，工人集中，因此资产阶级的存在就是直接现实。这个社会其实就是由商团、市民组成的现代社会。上海的现实带来一点现代人的感觉，使文化与世界联系更为紧密。尤其重要的是上海同人多是漂泊上海的外来青年，因此生计无着，受金钱社会的欺压，容易形成同人的反抗姿态。另外，外国人更加集中，特别是在洋人的管理区，更容易受洋人的"洋气"，因此关注阶级斗争和民族矛盾更容易，比如连资本家汪孟邹都认为有帝国主义。③在上海这个环境里，某些思想更容易传播和酝酿。原来陈独秀对上海的理解还不是很清楚，他只有在安徽革命失败后才会躲到上海，在上海办《新青年》的时间也比较短，加上那时的工人农民还没有成为他重视的对象，所以对上海生活并没有关注。1920 年初到上海，

① 《新旧思想冲突之东论》，《时报》1919 年 4 月 27 日 2 张 3 版。
② 《新旧思想冲突之东论》，《时报》1919 年 4 月 27 日 2 张 3 版。
③ 汪原放：《回忆亚东图书馆》，学林出版社 1983 年版，第 95 页。

已经成为明星的他，与社会各界接触频繁，加上在北大接受的无政府主义洗礼，时代又对劳工神圣有了更多认识，因此他会结合上海的生活来理解本来以为高远的社会主义。

地域的分离也是相对的。地域背后起作用的其实都是人际关系网络，所以地域也会飘移。比如蔡元培带到北京的是上海的关系，这使北大更容易成为"飞地"。蔡元培与江苏教育会和商务印书馆有人情往来。江苏教育会代表了上海的新潮思想，它是南方教育界的一支力量。1918 年 8 月江苏教育会交际干事员名单中多为留美学生，还有商务《教育》杂志的编辑，此外还招引各省人员和各国来华的教育人士入会。① 南京曾经在民国初年是张勋的驻扎地，所以高层的文化思想比较落后。但民初曾为临时政府所在地，现在又是与蔡元培比较亲近的冯国璋驻跸处，蔡元培在那里有关系。江苏和浙江革命者有紧密关系。光复会的活动范围包括浙江、江苏（包括上海）、安徽等地。有研究者说"从某种意义上说，蔡氏在北大的改革，是将上海的新人物、新风气、新文化引进到了北京。发生在北大的冲突，其实是京沪两地文化冲突的体现"②，此说基本成立。要补充的是，上海的"文化"却不是上海本地的文化，而是以上海为中心的，包括江浙两省在内的思想"洪流"，这个"洪流"的源头在海外。这也是《新青年》能够与北京大学结合，出现在北京的原因之一。

"上海与北京，一为社会中心点，一为政治中心点"③。两个地域对《新青年》都造成影响。《新青年》从上海到北京然后再回上海，这个历程大体对应其论述中心的转移。沪皖时期讨论国民与政府的关系，实际是在努力推动市民社会的建立，努力使具有基本文化知识的公民获得权利（那时具有国民教育的主要集中在城市，特别是上海这样的都市，市民受教育程度较高，他们才是成为市民社会成员的后备军），到北京后逐渐转向政治和对高层文化的批判，在受到政治压力时，才转向站在高级知识人的立场批判市民。回到上海，又随着时代潮流，转向努力促进城市工人获得福利和权利。也许《新青年》并没有设计好的路线，不过是在不同的城市接触到不同的人群和

---

① 《江苏省教育会之函件》，《时报》1918 年 8 月 27 日 3 版。

② 熊月之：《"五四"运动与上海社会》，《社会科学》1999 年第 5 期。

③ 姚公鹤：《上海闲话》，上海古籍出版社 1989 年版，第 50 页。

现实，于是接受了时代的"指令"，虽然看起来像是偶然的，其实却有现实基础。

当然，也不能说《新青年》的文化思想受到地域影响都是正面的，也有以抵抗的形式存在的。比如，陈独秀接受上海的外来文化，拒绝上海本地市民文化。他在《新青年》上批判过上海，不满它的假新潮、图私利，批判上海人做新思潮杂志骗钱，外面挂着新文化的招牌，里面还是卖黑幕一类的货。① 再如，不满上海人庸俗化英美思想家，"自诩在中国实业上贡献了许多文化"，他甚至否认上海是文化中心。② 陈独秀反对西南大学设在上海租界，他说，"夫教育当与社会相应，上海本为商业中心，居人无学术兴味，加以为东西洋物质文明之焦点，所表现之思想唯觉其驳杂汗旧，较之他处似尤顽梗难化。其一种腐败颓暮之现象，已为识者所不满。若论改革之计，则当于上海附近可以开辟更大商港之地，别建一新都市，事势所趋，必有其日，大学当立永久规模，决不宜规于目前之便利。因陋就简为之。即令设在上海，亦当使新上海随大学而生，不当使大学附属与奄奄待毙之旧上海也"③。从陈独秀的话可见，他对上海本地的文化是完全不抱希望的。陈独秀也赞扬过革命的上海，称它从洋奴化变成有政治觉悟的地方，④ 这里指的是在上海发生的"五卅"运动，歌颂的是有血性的工人和学生。总之，同人肯定的是上海的革命文化，而不是世俗文化。

陈独秀也曾拒绝北京的文化。陈独秀在上海谈话时谈到北京市民觉悟不够，他说"最可痛心者为北京市民之不能醒觉"。大概五四期间，他鼓动北京市民直接行动，对市民力量不够感触很深，最后他代表市民出来向政府要求，结果获罪入狱。与此同时，他赞扬广东人民性质活泼勇健，受腐败空气的熏陶也许不如北京之盛，觉得改造广州社会也许较易于北京，所以他主张把西南大学设在广州。⑤

与《新青年》有联系的地方还有广州。因为陈独秀到广东做教育厅长，

---

① 独秀：《随感录·（八九）再论上海社会》，《新青年》1920 年 8 卷 2 号。
② 独秀：《随感录（九四）三论上海社会》，《新青年》1920 年 8 卷 3 号。
③ 《西南大学》，《民心周报》1920 年 1 卷 15 期。
④ 独秀：《革命的上海》，《向导》1926 年第 160 期。
⑤ 《陈独秀过沪之谈片》，《申报》1920 年 2 月 23 日 14 版。

所以把广州也纳入同人的视野。虽然时间不长，但是也与广州发生了一些互动。《新青年》上出现了广州学生们的新文化思潮。真正相互协调的时候，是在党员时期。那时广州已经成为大革命的策源地。王凡西回忆当时的广州情形，他在广州第一次看到了红色的《新青年》和《向导》与普通刊物一样公开陈列，封面上用大字印着共产主义或马克思字样的书籍充斥柜面，使他看了又惊又喜。[1] 此时，《新青年》在上海已经时常遭禁。它的红色标志也正好与广州的革命氛围协调。他还发现南方革命者不够革命，没有那份严肃气，无警觉心，更没有悲愤情怀。[2] 革命日常化了，世俗化了，一个对北方革命者非常新颖的理论刊物，并不能得到支持，认真读的人很少，这种环境已经预示着《新青年》的终结。

（三）世界

所谓"世界"指的是包围着中国的广大现实空间。

世界在同人心中形成世界意识，并带来超越时代的先进性。所谓世界意识就是以世界作为思考和实践的基础。认清世界有助于破除自我陶醉的迷梦，看清真相。《新青年》创刊之时的世界意识基本上是清末在日本培育出来的。革命者，特别是爱好共和国的革命者都是在世界发展的背景下来审视中国现实的。很多沪皖同人都是留日学生，他们站在两种文化之间来观察，早就有国际的经验。一开始陈独秀所谓世界往往指的是欧洲。比如在《近代文明史》《俄罗斯革命和我国民之觉悟》和《近代西洋教育》等文章中，陈独秀的世界指的就是欧洲，也指以欧洲为榜样的未来文明世界。胡适在美国接受的世界主义是指向未来的世界整体，这个整体肯定是以欧美为文化主体的。《新青年》提倡的新文化精神，无论是反对旧道德、提倡新道德，还是反对旧文学、提倡新文学，都是世界意识的结果。《青年杂志》在"出版预告"中提问："欲自知在世界青年中处何地位者乎"；在《社告》中又说："今后时会，一举一措，皆有世界关系。我国青年，虽处蛰伏研求之时，然不可不放眼以观世界。本志于各国事情、学术、思潮，尽心灌输，可备攻错。"[3] 在《敬告青年》这篇"代发刊词"中，所提"六义"无一不是从世界视野出发

---

① 王凡西：《双山回忆录》，东方出版社 2004 年版，第 23 页。
② 王凡西：《双山回忆录》，东方出版社 2004 年版，第 24 页。
③ 《社告》，《青年杂志》1915 年 1 卷 1 号。

确定的中国青年人格方向。对比《青年杂志》出版预告与陆费逵的《敬告中等学生》，在诸多相同认识之外有一个明显不同，无疑可以看作陈独秀办《青年杂志》的独特之点，或者说是他的有意的突破点，那就是增加了"世界意识"。虽然陆费逵在 1915 年 1 月创刊《大中华》时提出办刊的第一个目的是"养成世界智识"①，《中华学生界》也秉承这一思想，发介绍国外知识的文章，译介国外刊物上的文章，但是只有陈独秀才真正在操作上实现了这个目标，陈独秀的"世界意识"重在让青年认识到中国在世界上的地位，用世界大势来刺激青年的自觉，这就埋下了用世界标准评判国内现实的引线。陈独秀超越陆费逵的地方是不仅要学生知道世界大势，还要用世界现代理念塑造青年人格。

此外，除了《敬告青年》以外，陈独秀的文章都体现出世界意识。第 1 卷中陈独秀的文章分为两类，一类是青年文字以及与青年学生有关的教育论，如《敬告青年》《今日之教育方针》《抵抗力》《一九一六年》《吾人最后之觉悟》；第二类是与西洋有关的文章，如《法兰西人与近代文明》《现代文明史》《现代欧洲文艺史谭》《欧洲七女杰》《东西民族根本思想之差异》等。由此可见，陈独秀追随"学生杂志"，特别是《中华学生界》办刊的时候，增加的唯一要素就是世界意识。可以说"世界意识"是《青年杂志》思想的支点。可以说 20 世纪世界是《青年杂志》创刊时主要的思想坐标，恰恰是因为有超国家视角，在世界中衡量中国，它才重新确立了教育的立场，形成新文化的价值观。

当然这一次陈独秀又因为"先登坛唤"，所以他的"世界意识"受到时代的冷遇，当时人满足于民族国家名义上的建立，仍然是"爱国心"胜过"自觉心"，因此世界意识成了一个迂远的东西。还是在出版商的逼迫下，陈独秀从《新青年》第 2 卷开始把现实问题与世界立场结合起来，写出了《孔子之道与现代生活》等文章，使得批判的矛头有了具体对象，发表了《文学改良刍议》这样用西方的进化观念批判本国文学落后现状并提出改革方案的文章。

世界的逼近产生的紧迫感让《新青年》希望早点改变中国的现状。陈独

---

① 　陆费逵：《宣言书》，《大中华》1915 年第 1 卷第 1 期。

秀认为东洋民族的状态是宗法社会和封建政治，与文明社会尊重人格、自由、平等、独立自主等特点不兼容。忠孝是宗法社会封建时代之道德，是半开化东洋民族一贯的精神。他的意思是忠孝或许有好处，但放到世界文明的背景下衡量，恶果非常明显。① 隐含的意思是世界文明使中国旧文化失去合理性。世界的压力对中国现代化有一定助推作用，可以说如果没有外国的压力，中国早就恢复帝制了。虽然当时英国还有女王，德国有皇帝，日本有天皇，但是他们不希望中国恢复帝制。不是因为他们希望中国民主和富强，而是因为他们也不愿意中国在专制体制下统一起来。而且原来帝国的旧章程与他们的不同，难以沟通，不利于实现他们的利益。

世界随着媒体和各种问题来到中国人面前，不仅体现为外国人来到中国，而且体现在中国在世界当中，特别是中国文化开始融入世界体系。世界意识让《新青年》努力推动中国文化融入世界体系。它执着地坚持使用"文明"概念，即使用"文化"一词也包含"文明"的意涵。党员时期则把"文化"与"文明"同一起来，这些思想特点都因为它有一个世界一体的文明目标。这个文明在空间上就是原来的欧洲文明，原来是欧洲成员在内部不断争夺这个文明的主导权。中国进入世界以后，《新青年》也希望中国能够融入这个世界体系中，并在里面发挥作用。一般民众的心理只包含自己周围的前现代生活，而同人作为新知识输入者，心目中曾呈现的是世界一体的想象。

北大同人全是世界主义者。胡适在美国时就是大同主义者，② 他还赞同讷斯密司博士的世界的国家主义，提倡一种在国家之上还有团体，万国之上还有人类的世界观。他自己在留美学生的伦理学会演说中主张一国之外还有人类和世界，认为这是自己的重要发现。③ 钱玄同服膺无政府主义，而无政府主义者通常是世界主义者。④ 刘半农关注世界上的文学成就。周氏兄弟也都注目世界上反抗压迫的人们。周作人说过"凡是思想，愈有人类的世界的倾向，便愈好"⑤。蔡元培的无政府主义也向人类的世界开放。5 卷 4 号，张

---

① 参见陈独秀：《东西民族根本思想之差异》，《青年杂志》1915 年 1 卷 4 号。
② 参见胡适：《藏晖室札记》（续前号），《新青年》1917 年 2 卷 5 号。
③ 参见胡适：《藏晖室札记》（续前号），《新青年》1917 年 3 卷 5 号。
④ 凌霜：《托尔斯泰之平生及其著作》，《新青年》1917 年 3 卷 4 号。
⑤ 周作人：《日本近三十年小说之发达》，《新青年》1918 年 5 卷 1 号。

崧年表达了《新青年》对世界的认识。他说:"今之世界所谓大通之世,处斯时世,倘欲有所树立,必应受世界教育,得世界知识,有世界眼光,具世界怀抱,并令身亲种种世界事业。"[①] 北大的条件决定了《新青年》能比较快速地接触国外的信息,整个校园都关注西洋情况,这点可以从《北京大学日刊》中看到,里面有大量海外的思想和学术信息。因此,同人们的世界意识在北大得到发扬,思考问题总是在世界潮流中来审视其正确性,反对拘于中国一隅看问题。《新青年》之所以成为第一次世界大战后中国新文化的先知,原因之一在于它立足世界审视问题。张崧年就认识到世界开通,必须因时而变。[②] 这是从学者角度来强调对世界开放的重要性。正是在世界作为事件的不断冲击下,《新青年》进一步跟上世界潮流。《新青年》在第一次世界大战胜利后,也几乎用社会代替了个人。

第一次世界大战中,世界成为一个现实走到更多国人面前。"一战"就已经把中国人带入世界了。特别在是否对德绝交和宣战的讨论中,使得世界直接走到当时人的面前。对德宣战这样的国际事件发生以后,世界已经来到中国人的家门口。参战涉及外交问题,把中国带入世界环境。第一次世界大战参战的讨论和学生运动搅起来的舆论漩涡,使得民众打开了眼界,意识到自己的周围不再是中国城市和乡镇,而是广大的世界,民族危亡使外面的世界与乡间的民众结合在一起。因为欧战带来世界眼光,反观中国,才认同了同人的看法。1918 年 12 月启程去欧洲以私人身份参加巴黎和会前,梁启超说"惜今日世界潮流急转之时,从前旧思想旧主义概已不能适用,不许存在。吾国即亦不能不应此潮流以力求进步。"[③] 欧战胜利又给国人一次获得世界经验的机会。"一战"胜利成为一个契机,使得国人一下子面对世界事件。第一次世界大战后,中国和世界连为一体的想象更加强固。在社会上关心世界问题已成为风气。蔡耀堂说:"鄙人现在思想已与七年前不同,故无论何事不变即无进步,无新鲜之学问与理想直可谓之无世界",他还从世界层面审视国民素质和科学水平:"中国人之大缺点纯为旧思想所束缚,全无冒险之性质。今之人均号曰中华,我谓此应另作一解释,即不上不下谓之中,华而

---

① 张崧年:《劝读杂志》,《新青年》1918 年 5 卷 4 号。
② 张崧年:《劝读杂志》,《新青年》1918 年 5 卷 4 号。
③ 《研究会饯别梁任公》,《国民公报》1918 年 12 月 21 号。

不实之谓华。以致今日既非头等国，又非三等国，此为最可耻之事。"① 这就是五四运动产生的背景，也是《新青年》被社会承认的背景。媒体对世界的新想象是一种世界来到的心理反应，也是世界思潮进入的背景。《国民公报》于 1918 年 11 月 22 号《本报欢迎投稿启事》上说："欧战告终，德奥革命，世界已根本改造。环顾国中，死气袭人，事事物物无不腐败龌龊。若不根本改革，安能生存于未来之新时代。"② 媒体上不仅有各种海外新闻，还有外国著名学者被请进来，直接与国人对话。种种迹象表明世界在"一战"前后快速进入中国的情形。

世界意识使《新青年》突破国家限制，超越地方经验。比如《新青年》在第一次世界大战胜利以后主张和平③，就不光是表达被压迫者的呼声，而且是在世界和平大潮之下，要求军阀停止战争。《新青年》反对强力统一，④极端排斥专制和武力的思想前提是和平，而和平观念也来自第一次世界大战以后的世界新形势。第一次世界大战后，同人追随人道主义潮流，目的是解决世界性的问题。高一涵指出将来的方向是"使人人都没有衣食住的忧虑，让人好去求人生究竟，并渐渐推广，打破国界，在世界范围内造成这种自然的和平的合理的人的生活"⑤。蔡元培支持工读互助团不仅为了解决中国青年的求学问题，而且为了"全世界最重大问题，也不难解决"⑥。社会主义的流行与复古主义一样成为第一次世界大战结束后解决世界文明危机的方案。

到第 8 卷将社会与世界结合起来考虑，即社会指的不仅是国内的社会，还是人类组成的社会，国家不过是社会的一种形式。党员时期彻底在思想上联系到国际斗争中。《新青年》认为：阶级对立和压迫造成文化的危机，是国际人类文化的危机。⑦第十和十一卷的《新青年》为共产国际宣传，因为《新

---

① 《学生会交谊会纪事　蔡耀堂之演说　袁观澜之演说》，《时报》1918 年 9 月 21 日 3 张 5 版。

② 《本报欢迎投稿启事》，《国民公报》1918 年 11 月 22 号。

③ 王星拱的《去兵》和胡适的《武力解决和解决武力》均收于《新青年》1918 年 5 卷 6 号。

④ 陈独秀：《再质问〈东方杂志〉记者》，《新青年》1919 年 6 卷 2 号。

⑤ 涵庐：《武者小路理想的新村》，《每周评论》1919 年第 36 号。

⑥ 蔡元培：《工学互助团的大希望（1920 年 1 月 15 日）》，《蔡元培全集》（3），中华书局 1984 年版，第 377—378 页。

⑦ 瞿秋白：《世界的社会改造与共产国际（共产国际之党纲问题）》，《新青年》1923 年 10 卷 1 期。

青年》采用共产国际的视野，已经完全是在世界革命的高度来审视中国和外国的政治斗争，站在超国家的高度来思考文化问题。《新青年》的世界眼光使它离开了主流，成为未来社会的精神培养地，也因此使它的文化思想脱离中国实际。如果没有世界作为现实出现，那么劳工阶级的兴起在中国就很难谈起，当时只有上海等通商口岸存在较为集中的产业工人，而全国绝大多数地区则工业落后，产业工人人数少、觉悟不高。这些状况都说明当时社会主义在中国尚缺乏成为时代潮流的可能性。第一次世界大战以后，中国成为世界一员的意识，使世界社会主义思潮在中国找到衔接的现实基础。党员时期的《新青年》更是坚持这个前提，用世界社会主义革命来引导中国革命。

## 二、现实空间的互动

空间通过思想的凝聚来对思想者产生作用。某些思想集中在某一空间中，许多符号能够协调地积聚到一个场合、一个空间。某些思想在空间的某些地方集中，才呈现出秩序。地域文化差异就是空间中的思想差异。

思想者的空间位置和思想者外部人际关系影响其思想的内容，空间中的人际网络还为思想的积聚发挥作用，地域的人才凝聚作用正是这样形成思想集中的。

沪皖时期，编辑部虽然在上海，但同人关系网对应的是安徽和湖南。这个地域不是同人写作时期的生存空间，而是以革命经验和人际网络构成的一种借助媒介和通信联系起来的精神空间。安徽和湖南是清末革命的新知识人活动的两个地带。湖南与上海都是沿长江的发达地区，所以革命文化比较发达。安徽临近上海，也有革命志士的踪影。当时因为两省结合紧密，在湖南和安徽之间有传统联系，如安徽人在湖南办安徽旅湘公学成为积聚革命知识人的处所①。章士钊和陈独秀，群益书社和亚东图书馆，以及安徽人汪叔潜的通俗图书局，这都是两地传统关系的结果。三个出版机构想联合成立大公

---

① 1903年李光炯应聘在湖南高等学堂担任历史教习，并创办"安徽旅湘公学"，为革命培育人才，以推翻清政府。聘黄兴、张继等人任教，一时很多革命志士聚集长沙。为当地保守势力所忌，湖南巡抚赵尔巽着手捉拿。旅湘公学只好迁到芜湖，更名"安徽公学"。先后聘请了不少革命志士来校任教或讲课，如陶成章、柏文蔚、刘光汉（刘师培）、苏曼殊、房秩五、陈独秀、谢无量等华兴会和光复会会员。从名单上看，还能发现安徽革命志士与光复会的传统联系。

司，到北京筹集股款，找的也都是湖南、安徽的名流。①《新青年》沪皖同人实际上是这种地域文化背景上聚集起来的。

当然，他们还有一个重要的纽带，就是海外来的新知识。他们都主张民族民主革命。思想纽带更为主要，所以实际上超出地域，在《新青年》上主要进行超地域思想的交流，地域仅仅起一种人员积聚作用，因此地域性没有简单地体现在《新青年》的思想中。如果一定要说有的话，就是安徽、湖南虽然是沿江思想启蒙比较早的地区，但相比上海和日本，毕竟是边缘地带，革命者的位置相对来说也比较边缘，在辛亥革命中既没有湖北革命首义的功劳，也没有上海、广州输入新知的地位，因此安徽革命者和湖南革命者在革命队伍中处于边缘地位。《新青年》在革命思想的格局中起点不高，存在一个从边缘向中心靠近，又保持距离的文化姿态，这与其同人的边缘地域有某种关联。

北大也给《新青年》同人以集聚的机会。原来杂志的作者虽然有种种纽带，但是相互分离。现在集中在北大朝夕相处，每天通信，时常见面，可以及时交流思想，发生共振，更加确信自己的正确，面对共同的敌人，才更加意气昂昂。其激烈的语言也是因为身为北大教授，天之骄子，表现出睥睨世界、不可一世的姿态。

另一种思想方式——实践更能产生某些思想。作为重要实践方式的空间斗争——空间中的思想与其他空间中的思想发生斗争——也是思想产生的因素。空间斗争的基础自然是集团属性，但是集团如果对应于某个具体空间，也就存在空间中的对垒。比如，同人所处的北大、上海大学、上海、广州等都是与政府和习俗有对立关系的自由领域。北大保护异己分子，比如五四以后，教育部曾为警察查获的社会主义青年团事情向北大发出训令，当时主政的评议会应付了事。②北大的传统到蒋梦麟手上也没有变，也曾对左倾学生多有回护。③因此，北方党员中北大学生不少。还有李大钊也是政府的眼中钉。④北大与政府的对立，使《新青年》强化了"反"政府的思想，比

---

① 汪原放：《回忆亚东图书馆》，学林出版社1983年版，第37页。

② 《教育厅布告教部令北大评议会文》，《大公报》（天津）1923年5月31日6版。

③ 《教育部训令从严约束学生朱谦之》，北京大学档案馆 BD1921008。

④ 《政府大兴文字狱内务部通缉李大钊》，《大公报》（天津）1924年6月29日2版。

如他们有不同于政府的欧战解释。段祺瑞在中央公园的讲演中呼喊的口号是"协约国军队万岁，中华民国万岁"。当时记者报道说："下面有数人呼喊段总办万岁，段祺瑞为之莞尔。"① 正好补充了段祺瑞的意思。而这个意思与北大的看法是不一样的。北大同人接受政府的命令，在天安门搭台子演讲庆祝中国成为战胜国，但是北大却借机会宣传自己的思想。《新青年》5 卷 5 号和 6 号庆祝欧战胜利的讲演和相关文章认为此次协约国胜利，不尽归功军事。他们特别强调劳工神圣，因为中国参战的只有华工。② 北大这样宣传是讽刺政府根本没有出兵却要庆祝、为政府脸上贴金的行为。陈独秀说，在我看来，与其说是庆祝协约国战争胜利，不如说是庆祝德国政治进步。③ 这种解释其实是对军阀政府表达不满，希望中国政治能够进步。

《新青年》攻击徐世昌不单出于同人的理念，也有为北大抵抗的意味。5 卷 3 号开始对徐世昌表示敌意，5 卷 4 号是戏剧专号，除了戏剧类的稿子以外，其他稿子突然转向民间，这应该是编辑胡适所为。胡适在《什么话?》里批林传甲，并列出徐世昌刚当总统时许的愿，有立此存照，提醒总统不要食言的意思。应该就是 5 卷 3 号编辑之前北大受到来自徐世昌的干预。深入交恶的原因尚不得而知，但从文章聚焦的地方看，主要有几个：钱玄同批"公仆"要施恩给国民，④ 胡适关注的是没有世界眼光，⑤ 陶孟和批的是"执政的人物现今操纵全国政权的大人物，大部分都是前清的官僚"，"执政的思想，最高的不过是孔孟的政治哲学"，"政治制度还是旧的。总统亦然保持皇帝的仪制"。陶孟和还借题发挥，说在专制国家内，只有命令者与服从者两种人，"我们是共和国的人民，不能再等待'执政者'解脱我们了"⑥。从他们关注的方面看，同人不满于徐世昌的地方是：旧思想要进入教育界和道德领域。背后的原因是威胁到北京建立起来的独立的"北京学界"。

---

① 《北京庆贺声中之轶闻》，《时报》1918 年 12 月 5 日 3 张 7 版。

② 荷荷：《蔡子民第二次露天大会之演说》，《时报》1918 年 12 月 3 日 2 张 3 版；蔡元培：《劳工神圣》，《新青年》1918 年 5 卷 5 号。

③ 陈独秀：《克林德碑》，《新青年》1918 年 5 卷 5 号。

④ 玄同：《随感录·(二十八)》，《新青年》1918 年 5 卷 3 号。

⑤ 适：《什么话?》，《新青年》1918 年 5 卷 4 号。

⑥ 陶履恭：《我们政治的生命》，《新青年》1918 年 5 卷 6 号。

与保北大、批总统相联系的是，同人进一步确认了自由主义立场，更加强烈地在言说中呈现反专制的思想。陶孟和说："从今以后，我们每人先把专制的观念——不特政治上的专制，连思想、风俗、习惯、家庭，各方面的专制也包括在内——推翻，更把奴隶的根性——凡是对于君王、官吏、父兄、思想、风俗、习惯，为盲目的服从，含畏服的心理者都在内——掀倒，才可以有政治的生命，才可以联合组织做共同的组织。"[1] 这种认识将思想改造推进到社会各个层面，似乎到这时才充分展开了陈独秀在沪皖时期奠定的培养国民的思想，从政治方面扩展到生活的各个方面。正是思想的空间斗争为同人提供立场，立场则结合情境而产生或选择了思想。

通过巩固空间来凝聚思想。北大同人正好赶上袁世凯失败以后国人疏离政治的潮流，这使它选择在政治之外影响政治。北大并非与政治无关，也有政治色彩。首先，它收容有学养的政治家。比如蔡元培本人、张溶西、章士钊等[2]。也包括陈独秀，他也是有政治家背景而进入北大的。它还向政界输入人才，比如罗文干、王宠惠等。后来罗文干出事，蔡元培气愤也是为了保护政府中的北大系。还推荐与自己接近的人进入政界，比如黎元洪第二次任总统，曾让蔡元培做教育总长，蔡不做，推荐了他的智囊之一也是同乡汤尔和。蔡元培有利用学界影响政界的思路，与陈独秀用舆论界影响政界的思路相近。蔡元培也会利用学生对政府施压。五四运动的发生就可以看到这一点。5月2日许德珩从蔡校长那里听说了巴黎和会的事情，[3] 新潮社参与其事，也是傅斯年从蔡元培那里听到消息。说明蔡元培是消息来源。学生出门上街，蔡元培仅是象征式地阻拦了一下，之所以说他是象征式地阻拦，因为当时他的威信非常高，如果他尽力阻止，学生一定会听从。他用学生闹事来向政府施压还不止一次。[4] 记者提到1918年夏"因军事协议学生排队见总统，大为内阁所忌"，当时总统是冯国璋，军事协定其实是内阁的事情，向总统

① 陶履恭：《我们政治的生命》，《新青年》1918年5卷6号。
② 《北京大学之新教授》，《公言报》1917年10月27号3版。
③ 许德珩：《"五四"运动六十周年》，全国政协：《文史资料选辑》21卷61辑，中央文史出版社2009年版，第164页。
④ 1919年2月7日，北大学生就因外交问题而群情激愤。参见《学界与中日交涉》，《国民公报》1919年2月7号3版；《蔡元培呈大总统的辞职书》，北京大学档案馆BD1919014。

请愿，就是对段政府施压。如果联系到当时他们刚刚遇到安福系的压力，就更能发现两者的联系。至少 1918 年夏天那次请愿，蔡元培就没有强烈要求北大学生不参加。冯国璋自然心知肚明，所以才会有"河间一派终不以去蔡为然，故蔡亦未去"①的结果。政府也心知肚明，应该是对蔡元培有某种批评，因此不久蔡元培就登报声明从此不过问政治。由此推断，说蔡元培参与发动五四运动，也不是没有根据的。只是他没有想到有这么大的影响。北大借助于政治力量来巩固北大以及北京学界的团结，积聚思想类似的人才，进而对政府施加影响。

空间限制思想者的思想。如果按照同人的本意可能会把反对新文学的人统统作为敌人，但作为共同归属地的北大，以及学缘和经历的接近，使他们放过了校内某些反对新文学的人。舆论界更愿意把北大内部新旧思想对立加以夸大，②其实北大内部的对立并不那样激烈。③刘师培其实是陈独秀引进的人，④在学校地位稳固，因为他有学问有能力。说他是"国故派"首领似乎也不是真的。关于国故派与新潮派对峙，刘师培曾出面辟谣。五四以后刘师培去世，还是刚出狱不久的陈独秀帮着料理的后事，可见两人私谊很好。⑤黄侃大骂白话文，主要是性格原因，属于文人相轻的旧习。他的"旧"被戏剧化了。刘师培和黄侃学术思想和文化选择与《新青年》同人有差异，可以理解，但在学校内都服从蔡元培的领导。《国故》月刊是在承认蔡元培领导的基础上进行学术观念创新的成果。他们学问又好，而且与章太炎都关系较近。五四以前刘师培和黄侃反对同人的新文学，并不受排挤。他们尊重蔡元培的权威；北大尊重学问，允许他们存在。黄侃、刘师培被称为选学妖孽，主要是钱玄同的个人立场，在《新青年》中没有得到响应。其他人没有再把他们作为对手。刘黄成为北大被排挤的对象是在五四以后。刘师培 1919 年11 月去世，一开始学生不积极给刘师培办葬礼。⑥五四以后，"黄氏则声称

---

① 霜羽：《北京通信·大学校长问题之过去现在未来》，《申报》1919 年 5 月 13 日 6 版。
② 静观：《北京大学新旧之暗潮》，《申报》1919 年 3 月 6 日 6 版。
③ 《北京大学文科之争议》，《申报》1917 年 10 月 17 日 6 版。
④ 许德珩：《"五四"运动六十周年》，全国政协：《文史资料选辑》21 卷 61 辑，中国文史出版社 2009 年版，第 159 页。
⑤ 野云：《京学界要人之凋谢》，《申报》1919 年 11 月 27 日 7 版。
⑥ 野云：《京学界要人之凋谢》，《申报》1919 年 11 月 27 日 7 版。

一己之学问不适于大学新学思想，理宜退避贤路"①，而坚决要离开。应该是北大内部思想氛围发生巨大变化，而造成很大压力的缘故。五四以后，对旧派色彩的人不予宽容了。

空间可以带来思想者的新经验。地域的新经验使《新青年》关注的对象和思想呈现出特色。沪皖时期，同人都是漂泊在沪上的人，因此对地域文化感受不深，更多谈论国家这个超地域概念。北大时期，编辑部和主要作者多在北京，虽然也属于漂泊，但生活相对比较安定，而且依托北大参加社会活动，与北京融合得比较深入，因此北京的现实成为它的主要对象，特别是那个思想落后的高层以及有荒谬思想的舆论界成为《新青年》锁定的目标。同人因为遇到特殊的北京文化处境，所以同人思想更多批评性，从反孔到反国粹，再到反旧思想。世界的新经验也作为思想的背景来影响同人对问题的回答。思想背景的大小将决定思想的价值。一种看法拘于地方或一国，常常使它不够客观。一些文化形式在一地一国可能是天经地义的，在世界范围内可能就不正确。在世界范围内有更多经验可供借鉴和预测未来，也更能找到人类理性的共识。通过世界（外来）的新经验和新生活对比中国的现实，可以形成更加合理的观点。胡适从国外带来外国的经验，看过美国话剧的写实，自然觉得中国戏装模作样不好。胡适说："看那出《四进士》，台上布景，明明有了门了，那宋士杰却还要做手势去关那没有的门！上公堂时，还要跨那没有的门槛！你看这二十年前的旧古董，在二十世纪的大舞台上做戏，装上了二十世纪的新布景，却偏要做那二十年前的旧手脚，这不是一副绝妙的中国现势图吗？"② 当时出国的人回到国内都会有停滞感，有一种错位感。这就使戏剧改良的背后有非戏剧的因素。胡适等人不满旧戏，更多是因为社会空间已确立了他的文化立场。

空间的作用比较静态、模糊，是产生思想的一个潜在的条件。空间更多是提供一个话题空间，提供思想互动的场所。因为媒体的广泛传播性，其实对于地域化的话题有消解作用。特别是当一个话题不涉及地域的时候，比如女子问题就主要不是一个与地域空间有关的话题。但是话题还是会受到空间

---

① 市隐：《北京通信·都门学界杂闻》，《申报》1919 年 9 月 5 日 6 版。

② 胡适：《归国杂感》，《新青年》1918 年 4 卷 1 号。

的作用。空间作为一种因素必定参与话题的生成和发酵。北京的思想问题对同人的话题具有较大影响，如2卷5号以后就不直接反孔了，只陆续发表吴虞早写好的文章，是前期思想的遗留，一方面因为孔教问题不太突出了，另一方面对象已经不限于耆宿和某些议员，而是变成与官僚结合的整个旧思想，新文学的敌人成为它的主要对手。本来提新文学是从全国状况着眼，到了北京则变成了与桐城派的论战。王敬轩这个假想敌，就是以桐城派为主要原型塑造的。开始耆宿往往不屑应战，但是欧战胜利以后社会舆论为之一变，旧人不能不起来应战，来自海外的新保守思潮也为他们增添了理据，让他们更为自信地应战。① 关于新旧剧论争就是北京的空间提供的一个话题，旧戏在这里也主要是京戏，偶尔涉及昆腔。钱胡和张厚载的论争充分开发了北京乃至全国的资源以后，终止了。但是在五四以后，在广州再次发酵，广州高师的学生重新开始新剧讨论。原来北大时期新旧剧论争主要关注旧戏是否要去除。对于旧戏改良也关注，但是对于新剧的改良（陈公博所谓旧剧其实是文明戏，后者也是新剧）则是到广州才有的内容。学生们主要关心新剧的内容，他们批评广东的新剧误解自由恋爱，② 认为不应该都是情戏，可以多多反映社会问题，③ 批评新剧思想不统一，一会儿女子解放，一会儿三从四德。④ 还主张少演西洋剧，多写创作剧⑤。学生们针对的自然是广州剧场的情况，也正因此广州的新空间中的思想来到新旧剧话题中，带来新的立场。

空间塑造思想者的心理。先进的西方"世界"与落后的中国之间对比造成危机感，特别要提出的是世界对于中国国内的空间造成压力。上层人士最早感到外国的压力，不仅袁世凯被逼签"二十一条"是其表现，就连袁世凯

---

① 当时人认为北大教授由于提出新文学而与林纾等发生新旧思潮的对立，比如《申报》记者说："自大学教员陈独秀胡适之等提倡新文学，旧派大为反对，于是引起新旧思潮之冲突。近日此种风潮愈见扩大，林琴南运动议员张元奇等因此问题弹劾教育总长，并先使人示意于傅总长，若不立将蔡校长撤换，弹劾案即当实行提出。"（《京华短简》，《申报》1919年4月5日7版）但要知道1917年初《新青年》就已经到北京耆宿的眼皮底下来办了，矛盾虽然一直在，却没有爆发激烈冲突。新旧思想的冲突不早不晚偏偏在第一次世界大战以后爆发，其中有风气变化作为诱因。

② 苏熊瑞：《新剧底讨论（一）》，《新青年》1921年9卷2号。

③ 宾名：《新剧底讨论·附志》，《新青年》1921年9卷2号。

④ 亚魂：《新剧底讨论（四）》，《新青年》1921年9卷2号。

⑤ 陈公博：《新剧底讨论（二）》，《新青年》1921年9卷2号。

称帝都是靠外国专家的理论支持。最终帝制没有恢复的原因，深层次的是西方政府的不支持。陈独秀也在《一九一六年》中发出的危机言论和《对德外交》中也提出德国获胜则中国危机的警告，提醒国民要有觉悟，迎接一个新时代。① 现实的危机感到"一战"胜利后也没有减轻。当时政府也承认西方思潮，不过，它是不情愿的。陈独秀就揭露说：政府当局被时势所迫，也提倡新学和西洋文化，他说这是敷衍洋人，希望获得外交团的承认。② 中国民族资本家则担心战后欧洲商人重回到中国，中国将无从抵御，③ 此外，国人还担心"学战"造成中国日益落后……国人的危机感可能是欧战后国内思想涌动的深层动机。压力之下，产生两种心理，一种是直接抵抗，一种是顺应的方式抵抗。同人属于后者。他们的世界意识使得第二种回应压力的方式成为可能。《新青年》喜欢这种危机感，它把危机感转换为对国内各方面的改革动力，促使国人觉醒。陈独秀提醒读者大战后"应觉悟，欧洲战争很少无意识的战争，战后改革进步是常事。此次大战争乃旷古未有的，战后政治学术一切制度之改革与进步亦将为旷古所罕闻，吾料欧洲之历史大战之后必全然改观，以战争以前历史之观念推测战后之世界大势无有是处"④。他自己也在此因素的作用下，追赶世界潮流，提倡社会主义，选择平等对待中国的苏俄文化，并坚持在世界文化危机中解决中国的文化危机问题。

《新青年》通过手段促进"世界"进入中国。它积极传递"世界感"，有意识地展现域外生活，形成世界的文化想象。2 卷 6 号国外大事记报道欧洲战局。《余之病院中经验》写李张绍南女士在苏格兰住院的过程。陈独秀回答李寅恭的来信说："欧洲良法美俗，足资吾国社会改良者不少，足下倘有日记或札记载此等事，录赐本志，则裨益读者匪浅也。"⑤ 陈独秀要发的是有关外国经验和良法美俗的文章，以促进社会改良。发表李寅恭妻子在英国生

---

① 　陈独秀：《一九一六年》，《青年杂志》1916 年 1 卷 5 号；陈独秀：《对德外交》，《新青年》1917 年 3 卷 1 号。

② 　陈独秀：《克林德碑》，《新青年》1918 年 5 卷 5 号。

③ 　青年会想办大学，也是出于应对欧战后的局势。中国青年会说："盖一国之强弱系乎教育。将来欧战告终，列强势必移其商战政策于东方。我爱国青年若不乘此潮流勤求实学，何由抵制。"《青年会将设大学》，《时报》1918 年 11 月 14 日。

④ 　陈独秀：《俄罗斯革命与我国民之觉悟》，《新青年》1917 年 3 卷 2 号。

⑤ 　独秀：《答李寅恭》，《新青年》1917 年 3 卷 5 号。

活的记述，目的都是要为读者打开眼界。也许这是陈独秀的初衷，因此他才有意识地索要札记。陈独秀还发表胡适留美时的札记。胡适的挚友许怡荪给胡适的《藏晖室札记》写的识语中有："因思吾国改革以来，亦十余载，而昏聩者仍笃守东方旧习，与世界趋势，动辄背道而驰，识者忧之。深望国内之士大夫，常往来欧美，览观大势，庶执着之心，久而自悟。"[1] 五四以后，《新青年》彻底向海外思潮开放，报道苏维埃是非常重要的思想表达方式。介绍苏俄的生活和社会主义实践，呈现对中国来说还很陌生的合理生活。比如，8 卷 1 号发表洪福利（Humphries）自己在俄罗斯的生活记录。[2] 日常生活的报道，即使是遥远的生活，也具有暗示作用，比如其中写到无政府与布尔什维克之间的冲突，有可能促使大家区分两者。此外还有大量俄罗斯情况的介绍也对传递新生活的感受发挥作用。

世界的到来不仅可以提供对象，还可以提供立场。世界的概念在西方入侵以后就在中国人眼前逐渐清晰。晚清以来的媒体已经把世界带到人们面前，特别是带到有知识的中国人的面前。但开始总是以中国立场来审视世界，因此属于在世界外，比如抵抗和批评外来的异质的文明，看不到对方的优良之处。后来，经过历次失败，才逐渐转变了立场，按照世界的价值观来审视世界和中国。同人都经过这种转换。以傅斯年为例，早年他接触到国外学术，其实是抱着反击西方的意图，后来在胡适等人的启迪下，也是在世界学术的逐渐浸润之下，顿悟式地跳出了本国的思想圈子，看到中国学术有很多值得批评的地方。[3] 世界立场意味着世界不仅作为环境出现，更重要的是有"在世界中"的态度。它有时候也会强调世界与中国的差异性，不过它与保守者的出发点不同，是站在"世界"一边。第一次世界大战以后，"世界"成为很多国人思考问题的背景，此时《新青年》重新思考新旧问题，就与早先国人不注意世界的情况下思考的内容不同，把早年以中西代替新旧的看法转换，提出在一地旧了，在另一地可能是新的。潘力山说"共产主义、集产主义"在美欧已经不是很新的东西，现在那个潮流，绕到东亚，又新起来了。[4] 这针对

---

[1]　怡庵：《藏晖室札记·识语》，《新青年》1916 年 2 卷 4 号。

[2]　洪福利：《我在新俄罗斯的生活》，汉俊译，《新青年》1920 年 8 卷 1 号。

[3]　傅斯年：《中国学术思想界之基本误谬》，《新青年》1918 年 4 卷 4 号。

[4]　潘力山：《论新旧》，《新青年》1919 年 7 卷 1 号。

的思想问题是当时国人从整个世界视野中衡量新旧，将思想新旧绝对化，拒绝接受某些对中国有用的思想。《新青年》对症下药，反而强调世界与中国的差异性，目的当然是为了接引适用的新思潮。由此可见，"世界"对《新青年》来说主要是引入新思想的工具，本身关注的中心还在中国。一开始不断提到"世界"是为了让国人看到外国的新制度、新思想，等到国人接受了世界的存在，变为唯新是求的时候，它就转变成"中国特殊论"者。这背后是以中国危机作为深层理据，即中国在世界上处于危机之中，如果引入西方先进的思想，不改变中国的现状，中国将不能屹立于民族之林。从这方面看，它与保守者其实都享有共同的中国立场，不过因为它在世界和中国之间找到立场而已。

空间给思想者提供改变思想的机缘。比如北大给同人提供了改变态度的机缘。第一卷《青年杂志》学理性比较强，带有建设和立新的色彩，到了二三卷，由于政治环境的变化，以及为了拓展销路，转去批旧。四卷以后，则是理性地建设和不遗余力的批评。沪皖时期的学理在内容上受环境和作者的兴趣的影响，选择政治的比较多。北大在蔡元培领导下是从事学理研究的机关，那么受到北大影响的杂志也比较强调学理性，这方面可以看看张厚载发表在《新青年》上的文章，其语言与他的戏评相比就显出更多学理色彩，比如喜欢使用西方的一些美学看法，这是刊物本身的色彩对于作者的压力。

京沪时期，《新青年》的空间最为复杂，有北大、上海、广州。三个空间的思想会各自发挥作用。北大对《新青年》的作用也未必都是积极的。五四以后，北京已经风声鹤唳，政府极端仇恨新势力，对新思想的打压十分猛烈，《新青年》是犯忌的杂志，在北方已是非常危险。五四运动以后，北大回归学术，迫于政府压力不便激进，北京的教育界内部也被分化。这种环境不再利于同人在《新青年》上发表"不安分"的言论，使《新青年》脱离北大后，北大同人无法再为《新青年》供稿。为了保护北大的学术安全，北大同人也会与《新青年》保持距离。这一定程度造成同人的分裂。胡适争夺《新青年》的编辑权也是为了把《新青年》办成带有学术性的文学哲学刊物，一定程度上限制《新青年》向社会主义转进，继续北大的学术独立路线，维护学术的北大与《新青年》的结合。上海给《新青年》增加了最新的观念——马克思主义和苏俄。广州虽然影响短暂，但是提供了实验教育理念的机会，带来陈独秀在广州从事的教育工作的新经验和新思想。

《新青年》发生分裂，固然因为思想者思想的变化，也因为同人发生空间隔离，在不同的城市地域，受到各地的影响而产生差异。比如上海的交通便利，接受海外思潮最为便捷，在清末是新知识的入口，五四以后更是洋风吹拂的所在。租界使政治压力得到缓冲，便于培植"危险"思想。商业和出版发达也是思想集聚的条件。陈独秀带着《新青年》回到上海以后，思想迅速变化，除了因为周围的人变化了，还有地域原因，比如受上海新文化的氛围感染，当时上海已经有《星期评论》《觉悟》等在大力提倡社会主义，并且对 19 世纪马恩晚年的无产阶级政党理论有所介绍。上海有自由的言论和蓬勃的劳动运动氛围，社会主义思想作为潮流在新思潮中激荡。陈独秀回到上海，才有机会受到新时代感召，更接近上海的产业工人，使社会主义思想有现实针对性，进一步帮助他从学术彻底走向社会，走向政治。而在北京，大学象牙塔里的教授最多遇到的是人力车夫，只能写点《人力车夫》的诗聊寄他们的人道同情而已。

空间也会有助于思想的扩散。比如白话文在北京比较容易提倡，其他地方方言没有成为国语的便利。按照欧洲国语发展的历史，大多数国语与政治中心有关。何况运用北方方言创作的白话小说也为用经典来塑造国语准备了条件，这些条件在北京最为完备。虽然也曾有人反对国语用北京话，但实际上白话就是改造了的北京话。当时已经有官话作为基础。五四以后有人写文章说白话文不能发达的原因中有"各处言语不同，能操官话者少"，说北京的白话文势力之发展原因"皆由于一二思想家居高倡导之力，登山一呼迎壑响应，而又在北京官话通行之地，白话文本具固有基础"[1]。实践证明，北京对白话文的提倡有帮助。同人在北京提倡白话文有"地利之便"。

空间的属性可能给思想者提供社会地位，并且因此增强思想的力量。北大的名声在 1918 年已经远播，主要因为蔡元培的改造工作。知识界比较肯定蔡元培的功绩，地方上也已经风闻北大的新动向。湖南某教育会长后来谈到自己 1918 年到北京的观感："鄙人前此到京深有感触，缘数年前北京大学学生以做官为唯一之目的，学问且不之求，遑论国计民生。故当时大学论腐

---

[1]　野云：《北京通信》，《申报》1919 年 11 月 16 日 6 版。

败为全国冠，前次在京所见迥然不同，学生思潮大变，皆知注重人生应为之事，多已表襮于各种杂志日刊，因之京中各校亦多顿改旧观。"[1]北大人在天安门广场的演讲，受到上海报纸的关注。[2]五四运动爆发之前，北大在北京和全国的名声就开始大为提升。《申报》的北京记者对北大有信心，他说"大学有如此思潮，大学学生有如此能力，足为我中国抱乐观"[3]。大学在时人眼里已经产生一种特异的思潮，让人看到希望。五四后，舆论界对北大的观感是："在此沉沉昏睡之国家内，足以振发一般聋聩，唤起大多数智识社会之同情者，幸有学界一部分而能居中国思想界之中心，可以登高一呼万山皆应者，实为北京之学界。国立北京大学自'五四'运动而后声闻昭著于海内，国人读其所出版之杂志大都表示景仰之意。"[4]五四以后关心中国文化运动的人，都要关注北大的动向。学生把目光投向北大，认为它是"中国文化运动的中心点"[5]。那时北大改变了《新青年》文化思想在社会上的知名度。舆论界因为北大而看重《新青年》的思想。《新青年》尚不能给北大加分，而只能得北大之益。从时间上看，《新青年》是到北大以后，才先得到北方学生的关注。同人的教授身份也增加了他们的思想力量。再如，世界更多作为"大势"的面目出现。1919年专门出版《世界大势》刊物，发表"世界大势概要"，可见当时国内对于世界"大势"的关注度。当时人都要掌握世界潮流的方向，同人也不例外。在他们心中世界的思想是更为有力的思想。

概念受到空间的作用相对来说比较小，因为毕竟概念被认为有一个超越空间的本体。但是就算概念也会随着空间而发生一些较小的变化，特别在概念传播的过程中，空间位置将影响人对概念的接受和理解程度，比如在上海，人们更容易得到社会主义概念的准确意义，边远地区就比较容易误解。陈独秀到上海以后就比较容易受到《民国日报》《时事新报》等介绍的社会主义的感染，这个词汇在上海意义更为丰富和意味深长。相反，在北京则因为受到政府的压抑，而带上更多无政府的意味。空间的分割使概念在进入空

---

[1]　一戎：《湖南新思潮之发展》，《国民公报》1919 年 6 月 23 号。

[2]　荷荷：《蔡子民之露天演说（一）》，《时报》1918 年 12 月 1 日。

[3]　静观：《年假中之北京学界》，《申报》1919 年 2 月 8 日。

[4]　静观：《北京通信·最近之都门学界》，《申报》1919 年 10 月 20 日 6 版。

[5]　《广告》，《光明》1919 年第 1 册第 2 期。

间时受到空间中原有思想的作用，造成概念意涵的流动性。

学术方面的空间作用更是科学要努力排斥的，但是空间也会对学术造成影响。比如中国的立场无论如何总是作为一种潜在的因素在起作用。同人引进国外学术，总是立足于中国的实际。虽然着眼于世界，但是立足点却在国内。还有他们在北大时期强化了学术成分，将文化一和文化三结合起来，就是建立在北大校园文化的基础上。

当然，空间中的思想更为直接地作用在同人的思想中。比如思潮就直接进入《新青年》文化思想中。至于影响的具体情况，就不得不留到"思想因素"中作为"资源"专门讨论了。

# 第四章　文化思想内部的互动因素

思想因素是指思想本身发挥作用的各种因素，是在思想者内在世界和与其他思想者的内在世界构成的思想世界中对思想产生和发展起干涉作用的因素。

## 第一节　思想资源与互动

思想资源是重要的一种因素，是他人思想和自己思想为现在的思想生产和发展提供的资源性的材料。资源是思想的成分，会通过各种方式进行互动，进而成为同人的思想。

### 一、互动的思想资源

按照来源可以分为国外资源和本国资源。国外资源是来自中国以外的思想，主要是西方。本国资源是来自中国传统社会、文学典籍和生活习俗中的思想资源。

（一）国外资源

《新青年》早期思想受到的影响主要来自外国，这一点已有充分研究。就算 20 世纪 90 年代以后强调《新青年》的传统因素，也不能否认前者是主体。清末建立起来的国外思想输入中国的通道一直存在着，虽然发生了来源地从日本到美国再到苏俄的转变。《新青年》在这个通道中获得其海外的资源。

国外资源带来的具体的核心价值已经散见于各领域互动和文化学思想互动中，这里将它们综合起来。

第一是进化论。这个思想来自清末中国思想界的共识，它构成了同人早年思想的核心。同人的思想就是在这个基础上发展起来的。同人继承了这个出发点，认定新与旧是重要的问题。随着时代变化，特别是欧战后西方思想的变化，进化论受到互助论的挑战，但是同人基本上维护了这个思想核心，并把它转换为实验主义和马克思主义。

第二是自由。自由、平等和民主都是清末从日本输入的欧洲近代思想，被认为是天理。它是《青年杂志》创刊时就被认为是西方近代精神特征的价值。[①] 高一涵从柏哲师的思想出发，主张国家应该赐予个人自由权，赞成有限度的自由。杜威到中国演讲时仍然希望理想中的社会是"有自由交通、自由交换作用的社会"，"注重个人选择的自由，批评的自由，鉴别的自由"[②]。同人认定自由是人的本质，并且从来没动摇过。

第三是平等。陈独秀早就明确从西方近代文明中提炼出这个价值。[③] 同人重视民主社会中人权的平等，反对中国传统社会的等级观念。沪皖时期，《新青年》主要谈论人与人的平等，正是在这个基础上提出反孔和反对旧伦理。后来，接受阶级观念是接受了马克思主义思想的启教，为了追求政治权利和经济权利上的真正平等。《新青年》随知识界转向苏俄，并且坚持这个方向就因为苏俄社会主义对当时人来说是最讲公理的，给弱小民族平等的待遇，没有运用强权，代表了未来合理的新秩序。

第四是理性。虽然传统中国并不缺乏理性，但是中国传统思想中也有很多非理性的因素。同人从外国思潮中接受了理性价值观念。《现代文明史》写道："光明之世来日可俟，理性之光照耀人类。社会基础应建设于理性之上。夫十八世纪之理性，非科学及事实之观察，常识而已，理论而已。哲学者于其所欲改革之社会不深措意，于现实之人间非其所知，于农民于劳动者亦无所见解，彼等无宗教、无社会习惯，骋其幻想以造成想象之人物，此人物于幸福之外无希冀，于抽象之理性外无行为。"[④] 这段话表明同人对于现代社会理性的认同。同人介绍 18 世纪的欧洲"神话"，赞扬的是英法思想家用理性来思考事理人情，终于建立一种新制度的美好景象。胡适在五四以后的

---

① 陈独秀：《法兰西人与近世文明》，《青年杂志》1915 年 1 卷 1 号。
② ［美］杜威：《杜威博士讲演录》，《新青年》1920 年 7 卷 2 号。
③ 陈独秀：《法兰西人与近世文明》，《青年杂志》1915 年 1 卷 1 号。
④ ［法］薛纽伯：《现代文明史》，陈独秀译，《青年杂志》1915 年 1 卷 1 号。

新文化运动（新思潮）中，对于公认的东西保持警惕，提倡理性思考、慎重选择。他说"对于社会上糊涂公认的行为与信仰，都要问'大家公认的，就不会错了吗？难道没有别样做法比这个更好，更有理，更有益的吗？'"他提出评判态度的两方面即"研究问题"和"输入学理"①。输入学理就是使中国世界化，研究问题就是使中国合理化。怀疑态度和研究问题都来自海外思潮，或者受到海外思潮的催化，前者来自科学理性主义，后者来自实验主义。

受无政府主义思想影响的北大同人也主张公理，目标是建立一个有公理的社会。第一次世界大战后，连国际关系上也出现"公理"说：把德国战败看作公理战胜强权的表现。在中国，公理也变得重要。周作人介绍拉夫洛夫的话："有知识的人不可迟疑犹豫，应该提倡民主主义，打倒那武功政治，建设其一个根据公理的新社会秩序。"②当然，同人中也有保持清醒的，比如鲁迅，他就批评公理战胜强权的说法。③但无论如何，他们都认同理性原则建立国内外新秩序。

第五是民主主义。这是个坚固的核心思想，也来自清末形成的早期思想。同人恰恰是清末时期的政治民主派，主要接受英法奠基的革命文化和启蒙文化。因为通过日本接受的西方思想，因此带有德国气味，对民族性问题的思考以及个人主义的尼采色彩等都是其表现。民国以后，民主其实是国内的主流思潮，毕竟国体是共和制。第一次世界大战胜利以后，民主思想更加强势，同人也顺应这个潮流。党员时期虽然承认权威，但到底仍以民主为价值目标，并未真正动摇。

第六是个人主义。外国思潮还为《新青年》带来个人主义。沪皖时期，陈独秀认为个人主义是英法富强的原因。北大时期提倡健全的个人主义，这点已成定论，无需赘述。需要补充的是，同人的个人主义并非最根本的思想。从《新青年》提倡军国主义来看，它的个人主义思想不是核心价值。表面上个人主义是它最为强调的，那是因为当时中国传统思想都重视牺牲个人融入集体，个人没有独立自尊。他们选择个人主义是为了救治中国的病症，

---

① 胡适：《新思潮的意义》，《新青年》1919 年 7 卷 1 号。

② 《俄罗斯革命之哲学的基础（上）》，起明译，《新青年》1919 年 6 卷 4 号。

③ 唐俟：《随感录·（三九）》，《新青年》1919 年 6 卷 1 号。

解放个人的能力。它不过是把个人主义作为实现国家安全的手段。这样看就容易理解，为什么《新青年》后来又抛弃了个人主义，因为集体主义又被认为是民族更有效的手段。如果我们不了解《新青年》思想的内在结构，就会误以为它文化思想的终极价值是个人主义，会对它的转向感到迷惑。

第七是平民主义。《新青年》刚创刊时就受到西方思想的引导，有平民主义苗头，因为那时欧洲早就有社会主义思想，普通民众的地位也因为民主和平等价值观的确立而提高了。北大时期，在无政府主义的直接影响下，同人更加重视普通人和劳工的价值。第一次世界大战以后，特别是五四运动以后，国内思想界大肆宣传平民主义观念。郑振铎说：1919年11月一个月有二十多种刊物，"他们的论调虽不能一致，却总有一个定向，就是向着平民主义"①。6卷2号周作人的《小河》，虽然是说布尔什维克的，但其实是说平民主义和人道主义的。周作人用"平民"一词，并非贵族和平民的对立，而是人类和人民的意思。所以他说平民文学不是专做给平民看的，乃是研究平民生活——人的生活——的文学。他特别区别平民文学与慈善主义的文学，说"平民文学所说，近在研究全体的人的生活，决不是单给他一个铜子，便安心走过"②。同人把平民主义和人道主义混合，形成了自己的平民主义观念。

第八是人道主义。世界思潮带来人道主义。当然，这不是说中国没有人道主义情怀，而是说人道主义成为一种价值标准，成为那个时代的核心思想和关注焦点，是由外国传入的思想引发的。人道主义并非仅指慈善和同情弱者，而是在人的基础上建立起来的价值观。同人认为中国古代没有现代的"人"——自由的平等的人的观念。此前都属于个人行为，是具体情境中的道德良心，现在是包含人的观念在里面的一个思想。蔡元培所谓人道主义以克鲁泡特金的互助论为基础，③北大同人在蔡元培的引导下提出的人道主义与无政府主义有家族相似性。

北大同人时期个人主义和人道主义结合，对内个人主义，对外人道主义。人道主义和个人主义相互调剂乃成健全的个人主义。4卷1号中的《鸽子》

---

① 郑振铎：《一九一九年中国的出版界》，《新社会》1920年第7号。
② 周作人：《平民文学》，《每周评论》1919年第5号。
③ 蔡元培：《我之欧战观——在北京政学会欢迎会上的演说词》，《蔡元培全集》(3)，中华书局1984年版，第4页。

和《人力车夫》，代表了个人主义和人道主义的两个主题。沈尹默和胡适似乎是人道主义和个人主义都有。鲁迅所谓托尼思想也是个人主义和人道主义的结合。北大同人启蒙不觉悟的民众，就是从对弱者的人道同情出发的。但是从他们的整个思想流变来看，北大时期呈现一种从个人主义向人道主义转变的趋向，早期是个人主义，五四前后变为人道主义。鲁迅的转变是最为有代表性的例子，他从强调个人反抗到唤醒民众，就是从尼采到托尔斯泰的移动。北大的两结合其实是一种过渡状态。

武者小路给《新青年》带来新村思想，作为善意的新潮流的实践者对同人施加了影响。他超越日本人的立场，对中国满怀希望，这本身就是世界主义和人类主义的标本。武者小路在《新村》上发表的诗《寄一个支那的兄弟》充满人类一家的观念。蔡元培特别给武者小路的文章写了附记：新村同志都是抱了人道主义，决没有日本人与中国人的界限。[①] 陈独秀也加了附言，肯定武者小路的人类主义。[②]

最后是社会主义。从外国思潮中，《新青年》接受了社会主义思想。这个思想是在人道主义的基础上发展起来的，因为早年陈独秀就知道社会主义，但是认为不适合提倡，当时同人提倡个人主义。第一次世界大战以后，人道主义大盛，个人主义受到质疑，才为社会主义准备了条件。不光同人如此，世界也如此。杜威指出第一次世界大战后欧洲趋向道德派伦理派的社会主义一方面去了。[③] 从他的话可见，社会主义也是第一次世界大战后才成为世界潮流。批评个人主义是对欧洲来说很急需的话题。因为"一战"的元凶之一被认为是个人主义。战后尼采的个人主义在国家政治上失败，因此也连带着个人主义也显得不合时宜的了。第一次世界大战胜利以后，互助的声音起来了。《新青年》上的表现就是将无政府主义中的个人主义成分减少，而增加了无政府主义思想中的社会主义的一面。比如日本升曙梦的《托尔斯泰十二讲》以《圣经》中上帝对人的命令作为根据，提倡人要劳动，不劳动失去正义。[④]

---

① 蔡元培：《与支那未知的友人·附言》，《新青年》1920 年 7 卷 3 号。
② 陈独秀：《与支那未知的友人·附言》，《新青年》1920 年 7 卷 3 号。
③ [美] 杜威：《杜威博士讲演录》，胡适译，高一涵记，《新青年》1920 年 7 卷 3 号。
④ [日] 升曙梦：《启发托尔斯泰的两个农夫》，邹诩译，《新青年》1919 年 6 卷 6 号。

　　造成它从个人主义向集体主义转变，质疑个人主义的动因除了其内在深层关怀以外，外因仍然是外国思潮。陶孟和较早质疑个人主义。《游欧之感想》是他在欧洲的思想记录，类似梁启超的《欧游心影录》，带来了新的声音。陶孟和这篇文章带来欧洲对社会的新看法。欧战被他看作个人主义发达的结果，特别是产业上面的个人主义造成了大战，所以他说，"英法美的国民虽然受个人主义的毒最深最重，但是有了这一番大经验，也可以看出旧有产业制度，不可以不改革了"①。他批评个人主义其实也就是质疑英法美的现代世界体系。杜威来到中国带来共同生活的观念。他认为共同生活可以取消很多弊端。②以前似乎没人注意到杜威对《新青年》接受社会主义的作用。杜威在《新青年》上发表了四期讲演录，介绍社会哲学和政治哲学，里面有社会主义思想的很多因子，比如对经济生活的重视、阶级的观念、分工和互助的观念、③群的概念和社会冲突观念④等。虽然有意宣传实验主义，但客观上引进了社会主义思想，甚至也无意中推荐了马克思主义。比如杜威接受的阶级群体斗争解释社会危机的说法，对普及阶级斗争思想应该起到推动作用。此外，他在其他地方还大大称赞过马克思主义。

　　五四以后，罗素作为社会主义思潮的一部分进入中国。他也有无政府主义思想，他赞扬无政府主义关注"一班政治家通常所忽略的事件——科学、美术、人间的关系和生活的愉乐"，他比较重视社会主义实现以后的精神活动。⑤他的基尔特社会主义是分配归国家，生存归同业组合自治。⑥陈独秀接受罗素，因为《精神独立宣言》，也因为罗素反对专制。罗素认为国家为雇主的制度实在含有专制和阻碍进步的危险。无政府主义虽然没有国家社会主义的危险，但在一段时期中，就算实现了，也很难长久。他还说无政府主义是他愿意尽力趋近的一种理想。⑦罗素接近无政府主义多于接近列宁主义，这点与《新青年》京沪同人时期早期一致。如果没有维经斯基的联络

① 陶履恭：《游欧之感想》，《新青年》1919年7卷1号。
② 《杜威博士讲演录》，胡适译，高一涵记，《新青年》1920年7卷2号。
③ 《杜威博士讲演录》，胡适译，高一涵记，《新青年》1920年7卷2号。
④ 《杜威博士讲演录》，胡适译，高一涵记，《新青年》1920年7卷2号。
⑤ 罗素：《能够造成的世界》（译自《到自由之路》），李季译，《新青年》1920年8卷3号。
⑥ 高一涵：《罗素的社会哲学》，《新青年》1920年7卷5号。
⑦ 罗素：《能够造成的世界》（译自《到自由之路》），李季译，《新青年》1920年8卷3号。

和加拉罕宣言，陈独秀很可能成为罗素主义者。

作为社会主义思潮中的一部分，马克思主义被同人注意到也是在第一次世界大战结束前后，当时是作为布尔什维克主义来接受的。李大钊当然是重要的介绍人。在李大钊看来，马克思主义是经济上社会主义人道主义代替个人主义的一个表现。[①] 不过开始并不那样被重视。李大钊介绍了马克思的唯物史观，"马克思的唯物史观要点一是关于人类文化的经验的说明，二即社会组织进化论。其一是说人类社会生产关系的总和，构成社会经济的构造。这是社会的基础构造。一切社会上政治的法制的伦理的哲学的，简单说，凡是精神上的构造，都是随着经济的构造变化而变化"。这种文化的构想使得同人原来对时代而变具体化为随经济状况而变。他还说，"我们批评或采用一个人的学说，不要忘了他的时代环境，和我们的时代环境就是了"[②]。马克思主义对于李大钊来说是一种解决各种问题（包括文化问题）的科学方法。对苏俄的期望进一步助推了马克思主义在中国知识人中的流传。

外国资源不仅仅包括以上九个价值观念，还有与它们联系的各种观念也是从国外思想中获得，可以说只要是新的基本上都来自西方资源。

### （二）本土资源

同人没有脱离传统书籍的时代，他们读过的旧书提供了很多传统思想，生活中还有很多传统的因子，也是本土资源的仓库。本土资源就在传统之中，围绕在同人的身边，令他们使用而不自知。在当时的中国，传统资源非常深厚，弥漫在中国的时代环境之中，生活在其中的人就像鱼在水中一样，所以它不能作为明显的标志，只能作为暗含的知识起支持作用。他们具有传统文化的知识，一点也不足为奇，自从 90 年代带上新儒学的先入之见，发动从中国发现历史的"认识革命"以后，满口西洋的《新青年》被"看"作传统的果实。这类观点如果说在当时还有学术意义的话，现在也已经成为一偏之见。

本土资源并不像外来资源那样容易指认，可以说除了外来的，全是本土的。这里只能提到被有意识使用了的那些本土资源。

---

① 李大钊：《我的马克思主义观》，《新青年》1919 年 6 卷 5 号。
② 李大钊：《我的马克思主义观》，《新青年》1919 年 6 卷 5 号。

他们明确意识到自己身上的传统资源。傅斯年曾经反思他们这群人的思想根基，他说"我们自以为是有新思想的人，别人也说我们有新思想，我以为惭愧得很。我们生理上心理上驮着二三千年的历史——为遗传性的缘故——又在'中国化'的灰色水里，浸了二十多年，现在住着的，又是神堂，天天必得和庙祝周旋揖让，所以就境界上和习惯上讲去，我们只可说是知道新思想可贵的人，并不是彻底的把新思想代替了旧思想的人。我不曾看见过一个能把新思想完全代替了旧思想的人"①。他后来还说："我们在思想方面完全是西洋化了；但在安身立命之处，我们仍然是传统的中国人。"②胡适说"孟真此论甚中肯"③。鲁迅自认为是"中间物"时也明确意识到类似的传统负累。④

传统分两部分，一部分存在于生活中，比如马褂、长衫和礼节（如对于葬礼的尊重）等，还有一部分存在于书本中。对传统的选择，他们也分开处理。对生活中的传统，行动上他们采取了中西合璧的方式，比如穿马褂长衫加皮鞋戴礼帽，也就是按照本人方便，又与社会习惯接近。在言说中，他们选择其中不合理的（主要是不符合西方新价值的）加以批判。对书本中的传统，包括习俗相传的和古代遗传下来的圣贤教训、制度、习俗和信仰，他们采取以西方新价值来整理传统材料的方式，更多通过理性，通过探讨原因而重新设计和选择，采取胡适所谓"评判的态度"⑤。如果是与西方价值和现实需求不一致的，则被抛弃，比如对文以载道的观念的处理方式就采取了反对的态度，其理由是它与西方的文学自律相违背。再如中国的老庄思想总是要求降低自己的欲望，连孔子也要克己复礼，这类退缩的道德与列强争雄时代不协调，因此同人对这类道德采取排斥态度。

总的来说，他们对于传统的态度，表现在言说中往往是批判的。

对于传统资源，他们并不是一味全面攻击。很多传统资源是休眠状态的，只有在现实中出现问题，发现这些问题与传统有关时，才会攻击这些资源。比如对于老子的思想，陈独秀就有态度的变化。开始虽然有对老子的不

---

① 孟真：《随感录·（六七）中国狗和中国人》，《新青年》1919年6卷6号。
② 转引自胡适：《十八，四，廿七》，《胡适日记全编》(5)，安徽教育出版社2001年版，第404页。
③ 胡适：《十八，四，廿七》，《胡适日记全编》(5)，安徽教育出版社2001年版，第404页。
④ 鲁迅：《写在〈坟〉后面》，《鲁迅全集》(1)，人民文学出版社2005年版，第301—302页。
⑤ 胡适：《新思潮的意义》，《新青年》1919年7卷1号。

满，比如发表高一涵的文章，说"反真归朴，绝圣弃智，是阻人群进化之机者也"①，至少说明他赞成这种说法，但是为了反孔，陈独秀也说了老子的好话。五四以后，他又针对社会现实中不努力，只是慨叹、自杀和堕落的现象，发起对老子的攻击。他说："我们中国学术文化不发达，就坏在老子以来虚无的个人主义及任自然主义。现在我们万万不可再提议这些来贻害青年了。"②他认为老子是虚无主义的源头之一。他把老子作为主要的敌人加以攻击，但是社会上的反响没有反孔产生的大。说明时代已经变化，对老子的思想加以批判仅是他个人的选择，在《新青年》内部似乎只有高一涵在讨论斯宾塞的政治哲学时顺便批评了老子。总之，他们并非与传统资源为敌，往往是根据思想斗争的需要而攻击传统资源中的某些方面。

　　他们也偶或肯定传统的本土资源。陶孟和介绍人类文化起源时说"言语之传达思想者，无数年代人类之心思蕴集最久之结果，个人得收集之，故获精神之益。传达之法，或以教育或以习俗，积久成思想之宝库"③。他肯定的是语言所承载的古代资源。《新青年》在学术方面，传统资源可以作为研究对象。在文学里更多涉及继承传统资源问题。例如，现代文学的概念形成中，传统的"文学"观念就在其中。古人的文学其实分为文和学两部分，可以说一个是形式一个是内容。文不过是承载学的工具。在文学革命的浪潮中，文学其实更多的指应用之文，是向生活开放，关注文化三的领域。易明的《改良文学之第一步》分文为古文和时文，当时文界有影响的人中，古文以王闿运、章太炎为代表，时文以梁启超、汪精卫为代表。他用俗语改良文学，从论说类、书简类和小说类入手，基本是把文学理解为作文。古文偏于学问，时文偏于应用。他要求克服模仿古人的窠臼，也是让文章向普通民众和日常生活靠拢。在他看来，文学就是作文之学。而对于学，他也说"何以谓之学，则于个人，于社会，于国家，大而至于天下，皆致用之地也"④。那么文学就成了文所载的学，学是致用的，文也就自然需要用白话了。这个对

① 高一涵：《乐利主义与人生》，《新青年》1916 年 2 卷 1 号。
② 独秀：《随感录·（八四）虚无主义》，《新青年》1920 年 8 卷 1 号；独秀：《随感录·（一〇〇）虚无的个人主义及任自然主义》，《新青年》1920 年 8 卷 4 号。
③ 陶履恭：《人类文化之起源（续前号）》，《新青年》1917 年 2 卷 6 号。
④ 易明：《改良文学之第一步》，《新青年》1917 年 3 卷 5 号。

文学的认识，即应用文的认识，就是白话文能够大胜利的基础，也是文学进入文化三世界的契机。从这个例子可见，传统的概念体系一直在同人思考新问题的过程中相伴而行，并干扰或者帮助着他们思考。

北大当时校内重学术，也关注社会习俗。比如北大征集全国近世歌谣，由刘半农、沈尹默、周作人、沈兼士等从事相关事宜。入选标准的第一条是"有关一地方、一社会，或一时代之人情、风俗、政教沿革者"[①]，可以吸收大量传统文化的内容。京沪同人时期，一部分同人进行的整理国故工作，属于把中国思想当作研究对象，也属于对传统资源的一种利用。总之，同人对传统资源更多用学术的方式处理，而拒绝它进入生活，即只允许它在文化一中得到保留，而不允许它在文化三中存在。从清末以来，受日本学界的影响，国内学者乐于取消儒家的地位，而选择非儒的思想。清末形成了压制孔学正统的趋向，新锐学者更喜欢鼓吹边缘化的学术，比如墨学等非儒学的百家。易白沙的《述墨》开始说："周秦诸子之学，差可益于国人而无余毒者。殆莫如子墨子矣。其学勇于救国，赴汤蹈火，死不旋踵，精于制器，善于治守，以寡少之众，保弱小之邦，虽大国莫能破焉。"进而提出为应对当时国家危局，"举全国之人，尽读墨经"。[②] 这个选择未必是有意识的，因为墨学变得重要，是因为它有民主和科学色彩，与现代思想属于同类的知识。还有就是同人在清末的日本已经确立了尊墨的思想。所以在面对孔子之学时，更容易反对，而选取非正统的学术资源。胡适《先秦名学史》提倡消除传统道德的束缚，提倡一切非儒家的思想。如果就传统资源的吸收来说，主要是作为对象出现的。负面的形象有孔子之道，正面肯定的有墨学，眼光都是来自外国的。易白沙宣传墨子精神中自苦为极和禹之道。[③] 因为北大同人在大学从事教学和科研，他们的专业又是古代哲学和文字学，所以他们的思想根本离不开传统知识。那是他们的研究对象，作为他们文化思想的支撑，存在于思想底层。只有在他们面对舆论时才因为考虑到对象是普通民众，为了不让传统思想中不好的内容被民众掌握，所以在言说中更多拒绝传统的不好方面，对好的方面则很少肯定，这给人造成他们没有本土资源的印象。其实，

---

① 《北京大学征集全国近世歌谣》，《北京大学日刊》1918 年 9 月 21 日。

② 易白沙：《述墨》，《青年杂志》1915 年 1 卷 2 号。

③ 易白沙：《述墨》，《青年杂志》1915 年 1 卷 2 号。

这不过是受外界语境影响，很少调用到言说中而已。隐含的一个思想是，面对传统根源他们希望学者归学者，民众归民众，一个知识领域，一个生活领域，各不干涉。这与同人的高级知识与生活知识双层模式矛盾，的确在传统资源问题上，这是一个特例。在生活领域中，希望去除传统中不适合的东西，反正适合的东西自然会保留在传统中，无需加以提倡。在对比和批判中保留本国资源。

但是，他们的肯定是有限的，而且总是保持着警惕。比如他们肯定古代修身齐家之道，读者来信说："使在下者知所服从，以保守先业不致有偭背矩矱之举固为美德。然一味服从，则成为奴隶道德，偏重保守，则发事达进步之机"①。陈独秀回信时并没有否定这一点，但是却否定用孔子来宣扬道德，因为他内心有西方的新道德要加以提倡。即使传统资源有可以赞扬的地方，也必须服从于西方资源，如果有两方面都有的优良资源，他们宁愿选择西方资源。比如沪皖时期，它强调外来文化，不愿提及传统的好处，仅仅在辩解的时候才顺带肯定一下，对传统的东西它往往强调不适合时代的一面。早年《新青年》的读者叶挺选择王阳明。陈独秀回信赞同叶挺把觉悟作为道德的根基，这也是王阳明的看法，②因为王阳明受禅宗影响的心学与《新青年》个人反抗的思想和凭觉悟来改进道德的方式都很契合。但是，必须强调，《新青年》的个人主义和主观唯心主义更多是来自西方，而不是来自传统的佛教和阳明心学。陈独秀就曾说过，"温良恭俭让信义廉耻"等道德是世界公有的，并不是孔教独有的。③

本土古代资源与西方资源矛盾的地方，同人必定用西方资源来裁剪本土古代资源。本土资源要经过国外资源来选择，反对本土资源的某些东西也需要西方的工具。对传统的批评往往是西方资源带来的。固然传统在当时有原罪，基本上预定了它被批评的地位，但是至于批评什么却只有西方思想资源才能决定。传统社会压制个人，固然是事实，但是因为西方近代思想与集体主义不同，因此使得个人成为重要价值，家族制度成了被批评的对象。实验主义认为不适用了就不是真理，对于反对保守是很有用的，正好可以用在孔

---

①　傅桂馨：《通信》，《新青年》1917 年 3 卷 1 号。

②　叶挺：《通信》，《新青年》1917 年 2 卷 6 号。

③　陈独秀：《宪法与孔教》，《新青年》1916 年 2 卷 3 号。

学的那些过去有价值的东西上。① 第一次世界大战结束后，西方人道主义在中国大兴，周作人提出"人的文学"主张，批判中国传统中的"人荒"。周作人说，人是神兽结合、善恶同体的，人与人类的关系是基础性的。② 周作人所说的人是人类，内含平等观念。人当然是劳动的平民。这种思想来自托尔斯泰的人道主义，从人的一面强调个人主义，同时也针对中国传统社会的家族主义，而后者是五四后重要的批判对象。

当然没有与西方资源发生关系的资源则被保留。比如学以致用是中国传统的文化价值，特别在清朝西力东侵的背景下得到发扬，同人的思想中就有这类思路。再如，个人主义中包含的集体主义，就是在拿个人主义作为药来疗治中国病症的时候，都要避免个人主义带来的背离大我的倾向，保留了传统的三不朽观点。对天性的尊重也有传统中佛道思想的来源。此外，重视教育、重视人格、重视道德等都有传统的来源。

## 二、思想资源的互动

资源是杂然纷陈的，主体必须从中有意识或者无意识地加以"选择"。说国外思想决定《新青年》的思想其实并不很准确，那只是总体上看如此，至于具体是什么国外资源影响同人，还必须经过同人的选择。

选择的时候以现实作为中介。在决定思想资源的利用上，现实的力量作用更大。选择的第一原则是能解决问题，即适应同人当时的需要。毕竟接受异样的文化是违背自然的事情，没有超常的事件不会拒绝本来的资源。同人把外国资源排在第一位，是因为危机和压力的存在。前面提到同人喜欢危机感，当然不是说同人希望国家民族总是处于受威胁的状态下，而是他们接受危机的事实，并且与这种危机的现实互动，形成了自己的思想资源选择。同人对于外国资源的优先选择就是以危险的环境为前提和背景的。可以说，民族危机和文化危机的现实是同人选择思想资源的最大互动语境。可以推断，如果危机感消除，外国资源未必排在第一位，因为外国资源在当时被看作可以拯救中国危机，振兴中华的利器，所以得到不遗余力的提倡。

---

① 胡适：《实验主义》，《新青年》1919 年 6 卷 3 号。
② 周作人：《新村的精神》，《新青年》1920 年 7 卷 2 号。

又如，高一涵选择伯伦知理是因为后者强调社会对国家的作用，而人民与国家关系问题正是同人当时关注的课题。再如 20 世纪初不仅有实验主义和马克思主义的并列，还有刚刚兴起不久的生命哲学。前两者都强调物质的，而后者强调生命冲动。后者属于强调主观和生命的哲学。代表人物有生命哲学的柏格森和唯心主义哲学的倭铿。彼得·沃森在《20 世纪思想史》中写道："柏格森很可能是 20 世纪头 10 年最被人们理解的思想家，1907 年后，他无疑是世界上最著名的思想家。"① 这种哲学的确有较广的流传，比如鲁迅的《文化偏至论》用精神反抗物质，就是这种哲学的结晶。但是，生命哲学反抗科学的物质力量，不符合中国现实需要。物质主义和反物质主义这两方的冲突后来发展为科玄论战。自然科学家、实验主义和马克思主义是物质主义和科学主义的，而张君劢等人则是重视人生的特殊性的，这是世界思潮的内在矛盾带来的中国思想界的冲突。《新青年》在这个场域中，选择的是马克思主义，当然是唯物主义，与自然科学和实验主义同调。这个选择的背后不仅有思潮的涌动、苏俄的革命运作等原因，更重要的是有中国的现实问题在推动。中国在国际上的被压迫的地位和中国落后的现实，都更容易促使同人看重物质力量。当然实验主义也有这个维度，表面上它更为务实。胡适主张不悬空介绍一种专家学说，为了产生影响，他不希望只是少数专门学者关注，② 目的都是要解决中国的问题。两者的差别仅仅在于有没有宏伟的世界理想，理想可以带来希望，更重要的是马克思主义的唯物哲学更能接触到现实本身。陈独秀的思想不断在变化，这是因为对现实的看法变化才发生的。

《新青年》有时候通过对资源借题发挥来吸收思想资源。早年不反老庄，反对其消极和不关注社会。后来陈独秀批老庄，认为中国老子思想中的虚无思想很多，在青年思想界，有日渐发达的趋势。陈独秀指出信仰虚无主义的人有两个结果，高尚的人发狂自杀，卑劣的人则会堕落。他说："我敢说虚无思想，是中国多年的病根，是现时思想界的危机；我盼望笃行好学的青年，要觉悟到自己的实际生活既然不能否定，别的一切事物也都不能否定；

---

① ［英］沃森：《20 世纪思想史》，朱进东、陆月宏、胡发贵译，上海译文出版社 2006 年版，第 72 页。

② 胡适：《新思潮的意义》，《新青年》1919 年 7 卷 1 号。

对于社会上一切黑暗罪恶，只有改造奋斗，单单否定他是无济于事；因为单是否定他，仍不能取消他实际的存在。"① 陈独秀现在的主题开始变成改造和奋斗了。这应该是五四以后的气氛和同人早年态度的共振。根据当时的现实需要，把传统资源作为批判对象，对其中的某一方面加以负面性地发挥，间接地调用了传统资源。

非常西化的同人并不总是那样洋化。胡适在《文学改良刍议》提出新文学，本来应该多举国外著名作家为例，但是仔细看其内容，分析的问题都是中国的，所用的理论比如"一代有一代之文学"都来自中国古代，举例都是中国作品，讲规律才提到外国，而且数量很少，在文章中找不到外国的气味。胡适回国也很少提到西方榜样，多数时候喜爱讨论中国古代的历史。同人中陈独秀和刘半农喜欢提及欧洲，但也是作为中国状况的一种比照。其他同人相对来说很少直接以国外生活为榜样，更多的还是用中国材料，这与同人的"中国"文化教育背景有关，也与他们解决中国问题的导向有关。作为中国文学的关心者，他们主要希望从中国文学经验中找到出路。《新青年》上生成的文化思想并非同人独创的，他们往往从著名学者(特别是外国学者)那里获得启发，吸附了相关的思想，根据本国的客观情况和实际需要，以及主观的误解，而选择和改造了他人的思想。《新青年》的思想很多来自国外，他们所谓学理就是运用国外学者的见解，而他们自己的贡献往往在运用这些理论以及针对现实的方面。

由此可知，同人选择西方资源其实包藏着深层的本土立场。这倒不仅因为他们内心深层有"再造文明"的理想，还因为他们的一切行为都是为了改造现实的，因此"现实原则"成为他们思考的潜在原则，更重要的是因为面对的是中国语境。本土资源对西方资源的吸收起着潜在的作用。比如同人研究中国小说史时，传统学界的小说观念和传统的学术环境对同人的"整理国故"发挥作用，进而影响他们的小说史观念。虽然这个作用显得是消极的，其中的传统因子使得他们主动西化的努力受到限制，但是也带来一个后果是使他们的小说史观念兼具两个视野，初步探索了中西文化融合之路。除了两种资源单独利用的情况以外，还有两种资源互动来实现与同人思想的互动。

---

① 独秀：《随感录·(八四)虚无主义》，《新青年》1920 年 8 卷 1 号。

两种资源混合起来，形成共性，然后无形中接引某种思想，这里本土资源也是一个互动对象。

《新青年》将西方思想与中国问题结合是重要的思想运行机制。比如胡适吸收中国传统的"三不朽"思想，改造成大我和小我结合、小我在大我中获得永生的"不朽的宗教"。社会成为个人克服死亡恐惧的归宿。[1] 陈独秀说，个人生存的时候当努力造成幸福，享受幸福，并且留在社会上，后来的人也能够享受，递相授受，以至无穷。[2] 社会为个人提供超越的可能，这是中国古代的一种思路，不过古代不说社会而说家族而已。批判古代的历史经验也是一种继承。从陈独秀的《东西民族根本思想之差异》[3] 开始，对于中国古代的历史就持续做着批评。钱玄同说孔子如果不打倒，"则中国人的思想永无清明之一日"，道德、民主和科学都不能起作用。[4] 但是钱玄同也赞成整理国故，认为像胡适、顾颉刚等人着手调查孔家店的货物，是打真正老牌孔家店的打手，因为思想清楚，调查货物的方法精密。[5] 也就是说，对于同人来说，批判古代资源和改造古代资源是可以兼容的，如果要说两者的关系，可以说改造是更为根本的方面，批判恰恰是为了切去烂枝，嫁接新枝，对于旧树来说是改造，对于新树来说是新生。在批判的内涵里就包含着继承，因为他们虽然说把儒家、国民性、甚至语言都完全删去，但是他们也保留其他诸子的民主思想、优良的道德和白话文学等。由于他们的激烈态度，他们的言说总是比真实思想表现过甚。他们只有传统文化的局部清除，没有传统资源的彻底抛弃。可以说他们对传统文化改变的方向是结构的更新，但不是彻底重造。

世界思潮并不总带来好东西，也有一些陈旧的东西还阳。当时女子的缠足有抬头之势[6]。保守风气回来了。有讽刺女权的，[7] 有歌颂卑斯麦"守制"

---

① 胡适：《不朽》，《新青年》1918 年 5 卷 2 号。
② 陈独秀：《人生真义》，《新青年》1918 年 4 卷 2 号。
③ 陈独秀：《东西民族根本思想之差异》，《青年杂志》1915 年 1 卷 4 号。
④ 钱玄同：《孔家店里的老伙计》，《钱玄同文集》(2)，中国人民大学出版社 1999 年版，第 58 页。
⑤ 钱玄同：《孔家店里的老伙计》，《钱玄同文集》(2)，中国人民大学出版社 1999 年版，第 58—59 页。
⑥ 钱玄同：《请看姚明辉的〈三从义〉和〈妇顺说〉》，《新青年》1919 年 6 卷 6 号。
⑦ 《什么话？》，《新青年》1919 年 6 卷 6 号。

的，借此阐发旧道德对于振兴德国的作用。[①] 有主张不要浮慕欧风，拒绝外来东西的。[②]《新青年》此时特别关注这类还潮的迹象。《什么话》栏目保留了一些奇谈怪论，比如第一次世界大战后的世界新潮也唤起主张旧学的人，比如上海《时报》的《文艺周刊发刊词》是"里无旧学，百年以后，古义将湮；十室之间儒风顿渺。某等怃然兴叹，皇然遐思，爰萃知交杰作，汇为文艺周刊，七日来复，而传观万里，梯航而毕达。绝无讥世诋俗之为，聊宝希腊拉丁之旧"[③]。《新青年》在《什么话》栏里摘录，以显其谬。同人为与这类危险的言论保持距离，才更加旗帜鲜明地表示自己提倡新学、反对国粹，其实他们没有认为旧文化毫无价值。本土传统资源往往通过现实的参与而被接受。现实中有很多传统的东西，至少在中西对立的背景下是如此。如果说对外国思想的吸收往往体现在选择上，那么对本土资源的吸收则更多采取改造的方法。本土资源更多作为反对的对象而参与到互动中。胡适尊重这种价值，从学术角度整理国故，却不能在《新青年》上发表整理国故的成果，这就是《新青年》的对手决定了它的鲜明特色，拒绝任何中间色调的姿态。由于受对手立场的限制，《新青年》对于传统资源的接受更为隐蔽。

作为现实出现的因素还有读者。同人的读者是中国人，平时接触的汉语文献和中国的事情为主，更能理解与本民族有关的东西，所以大多时候同人都会引用古代人物的言论，运用传统思想的书证。毕竟与国人对话以古典做例子比较方便。读者决定同人说理必须兼顾中西、中西参证。前面说到胡适运用传统资源来讨论新文学，其他同人也是如此。《青年杂志》开篇的《敬告青年》说："吾愿青年之为孔墨，而不愿其为巢由，吾愿青年之为托尔斯泰与达噶尔，不若其为哥伦布与安重根。"[④] 这里既有域外英雄，也有国内圣贤。蔡元培说理也常用中国的例子，比如他宣传互助主义时说："至于互助的条件，如孟子说的'多助之至，天下顺之。寡助之至，亲戚畔之。''不通功易事，则农有余粟，女有余布。'普通人常说的'家不和，被邻欺'，'群

---

① 《什么话?》，《新青年》1919 年 6 卷 6 号。
② 《什么话?》，《新青年》1919 年 6 卷 6 号。
③ 《文艺周刊发刊词》原载《时报》，转自《什么话?》，《新青年》1919 年 6 卷 6 号。
④ 陈独秀：《敬告青年》，《青年杂志》1915 年 1 卷 1 号。

策群力''众擎易举'，都是狠对的。"① 他用中国人的经典和生活经验来解说西方的新思潮，实现新旧融合、中西结合。李亦民在解释德国学者修谟拉关于人类行为的内部动因的看法时，为了照顾到读者的理解能力，他还特别讲："斯说也，与吾国饮食男女，人生大欲之说，先后同孚。东西学界，已公认之而据为定论者也。"② 中西参证更加可靠。鲁迅论时事更喜欢探究思想的古代源头，更经常调用传统内容，只不过以负面的为多。总之，中西参证成为《新青年》说理的一种倾向，可以说是中西资源无分轩轾的表现。这种情况直到 10 卷以后才发生转变。10 卷开始调用大量世界各地的历史和现实，运用中国传统思想资源相对来说显得非常少了。涉及中国现实的时候，也很少提到中国传统的思想。这时才彻底变为一个世界革命的思想场域，也因此缩小了它的读者群体。

对资源的选择要与早先思想互动。对本土资源的选择依靠早年的知识基础，同人自身原有的思想也作为资源在思想转换时起作用。

最值得作为例子加以分析的是社会主义思想受到早期思想影响的情况。个人主义本来与社会主义有很多抵触的地方，但是同人的个人主义没有对社会主义造成很大抵抗（这不包括退出团体的不能理解社会主义的胡适等人，主要指经历了从个人主义时期到社会主义时期的同人，比如陈独秀和李大钊等）。其原因第一是个人主义对于《新青年》来说仅仅是振兴国家和文化的工具，工具是可以更换的。第二，同人的个人主义里本来就有对他人负责任的内涵。第三，陈独秀接受社会主义，背后还有进化论起中介作用。他说"由封建而共和，由共和而社会主义，这是社会进化一定的轨道，中国也难以独异的"③。陈独秀此时为社会进化找到新方向，这为他转向社会主义做了心理准备。第四，同人的无政府主义思想恰恰对于接受社会主义有某种衔接作用。无政府主义通过个人来改造社会，尊重人道，希望建立一个个人组成的社会——全人类的社会。同人虽然自称是健全的个人主义，其实不过是不明显的无政府主义，他们并不明确认同——如果让他们选择他们可能会拒绝——这个思潮，他们只选取其中一些思想因子，比如尊重个人权利。北

① 蔡元培：《欧战与哲学》，《新青年》1918 年 5 卷 5 号。
② 李亦民：《安全论》，《青年杂志》1915 年 1 卷 4 号。
③ 陈独秀：《国庆纪念底价值》，《新青年》1920 年 8 卷 3 号。

大初期他们基本上与蔡元培为同调，认同劳动、尊重个人。这些都与无政府主义一致。北大时期的健全的个人主义与其说与《新青年》早期的个人启蒙相联系，不如说与无政府主义的原子个人更属同源。正因为《新青年》有无政府主义思想因子，所以它能够与无政府主义联合，又转向马列主义。李大钊接受布尔什维克主义都有人道主义和无政府主义作为中介。李大钊《BOLSHEVISM 的胜利》认为"一战"胜利是人道主义、和平思想、公理、自由、民主主义和社会主义的胜利，认为是人类的新曙光。[1] 李大钊似乎很期望庶民的世界联合，以互助为纽带。李大钊赞同布尔什维克主义，很多是出于对无政府主义的想象。无政府主义思想打破国家界限的思想对同人接受布尔什维克主义有帮助。

同人选择资源时与思潮进行互动。强制个人思想符合潮流是时代发挥结构力的方式之一。在清末变法的时候"迻译欧美书籍灌输欧美知识者颇伙"，后来此潮流消歇了，五四以后又重新起来，"学海之怒潮几欲卷旧世界而去，努力文化运动者不乏其人"[2]，这种起伏涨落就是时代潮流的常见形态，在媒介时代更是形成霸权。国外思潮以大潮和大趋势的形式影响时代和《新青年》。思潮因为其强有力，往往能赋予同人核心价值观念。比如对欧战及其胜利的看法，北大同人就得自思潮。李大钊主张欧战的胜利是世界人类的新精神，是全世界的庶民战胜、民主主义战胜、劳工主义战胜。认为大战的原因是资本家要把国家界限打破，拿自己国家做中心，建一个世界的大帝国。[3] 蔡元培贬低官僚、商人、议员、纨绔子弟和军官，歌颂神圣劳工，表达了自己融入其中的愿望。[4] 陶孟和认为这次战争打破四种观念：秘密外交（导致战争，而且是少数执政者把持的）不让人民与闻、背弃法律、军人干政和独裁政治。[5] 这三篇讲演稿选择的都是世界新潮思想，比如民主、劳工、互助、和平等，他们针对中国的国情，根据《新青年》当时的立场，选择了新潮流。再如李大钊关注马克思主义也与

---

① 李大钊：《BOLSHEVISM 的胜利》，《新青年》1918 年 5 卷 5 号。
② 残：《文化运动（一）》，《时报》1919 年 12 月 24 日。
③ 李大钊：《庶民的胜利》，《新青年》1918 年 5 卷 5 号。
④ 蔡元培：《劳工神圣》，《新青年》1918 年 5 卷 5 号。
⑤ 陶孟和：《欧战以后的政治》，《新青年》1918 年 5 卷 5 号。

俄国革命以来马克思主义几乎有风靡世界的态势有关。[1] 新潮流往往是新的思想，但是同人并不以"新"作为最高价值，前面已经说过，同人有时候也会抵抗思潮的影响，那时是本身的思想对互动产生的反作用。再如在无政府主义观念的择取方面，施蒂纳的个人无政府主义完全否定社会的思想就没有被同人选择，这是因为当时的思想界、知识界普遍关注社会。他们对于巴枯宁和克鲁泡特金这种集体主义的无政府主义更能接受，特别是对他们的互助观念更容易接受，这是时代思潮与同人选择思想资源时发生互动而产生的结果。

同人接受外国思潮也不完全是他们的个人选择，其实还与时代的思想权威架构互动。思想权威架构指的是思想权威由谁担任，社会上权威如何按大小加以分配的一种结构，这个结构是客观现实，也是一种空间。在当时的国人心中已经建立起西方思想的权威，如新知识人心目中有一个世界舆论的念头，蔡元培、孙国璋[2] 等都要借助于外国的力量来平衡国内的专制统治者，这是因为自从清末以来西方思想已经在国内成为权威。同人不过是借助这种权威来宣传自己的思想。《新青年》在选择思想资源时（特别是早期）有一种倾向，即喜欢选择时间较近的学者，这可以从他们喜欢引用的思想家的情况看出来（毕竟接受自己喜欢的哲学家和思想也是一种表达文化思想的隐形方式）。沪皖时期是一些二流的最近几十年的政治学者和教育家，如薛纽伯、伯伦知理、赫尔巴特、海克尔等，以及德国学者哈托勒、美国学者柏哲士、德国学者修谟拉。[3] 这些人都是当时流行的学者，但是从整个学术史看都不是原创的一流学者，只是当时比较有名而已。大概因为觉得时间较近，因此观点更为完善，也更为通俗易懂。时人普遍有这种观念，比如严复就翻译斯宾塞，而不翻译达尔文。北大早期的易卜生也不是经典的思想家，还有五四以后的武者小路实笃等。这一方面反映了同人早期的思想来源进化论，以及积极接续最新潮流；另一方面说明他们选择思想资源时更多考虑专业特色。

---

[1]　李大钊：《我的马克思主义观》，《新青年》1919 年 6 卷 5 号。

[2]　《北京大学教员孙国璋致国际同盟会暨各友邦（除日本）书》，《时报》1919 年 5 月 26 日；一笑：《又一普鲁士主义》，《时报》1919 年 5 月 31 日。孙国璋和汪兆铭都指出日本要在东亚保持普鲁士主义，借此求得协约国对于日本的干预。

[3]　李亦民：《安全论》，《青年杂志》1915 年 1 卷 4 号。

五四以后，开始有几位有价值的思想家，比如马克思、列宁、柏格森、罗素、杜威等。党员时期则有苏俄的思想家，比如列宁、托洛茨基、布哈林和斯大林等人。

权威对于《新青年》同人的重要性，可以从权威争夺战看出来。1920年底，胡适致书陈独秀说："你难道不知延聘罗素、倭铿等人的历史？（我曾宣言，若倭铿来，他每有一次演说，我们当有一次驳论。）"这句话可以读出要陈独秀不宣传罗素的意思。他的理由是研究系请罗素和倭铿来是与北大同人为难，同人应该一起抵制。当然深层的目的是希望陈独秀宣扬杜威。李大钊宣传马克思，立即受到胡适的抵制，结果造成编辑部分裂。这些都说明同人中间的权威的转变代表着接受国外资源的转变。

接受资源的时候会受到机缘的影响，而机缘往往是情境决定的，因此选择资源肯定与情境发生互动。接受西方资源的时候是渐进的，因为毕竟不能整个接受西方，只能是逐渐接触，思想资源未必是按产生顺序来到主体的面前，往往是思想者面对思想资源的机缘决定他从哪里开始。比如开始同人并不知道列宁已经批评过无产阶级文化派，1922年无产阶级文化派就被肃清了，但是1923年出版的《新青年》第10卷仍然充满无产阶级文化派的观点。因为按照革命者的本性更容易接受无产阶级文化派的观点，还因为介绍思想资源的滞后，所以同人接受的只能是无产阶级文化派的思想。再以概念为例，一时期的思潮往往有各种名称，其内涵也不稳定，特别从国外介绍来的，往往各有偏重，展现的是一个过程，介绍的也可能是一个发展体的某一阶段，一起或者相继呈现在异域，很可能产生矛盾的现象。一个时代如果划分不够细致，往往要把异域历时产生的概念，加以压缩，使它相互协调起来，而形成一个新的概念。这个就是思想移植的时候难免的改写。在中国，新思潮进入的时候总受到各种各样外界因素的限制，从来不是一下子呈现一个完整的概念（何况任何主义都是在发展中的），有时候仅仅是一种价值观，思潮是作为拆开的元素，被大家吸收的。任何新概念都在所谓"原意"的追寻和使用中，具体化为很多变体。一个词的内涵是活动的，这个词就有了一种主体性。后来之所以凝定下来，是因为思想领域里找到了它的位置。比如，马克思主义这个概念，开始它是以庶民主义和Bolshevism的面目出现，它还与人道主义和托尔斯泰主义等混为一谈，在蔡元培的言论中还有对它的误解，还称呼它为"过激派"①，不过当时他并不知道列宁的"过激派"是马克思主义的新形态。后来才有李大钊的马克思主义，即使是李大钊，他接受的也不过是马克思主义中的唯物史观。② 总之，思想资源的接受与情境发生互动，影响了思想内涵的变化。

　　吸收思想资源的方式也不是简单的认同而已，还有有意或者无意的误读。1 卷 1 号《现代文明史》的最后一段是："社会之组织不良，必待改革。改革之道，贵政府之自觉，此哲学者之结论也。此哲学乃造成十八世纪之政制，执政多采用之。改革运动遂盛行于全欧，法兰西人民躬任实行，终之以革命焉。"③1933 年王慧琴译本中是："社会组织不好，应该改换它；为改换它，只须政府愿意，这就是哲学的总括。这个哲学成为十八世纪之政治的规律。由当权者施行起来，它就走到全欧洲的一个改革运动；由法国人民自己实行起来，它就走到革命。"④对比两个译本，前半段意思差不多，最后半段却有很大不同。王慧琴译本的意思是改变不好的社会组织有两种情况，一种是政府主动接受，就成为全欧洲的改革运动，而另一种情况是在法国发生的由人民来实行，就是革命。但是陈独秀译本意思是政治哲学造成了 18 世纪的新政制，这个新政制应该是共和制，各国的执政多采纳之，因此改革运动遂盛行于全欧，法兰西人民来实践它，于是造成了法兰西革命。在陈独秀这里成为一个顺序的发展逻辑：个人思想活跃造成文化思想，文化思想造成新政制，实践这个政制，就造成了革命。这个误解可以排除理解错误的可能，因为译者如果理解自己译的内容，对照史实不难发现，说欧洲都接受共和政体，明显不符合历史。也应排除有意误译的可能，因为陈独秀未曾表达过对"信达雅"翻译原则的任何质疑。剩下的唯一可能就是他心中的成见——共和政体在进化上的最高地位——歪曲了他对原文的理解。这个误解的结果是突出了哲学思想对政治革命的指导作用和推动作用。

　　总的来说，选择思想资源的机制是在原有的思想基础上，结合环境中

---

①　蔡元培：《欧战与哲学》，《新青年》1918 年 5 卷 5 号。

②　李大钊：《我的马克思主义观（上）》，《新青年》1919 年 6 卷 5 号。

③　陈独秀：《现代文明史》，《青年杂志》1915 年 1 卷 1 号。

④　［法］薛纽伯：《现代文明史》（上），王慧琴译，亚东图书馆 1933 年版，第 87 页。

现实问题和思想潮流，或者融合或者改造而形成一种新思想，实现思想结构的展开或者改变思想结构。例如，周作人介绍俄罗斯革命的哲学选择了拉夫洛夫作为一个代表。本来第一次世界大战以后介绍俄罗斯就是因为周围的思想场域中充满俄罗斯人道主义思想的声音。俄国的民粹主义和无政府主义都是中国急需要了解的思想资源。这种资源所具有的民主成分和人道主义成分，都与北大同人原来的精神相合。与此同时，拉夫洛夫的哲学要解决的重要问题之一就是个人的人格问题，其学说的中心是个人的进步与发展，这也符合同人的口味。周作人借拉夫洛夫批判俄罗斯的生活，来表达对中国因袭习惯的不满。"有知识的精粹人民从思想上得到确信，才真是历史的创造者；其余的因袭的奴隶对于古来习俗传说不加考察，一味盲从都是历史以外的人物，他们或者也有教化、有知识，但他们只用这知识来拥护现在的制度，并不仔细批判，只一味古来传下来的，便都是好的，所以还只可称'有教化的野蛮人'或是'高等文化的野蛮人'。"①周作人选择拉夫洛夫，是瞄准中国的现实的，目的是朝着理想的社会努力。

陈独秀出狱后接收新思潮的情况也能说明同人吸收资源的方式。他从反思近代思潮开始，先肯定近代思潮扫荡古代思潮中"虚伪空洞迷妄"的功劳，然后指出其不足，即让人失去希望。他选择最近代思潮作为自己的思想来源，包括"英国罗素底新唯实主义的哲学"、"法国罗兰底新理想主义的文学"和"罗丹底新艺术"②。胡适说英美派对陈独秀能施加影响，其实影响是有限的，至少不是决定性的。陈独秀当时似乎更多受张崧年的影响，但也不是决定性的。主要还是由陈独秀本人寻找真理的热情提供动力，以及原来的思想作为基础。他更偏爱英法老传统的新生，与美国似乎有点距离。8卷1号《随感录》中针对黄炎培说中国人现在需要的是将俄国精神，德国科学和美国资本这三样集中起来，陈独秀说能将俄国精神和德国科学合二为一就用不着美国资本了。③话中有拒绝美国文化的意思。陈独秀推崇罗素，而把杜威当作与蒋梦麟一类的人，这也是一个佐证。罗

---

① 《俄罗斯革命之哲学的基础（上）》，起明译，《新青年》1919年6卷4号。

② 陈独秀：《自杀论》，《新青年》1920年7卷2号。

③ 独秀：《随感录·（八五）俄国精神》，《新青年》1920年8卷1号。

素的个人声望、陈独秀本人的早期思想，还有他被捕的经历，对于他选择社会主义进而选择罗素具有决定性影响。他发现早年所跟从的近代思潮存在不足，让人悲观失望，此刻他和其他同人必定会抛弃旧路，因为寻找希望是同人共同的目标，此时也是国人的共同目标。最近代最新的思潮"正好让他看到可靠的希望，于是他选择最新的思潮"，这也令他后来转向马克思主义变得有了基础，因为马克思主义的科学性质能够成为人类得救的希望。社会思潮与个人经历等因素互动，从其中最核心的乐观精神方向中选择了非美国的、符合五四以后集体主义方向的、有理想的社会主义。总之，选择新思想资源是趣味、原初的思想，以及外在现实需要综合互动的过程。

## 第二节　思想的空间性与互动

思想并非一堆散乱的念头，理性观念尤其是有组织的结构团。思想不是作为资源（信息）任意地参与互动，它要受到思想本身特点的制约。

空间是人认识世界的工具，按照康德的看法，空间是人认识世界的先验的能力，甚至可以认为空间是比时间更基本的工具，因为时间也不能不运用空间的概念，思考它的前后、过去和未来。说到底，空间是人思考世界的根本的尺度，是人存在感的直接现实。思想本来就是思考世界的过程和结果，物理空间将在思想中形成有空间性的概念。思想也是在空间中建立起来的，并占有一定空间。团结和斗争总要表征为地理空间，而无论团体和地理空间都依赖心理空间发挥作用。地理对应于心理空间，团体的团结和斗争，以及地理空间的区隔作为符号可以表征思想，思想也会划分出心理空间。空间和思想的本质联系，我们命名之为"思想的空间性"。

### 一、互动的思想空间性

思想空间性表现为在一个话题中可以提出更多分话题。比如陶孟和的《女子问题》对比新潮，从学理上分析女子地位问题，较早将女子解放与经济革新联系起来。4卷5号周作人借他山之石——日本女学者的思考提出贞操与道德的关系问题；杨昌济译威斯达马克的《结婚论》，① 从女子问题中提出经济和女子的关系问题。胡适为女子问题提出女子和个人自立的关系问题。② 将话题变为一系列问题，是深化话题的方法。教授们在女子话题里开掘出各自的新角度，打开了这个话题的内部空间。这个空间性的展开要凭借不同的思想角度来激活，比如用个人主义或者唯物主义来与话题结合互动，然后话题的某些方面才得以突显。

思想空间性表现为思想也有在空间中扩大传播力的企图。它通过获得更高的地位，让它更容易获得一般人的认同，即扩大了思想的空间。思想传播并非把声音或者文字送到某个空间中就算实现了，而是需要借助互动与那个空间中的人形成共鸣。比如人们说新思想传播到内地，往往以报纸消息为准，其实那还不足以说明思想已经传播到那里了，只有当有人认同并且成为传播源时才算实现了。

思想空间性表现在空间和思想相互对应。思想的天穹对应地上的位置，思想总要通过思想者占据物理空间的一部分。在空间中有主体就有空间分割。每一主体需要一定的空间，并与同样思想的人共同占有更大的空间。在北大学生游艺大会上新剧旧剧都有，是把可能对立的空间并置。这种形态与北大的兼容并包思想一致。在当时的现实中，新旧剧并没有那么对立，高一涵在这种环境中也会对于两者都加以批评。

与此同时，思想内部有结构性的空间，思想内部的概念、判断等思想要素按照逻辑的方式（呈现在意识之中，用来将自己的理性认识与他人分享）和心理要素（情感、情绪和安全本能信念等，属于潜意识领域中的潜在观念）所建立的一个相互区别的“空间”。它既然是意义符号（信息）相互区别又相互联系，关系存在远近，意义有大小，意义符号还可以改变相互关系，因此有了一种三维意味。思想中有核心价值判断，有重要的，有次要的，有根本的，有从属的。就思想本身来说，它由概念、判断、推理组成，这些内容要符合逻辑规律：排中律、同一律和矛盾律。逻辑规律决定了有意识的思想是一个由概念、判断和推理组成的内部有层次的统一整体。阿尔都塞说：

① ［芬兰］威斯达马克：《结婚论》，杨昌济译，《新青年》1918 年 5 卷 3 号。
② 胡适：《美国的妇人》，《新青年》1918 年 5 卷 3 号。

"每种思想都是一个真实的整体,并由其自己的总问题从内部统一起来,因而只要从中抽出一个成分,整体就不能不改变其意义。"① 他说的就是思想的整体性,也就包括思想的结构性。虽然它在头脑中,不占用物理空间,但是它是有空间性的,是空间关系的折射。空间感将作为思考的一种工具参与到思考中去,参与到争论中去。思想的空间性根源于思想的结构性,是思想结构的基础。同人明确认识到思想本身的结构性。6 卷 1 号陈独秀《本志罪案之答辩书》几条罪案:破坏礼教、礼法、国粹、贞洁、旧伦理(忠孝节)、旧艺术(中国戏)、旧宗教(鬼神)、旧文学、旧政治(特权人治)。拥护德先生——反对孔教、礼法、贞洁、旧伦理、旧政治。拥护赛先生——反对旧艺术、旧宗教。拥护德赛先生——反对国粹和旧文学。② 从陈独秀的表述可见,他认为礼法、孔教、旧政治、贞洁、旧伦理的病根在反民主。而旧艺术和旧宗教是反科学的,国粹和旧文学则是既不民主也不科学的。陈独秀这里明确认识到概念之间相互联系,并有核心思想,各个概念之间应该有一种结构。

外部有思想者的思想交锋和交往而形成的外在空间。思想也会占空间,它们在空间中分布。因为思想互动成为整体,构造出一个思想场域,各种思想整体在场域中进行扩散。"思想的空间"一词由德日进最早使用,指从进化的链条上看,思想的现象创造的空间,是思想的外部空间。关于思想的这个特征今人也有探讨,③ 但总的来说还没有得到学界的重视。前面说到的现实空间就是思想在空间中分布的表现。思想在现实空间中分割空间,并进行斗争。思想者的空间位置影响其思想的内容,因为思想也在空间的某些地方集中,比如地域文化差异就是空间中的思想差异。在一个交往场域中,各种思想形成一种结构体系,分享某些共识,同时又相互区别,确立自己的位置。

---

① [法]路易·阿尔都塞:《保卫马克思》,顾良译,商务印书馆 2006 年版,第 48 页。
② 陈独秀:《本志罪案之答辩书》,《新青年》1919 年 6 卷 1 号。
③ 参见童强:《结构与结构的思想史》,《南京大学学报》2002 年第 6 期;童强:《空间哲学》,北京大学出版社 2011 年版;马列光:《思想的空间与原理》,中国经济出版社 2011 年版。马列光认识到思想观念属于空间中的元素,同时思想空间与物质空间既有联系又有区别。不过他过于迷恋几何性,在现代物理学和哲学之间探索,更多依赖数学,使用大量公式,反而使思想的空间性变得神秘,拉开了与一般人文读者的距离。尽管如此,仍应肯定他为思想的空间分析做的贡献。

集团性有时候就是因为空间造成的，比如北大教授集团，他们的思想与他们在北京这个环境有关。虽然蔡元培说北大是兼容并包的，但是北京环境决定了某些立场是他们拒绝的。前面论述空间对于思想的影响就是其直接表现，此处不再赘述。

思想的空间性还表现在思想变化带来空间变化。思想具有实践性，可以改变现实。思想在过去和未来之间，人的思想会化为行动来改变空间。思想在现实空间中建造新空间结构。比如阶级观念被同人接受以后，同人的整个思想都发生了变化，作为核心思想，使得同人的思想结构变化了，产生了有关无产阶级、资产阶级和阶级斗争等概念的问题。这是思想内部的空间的变化。陈独秀的思想变为社会主义以后，他就有机会到广州任教育厅长，也就有机会把广州高等学校内散布同人思想。这是思想变化带来的物理空间的变化。不同的思想对应不同的空间。有人说得简单：思想根据于旧事实，思想必有所创造，也是创造新事实，[①] 这些事实充塞在空间中使得空间被重新分割，变成不同的空间。

另外，思想的空间斗争也会带来思想的变动。比如同人参与实践也会决定其思想的内容，造成其思想的变动。沪皖时期多是革命之余写作，因此思想有革命意味；北大时期，同人为北大和学术工作，思想中有学者立场；京沪时期，同人实践活动比较多元，有参与北京斗争的，有参与上海活动的，相应地《新青年》上的思想发生分裂。同人在宣扬自己的看法、打击意见不一样的人时自身的思想也变化了，这种例子前面已有很多。思想空间斗争中的空间分割使《新青年》的文化思想被对手所决定，因为在场域中展开与保守思想交锋，同人文化思想发生了转变。比如关于白话文的认识，朱希祖举出三种当时人反对白话文的意见：白话没趣味；白话不美不长久，也传不远的；白话是不能区别身份的。总之，认为"文"其实就是有条理，加工过的意思。[②] 三种意见有老一辈学者的，也有留学生的。这三种意见分割了关于白话文话题空间的三部分，时人为了反对同人所以开拓出白话文美不美的话题空间，进而分割了这个空间，同人也因此不得不与这三者对立，他们确定

---

① 徐彦之：《说思想（续）》，《晨报》1919 年 3 月 18 日。
② 转自朱希祖：《白话文的价值》，《新青年》1919 年 6 卷 4 号。

了白话也能写美文的立场，并提出"文学家的文学只可定一时的标准，决不能定百世的标准；若推崇一个时代的文学太过了，奉为永久的标准，那就一定要阻碍文字的进化"，"乡曲愚夫、闾巷妇稚"的白话没有死，民间日用的白话正因为文人学者不去干涉，故反能自由变迁，自由进化。① 同人分割出第四块空间。

　　思想的空间性体现在《新青年》的文化思想由它在思想场域中的空间位置决定。同人思想与其他思想相互区别又相互联系而形成整个思想场域。一个时代的思想可以根据核心思想划分为几大阵营。这些阵营内部有差异，但都是次要的差异。它作为局部，其思想内容要与其他思想互动。思想空间的整体性要求思想者在里面发表特定的思想，这些思想之间有或强或弱的协作关系，构成一团亲族相似的看法。比如，胡适解释《新青年》白话文学的立场时说，任鸿隽和南社柳亚子提出的文学革命没有具体进行的计划，而《新青年》与他们的差别在于着力按部就班地执行。② 这是胡适的"后见之明"，当初他未必是看到柳亚子等人只有主张没有计划，才提倡白话文学，但同人的立场恰恰与其他人有某种距离，因此可以成为一支力量。早年提出文学革命的人不在少数，但是能够成为新文学创造者的是因为同人真的行动了，而且比梁启超等人进行得还要彻底，因此成为分割言论立场空间的重要一员。

　　在庆祝第一次世界大战胜利这个事件上，也能看出《新青年》在思想场域中的位置对它思想的影响。陈独秀感到政府的胜利将会加剧排外主义和对内部的专制，所以同人一起削弱"胜利"的政治意义，认为此次协约国胜利，不尽归功军事。③ 同人对于协约国胜利并不积极，当然不是因为他们不希望作为协约国之一的中国因此强盛，而是担心政府用爱国来加强专制，以及在人民中出现排外情绪。陈独秀批政府当局假装维新，不过为骗取外国的支持，其实是抵制西洋文化的。④ 此外，还有仇视新学、妄自尊大的守旧党和在东西洋学过科学却迷信国粹（医卜星象）的新人物，⑤ 也是同人要考虑

---

① 胡适：《国语的进化》，《新青年》1920 年 7 卷 3 号。
② 胡适：《我为什么要做白话诗？（〈尝试集〉自序）》，《新青年》1919 年 6 卷 5 号。
③ 陈独秀：《克林德碑》，《新青年》1918 年 5 卷 5 号。
④ 陈独秀：《克林德碑》，《新青年》1918 年 5 卷 5 号。
⑤ 陈独秀：《克林德碑》，《新青年》1918 年 5 卷 5 号。

的对象。陈独秀面对自己政治集团归属（中间势力）受到守旧党逆流的压力，逆反性地关注中国旧思想的顽固。集团差异对应的是思想差异，特别在核心思想上存在差异，比如对于国粹和纲常礼教的不同态度在文化思想上分成不同阵营，政府此时与复古的耆宿在文化上是一致的，与《新青年》站到对立面。又因为对立，《新青年》把反政府和反复古作为言说的重点，一暗一明地表达自己的观点。

时代思想的整个空间结构决定了思想的发生。同一个时代的人当有相同或者相近的问题，共同关心的问题，共同或者相近的价值观点。《狂人日记》写于欧战胜利之前，但是已经感受到日本传来的人道主义潮流。鲁迅主要是以中国的野蛮为出发点，在《我之节烈观》揭示了中国吃人的陋俗。他说"这一类无主名无意识的杀人团里，古来不晓得死了多少人物"[1]，明显表达的是揭露国人自古以来像野兽一样"吃人"的意思。这个"人"是个人并非是抽象的"人性"的意思。到欧战胜利后，人道主义大兴，世界上人类意识大为发展。特别是在五四运动以后，时代思想结构以人道主义为重要价值，国内兴起反宗法家庭和礼教的潮流，于是吴虞才找到《狂人日记》中的新主题（《吃人与礼教》写于1919年8月29日），吃人从具体的吃人上升到抽象的压迫人性的意思。虽然吴虞一直反礼教，但还是要在时代思想的新结构中，才能发现新看法。是时代思想结构的大变动，导致个人的觉悟。他说"到了如今，我们应该觉悟，我们不是为君主而生的，不是为圣贤而生的。也不是为纲常礼教而生的，甚至'文节公'呀，'忠烈公'呀，都是那些吃人的人设的圈套，来诳骗我们的，我们如今应该明白了，吃人的就是讲礼教的，讲礼教的就是吃人的呀"[2]。正是在这种觉悟里，才会因为时代的核心思想变化而产生新见解。再如，同人的概念会在时代场域中确定位置。概念理解上也会存在由于概念体系中的立场差异而造成概念的理解差异。概念系统本身的空间也带来概念的变化，是与原有时代总体概念系统的互动结果。仍以"社会主义"为例，陈独秀早就知道社会主义思潮，但是在那个时代语境中，社会主义是非常高级的社会形态，蔡元培认为它对道德要求很高，陈独秀则认为它是高远

---

① 鲁迅：《我之节烈观》，《新青年》1918 年 5 卷 2 号。

② 吴虞：《吃人与礼教》，《新青年》1919 年 6 卷 6 号。

的理想。所以陈独秀选择个人主义，蔡元培选择与社会主义比较接近的无政府主义，更偏重其与政府独立的方面。第一次世界大战结束后，社会主义在时代的思想观念系统中，有了互助、人类主义、人道主义的含义，失去对个人压抑的意涵，时代的思想趋向于合作，于是社会主义变得可以立即接受，立即进行提倡了。

反过来，思想的空间结构变化决定《新青年》文化思想的立场变化。在沪皖时期，同人从一个教育普通民众的教育杂志作者群变成北大时期的面向高级读者和普通读者的具有知识权威的群体，再到五四以后回归舆论场域，最后成为替共产国际代言的党员群体。民众思想立场开始站在知识人一边，他们的自我定位是为民众代言的知识人，后来转向工农，变为服从工农的知识人。这几次立场变化都是因为思想空间结构的变化。沪皖时期以教育公民、素在人格为中心，宣传个人主义；北大时期思想结构以知识人的高级文化追求为社会改造提供独立和理性的计划为目的，提倡健全的个人主义；京沪时期思想混杂，但主体以追求新的"主义"作为思想核心，将阶级观念用于分析中国现实，促进改造社会，思想亦社会主义为中心；党员时期思想以马克思主义为核心，为改造世界也改造中国而努力。

思想空间性还表现在标志性的占位对言说起重要作用。如果思想失去占位的标志性，虽然思想中还有这些思想，也会从言说中消失。比如五四以后革命变成主流，因此有些异己分子也混迹其中。他们在五四以后的时代话语结构中发表似是而非的观点。陈独秀注意到这个问题。[1]《新青年》的思想在思想场域中正在消除了空间占位的标志。很多市民报纸也都具有它一样的思想了。比如民主主义和平民主义是《新青年》在民国的逆流中仍然坚持的价值。第一次世界大战结束以后突然再次时兴起来，舆论界也开始提倡。《申报》记者说，"近世以来'平民主义'四字实已深印于人心。欧战既终，斯义益著于世。政治也、社会也、教育也，当无一不本平民主义之精神以改良其组织，敦促其进行。北京学界对于此种主义研究传播尤具热心，如北大，如高师，校役夜班早经设立，均由学生担任讲授，所课为国文、算学、道德之类。北大更有平民讲演团，按时出发讲演。在校役中如果才能出众，可以

---

[1]　独秀：《随感录·（九九）革命与作乱》，《新青年》1920 年 8 卷 4 号。

提升为事务员。据闻北大现已实行矣。此在老办学者视之，亦可认为破坏社会秩序之一种。"①市民读物具有现实性，很难提出偏激的见解，一般思想已经成为共识了，才会成为市民媒体的言论，市民媒体一般总是落后于有理想性的先锋媒体（知识分子读物），因为要照顾到大众的认识。它的关注有助于理念的传播，但也使思想平庸化。《新青年》一般不与市民报纸争论，它不打击《时报》《新闻报》这些大报。它主要对教育界杂志，以及与他们具有类似功能（比如输入新知）的媒体（比如《东方杂志》）争论，因为它们属于一个讨论场域之中，属于思想场域的上层。在这个背景下，《新青年》虽然仍然是平民主义者，但是言论上倒不太提到了。

在现实思想斗争中，"壁垒森严"和内外有别非常重要。蓝公武曾说过，"吾辈既同做这件事业，以后主张不妨偏激，论据却要精当，记者希望在这发端之始，吾辈应当互相切磋。才能磨厉其器。以与敌人论战"②。他的话是就反对谩骂而发的议论，但是背后是有强烈的"我们"意识。因此《新青年》同人才对同人的选择非常谨慎。张崧年给《精神独立宣言》加的附言中认为，这个宣言的目的是让"以后有学有术有思想能文章的人，万不可再拿他们的文章学术思想供什么万恶的东西，虚伪的东西，不必需的东西，作文饰，作利器"③。张崧年要文艺、学术远离一切恶势力，拒绝利益。这种对黑恶势力的拒绝就是通过禁忌形成团结，增强同人的凝聚力。周作人认为中国旧戏没有存在价值，理由是"第一，我们从世界戏曲发达上看来，不能不说中国戏是野蛮"，第二是"有害于'世道人心'"④。野蛮的"帽子"没有加以论证，它在这里主要是作为划定禁忌区域的简单方式，使这个领域不能进一步思考。而质疑则可以将这个论域的细节加以重新发掘，从而使得原来的禁忌去除，也就是重新分割了空间。现在没有人认为中国戏野蛮，因此中国戏的特点也就不能用野蛮这个词来描述，因此某些特点被发现，也可以通过去除野蛮的称呼，然后在文明的前见下看到其他特点的价值，使对象重新进入认识秩序之中。现实的对立将带来概念和主义的冲突。

---

① 静观：《北京通信》，《申报》1919 年 10 月 20 日。
② 知非：《答傅斯年先生》，《国民公报》1919 年 1 月 7 号。
③ 张崧年：《精神独立宣言·附言》，《新青年》1919 年 7 卷 1 号。
④ 周作人：《论中国旧戏之应废》，《新青年》1918 年 5 卷 5 号。

　　思想空间性与环境互动。思想是人应对环境的一种工具，因此在每一次实践过程中会突出某一个面向。思想的空间结构作为《新青年》应付各种现实问题的工具，在不同的问题中激活不同的方面，展现其丰富性。比如，《青年杂志》第 1 卷接续清末在日本形成的思想，落脚点在国民，民族国家的立场尚有保留。互助的思想和社会主义思想在第 1 卷中受到压抑。李平来信中希望无政府主义思想"唤醒一般醉心军国主义、功利主义者之迷梦"①。陈独秀回信说人类之进化竞争与互助二者不可或缺。克鲁泡特金和达尔文两人各见真理之一面，合起来才能说明万物始终进化之理。② 陈独秀在 1916 年的展望中就提出了国民运动代替政党运动的倾向。他赞美法美日的国民运动（法兰西革命，美国独立运动，日本明治维新），这里面有社会主义的因子。这两个思想方面统一在《青年杂志》的思想中。但是第 2 卷因为政治形势的变化，《新青年》呈现出军国主义一面。它此时的思想空间内部以提高国家竞争力为核心，故此以军国主义为"绝德"辩护。后来反对宣战，则停止军国主义思想宣传，回归个人主义思想。在当时的思想背景下，互助论是被压下去的。陈独秀的处理方法是以互助对内，在外面还是竞争。《新青年》反对宣战，背后原因是为了抵抗国内的武力统一。但是，并没有用互助来解说，原因是抵抗武力统一是不可言说的话题。那时《新青年》依托的北大毕竟是北洋政府的机构。由此可见不同情境会决定思想的内在结构呈现的面向。

　　现实空间化为思想对立，但是并非绝对的。思想毕竟努力超越空间性，它还有一个主人就是真理。光凭借各种计谋，掌握空间，使自己获得更多的利益，长远看来是靠不住的，还是要凭借思想本身的素质才能真正获得扩散。团体要凭借对真理的把握，比其他思想者更有预见性，看得更为深远，更有解决问题的能力，这样才能"俘虏"更多人认同本团体的观点，从而能控制广阔空间。《新青年》最后能够成为引领时代的思想领袖，靠的是它走在思潮的前面，坚持了平等、自由、民主等价值，从世界方面着眼，拯救中国的文化。

---

① 李平：《通信》，《青年杂志》1915 年 1 卷 2 号。
② 记者：《答李平》，《青年杂志》1915 年 1 卷 2 号。

## 二、思想空间性的互动

互动的第一个基础是主体性，因为思想的基础是主体。不是所有思想都占据空间，只有那些与主体有关的，即有意义的观点和价值才有空间，因为与尊严和感情有关，与控制力和安全有关。在知识领域，人文思想最具空间性。客观知识带上主观的空间占位，就成为斗争工具。各主体为了自身的利益而扩大自己的空间。因为在思想占据的空间越大，表明它的控制权越大，能量越大，思想主体也就越强大、越安全，也因此获得更多利益，比如安全、控制力和物质财富等。

费孝通说过："空间本身是混然的，但是我们却用了血缘的坐标把空间划分了方向和位置。"[①]社会结构依靠制度把某些区域设置为高势的空间，一般来说要让相应的主体进入这些空间，但是有时候那个位置也具有赋予主体权力的作用。比如，开国皇帝就是靠主体能力获得了皇帝宝座，但后世儿孙却不过是填进皇权体系中心空间的一个主体。他如果没有符合这个位置的能力，那么权力虽然让人服从，但也存在瓦解空间体系的可能。因此，朱元璋是皇帝，崇祯也是皇帝，两人行为有点类似，但是结局却大不一样。就《新青年》的文化思想来看，沪皖时期，《新青年》不过是上海普通刊物而已，北大的社会地位很高，因此陈独秀进入北大以后，就赋予了《新青年》更大势能，让它更容易获得一般人的认同，即扩大了思想的空间。

主体和空间是相互塑造的。有强力的主体具有较大的空间，更容易被认同。统治阶级的权力大，承认它权力的人组成的空间就大。这个权力不仅指政治权力，也包括学术权力和声望等各种力量。这个权力也不止在管制别人的时候呈现出来，也会体现在主体对自我生存和发展的控制力上。因此，大学者和名人有权力。林纾和严复等人在民国初年就有非常大的思想权力，虽然他们不说话，也对与他们有差异的《新青年》造成压力。因此《新青年》攻击这些学术偶像就有了空间斗争的意味。此外，与西南军阀联合也就有了增加世俗权力的意味。

有分歧的与主体有关的知识也是分割空间的重要手段。太阳中心说由个

---

① 费孝通：《乡土中国》，北京出版社 2005 年版，第 102 页。

人提出，没人关注，就没有空间作用。一旦发生与地球中心说的对立，吸引更多人认同，关系到某些人的利益、尊严和信条，它就成为思想空间分割的特征，思想空间也演化为战场。一些以前是不可置疑的看法，是大家共享的知识，在某个时候也会成为斗争的对象。比如，检验真理的标准是什么的问题，曾经不成问题，但是当他成问题时，就会成为空间斗争的对象。

身份背后有一套思想，因为身份对应文化、习俗等，将决定一个人或者团体的思想核心，身份决定思想站位，一套思想也会制造一种身份，因为思想也可以塑造社会关系。《新青年》同人自居于"老鸦"的角色，保持独立的地位。① 易卜生主义的永远批判社会的立场是这群知识人的一种自觉选择，学者身份决定其立场。因为有这种脱离现实的角色认定，才可能认同外国的批评。比如日本的《义勇青年杂志》上载《支那之民族性与社会组织》说中国人"政治之良否是非，一般人民，绝不闻问，彼等但屈从强有势力者而已"②。最后一句陈独秀给加了重点号，以强调日本人认识到中国人没有抵抗力。日本人从国民的角度来看中国人，这种认识对于国内知识分子的刺激恐怕不是没意义的。同人脱离了解释现实的立场，比较能够接受质疑现实的立场。

空间互动的第二个基础是分割。主体可以对空间进行分割，主体对于空间的分割是通过欲望和禁忌来实现，以欲望和禁忌的强度来加以结构化。主体对空间中事物的欲望实现空间划分。思想空间因为欲望而使某些观念变成欲望的对象，使与这个观念联系的思想体系具有优先性。对象占有空间于是成为空间划分的依据，某些空间作为众人欲望的对象，那么这个空间的位势就高，里面的思想就更重要。对人有吸引力的东西（有价值的东西）与主体配合而构成思想的空间。外在的物质占有和争夺，就是为了空间的价值加以分割和争夺，使一些空间价值增长，对其他空间和价值产生权力。

与欲望同时出现的一个因素是禁忌。欲望是自然的空间划分，而禁忌是人为强制的划分。欲望必然转换为禁忌。因为欲望增值了空间，空间被主体控制，也就转为禁忌。禁忌保持了思想的空间性，对不是这个空间的符号加以排斥，使得思想空间具有不可入性。

---

① 胡适：《老鸦》，《新青年》1918 年 4 卷 3 号。

② 转自陈独秀：《抵抗力》，《青年杂志》1915 年 1 卷 3 号。

　　思想的空间性与思想互动的方式通过以下要素来发挥作用，包括认同和斗争、形式逻辑和事理逻辑以及理性和非理性。

　　（一）认同和斗争

　　思想共振形成共同体，只有思想共振的基础上才谈得到对话，以便达成更高的一致，或者形成各自立场为基础的观点，当不能达成更高共识的时候，才形成站位。

　　一个空间中的共同体要通过观点分享、观点认同来结成。认同对于团体来说至关重要，是团体形成的前提，集团性建立在认同上。认同而产生的思想共振是团体思想形成结构的力量。对时代来说思想共振是核心思想形成的方式，没有大家的一致看法，时代共识就无法形成，时代的基本特征就不明显，也缺乏团结和交流的可能。具体到《新青年》文化思想上，因为有认同，《新青年》的思想才有共识，才能构成同人团体思想特征，比如对共和制的坚定信念，对平民主义的认同，都是同人分享的核心思想。《新青年》的思想不过是由同人共同思想和混合思想结合而成的，也就是说是大家都赞同的思想和不反对的思想的集合。最重要的是赞同的思想，赞同形成团体思想中的核心观念，而不反对的思想使团体思想具有弹性和丰富性，哪怕是不反对的思想也要依靠最低限度认同。

　　其次，思想扩散离不开认同。共享在社会上就是空间的扩大，是具有这些思想的人的增多，控制的空间扩大体现为思想的传播。思想扩散其实就是某种思想在空间中获得更多人的认同。时代思潮也是由很多的交锋思想的潮流共振激荡而生成的，由此形成思想的传播。新文学思想要传播扩大成为强势的思想，被人认为是真理，特别是占领一个异质的空间的时候，需要靠认同实现。

　　互动的思想结成一个思想场域。思想场域中的讨论必须建立在共同性的思想基础上，也就是说不仅认同的人需要认同，就是发生争论的人之间也要有认同的部分。例如张厚载在《新青年》上的文章中多引用亚里士多德、斯宾塞、哈德门等国外学者的观点，用来反驳陈独秀的观点。他还运用游戏说中以假模仿真的观点来帮助自己立论。[①] 这种选择当然是为了旧戏辩护而找

---

① 　张厚载：《我的中国旧剧观》，《新青年》1918 年 5 卷 4 号。

到的西方理据，也说明张厚载认为《新青年》中需要这类国外权威的理论才能有说服力，共同的思想兴趣和理论兴趣是两者可以进行说理的基础——在维持讨论场域的前提下才能征服对方。张厚载还把音乐性结合到社会风俗，他引俗语"移风易俗，莫善于乐"，"音乐上的感触，是很有'移风易俗'的力量"① 等说法。戏剧的"移风易俗"功能是《新青年》同人也追求的，这算是张厚载与同人找到的共同基础。再如《新青年》小说史学术能从内部讨论场域中形成，就因为同人对古代小说有类似的看法，他们推选经典作品、确立小说史观念，都建立在这个基础上。

参加对话和争论就是在进入一个讨论场，目的在于获得共识。如果想保持敌对，则不交流。林纾和严复不与《新青年》同人公开争论是不想进入他们的话语场，否则要被对方所局限。5 卷 5 号的《作揖主义》意思是刘半农和钱玄同不参与论战，从事自己最为急切的事情。其实当初是他俩借助"双簧信"挑起了冲突，现在见围攻的人多了，他们却表示不愿意争论了，不论争恰恰因为觉得没有交集。

每个人的看法是不可能完全一致的，一般只有部分的认同，故此亦敌亦友的联盟更为常见。凝聚力很强的团体很少见，也很难维持。因为一个人的思想总是倾向于离散开来，找到新的思想空间。团体思想总是处于张力状态，一方面是同人的认同，另一方面又需要同人有个性地思想，这就是反抗力。反抗力似乎是减少团体思想力量的，减弱共识的力量，但是因为这种反抗力可能生成有预见性的思想，在将来提高团体思想能力，对于团体思想的活力和转变起重要作用，这些思想生成会有利于团体思想的更新和变化，形成新的结构而适应解决问题的需要，因此也是有益的。虽然按照逻辑原则，需要内部统一，但恰恰是分裂使团体具有应对危机的可能。北大时期之所以生气淋漓，是因为同中有异。而党员时期主要表现为同一，所以读者的范围特别狭窄。前者属于讨论性的场域，而后者属于宣传性的场域。当然个性的思想一定是与核心思想不能对立的，其差异不能到造成分裂的程度，不能威胁团体的威信。比如，鲁迅是同人中最有个性的人，与同人思想差距很大。起初他和周作人还想与《新青年》挑战一番。他参与到同人中是因为武者小

---

① 张厚载：《我的中国旧剧观》，《新青年》1918 年 5 卷 4 号。

路改变了他的思想，而激进态度正好与钱玄同和陈独秀的一致。他的《梦》表示怀疑理想的主义的许诺，[①] 他的悲观和激进态度在同人中具有鲜明的面目，但鲁迅的这种悲观也是时代语境的个性表现，是时代在他个人身上留下的痕迹。其他同人往往比较乐观，但对于民国以来的国家状况表示失望是非常普遍的现象。这种思想与《新青年》有距离，所以在团体内也没有影响，相反鲁迅后来说自己"听将令"，证明他反而受到同人的影响。陈独秀后来评价鲁迅："鲁迅先生和他的弟弟启明先生，都是《新青年》作者之一人，虽然不是最主要的作者，发表的文字也很不少，尤其是启明先生；然而他们两位，都有自己独立的思想，不是因为附和《新青年》作者哪一个人而参加的，所以他们的作品在《新青年》中特别有价值，这是我个人的私见。"[②] 因此，要结成一个团体，其实只需要关键部位的认同即可。

一般人都认为同人脱离团体是因为思想发生了分歧，其实在他们组成团体的时候，就一直有不同，只不过他们会把不同压抑到不言说的领域。一旦实际上脱离团体以后，才强调不同点，并且发展不同点。比如胡适离开《新青年》，他与同人的差距越来越大。

与此相应，斗争必须建立在关键部位的不认同上。关键部位的不认同是区分敌我的重要标志。傅斯年不提与张厚载的共同点——音乐重要性和可以移风易俗，而是强调戏剧可以脱离音乐，以及强调戏剧必须进化[③]，就是要故意与对手寻找更多不认同的部分。

同盟者之间因为认同和不认同的部位不同，而形成了亲疏远近。一个集团内的同盟者也会因为认同和不认同的比例不同而存在合作或争斗。蓝公武这种非同人的同路人很有意思，他与《新青年》同人缺乏感情认同，只有理智的认同。他不与同人群体认同，而对个人认同。他不想成为同人之一，他有自己的归属，为了保持独立，也会时不时强调不关键部位的不认同。比如在赞同胡适的戏剧进化前提下，又不赞成胡适说的昆曲是俗曲的退化的观点。[④] 在讨论问题的时候，不断提出同人的毛病。不像同人之间的辩论那

---

① 唐俟：《梦》，《新青年》1918 年 4 卷 4 号。

② 陈独秀：《我对于鲁迅之认识》，《宇宙风》1937 年第 52 期。

③ 傅斯年：《再论戏剧改良》，《新青年》1918 年 5 卷 4 号。

④ 知非：《评中国之旧剧（中）》，《国民公报》1919 年 1 月 14 日。

样态度低调，引用同人的核心判断（比如高一涵使用胡适的历史的观念），并且加以阐发。

斗争本身也是实质性的力量。论争的确可以获得一些真知，但涉及斗争的时候本人的感情、自尊心等因素参与其中，真理与否就显得不重要了。重要的是通过思想斗争，实现言论场控制权，主导舆论，扩大自己的势力，创造一种新局面。他们采用表演的方式，就是为了象征性地划出领域。名义上是宣传真理，其实是推动自己思想的传播，并且利用一切可以借助的优势使得自己一方战胜，这里存在着空间争夺——可以称之为思想的空间政治。思想空间斗争是思想史推进的动力之一，因此思想史并不总是按照真理的发现历程向前发展，而是有迂回曲折，也才会有无耻和残酷。先有态度，然后才有是非，是常见现象。甚至强调对方的某一面，有意无意地误解都是有的。

### （二）形式逻辑和事理逻辑

在思想空间性与思想的互动中，逻辑也必定参与思想生产。按照排中律、矛盾论、同一律和充分理由律等形式逻辑规律来组织思想，形成概念、判断、推理的思想结构体系，形成思想内部的空间性。由于形式逻辑的存在，思想立场的空间占位之间构成一种合逻辑的结构。形式逻辑虽然是一套规则，但它会逼迫人思考一些东西，而抛弃一些东西，在思想生成和发展中是重要力量。比如五四时代改造时代的话题按照形式逻辑的排中律，分为"从局部改"和"整体建构"两种对立的立场。不仅陈独秀和李大钊要选择其中之一，讨论这个问题的人都必须从中选择。[1] 与陈独秀、李大钊接近的《国民公报》是主张"彻底改"的。保守的人则在反对彻底改的前提下，同意"局部改"。如果个人的思想发生变化了，也不能不在两者中间转移。比如胡适早年是认同根本改造的，但后来越来越重视"局部改"。对于时代而言，正是思想场域中的逻辑对立，才生产出一个时代的思想面貌。各方合乎形式逻辑地论证自己的观点，推衍自己的观点，于是思想就向符合逻辑的方向延展。

思想互动需要在言论场域中进行，而言论场域表面上是理性交往的领域。个人、团体的交流需要建立在理性思维之上。为进行理性地讨论，必须

---

[1]　高百谷：《通信2》，《光明》1920年第2册。

借助于逻辑。符合逻辑的思想最容易被分享，也最容易壮大声势。思想一定要清晰，概念要明确，联系要符合逻辑。

《新青年》比较重视形式逻辑。陈独秀反驳对手的时候常常揭露对方的逻辑矛盾。而同人经常使用的一个批评对手的词是"不通"。"不通"有文理不通、事理不通等意思，也有不符合形式逻辑的意味。同人有时候会攻击对手的形式逻辑，比如胡适就分析林纾写的古文"方姚卒不因之而踣"不通。[①]反击康有为则是寻找其逻辑矛盾。马克思主义研究会认为马克思主义是科学的社会主义，认为它采取的革命方法也有条理。[②] 其条理性（逻辑性、学理性）是保证马克思主义被李大钊为首的马克思主义研究会接受的一个原因。

思考和思想交锋是形式逻辑发挥作用的时候，因此《新青年》的文化思想最精确的部分往往是经过讨论的地方，比如反孔开始只是笼统地反对孔子之道，经过讨论和质疑，陈独秀找到孔子之道不适合现代生活作为理据，同时修正了自己攻击孔子时暴露的模糊性问题，声明自己立论仅限于孔子（核心思想）不适合现代生活这一条，承认孔子的历史价值，潜在地承认孔子思想里适合现代生活的东西有保留的资格。党员时期，《新青年》强调工人阶级的主导权，但在文化上，仍然把文化看作精英文化，而对工人的文化并没有提及。这个漏洞正是因为没有经过讨论，没有人提出质疑，推动思想前行。开始形成的不过是一些价值点，没有接受体系化的检验，尚不知能否与其他思想相容。思想没有充分展开的时候，内部很可能相互矛盾。经过讨论和争论以后，思想成为体系，内部真正实现统一。如果不是重要的，不发生冲突，就可以保留。思想逻辑将某些不能统一在一个思想结构中的思想排除出去。比如党员时期，比较特殊之处是认为文化变迁有终点，即最合理的共产主义文化，不认为文化要一直与生活适应下去。幸亏它把终点放到很远，因此没有发生冲突，但是两者的矛盾是真实存在的。矛盾源于不同的理据支持，一种是马克思主义思想认为文化变迁有个最高理想，一种是根据进化论认为文化应追随生活永远变动下去。当然马克思主义思想的新观点只不过唤

---

① 胡适：《通信》，《新青年》1917 年 3 卷 3 号。
② 《马克思主义研究会宣言附简章》，北京大学档案馆 BD1922014。

醒了同人早就有的观点，有一个更高理想的想法早就潜藏在它的思想中，它曾认为拥有人权，则国家文明就不退转，从此日新月盛。① 它的理想、单向现代化的想象和一劳永逸彻底解决的思维方式限制了它思考文化适应生活的长期性和变动的永恒性。它从愿望出发，希望文化能够有最合理的时候。

同人也会抵制形式逻辑，对其"形式"表示不满。② 思想的发展的重要决定因素是现实生活。在思想场域的结构中，现实是思想的重要来源，具有最大说服力。思想领域本身是自足的，具有按照逻辑自我繁殖的能力，可以进行演绎，思想本身似乎可以天马行空，但其实是不能自由扩展的，它会受到时代的限制，能够被时代接受的其实有限，总要是共同关注的部分才会被接受，而共同关注的基础就是共同的利益和物质生活。时代的限制来自当时生活斗争的逻辑。某一历史时刻的知识或者观点并不具有无限性，很多思想大体上在同一个时代和同一个地区，在过去的时代有些观念完全无法出现，这就是马克思所说的历史性。一个时代或者一个阶段当时只能提出有限的问题，也只有有限的回答方式，这些回答方式当然来自前期历史的准备，以及回答者个人所处的处境和立场。王光祈列出三种"为什么要工作"的主张：报恩主义、偿债主义和共同生活主义，前两者都有前提就是有施恩者的存在，最后一个答案则否定这个前提而提出的。③ 三者就是当时人能够找到的答案，它们之间有共性有差别，形成一个有结构的思想体系。王光祈不能超越时代而提出其他答案。胡适曾说过，"生活只是生物对环境的适应，而人类的生理的构造根本上大致相同，故在大同小异的问题之下，解决的方法，也不出那大同小异的几种"④。当时人不能突破当时人的总看法，而且一般可以想到的思想，大体总会有人想到，但不是所有思想都被注意到和引起共鸣，需要等待时机来激活成为思潮。

现实对思想决定作用就是事理逻辑。事理逻辑按照充足理由律，形成思想与现实之间的空间对应关系。

① 高一涵：《近世国家观念与古相异之概略》，《青年杂志》1915 年 1 卷 2 号。
② 傅斯年：《戏剧改良各面观》，《新青年》1918 年 5 卷 4 号。
③ 参见王光祈：《工作与人生》，《新青年》1919 年 6 卷 4 号。
④ 胡适：《读梁漱溟先生的〈东西文化及其哲学〉》，《胡适文集》(3)，北京大学出版社2013 年版，第 175 页。

### （三）理性和非理性

思想有理性的和非理性两部分，通常说的思想是理性的部分，这部分对思想空间性的互动作用很明显，已经体现在前两种方式中，这里要补充的是非理性部分。理性部分其实不是完整的思想。非理性的思想对人类思想有很大作用，言说出来的理性思想其实与这类非理性思想纠缠在一起，与言说出来的思想相互作用，一起形成认同和斗争，以及辅助思想和现实的逻辑力量，总之非理性的部分与事理逻辑联系紧密。形式逻辑不是思想场域中作用最大的力量，它只是思想观念之间联结的工具。在人的头脑中也不是由它一统天下，它不是思想结构的唯一缔造者。直觉、统觉等也可以使思想结构化。

各种情况都会成为价值的决定者，区域、亲缘的远近、势力的大小和情感反应方向等都可以让人形成观点，决定人的立场，同时观点反过来固化各种原来的关系和立场。思想的空间性是把现实因素和思想因素加以连接的因素。外在的空间和亲缘结合思想资源，决定对思想资源的选择。前面研究的现实因素中的空间，就与思想场域的空间性有关。虽然思想场域名义上拒绝感情用事，但实际上并非如此，往往是有感情和立场在起作用，往往以潮流和信念作为基础，背后还有现实利益。

感情在空间争夺中是很强的心理因素。情感有正面的和负面的。正面的情感如亲近感，会强化认同，认同总是伴随着亲近感，人们可以先有亲近感，然后寻找理据来形成思想。同学、亲人、兄弟、同行、同仁、同乡等外缘都能强化认同，也强化亲近感，两者也是互动关系。常常有某种感觉，或者某种亲近感，或新鲜感，一下子就接受了。负面的情感会造成区隔。敌意对于空间划分有大作用。骂有激发这种敌意的作用，因此在《新青年》同人与敌人划清界限的时候，也会使用骂的方法。情绪化适合压缩空间。平和的态度往往更适合团结和扩大空间，求得共识，而不太适合分割思想空间。负面情感和心理因素也会造成团体内部的分裂。比如，刘半农、钱玄同和周氏兄弟态度比较坚决，对胡适的绅士气不满，在气质上就能分成几个派别，形成一种对垒。钱玄同认为胡适太喜欢与敌手"周旋"了，与敌周旋就是给对手讨论的机会，这是钱玄同所反对的。刘半农也反对胡适给对方讨论的机会。① 胡适则坚持己见，在 5 卷 4 号上搞了一个戏剧讨论号，给张厚载等人提供表达意见的场所。这些差异进一步减弱了成员之间的感情，为团体分裂埋下伏笔。

感情纽带可能成为立场的影响因素，地域、集团以及血缘、学缘等感情联系都可以转变为思想凝聚的基础。感情差异会划分空间，安福系亲日，自然它就会保护卖国贼，而与苏俄的观点保持距离，不肯公开加拉罕的宣言，但是未必是最关键的因素，除了这些非思想层面的认同，还有更重要的思想层面的认同。同人是先有思想层面的认同，才有心理上的亲近。心理距离形成思想的空间。现实空间可能化为思想对立，成为心理空间。情感也不完全按照这些外缘来规定，比如张厚载与林纾有师生之谊，与蔡元培、陈独秀、胡适也有师生之谊。

---

① 参见刘半农：《今之所谓剧评家》，《新青年》1918 年 5 卷 2 号。

# 第五章　文化思想的互动系统和机制

前面我们粗略地描述了《新青年》文化思想的互动情况，以及在互动中发挥作用的各种因素，基本上已经揭示了思想在时间中生长和在空间中存在的状态。但我们不满足于零碎地把握《新青年》的文化思想，不打算把它看作一种无序的变动，更希望了解其规律性，这是理性根据知识本性提出的合理要求。既然互动是思想生成和发展的决定因素，也是思想的组成部分，那么弄懂思想互动对理解思想就非常重要。绪论中对互动的界定是比较粗糙的，不能满足我们的需求。互动究竟是什么，它究竟如何发挥对思想的生成作用，这些是本章要解决的问题，也是把握思想内在规律的切入点。

## 第一节　思想的互动系统

关于互动的本质，本书认为互动是一个系统，意思是互动以系统的方式存在，自然形成一个系统，然后借助这个系统维持自己的存在。

### 一、思想互动是系统

下面就来论证这个假说。这里不讨论互动本身，而是根据《新青年》等材料，把论题限于思想互动。

思想是概念和判断的有条理的集合。这些概念和判断相互联系，成套成组出现，相互配合一起表意和陈述，成为整体，因此牵一发而动全身。任何一个概念的变化，都会造成其他概念内涵的变化，以发挥思想的表意功能，这点与语言类似；思想本来就是人思考世界的成果，针对的总是现实世界，它的内容总是跟着思想者的目的而产生，并且有一定的功能。由于以上特点，思想从来都被当作系统。没有系统性的思想就不是思想，而是念头。就算是念头也因为从原来的思想中产生，与整个思想具有某种联系。此外，互动使思想的某些概念和判断因为认同和共振而强化，因为反驳和抵制而弱化，某些思想会变得有力，某些思想会变得重要，而另一些思想则相反，由此形成思想内部的价值结构，这进一步说明思想作为互动的结果是一个系统。由此可见，思想本身是系统，这点无需更多论证。

下面我们要着重论证的是思想的互动方式本身也是系统。

互动虽然包罗万象，但从思想互动的类型来说是有限的。从前面对互动过程的梳理可以看到七种基本类型：逻辑、掌控、认同、反驳、斗争、联合、现实互动（包括改变现实和现实反馈）。第一种是思想内部的联系方式；第二种存在于思想内外，在思想内部体现为核心思想对次要思想的掌控，在思想之外体现为世俗权力或者权威对思想者的掌控；第三、第四种是思想系统的相互作用的方式，认同与掌控互动相伴而行，一般与反驳互动相互对立；第五、第六种是思想者之间的联系方式；最后一种是整个思想系统和物质世界（这个物质世界包括自然界和人化的自然和社会关系）的联系方式，它基于认同和反驳之上，是思想者与非思想者的互动，但是其中很大一部分是人的思想的产物，说到底还是与思想互动。逻辑的丰富互动关系（形式逻辑的各种关系和规则）联结着概念和判断；认同涉及资源、他人思想以及以前自己的思想；反驳涉及抛弃资源、转换旧思想和排斥他人的思想；斗争和联合涉及团结（加强感情、自我牺牲、合作等）和排斥（现实权力的争夺、空间的斗争）；改变现实涉及解决问题，现实反馈涉及接受时代要求和了解现实条件。这些类型在发生和维持的过程中有各种变形，构成所谓因果、影响、作用和反作用、进入和抵抗、批评和反驳、质疑和解释、说明和接受，以及接触、传播等一切联系。

关于思想互动本身的系统性。第一，思想互动是一个整体。

互动是围绕着思想主体展开的，其思想主体活在有限的时空中，互动范围终究是有限的，空间上有地域性，时间上有集中性。思想者必定与他的互动对象有固定的交往，因此有紧密的联系，成为整体。这种强有力的联系可以看作是某种生活、生产方式长时间积累的产物，比如农耕文化的建立是靠人与土地之间互动而建立起来的。人与土地能够维持互动关系，必定是人与土地的长时间交往中，形成一种协作和依赖关系，以至于无法解开，造成乡民安土重迁的心理，进一步维持人与土地的联系。这种互动关系如此强固，以至于游牧部落侵占中原，必然被汉化，其实并非汉化而是农耕化。再如肌肉和骨骼为了与自行车适应，达到不倒的目的，它们就会协调形成一种骑车能力，这种能力是隐性知识，维持了身体与自行车之间的互动关系。生活方式和生产方式就是思想互动的物质基础，实践其实就是互动，因此可以说现实互动对互动来说是最基本的。

以《新青年》思想互动为例，沪皖时期的教育思想在当时教育思想系统中不能不与当政者袁世凯的教育思想互动。陈独秀选择了一致的部分进行认同互动，对宣传孔孟之道的部分则避而不谈，采取特殊的反驳互动，在官方的教育思想之外隐秘地分割一块空间，与之保持既联系又有距离的关系。这种姿态就是因为在生活上陈独秀受到官方权力的掌控，不得不为了保住思想言论的权利而采取的，陈独秀采取的互动方式是其生存之道。他们在有限的中国教育思想空间中，无法不进退避让，而形成一种稳定的状态和整体。

思想者互动时并非同时与各种互动对象发生互动，而是在某些特殊场合优先发生某些互动。这些互动因为空间上接近而发生。发生以后，因为互动在持续发展的整体中，因素比较固定，互动效果得到验证，经过试错，经过互动对象的反馈和思想者的自我调试，最优化了连接方式，故此最为可靠。也就是说互动具有路径和对象依赖，靠这个依赖，互动能够持续。在思想者之间，长期的互动会建立信任和熟悉，认同产生向心感情，这些附属的东西也是整体的粘合剂，长时间的交往和互动可以增加这类黏合剂。人们在心理上总是倾向于生活在熟悉的环境中，在其中心理会比较舒泰。在一个熟悉的关系和环境中，人们的思想方法是类似的，关注的话题相近，并且心理上不爱离开。在这个意义上，地域因素天然可以影响互动。

这从前面第一章的情况能得到证明，比如党员时期，同人多数聚集在上海，作为职业革命家，相互联系，他们的思想观念都类似，因此交往中逐渐凝聚为一个整体，相互之间形成合作关系，依个人人情况承担一定的任务，有编辑，有投稿者，有帮助解决困难的人（比如沈雁冰曾利用在商务印书馆编刊物的便利给党员同人提供稿费作为生活补贴），有做实际工作的人（比如杨明斋专门翻译报道俄罗斯状况的外国文章）。刊物的思想是靠生活工作在一起的同人一起形成的。在思想互动过程中，思想信念会相互接近，他们在交往中思想越来越向马克思主义靠拢。这个过程中充满认同互动和掌控互动，比如介绍苏维埃生活，与之发生认同互动，同人之间相互认同，又与马克思主义思想和第三国际思想发生掌控互动；与此同时与其他团体形成斗争互动，比如与非马克思主义的团体（研究系和无政府主义者），为此陈独秀写了《下品的无政府党》，李达写了《讨论社会主义并质梁任公》（9卷1号）；与同盟团体形成联合互动，比如联合国民党系的人；内部通过反驳互动，各自承担不同工作，相互之间有配合关系。他们与现实互动时，通过与核心思想认同互动给团体思想核心增加了"阶级"概念，又增加了对中国农民、工人及其反应的关注。

与此同时，互动形成的整体能够维持也靠互动。互动并非仅仅是动的状态，保持张力的状态才是互动的常态。逻辑、掌控、认同、联合一般比较稳定，一旦形成都是静态地持续着；反驳和联合一般也会持存，作为认同和斗争的反面时，它们也是静态的。当然它们也有动态的一面，如果公开的反驳和现实互动造成对方的反驳或者反馈，则展开动态的维持状态，往复对话和讨论使反驳持续，改变现实和现实反馈也将反复多次。总的来说互动是一个场域的建立而不是偶发事件。在这个场域中互动多方保持一种能量均衡状态，多方互动时，你中有我，我中有你，形成了一种连接，因此这个整体在时间中有持续性。

举例来说，《新青年》认同西方近代文化思想，因此与中国传统文化保持一种反驳互动状态。这种状态具有复制自身的功能，它在选择攻击对象时到处都寻找这类对手，先有袁世凯、康有为、张勋、孔教会，后有杜亚泉和徐世昌等人。同人与保护传统文化的思想者不断发生反驳，虽然对象变了，但是反驳关系一直没变，就是西方文化和中国传统文化的反驳关系。这些替换不断维持着这种反驳互动，也维持着同人对西方文化的认同。

再如，同人之所以选择孔子之道作为批判对象，是因为维护孔子之道的人与同人共享一个时代的话语场，即使他们彼此没有交往，只要有共同的观念或者思想空间，他们就有互动，而且持续存在。同人反驳他们，于是在关于孔子的话题中各自占据一个位置。反驳互动反而使得两方成为一个整体，而且持续维持着整体性。

按照系统论的观点，系统首先是一个整体。拉兹洛认为信息系统不仅是自稳的，而且是自组的。[①] 其前提就是系统有整体性。对比互动和系统之间的相似性，可以说思想互动与系统具有一样的整体性。

第二，思想互动有层次性和功能性。

对立的东西在长时间交往和互动中，必定能为对方提供必需的东西，不然就会离开，对立的东西能够在一起互动，如果不是有亲密的力量起作用，就不可能持续互动。思想和思想之间的逻辑关系，既有矛盾和排中律这些区分的规律，又有归纳和演绎这种联系的规律。反驳和斗争性质上是对立的，但在整体中必定存在认同和联合这类统一性质的形式来配合。改变现实是统一性质的，现实的抵抗又是区别性质的。思想逻辑关系使思想稳固，改变现实关系使思想变动。因此在互动中逻辑、认同、反驳、斗争、联合和现实等形式在构成整体和解构整体的张力下，相互依存和纠缠。

对立和统一的互动还会相互强化。以认同和反驳为例，认同的人会聚集，因此强化了认同，可以使某些概念和观点越来越集中起来，也强化这些概念和观点；反驳的人会保持对立，因此强化了对立，同时思想者不得不把某种看法改掉或者降低其重要性，因此也反过来增多了相同点，强化了共同场域的基础。总之，认同就会积聚认同，反驳也会强化反驳。现实中的联合和斗争也与认同和反驳类似。改变现实向现实发力，而现实反馈则反作用于思想者。效果不好则引起思想的变动，进而产生新的向现实的行动，如此循环往复，因此现实问题周围就积聚了更多思想，互动也就出现不平衡，有的思想互动多，有的思想就没有互动，由此现实互动也有对互动自身强化和弱化的效果。

互动相互连接和加强在某些团体或者某些区域中形成以认同和联合为主，反驳和斗争为辅的形态，反之也会在斗争为主的团体之间和地域之间形成以反驳为主的思想斗争。同向的相互加强，异向的相互减弱，因此使互动效果不同，互动结成的整体中出现互动的冷热不均现象，形成不平衡的关系，成为层次性的现实基础。以早期《新青年》的思想互动为例，《新青年》

---

① ［美］欧文·拉兹洛：《系统、结构和经验》，李创同译，上海译文出版社1987年版，第14页。

反袁，反专制，因此自由的思想暗中反驳袁世凯的思想，同时与欧事研究会有认同，与蔡元培有认同。蔡元培把提倡自由的人集中到北大，并在北京学界培植自由派力量，于是与北京保守派形成对垒。北京保守派与政府结合，激化新旧思想的冲突。研究系在第一次世界大战后也认同北大思想，形成联合。认同自由思想的人集中在一起，在《新青年》和《国民公报》上形成了集中的认同，整个时代舆论思想系统按照自由和保守分为两个思想阵营，促进自由和专制的时代冲突的发展，各自承担功能：自由派发展自由观，保守派则维护秩序，到五四时终于因外交事件发生对决，最后自由派占了一时的上风。保守派也要改造中国屈辱现状，但按照政府的本性，它不会全力促进改变，成为阻力。巴黎和会给自由派以反馈，自由派的民族主义得到认同，而成为时代思想。

再如，陈独秀与杜亚泉的相互反驳，使这个反驳变得重要，反驳进行了两个来回，更加强了这个反驳的重要性。反驳更多出现在同人和商务印书馆之间，强化了两个团体之间的斗争。胡适和钱玄同之间对于新文学的讨论，也是认同的部分得到强化，而反驳的部分受压制，团体中以认同为主，则认同增多，反驳减少。感情增进后，反驳尤其困难。除非发生巨大矛盾，损伤了感情，反驳才会多起来。比如胡适、陶孟和分别与钱玄同为孙国璋的世界语问题发生争论，有了初步的裂痕，破坏了3卷时期建立起来的感情，因此才有钱玄同抵制张厚载的事情，进而又发展到抵制蓝公武。终于使得胡适派和钱玄同派心生芥蒂，为后来团体的解散埋下伏笔。

互动类型之间的关系并不平衡。某些互动重要，有些互动就次要。重要与否的标准来自保护思想本身的结构的目的和解决现实问题的目的。能强化本来思想结构的就是重要的，应付重大挑战的是重要的，能够有效地解决现实问题就是重要的，问题越严重，互动越重要。否则就是次要的。比如京沪时期，马克思主义者与无政府主义者之间的斗争互动就不如马克思主义和实验主义的斗争互动更重要，后者能够产生巨大震动。互动后逐渐减少关系，甚至分崩离析的就是消极的互动，比如张厚载和胡适的互动，最后在钱玄同陈独秀等人的参与下，越来越敌对，减少了频繁的互动。而《新青年》与《新潮》的互动就是积极互动，形成了北大师生组织的合作团体。

思想互动有了层次性，还进一步进行功能分化。互动不仅是将各方构成整体，还要分工来达到效率最大化。

各种互动都有不同的作用和功能，比如认同有提升团体力量的功能，也会有强化某种思想价值的功能，也有形成新思想结构的功能；联合也有类似功能。反驳和斗争互动则相反。现实互动和逻辑互动则有改变思想结构和稳固思想结构的功能。这些互动在应付一个情境的时候，会相互配合。比如与研究系联合和分离的过程中，同人的思想本来有逻辑互动，研究系与同人联合强化了认同的某些观点，同时又在某些方面进行反驳互动，于是同人的这些思想就会调整，比如蓝公武反对钱玄同的态度，钱玄同的态度就必须调整，哪怕是不情愿的。双方在反旧思想的冲击方面发生认同互动。钱玄同也会因为看到研究系和北大的相互支持，而减少与研究系的反驳互动，曾受蓝公武攻击的钱玄同后来竟在《国民公报》上写"寸铁"专栏上的文章。总之，为了达到团结的目的，就会调动认同互动来促进团结，同时反驳互动自动就会退出，一旦研究系和同人发生分裂，斗争成为目的，则反驳互动和斗争互动相关的机制就会启动，而转变为斗争模式。这些互动其实是相互配合的，一起实现《新青年》思想斗争的目标。团体中合作也是这样。当认同被强化以后，认同互动的功能就偏于加强团结，自动压抑不一致的观点。但是如果有人忍无可忍，就会向同人提出规诫，规诫属于反驳互动，它此时承担的也是团结的功能，这就是因为认同不能获得确认，思想不能一致，需要邀约同人与自己形成新认同，这时候就是认同功能失调的情况，由反驳来承担特殊情况下的功能，如果失效，则会转变为斗争互动的状态。也就是说某一部分的功能如果失调，需要其他部分来承担功能。在互动中，互动多方倾向于相互配合，相互需要相互依赖。

再如同人与保守者的斗争就承担了思想生产的自我保持功能，而与研究系的合作联合则为思想生产发挥自我统一的功能。在合作中联合的力量大，使互动趋于强大，特点突出。斗争使互动中思想比较清晰，阵营也比较分明。两者在互动中作用不同，力量有大小，相互配合。五四时期保守派也参与营救陈独秀，两者共同担心的"文字狱"问题使他们找到共同点。政府成为共同的斗争互动对象，他们就发生联合互动。幸亏这种联合互动时间不长就恢复到原来的互动关系，所以同人思想没有发生大的变化。陈独秀和胡适这两个核心人物都动摇了，但毕竟团体思想是个系统，互动要想彻底改变它还需要花费更长久的时间。

团体内部的竞争为内部的分工提供条件。思想者不同的素质，会使得合作时发挥的作用有大有小。作用大的思想者周围就出现更多认同的互动，而另一些则在其他方面得到更多认同，因此逐渐就会形成互动的分工。比如，北大同人虽然多数是人文知识人和语言学者，少数是自然科学家和哲学家。语言学者中钱玄同更为突出，虽然陈独秀也有语言学专著，在这方面也有很深的学养，但钱玄同师从章太炎，属于出自名门，而且钱玄同从事研究很久，所以钱玄同在语言方面最有权威。他赞同白话文学，立即让陈独秀非常兴奋。钱玄同讨论这方面的内容也相应增多，后来有人来信询问语言学问题，都由钱玄同回答。那么围绕钱玄同周围的认同就具有强化同人白话文学的效果。陶孟和挑战钱玄同，反对他提倡的世界语，因此威胁了钱玄同参与互动的功能，甚至因此伤害了团体的一切正常的互动，威胁了团结。也就是说，陶孟和本来有义务尊重钱玄同在语言问题上的权威，但是陶孟和出于自由主义的理念，动摇了这个基础，因此取消了钱玄同进行互动的功能性。

按照系统论的观点，系统有层次性，而且对外有一定功能，内部的各部分之间也各自承担功能。复杂系统科学证明了层级结构是客观的，每一层有独特的性质，从而成为独立层次，其次，不同层次间有联系。系统论认为，"系统的结构和功能的层次性实际上是与系统的发展相联系的"[1]。系统论说的其实就是互动之间的功能差异，可以说互动的层次性与系统类似，互动的功能性也与系统一样。

第三，思想互动有目的性。

这个目的性当然不是神秘主义的东西，而是类似目的一样的东西。一般所谓目的往往有意识的生物才能有，表征就是它可以借助工具，而非生物或者没有意识的植物就被认为没有目的。其实，只要实际存在的东西都有被推动的情况，而推动去做的就认为是有推动者的目的，但是非生物被推动未必是推动者的目的，因为被推动以后达到的效果往往结合被动者的本性，不能算主动者的目的了，比如两个小球碰撞，可能由一个人推动，但是小球碰撞

---

[1]　魏宏森、曾国屏：《系统论》，清华大学出版社1995年版，第218页。

以后，它们就会去碰撞其他对象，发生其他效应，这时就不能再说它的碰撞是实现那个人目的了。这时小球仿佛有了自己的目的，也就是说我们其实是把效果看作目的。

就思想互动来说，思想的产生总是为了达到某种目的，没有目的的念头不会有持续性。思想必须是实践的产物，空想不算思想，只是符合逻辑的假说，如果不能实验证明，空想就毫无意义，因为没有对象，思想其实是没有内容的。如果不是为了解决现实问题，关系就是死的，就会慢慢解除。思想的生成和转化都是为了改变现实，经过反馈，然后在思想中产生改变，再去改变现实。互动使认同发生，也使反驳发生，进而形成斗争和联合，思想者进而形成团结和竞争。因此，思想本身有目的性。

那么思想互动有没有目的性呢？其实也是有的，因为思想的互动虽然是非生物的，却会受到思想者目的的干涉，可以看作有目的的。比如同人要解决现实问题，就必须选择目标和增加力量（目的性给思想互动确定功能）。同人在思想论争中弄清了孔子的不平等的伦理是问题的关键之一，于是通过认同和联合来积蓄力量，进行宣传，扩大影响，使更多人认识到这个问题的症结，这时的思想互动就带有强烈的目的性。再以京沪时期同人的内部思想斗争为例，上海同人核心思想认同指向罗素思想，想把它放到思想核心中，目的是跟上上海的新思想而提升《新青年》的思想魅力。但是北京同人身处北京，日益消极，此时发生反驳互动。胡适是因为希望宣传杜威，因此不赞成，其他同人则是因为不懂或者不敢在北京谈论。北京同人启动掌控互动，以抵抗这种新变动，目的是维持原状。胡适出面夺权，化为行动。胡适在北京的各种联络可以看出他的积极性，以及与他亲近的陶孟和明确提出要停刊《新青年》，这更可能是胡适的计谋，目的都是为了让《新青年》脱离罗素思想的影响，进而成为实验主义的实践者。总之，各种互动在思想生成和发展的过程中承担不同的任务，背后都是有目的的。

思想者与周围环境发生互动无外乎两个目的：自我统一和自我保护。自我统一是天然的欲求，是保持自我完整的消极方向，靠结构力实现，效果是整体性。自我保护则是思想为了持续存在而要努力的方向，靠思考力实现，效果是持续性。

系统论认识到系统内部的复杂反馈机制发挥作用，就显示出目的。[①] 其系统目的性原理揭示的就是系统的"意志"，它去除了目的论的神秘色彩。在控制论中，目的论是关键的部分。拉兹洛说的自组的特点就是有目的的行为，他在描述生物有机体系统时揭示了这种现象的存在。[②] 由上面的分析可见，互动与系统一样具有目的性。

第四，思想互动有自组织性。

所谓自组织性就是整体的行为是自发的，不受特定环境外来干扰地独立进行，并且可以自我优化功能，提升自己应对外在世界的能力。

思想互动是不是这样的呢？完成一个任务时调动的各种互动之间相互配合，其中的运行规律是不容易改变的，其中有固定的联系。在认同、反驳、斗争、联合和现实的互动中，都会在互动中自动调节和变化，并不需要人为的设计和安排。以《新青年》思想在五四运动以后的更新为例，五四以后，进化论长期被重视的"竞争"方面，被海外来的思想质疑，进而社会上有连进化论也否定的倾向，这与《新青年》思想中非常重要的进化论抵触，思想体系本身就会调动所有同人提出反驳的任务。认同和反驳都是思想者天然的行为，要思想就不能不认同其他思想，认同了必然反驳一些思想，同人认同进化论就得反驳质疑进化论的思想，于是同人拯救进化论，发掘其中"互助"的方面。同时，还会优化反驳互动的力量，比如周建人的文章两次中断，但是为进化论辩护和修正进化论的意图未改。就是说同人在反驳互动的过程中会响应外界的反馈，但是转换方法继续实现这个目的，使为进化论辩护的任务完成得更好。这个过程中，并无一人来设计，是思想系统的应激反应，并不因为外界反对而消除。

各种互动的展开并不取决于任何人的安排，而是思想的本性决定的。思想一定要改变现实，并且一定要保护自身，因此它为了这个目的就会调动各种互动，各种互动本身有自己的功能，外界的力量仅仅是一种诱发的力量并不能起决定作用。同人的思想隶属于某个时代的思想，这个也是自身的选择，并非由谁安排。至于优化功能方面，认同和反驳相互维持，也都会更进

---

① 魏宏森、曾国屏：《系统论》，清华大学出版社 1995 年版，第 237 页。

② ［美］欧文·拉兹洛：《系统、结构和经验》，李创同译，上海译文出版社 1987 年版，第 25 页。

一步提升思想，优化认同和反驳的程度和角度，为了向真理发展而自我调整。斗争和联合会加以选择，这种选择并不是任何人命令的，而是思想在互动的时候，斗争的效果或者对斗争的预期使得斗争方式和对象发生调整。联合的过程中，也因为联合的基础削减，而自动开始减弱，慢慢转入斗争。这些变化同样不是外界理论左右的。

总之，在思想互动中，七种互动方式都在不同情境下采取适当的方式，目的都是为了保护思想和扩展思想的影响力，并不需要谁来发出命令。思想互动过程都是自发的。

信息论认为系统的负反馈会帮助系统降噪，[①] 由此使系统逐渐变得有序；普里戈金的耗散结构理论发现涨落达到有序的规律；[②] 系统论揭示了系统会通过反馈和负反馈而自然形成。因此，思想互动类似系统有自组织性。

系统具有的稳定性和开放性在思想互动中也很明显。思想的斗争和反驳都围绕着具体思想者而展开，改变现实和现实反馈也是围绕具体问题来展开，故而不能任意改变，更别提逻辑、掌控、认同和联合这种有向心力的互动更加稳定，不会任意发生突变，随意冲突或者联合，因为背后都有现实基础，有思想的本性在起作用。而开放性，也因为互动建立在思想系统的内部分野基础上的，自然无论哪种互动以思想整体为中心的，有内外之别，而且内外还是相互界定，相互成就的。与此同时，思想还向现实世界开放，接受其反馈，也一样是开放的。

由以上几方面的论证，可知思想互动具备系统的几个重要特征。除此以外，系统论者讨论的系统特点，可以直接理解为互动。比如詹奇的自组织宇宙观，揭示了系统和环境的互动[③]，按互动论可以认为自组织就是因为互动而实现的。再有，系统所谓开放性就是思想者与环境互动，相互连接在一起，通过不同互动，形成不同的结构、不同功能。其实，系统的很多特点都可以用互动来理解，比如系统把自己的密码投射到环境中，[④] 这其实

---

① ［美］欧文·拉兹洛：《系统、结构和经验》，李创同译，上海译文出版社 1987 年版，第 14 页。

② 转自魏宏森、曾国屏：《系统论》，清华大学出版社 1995 年版，第 325 页。

③ 转自魏宏森、曾国屏：《系统论》，清华大学出版社 1995 年版，第 228 页。

④ 参见［美］欧文·拉兹洛：《系统、结构和经验》，李创同译，上海译文出版社 1987 年版，第 16 页。

就是互动。系统要生存维持，需要应对外界，形成互动。系统的双向因果[①]也是互动的表现。信息控制论很好地展现了互动的重要部分，即从情境中接受互动对象（包括其他互动者）的信息，然后通过思想的核心处理信息，加以反馈，使互动对象再做出反应，逐渐使得信息主体和互动对象相互适应和协调。系统论中描述的系统形成过程，其实就是互动过程。系统的自组织其实是系统不断维持互动。思想的非线性关系使互动不断复制、反馈、纠缠而形成有序的系统。耗散结构论研究的就是动态的系统，与互动的动态非常相似。

可以初步推断，思想互动就是一个系统。这个认识才使"思想是系统"这个判断周全了。

互动是如何可能成为系统的呢？在前面的论述中有它形成系统各种特性的条件，那些条件就是它成为系统的条件。另外，系统需要内部张力的维持，互动恰恰也有这种张力（互动也是斗而不破的状态）。互动提供正负反馈，因此可以提供成为系统的条件。互动之所以如此自稳自组，很大程度上与思想者的主体性有直接关系。无机物和无意识的生物都能形成系统，作为有意识的人更能形成系统，只要他们想相互合作或者相互争斗，就必然形成有组织的系统。

最后，还要论证互动为什么是系统。原因是互动成为系统，则功能最为高效。从互动方面讲，层次性形成以后，在完成功能的时候，系统会趋于使用最少的能耗。合作总是比单独行为效率更高，能耗最少。层次固化使得分工精致，层次性和功能性互动，进一步固化层次和功能。所以人类知识趋于分工，并非人有意识控制，而是自然形成的，因此构成社会的趋势。

那么把思想看作系统是否可行？应该说是可行的，因为有学者已经这样做过。比如系统论学者拉兹洛用系统来解释经验的产生，同样我们用互动的系统来解释思想的产生。

---

[①] 参见范冬萍：《复杂系统的因果观和方法论——一种复杂整体论》，《哲学研究》2008 年第 2 期；董春雨：《从因果性看还原论与整体论之争》，《自然辩证法研究》2010 年第 10 期。

## 二、思想互动系统的构成

思想的产生不是一个主体产生的，而是一个系统形成的。这个互动系统虽然是互动构成的，但是系统却是建立在实在的要素上面。思想互动是系统，因此互动系统也有结构，因为互动是运动变化的，因此还要讨论其逻辑。

### （一）要素

思想互动虽然多种多样，但其组成要素却是有限的。这些要素可以从前面梳理的互动过程中总结出来。

要素一：互动者

互动者是互动系统中的主体，是互动中的主动因素。互动至少有一个主体。

互动者在互动中产生思想，与世界建立交流，并找到自身，解释世界，也解释自己，最终也改造世界。如果不互动，主体接触不到任何外界事物，也就相当于没有生存。

在思想系统中，有三个主体：个人、团体和时代。个人是唯一的主动者，是思想的真正主体，这是显而易见的。团体和时代都是虚拟的主体，就是说它们不是实际思想者，而是由个体思想者汇合而成，个人将自己的主体性投射给团体和时代，使它们形成一种类似个人人格的团体人格和时代人格，团体和时代不是死的集合，而是有主体性的，它们可以脱离个体，对个体施加影响。个人维护某种重要的价值，那么这个团体和时代似乎也在维护某种价值。团体和时代把自己的利益转化为个别成员的无意识或者意识，由成员来维护群体的利益。比如杂志投稿也要维护整体，写稿者总要照顾原来杂志的主题，他们的观点大体不错位，因为平时交往对于个人观念的了解，基本上不会写出主编不能接受的观点。①

要素二：实践

互动对于互动者来说就是实践。实践是思想互动系统的重要部分，涉及

---

① 当然也有特殊情况，比如对德宣战问题，《新青年》主编主战，作者马君武强烈反战，那么就破坏了合作的基础，甚至也不愿意再投稿。对于杂志来说，少了一个有个性的缔造者，对于作者来说不过是换了一个投稿的地方。

思想内部系统和思想系统与生活系统组成的更大系统。实践是内外两个系统互动，思想也就是这个互动的产物。它发生在主体与情境之间，改造（对于非人来说就是"人化"）互动对象并被互动对象改造，以便实现互动者的目的并决定实现的程度。

实践包括言说、思想和行动。言说是思想者的实践形式之一，是指言语表达，即敞开思想。我们了解别人的思想主要是靠言说。人要言说，或者要借助于公认的符号来"言说"。

言说有两个功能。一是交流，它发生在主体间，目的是信息交流，沟通情况和对话，以便组成一个整体。组成整体可以是合作的方式也可以是斗争的方式。二是把思想转化为改变现实的能力。《新青年》公开的言说就是为改造别人的思想，将真理分享给同类，最终使思想现实化。

思想是本书关注的中心之一。在互动系统中，思想是言说背后的本源。言说是个动词也是名词，意义就在思想里。按照索绪尔的说法，没有所指的能指是不存在的。所指不一定在世界中真有，但一定在思想中。

在言说场域中，言说未必严格对应于思想，或者说未必是完整的思想。言说是不完全的，也不稳定。言说本身、言说者的感受和需要，以及情境都会限制言说。而思想也不完全，相对比较稳定。思想并不会全部表露，有很多没有直接表露，被外界争论激活的会表露，社会允许的部分会表露，经过逻辑思考的部分得到清晰表露，其他的思想一般处于潜伏状态，在思想结构包含的可能性中，只有整体把握和追问才能使其呈现出来。思想史应该做这类事情，从言行中还原出研究对象的思想本体。本书研究《新青年》的某些文化思想就是从言行中推断出来的。

思想总是个人的思想，团体思想就是个人思想的融合和共振。个人思想有助于形成团体的共同价值，但也被共同价值决定。《新青年》文化思想常常是指一些同人的共识，更多的情况是指一个同人的见解。

行动是实践的外现，包括认识和改造。具体指人的交往和交流，对自然界的加工改造等。行为实现思想的功能。人更全面的思想还体现在他的行为中，比如交往、选择、态度、情感等。一般了解别人的思想更多在言说之中，因为身体行为有模糊性、无意识性和呈现的不完整性，因此难以准确辨识，只能作为判断思想的辅助工具。孔子说："察其言观其行"。因为言说本身受到对象和情境的压力，不能全部表露人的思想，行为可以补充一点信息。行动与情境有关，与思想互动，进而参与到思想中。本书研究思想涉及思想者的生活和社会关系，以及在思想界的斗争，都与现实中的行动有关。

要素三：核心

核心是思想互动的重要部分，是连接思想内外互动的枢纽，相当于拉兹洛自稳自组系统的过滤器和密码。[①] 它将决定各种思想价值的大小和在做出判断的过程中选择时的先后次序。思想还有一个重要特点就是它不是静止的，而是流动的。个人的思想也在时时演进，只有相对的稳定性。思想的流动是思想活跃的表征，也是思想斗争的表征。思想的流动并非显示不断地随意地变动，而是有先后和难易之分的。在思想结构中，某些思想是重要的，有些思想是附属的。重要的部分变化较难，而次要的部分改变较易，原因是整体的性质将由重要思想来决定。这些重要的和次要的思想联系起来构成一个结构，类似积木搭的建筑，有些积木拿掉不足以使整体倒塌，重要节点上的积木拿掉立即造成坍塌。好像思想是以最重要的价值为中心的一个相互适应相互关联的思想群落。

最为重要的那些价值被称为核心。它不一定是一个观点或一个概念，它大多是微型的结构，是金字塔的顶尖部分，是价值最高的结构，是确定思想结构性质的一些概念和判断的相互关联的体系。思想斗争使相近的思想逐渐靠近形成核心结构，比如反对专制、崇尚自由、平等、民主等思想价值都有亲缘关系，属于同类词，由这些核心思想构成的价值体系组成思想的核心。其他知识和概念判断都从它们推导出来，其他判断可以随时更改，而这个核心总是最后才会更改。它涉及主体的自我认同，涉及自尊心和信念等因素。它是思想的大前提，最权威的理据，类似信仰。一切思想归结到它，争论就可以消失，言说也就终止了。

比如接受马克思主义后，同人质疑平民主义，这里作为核心思想的阶级观念起了作用。将平民的内涵分为资本家和工人，进而产生一系列的关于资

---

① 参见[美]欧文·拉兹洛：《系统、结构和经验》，李创同译，上海译文出版社1987年版，第10—17页。

产阶级和无产阶级的思想，同人的思想结构发生很大改变。党员时期的思想很多都是与早先不同的，这些不同是从新的思想核心推演出来的。

具有核心思想的必要性也许是因为人类思想的理性需要简单化地运用，所以它会像语言一样简化，而不必每种情境都发生变化，不必总是重新编写。同时也便于交流，团体生活需要用简便的工具，形成共识。思想者用核心为中心的思想体系来理解世界，解决问题。

核心保证互动者思想的稳定性，比如时代思想的核心使同时代的人相互理解，具有近似的文化。因为这个核心多数人认可，因此最有力，是时代和团体的共识。

核心也是文化的维持者和领导者以及文化特征的来源。真理成为核心以后才能获得权威，也就是说核心未必是真实的，核心这个位置将赋予某种思想以权威，当然真理更容易成为核心，这是解决现实问题的思想本性要求的。整个时代的思想并非人人平等，而是有权威的人占更大权重，更能决定核心的内容。

核心思想虽然有一定的稳定性，但也会发生变化。时代的核心尤其经常改变。就时代来说，核心如果变动了，时代则发生变化。个人的思想核心相对比较稳定，发生变化也是常态。如果有重大外因和事变，比如精神打击和重大灾难，导致价值观崩塌，核心一定会变化。个人核心价值如果变化了，那么虽然身体是统一的，记忆是统一的，也会判若两人。比如五四运动期间入狱，对陈独秀的改变就不容忽视，他的思想核心多多少少有了变化。团体的思想核心稳定性在个人和时代之间。其核心又随着情境和内部的人员变化，发生或快或慢的变化。

这个核心不是生物的基因，并没有物质基础，不过是思想的集结而自然形成的。其结构的稳定性就是核心的稳定性。反过来说，核心变化的话，思想结构也一定会变化。非核心的思想比如某些次要部件发生微小的变动，可能对核心没有作用，或者有较小的作用。但变化积累到一定程度，一旦核心不能笼罩全体系，核心就要调整，因此核心和非核心也在互动。个人、团体和时代的思想流动都不过是核心思想与整体结构的互动。核心与结构相互牵制，既保证了主体的统一又能适应情境变化。

以文化思想为例，核心就是文化思想中决定一个人、一个团体或一个时代共同的重要文化观念，比如，对清末知识人来说，进化论就是时代思想的核心，是思想的大前提和公理，很多观念和看法都从它推导出来。再如《新青年》杂志的"平民主义"就是贯彻始终的核心，每个同人都必定是平民主义者，杂志不会允许歌颂不平等的观念出现。

要素四：情境

所谓"情境"指的是互动者遇到的一切对象和一切互动，一旦互动者与其他对象发生互动，就在自己周围构成一个情境。

就文化思想来说，文化思想者的情境就是他生活在其中的文化、生活的环境、交往的朋友、当时的文化思想状况和它要解决的实际问题，甚至自己过去的形象。例如，第一次世界大战结束后，《新青年》同人的思想情境就是包括第一次世界大战结束前的健全个人主义思想和无政府主义思想、第一次世界大战结束后国内思想被激活、北大受到保守派的威胁、北大同人与政府的关系、研究系与北大的接近、国内军阀混战的政治局面，以及中国民众生活等。这个思想情境内部也在发生互动，比如思想界的活跃既征服了研究系，也带来守旧派的反扑，北大知识人受到刺激，选择和平作为舆论话题，引起政府的更多敌意等。在这个系统中，各种因素相互激荡，都会在同人身上产生各种影响。由此可以想见这个情境是非常复杂的。

情境是思想变化的主要动力。因为一般言说者作为思想稳定的物质基础，是容易倾向于思想的统一，核心也是保证思想统一性的关键因素。能够造成思想改变、核心改变的，几乎总是因为实践中遇到原来思想无非解决的难题。就算是他人思想对言说者发生影响，也必须以新思想更为有效为前提。说到底，思想本质上是人应付情境的工具，因此思想深层关注的最终是生活情境，所以必须与情境相互联系，要么回应情境，要么塑造情境。主体思想变化是情境变动之果，但在系统中又成为其他主体思想变化之因。互动者是其他互动者的情境。比如陈独秀文化思想的前后变化，开始是面对个人自由受到压抑的问题，他的立场是新知识人的立场，因此他主张个人主义文化，后来面对的是世界资产阶级对无产者的经济政治压迫，他的立场向工农立场转移，所以他主张集体主义文化（当然还是有个人主义的内容）。他的转变根本点在于时代情境（个人情境）发生变化，国内思潮转向社会主义，世界范围内工农问题成为共同问题。陈独秀说过："我们常常有一种特别的见解和一时的嗜好，自以为是个性的，自以为是反社会的，其实都是直接间接受了情境无数的命令才发生出来的，认贼作子我们哪能够知道。"①这句话包含的就是对这个问题的认识。个人的思想内核在受教育的时候来自社会文化的共识。严格意义上说，没有纯粹的个人思想，个人运用团体的思维工具时已经在团体思想中思想了。自己的思想在与别人"思想"的关系中生成，共同构成"思想情境"。从个人方面看，情境就是时代和团体的表征。个人在情境中占有一个位置，这个位置反映在问题中就是立场（思想场域中的位置）。周围的一切对他来说都是时代。他与它互动，促使自己的思想发展和展开。

还要补充说明的是，情境不仅是空间概念，它还有历史维度，包括被人们称为传统的东西。它是生活和所有知识，是一个时代人能够接触的思想和经验的总和。对于个人来说，是他能够接触到一切信息和知识的总和，加上自己的生活经验。对于团体和时代来说，就是整个团体和时代的个人所接触的一切信息和知识的总和。只要是被人读到的书，都是这个思想情境的一部分，这个时代没有人知道的书，就不构成这个时代的思想情境。比如，1899年以前王懿荣没有发现甲骨之前，甲骨就不是思想情境的一部分。只要某个知识被人看到了，它就进入这个时代的思想情境。在思想情境中，就有可能参与时代思想核心的形成，参与组成时代的思想资源库。

每个时代都有一个思想资源库，但是每个时代思想资源的价值是不同的，因此有些思想构成情境的核心结构。比如常见书、经典、大家都读的书，比如科举时代的四书五经，比如唐代的《文选》，还有重大生活经历，比如政治生活、战乱等，这些都构成时代思想的核心资源，它们将比整个思想情境更直接地决定这个时代的思想特点。它们形成每一个时代的人都有的整体感。

（二）结构

这个结构既指互动系统本身的结构，也指思想的结构。

思想结构是概念和判断组成的一个推理体系。它按价值大小组织起来，

---

①　独秀：《随感录·（一〇〇）虚无的个人主义及任自然主义》，《新青年》1920 年 8 卷 4 号。

按照与核心的关系强弱而形成一个可以空间化的关系网络，简单说就是组成整体的各部分之间有固定的顺序。在空间中表现为各要素有固定的位置，并且服务、服从于整体。在思想中，观点和概念都有价值差别，比如查阅《艺文类聚》这类典故知识或者回忆个人经历等，所得思想和感情可能是零碎的，可有可无的，但是有一些思想和感情是重要的，具有支柱作用，构成互动者思想的框架。正是因为各部分所具有的力量大小及其空间位置，造成思想的差异，就像碳原子结构不同，碳材料会呈现柔软和坚硬的差异。

在概念层面，思想的结构表现为概念之间具有又区分又联系的关系。在判断层面，表现为思想由一系列具有逻辑关系的判断所组成。这些判断是有层次关系的，不能任意改变次序。这些判断之间多数都可以通过推理获得，它们的重要性在思想中不容易更改。思想也仿佛有自我认同，因此形成看法后，特别是那些深藏的预设、见解和立场是非常难以改变的。有些判断被认为并不重要，如果错了只要修正就行了。而有些观点如果错了，会产生很大的情感危机，比如信念。这些判断好像支柱，不能轻易换掉，而其他一些思想则是这些支柱的附属品，可以换掉。当关键支柱变得不重要或者认为是错误的时候，也就是从思想结构中撤去这些关键支柱时就发生巨大变动。就像一个亭子，三个柱子的亭子和十八个柱子的亭子是不一样的。前者去掉一根是非常危险的。后者毁坏一支，并不一定发生倾覆。在互动中越不易改变越具有重要性，或者说越重要越不易改变。

一个理性的人有一套可以用来应付世界的观念结构，这个结构由不相矛盾的观点相互连接而成，是不可入的，因此构成一个空间。人心为了保持稳定，需要有一个稳定的对世界的看法，是人与世界相处的平衡状态，因为稳定而感到安全和可以理解。新的现象要用这套观念来理解和应对，只有当应对不了时，才会调整。个人如此，团体和时代也如此。比如，不同时代的人会把某些概念作为价值，赋予其意义，因此形成一个时代的观念系统。古代中国文化中"自由"这个概念是被压抑的，是次要的价值，放到整个价值系统的底层，由此建筑了公共集团主义的价值系统，与大家族制度相匹配。而在现代社会"自由"则是价值较高的概念。

最重要的价值就是核心思想。核心思想作为关键问题的解答和前提，潜藏在讨论中，是其他概念价值的来源。核心是能够推导出各种思想的思想，自然是最重要的思想，它既与其他思想联系着，又能产生思想。因此，形成结构所要求的价值是以核心传导出来的层级体系。

结构的生成和变动依赖于互动者，更依赖于情境。决定思想结构的因素还有社会关系和空间。互动者接触情境，进行实践的时候接触到事情的真相。现实空间作为情境对于结构也有作用。社会角色要求你安装某些思想，说明社会关系中的某些位置集中某些思想，人当然可以不按照那个思想行动，但是立即受到周围人的干预，文化将判定他是不成熟的，如果可能的话会把他挤出那个位置。某些空间中集中某些思想，这些思想按照相互关系联结在一起。我们产生的意识有大部分都由空间的安排给确定了的。当选择的时候现实关系甚至比思想本身更重要，比如北大初期蔡元培和陈独秀都赞同对德宣战，实现国家主义的目的，但是他们的思想其实是无政府主义的，是现实关系思考干扰才出现这种矛盾现象。

我们可以把结构分为空间结构和时间结构。前者就是一般意义上比较稳定的状态，可以按照目的—手段，原因—结果和理由—推理三种关乎实践、因果和思维规律的价值差别而形成一种中心网状或者金字塔型的联系。

后者是思想空间结构在时间中变迁而形成的一种结构，是互动系统持续互动的结果。它是空间结构不断改变而形成的一种结构，一种整体中各部分的变动，在整体不变的情况下的部分变动。整体和各部分在与情境发生互动时，发生的变化有先后和大小的不同，所以在时间中展现出不同的连续体形态。为了保持前后的结构都属于一个整体，在时间中的结构连续体也会相互联系，以便保证变动的是一个整体。有些思想变化了，而有些没有变化，其核心和要素的更改也呈现出一个结构。新因素和旧因素在自我整一之中各自承担一个角色，各自发挥功能，使整个思想呈现一种相联系的印象。比如《新青年》前后期变化很大，但是这两者之间共同形成《新青年》的文化思想，某些思想部分承担保持的任务，某些部分承担转变的功能，就像乐曲是由动机、乐句和乐段等按时间顺序排列，形成完整的艺术品，变化的曲子也有结构，是线性结构。在时间结构中，传统是重要的东西，它将使思想保持稳定。时间结构的整体就是流变的整体，每一个空间状态（对应一种空间结构）在时间中演变，恰如忒修斯之船，它被替换了每一块木板，它在时间之流中呈现出一种既是原来的船，又不是原来的船的连续体，更换木板的顺序不同，忒修斯的船消亡的结构就不同，先坏和后坏的顺序是船的时间结构。

事物本身存在的常态是时间结构，空间结构是认识时间结构时的一个静止瞬间，是流体的截面。在变化较少的情况下时间结构趋近于空间结构。时间结构可以空间化，也只能在空间中理解。空间结构因为外在作用而发生不同的改变，因此呈现一个与原来结构类似又不同的结构。时间结构依托于空间结构，在互动者反馈后按照实践的目的而形成。空间结构使思想稳定，时间结构使变化的思想稳定。因为空间结构已经把变化的部分去除了，时间结构也把不变的部分去除了，因此都不完整，思想结构其实是空间结构和时间结构的乘积。

互动系统结构指的是互动的效果有持续性，是为达到目的而发生的互动，按照一定机制来展开，它围绕在思想与现实斗争中，是思想结构与实践活动结合形成的。它呈现为时间结构，即一种线性的先后，按照优先级别而先后发生，为达到某种要求和实现某种功能而发生。互动系统的结构是围绕思想结构而建立起来的结构，似乎是随机的，但却是围绕思想和现实而形成的一个结构，互动就是按照解决问题的轻重缓急，为了维护思想的自我统一和自我保护而形成的过程，因此互动结构是个时间结构。

（三）逻辑

无论是空间结构还是时间结构都不是任意的，应该是"编织""编排"在一起的。否则现实不仅是不可理解的，而且是无法稳定的，也就是说互动应该是有规律可循，那么其编织方法（语法）何在呢。

我们遵循古希腊以来的理性主义传统，假设世间万物背后的准则是存在的。它最古老的名称是逻各斯。本书把互动系统的结构背后的那个准则看作逻各斯。

"逻各斯"（λoγoς），源于古希腊语 legein，目前对于它的认识已经经过长时间的演变，变得冗杂烦琐，它包括理性、理念、词、谈话等意义。[1] 这些说法偏于主观，属于思想的结果，说的是通过辩难和对多种立场平衡折中去获得逻各斯。罗列的是把握逻各斯的方法和途径，而不是逻各斯本身。我们回到赫拉克利特那里，用它指那种客观的内在逻辑。因为赫拉克利特认为

①　金炳华等：《哲学大辞典》（修订本），上海辞书出版社 2001 年版，第 925 页。

万物的运动都是按照逻各斯进行的，逻各斯是客观的。[①]

　　逻各斯是现实和历史中存在的实在，表现在原则、理性、定义、公式，对应关系、真理等思想形式中，通过语言的辩难去达到，但又看不到它本身。在赫拉克利特那里，逻各斯是被从话中听出来的。犹太哲学家说逻各斯类似上帝，用语言来说出世间的一切，一切的存在和一切的生成。中国古代哲学称之为"道"[②]。逻各斯和道都有"道路"和"说出"两重意思。《中庸》说"率性之谓道"，"道"也可以看作从"性"（自然）发出的一句话，"道"就是命令。《圣经》中说："太初有道，道与神同在，道就是神"，意思是"道"就是命令、安排。逻各斯是形成秩序的命令。

　　通常语言中的"逻辑"一词有一个含义是深层的简化的推理顺序，深层的、推动事物发展的原因，基本上可以看作逻各斯的意思。为了更为通俗，后面我们用逻辑来称呼逻各斯。

　　逻辑并不是一个具体的东西，没有空间对应物，但却真实存在，并可以被认识，正像铁块的重心，可以找到它，可以利用它为铁块找到平衡，但它不过是建构起来的东西，它的物质基础是整个铁块的全部分子和原子。因为它们被地球吸引有自己的重量，同时互动而成为一体，于是有了重心的存在。不能把铁块的重心挖掉，挖掉那个地方的铁，不过改变重心的位置，但是它还在，会换一个地方，因为它根本不在挖去的铁中。逻辑也一样，不

---

[①]　金炳华等：《哲学大辞典》（修订本），上海辞书出版社2001年版，第925页。柏拉图以后对这个概念的改造，以及犹太哲学家、康德和黑格尔等人的改造，都是对最初意义的偏离。黑格尔基本是在思维领域里讨论逻辑，因为他毕竟是康德以后的古典哲学家，不过他对于逻辑加以改造，他把"物自体"放到了思维之中，于是形成了客观唯心主义的哲学。他在物自体和思维两个本来对立的领域之间建立了营帐。黑格尔将康德的归纳，也变为演绎，以确定认识的真理性。叔本华给逻各斯换了个名字叫意志。海德格尔算努力向原初意义回归的后人。他通过解读赫拉克利特，注意到采集把纷然杂陈和相互排斥扣入一种归属一切的境界中（[德]海德格尔：《形而上学导论》，熊伟、王庆节译，商务印书馆1996年版，第135页）。反者在更大的统一中成为一体。这就是赫拉克利特、黑格尔和海德格尔的对立统一观念之根据。海德格尔也说了采集不是把抛弃的都放到无对立状态，而是从互相排斥者的协调中来。把互相排斥者保持在其紧张的最高锋利状态中（[德]海德格尔：《形而上学导论》，熊伟、王庆节译，商务印书馆1996年版，第135页）。其实这就是结构。他没有说整体的作用，没有说这种对立的原因。说逻各斯是采集，仅仅是一部分正确，其实逻各斯也有抛弃。

[②]　钱锺书：《管锥编》（1），中华书局1979年版，第408页。

是互动的任何一方，而是整体性的结果。空间整体性和流变是逻辑产生的基础。

逻辑的类型包括现实逻辑和思想逻辑。现实逻辑即为逻各斯，本身涉及行为和实践。思想作为动词，本身涉及思想、言语和实践，其中有现实逻辑，以之作为思想产生和发展的基础，是形成思想具体历史形态的内在决定力量。思想逻辑不能称为逻各斯，因为思想作为名词，是认识的结果。思想逻辑既是现实逻辑的结果，又是与现实逻辑互动的逻辑，就像海洋中的冰山，冰山虽然是海水中形成，但是它却与海水不同。思想逻辑中一直有现实逻辑的内容，所以很难把两者区分开来。思想逻辑是对现实逻辑和互动逻辑的具体化。因为互动产生逻辑，因此互动逻辑更影响思想逻辑。

思想逻辑符合形式逻辑。用理性去探讨那个真实的逻各斯，就是让"理性"与"历史"①，"历史"与"逻辑"②统一起来。形式逻辑有助于思想统一性的形成，可以协助思想逻辑，形成推论，用概念、判断和推理来形成思想结构，形式上保证思想的正确性。

思想的现实有效性是思想的目的。面对现实形成思想，通过实践达到效果。思想的变动就是为了效果。思想追求真理是为了得到公认，更多同频共振，则更容易成为核心。主体要扩大范围是为了获得更多权力，可以掌控更多思想，可以转化为现实权力和空间。"真"之所以重要是因为意义重大，可以获得人们的认同，进而获得展开自己核心思想的情境。

一般说到逻辑往往认为是一个主体自身的内在动力展开而形成的。本书认为这还不够，互动会产生新的逻辑，而互动者不参与互动就不可能有自身逻辑的展开。要准确把握《新青年》文化思想的逻辑，不能单单从《新青年》杂志的内在要求来把握，还必须有它互动时产生的逻辑。此时此刻互动，然后形成新的逻辑。这个逻辑是每时每刻都由互动形成，前面的逻辑推动互动，后面的逻辑产生。逻辑就体现在具体情境中互动时的选择上。逻辑是互动时体现出来的命令和程序。造成互动的是主体的生命力和一种生命欲望，以及情事与心理之间的结合，它们决定存在形态的内在"命令"。这个

---

① ［德］黑格尔：《历史哲学》，王造时译，商务印书馆1963年版，第47页。
② ［德］恩格斯：《卡尔·马克思〈政治经济学批判〉》，《马克思恩格斯全集》(13)，人民出版社1962年版，第532页。

命令并非命定的，而是一边形成，一边发出指令，一边变化。它就像花木一样，按照天性开放，在情境中呈现不同的形态。如果遇到严寒，在一定的限度内，它可以隐藏不发，而一旦春风送暖，立即绽出新芽，催出花蕾。如果超过一定限度，损害了其生命力，扼杀了生机，它将结束生的逻辑，转为死的逻辑。

逻辑参与未来的建构，逻辑是能产的，它指向未来，总要创造什么。逻辑又是来自过去的。因为未来从逻辑而来的，所谓"而来"，指的就是它为未来准备了一定的条件——逻辑联系着思想的过去和未来。

逻辑可以看作确定方向和提供动力的东西，同时它也是方向和动力的结果。力就是为实现自己的目的，沿着自己的方向作用的能力。互动着的力量相互较量然后确定效果的方向。逻辑是各种力量较量的结果。互动逻辑是逻辑方向和力量的相互妥协而显示出来的命令。分析逻辑就是分析逻辑方向和力量对比。

命令所指向的行动方向背后是逻辑目的，是互动中主体目的经过较量而形成的融合。逻辑的根本目的是保护自我和发展自我，即自我统一和自我保护。

为了达到目的，互动系统形成一系列机制。从逻辑目的看，机制是配合实现逻辑目的而形成的较为稳定的行动方式，是从局部到整体的行动模式。类似机器，输入条件，通过一系列比较稳定的联系和运作方式，产生固定的效果，继而最终输出效果。为了帮助理解机制和思想逻辑的关系，这里可以做一个类比。当花木遇到春天时期的寒冷，只会使它暂时失去生机，但是如果气候发生变化，它内部就会转换一种状态——越冬的状态，这是生命的命令，生命似乎在思考，一旦遇到某一个限度的条件，他就会发出命令，一系列情况就会发生，比如叶子变黄，落叶，减少光合作用，即使天气一时转暖，它也不会改变，完全不会发芽。它要转换形态要有一个累积的过程，这时候就是按照机制在"计算"和"执行"改变某些形态，一旦给他比较稳定的适宜环境温度，他又会开启生命生长状态，长叶，然后才会开花。生长开花是一系列命令来保证，机制就是保持执行这些命令的模式。机制是为了实现命令而运用力量的固定方式和行为模式。花木生长的逻辑就这样形成了。思想的情况也类似。思想机制对思想逻辑的实现起作用，既按照命令行事，又形成命令。

影响逻辑的因素还有结构。结构是逻辑的表征，结构来自核心和逻辑，我们看到的是结构，背后是逻辑。逻辑的力量状态体现在结构中，结构是逻辑演进展开的一个片段。逻辑决定结构，结构决定逻辑，两者也是互动关系。空间结构是逻辑的结果和一个瞬间。这个结构有稳定性，但是在时间中又一直在消解和变化。思想按照核心展开自己，但思想核心不是逻辑，在逻辑的呈现中起重要作用，要展开，除了核心以外，还受情境的影响。从核心这方面说，说逻辑按照预定命令展开又不准确，因为这个核心是可以变化的。思想核心从各种情境的机缘中形成，也被情境的机缘改变。也就是边生成逻辑，边被逻辑生成。时间结构也是逻辑的表征和创造物，是逻辑在时间中展开的痕迹，是结构的各部分为实现逻辑目的，与情境互动，因应的程序以及先后次序，它与逻辑有更深的关系，呈现的逻辑更为完整。每一个此刻都是整体的一部分。思想在时间中展开，其实就是逻辑在"讲话"，时间结构中隐藏着逻辑，它是逻辑的时间形态。总之，逻辑是结构和机制相结合的产物，逻辑就在结构和机制中。

现实逻辑既然如此神秘莫测，那么如何才能一窥真容呢？换句话说，思想逻辑到底如何表述？本书通过分析结构变动的各种力量和方向来结构化。这里受康德的启发，把逻辑看作一种命令式，逻辑可以还原为它的内在"命令"和环境的外在"命令"互动而成的一个由几个定言命令和一系列假言命令结合起来的体系。在表达式上，可以体现为一个祈使句的体系。这个"命令"体系体现整体的"意志"，没有价值追求，只追求效果。对这个体系的描述是对过去现实逻辑的概括，只有认识价值，没有其他意义。

## 第二节　自我统一动力的机制

互动系统的功能用机制来保障它实现。这些功能是在系统的内在动力作用下产生的，因此可以把机制按照动力的分类加以梳理。自我统一动力产生的机制有团结机制和掌控机制。

### 一、团结机制

团结机制指团体之内将各部分结合成整体的运行方式。在团体之间则是指与自己的友人和同类刊物相互合作、相互联合的运行方式，它是当对付共同的敌人时呈现出的一致性。

一个同人组成的思想场域具有共同特征，必定建立在认同互动的基础上。沪皖时期作者比较独立，但对陈独秀办的《青年杂志》一定是认同的，至少认为自己的思想可以发表在上面而不会感到不妥。一旦认同消失，就不可能投稿，比如马君武本是陈独秀的好友、《新青年》的投稿人，但因为陈独秀在《新青年》上发表主张与德国绝交的言论，与他本人的看法相左，马君武即断然拒绝再为杂志投稿。北京同人时期《新青年》是合编的杂志，更要依赖于认同，初期同人都有鲜明的同人意识。京沪时期，《新青年》已经是著名杂志，大家都有属于这个团体的意识，并希望杂志按照自己的意愿发展。党员时期，同人都具有共同的马克思主义信念。

同人关系本身就建立在思想相近的基础之上。一个团体中的个人必须有共同思想基础，意识到自己的同人身份。这种思想基础在开始的时候是一种感觉，编者和读者知道对方的底线和趣味，相信双方观点大体不相矛盾。在这个共同基础上相互合作，双方都可以说些对方可以容忍的话（有时候甚至是不赞同的话）。读者如果赞同同人言论，也属于一种认同，成为外围同人，在杂志上发表言论其实也是同人的一种。比如孙斌和顾克刚等来信对杂志大加赞扬，表达自己对一些现象的看法。[①] 这些说法大体不出陈独秀的言论范围，算是一种呼应，起到宣传和扩大杂志影响的作用。因为有这样的作用，所以在杂志上发表文章的作者大部分都可以看作外围的同人。

同人的认同并非指所有观点都一致，就像是合奏曲子，各种乐器各不相同，但是形成和谐的旋律，相同的是曲子的整体，而各有各的表现，这就是"和而不同"的意思，这就是认同互动与反驳互动相互配合的情形。但是又必须有同的部分，不然就不是同人了。构成同人认同的其实是核心思想，是

---

① 参见孙斌：《通信》，《新青年》1917 年 2 卷 5 号；顾克刚：《通信》，《新青年》1917 年 3 卷 5 号。

大家思想共振的结果，比如反宗教和崇科学就是《新青年》的核心思想之一，突破这个底线就不算同人了。蔡元培与《新青年》观点一致的地方就有反宗教和提倡科学，只不过他在此基础上提出美育代宗教的一家言。读者李平听了蔡元培的报告后，立即向主编推荐，说"以美学代宗教之伟论，在吾国思想界实得未曾有"，希望杂志发表蔡元培的美学代宗教的看法，反对宗教，[①]因为这个思想与陈独秀以科学代宗教的更宏观的看法不一致，所以陈独秀到3卷6号上才响应这个提议，但是两个观点是比较接近的，都是要代替宗教，都是运用科学，不过陈独秀心中的科学属于自然科学，对于美学这类人文"科学"，尚觉得比较玄虚，直到五四运动中他被捕以后才有改观。陈独秀最终还是发表出来，其中的最关键的原因自然是蔡元培的观点在思想底线上与《新青年》一致。这个核心思想力量很大，当陈独秀为基督教说好话的时候，连他的观点也没有在同人间产生呼应。认同互动可能成为掌控互动的基础和前提。

核心思想中有共同的稳定的思想底线，也有临时的重要思想，比如在争论中的某个观点，也许不是思想底线（最核心的思想），却是此时的重要思想，同人对于这类核心思想也要表达认同才能达到团结的效果。张厚载与钱玄同就新旧戏交锋的时候，高一涵支持钱玄同，也把"脸谱"作为批评对象。[②]"脸谱"是将戏剧区别于现实的一种常见手段，本来没什么可说，但在争论中成为焦点，对它的看法就移到思想的核心位置。高一涵要支持钱玄同，就不能不在这个看法上与钱玄同保持一致，否则就会破坏团结。进行反驳和斗争互动时，会激活认同和联合互动。同人有进化论的思想底线，这是同人合作的基础，但是内部还有无政府主义和实验主义的思想差异。它们围绕世界语爆发了论争。在论争中两者核心思想出现分歧，无政府主义忽视现实，实验主义重视现实，对于现实的态度就成为焦点，因为那时同人的凝聚力还足以促使大家放弃争执，这才避免了核心思想的分歧，但是留下了北大同人分裂的第一道裂痕。在这个内部反驳互动过程中，认同也被激活，并因为认同互动强于反驳互动，反驳互动处于受控状态。

---

① 李平：《通信》，《新青年》1917年2卷5号。
② 参见涵庐主人：《我的戏剧革命观（续）》，《晨报》1919年2月25日。

认同必须是内心自愿的，任何表面的和形式的认同都无济于事。第 6 卷时，同人的矛盾逐渐表面化，因为观点的冲突和争论，使某些敏感的思想逐渐成为核心思想，积累得越多对团结越不利。如果凝聚力强，同人自觉约束自我，那么这些争论仍然能发挥产生思想和纠正错误的功能，但不幸的是外界的环境发生变化。第一次世界大战和五四运动相继发生，新文化阵营扩大，北大环境恶化等都引发了内部关系的变化，有些观点差异引发争论，消减了向心力。斗争互动还作用在内部的认同互动上，在认同互动强的时候进一步强化认同，相反在认同互动弱的时候反而可能强化反驳互动，因为反驳互动能产生新的思想，以应对现实反馈的不良状况。为回应社会上对杂志的期望（希望他们统一思想），也为维持同人的统一，给外人看同人的阵营，陈独秀于 7 卷 1 号发表《本志宣言》，罗列了很多条共识，如"求社会进化""打破天经地义自古如斯的成见""尊重劳动"、拒绝军国主义和资本主义等。[①] 这个宣言应该征求过主要同人的意见，因为其中至少包含了钱玄同和胡适（当时他们发生冲突最多）的看法。宣言还融合了第一次世界大战后思想界的一些共识，是当时同人思想的最大公约数。但是，发生了认同危机的时候，这样的约束是无效的。团体结合靠的是认同，类似钱玄同说的"开公司"，喜欢就参与，不喜欢了可以退出，完全出于自愿，这类共同"纲领"并不能发生多大作用。

团体的团结机制是扩大思想势力，提升真理性的手段，是时代实现共振的形式。团结机制主要是为了形成思想的集合，构筑一个思想群落，使得同人具有向心力。团体的团结为的是维护一些人认为正确的观点，使某些思想得到强调。团体为了形成一个讨论的场域，使思想在里面得到产生和发展，以解决现实问题，同时造成声势，换取生活资料。对思想本身来说，对思想生成有保障作用，有利于通过交流增加看法的真理性（当然也会因为团体利益阻碍真理的发展）。对于个人来说，满足他的生命价值感，并让自己接近永恒的真理，言说更为自信。

要实现将个体结合成一个相互配合的系统，依靠的是自己的运行方式，即凭一系列相关的行为达到目的。这可以分为平常状态和危机时刻两种情况

---

① 《本志宣言》，《新青年》1919 年 7 卷 1 号。

来分别描述。

正常状态下，为了维护团结，"关注"同人思想，对于同人的错误或者默认，或者规劝，以便加强合作。后面将有详细解说，这里仅提一下同人与边缘成员交流的情况，即与一般读者的团结。这里面有争取更多认同者的意味。

一般读者参与到杂志言论中，可以看作向心力不强的同人。在杂志上投稿被发表，与《新青年》既有的思想观念群一致的或者不矛盾的读者都可以看作同人。因为杂志不止有办杂志、编杂志的人单方面的声音，读者会对杂志思想造成反馈，编辑不可能不考虑读者的想法，因此杂志总是两者合作的产物。只要杂志对读者有精神上吸引力，有思想认同，就可以作为特殊同人。

读者出现声音的地方有两个，一个是通信栏，一个是"读者论坛"。前者是老栏目，从《青年杂志》创刊时就从《甲寅》上学来了，并发扬光大。设置通信栏的目的是"质析疑难、发舒意见"①。通信把作者和读者放在一个讨论场域中，是读者和同人编辑之间交流的地方，或者是编辑答疑的所在，是两种相近的思想碰撞的地方，也是与错误思想反驳互动的地方。陈独秀说，"本志的通信栏本来是商榷性质，并不专是雄辩"②。陈独秀非常希望有人与《新青年》交流，他说社会上忽视《新青年》挑战世俗的言论，是社会的不幸，因为"真理愈辩而愈明"③。正因如此，钱玄同和刘半农才虚构了一个"王敬轩"，以便形成公开的交锋。

通信栏对质疑解答得好，能够产生吸附力，有的读者在《新青年》的某一段时间会经常通信，如毕云程、常乃惪等；也有经过通信后成为同人的，比如胡适、钱玄同、刘半农、陈望道等。它把思想接近的人聚集在一起，教育读者，促进对《新青年》思想的认同，并造成声势。读者的认同和赞扬（认同互动）是很重要的团结的标志。3卷5号顾克刚希望杂志重学说而不必重时事。他还说为了"国民思想根本之觉悟"，"先生之责任，远在黎段之上"④，

---

① 《社告》，《青年杂志》1915年1卷1号。
② 刘半农：《答YZ君》，《新青年》1918年5卷3号。
③ 记者：《答陈恨我》，《新青年》1916年2卷1号。
④ 顾克刚：《通信》，《新青年》1917年3卷5号。

这样高的希冀也属于规诫的一种，也是一种团结的方式。

关于读者论坛的定位，《通告二》说"《读者论坛》一栏，容纳社外文字。不问其'主张''体裁'是否与本志相合，但其所论确有研究之价值者，即皆一体登载。以便读者诸君自由发表意见"①。2 卷的"读者论坛"不限于青年文字，只要有研究价值的都可以，似乎有扩大论题范围的意图。《新青年》当时是把读者与同人加以区分的，实际上却很难区分。比如 4 卷 1 号傅斯年的文章登入"读者论坛"，但他后来成为同人。所谓读者只是暂时不是同人的人而已，他们也许很快就能变成同人。7 卷 1 号《本志宣言》再次强调："读者言论一栏，乃为容纳社外异议而设，不在此例。"② 其实"读者论坛"大体是不算同人的同人，仍然是《新青年》声音的补充。而且 7 卷以后实际上再也没有"读者论坛"了。可能《通告二》上的话不过是设置栏目时的初衷，后来操作时从来没有严格区分读者言论和通信。5 卷 4 号刘半农重新表述了对"读者论坛"的定位："读者论坛一栏，是专为读者诸君自由发表意见的，并不是记者等自己发表深信不疑的主张的。所以这一栏的文字，发表的责任属诸记者；而文字的优劣，见解的是非，仍由作者自己负责。"③ 这里说"读者论坛"是读者自己负责，但是编辑发表还是因为认同他，至少不反感。此时《新青年》已是北大教授发表个人意见的刊物，把读者排除在同人之外是较容易的，但就算这时的《新青年》也容纳外来稿件，并没有真的搞关门主义。读者论坛本应该是按照社内社外的差别来划分的，特别强调与同人的说法无关，但实际编辑的时候，却多是与自己的论述相关的。读者论坛中的文章不过是自由来稿而已，选择的还是与主撰观念一致的。读者投稿时也是与同人一样愿意发表在杂志上，多少有认同的意思。有时候不过是发表言之成理的来论，目的是吸引读者在上面发声。"读者论坛"的文章不一定能代表陈独秀的想法，但是却构成了《新青年》的内容，容易被看作《新青年》的看法。读者论坛中的读者是边缘支持者，处于重要的边缘地带，与同人的差异在于他们的观点不代表杂志，但对于杂志的看法有某种价值。既然是在杂志上发表，如果不加以批驳，就应该可以作为同人思想看待。刘半农曾说：

① 《通告二》，《新青年》1916 年 2 卷 1 号。
② 《本志宣言》，《新青年》1919 年 7 卷 1 号。
③ 刘半农：《答 YZ 君》，《新青年》1918 年 5 卷 3 号。

"女子问题本志非常注意，只因外间来稿甚少，记者等把自己的主张发表了，也没有人来讨论，所以不知不觉竟像把这个问题冷搁起来了。"[1] 可见读者的反馈对于论题的深入还是有帮助的。

前面说过，在读者这个层面，感情对于判断他是否是准同人更为重要，但认同是必须的。发表本身就是团结的一种形式，至少希望他们成为支持者，与其他同人形成一种呼应和帮助的关系。虽然名义上不要求与本社的思想有关，但总是一种合作的方式，促进了杂志思想的整体性，构成《新青年》思想的拓展的边界。

非常状态下，团结遭遇危机，团结机制又有另一番运作，此时反驳互动危及认同互动。此时的运作是危机时刻的应激行为。

通观《新青年》发展历程，认同危机大体有以下几次：世界语论争、新旧戏论争、主义和问题论争、陈胡编辑权争夺、陈独秀与马林的分歧。世界语问题是无政府主义和实验主义（理想和现实派）的冲突；新旧戏是关于如何处理吸收新人和对待敌人问题，是维护团体的方法出现差异；主义和问题涉及团体思想内容；编辑权之争是主义和问题的深化；陈马冲突是办刊宗旨的差异。它们都在核心思想和态度上出现不认同的情况，于是破坏了内部的团结。问题的解决方式或是搁置争端，或是各说各话，或是决出胜负。在团结力大的早期，以求同存异告终，后期的争端往往是一方得胜一方失败告终，比如陈胡之争以胡适失败，两人貌合神离结束；陈马冲突以马林获胜、杂志彻底转向告终。

发生分歧以后，同人需要先发出警告，这是团结所必需的规诫。规诫实际上是通过强力反驳互动方式寻求认同互动。汪叔潜 2 卷 1 号上的通信具有规诫作用，以免陈独秀走错道路。汪叔潜是《青年杂志》早年作者群体的骨干，他对陈独秀脱离他们共同认同的政党政治立场的行为立即加以纠正。汪叔潜认为党派就是团体，团体就是小社会，可以代表时代精神，[2] 而陈独秀此时提出不从事党派运动而要进行国民运动。[3]

首先，由这件事可见陈独秀在开始不是完全按照自己的意图来创造《青

---

① 刘半农：《答 YZ 君》，《新青年》1918 年 5 卷 3 号。

② 参见汪叔潜：《通信》，《新青年》1916 年 2 卷 1 号。

③ 参见陈独秀：《一九一六年》，《青年杂志》1916 年 1 卷 5 号。

年杂志》方向的，而是向一群同志开放，主编出让一部分权力，允许投稿者进来构造《青年杂志》的形象。沪皖时期的投稿者身份立场决定了他们都关心政治，关注培养公民。其次，1 卷 5 号陈独秀思想发生变化，汪叔潜以为他放弃了他们之间反抗官僚政治的共识。对陈独秀的误会引起了旧同人的不安，于是汪叔潜力图纠正陈的思想。

陈独秀采取的是维护团结的手段，即通过解释自己的意图，表明思想内涵与两人的共识不远，这是用认同互动来消弭反驳互动。他回信时说："本志以青年教育为的，每期国人以根本之觉悟，故欲于今日求而未得之政党政治，百尺竿头更进一步，若夫腐败无耻之官僚政治，益所鄙弃，何待讨论。前文未达，予读者以误会，资官僚以口实，殊非立论之旨，得尊函纠正之，敢不拜嘉。"[1] 陈独秀强调旧立场与新立场之间的联系，确定了他追求根本觉悟的新看法。汪叔潜也遇到政党执政尚未实现的问题，但和陈独秀不一样，他把党的概念扩大到一切团体，以政党政治与官僚政治相对。陈独秀认为政党政治不是根本，宪政的根本是民众意图成为国家意志，政党不过是舆论的一部分，舆论应该包括整个国民的观点。他是大民主的主张，让人民直接干政。此时陈独秀关注国民教育思想才逐渐清晰，与一起从事政党政治的同志拉开距离了。汪叔潜心目中的精神就是好党派的精神，认同的是具有成立党派的素质和精神的现代国民。他认为放弃这个是不现实的，因为他觉得国民运动抽象、不可见。

主撰有自己的想法，他的最重要的想法将决定团体的建立和维持，此时与同人发生掌控互动，但是形成团体以后也会阻碍他思想的发展。团体中的个人产生独特的想法，如果是主编则更为重要，很容易影响原来的团体思想，所以团体思想会通过个人的规诫来约束成员（包括主编）的自由发挥。此外，他个人经验和思想带来的思想新见，要受到团体的检验，还要受到原来观点的影响。毕竟不能总让人感到思想跳跃太大，失去读者信任。陈独秀提出的非政党政治也是在原来的思想框架基础上加以特定情况的延伸，因为政党政治尚未实现，所以因势利导，从事与民党有关联的国民运动，对于政党政治从来没有放弃，如果同人特别是重要的同人思想变化，又不能"迷

---

[1]　独秀：《答汪叔潜》，《新青年》1916 年 2 卷 1 号。

途知返"，某些成员会选择退出团体，就破坏了团结。陈独秀提出参战，甚至造成马君武的拒绝寄稿；汪叔潜此后也从《新青年》上消失了，都属这类情况。

规诫的方式多种多样，根据不同的亲密程度可以采取不同方法。陶孟和在 6 卷 1 号上再次提到态度问题，他反对的也是钱玄同和刘半农的态度。他说："我们不应该笑骂——笑骂是不合理的举动，平心静气说理的人没有用笑骂做辩论的。"① 他没有直接与钱玄同交换意见，因为两人的关系不够亲近，他采取的是自我检讨的方式，把同人们放到一起来说理，可以不伤和气。胡适能与钱玄同直接交心，他在给钱玄同的信中说出自己反对的理由，认为谈世界语要十二分耐性，十二分的细心，"若果然这种主张能惹起许多讨论，也还罢了。只怕人家见了，只当他是一种不切事情，不由衷的'高论'，只可付之一笑，没有讨论的价值。若果如此——我心想这种主张的效果不过如此——那就不但失了老兄主张的原意，并且失了这个报的声价了"②。胡适的话说得很巧妙，也很坦率，从《新青年》本身价值立论，从理解钱玄同的原意立论，有团体意识也有私人间的体谅。胡适这种有误解就说开的态度也有助于团结，这是团体系统内部反驳互动受到控制的表征。

为了维护认同，获得团结，要勇于承认错误，表现心理的坦荡。胡适给钱玄同写信道歉："前天那件事，(征文告白)我措辞太过火了，后来很懊悔。幸喜老兄不见怪。但我仔细想来，我们若不肯说老实话，更有何人说老实话？更对何人说老实话？我们自己正该不相假借才是，更望老兄永能如此相待才是。千万别以为胡适之爱摆架子就不屑教训他了。"③ 自己坦诚相待，希望对方也坦诚相待，是加强团结的有效方式。如果发生容易误解的情况，要及时沟通，维持向心力和凝聚力。

要团结就要有共识和感情，要脱离团体就必须去除这些共识和感情，或者把某些共识涉及的对象放置到不那么重要的地方去。第 8 卷中就有触及同

---

① 陶履恭：《论自杀》，《新青年》1919 年 6 卷 1 号。
② 胡适：《胡适致钱玄同》，《中国现代文艺资料丛刊》(5)，上海文艺出版社 1980 年版，第 295 页。
③ 胡适：《胡适致钱玄同》，《中国现代文艺资料丛刊》(5)，上海文艺出版社 1980 年版，第 294 页。

人底线的分歧，从 8 卷 1 号开始同人已经不再互相援引，而是各自表达自己的观点，认同互动减少，已经表露出分裂的倾向。第 9 卷有时还会表达对同人的不满。瞿秋白刚接编第 10 卷时还跟胡适保持联系。1923 年 7 月 30 日瞿秋白在杭州烟霞洞见过胡适，并且回沪后曾把自己编的《新青年》杂志（季刊）寄给胡适，请胡适"赐以批评"①。胡适似乎并没有给予积极回应，但他的批评却表达在给友人的信中，他基本上把《新青年》看作已经终结了的东西。② 因为他不愿意认同当时的倾向。此时《新青年》虽然已经彻底转向第三国际的宣传，但还是有一些与国内交锋的文章，比如科玄论战，瞿秋白也尊重原来的传统，还希望保持与北京同人的联系。后来到 11 卷，两者的差距已经很大了，根本无法达成共识，双方已经站到不同的思想立场上，反驳互动占了上风。这时就出现了李季点名怒批胡适的事。李季认为胡适不了解马克思（还认为马寅初和陶孟和也不懂马克思，几乎是与北大的决裂），认为胡适误解唯物史观中的经济因素只能解决零星事件，并揭露了胡适一系列"保守"的态度，比如胡适称溥仪为"皇上"，对冯玉祥逼走溥仪大叫丧失国际信用，看见人家发传单反对泰戈尔，斥为非君子国待人之道，见人家反对文化侵略讥为无识妄人等等。③ 这种以马克思主义核心思想为基础的批评标志着两者的彻底分裂。原来与胡适还保持形式上的联系，后来终于彻底脱离。从同人到同路人再到路人，这就是团结破坏后的发展道路。

在团体中，联络人的积极推动和同人间加强联系也是少不了的，可以促进掌控互动。四大台柱中，有钱玄同和刘半农是一组积极分子，胡适是另一个。他们各自联系着一批人。1920 年陈望道给周作人的信中说"先生说，'自从钱刘喋口以后，早已分裂，不能弥缝'。诚然诚然"④。钱玄同、刘半农是活跃分子，他们的退出和消极，对于团体内部思想生成是不利的。没有这样的积极分子的活动，同人关系也会疏远，进而思想成为个人的思想。钱、刘

---

① 瞿秋白：《198. 瞿秋白致胡适（7 月 30 日）》，《胡适来往书信选》（上），中华书局 1979 年版，第 213 页。

② 参见胡适：《201. 胡适致高一涵、陶孟和等》，《胡适来往书信选》（上），中华书局 1979 年版，第 217 页。该信曾公开发表在 1923 年 10 月 21 日《努力周报》上。

③ 李季：《马克思〈通俗资本论〉序言》，《新青年》1926 年 11 卷 3 号。

④ 陈望道：《陈望道致周作人》，《中国现代文艺资料丛刊》（5），上海文艺出版社 1980 年版，第 362 页。

噤口，其实就是代表胡适这一派对于钱刘联系的一派的战胜，意味着内部已经分裂了，所以积极分子的广泛交流，有助于团结的形成。

团体之外的联合互动需要的团结机制也必须建立在认同互动的基础之上，也许这个认同不是很强，仅仅是部分非核心思想的认同，也能在特殊情况下结成联合。比如在第一次世界大战胜利的背景下，《国民公报》于1918年11月转向，认同文学革命（包括文字、教育、学术等在内）。蓝公武说"世界上经了欧洲的大战，政治上社会上思想上都有变迁。关于这政治上社会上思想上的问题狠多"[①]，这样就与《新青年》形成共振。同人另外办的刊物如《每周评论》和《新潮》更能与《新青年》形成联合，构成一种呼应关系。郑振铎后来指出，这些刊物"都和《新青年》相应和着"[②]。这个认同肯定是部分核心思想的认同，不是整体的认同。虽然没有强烈的团体意识，但是在与共同敌人相遇时有模糊的意识。

团体外的联合互动在对敌时有共同的论题，但维护的未必是核心思想，可能是比较次要的、双方赞同的思想，只要这个思想与敌方不同就足以形成联合。但无论如何，核心思想是基础，否则他们不可能属于同一个阵营。他们认同的核心思想比较相近，但核心思想形成的价值体系不一样，加上缺乏加强的机缘，因此他们分处不同的思想空间站位。比如，科玄论战中，研究系属于玄学派，《新青年》和"科学社"其实与研究系在核心思想上是非常接近的，他们都赞成启迪民智，都希望迎接新潮，希望中国振兴，都在寻找中国复兴的道路。他们在用什么达到目的的问题上发生争论，《新青年》和"科学社"之间虽然也有很多差异，但在与研究系斗争的时候，他们有共同的立场，因此相互配合。他们争论的科玄问题不是这几个团体的核心问题。团体外的团结是临时的，是在斗争中的联合，在联合中斗争。斗争互动和联合互动相互连接，斗争以确立自身，联合以壮大势力。再如桐城派的思想虽然与《新青年》有很大不同，基本上属于敌对者，但他们在营救陈独秀的时候，也会找到共同的认同基础，比如乡情，比如担心政府实施文字狱，因为此刻他们有共同的敌对者——迫害知识人的政府。这时的互动又从斗争转为

---

① 《胡适之先生关于革新文学之谈话》，《国民公报》1919年2月15号。
② 郑振铎：《导言》，《中国新文学大系》(2)，上海文艺出版社1985年版(影印本)，第5页。

联合，目的是对付共同敌人，新的斗争可以消除斗争。

团结少不了感情因素。正向感情在团结中具有很大作用，同人之间有正向感情的话，距离就会减小；同人与团体有正向感情的话，会主动自我约束，归于群体。这些感情纽带强化了同人的一体感。比如，在紧密团结的时候，恩情是连接团体的重要纽带，报恩是团结合作的一种维持方式。在团结比较松散的时期，则只有表面的朋友关系和同志关系。在恶劣的生活环境中，人类面对严酷的自然，为了加强团结，报恩观念比较强固，相互亏欠的恩情所结成的关系更为巩固。与此相反，人在比较安全的环境中，报恩思想相对较弱。集团内部积累的恩情成为团体的粘合剂。感情因素是掌控互动的副产品，可以帮助认同互动，以增进团结。

从读者方面来说，如果把在《新青年》上发表文章的读者算作外围的同人，其实认同的意义还不如感情的意义更大。因为人们总能找到相同的观点，但心理上向着某个团体就很难得。俞颂华和蓝公武有很多观点与《新青年》相同，但是他们都不能算是同人，因为他们不认为自己属于这个团体，而且在感情上也缺乏强烈的纽带，他们仅仅是读者而已。虽然蓝公武的对话被胡适发表在《新青年》上，但仍然不能把他算作同人，他自己也自居于《新青年》之外，说话的时候往往分为"我们"和"你们"。这种非同人的同路人与《新青年》缺乏感情认同，只有理智的认同。蓝公武不与同人群体寻求认同，而是与个人（比如胡适）认同。因为同人必须对于同人团体效忠，不认同《新青年》团体就不算是同人，他仍然属于研究系这个团体。

在心理方面，团体的团结少不了牺牲心理，即为团体牺牲产生的崇高感。有牺牲心理才能归属于团体，做牺牲是为了捐献一部分自我，正因为放弃自我的一部分，才能使个体成为群体的一部分。团结一定以损失一部分个性为代价。代价首先表现在金钱方面。《本志编辑部启事》说《新青年》自4卷1号起，所有撰译，都由编辑部同人一起担任。发表稿件不再付稿酬。①不接受投稿的想法应该是后来才有的，开始与群益书社订的合同是北大教授共同主办，但是到4卷3号才出现这个启事，说明不接受投稿是同人内部的一种安排。这意味着同人都认为进入这个团体首先要放弃图利的想法。虽然

---

① 参见《本志编辑部启事》，《新青年》1918年4卷3号。

杂志不是封闭的，但却无形中排斥了一大部分作者，把《新青年》彻底变成同人发表个人见解、讨论形成团体思想的园地。除了编辑者有编辑费，其他投稿同人都不收稿费，但具有提交稿件的义务。胡适在非常忙的时候，还坚持每期都要供稿，1918 年 3 月 17 日他给母亲的信中说，"昨天忙了一天，替《新青年》做了一篇一万字的文章。这文是不卖钱的。不过因为这是我们自己办的报，不能不做文"[1]。这种只有义务，没有对等权利（权利大概仅有来稿必登的潜规则）的情况，说明《新青年》是真正的精神联合，另一方面也可见同人自愿在金钱上做出牺牲。

代价还表现在尊严方面。接受批评也是牺牲的一种形式。提醒和规劝是维护共识、确认关系的手段。批评者出于团体利益，体现出热情，而接受者也要虚怀若谷，有为团体利益（真理）牺牲个人自尊的姿态。对知识人来说，这是较大的精神牺牲，因为人人都有自尊心，知识人尤甚。接受了别人的规劝和警告，说明自己愿意为群体而放弃自己的尊严，确认了属于团体的身份。

批评是确定良好关系的手段。在关系良好的前提下，批评是很好的共同提高和认清问题的方式。刘半农在 4 卷 4 号《补白》中记载周氏兄弟给刘半农改诗的故事。鲁迅评价刘半农的诗：形式旧，思想也平常。周作人做和诗，说刘诗每一句都不实在："苍天万丈高""翠柏千年古"都是猜测的话。刘半农的"陈旧"思想经常被周氏兄弟嘲骂，所以他称他们为畏友。[2] 刘半农答 YZ 君的信中再次提到周氏兄弟批评他的《寒食》诗"偏于伤感"。说明这种经验非常珍贵，刘半农屡屡提起，都有自我牺牲的崇高感和一体感在暗中支持。刘半农对 YZ 君说，"你说你愿意做人，愿意'献拙'，愿意受人家的嘲骂，得人家的指导——咳，YZ 君，这就是我们《新青年》的精神的结晶体了"[3]。他认为批评是《新青年》的精神之一。因为出于公心，为共同的事业，所以不计较个人的荣辱。后来胡适请周氏兄弟删诗，[4] 也是同样的心理。沈兼士的文章《儿童公育》原来叫《儿童公有》，钱玄同约到稿子后，

---

① 胡适：《致母亲》，《胡适全集》（23），安徽教育出版社 2003 年版，第 183—184 页。

② 参见刘半农：《补白》，《新青年》1918 年 4 卷 4 号。

③ 刘半农：《答 YZ 君》，《新青年》1918 年 5 卷 6 号。

④ 参见陈平原：《经典是怎样形成的》，《鲁迅研究月刊》2001 年第 4、5 期。

曾给刘叔雅和鲁迅看过，鲁迅将其名字改为《儿童公育》。沈兼士很佩服，让钱玄同感谢鲁迅。[1]"郅政"是同人相互尊重、加深感情的姿态。批评刘半农的诗是在 4 卷 5 号《狂人日记》发表之前，也许鲁迅参与到《新青年》中来，除了本来就有改造社会的人道情怀以外，感情亲密无间的氛围也是原因之一。

但是，批评是有风险的。出现裂痕后，批评就成为不利因素。5 卷 2 号钱玄同因提出废灭汉文而受到留学生的反对。因为留美学生看不上钱玄同缺少学理的批评。发表反对之声的是朱经农和任鸿隽，他们都是胡适的密友。大概胡适也与钱、刘一样，想拉来反对的声音以引起讨论，也是为了把留美同学拉进《新青年》阵营，在思想上与他们融合，于是胡适在《新青年》上发表他们反对钱玄同的文章，并流露出对钱玄同的不赞同。但是此时的氛围已经变化了。此前关于世界语的同人争论和胡适争取张厚载、宋春舫的事情已经造成胡适和钱玄同之间的裂痕。此时，再表示批评则只能起破坏作用。

总的来说，自我牺牲是认同互动的一种方式，承担形成整体的功能，也是掌控互动的表现，是放弃自主性，认同整体，加固团体掌控力的表现。

要加强团结，还要对其他同人的思想表示关注，以便及时补充到自己的思想之中。鲁迅的《随感录·(四六)》引用了易卜生《国民之敌》第 5 幕的一句话，[2] 这一句就在几个月前的"戏剧专号"上。可见鲁迅对《新青年》上的作品都细读的，而且记忆很深。等于说，一个同人要保持与团体思想资源的紧密联系，就像人了解自己的四肢一样才能保证整体性。

关注建立在感情亲近的基础上，也就是要保持沟通。沟通使互动得以持续，使正向的互动加强，当然如果沟通不良，负面的互动也可能增多。为什么北大时期显得团体特点最为明显呢，因为同人在一个地方工作，即使不是天天见面，也保持频密的书信往来。一方面可以及时沟通，获得其他同人的思想变化和关心的话题，另一方面还能有亲密的感情和相同的经验。在 4 卷里面可以看到这种机制的强烈作用。4 卷 1 号发表同题诗，这种形式沟通感情的性质在这个"蜜月"号上得到鲜明的体现。胡适和沈尹默的《鸽子》和《人

---

[1]　参见沈兼士：《儿童公育》，《新青年》1919 年 6 卷 6 号；沈兼士：《沈兼士给钱玄同的信（1919 年 8 月 21 日）》，《雪泥鸿爪》，文物出版社 2014 年版，第 202 页。

[2]　唐俟：《随感录·(四六)》，《新青年》1919 年 6 卷 2 号。

力车夫》内容都是人道主义同情。①4卷3号刘半农编辑的时候策划的同题《除夕》诗，②可能受1号诗的影响，记载了同人除夕时节天涯共此时的经验。从中也看出，同人关系好的时候是在私下沟通后再发声，所以形成一种新的共同思想。

同人间相互修正，相互讨论，属于理性交往方式，也是相互关注、相互尊重的方式。在核心思想一致的前提下，对细节进行讨论，可以丰富思想。刘半农用"破除迷信"③来深化胡适的"不摹仿古人"，在胡适思想的基础上向前推进，也是合作的方式。刘半农说："胡君仅谓古人之文不当摹仿，余则谓非将古人作文之死格式推翻，新文学决不能脱离老文学之窠臼。"④胡适后来主张诗体大解放也应该是受了刘半农的启发，此前他没有这个意识。胡适和钱玄同反复探讨文学革命问题，也是一种共同构建思想，强固认同的方式。这种方式主要出现在北大同人时期，京沪时期以后就比较少切磋交流的情况了。改诗改文，使思想发生交流，使同人作品中具有其他同人的思想成分，也属于这种行为方式。

重复共同的认识是另一种维护认同的方式。它是维护团结的方式，也是宣传。认同不需要创新，或者仅需要少量的创新，要到达团结，思想必须有守旧的一面，这时只需要结合当前和个人的经验，对旧观点重新表述一番。比如，蒋光赤重复恩格斯的人类历史观，⑤这属于经典理论的重述。还有重复同人的思想，比如钱玄同批评道教的坏影响时说"陈独秀先生说：'增进自然界之知识，为今日益世觉民之正轨，一切宗教，无裨治化，等诸偶像'，又说：'人类将来真实之信解行证，必以科学为正轨，一切宗教皆在废弃之列'。这话说得最是"⑥。他引用陈独秀的话当作推理的大前提，一方面因为陈独秀在钱玄同心目中的权威地位，另一方面也是因为同人的思想重复是获得团结的方式。3卷5号上刘半农引胡适的话：仿古文章做得再好也不

---

① 胡适《鸽子》《人力车夫》和沈尹默《鸽子》《人力车夫》均见于《新青年》1918年4卷1号。

② 沈尹默《除夕》、胡适《除夕》、陈独秀《丁巳除夕歌》、刘半农《除夕》均见于《新青年》1918年4卷3号。

③ 刘半农：《我之文学改良观》，《新青年》1917年3卷3号。

④ 刘半农：《我之文学改良观》，《新青年》1917年3卷3号。

⑤ 蒋光赤：《经济形势与社会关系之变迁》，《新青年》1923年10卷2期。

⑥ 玄同：《随感录·(八)》，《新青年》1918年4卷5号。

过在博物馆中添上几件"逼真赝鼎"。他说此等没价值的诗连进博物馆的资格都没有，只能抛在垃圾桶里。[①] 这里是刘半农在引用后加以引申。就是在钱玄同与胡适关系产生裂痕的时候，钱玄同也不忘援引胡适的话"怎么说就怎么说"[②]，也是寻求团结的意思。总的来说，在同人关系紧密的时候引用最多，关系疏远的时候就很少相互引用了。相互引用可以加固团体思想的逻辑互动，使团体思想更严密、更丰富。

在团体之间的团结也存在这个现象。团体之间联合的纽带之一是相互援引。比如选录对方文章，这是认同的一种方式。《中华新报》转载《新青年》上陈独秀的文章《我之爱国主义》；[③]《国民公报》1919 年 4 月 2 日发表周作人在《新青年》上的译作《铁圈》。《新青年》转载《晨报》上渊泉的《马克思奋斗生涯》[④]。

联合的团体还会互登广告，这也是一种援引的方式，还能分享读者群。《新青年》在 1918 年就已经在《时事新报》《时报》上面登广告，但那多属于发行者的行为。因为后两者的发行量较大，可以借此扩大读者范围。同盟刊物之间有意识地登载广告则是另一种性质。《国民公报》1919 年 1 月 27 日出现《新青年杂志五卷五号的广告》，28 日有《新潮第二期》和《新青年》的广告。

《新青年》上发过广告的有《新潮》《国民》《新生活》《教育潮》《少年中国》《解放与改造》《建设》《新社会》《体育周报》《新群》《中华新报（上海）》《湖南教育月刊》《新生命》《黑潮》《晨报》《新中国》《星期评论》《正报》《奋斗》《工学》《科学》《觉悟》《法政学报》《新教育》《星期日》《平民导报》《学生旬报》《新妇女》《博物》《文艺会季刊》《学艺》《崇实》《东方杂志》《太平洋》《民铎》《民国日报》《中国青年》《向导》《时事新报》《少年世界》《国民公报》，几乎涵盖了新知识人思潮场域的所有重要刊物——群星璀璨的大家族。[⑤]

---

① 刘半农：《诗与小说精神上之革新》，《新青年》1917 年 3 卷 5 号。
② 玄同：《随感录·（四四）》，《新青年》1919 年 6 卷 1 号。
③ 陈独秀：《我之爱国主义》，《中华新报》1917 年 3 月 6 日 3 张 1 版。
④ 渊泉：《马克思奋斗生涯（录晨报）》，《新青年》1919 年 6 卷 5 号。
⑤ 仅就《新青年》1919 年 6 卷 4 号到 8 卷 5 号中的广告来看。

在《新青年》上刊登广告，说明看中了《新青年》的读者群，希望参与到这个读者群的思想建设和交流中来。《新青年》（群益书社）同意它登，也说明可以允许它进入。此前都是《新青年》在《国民公报》上登广告，1919年初《国民公报》也到《新青年》上来登，说明这时研究系认识到《新青年》先进性，正式融入这个群体。《国民公报》在广告和转录文章方面，表达了对北大和《新青年》同人的好感。①《时事新报》把广告放入《新青年》，②也是一样，觉得《新青年》的读者是自己的目标读者。

当然不能说登广告就是卫星刊物，但卫星刊物一般都会登广告，表明它们的读者是接近的，认为对方的读者即是自己的读者，实际上是一种对同类读者的邀约。造成的结果之一就是论域的交融。6卷6号《新青年》登《新潮》广告列出目录为：妇女解放与儿童公育、社会改制问题、近世哲学的新方法、《驳新潮"国故和科学的精神"篇》订误、新村研究、访日本新村记、诗、明天、华伦法人的职业、欢迎牛津大学的新潮。③对照《新青年》6卷6号的目录，可以发现其中有《儿童公育》《启发托尔斯泰的两个农夫》《游日本杂感》《我对于丧礼的改革》，这样就形成了关于儿童公育、社会改制和新村运动相关的思想共振。

---

① 《国民公报》1919年1月8日到10月18日之间发表的与北大同人有关的如下（不完全）：《国防军问题》（转《每周评论》）（1月8、9日）、《国民杂志出版预告》（1月11日）、《北京大学之新潮》（1月13日）、《每周评论四号广告》（1月15日）、《新青年杂志五卷五号广告》（1月27日）、《新潮第二期广告》和《新青年广告》（1月28日）、《新潮》杂志广告（2月7日）、《言对文照的尺牍》（录新青年）（2月18日）、《新潮第三期要目预告》（2月21日）、《想用强权压制公理》（录每周评论）（3月11日）、《美国的妇人——在北京女子师范学校讲演》（胡适3月12日）、《美国的妇人（续）——在北京女子师范学校讲演》（胡适3月13日）、《每周评论广告》（3月17日）、《读新青年杂志第六卷第一号杂评》（录时事新报）（3月22、23日）、《北京大学校长蔡孑民先生答林琴南君函》（录北京大学日刊）未完（3月23日）、《北京大学月刊发刊词》（续23号）（3月25日）、《胡适之答蓝志先书》（3月26、27、28、29日）、《当兵》（录每周评论）（3月26日）、《卖火柴的女儿》（录新青年杂志）（3月29日）、《少年中国的精神》（转录少年中国学会会务报告）（胡适之先生4月1日）、《新青年六卷二号的广告》（5月8日）、《实验主义（潘公展记胡适之先生在江苏省教育会演说辞）》（5月8日）、《新青年六卷三号的出版要目》（5月9日）、《新青年六卷三号的广告》、《每周评论广告》（5月19日）、《新青年6卷3号广告》（6月27日）、《工作与人生》（录新青年）（7月5日）、《新青年6卷4号广告》（7月26日）、《新青年广告》（10月18日）。

② 《上海时事新报学灯栏大扩充》，《新青年》1919年6卷4号。

③ 《新潮（2卷1号广告）》，《新青年》1919年6卷6号。

同一系统的期刊更要相互转载，比如同属研究系的《国民公报》《晨报》和《时事新报》更经常地相互转载。《国民公报》1919 年 1 月 22 日转载张东荪发表在《时事新报》上的《白话论》[1]，1 月 23 日转载《政治意识》。[2] 表达了他们关注白话文学和共同抵御《每周评论》攻击的态度。《向导》上充满《新青年》的出书广告，《向导》第 32 期有《新青年杂志启事》，第 97 期有《新青年恢复月刊》，第 150 期有《新青年又出版一号了!》，推荐《新青年》第三号，第 173 和 174 期有《中国革命问题论文集》广告和《新青年》社"新书出版"广告。大概因为《向导》是周报，周期很短，所以做广告的效果更好。除了《新青年》相关信息以外，《向导》还有一些同系统的刊物《中国青年》的广告。当时，这三个刊物是关系紧密的刊物。他们属于有共同读者的圈子，思想上有交集，可以互相呼应。1925 年《向导》第 99 期"列宁逝世一周纪念特刊"有《中国共产党第四次大会对于列宁逝世一周纪念宣言》，陈独秀的《列宁与中国》，硕夫的《殖民地被压迫人们所应纪念的列宁》，季诺维埃夫的《一九〇五年的列宁》和魏琴的《列宁不死》。这些文章与 1925 年 4 月出版的《新青年》11 卷 1 号（"列宁号"）形成呼应。相比之下，《新青年》理论色彩更强，而《向导》更关注中国新发生的事情。陈独秀在两个刊物上的两篇文章就明显有这种差别。《列宁与中国》把列宁塑造成可亲可近的一个人，《列宁主义与中国民族运动》虽然也是写列宁与中国的关系，但是内容要抽象得多。很明显两者是有分工的，可能是因为这两个刊物面对的读者不同。《向导》上季诺维埃夫的《一九〇五年的列宁》和魏琴的《列宁不死》也都着力于塑造具体的列宁。这可能是刊物与读者群的差异互动带来的特点。

同盟中关系不紧密的杂志也会互相转载和登广告，不过比亲密的刊物频率低得多。《国民公报》转载蓝公武发表在《国民》杂志上的文章，[3] 这是因为自己主编的文章所以转载。其他时候很少转载。1919 年 1 月开始《国民公报》登载《国民》《新潮》《每周评论》的广告，[4] 标志着它与北大的联系

---

① 　东荪：《白话论（录时事新报）》，《国民公报》1919 年 1 月 22 号。

② 　东荪：《政治意识（转时事新报）》，《国民公报》1919 年 1 月 23 号。

③ 　蓝公武：《破除锢蔽思想之偶像（录国民杂志）》，《国民公报》1919 年 1 月 22 号。

④ 　《国民公报》登《国民杂志出版预告》(1919 年 1 月 11 号)；《北京大学之新潮》广告 (1919 年 1 月 13 号)；《每周评论》广告（1919 年 1 月 15 号)。

加强了，但是登广告的频率还是比《新青年》低得多。《新青年》上登载的《国民》《科学》等广告也属此类，数量很少。

团体间的转载能增加力量，是联合互动的形式，同时也有斗争互动的效果，可以展开团体间的掌控互动，实现与斗争互动一样的目的，使自己的思想在团体组成的同盟中更有权力。

团结机制中，帮忙也是求得团结的手段。4 卷 4 号鲁迅写了几首开玩笑的白话诗，是捧场敲边鼓的"游戏之作"，目的是帮助胡适壮壮声威。4 卷和 5 卷中同人写的那些质量不高的诗歌都有帮胡适抬轿子的意味。同人受到攻击时，则应该出面回护。例如，《时事新报》用漫画《泼克》攻击钱玄同的时候，鲁迅为钱玄同打抱不平。[①] 蓝公武攻击钱玄同，说钱的说法"把这改革的效果减去一大半"，说他"任意乱说，浅薄可厌"[②]，作为学生的傅斯年在回信时为钱玄同辩护。

团体之间也存在相互声援。在 1919 年初发生新旧思想斗争时，《新青年》的盟友会施以援手。如《中华新报》认为文学革命论引起老派人物的恐惧，饭碗打破，说权力狗屁不值。它的立场是站在同人一边的。《民国日报》认为《新青年》《新潮》是北大的刊物。赞扬它们在举世简陋自封之中，独开中国学术思想之新纪元，说："举国学者方奔赴弗遑，作同声之应，以相发挥光大，培国家之大本，立学术之宏基。"[③] 这是上海支持者的着眼点。《晨报》认为思想自由、讲学自由，尤其是神圣不可侵犯的。[④] 在当时新知识人心中，权力是不能干预思想自由的。《国民公报》认为"今日之新思想，实有一种不可遏抑的潜势力。必欲逆此势力而与之抗，突然增一番新旧之冲突而已"[⑤]。陈独秀引的报纸都是此时同道。他们选取的角度各异，但互相呼应，对付共同的敌人——顽旧者流，老腐败们（安福系和徐世昌等）。

---

① 鲁迅：《随感录·（四三）》，《新青年》1919 年 6 卷 1 号。
② 知非：《答傅斯年先生》，《国民公报》1919 年 1 月 7 号。
③ 《论大学教员被摈事》，转自《对于新旧思潮之舆论》，《每周评论》1919 年第 17 号"特别附录"3 版。
④ 《警告守旧党》，转自《对于新旧思潮之舆论》，《每周评论》1919 年第 17 号"特别附录"1 版。
⑤ 毋忘：《最近新旧思潮冲突之杂感》，转自《对于新旧思潮之舆论》，《每周评论》1919年第 17 号"特别附录"1 版。

　　还有一种求取团结的行为是默认。不拆台是团结的基本要求。同人间观点的融合依赖于权威认同和彼此尊重。有些观点有冲突，为了团结，也不得不通过沉默来消除其影响。朱希祖《敬告新的青年》中有"世界是时时进化的，时时变换的。把旧的不适用的，变换做新的适用的，就叫作革命。所以新的都是由革命而来，新的青年是最富裕革命精神的"①。说新的都由革命而来，其实是不对的，改良也有新的。胡适未必赞同这种看法，但是他没有写文章驳斥，也没有在其他文章中暗中否定。沉默的态度可以是否定的也可以是肯定的。达到的效果表面上是肯定的，实际上是否定的，因为没有呼应和思想共振而削弱了它的重要性，使这个想法不能成为团体思想的核心思想。如张护兰讨论文学革命，他说的是语言文字和课本编纂。他把抛弃十三经只认小说词曲看作三种文学革命的反动力之一。② 他维护经书，藐视小说词曲的立场，胡适肯定不会赞同，但是他并没有直接驳斥，说明这个问题当时并非核心问题，胡适也不想让它成为重要的问题。默认可以维持相互配合的机制，一旦放弃自己的不同点，就是对于合作的默认。至少觉得对方的看法有价值，觉得对方值得尊重。

　　与默认同类性质的行为还有回避矛盾（默认本身就是回避矛盾）。钱玄同提出"废灭汉文"的主张，受到朱经农和任鸿隽的反对。胡适在回复朱任的时候只说文言白话问题，绝口不提"废灭汉文"。因为胡适不赞同钱的说法，但是保持缄默。刘半农与钱玄同关系最好，他在给钱玄同回信时涉及钱玄同说的"中国文字只有送进博物院的价值"，他说自己向来没有研究过，暂且不置可否。③ 他应该是不赞成的，不过不表态而已。这是符合团结要求的处理方法。在这封回信中，刘半农回答钱玄同时提到三种处理同人意见的方式：第一种解释理由，限定自己的使用范围，这是接受同人意见的方法；第二种是明确自己的真实意图，坚持自己的见解，这是坚持自己立场的姿态；第三种是用回避来表达反对或者不重视的意思。④ 其实默认与自我牺牲类似，也是对团体权威的屈从，主动认同团体。

---

① 朱希祖：《敬告新的青年》，《新青年》1920 年 7 卷 3 号。
② 张护兰：《通信》，《新青年》1917 年 3 卷 3 号。
③ 刘半农：《答钱玄同通信·新文学与今韵问题》，《新青年》1918 年 4 卷 1 号。
④ 刘半农：《答钱玄同通信·新文学与今韵问题》，《新青年》1918 年 4 卷 1 号。

　　思想的合作也是团结的方式。同人的思想是合成的，在一个人的思想中会有其他同人的思想，构成他们的共同思想的群落。"众人拾柴火焰高"，大家不分彼此，目标在于维护本团体的思想，那么团结也就能够维护。某一个同人的思想得到其他同人的认同，于是这个思想就成为同人共同的思想。胡适给蔡元培的《洪水与猛兽》加的注上说："这是蔡先生替北京英文导报的特别增刊做的。我们因为这篇文章是现在狠重要的文字，狠可以代表许多人要说而不能说的意思，故把他的中文原稿登在这里。"[1] 编辑发表意见时常常用"我们"，而不是"我"来自指，这就是团体发声的方式，在内容上借助于发表蔡元培的思想来体现同人的共同思想。

　　同杂志内部思想相互呼应，这属于正常的编辑手段，它使某人的思想得到肯定，对团结也有潜在作用。方孝岳说，"二君倡之于前，吾人不得不论之于后"[2]。胡适的《文学改良刍议》得到钱玄同的一再回应和关注，这就是相互讨论、相互促进的方式。8 卷 5 号《什么话?》中有一条是关于浙江省议员姜恂如要求查办第一师范学校男女公学案。这是从周作人同号《随感录》的话题中引申出来的。对同人的言论加以发展是对同人的重视，也有助于同人思想变成团体的核心思想。"倡论"结合是讨论深化的机制，后人论之，使意图完美，扩大影响，使论题变得重要和有价值。《新青年》上面的思想，并不是一个人或者一两个人的看法可以涵盖，而是观念群。

　　前面提到朱经农来信，胡适在收到朱经农的信后，将涉及语言的部分交给钱玄同来回答，一方面是因为朱经农的问题是钱玄同的话题，他们是配合的，回答某些问题交由相关人回答。虽然来书是对整个同人的，则由相关人回答。另一方面，也说明其他同人对于同人的某些观点不需要完全赞同和理解。虽为一个团体但是各自负责。五四以后，胡适不满于内部的观点各异，认为这种各自负责是不行的，想要寻求有个共同负责，也就破坏了合作的机制。

　　团体之外的团结也有分工合作的情况。1918 年 12 月陈独秀等办了一个《每周评论》，之所以要创办一个主旨一样[3]的周报，其实是因为《新青年》

---

[1]　胡适:《洪水与猛兽·注》,《新青年》1920 年 7 卷 5 号。

[2]　方孝岳:《我之改良文学观》,《新青年》1917 年 3 卷 2 号。

[3]　《看〈新青年〉的，不可不看〈每周评论〉》,《新青年》1918 年 5 卷 6 号。

的出版周期长，也就把一些话题排除在外了。《每周评论》是《新青年》的一种快捷版。但是，两者并不重复，属于互补的刊物。《新青年》与《每周评论》为一时双星。广告语是："看《新青年》的，不可不看《每周评论》。"原因是两者有分工。广告词说，《新青年》里面都是长篇文章，后者是短篇。前者所说的，后者多半没有，后者所说的，前者里大概没有。前者重在阐明学理。后者重在批评事实。前者来得慢，后者来得快。[1] 周作人的《人的文学》本来是寄给《每周评论》的，但陈独秀认为这种材料，应该发表在月刊上，于是登入《新青年》了，[2] 说明编者是有标准确定两者的选稿范围的。为了区别于《每周评论》，《新青年》的特点更为清晰，强化了同人一直以来的定位——重在阐明学理。这点从张厚载发表在上面的文章可以看出，与他发表在《公言报》《晨报》上的文章相比，明显增加了很多学术上的观点引证，特别重视援引西洋学者的看法。

关系紧密的团体组成的圈子里，合作的情况是常有的。后期的《新青年》与卫星刊物也有分工关系。比如《向导》《中国青年》和《新青年》它们相互联合，其内部是有分工的。《向导》关注政治事件，《中国青年》针对青年教育和思想，[3]《新青年》重视共产国际和理论。所以他们作者虽然有交叉，比如恽代英、任弼时、陈独秀等都在三个杂志中撰文，但是三种刊物本身有取舍。《向导》体现以阶级为特色的政治文化的现实性运用；《中国青年》宣传青年的革命文化，也偏于政治；《新青年》宣传以无产阶级文化为目标的政治文化。三者有共同的思想，即把政治斗争作为经济斗争的前导，经济斗争又是为了文化解放的总的文化工作。当时无政府主义有"到民间去"的提法，共产党反驳无政府主义的任务就交由《中国青年》来担当，因此分去了《新青年》上的话题，与《新青年》共同分担。由于其有特殊的历史站位，《新青年》主要发表理论性和第三国际有关的话题。《向导》则在攻击无政府的拒绝政治的倾向，[4] 也分担《新青年》反无政府主义的任务。此外，它还

---

[1]　《看〈新青年〉的，不可不看〈每周评论〉》，《新青年》1918 年 5 卷 6 号。

[2]　独秀：《陈独秀致周作人》，《中国现代文艺资料丛刊》(5)，上海文艺出版社 1980 年版，第 307 页。

[3]　实庵：《发刊词》，《中国青年》1923 年第 1 期。

[4]　记者：《答曾国光》，《向导》1923 年第 27 期；记者：《答梁我》，《向导》1923 年第 28 期。

批评北京学生埋头学术等。① 青年的文字也是由《向导》《中国青年》分担的。也就是说紧密关系的团体内部的言论者既有分担又有分工，是明显的合作关系。合作是联合互动的一种表现，也是增加团体力量和效能的方式。

此外，合作有时是有意识设计的，有时由团体立场决定。比如不同刊物转载相同文章，也会因为立场的差异而显得各有侧重，仿佛是互相配合的样子。《国民公报》1919 年 5 月 17 日转载《新中国》上的陈启修文章《女子贞操的金钱价值》②。《新青年》也在 6 卷 5 号转载了这篇文章。③ 两者转载的侧重点不同，《国民公报》侧重女子问题，而《新青年》侧重马克思主义唯物史观。这里已经显示出研究系与同人之间的立场差异了。

团体内部的团结和团体外部的团结有时候会发生冲突。联合互动和认同互动在不同的地方会有强弱大小以及重要性的不同。一般总是团体内部的团结要高于团体间的团结，也就是说团体内的认同互动重要性上大于团体间的联合互动，如此才能保证团体的正常存在。

在团体外，联合和斗争都是暂时状态，远远不如团体内稳定，这是因为很难有稳定的向心力。只有在像抗战那样举国关注的事件背景下才可能靠普遍的爱国心而形成比较强大的向心力。何况，时代缺乏团体的外在差异，单纯的统一未必是好事情，只会造成活力缺乏。而且团体之间的联合也不是越大越好。团体间联合的扩大会威胁团体内部的团结。为了争取更多个人和团体参加圈子，同人之间可能产生嫌隙。汪懋祖给《新青年》写公开信攻击《新青年》的态度，希望《新青年》淘汰一切背理之语和食肉寝皮等恶骂，反对陈独秀焚十三经毁孔庙的偏激，反对白话作文。④ 该信并不是寄给《新青年》，而是发表在《留美学生季报》上，可见其敌意。胡适转发这封信是想通过这个契机向同人也向其他人表示他对《新青年》原来的手法不再认同，要争取留美学生的参与，扩大阵营。他在回信时说，对陈独秀说的天经地义，他如今想来，这话似乎太偏执了。他主张欢迎反对言论，并非不信文学革命的天经地义，舆论家的手段全在用明白

---

① 国焘：《学生运动的我见》，《向导》1923 年第 17 期。
② 陈启修：《女子贞操的金钱价值》（转录《新中国》），《国民公报》1919 年 5 月 17 号。
③ 陈启修：《马克思的唯物史观与贞操问题》，《新青年》1919 年 6 卷 5 号。
④ 汪懋祖：《读新青年》，《新青年》1918 年 5 卷 1 号。

的文学、充足的理由、诚恳的精神，要使那些反对的人不能不取消他们的天经地义来信仰同人的天经地义。胡适还出面作保，《新青年》将来的政策主张尽管趋于极端，议论定须平心静气。胡适这样表态是要整顿杂志原来的风气，目的当然是为了减少敌对者，为扩大阵营而调整策略，正好与钱玄同刘半农的深闭固拒，到处树敌的方式产生差异。钱玄同和刘半农因为没有遵从胡适的这个允诺，而发生了违约，进一步加深了同人的思想裂痕。外部团结的需求很容易破坏内部团结，因此一个团体越大，内部的团结越难维持。

## 二、掌控机制

在自我统一动力下，系统还产生掌控机制。掌控机制主要是保障掌控互动实现其凝聚团体的功能。

掌控机制的功能与团结机制一样是给团体提供向心力。掌控机制通过权力关系，保证系统的统一，进一步保障成员的团结，调节内部的冲突，在团体内部更好地形成秩序。掌控机制良好，则团结更为稳固。掌控权力的中心往往最有权威，提供系统的核心思想，为同人的分歧做仲裁。

团体凝聚不仅有赖于思想的认同（包括写信参与的），还有其他纽带，比如同乡关系，如陈独秀与胡适、高一涵；同志关系，如陈独秀与易白沙、刘叔雅；编者与作者关系，如陈独秀与李大钊、吴虞；也有同事关系，如陈独秀与沈兼士、沈尹默和钱玄同。在这一系列社会关系中，有平等的，也有不平等的。平等关系当然是团体的重要特点，但是不平等的关系也非常必要。不是所有的认同者都具有相同的思想分享份额和重要性。某些个体在团体中具有较大的权威，有掌控团体的地位。

掌控机制运行的正常状态下，权威的思想具有较大的影响，是掌控互动的主导力量。

蔡元培做北大校长以后，无政府主义的思想在北大很活跃。蔡元培聘请李石曾来北大教生物，请吴稚晖当学监（未正式就职）。加上他自己也有的无政府主义色彩，这样无形中造成一种无政府主义思想氛围。后来许德珩回忆说："蔡元培本人当时也有无政府主义的思想倾向……北大在最初一个时期，倾向于无政府主义思想的学生还不少。记得其中最活跃的有凌霜（黄）、声白（区）、太侔（赵）等人。"① 重要的不是北大有无政府主义，因为当时无政府主义迎合世界思潮，也在加强宣传，经常寄送宣传品，有人接受其影响也不足怪。问题在于北大的一系列作为都与无政府主义相近，这个已见前论。至于《新青年》也因为同人多为北大教授，受到无政府主义思想影响，一个标志是出现了黄凌霜、区声白等人的稿件，说明同人中增加了无政府主义者。

无论如何，《新青年》同人早期受无政府主义思想启发的思想苗头，在蔡元培的领导下得到发展。这里掌控机制运行的方式是权威的思想改变整个团体思想的总基调。权威将原来团体的次要思想变为核心思想，不通过思想压迫，而是通过个人魅力以及他在团体中的世俗权力。

靠现实生活中的等级差异，自动培养服从者，这是最直接的方式。通过下层的授权，权威的思想成为团体思想。社会地位和杂志中的位置决定思想的重要性，这是空间位置影响思想的表征。在掌控互动中，下层要扮演自己的角色，按照被掌控者的内在规定或者说是功能，表示服从，同时还要在思想上推动认同互动。

在整体的权威之外，有一些关系网络组成的小团体也有权威。或许未必都是世俗权力，也可以是思想的权威。比如蔡元培下面有陈独秀，陈独秀是人员的召集人，又是文科学长，又是杂志的主编，因此有世俗权力和思想权威双重性，下面还有胡适为代表的"英美派"，陶孟和与胡适交流更多些，两人连除夕还在一起讨论问题。② 高一涵因为曾与胡适住在一起，所以虽然是陈独秀的人，但是与胡适也有比较接近的立场。当然，也是因为有共同点才会走得近。胡适在这群人中以思想卓越而成为权威。钱玄同、刘半农两人关系最为紧密，钱玄同自然是首领，他因为资历老，又与蔡元培比较接近（钱玄同还通过其兄长与蔡元培有更直接的联系），加上比较活跃，所以无疑是掌舵者。这个集团里还有周氏兄弟，周氏兄弟是思想的权威。胡适和钱刘都拥戴陈独秀，陈独秀又与众人一起拥戴蔡元培，于是这个服从的系统也就形成了，并保障了权威发挥掌控作用。

① 许德珩：《"五四"运动六十周年》，全国政协：《文史资料选辑》21 卷 61 辑，中央文史出版社 2009 年版，第 159 页。
② 胡适：《除夕》，《新青年》1918 年 4 卷 3 号。

权威的作用也有强弱之别，并非任何时候都一样的。比如沪皖时期，陈独秀约稿，请人写关于青年的文章，来稿比较自由，陈独秀的权威并不是很强。此时倒是同人之间的认同具有掌控力量。因为他们通过平时结交后彼此相知，自动受到各位同人来稿的作用，调整自己的认同，这样先来的稿件似乎就有一种掌控能力，当然这个能力也有一些是借助主撰选择和安排过的，无论如何前面的稿件和思想对后来的稿件有一定约束作用。

此外，新颖有价值的观点也可以具有掌控力量。毕竟大家都是以追求真理作为目标的知识人，因此对有创造性的观点会立即表示赞同。这样，新颖有价值的观点具有权威性，使大家立即认同并服从，比如刘半农提出造新韵的主张，立即得到北大的支持，因为这个观点符合当时改革语言的潮流，又发人所未发，自然立即使刘半农本人获得权威。刘半农能成为北大教授，并成为四大台柱之一，恐怕与提出了有价值的新见有关。这是思想内部的逻辑互动伴随的掌控互动。新颖的思想并不是掌控能力大的原因，重要的是有价值的思想，但是新颖如果与有价值的思想结合，其掌控力量会大增，因为新颖的往往是与现实接触的，带着现实反馈的信息，更能提升思想的力量。所以这个外来者必定具有更强大的力量，受到原来思想结构的认同，这样它才能进入思想结构，进而改变思想结构的一部分，甚至成为核心思想，而改变全体。新颖而有价值的思想与一般推导出来的次要思想不同，它的进入本身就带着掌控的力量，要掌控一部分思想。当然它只要认同原来的核心思想，就不能不被掌控。

掌控机制的功能是强化认同，体现为掌控互动与认同互动紧密勾连，相互推动。一旦团体的权威受到威胁，必然带来一系列后果。陈独秀权威地位动摇后，正是胡适暴得大名的时候，当时杜威博士来华，胡适非常风光，教育界把他奉为"祭司"。胡适的社会地位在陈独秀入狱期间已经大为提升，俨然已经坐大。从这个角度看，他与李大钊的争论，其实是权威在整治不服从自己的同人。因为那时李大钊和胡适两个都被外界看好。李大钊交游广阔，在京津冀地区有一定影响力，吴佩孚进京扶持黎元洪做总统时，有关教育总长职务问题还征询过李大钊的意见[①]，风传总长一职也曾属意李大钊，

---

① 参见《教育界之底里观》，《大公报》（天津）1922 年 10 月 8 日 7 版。

不过李大钊拒绝了而已。①

陈独秀在政府压力下被解除学长职位后，不能接任教务长，只好准备继续在北大做教授，后来因为与政府的对抗，在五四时期被捕入狱。陈独秀出狱的时候，胡适已经在社会上超越陈独秀。陈独秀到武汉去讲演，是因为胡适没空去才被推荐去的。一方面胡适的社会地位提高，他在团体思想中的地位也提高了，成为凌驾于陈独秀之上的权威，另一方面很多同人还是尊重陈独秀的传统地位，对于胡适的僭越表现不配合。因此，团体内出现不稳定现象，进入过渡时期。胡适积极向同人推介实验主义，有主导《新青年》的企图，可能也就是胡适的咄咄逼人，引起其他同人的反感，才在第 7 卷编辑事务讨论时都认为应该归陈独秀编辑。②

陈独秀怕继续受到北京政府的迫害，所以逃离北京，从此与北大脱离了关系。当然，蔡元培一直认为他是北大人，1922 年蔡元培仍然把陈独秀和章士钊作为北大的同人，列为文科编译员。③但是，就算陈独秀在北大，他在《新青年》杂志中的地位也会受到一定影响。此时的《新青年》毕竟是北大教授的刊物。那时胡适发挥自己善于交际的能力，拉拢同人。他对周氏兄弟送书、请吃饭和邀请删诗，积极与中间人物联系，无疑有形成以他为中心的潜在意图。从陈独秀不作学长以后，直到陈独秀离开北京，这段时间的刊

---

① 参见《教农两部次长之人选》，《大公报》（天津）1922 年 9 月 23 日 6 版。

② 沈尹默说，鲁迅说过如果胡适编《新青年》，他就不参加（见沈尹默：《我与北大》，陈平原、夏晓虹：《北大旧事》，北京大学出版社 2018 年版，第 145 页）。近几年学界倾向于怀疑沈尹默的证词。的确，沈尹默后来与胡适交恶，互相说了不少带情绪的话。沈尹默发言又是在批胡适的氛围中，因此的确可疑。但是如果从人心事理上来推断，同人几乎全是有风骨的知识人，多数有孤高狷介的本性。另外传统处事之道也讲究为人忠诚，反对一切叛卖行为，因此可以认为，他们即使不像沈尹默所说的那样简单直接地拒绝（他引的鲁迅话就不像鲁迅的性格），加以抵制也是情理之中的事情。钱玄同为鲁迅抵制胡适提供了材料，他于 1920 年 9 月 19 日写给周作人的信中说："我以为勋寿要和 Dr 打笔墨官司，似乎有点无谓。要是他再依赖我们，叫我们替他摇旗呐喊，那就更无聊了。"[钱玄同：《钱玄同致周作人》，《中国现代文艺资料丛刊》（5），上海文艺出版社 1980 年版，第 319—320 页] 此时，正是胡适暗中跟陈独秀角力的时候。沈尹默的话大概指这个时候鲁迅（勋寿就是鲁迅）的态度。这里也看出钱玄同的抵制态度。事情的实际发展也可以作为旁证，在陈胡决裂的时候，多数人还是暗中支持陈独秀的，认为《新青年》是陈独秀的。

③ 《蔡元培致冯祖荀先生等请为本校月刊编辑员文理法科编译员名单一式二份》，北京大学档案馆 BD1922005。

物几乎是以胡适为领袖的。7卷1号《本志宣言》是当时钱玄同和胡适派的调和的产物，但是明显偏于胡适一边。① 整个第7卷都带有他明显的痕迹：7卷1号开头以胡适文章《新思潮的意义》开端，隐然为真理的发布者，排在共同宣言之后。第7卷变为"注重在研究实际问题"②，像张慰慈的《美国委员式的和经理式的城市政府》这类文章使《新青年》更像专业杂志，大概符合胡适解决问题的专业路向，同时使《新青年》失去媒体特色。这是"北大性"的一种毫无节制的发展，原来那种带有学理又有媒体特点的混杂特色正在消失。原来的《新青年》比一般媒体有学理，比一般专业杂志灵活生动，更通俗，其实是很有特点的，精神上也更为彻底。很可能是胡适准备清理一些不同声音，加强对于杂志的引导，并将那些留美的专门家拉进团体。胡适对第7卷的影响力很好地说明了胡适在《新青年》团体的权力结构中地位的上升，而陈独秀正在下降，以及这种权威的升降对团体正负面作用。

　　一般人认为胡适和陈独秀的分裂是8卷1号前后发生的，其实杂志主导权的冲突7卷时期已经展开，为后来胡适与陈独秀争夺核心地位埋下了伏笔。

　　胡适夺取杂志的领导权有其合理性，即在胡适心目中不认为杂志是陈独秀的，认为是北大教授合办。这点陈独秀也不得不承认，7卷由他编辑是同人放手给他编，此时的杂志不是他个人的。否则陶孟和也不可能提出停刊的意见。陈独秀也不会在与群益谈第8卷的时候，反复征询同人的意见。因此，胡适要把刊物拉到北京是有理由的。但是，胡适起意把《新青年》拉回北大，脱离陈独秀的控制（表面上说的是上海同人带来的特殊色彩），是在第7卷发行时期就产生的念头。虽然没有直接证据，但是从他在陈独秀脱离群益书社时的消极态度来看，陈独秀与群益冲突不仅仅是因为7卷6号加价的问题。按照情理来推断，群益书社与陈独秀的矛盾，其中可能就有胡适的

---

① 王汎森说《青年杂志》7卷1号《本志宣言》的作者是胡适（见王汎森：《思想是生活的一种方式》，北京大学出版社2018年版，第79页），不知道根据是什么。《独秀文存》是收了这篇的，按照情理也应该是陈独秀写的。吸收了胡适的大量想法是一定的，其中也吸收了钱玄同的看法。

② 《新青年第七卷出版注意》，《北京高师教育丛刊》1919年12月第1集；《新青年刷新预告从七卷一号起》，《申报》1919年11月14日1版。

原因。① 群益很可能倾向于让胡适在北大办，因为北京大学在五四以后更加声名显赫，胡适那时也正如日中天。陈氏兄弟都是谨慎的人，陈独秀又频频因为政治问题而给刊物带来风险，又不听话，如果有用胡适代替陈独秀的想法也是很自然的。陈独秀反群益的时候积极争取胡适的支持，但从陈独秀给胡适的信可见胡适并不支持，而且制造种种障碍。分裂以后，胡适反对招股，又不帮陈独秀解决问题，让人怀疑胡适有逼陈独秀就范的意思。因此，可以理解为什么等到两人短兵相接时，陈独秀理直气壮。因为在陈独秀看来，脱离了群益书社的《新青年》已经不是北大教授的杂志了。当然，胡适夺权倒不全是因为个人野心，他应该是为了主导杂志的方向，让它免于受到马克思主义的"干扰"，而马克思主义色彩在陈独秀到上海以后的7卷后几号非常明显。也就是说，陈独秀离开北大后，就脱离了胡适的压制。这就是胡适说的陈独秀当初很受英美派的影响。后来胡适惋惜陈独秀到上海，被共产主义吸引，脱离了他们英美派的控制。

由此可见，权力结构受到冲击将会引起很大变动，即掌控互动脱离统一功能也就是说掌控机制失效，系统会发生动荡。胡适和陈独秀的易位，动摇了这个系统。陈独秀离开这个旧的权力体系才能重新掌握主动权。又可见掌控互动的功能正常对团体是多么重要。

除了社会地位决定掌控力量以外，精神权威也可以发挥掌控作用。早年思想的权威无疑是达尔文，他的进化论思想是时代思想的核心。北大时期这个权威的谱系更广了一点，还有易卜生、马克思。五四以后，杜威和罗素来了，成为《新青年》内部思想权威冲突的诱因。到党员时期则是马克思和列宁，当然还有布哈林、托洛茨基和斯大林。这些人作为一种思想的权力源头，左右着同人的思想方向。因此，权威的转换也标志着杂志本身思想的转换。

分别来说，权威的来源第一个是主编和主撰。

主编和主撰的核心地位是毋庸置疑的。沪皖时期，思想大体是围绕主编

---

① 根据 1919 年 10 月 18 日《钱玄同日记》（整理本上册，北京大学出版社 2014 年版，第354 页）记载，同人跟群益书社讨论第 7 卷出版事宜，是胡适出面请群益书局老板陈子寿的。很可能是因为胡适比较善于与人打交道，陈独秀厌恶商人。很可能第 4 卷的谈判也是胡适参与的。因此可以认为群益书社与胡适的交往也很多。

陈独秀而产生的，同人虽然可以自由参与团体，但是陈独秀的召集约稿等行为本身就有调节和引导团体的作用，他毕竟掌握着发稿权。同人在团体思想中的贡献取决于主撰的选择。早年是几个与陈独秀关系紧密的投稿人，如刘叔雅、易白沙、高一涵等。北大时期，则是胡适、钱玄同、刘半农等"台柱"。主撰对于名家稿件的认同，即对于核心作者的认同决定刊物的特征，主撰的权威意义就在这里。

轮流主编时，他们形成了以陈独秀、钱玄同、刘半农、周氏兄弟、胡适、高一涵、陶履恭（陶孟和）为主，沈尹默、陈大齐等其他人为辅，组成的思想掌控机关。特别是轮流主编的同人权力更大，每一号主编几乎都能控制其中的思想。这个权力不可小觑。他们在自己编辑的那一号上有最高权威。北京同人不满上海同人之处，有一点就是上海年轻的编辑，比如陈望道，擅自修改北京同人的稿件，虽然是形式的修改，也会带来不快。① 因为陈望道尚没有得到北京同人的授权。

主编可以利用便利，超越同人的认知水平。他有先看文章的优势，而且有去取和修改的权力。前面提到汪叔潜可能启迪了陈独秀。其实我们还可以找到更多陈独秀当时受到汪叔潜启发的地方，如汪叔潜说，"列族竞存时代究竟新者与吾相适，抑旧者与吾相适，如以为新者适也，则旧者在所排除，如以为旧者适也，则新者在所废弃，旧者不根本打破，则新者绝对不能发生，新者不排除尽净，则旧者亦终不能保存。新旧之不能相容，更甚于水火冰炭之不能相入也"②。陈独秀在同一号上说，"诚不知为何项制度文物可以适用生存于今世。吾宁忍过去国粹之消亡，而不忍现在及将来之民族不适世界之生存而归削灭也"③。两者强调选择中国文化的根据是适用于今世。主撰与同人的观点一致，在同号杂志上，至少不会说是主撰启发了同人。而且汪叔潜当时是通俗图书局的主人，比陈独秀地位高，他的思想必定是比较自由的。钱玄同是 5 卷 5 号的编辑，他在文字中也有与其他稿件对话的情况。他引用了同号中陈独秀的《克林德碑》。钱玄同在回答读者的信中说："总之，

---

① 参见钱玄同：《钱玄同致周作人》，《中国现代文艺资料丛刊》（5），上海文艺出版社 1980 年版，第 329 页。

② 汪叔潜：《新旧问题》，《青年杂志》1915 年 1 卷 1 号。

③ 陈独秀：《敬告青年》，《青年杂志》1915 年 1 卷 1 号。

我们对于柴门霍夫，当与达尔文、克鲁泡特金同视为先觉，不当与孔丘、耶稣同视而认他为圣人，为教主。"① 这就是同一号中鲁迅《渡河与引路》中的意思。这里也可见编辑者的文字可以形成与稿件的对话。当然编辑更多与前面发表的文章形成对话关系。这个关系的好处是加深对于问题的认识，读者看到的是一个开放的话题。另一方面，主编也可以超越其上，及时对有价值的话题和现象加以捕捉和强化。

权力和权威的第二个来源是上下级关系——同人的世俗地位。北大时期虽然是同人轮流编辑，但陈独秀因为其文科学长的职务，所以地位在同人中更高。这就是现实权力的隐然干涉。此外，北大时期还出现了一个超高权力者，这就是特殊的同人蔡元培。蔡元培按照自愿发稿的要求来说也是同人，在当时人的心目中蔡元培也是，如钱玄同在罗列同人的时候曾说到"孑民"②。蔡元培因其北大校长的地位，以及对北大同人的影响力，而具有引领杂志方向的作用。第一个表现是蔡元培进入同人群体后，科学在杂志中的地位上升了。就算以前《新青年》就提倡科学了，而且也崇拜科学威权，但也不能否认蔡元培对学术的重视大大促使《新青年》增强学术性、科学性的事实。第二个表现是蔡元培对第一次世界大战的看法影响了《新青年》。蔡元培从欧洲带来对第一次世界大战的认识，认为第一次世界大战是帝国主义和人道主义的决战。③ 这个说法并非蔡元培的独创，因为后来美国博士在北大演讲时也说"今次战争……实为政治主义之争斗"，即专制主义与民主主义的争斗。④ 蔡元培是同人中第一个这样说的人，他在归国后的讲演中阐述了这个观点。陈独秀在 3 卷 1 号上才有类似的看法，即认为参战是站在公理一边，与强权斗争。⑤ 陈独秀这里至少是赞同了蔡元培的看法，而作为支持黎元洪对德绝交的理据。1917 年是陈独秀与蔡元培最为亲密的时候，自然观念上也较易趋同。第三个表现是蔡元培的无政府主义思想影响了同人。蔡元培受到过无政府主义思想的熏陶，他在法

---

① 钱玄同：《答胡天月〈中国文字与 ESPERANTO〉》，《新青年》1918 年 5 卷 5 号。
② 钱玄同：《答陈大齐》，《新青年》1918 年 5 卷 6 号。
③ 蔡元培：《蔡孑民先生之欧战观》，《新青年》1917 年 2 卷 5 号。
④ ［美］韦罗被：《国际研究社之演讲》，《申报》1918 年 10 月 16 日 2 版。
⑤ 陈独秀：《对德外交》，《新青年》1917 年 3 卷 1 号。

国与无政府主义的《旅欧杂志》联系，他周围的吴稚晖、李石曾和张继等都是无政府主义者。《新青年》早年认为中国国情所限，"国民犹在散沙时代，因时制宜，国家主义实为吾人目前自救之良方"①，到北大以后，理想色彩增强了，杂志的无政府色彩也渐浓。4卷5号《新青年》出现凌霜《德意志哲学家尼采的宗教》，提到《旅欧杂志》上李石曾对于欧战的解释：帝国与民国之争（与蔡元培的欧战观类似）。反驳尼采的理据就有"科学的"无政府主义的互助论。② 在提倡健全的个人主义的时候，同人在第一次世界大战的思想背景下清算了尼采残酷的超人哲学，预示了后来的道路。此时，同人的思想接近无政府主义。当然，这也可以看作是受到世界潮流的影响，是反思欧洲文明的结果。因为无政府思想在当时产生世界影响，第一次世界大战后尤其活跃。在国内传播思想更为积极，钱玄同在见到蔡元培之前，就因为接到无政府主义的出版物，而对无政府主义改变了态度。③但是，无政府主义思想在《新青年》上出现却是到北大以后。同人远离政治的态度，也是在北大才突显出来的。蔡元培还带来互助的观念。他在战后说"我们尚不到全体信仰精神世界的程度。止'可用各尊所闻'之例罢了。至于互助的条件，如孟子说的'多助之至，天下顺之。寡助之至，亲戚畔之''不通功易事，则农有余粟，女有余布'。普通人常说的'家不和，被邻欺'，'群策群力''众擎易举'，都是狠对的。此后就望大家照这主义进行，自不愁不进化了"④。蔡元培把合群重新提出来，大概可以作为种子，对同人的健全个人主义起支持作用，因为健全的个人主义固然有清末的思想源头，但是也有无政府主义"原子式个人"的影响。"团圆迷梦"说法的源头也来自蔡元培。⑤ 蔡元培应该是同人的重要思想来源，他的思想具有笼罩性影响。

当然，其他同人也不是亦步亦趋。陈独秀就有与蔡元培不同的地方，比

---

① 陈独秀：《今日之教育方针》，《青年杂志》1915年1卷2号。
② 凌霜：《德意志哲学家尼采的宗教·译者志》，《新青年》1918年4卷5号。
③ 钱玄同：《1916年9月19日》，《钱玄同日记（整理本）》（上），北京大学出版社2014年版，第291页。
④ 蔡元培：《欧战与哲学》，《新青年》1918年5卷5号。
⑤ 蔡元培：《在北京通俗教育研究会演说词》，《蔡元培全集》（2），中华书局1984年版，第495页。

如对蔡元培的美学代宗教就没有接受，他并没有放弃自己主编的立场。只不过没有加以反驳，只是保留意见。陈独秀在回复蔡元培来信时说："记者前论，以不贵苟同之故，对于先生左祖宗教之言，颇怀异议。"对于陈独秀的质疑，蔡元培也不得不重视，特意写信来解释，所以陈独秀说"今诵赐书，遂而冰释"①，终于达成理解。同人本着"不贵苟同"的精神，尽可能提出自己的看法，对团体思想有所贡献。可见掌控互动的运作也充满张力，掌控不能过于统一，否则会导致系统崩塌，要掌控互动维持良好，反而要有一定的反驳互动作为调剂，以保证系统的层次性得到保护，这样功能发挥才有基础。

在《新青年》里，有编辑权的人往往从主编和校长两个源头获得权力。以第 6 卷分期编辑表上列的各号主编为例，他们是陈独秀、钱玄同、高一涵、胡适、李大钊和沈尹默，这六个人大体是当时的权力中心。六人都与陈独秀有关。但是钱玄同和沈尹默都与蔡元培更亲近，胡适与陈独秀较接近，李大钊通过章士钊而与陈独秀有关。但是陈独秀本人又是蔡元培的人，他的地位是蔡元培赋予的，这点大家心知肚明，因为蔡元培倚重陈独秀，沈尹默等人才会与陈独秀接近。钱玄同也是顺着蔡元培的意思行事。从人员上讲，北大时期的《新青年》其实以蔡元培为中心。蔡元培并不直接干涉编务，但他是精神领袖。蔡元培通过人员影响杂志，此时《新青年》人员集结的核心是蔡元培与陈独秀的联盟关系，这就是一校一刊结合的秘密。这就很好理解，蔡元培与陈独秀的联盟减弱，陈独秀不做学长以后，这个核心力量就减弱了一些，同人的团结就开始涣散。像沈尹默这样的人就开始与《新青年》保持距离，因为他与蔡元培关系最近，他是蔡元培与杂志关系的指标，一旦遇到政治压力大，他为了保护浙江籍自然会退出编辑部（虽然他不编 6 卷 6 号的理由是有病）。②

还有一个权威是共产国际。京沪时期，京沪两面的同人都靠陈独秀拉拢

---

① 独秀：《答蔡元培》，《新青年》1917 年 3 卷 1 号。

② 蔡元培与《新青年》关系受到政治压力的影响。1918 年底的 5 卷 5 号上有三篇蔡元培文章，5 卷 6 号没有蔡元培文章，同人发起对政府的攻击。这件事招致徐世昌等人的进一步施压。在 1919 年冬春之交，北大倍感压力，被迫解除了陈独秀职务（表面上是辞职），同时划清北大和《新青年》的界限。第 6 卷中没有蔡元培的身影，直到 7 卷 5 号才再次出现，此时蔡元培和陈独秀都已经到了南方。

在一起。此时，北京同人与《新青年》的联系主要靠友谊，而不再是认同了，或者说认同产生危机。认同已经转到上海同人中间，而陈独秀是这个新认同的核心。但是第8卷起，背后已经出现一个权威机关——第三国际。到党员时期，这个机关的地位更是非常突出。第8卷和第9卷的时候，陈独秀虽然使用第三国际的经费，但还有一定的自主性，自从维经斯基调离，马林赴任，对刊物思想的管理变得严格了，因此加剧了陈、马之间关系紧张。后来因为陈独秀被捕事件，马林的营救使紧张关系得到改善。一个结果就是陈独秀放弃了对《新青年》的直接领导，把主编权转交给对共产国际比较了解的瞿秋白，他自己则转变为一个普通作者。当然他在党内的地位和他与《新青年》之间的传统联系都使他对杂志有实际影响。瞿秋白虽然有一定的权威，但却不得不完全听命于共产国际，按照它的要求来办：办"共产国际"号，办"列宁号"，报道世界无产阶级革命……这点与蔡元培与陈独秀的关系不太一样。北大时期的刊物毕竟是陈独秀以及北大教授的，蔡元培又采取自由主义的不干涉主义，陈独秀和编辑们有自主性。而瞿秋白、陈独秀恐怕就没有在共产国际面前的自由了。

这是掌控互动加强的情形。原来掌控被反驳削弱，掌控机制运行不良，因为有两个掌控中心，两者间还有斗争和反驳，时而大于掌控互动的强度，最后是偶然时间导致两个中心的合一。似乎偶然，其实也是必然，因为陈独秀既然组织上属于第三国际，就应该实现统一，就算马林没有营救他，也总有机会统一起来，因为权威在第三国际一边。

共产国际成为杂志的权威以后，主编也失去地位。当个人的变化超出域限，不能赶上共产国际的需要，《新青年》的新主人就会选择自己的掌舵人。《新青年》被陈独秀带到第三国际的阵营中后，陈独秀的个人思想已经不适合做主编了。它的权威力量即《新青年》的主心骨，不满意他的状态，就会选择新的主编——代理人，也因此结束了京沪时期的混杂状态。

此外，对《新青年》思想有影响的还有其他权威。比如群益书社。开始办刊时将《青年杂志》确定为教育杂志方向的就是陈氏兄弟。后来，还不断干涉办刊。"读者论坛"栏目本来与通信一样来自《甲寅》。但是《新青年》创办时只有"通信"而没有"论坛"，并说："本志特辟通信一门，以为质析疑难发舒意见之用。凡青年诸君对于物情学理，有所怀疑，或有所阐发，皆可直缄惠示。本志当尽其所知，用以奉答。庶可启发心思，增益神志。"① 可见，陈独秀把来信和来稿合并在"通信"栏目中，并侧重杂志社的解答和引导，而不是容纳各种意见。不设立"论坛"是因为它带来杂乱的声音，不便于记者的宣教。

但是，经过一段时间的休刊以后，《新青年》第 2 卷第 1 号又不得不开了"读者论坛"。此外，还有一个"女子问题"栏目，于第 2 卷第 1 期出了预告。这两个栏目都有一个共同特点，就是吸收外来的意见。② 这说明这两个栏目都是为了扩大读者群的参与，打开销路而办的。但是"女子问题"栏目并未如期登场，而是迟至第 6 号才出现；与此同时，"读者论坛"也是在设立半年时间里，仅在 2 卷头两期发文 4 篇，后来常常中断。"读者论坛"中的不同声音直到第 3 卷才出现，但是这种不同仍然是表现为读者之间的对立，与社说并无冲突。这种仓促上阵的状态表明"论坛"的增加并非主编深思熟虑的设计，甚至也不是陈独秀认同的促销策略，很可能是在出版商的逼迫下进行的，这样猜想是因为我们看到了陈独秀的抵抗。容纳其他人意见的方式在陈独秀那里主要停留于口头许诺，做得十分勉强。他宁愿把青年学生来稿中与社说意见一致的，直接放在论说中，都不愿壮大"读者论坛"；他宁愿学习《甲寅》关注现实，违背当初"批评时政非其旨也"的初衷，写《宪法与孔教》等关注时事的文章，以吸引读者，也不靠引入外来声音；宁愿论调越来越激进，以吸引眼球，也不容纳异见。这些都说明主编陈独秀一直采取消极抵抗的策略，我们有理由推测开办"读者论坛"不过是出版商的建议。

此外，我们也能看到出版商通过自己的手段对陈独秀施加影响。《新青年》不断停刊，③ 每次停刊以后《新青年》都会增加一些读者声音，从

---

① 《社告》，《青年杂志》1915 年 1 卷 1 号。

② 《通告二》，《新青年》1916 年 2 卷 1 号；《新青年记者启事》，《新青年》1916 年 2 卷 1 号。

③ 第 3 卷与第 4 卷之间相隔很长一段时间；根据鲁迅给许寿裳的信（1918 年 1 月 4 日）中说："《新青年》以不能广行，书肆拟中止；独秀辈与之交涉，已允续刊，定于本月十五日出版云。"（鲁迅：《180104 致许寿裳》，《鲁迅全集》（11），人民文学出版社 2005年版，第 357 页）说明群益书社又因销路不好，打算终止合作。后来是经过争取，才答应续刊。此时已距 3 卷 6 号出版过去四个半月了。北大教授合办是这次交涉的成果之一。

中可以推测出出版商不断对陈独秀发出警告，角力的焦点就在于是否真正容纳读者声音。陈独秀受够了出版商的压迫，所以后来《新青年》从群益独立时，陈独秀的表现让汪孟邹都感到吃惊，感叹陈独秀的脾气太大。①陈独秀曾致信胡适说："我对于群益不满意不是一天了……群益欺负我们的事，十张纸也写不尽。"②两者的矛盾大概能反映出出版商对编辑施压的情况。

掌控机制少不了服从的人。因为掌控机制发挥是靠权力关系形成，权力关系总是双方的。服从者或是因为信服，或者因为尊重，或者因为权力，才听命于权威，在权威的指导下思想，或者至少不敢违背权威的思想。掌控互动的形成就靠掌控中心和服从者之间的功能配合，各有自己的角色。当然也有被迫的情况，比如陈独秀对群益书社的服从。无论如何，两者的合作形成了杂志思想的一致性。如果有强有力的掌控者，那么杂志就有较强的倾向性，比如北大时期的无政府主义（健全的个人主义），党员时期的马克思主义和社会主义国际运动。像京沪时期就因为主编者陈独秀的在野党地位，以及他做广东教育厅长官时远离《新青年》等原因，没有使同人变为他治下的知识人，加上代理的人又是资历比较浅的陈望道，因此京沪时期同人是过于自由了，内部充满离心力。没有服从，就会大大削弱团结。

核心人物就是思想的主导者，他的言论具有对其他同人的约束力。有魅力有资源（钱和社会地位）的人容易分配思想，把自己的思想推广出去，他们对于思想的贡献最大，这些有权的人更容易感受到时代的动向，所以看法也比较符合时代需求。同时也可能用腐朽的思想压抑他人的思想自由。这就是思想权力关系的不公平之处，这种结构有助于思想的发展，也会阻碍思想的发展。如何用长弃短，如何平衡是值得思考的问题。这超出本文的范围，不加讨论。总之，掌控机制的最大好处是使杂志本身具有一个核心，保证团体除了认同以外还有权威人士作为主心骨，更容易形成整体。

---

① 汪原放：《回忆亚东图书馆》，学林出版社1988年版，第54页。

② 欧阳哲生：《新发现的一组关于〈新青年〉的同人来往书信》，《北京大学学报》（哲学社会科学版）2009年第4期。

## 第三节　自我保护动力的机制

自我保护动力产生的机制有斗争机制、生成机制和转换机制。

### 一、斗争机制

斗争机制指的是《新青年》与自己核心观点不同的阵营之间发生思想空间争夺的机制。

新思想产生的时候，这个世界中早有先在者。同人思想认为自己的观点重要和正确，自然要与旧有的看法发生冲突。思想冲突还会带来生活冲突，有时候生活冲突又反过来造成思想冲突，这是与思想斗争互动的一种体现。在互动体系中，为了实现斗争互动的功能，思想者启动斗争机制。

思想空间的斗争必须旗帜鲜明，因为斗争互动的功能之一就是在思想体系中占位。3 卷 3 号毛义来信反对吴虞把孔子称为"盗丘"，他也承认孔子有某些不适合当今时代的成分，但是认为要尊重圣贤。[①] 毛义希望陈独秀为孔子雪冤，谁知反孔是陈独秀的核心观点，只能维护不能改变。毛义代表了一部分人的意见，所以《新青年》特别发表出来，借回击毛义来表明自己的态度。陈独秀说，"兹惟敬揭来书，以作尊孔诸君之当头一棒"[②]。如果核心思想有差异，即使是有很多相同点，也要明确表态，加以抨击。

《新青年》不同时期的斗争对象不一样。开始时潜在的敌人是国民（包括总统）的落后思想，所以同人阐发学理，打击旧政治文化和建设新政治文化；后来到了北京，接触到更为具体的北京官场和教育界，同人将打击目标放在早年有新思想但已经落伍的老辈学人和教育家身上，如林纾；[③] 此外还以社会上的落后思想为目标，归根结底是针对权力高层。即使那些扶乩打拳的人，其思想根子通在冒充科学，活动在教育界和知识界的错误思想身上。京沪时期敌人是社会上的落后思想和不合理的现实。党员时期对手是整个世

---

[①]　毛义：《通信》，《新青年》1917 年 3 卷 3 号。
[②]　独秀：《答毛义》，《新青年》1917 年 3 卷 3 号。
[③]　刘半农在他的《作揖主义》里列出了当时同人的对手：遗老、孔教会、京官、马二先生……（刘半农：《"作揖主义"》，《新青年》1918 年 5 卷 4 号。）

界上的资本主义和帝国主义。同时从这些变化的敌人中可以找到共性，就是思想场域中权力较高的阶层，他们的思想带有旧时代思想的痕迹，带有专制和不平等思想的因素。

言说场域的斗争未必谈论共识，倒是在事件刺激下，激活的重要思想才能成为言说的中心。占位的时候未必检视基础思想，只是在基础思想上展开各种可能的立场，思想斗争只会触及那些根本的东西。比如，《新青年》的思想站位与它的言说有距离。它的言说采取的是世界主义立场，处处借鉴西方近代生活经验，批判的主要目标之一是国内思想场域中的保守观点，甚至对国家的危亡都不是特别关注（因为它最关注的是文明），但是，它的思想出发点却是拯救国家民族的危亡。是紧迫感和焦虑感使它放弃现在的国家，憧憬未来的先进国。它与自己反对的保守派其实具有共同的爱国思想基础。只不过它站在一个新的角度，因此侧重点就不同了。它言说的是在共识的基础上需要补充的东西，即对于现实的清晰认识：国家要强大就要在某个方面具有竞争力。有些人有封闭心态，对自己的东西就要保，而同人的思想是在世界经验的基础上建立起来的，比如庚子事变，列强环伺中国等，因此，同人抓住实质：自保的根据在竞争力。与此相反，封闭的人不关注竞争力，只强调本国的（古代的）魅力。

其次，斗争机制的运行表现为思想场域的论争，即以某个话题作为导火索，进行交锋。这是斗争机制的要素，如果仅仅是怀恨在心，不发生交锋，那还不算是斗争机制的运行，而是思想内部的反驳互动。因此，旧人物不肯明确反击同人的攻击很让同人焦躁。同人要与敌人交锋，一方面为了杂志的销量，另一方面更重要的是要使是非大白于天下。为此，他们不惜伪造王敬轩，以引诱敌人出动。

争论使敌对更为明显，也就是斗争会强化斗争互动，使阵营更加分明。胡适《历史的文学观念论》提到废唱。[①] 这开始不过是一种大胆的假设，结果受到张厚载的攻击。张厚载的意见是废唱，在目前看来是不可能的。两种观点其实并非决然对立。但是，随着两者论争的发展，两者逐渐趋于极端，变成了旧戏的好处和旧戏的坏处争论。关于中国旧戏能不能改为白话的问

① 胡适：《历史的文学观念论》，《新青年》1917 年 3 卷 3 号。

题，变成了一个说旧戏必定灭亡，一个说旧戏无法改良。胡适把张厚载当作旧事物的辩护者，以张做靶子，表演战胜旧思想的"大戏"。没想到，张厚载坚持己见，并产生怨恨之心，反而趋于保守。当然这种转变与钱玄同、刘半农的参与论争而强化了敌意有关。论争固然可以消除对立，有时也会增加对立。斗争机制就是通过论争来强化对立。因此，斗争机制的目标不是真理，而是保护自己思想的价值和地位。

把敌人拉入言说场域中交锋是理想的情况，但其实两个没有交集的思想之间很难平心静气地对话，如果勉强进入一个言论场域中，结果只能是打架和咒骂。4卷6号"崇拜王敬轩者"为王敬轩辩护，质疑同人的态度伤害了学理的自由权，陈独秀阐释了《新青年》对争论的三种态度：第一种立论精到，能纠正《新青年》认识的不足，同人虚心受教；第二种是非尚无定论，但是反对的人言之成理，同人愿意进行有学理的讨论；第三种，世界学者已经得到共识，如果还闭眼胡说，同人则不屑与辩，只有给予痛骂。[1] 对第三种人的痛骂，是因为双方在核心思想上缺乏共同基础。这种斗争互动其实是斗争机制的失效，因为斗争互动也必须配合认同互动才行。

一般舆论界对《新青年》不满的地方就在于它的态度破坏对话的场域。这种态度的危害性的确很大，连张厚载这样与它有共同点的人也会因为斗争而变为死敌，激化了本来潜伏的对立。张厚载认为钱玄同反对的戏子打脸"皆有一定之脸谱"，驳刘半农说"中国武戏之打把子，其套数至数十种之多，皆有一定的打法……似乎乱打，其实彼等在台上，固从极整齐极规则的工夫中练出来也"[2]。张厚载开始还是很理性地以专家的态度来解释原因。旧戏让钱玄同和刘半农产生"乱"和"离奇"的感觉，是因为钱刘对旧戏的先入之见。从感情上他们就疏离旧戏，预先认定那是中国旧形式，不如西方的形式更进化，因此已经与旧戏形成对立的地位，他们与旧戏维护者之间失去了交流的基础。胡适虽然表面上公允客观，其实他也认定白话必定要战胜文言，而且甚至要战胜戏剧中的"音乐"。在这个基础上，胡适和张厚载虽然想相互交流，也无法实现。胡适本来是要让张厚载"同"他的"异"，没想在两

---

① 独秀：《答崇拜王敬轩先生者》，《新青年》1918年4卷6号。
② 张厚载：《新文学及中国旧戏》，《新青年》1918年4卷6号。

者之间找到第三立场。在同人眼中,他们的对手都是缠夹二先生——搞不清状况,认不清形势的人,也就是没有办法讲理的人。[1] 最后,终于无法说服对方,反而把张厚载"推向"林纾阵营。

这样的思想场域斗争不够理性,但是当时的斗争机制就是如此。蓝公武曾揭示出不少当时言论场域的弊端,说明当时人对于思想场域的问题早有反思。他说:"本来改革思想与战争不同,如果吾们真遇着思想上的福煦元帅,一败涂地那真是万分之幸,虽败犹荣的了,可是在中国这样思想混浊的时候,福煦元帅是往往遇不着的,所遇见的都是乌合之众,战了许久,还是不知所谓何事的人,吾们与这种人争战,要不是万分注意,态度诚实,用极精确的论法来做武器,战败虽未必会有,只恐怕混战一顿,白费气力,得一个毫无影响的结果,况且中国人有个极大的恶习,仍然都是自以为是,从来不肯服善的。遇着有辩论的时候,不是各说各的,即便吹毛求疵,找些不相干的枝叶问题,攻击一顿,落后便彼此对骂,把原来所争论的问题论点,都抛在九霄云外,不要说旁观者莫名其妙,即连争论者也不知他所争何在。乃至以真面目来讨论的人,也因为枝叶纷歧,论点不清,辨了许久,依然是一个不得要领而散。"他还批评这种做法,说这是中国人争强好胜,他暗中批评的就是《新青年》的这种态度,他提议"吾们今日正应当以身作则,矫正旧恶习,开出个讨论真理的基础来,才有改革可言,至于主张上的成败,到还是个第二位的问题"[2]。引用蓝公武的目的是为了说明几点:首先,思想场域的斗争在民国初年还没有运行良好,带有很多历史重负;其次,有人在反思,并且希望建立新的思想场域,通过理性和讨论问题的平等对话。这似乎已是当时人的共同想往,甚至留学生、市民、报纸都需要理性的讨论。这种构想的来源是对外国争论习惯的想象。所谓中国式的辩论指的是思想场域并没有很好的对话机制,只有斗争没有认同,往往成为骂战,造成交流失败,失去生产思想的正向功能。最后,胡适在《新青年》6 卷 4 号上转载这篇文章,说明胡适非常赞同并且虚心接受了这个批评。为《国民公报》与《新青年》同人的合作奠定了基础。那么,从此以后,《新青年》改变了其斗争机制,

---

① 刘半农:《"作揖主义"》,《新青年》1918 年 5 卷 4 号。
② 知非:《答胡适之先生(十)》,《国民公报》1919 年 2 月 22 号。

不是以斗争为主，而是改为以建设为主。直到脱离胡适的影响以后，《新青年》才又启动了斗争机制。

蓝公武的理想化的设想最后失败了，思想场域中的这种失效的斗争互动具有强大生命力，而且影响深远，直到现在，思想场域中都是交锋多而对话少。

斗争机制的第一个要素是核心思想的对立。

前面曾经揭示过思想空间的划分要求思想以有结构的统一体的方式存在，形成一种内部联系的观点体系，以真实性为基础，以逻辑性为保障，以价值为层次。最有价值的思想即核心思想决定团体的归属，整个体系的结构决定团体思想的面貌和个性。在时代思想场域中确定自己的位置并与其他核心思想不同的团体争夺时代思想的话语权，以求通过话语权将自己的核心思想带到时代的核心思想中。

争论形成某些核心思想，如果它们不能通融，则争论双方的立场之间难以调和。张厚载和同人逐渐形成新的独立的核心思想。双方的争论围绕废唱和不能废唱展开，废唱与否成为双方争论的核心观点。争论的核心思想只是交锋之处，两派最根本的核心思想对立才是深层的矛盾动因，也是论争激化对立的原因。张厚载论证音乐性的重要，找各种理由，比如认为"音乐上的感触，是狠有'移风易俗'的力量"①，但是他最核心的思想是渐变的进化方式。傅斯年驳斥说，中国戏剧不发达是因为音乐和戏剧不分离，所以都没有得到自由发展②，但他最终要说的是进化是革命性的。傅斯年有一句说到关键处，他说"我们的改造主张在质，张君的改造主张在量"③。他们最核心的思想斗争在于渐变改良和快速革命的差别。没有这个差别两者根本不会发生斗争，或者虽然会形成核心思想冲突，但随着论争深入，相互找到对方和自己的立场，很快就能终止论争。固然双方的敌意对论争失败起作用，但真正决定性因素是根本核心思想的对立。

除了有核心思想的对立，还有感情的疏离。思想认同必须化为情感认同才能实现团结，斗争也是一样，理智上的对立也必须化为情感疏离才能形成

---

① 张厚载：《我的中国旧剧观》，《新青年》1918 年 5 卷 4 号。
② 傅斯年：《再论戏剧改良》，《新青年》1918 年 5 卷 4 号。
③ 傅斯年：《再论戏剧改良》，《新青年》1918 年 5 卷 4 号。

敌对关系。缺乏情感联系或者情感联系薄弱，往往成为斗争的前提。

第二个要素是言说场域的确立和区隔，包括思想领地的划分和对于整个思想问题领域的控制，这是斗争机制发挥作用的重要前提之一。言说场域实际上是共同点基础上的斗争互动，是思想体系中的认同基础上的反驳互动。简言之，必须有一个共同的战场，以便形成阵营。比如《新青年》与北京耆宿和政府的对立成为第一次世界大战结束以后新旧之争的体现。围绕中国成为战胜国以后走什么路的问题，这时建立起"言说—思想"场域。新知识人确定了融入世界成为世界人的方向，而旧人物则希望保护自己的利益，维持国内的现状。当时北京处于这样的舆论氛围中，很多事情都按照这个分野来理解。1919 年过年时北大搬演南开的剧目《新村正》，剧情是周姓村正为人诚实不欺，他的傻儿子娶了吴姓女子，吴家是奸诈小人，女子却是受过新教育的。吴某怂恿村正私下向外国公司借钱以村地做抵押，吴某还欺压村民。村正的侄子李壮图留美归来，帮助村正管理村务。因为斥责吴某，吴某恼怒，串通县官把李下狱，并且威逼村正父子，用三万块钱保村正平安，村正的儿子还可以继任，但是吴某得钱后，县官却让吴某成为村正。当时记者在报道这次活动时居然可以从中看出新旧之争，[①] 证明思想新旧对立在那时已经公开化，而且非常激烈。两方力量相互冲突，酝酿着决战，连带着他们双方的很多思想都会逐渐形成分野，比如新知识人关心巴黎和会的权益，而政府并不想与日本重新确定关系，这就是双方在相同的言说场域中立场不同的结果。

在这个言说场域中，并不是只有冲突，而是还有很多共识。比如在所谓新旧冲突的讨论场域中，科学、民主、西方、进化等时代强势话语在讨论中不断被援引，于是得到进一步强化。双方都认同这些核心思想。康有为和杜亚泉其实并不完全保守，他们也主张输入西学，也承认进化。因此，我们才能理解，为什么陈独秀与他们争论时要么揭示其逻辑不足，如《驳康有为致总统总理书》那样；[②] 要么采取质问的方法，如批驳《东方杂志》的时候[③]。这两种方法都是借用双方分享的时代核心思想来压迫对手，揭示其言不由衷

---

① 静观：《年假中之北京学界》，《申报》1919 年 2 月 8 日。
② 陈独秀：《驳康有为致总统总理书》，《新青年》1916 年 2 卷 2 号。
③ 陈独秀：《质问〈东方杂志〉记者》，《新青年》1918 年 5 卷 3 号。

和内在矛盾。

　　所有那些赞同同人观点又认为不应该骂人的人往往与同人有更多共同点。比如爱真，他其实非常希望社会改造，与《新青年》有思想交集，但他将《新青年》骂人看作五毒之一，需要消毒。[①] 从陈独秀反唇相讥的态度[②]来看，他拒绝了爱真的指责，表现出不同的立场，强调了他们之间的差异。第一次世界大战结束以后，同人答话变得更坚决，也更有敌意。这是为了在言说场域中划出阵营。蓝公武给傅斯年的信中有几句话很有意思，一是改革事业与立党结社不同，一是真理就在论战中出来。[③] 他也承认斗争是获得真理的方式，这点与《新青年》一致，但是他又认为还有一个改革事业，也就是前者强调斗争，后者呼吁联合。他批钱玄同主要因为钱玄同在与张厚载的论争中攻击《时事新报》，《时事新报》是研究系的报纸，《新青年》的敌对态度不利于研究系参与到"改革事业"中来。他强调改革事业与立党结社不同，暗示大家的事业是相同的，目的是为了寻求联合，同时也想经过斗争争取在改革事业中获取一席之地。

　　斗争机制要旗帜鲜明地在思想空间中占位，即在思想场域中分疆划界。不同思想形成不同的营垒。集团、空间、知识取向的差异都可能在思想场域中划分出不同的团体来。《新青年》展开过几次攻击，对手有康有为等尊孔者、王敬轩、《东方杂志》、易乙玄、学术思想界、张厚载、林纾、黑幕、梁启超、张君劢等。这些攻击其实都是在时代思想场域中划分领域进行斗争的表现。

　　斗争机制的第三个要素是现实地位的争夺。斗争互动常常伴随着社会地位的争夺。社会地位的争夺也是思想斗争的手段。较高的社会地位将使其思想具有权威，更容易获得空间，这就是为什么统治阶级的思想在每一时代都是占统治地位的思想。[④] 思想需要占满更大的空间，因此带着某种思想的人到某个空间位置上就实现了思想的空间散播，这个空间位置在社会上势能越

---

① 　爱真：《通信·五毒》，《新青年》1918 年 5 卷 6 号。

② 　独秀：《答爱真》，《新青年》1918 年 5 卷 6 号。

③ 　知非：《答傅斯年先生》，《国民公报》1919 年 1 月 7 号。

④ 　马克思、恩格斯：《德意志意识形态》，《马克思恩格斯全集》(3)，人民出版社 1960 年版，第 52 页。

高，则这个思想的势能也越高，越有影响力，越有"理"。另一方面，"思想是事实之母"①，思想根据于旧事实，又创造新事实。②思想和行动在过去和未来之间，人的思想被空间塑造，人的思想会化为行动来改变空间。思想只有化为行动，占据空间的时候，才能归属于时代，获得更长久的生命。思想创造现实的方式除了改造现实的形态，也改变人际关系和社会结构。人的地位的升沉恰恰是这种改变的反映。思想在现实空间中创造新事实、建造新结构，必定涉及人们的利益，因此掌握现实世界的人必定把思想斗争转化为权力的争夺。北大时期《新青年》文化思想与北大一致，而《新青年》的敌人也与北大的敌人有交叉。因为赞助蔡元培在北京建立独立的教育王国，《新青年》的思想也在北京获得了扩散。《新青年》与桐城派的矛盾就来源于早年北大的争夺。桐城派被教育界的新势力驱逐出北大后，愤愤不平，他们看重北大这个高级机关。

《新青年》文化思想在党员时期，更加明显地配合第三国际的政治活动，因为它的目的是让无产阶级夺取政权后，创造新的更合理的社会。为什么《新青年》文化思想发展就一定要与政治结合，而且整个时代都走向政治？这当然与马克思主义传入中国有关，但是从思想者希望控制权力的本性来看也是顺理成章的。不然，为什么放弃了无政府主义，而选择马克思主义呢。原因是无政府主义在与马克思主义斗争的过程中失败了，除了其本身的理论缺陷以外，还与其不能迎合时代产生的新动向有关。当思想的运动发展到一定程度，遇到重重现实力量的阻碍，一旦有机会在现实政治中获得权力的支持，时代就有纠正空谈思想的要求。

若论世俗权力较大者，非政府莫属。那为什么《新青年》却没有与当权的北洋政府直接结合，它几乎一直属于政府的眼中钉，反而与较为弱势的地方军阀保持良好互动呢。难道《新青年》的思想不要得到更多现实权力吗。那是因为《新青年》开始就在理念上指出政府在理论上比国民次要，政府是国民的工具。在它的思想中，政治的权力在人民手上。它按照理想，认为权力在舆论之中。因此，它积极从事舆论工作，在舆论中找到人民的意志。当

---

① 　胡晋接：《通信》，《新青年》1917 年 3 卷 3 号。
② 　徐彦之：《说思想（续）》，《晨报》1919 年 3 月 18 日。

时的时代思想也比较相信的确有一个独立于政府权力之外的民权。《新青年》的政治目标之一就是让两个权力统一在民权上，所以它眼中的最高权力在人民。另一方面，它顺应的是进化的力量，在进化的伟力面前，任何世俗权力都不值得一提。

当然，它也明白政府权力的现实性。它也曾想把握一个注重民权的世俗权力，因此与黎元洪保持良好关系。康有为给黎元洪等政要写信要求尊孔也是要影响中枢。陈独秀奋力驳斥，有驱赶其对中心施加影响的意味。他说康有为"不通外国文，于外国之论理学，宗教史，近代文明史，政治史，所得甚少，欲与之析理辨难，知无济也"①。他用轻蔑的语气是为了表示康有为跟不上西洋潮流，不足以供政府垂询。除了这次短暂的合作以外，政府权力都与《新青年》有距离，而被《新青年》的敌人掌握着。

团体内部也存在斗争，只不过团体内部的斗争是服从于团结的斗争，因此它是被压抑的倾向，不具有常态化的机制形态。团体内部的斗争是团体的消解力量，只有在思想生成上的良性竞争才是允许的。同人之间思想上的差异性，其实倒是团体生命力的基础，在同人思想上的既合作又不同的张力中，使得团体保持生机和活力，这已经属于保持活力的机制了。

## 二、生成机制

在保持活力动力下产生生成机制。

思想有应对现实问题的本质需要，团体的生命力也要取决于真理性。这两种要求呼唤思想的真理性。生成机制的努力方向是思想的真理性。思想的生成机制使自己的思想能够提高斗争能力。生成机制主要是为了产生可靠真实的思想。这是思想面对现实问题发生互动要完成的功能，产生正确思想，以有效地控制现实，正确思想的生成需要现实互动，并且还要反复多次。

生成采取与旧思想区隔的方式。生成机制中有斗争互动和反驳互动以确定自己的特征。《新青年》的标新立异是很明显的。但是，在团体内部也存在两种倾向，一种是胡适的方式。胡适说过"我'立异'的目的在于使人'同'

---

① 陈独秀：《驳康有为致总统总理书》，《新青年》1916 年 2 卷 2 号。

于我的'异'"，他还为这句话加了注释"正当的'立异'皆所以'求同'"①。他也曾跟蓝公武说过"吾们是立异以求同"。② 可见，这是胡适的一个基本观点。另一个方式是钱玄同的单纯为了立异。前者为了扩大自己的思想影响力，后者注重本派思想的鲜明性。一个重视的是己方思想的真理性，一个重视的是己方思想的独特性。这种分歧甚至成为北大时期胡适和钱玄同矛盾的重要支点，在生成什么样的思想，与旧思想的关系如何等方面，都存在差异。

其实，这两种方式是不同时期的态度，在斗争势均力敌的情况下，为了扎硬寨打死仗，当然要阵垒分明，不能提与对手的共识。而在斗争中已经具有优势的时候当然要扩大中间分子，以孤立对手。

两者在争取新人的时候才会产生冲突，比如在争取孙国璋、张厚载和宋春舫、朱经农等人的时候，钱胡才发生矛盾。但是在运用生成机制中的斗争互动这个方面，两者又完全一致。

在团体间的联合时，也会呈现出生成机制中的斗争一面。《新青年》与其他团体联合就是建立在自己有独特观点的基础上。有时候显得是斗争，但是在一定限度内，恰恰又是联合的基础。胡适1919年11月1日提到解放和改造，这是研究系热衷的角度，也是来自日本的角度。胡适对北大和研究系组成的联合团体的核心思想进行加工，他说"文明不是笼统造成的，是一点一滴的造成的。进化不是一晚上笼统进化的，是一点一滴的进化的。现今的人爱谈'解放与改造'，须知解放不是笼统解放，改造也不是笼统改造。解放是这个那个制度的解放，这种那种思想的解放，这个那个人的解放，是一点一滴的解放。改造是这个那个制度的改造，这种那种思想的改造，这个那个人的改造，是一点一滴的改造"。"再造文明的下手工夫，是这个那个问题的研究。再造文明的进行，是这个那个问题的解决。"③ 这是用实验主义来创造性地解决现在的问题，收编研究系，以获得圈子里的领导权。

这种运行方式是最为普遍的，每一个团体要联合的时候都不会说同样的话，多多少少要变化一点内容。求异是思想场域中合作的前提，没有创造力

---

① 胡适：《21. 胡适致钱玄同》，《胡适来往书信选》（上），中华书局1979年版，第27页。
② 《胡适之先生关于革新文学之谈话》，《国民公报》1919年2月15号。
③ 胡适：《新思潮的意义》，《新青年》1919年7卷1号。

的个体或者团体都不被允许进入圈子。这是使圈子的思想更富有活力的条件，也是思想互动系统层次性和功能性决定的。如果没有一定功能，在系统中一种思想就是多余的，至少是次要的。

能够创造性地提出个人见解，又能与他人合作的情况是比较难得的，特别是在那些缺乏紧密关系的团体之间，往往很快就成为斗争的导火索。因为各自有自己的思想空间占位，又缺乏稳定的内在团结机制，因此思想个性化的创造，带来的往往是分裂。团体外的联合总是暂时的，比小团体的团结要不稳定得多。

团体内部的情况也一样，团体思想的生成机制，恰恰是建立在个体的标新立异基础上。前面说到各成员运行团结机制，而认同一些重要观念，但是个体的价值却在于他在共同性中产生更为新颖的思想，并因为这类思想而确立其在团体中的地位。

《新青年》内部的团结有助于鼓励个人独创。因为同人间良好的关系，以及一体感，对同人的有价值的创新能给予无私的肯定。刘半农提出创造新韵，立即得到响应，很快得到陈独秀和钱玄同的支持，并且在大学研究会里定为特别研究项目，[①] 这种鼓励作用是非常大的。奖励的方式之一就是共振。由某同人开端，由其他同人继续发挥，就是共振。再如胡适提出白话文学立即得到响应，其他同人乐见其成，积极配合。刘半农写《我之文学改良观》就是在这样的情况下："文学改良之议，既由胡君适之提倡之于前，复由陈君独秀钱君玄同赞成之于后。不佞学识谫陋，固亦为立志研究文学之一人。除于胡君所举八种改良，陈君所揭三大主义，及钱君所指旧文学种种弊端，绝端表示同意外，复举平时意中所欲言者，拉杂书之"[②]，这种姿态非常典型，一方面肯定同人的独创的功绩，另一方面自己也提出自己的独创之见，希望做出独特贡献。胡适4卷4号的《建设的文学革命论》中说到国语的文学和文学的国语，这个说法肇端于陈独秀给方孝岳的回信："愚意白话文学之推行。有三要件，首当有比较的统一之国语，其次则须创造国语文典，再其次国之闻人多以国语，著书立说。"[③] 不过，胡适并没有提出陈独秀

---

① 刘半农：《通信·新文学与今韵问题》，《新青年》1918年4卷1号。

② 刘半农：《我之文学改良观》，《新青年》1917年3卷3号。

③ 独秀：《答方孝岳》，《新青年》1917年3卷2号。

的名字，直接暗袭，很可能是因为这种说法并非陈独秀独创，而是大家能够认同的看法。胡适加以引申发挥变成自己独创的文学革命观点。钱玄同回复鲁迅时，也附和鲁迅的看法，嘲笑那种拜倒在柴先师面前的态度。[①] 这些都是对其他同人创新看法的鼓励。

对话是思想的生产方式，这个思想不是完成于一个人，而是由两个以上的人互相激荡思想，推进话题深入。合作不是分享，分享（思想传播扩散）实际上是用另一种句子表达相近的意思。"1+1=2"是分享，"1+1=1.5+1.5=3"是合作。每个人言说和思想建立在其他同人的基础之上，并且要增加一点自己的独创性。同人要在认同的基础上给团体思想增加内容。同人思想并非重复，而是在丰富共识的基础上，通过个人的思想的汇合促进舆论的形成。

陈独秀在 2 卷 4 号《孔子之道与现代生活》中已经提出孔子之道与现代生活不相适应的问题，常乃惪在信中加以阐发，是与陈独秀思想的共振。按照交流的礼节，陈独秀对常乃惪提出的建设和破坏关系问题，接受了一部分。陈独秀一方面坚持原来的态度，一方面也一定程度上承认建设的意义。[②] 常乃惪的建议使《新青年》增加了关于文化建设步骤的内容。因为陈独秀接受常乃惪的合理建议，使常乃惪成为同人的外围。也就是说接受别人的意见，既增强了凝聚力，又丰富了团体思想的内容。

善于肯定别人的观点，才能鼓励创新，发展思想。早期的《新青年》基本上就是按照常乃惪所说的"见仁见智，各如其分"[③] 的思想生产方式运行的。

再如，2 卷 4 号里常乃惪来信呼应胡适观点的信非常重要，他的反馈应该对杂志提出文学革命有一定影响，之所以这样说，是因为从《新青年》2 卷 1 号的广告看，它的方向是"提倡旧伦理道德之讨论""介绍西洋近代文艺""输入适于我国之新思潮""鼓吹青年少年团制度"[④]，这应该是出版者（可

① 玄同：《答唐俟〈渡河与引路〉》，《新青年》1918 年 5 卷 5 号。
② 独秀：《答常乃惪》，《新青年》1917 年 3 卷 1 号。
③ 常乃惪：《我之孔道观》，《新青年》1917 年 3 卷 1 号。
④ 《2 卷〈新青年〉广告》，《申报》1916 年 9 月 3 日 1 版。该广告还公布了撰述的人名单："撰述诸君温宗尧、刘叔雅、吴敬恒、谢鸿、马君武、易白沙、张继、李亦民、胡适、薛琪瑛、苏曼殊、汪叔潜、李大钊、李穆、高一涵、陈嘏"。几个主要的同人此时已经出现，只是没有北大教师钱玄同、沈尹默，以及周氏兄弟。从这个作者表看，一校一刊结合可以看作一刊进入北大。刘叔雅、胡适、李大钊、高一涵都是后来成为北大教授的。李大钊早就进入《新青年》作者群，但是正式投稿却要晚一点。

能就是陈独秀）对杂志的定位。至少应该是第 2 卷的主张。因为《新青年》2 卷 1 号的出版时间是 9 月 1 日，该广告发表在 9 月 3 日。这是恢复出版的新方向，其中没有改良文学的内容，仅有介绍西洋近代文艺，仅仅是介绍而已，并不想行动起来改良本国文学。虽然陈独秀回复胡适 2 卷 2 号的来信时请胡适写成文章以告当世，供海内外讲改革文学诸君子加以讨论。但是他仅说"洗耳静听"，并未立即起而响应，似乎尚不想参与其事。常乃惪是陈独秀之外第一个积极响应胡适改良文学意见的读者，他回应的是胡适写的《通信》，他的信比《文学改良刍议》还要早。他对陈独秀重视胡适的文学革命的意义可能起了不小的作用。

同人的创造性思想对于其他同人的启发也是思想生产的一种运行方式。重要同人的思想很可能得益于一般读者的启发。比如 4 卷 4 号通信中 T.F.C 生给胡适的信《日本人之文学兴起》提到坪内逍遥的儿子游学欧美研究戏曲，他说，"在欧美观剧作评，本乎常事，吾国人则似尚差远远。愿诸公以后一面输入新文学，陶冶新精神界，一面尽心尽力，将腐败文学（即卑猥陋劣之小说戏曲）防遏之，斩除之，然后优美高尚之青年可以产生，人心道德，或可挽救"①。胡适在这一期上选择这封信应该是为了回应张厚载。这封信太重要了，很可能是引导胡适用易卜生戏剧来介绍个人主义的一个契机，当然，这里肯定还有张厚载的启发。虽然 4 卷 3 号上胡适的《除夕》诗写到除夕夜他与陶孟和谈论莎士比亚和白里欧，但涉及中国旧戏的论争却是在张厚载发表意见之后。

再如，4 卷 4 号胡适的《论短篇小说》改自 3 月 15 日北大国文研究所小说科演讲词，傅斯年的记录发表于《北京大学日刊》。胡适给短篇小说下的定义是：短篇小说是用最经济的文学手段，描写事实中最精彩的一段，或一方面，而能使人充分满意的文章。② 这篇讲话认为"某生"这样的滥调小说不是短篇小说（钱玄同"某生某体"之名的由来）。鲁迅从北大日刊上得到启发，③ 可能是鲁迅写作《狂人日记》（发表在 4 卷 5 号上）的原因之一。

---

① T.F.C 生：《通信·日本人之文学兴起》，《新青年》1918 年 4 卷 4 号。

② 胡适：《论短篇小说》，《新青年》1918 年 4 卷 5 号。

③ 鲁迅看到《北京大学日刊》并不困难，因为周作人是北大教师而且也是小说科的导师。这时鲁迅对胡适是很友善的。鲁迅看到 3 月 15 日的讲演，并受到刺激，然后发挥才能于 4 月 15 日写成新式小说《狂人日记》是可能的。

因为《狂人日记》就是按照这种小说形式写的（当然《怀旧》也采用了展现横断面的方法①）。

作者与主编之间有思想合作关系就是补充合作的一种形式，比如1卷2号上高一涵的自利利他主义与陈独秀的教育主义有呼应关系。高一涵从政治学角度，确立了共和制的国本建筑于人民舆论之上。人民舆论要成为国家的根本。陈独秀的教育观念也以这个预设为基础。关于道德，高一涵说，"道德之根据在天性"②。陈独秀进而提出兽性主义，更多强调人性中本能的一面，以之作为道德的基础。1卷2号高一涵《近世国家观念与古相异之概略》和《共和国家与青年之自觉》都提到以民为中心，同一号上陈独秀的《今日之教育方针》③ 提出惟民主义，很可能是对于高一涵说法的接受。陈独秀固然选择和接受有其基础，但是一时的思想很可能是受到相近的人的思想的启发。再如，国家的地位问题是高语罕提出来的话题，陈独秀与之共振，并推进一步。《一九一六年》关于政治觉悟的第一段很多内容与《青年与国家之前途》的意思一样，④ 如果不是当时的共识，就是陈独秀受了高语罕的启发，无论如何都是两者共振。高语罕《青年之敌》里回顾海通至今数十年的情况，复苏又昏梦，复苏再昏梦，与陈独秀所说的旋觉旋迷，愈觉愈迷⑤ 何其一致。高语罕讨论生死问题，陈独秀在开端也讨论人的生死，明白人生的目的被他称为吾人最后之觉悟，然后他在其上又提出"伦理的觉悟"作为"吾人最后觉悟之最后觉悟"⑥。可见陈独秀会受到投稿者的影响，这里就是在话题的选择和观点方面，主编受到作者的启发，写社说是加以提炼和提高。其他例子

---

① 就算鲁迅不是得到胡适的启发，胡适这篇讲演整理后发表在这里有与鲁迅小说形成合力的意思。也是这一号编辑的意思，因为有鲁迅的小说，所以配上胡适的《论短篇小说》，形成呼应，显示同人小说方面理论和创作的成绩。4卷5号应该是沈尹默编辑，但是实际操作的可能是钱玄同和刘半农。见沈尹默：《我与北大》，陈平原、夏晓虹：《北大旧事》，北京大学出版社2018年版，第144页。

② 高一涵：《共和国家与青年之自觉》，《青年杂志》1915年1卷2号。

③ 高一涵的《共和国家与青年之自觉》《近世国家观念与古相异之概略》和陈独秀的《今日之教育方针》皆收于《青年杂志》1915年1卷2号。

④ 陈独秀的《一九一六年》和高语罕的《青年与国家之前途》皆收于《青年杂志》1916年1卷5号。

⑤ 高语罕的《青年之敌》和陈独秀的《吾人最后之觉悟》皆收于《青年杂志》1916年1卷6号。

⑥ 陈独秀：《吾人最后之觉悟》，《青年杂志》1916年1卷6号。

如细细梳理还有很多。

在创作上也有类似现象。比如《老鸦》①中的鸽子形象来自沈尹默的《鸽子》②，"翁翁央央"和"黄小米"的意象也来自沈诗。钱玄同曾有一个寓言，说积蓄被卖以后，败家子说我们祖宗原是大富翁呢，③ 这个形象明显是阿Q的原型（当然也可能是鲁迅在私下早就跟钱玄同说过）。总之，《新青年》内部存在一个相互启发，分享思想，以促进思想生成的机制。

同人为新思想提供补充时，补充的内容来自一个形成中的团体思想——团体共识。这样就好像有一个共同的大脑，同人可以一起思索一些中心问题。为观点提供论据和具体经验，各以自己的立场、品行和经验去改写这类思想观点，同人相互交流、共振使某些观点成为共识，成为核心观点，被重述的观点其可靠性似乎提升了一点，容易形成思潮和思想的霸权。

也不是只有赞同才产生思想，争论也会产生。钱玄同在《通信》④ 中反驳刘半农的观点就推进了问题的深入。刘半农对陈独秀和钱玄同都表示异议，正是平等对话的一种姿态。陈独秀的讲演对李石曾也表示不苟同。也就是说作为同人除了认同以外还得各有擅长，共同讨论有价值的问题。因为那时同人之间有讨论的雅量，大家本着公心，认为学问不是个人的事情，而是公谊，所以才能形成良性的合作。同人有赞同和指出错误的义务，被指出的人有答辩的权利。

和平的探讨可以更好获得核心真理。有人质疑，正好可以生发新思想和补充没有展开的思想。例如，5 卷 5 号张效敏《文学上之疑问三则》指出吴稚晖在 4 卷 2 号上的《旅欧俭学之情形及移家就学之生活》中认为文字有浅俗高深之别，与陈胡钱提出白话文学矛盾。钱玄同请吴稚晖回答。吴在考虑到杂志其他人立场的情况下，解说自己原来的言论，做适当的修正。解释自己当初那样说意思是现世界各国文字的事实，乃对于习外国文字的人诉说艰难，不是主张别人如此，我们也应当如此，也不是说各国事实如此，即是

---

① 胡适：《老鸦》，《新青年》1918 年 4 卷 2 号。

② 沈尹默：《鸽子》，《新青年》1918 年 4 卷 1 号。

③ 玄同：《随感录·（五〇）》，《新青年》1919 年 6 卷 2 号。

④ 钱玄同：《通信》，《新青年》1917 年 3 卷 6 号。

各国人赞成如此。①读者的提问正好补全了意思，消除了表面上的矛盾。3卷1号读者李濂锃认为文学改良八事都是消极的，询问同人有没有积极的主张。②这很可能成为胡适写作《建设的文学革命论》的契机。11卷4号上瞿秋白论国民革命的前途与陈独秀论孙中山民族主义的性质都关涉共产党对国民革命的认识，他们相互补充，从不同侧面关注这个问题。还有各种专号也是同人从不同角度对一个话题形成团体看法的结果。

每个人的思想都是一种处于半道的过渡状态，都是从自己角度产生认识，而且形成一种自圆其说的观点就停止了，但是究竟立场有没有问题，逻辑有没有问题，都还要自己或者别人来考验。团体内部相互辩难、补充，可以很好提升《新青年》思想的真理性。

例如，3卷1号上钱玄同补充胡适的意思。胡适说"典之工者亦可用"。钱反驳这个看法，认为用典完全不必要，他还批评胡适所说的"未悬太白"作为典故就不符合当前生活。③3卷6号钱玄同敦促陈独秀将《新青年》改为横行。他说："《新青年》拿除旧布新做宗旨，则自己便须实行除旧布新，所有认作'合理'的新法，说了就做得到的，总宜赶紧实行去做，以为社会先导才是。"④钱玄同的看法把《新青年》思想落在实践层面，使《新青年》思想具有现实性。同样重要的是团体内部的互动还可以吸纳时代的新东西、新话题。比如读者夏道漳在6卷4号读者论坛上发表《中国家庭制度改革谈》⑤，这篇言论建立在前面的报刊没有阐发完全的基础上。而且它的讨论基础恰恰是《新青年》此时的个人主义，又带着已经兴起的社会思想——家庭制度改革，因此形成了与时代话题的共振。

思想共振的特殊形态是思想交融。钱玄同的思想中有绍兴会馆的思想。周氏兄弟思想的交融更加明显。周作人《读武者小路君所作一个青年的梦》说自己本来消极，读了《一个青年的梦》受了极强的感动，觉得知其不可为而为之的必要。虽然力量不及，成效难期，也不可不说，不可不做，现在无

---

①　吴敬恒：《答张效敏〈文学上之疑问三则〉》，《新青年》1918年5卷5号。

②　李濂锃：《通信》，《新青年》1917年3卷1号。

③　钱玄同：《通信》，《新青年》1917年3卷1号。

④　钱玄同：《通信》，《新青年》1917年3卷6号。

⑤　夏道漳：《中国家庭制度改革谈》，《新青年》1919年6卷4号。

用，也可播个将来的种子，即使播在石路上，种子不出时，也可聊破当时的沉闷，使人在冰冷的孤独生活中，感到一丝慰藉，鼓舞鼓舞他的生意。① 这个其实是鲁迅的观点，武者小路实笃的观点对鲁迅的绝望有治愈作用。② 鲁迅正是在武者小路的激励下才重新出山的。而且，有意味的是，就在这篇文章发表的那一号上也发表了鲁迅白话短篇小说《狂人日记》，仿佛弟弟的文字是对于哥哥的小说创作背景的解释。周氏兄弟的思想是合作的最明显的例子。他们常常是相互讨论后再由一个人提出来，难以区分谁是第一个产生想法的人。此外，他们还有分工，既保持一致又有差别：周作人偏于外国，鲁迅偏于传统中国。

同人在思想生成中除了相互补充以外，还进行相互修正。对于可争议的思想进行修正。考证其对错，使被发展的观点更具有真理性，也可以涉及更多生活问题，扩大了适用性。

生成机制中包含认同、反驳和现实等互动形式。互动者仿佛思想触角与现实增多接触，接受更多现实反馈，然后形成更完整、有效果的思想。这些思想互动在思想生成的过程中就具备扩大影响和检验真理的双重功能。简单地说就是丰富了内涵，扩大了外延（不是概念的外延，而是观点的社会空间）。

总的来说，合作的方式是思想生成机制的一个重要运作方法，而且是最常见的方式之一。同人的知识背景有差异，比如钱玄同、陈独秀是语言学家，胡适是哲学博士，刘半农当时还是一个翻译家和写作者，他们在北大是学者身份，总体上多属于文科。虽然也有高一涵这样的政治学家和陶孟和这样的社会学家，但他们研究的问题都是文科的。更重要的是他们各人的兴趣爱好和专业的差异对于团体的思想具有独特性，因此奠定了他们合作生产思想的方式。

合作之中有一种互补关系。同人之间因为个人有差异，如知识背景、接触环境、个人经验等方面差异，有助于同人的思想合作，即各自有所贡献，而形成同人共同的思想，形成一个大家都承认（不一定都同意，至少觉得不

① 周作人：《读武者小路君所作一个青年的梦》，《新青年》1918 年 4 卷 5 号。
② 赵歌东：《从鲁迅译〈一个青年的梦〉看〈呐喊·自序〉》，《东岳论丛》2006 年第 1 期。

荒谬，感情上不厌恶）的思想体系。这个特点是同人自己说的，在钱玄同受到外界攻击的时候，刘半农借给 YZ 君回信，谈到《新青年》的这种关系："本志各记者，对于文学革新的事业，都抱定了'各就所能，各尽厥职'的宗旨，所以从这一面看去是《新青年》中少不了一个钱玄同，从那一面看去，却不必要《新青年》的记者，人人都变了钱玄同。"[1] 他在辩护中想象了同人合作的结构性，相互配合，就自己才能的方面来促进文学革新。还有，胡适把读者来信中的语言学问题交给钱玄同答复，也可以算是他们相互配合的一个例子。其他同人对于同人的某些观点不需要完全赞同和理解。虽为一个团体但是各自负责。

当然，未必杂志内部的相互合作都采取直接对话、附和与互补的方式，也可以通过间接的方式来构成对杂志主话语的策应。期刊上的新文学作品（包括译作及评论）也帮助构建《新青年》的内部语境。比如《人力车夫》的创作就是人道主义思想的表达。《易卜生主义》是同人"健全的个人主义"的间接表达。杂志上的译文是同人声音的一种补充，他们是在讨论一个问题，比如周作人在第一次世界大战结束以后译介俄国的思想，就是通过译文来参加思想建设。还有党员时期列宁、布哈林等人文章的译介也是同样性质的方式。来稿和外人也构成一种补充，至少说明同人同意这种观点，或者应该重视这种观点，间接表达和强化了团体的观点。这些特殊形式的表达丰富发展了核心思想，也是思想生成的形式，使思想充满生机。

## 三、转换机制

转换机制是团体内部（杂志内部）适应外界环境和思潮变化时，思想核心发生转换的一种机制。它的运作正是为了帮助现实互动实现思想的自我更新功能，是为了顺应时代，延续杂志核心思想的正确性，以及满足思想解决现实问题的本质要求。改善了的思想在思想场域中更容易占领权威的位置，并带来各种好处：理想、尊严和金钱等。转换机制是一种特殊的生成机制，只不过是进行重大结构转换的机制。生成机制是量的积累，而转换机制是质的飞跃。

---

[1]　刘半农：《答 YZ 君》，《新青年》1918 年 5 卷 3 号。

个人思想转换其实在个人思想中经常发生，比如钱玄同不再投稿，因为他的思想突然从喜欢争斗，变成不喜欢争斗；陈独秀从青年教育家转变为提倡军国主义的教育家等。思想满含很多变数，正是这些变化使团体思想具有适应环境的能力（主编等权威偶或发挥主观能动性，但并不总能成功），一般的个人转换都只带来团体思想的量变，不足以实现团体思想的转换。能够造成团体思想巨大转换的因素，往往来自时代或者情境。

第一个时代因素是外来思潮。这是思想体系内部的掌控互动，本来是认同互动活跃的领域，但在中国特殊历史时期，外来思潮的权威令它具有掌控力。现代中国思想的一个强有力的转变因素是外因。外来思想对中国思想有很大影响。《新青年》同人的思想转换也起因于外来因素。个人主义被社会主义代替是受世界社会主义潮流的影响；马克思主义从社会主义思潮中脱颖而出，成为《新青年》的主导思想也是受了俄国思想的冲击。《新青年》作为积极接受新思潮的刊物，其中很多思想都有国外源头。

第二是解决问题的需要。这里是现实互动的天然领域。虽然同人思想有很强的理想性，但他们的理想都是瞄准了现实的。关于选择国外学说的根据，陈独秀说："详论一种学说有没有输入我们社会底价值，应该看我们的社会有没有用他来救济弊害的需要。"[1] 这是《新青年》选择文化时的现实原则，以现实反馈为重要价值来源。

同人实际上也是如此做的。马克思主义的引进主要是为了解决五四的文化问题，并没有人把它当做经济理论，而是把它看作解决政治问题、为改变文化服务的工具。虽然《新青年》后期主要关注政治斗争，但背后的深层动机是文化。马克思主义主要被看作一种文化方案。通过列宁的政治手段达到一种文化形式的合理发展。胡适也是用实验主义来解决问题的。他比钱玄同和陈独秀更多现实主义色彩。五四以后更是以"问题与主义"之争，而成为关注现实问题的代表。蒋梦麟说胡适写了《多研究些问题，少谈些"主义"》后曾给自己看，听取他的意见。蒋梦麟后来在文章中认为胡适的问题说来自杜威。[2] 蒋可能说的有点根据，但是胡适在杜威来华之前立论一直针对的是

---

① 　独秀：《随感录（九〇）学说与装饰品》，《新青年》1920 年 8 卷 2 号。
② 　梦麟：《实验主义理想主义与物质主义》，《星期评论》1919 年纪念号 4 张。

中国现实。说到底，还是现实原则才是引发胡适这样立论的缘故。北大时期同人的思想基础是理想和现实的结合。而通观《新青年》同人的思想，其发生转换总是有现实动因的。《七卷一号刷新预告》上说：本志同人常常觉得本志有应该改良的地方，所以从一卷到六卷，一卷有一卷的彩色，一号有一号的意思。固然是力求进步，而世局的变迁和同人研究的所得也是很有关系的。① 同人研究的也是结合中国现实进行的，可见时局和中国现实是根本性的因素。《新青年》的思想的生成兼顾了主观的需要和客观变化，其中世局的变化成为杂志思想转换的一个重要因素。

转换有时通过争论来实现。因为内部的论争发生在非常核心的问题产生认识差异的时候。核心思想受到威胁，不能通过沉默来回避或者弱化核心思想的地位来敷衍过去，必须取得一致。是现实互动要使思想变成真理，使它有效，又要强力改变核心思想，要求核心认同新思想，由新思想接管掌控的主导权。在京沪时期，实验主义和社会主义在《新青年》内部并行发展，都有世界思潮做"后台"，都有信奉者。那么《新青年》的思想核心需要稳定下来决定杂志的面目，于是争论就不可避免。例如，本来工读互助团是社会主义阵营也包括实验主义都支持的一个运动。它符合实验主义从具体问题着手的思路，也符合无政府主义通过组织个人的小团体来分离开社会的计划，也符合接受社会主义的国家主义者的反抗政府的要求。这才有五四运动以后改造社会浪潮中的工读互助团运动。不幸的是北京的工读互助团不久就遇到困难，面临失败的窘境。《新青年》7 卷 5 号围绕工读互助团失败的原因进行了集中讨论。这个新的经验放到各自的思想体系中出现不同的理解，也就成了他们分道扬镳的关键点之一。胡适觉得北京的工读互助团的计划太草率了，太不切事实了。他认为问题出在没有重视工读，太过于重视新生活和新组织了。他说自己当初支持是因为可以改变对做工者的轻视态度，也容易找到工作，他反对挂招牌，并不希望用这个组织另外产生一种新生活新组织，不希望它牵连太多的社会关系变动，只希望解决一下具体的问题，比如用劳动换教育费。他说"我以为提倡工读主义的人，与其先替团员规定共产互助

① 《新青年刷新预告从七卷一号起》，《申报》1919 年 11 月 14 日 1 版；《新青年第七卷出版注意》，《北京高师教育丛刊》1919 年 12 月第 1 集。

的章程，不如早点替他们计划怎样才可以做自修的学问的方法"①。这应该是胡适对社会主义实践的攻击，不是学理的攻击。他发现这个运动越来越表现出社会主义性质。工读主义来自新村运动，与社会主义的新生活实验有关。胡适反对工读互助团提倡新生活，是从实验主义方向反对无政府主义的不现实。

北京的工读互助团是少年中国学会发起的，后面有李大钊作为精神领袖。李大钊没有写文章发表见解，而是在给陈独秀的信中写了一些话，②他虽然说赞同胡适的观点不挂新生活招牌，但如果认为李大钊的意思与胡适相同就大错特错了。他们的观点差异几乎可以让人怀疑这个冲突是问题与主义之争的延续。如果怀疑这个说法，我们可以看看他在信中的这几句话。他认为失败的原因是都市生活费高、地皮房租贵。从这句话看得出他并非真的赞同采取"纯粹"的工读主义，因为纯粹的工读就是一半工作一半读书，全部工作都不能承担物资的昂贵，如何还有时间搞纯粹的工读？几乎否定了纯粹工读主义。李大钊在接下来又说"其一部分欲实行一种新生活的人，可以到农村去"，去农村正是降低生活成本的策略，说明他并没有取消实行新生活。李大钊的意思其实是北京工读团失败因为生活费问题，要坚持的只须去农村即可。这里可以看出，李大钊附和胡适的言论，纯粹出于客套。李大钊的真正意思是不挂招牌，到农村去搞好新生活的实际，其实他更偏于新生活，读书倒在其次。

陈独秀赞成王光祈的意见，也就是站在李大钊一边，赞成新生活，反驳胡适，认为失败的原因是缺乏健全的意志劳动习惯和生产技能。他甚至主张"挂招牌"："挂起新生活的招牌，总只有益无损"，"信仰新生活的人，但能糊口，只要免掉家庭的寄生生活或社会的工银生活，就是求学方面牺牲一点，不比在资本家生产制下的工厂里做工独立自由的多吗？"③当然，他也批驳李大钊的都市不能存在的论调，显得很客观，但他其实是把胡适作为主要批驳对象的。

这次论争暴露出陈胡的分歧，可能为胡适迫不及待夺取《新青年》领导

---

① 胡适：《工读互助团问题》，《新青年》1920年7卷5号。
② 李守常：《都市上工读团底缺点》，《新青年》1920年7卷5号。
③ 独秀：《工读互助团失败底原因在哪里？》，《新青年》1920年7卷5号。

权埋下了引线。这里关于宣传什么样道路的问题，已经摆在同人面前，特别是两个核心人物的面前。京沪同人发生论争是有差异的思想经过一段时间的并存以后终于到了决定未来的时候了。京沪时期的第 7 卷是过渡期。在此期间，陈独秀在上海接触世界思潮——社会主义思潮以后已经发生个人思想的转换，胡适也已经发生了实验主义转向。两者在核心问题上要发生争论，以便决定刊物的思想向哪个方向转换。

前后思想的相似点将决定《新青年》在某个历史阶段转换思想的限度。从尼采式的超人到集体主义的互助，背后有进化论不同侧面的衔接作用。同人转换时既保留了旧的思想，又对思想做了内部范式的转换。比如，党员同人是以自由观念来理解列宁主义和社会主义的。蒋光赤在列宁的墓前说，"你的墓是人类自由的摇篮，愿你把人类永远摇到自由乡里去"①。虽然马克思列宁主义的确是为了人类的自由，但是这里加以强调，也说明他看重马克思主义和列宁主义的一个重要方面就是自由。这样与早期追求自由观念的思想有某种共同点。总之，转换发生时，认同互动一定在起着维护系统的功能。

转换不会轻易发生，首先总要经过辩护，特别是对核心思想，总先要对外来不利因素加以抵抗，然后才能做有限度的转换。核心思想的掌控互动维护思想稳定。所以，转换方式首先是通过尽力维持来实现转换。这种转换方式主要针对非常巨大的转变。比如前面说到同人维护进化论就是典型。

抵抗的结果是，接受者总是优先努力把新的观念与自己的旧体系融合，经过辩护，与旧观念相互融合，搭建起转换的桥梁，转变才能实现，否则只好依靠顿悟，或者接受次要观念来慢慢改变。李大钊的《我的马克思主义观》表明他还是怀疑阶级斗争是历史发展动力的，倾向于伦理道德、人道主义和宗教，他主张的是用人道主义改造人类精神，同时以社会主义改造经济组织……他说："我们主张物心两面的改造，灵肉一致的改造。"②他通过强调能够接受的部分(人道和伦理)来实现过渡，既发生了河上肇影响下的转变，又有原有思想核心的抵抗，是两者的融合。北大同人时期以个人主义和无政

---

① 蒋光赤：《在伟大的墓之前》，《新青年》1925 年 11 卷 1 号。
② 李大钊：《我的马克思主义观》，《新青年》1919 年 6 卷 5、6 号。

府主义为主调。无政府主义与社会主义和马克思主义有亲缘关系，但是它们又只能是合作关系。在欧洲如此，在中国也是如此。马克思主义和无政府主义的差别仅仅在于到达共产主义的过程中是否需要无产阶级的国家专政。无政府主义是通过个人来战胜，而马克思主义主张通过夺取政权来改造社会。五四以后，将它们区分为无政府共产主义和国家社会主义，[①] 两者在分配原则上不同，但是他们都主张社会改造。前者关注社会，要建立一个由自由的个人组成的社会，自愿组成的小团体构成的整个人类社会；后者认为由无产阶级来领导。但是，两者的相似性很大。同人的无政府主义思想恰恰对于接受社会主义有某种衔接作用。后来转向政治的时候，则进而转向马克思主义，就与无政府主义脱离了关系。应该说无政府主义思想中的人道等观念会成为同人采择的思想因子。通过接续某些相似处来过渡是阻力最小的路径。

第三种转换的方式是人的转换。这种转换是个人思想转换以后的结果，是思想内部互动和现实互动以后，通过转化为斗争互动来化解内部张力的方式。虽然前面说个人思想不足以实现转换，但是时代思想这个促使转换发生的因素必定要转化为个人思想更新才能实现，只不过很难对一个人起作用，往往是通过转变了很多人的思想才能实现。当团体思想转变的程度超过某些个人思想转变的限度，或者发生了思想对抗，那么不得不通过个人的退出和人员的更换来实现团体思想的转换。这是具有精神高度认同的组织中，人员发生共振不良的情形时常常发生的。

通过分裂的方式来转换是常见的。比如《新青年》编辑部的分裂，比如更早的马君武的退出，转向马克思主义以后无政府主义的退出，社会主义同盟者如戴季陶、沈玄庐、邵力子等人的退出等都是。这种局部的分裂而退出的情况可以说贯穿整个发展历程。重大的转折时期往往表现为人员的改变。

要通过人员更新来转换团体的思想，基础工作是增加新人。比如钱玄同对周氏兄弟的引荐，胡适对留美同学任鸿隽、陈衡哲等人的引进，陈独秀引进王光祈等新面孔，瞿秋白主编的党员时期，伴随着北大同人的消失，和大量作者的更新。这些人员的增加，为杂志增添了新鲜血液，使杂志思想发生转换。

---

① 　张闻天：《社会问题》，《南京学生联合会日刊》1919 年第 50 号。

人员越多，思想生成的可能性越大，同时异化冲突的思想也就越容易产生。增加新人的确可以使团体的思想更有弹性，更多回旋的空间，适应时代变化的能力更强。京沪时期新人非常多，是社会主义思想进入《新青年》思想体系的契机。但也要看到，人员更动，特别是人员的增多，也威胁着团体的团结。因为人数越多形成共识的概率越小，大家的共识也就越少，整体团体也就越不稳定。如果要让更多新人进入又保持团体的统一，就不得不用强力来统一。这就是为什么京沪时期，胡适倾向于要一家独大，那么想树立自己的权威地位。而党员时期要由一个组织来出面统一思想，也正因此，而伤害了个人的自主性，损伤了团体的创造性。

# 第六章 文化思想结构和逻辑与互动

文化思想是一个自稳自组的系统,不仅指思想本身成系统,也指思想在形成和变化(互动)中是一个系统。思想和思想、思想与世界之间的互动是思想系统的一体两面,无法完全分开。在此认识基础上,本章进一步探讨思想的结构和思想生成中的逻辑,及其与互动系统的联系,超越文化思想互动表面的流动性,完成从流变到不变的认识跃进。

## 第一节 《新青年》文化思想结构与互动

各种思想不是散乱无序的。作为系统,它们有结构,而且非常稳固。文化思想的结构当然不能通过随意截取某个时期的思想来获得,正像不能观察汉江的水后就说了解了长江一样,而应在变化中寻找其不变的结构。本节从参与互动的各种思想出发,总结其较为稳固的空间结构,并且分析这个思想结构如何通过互动获得。

### 一、《新青年》文化思想的结构

对空间结构的把握方法是从前面梳理的《新青年》文化思想各侧面中的的大量概念、判断加以分组和归类,按照目的或手段、价值大小、原因或理由,以及结果或结论来排序,把原则、原因、目的和理由作为高层次,把具体行为、结果、手段和结论作为低层次。同时参考变化大小,把外界情境影响的因素尽可能消除,同时进行核心思想的提炼,寻找共相,方法类似古代汉语中寻找词汇变迁中的义素。通过一系列处理,还原出一个逻辑关系网络。限于篇幅,无法展示过程和重复引用前面已经罗列的材料,因此在此省略分析过程，以下直接展示结果。作者不敢任意架空，读者可以拨冗覆按。

　　经过对概念、判断的分析，大体上形成四个金字塔结构。每个金字塔结构都由四级组成：第一级为世界观（最高价值）层面，第二级是一般价值层面，第三级是原则和心态层面，第四级是策略和效果层面。一、二级都是重要的核心价值；第三级是思想指导行动的更具体的观点和价值；第四级是更加具体的看法，指为实现现实目的而采取的想法和手段。这部分策略与价值的联系是临时的，有时与中心思想有一定抵触，即目的和手段分离。比如"兽性主义"是《新青年》的策略，因为它与"文明"的价值对立，但是与其他重要价值——"改造中国""进化"和"现实"相容。策略的内容远远不止所列的这些，现在列的仅仅是明显的甚至是宏观的判断。总的来说，上层表现为概念，下层表现为判断。向上，走入思想世界，向下，接近现实世界。金字塔自上而下表现出理想化的欲求到物质情境的趋势。

　　四个金字塔（见表6-1、表6-2、表6-3和表6-4）的塔尖为四大概念：人类、进化、物质和文明，文明也包括文化。

### 表6-1　"人类"概念统摄的思想结构

| 核心价值 | 1. 人类① |
|---|---|
| 价值 | （1）人；（2）自我和个性主义；（3）自主；（4）自由；（5）平等；（6）真诚、美好；（7）民主。 |
| 原则 | （1）人道主义；（2）人比物质更自由；（3）天性和人心是文明的根基；（4）理性主义；（5）提倡的主观文化多偏于原始人性；（6）牺牲自我，破除我执；（7）民族主义；（8）平民主义。 |
| 策略 | （1）强调人力是文化的动力，主张主动进取，主动推进文化变迁；<br>（2）思维上以反求正②；<br>（3）强调理性选择，不做无意识的行为；<br>（4）主张永远接受新事物，更新自己，跟上时代；<br>（5）追求合理，按照理性来塑造文化；<br>（6）一方面拒绝旧文化的形塑功能，要求培养独立人格，另一方面以人类的共同文化来培养新人格；<br>（7）把传统文化的不良归结为野蛮、不文明；<br>（8）反对文化整合。 |

注：① 这个价值是很高的核心价值，是其启蒙色彩的根源之一，也是世界视野的基础。② 比如追求中华文化的复兴和拯救，但是采取消除中华文化的姿态。表现在为了人类的文化可以牺牲本民族文化。

表6-2 "进化"概念统摄的思想结构

| 核心价值 | 2. 进化① |
|---|---|
| 价值 | (1) 变迁；(2) 适应；(3) 新（今）②。 |
| 原则 | (1) 强调人力是文化的动力，主张进取，主动推进文化变迁；(2) 主张永远接受新事物，更新自己，跟上时代；(3) 主张改造；(4) 致力于建立新的主客观文化体系；(5) 早先思想优先，物质特别强调的时候，也保留了主观能动性；(6) 靠思想文化来推动社会进步，提倡新文化；(7) 改造人的精神；(8) 改变现实。 |
| 策略 | (1) 强调变动的连续性，而不太关注事物的暂时稳定性；③(2) 一方面改造主观文化来改造客观文化④，另一方面批判中国的客观文化，忽略客观文化对主观文化的影响；(3) 党员时期认为文化变迁有个终点，即最合理的共产主义文化；(4) 客观文化反而由主观文化来形塑；(5) 认为伦理是道德的源泉，因此反对旧伦理；(6) 文化对于社会的导向作用；(7) 主张通过改造社会来改造文化；(8) 建立了一种以文化一为中心的双层文化模式；(9) 从树立人格入手，建立新道德；(10) 讲究培养新人的方法；(11) 抵制旧道德；(12) 兼顾学校教育和社会教育。 |

注：① 进化论是同人最根本的价值观念，可以指出未来的方向。这个观念发生了一些变化，但是不过是发生了一点偏移，从早期的进化论，变为后来的马克思主义。②"今"是"新"和"适应"的统一体。③ 认为进化需要革命。④ 通过唤醒青年人的觉悟和抵抗客观文化等方法。

表6-3 "物质和现实"概念统摄的思想结构

| 核心价值 | 3. 物质和现实① |
|---|---|
| 价值 | (1) 真实；(2) 自然；(3) 科学；(4) 逻辑性。 |
| 原则 | (1) 现实主义；(2) 物质和精神之间需要平衡；(3) 实用原则；(4) 最大幸福的乐利主义；(5) 中国的现实重要；(6) 保中国文化；(7) 社会很重要；(8) 制度优先；(9) 政治重要。 |
| 策略 | (1) 教育与现实的关系和学术与生活的关系是文化问题的关键；(2) 关心风俗、伦理等准制度；(3) 在自然科学派和人生观派两者之间，站在自然科学派一面；(4) 在实用和审美之间，主要偏于实用；(5) 主张通过改造社会来改造文化；(6) 文化一和文化三相比更重视文化一；(7) 文化对社会的导向作用；(8) 靠思想文化来推动社会进步，提倡新文化；(9) 一方面拒绝旧文化的形塑功能，要求培养独立人格，另一方面以人类的共同文化来培养新人格；(10) 道德状况的决定性因素由原来的个人意志力和孔子教育，到后来物质因素；(11) 认为伦理是道德的源泉，因此反对旧伦理。 |

注：① 物质和现实直接相关，是唯物主义哲学中的价值核心。

表 6-4 "文明"概念统摄的思想结构

| 核心价值 | 4. 文明（文化）① |
|---|---|
| 价值 | （1）天性和人心；（2）自我；（3）自主；（4）自由；（5）平等；（6）真诚、美好等；（7）民主。 |
| 原则 | （1）个性主义；（2）天性和人心是文明的根基；（3）平民主义；（4）民族主义；（5）关注解决文化冲突；（6）在对立中确定文化冲突；（7）不调和的态度；（8）文化也主张自主性；（9）文化冲突上关注中国传统文化与新文化的冲突；（10）保中国文化；（11）文化有结构；（12）反对文化控制。 |
| 策略 | （1）中西冲突和古今不可调和，后来是阶级矛盾的不调和。新旧从不可调和变为可以调和；（2）把传统文化的不良归结为野蛮、不文明；（3）培植一种新的亚文化，发挥负文化的负功能；（4）表面上反文化，实际在保文化；表面上保西方的现代文化，根本上是拯救中国文化，后来是人类文化和中国文化一起拯救；（5）反对文化整合；（6）建立了一种以文化一为中心的双层文化模式；（7）文化一和文化三相比更重视文化一；（8）文化对于社会的导向作用；（9）从树立人格入手，建立新道德；（10）讲究培养新人的方法；（11）抵制旧道德；（12）兼顾学校教育和社会教育；（13）认为伦理是道德的源泉，因此反对旧伦理；（14）主张通过改造社会来改造文化；（15）靠思想文化来推动社会进步，提倡新文化；（16）一方面拒绝旧文化的形塑功能，要求培养独立人格，另一方面以人类的共同文化来培养新人格。 |

注：① 文明是核心价值，是深层的价值目标之一。文化则是与文明纠缠在一起的概念，它既是关注的对象，又是一种价值导向。

将上面的合在一起，合并相同的概念和判断，形成下面的金字塔结构（见表 6-5）。

表 6-5 《新青年》同人文化思想的结构

| 级别 | 层面 | 概念或判断 |
|---|---|---|
| 第一级 | 核心价值 | （1）人类；（2）进化；（3）物质和现实；（4）文明（文化）。 |
| 第二级 | 价值 | （1）人；（2）牺牲自我，破除我执；（3）天性和人心；（4）自我；（5）自主；（6）自由；（7）平等；（8）真诚、美好；（9）民主；（10）变迁；（11）适应；（12）新（今）；（13）真实；（14）自然；（15）科学；（16）逻辑性。 |
| 第三级 | 原则 | （1）人道主义；（2）人比物质更自由；（3）天性和人心是文明的根基；（4）个性主义；（5）平民主义；（6）思维上以反求正；（7）理性主义；（8）民族主义；（9）制度优先；（10）政治重要；（11）提倡的主观文化多偏于原始人性；（12）文化有结构；（13）强调人力是文化的动力，主张主动进取，主动推进文化变迁；（14）主张永远接受新事物，更新自己，跟上时代；（15）主张改造；（16）致力于建立新的主客观文化体系；（17）早先思想优先，物质特别强调的时候，也保留了主观能动性； |

| 级别 | 层面 | 概念或判断 |
|---|---|---|
| 第三级 | 原则 | （18）靠思想文化来推动社会进步，提倡新文化；（19）改造人的精神；（20）改变现实；（21）现实主义；（22）物质和精神之间需要平衡；（23）追求合理，按照理性来塑造文化；（24）强调理性选择，不做无意识的行为；（25）实用原则；（26）最大幸福的乐利主义；（27）中国的现实重要；（28）社会很重要；（29）保中国文化；（30）关注解决文化冲突；（31）在对立中确定文化冲突；（32）不调和的态度；（33）文化冲突上关注中国传统文化与新文化的冲突；（34）文化上也主张自主性；（35）反对文化控制；（36）文化对于社会的导向作用。 |
| 第四级 | 策略 | （1）强调人力是文化的动力，主张主动进取，主动推进文化变迁；（2）思维上以反求正；（3）强调理性选择，不做无意识的行为；（4）主张永远接受新事物，更新自己，跟上时代；（5）追求合理，按照理性来塑造文化；（6）一方面拒绝旧文化的形塑功能，要求培养独立人格，另一方面以人类的共同文化来培养新人格；（7）把传统文化的不良归结为野蛮，不文明；（8）反对文化整合；（9）强调变动的连续性，而不太关注事物的暂时稳定性；（10）一方面改造主观文化来改造客观文化，另一方面批判中国的客观文化，忽略客观文化对主观文化的影响；（11）党员时期认为文化变迁有个终点，即最合理的共产主义文化；（12）客观文化反而由主观文化来形塑；（13）文化对于社会的导向作用；（14）主张通过改造社会来改造文化；（15）建立了一种以文化一为中心的双层文化模式；（16）从树立人格入手，建立新道德；（17）讲究培养新人的方法；（18）抵制旧道德；（19）兼顾学校教育和社会教育；（20）认为伦理是道德的源泉，因此反对旧伦理；（21）教育与现实的关系和学术与生活的关系是文化问题的关键；（22）关心风俗、伦理等准制度；（23）在自然科学派和人生观派两者之间，站在自然科学派一面；（24）在实用和审美之间，主要偏于实用；（25）主张通过改造社会来改造文化；（26）文化三相比，更重视文化一；（27）道德状况的决定性因素由原来的个人意志力和孔子教育，到后来物质因素；（28）中西冲突和古今不可调和，后来是阶级矛盾的不调和。新旧从不可调和变为可以调和；（29）培植一种新的亚文化，发挥负文化的负功能；（30）表面上反文化，实际在保文化；表面上保西方的现代文化，根本上是拯救中国文化，后来是人类文化和中国文化一起拯救；（31）党员时期将爱国和世界主义结合。 |

在这个结构中，级别越高，越缺乏个性，越成为时代共享的价值。那些原则和策略倒是充满了《新青年》的特点。我们不过于强调它的独特性，因为独特性未必能代表思想者的思想整体，而只能标注它在思想史上的独特位

置，本书认为没有共同性作为支撑，思想就没有系统性，而思想的整体在于它的系统性。

我们假设核心判断由这些核心概念构成，那么将四个核心价值合成的判断数量是有限的。主动者只有"人类"，能做动词的只有"进化"，"文明"又是"进化"的方向。因此只有两种合理的搭配方式：(1) 物质的人类进化到文明。(2) 人类使物质进化到文明。意思是属于自然界的人类精神上要发展到更文明状态，人类要使精神文明体现在物质世界中，物质世界因此成为物质文明。这表明在文化问题上，《新青年》最关注改造自我和改造世界。

这个框架总的来说还是粗糙的，所以这里准备对各个领域中透露出的文化价值（参见第一章各节）再加探讨，仍然使用寻找概念共相的方法，再总结一套思想结构，并对上面的结构印证和补充。

以下是各种文化问题中体现出的文化价值：政治问题中的"自由""惟民主义""思想优先"和"以政治方式开展文化运动"，其中最高的价值是"自由"；宗教哲学问题中的"科学原则""个人的观念"和"实用立场"，最高价值是"科学"；教育问题中的"现在""真实和真诚""世界主义"和"物质主义"，其中最重要的"真实和真诚"；伦理道德问题中的"反文化的倾向""自由原则""平等原则""诉诸科学"和"现实原则"；文学问题中的"真实和真诚""追求自由和自然""现在"和"变迁与革命"。这五组核心价值观念形成一个网络：在这五个领域中出现的原则最多是"自由"，出现3次，"科学"2次，"真实和真诚"2次，加上直接相关的"自然"可以算作3次。"实用""现实"相关算2次，"现在"1次，"惟民主义"和"平等"直接相关算2次，"人道主义""反文化""思想优先""物质主义""变迁与革命"和"世界主义"各1次。经常出现在各种问题中的价值一定是重要的，但是出现得少却未必是不重要的。比如"变迁与革命"这个价值只出现在文学问题中。但是"文化变迁"是同人共同的观念，这个观点其实弥漫在《新青年》的整个"态度"中。在任何问题中，都贯穿着"破坏和革命"的态度，这个态度不以概念的形式存在，却到处出现。只不过在文学领域遇到的反对声音最为强烈，因为很多人都认为至少文学是可以保守的。还有"反文化"虽然只是在伦理道德问题中出现，但其实是到处都有的，原因是这个要求其实是来源于"自由"。"自由"原则是非常普遍的原则，在五个问题中只有教育和宗教哲学问题里没有出现自由，原因是这两个领域要教育人，因此不能不考虑到自由的限度。在教育和宗教领域，"自由"变换了面目。在教育领域表现为"自主"，在宗教哲学领域则表现为"个人价值"的至高无上。而且从伦理道德领域中出现自由概念这个情况也可以看出，为什么伦理道德领域的冲突非常明显，因为伦理道德也属于塑造人的领域，但是《新青年》主要在伦理这个社会规范部分把政治的平等自由的精神贯彻进去了。因此，自由是《新青年》文化思想的最核心的概念。

按照这一推论方法，将以上各种核心观念，加以归类，合并同类项，并形成不相干涉的共相，统领下属的一群概念群。由此得到以下十一个共相：主体、思想、自由、变迁、现在、现实、真实、科学、平等、自然和真诚。

继续归类，由此形成："自我""变化""现实生活""真实"四个群。"现实生活"和"真实"还有共同性，又可以归并为更大的群：现实世界。于是核心价值"云团"就剩下三个很难通约（如果再合并就成为一个哲学最高词汇：存在。那样的话就缺乏特性，难以分析了）的核心概念：自我、现实世界和变化。

由此形成一个金字塔（见表6-6）。

### 表6-6 《新青年》文化价值中呈现的思想结构

| 级别 | 概念和原则 |
|------|-----------|
| 第一级 | (1) 自我；(2) 变化；(3) 现实世界。 |
| 第二级 | (1) 主体；(2) 思想；(3) 自由；(4) 变迁；(5) 现实生活；(6) 真实。 |
| 第三级 | (1) 变化；(2) 现在；(3) 现实；(4) 真实；(5) 科学；(6) 真诚；(7) 平等；(8) 自然。 |
| 第四级 | 个人观念；思想优先；自由原则；变化；以政治方式开展文化运动；现在；现在主义；实用立场；现实原则；世界主义；物质主义；崇尚真实真诚的文化；诉诸科学；科学原理；真实真诚；反对虚伪追求真诚；平等原则；惟民主义；反文化倾向；追求自然。 |

可以看到，在《新青年》讨论问题的过程中透露出的文化价值，其最根本的概念有三个：自我、变化和现实世界。

这三个词正好是两个名词、一个动词，按照语法规则加以排列组合，可以形成四个判断：(1) 自我变化；(2) 现实世界变化；(3) 自我改变现实世界；（4）现实世界改变自我。

其中，（1）"自我变化"和（2）"现实世界变化"，是两个关于世界的陈述和判断。对保守的人来说，这两个判断本身就很有冲击力。因此两者可以作为《新青年》与保守主义的深层差别，"变化"这个核心概念，就决定了它与保守派的分野。另外两句将"变化"看作及物动词，因此它们可以转化为两个祈使句。这个放到后面逻辑中去讨论。

比较一下（1）"物质的人类进化到文明"、（2）"人类使物质进化到文明"和（1）"自我变化"、（2）"现实世界变化"这两种表述可以发现，它们内涵非常接近，只不过前者有方向，后者较为抽象。后者印证了前者。与此同时，后者的二、三级价值基本上都分布在前者的"价值层面"，第四级则与"原则层面"有较大重合，这同样印证了前者的整个结构具有准确性。

根据后者与前者中的价值发生共振的次数，再结合各种价值实际的重要性大小，确定它们在思想结构中的位置，可以把前面的表格（见表6-5）加以修正如下（见表6-7）。

表6-7　经过修正以后的《新青年》文化思想结构

| 级别 | 层面 | 概念或判断 |
|---|---|---|
| 第一级 | 核心价值 | （1）人类；（2）物质和现实；（3）进化；（4）文明（文化）。 |
| 第二级 | 价值 | （1）人；（2）自由；（3）真诚、美好等；（4）平等；（5）变迁；（6）新（今）；（7）科学；（8）真实；（9）自然，（10）自我和个人；（11）逻辑性；（12）天性和人心；（13）牺牲自我，破除我执；（14）自主；（15）民主；（16）适应。 |
| 第三级 | 原则 | （1）人道主义；（2）人比物质更自由；（3）个性主义；（4）平民主义；（5）天性和人心是文明的根基；（6）早先思想优先，物质特别强调的时候，也保留了主观能动性，后来以制度优先；（7）靠思想文化来推动社会进步，提倡新文化；（8）改造人的精神；（9）强调人力是文化的动力，主张主动进取，主动推进文化变迁；（10）主张永远接受新事物，更新自己，跟上时代；（11）思维上以反求正；（12）理性主义；（13）政治重要；（14）世界主义；（15）民族主义；（16）提倡的主观文化多偏于原始人性；（17）文化有结构；（18）改变现实；（19）现实主义；（20）物质和精神之间需要平衡；（21）追求合理，按照理性来塑造文化；（22）强调理性选择，不做无意识的行为； |

| 级别 | 层面 | 概念或判断 |
|------|------|-----------|
| 第三级 | 原则 | （23）最大幸福的乐利主义；（24）中国的现实重要；（25）实用原则；（26）社会很重要；（27）主张改造；（28）致力于建立新的主客观文化体系；（29）保中国文化；（30）关注解决文化冲突；（31）在对立中确定文化冲突；（32）不调和的态度；（33）文化冲突上关注中国传统文化与新文化的冲突；（34）文化上也主张自主性；（35）反对文化控制；（36）文化对于社会的导向作用。 |
| 第四级 | 策略 | （1）强调人力是文化的动力，主张主动进取，主动推进文化变迁；（2）思维上以反求正；（3）强调理性选择，不做无意识的行为；（4）主张永远接受新事物，更新自己，跟上时代；（5）一方面拒绝旧文化的形塑功能，要求培养独立人格，另一方面以人类的共同文化来培养新人格；（6）追求合理，按照理性来塑造文化；（7）客观文化反而由主观文化来形塑；（8）教育与现实的关系和学术与生活的关系是文化问题的关键；（9）关心风俗、伦理等准制度；（10）在自然科学派和人生观派两者之间，站在自然科学派一面；（11）主张通过改造社会来改造文化；（12）文化一和文化三相比更重视文化一，后期重视文化三；（13）道德状况的决定性因素由原来的个人意志力和孔子教育，到后来物质因素；（14）在实用和审美之间，主要偏于实用；（15）一方面改造主观文化来改造客观文化（通过唤醒青年人的觉悟和抵抗客观文化等方法），另一方面批判中国的客观文化，忽略客观文化对主观文化的影响；（16）从树立人格入手，建立新道德；（17）讲究培养新人的方法；（18）抵制旧道德；（19）强调变动的连续性，而不太关注事物的暂时稳定性；（认为进化需要革命）；（20）文化对于社会的导向作用；（21）把传统文化的不良归结为野蛮、不文明；（22）反对文化整合。（23）建立了一种以文化一为中心的双层文化模式（文化一和文化三）；（24）教育上，早期重社会，北大时期重学校，后期兼顾学校教育和社会教育；（25）反对旧伦理；（26）文化随生活变迁，到党员时期认为文化变迁有个终点，即最合理的共产主义文化；（27）中西冲突和古今不可调和，后来是阶级矛盾的不调和。新旧从不可调和变为可以调和；（28）培植一种新的亚文化，发挥负文化的负功能；（29）表面上反文化，实际在保文化，表面上保西方的现代文化，根本上是拯救中国文化，后来是人类文化和中国文化一起拯救；（30）党员时期爱国和世界主义结合。 |

　　现在这个思想结构图中每一级中的价值大小也大体呈现由高到低排列，基本上反映的是《新青年》文化思想的价值结构。

　　这个描述仍然是粗糙的，因为我们依据的是思想表露出来时呈现的结构，除了那些不断得到确认的观念具有无可置疑的重要性以外，其他观念的排序是有争议的，因为没有确认的观念也可能是没有适当的时机来言说而已。就算这是个粗率的印象也已经呈现出崭新的面目了。

　　除了空间结构以外，同人文化思想的结构还包括时间结构。时间结构是基本结构与思想内外系统互动而形成的，揭示的其实是整个系统的思想结构，因为时代思想系统过于庞大，研究者很难凭一己之力还原出时代思想系统的结构，因此这里仅仅描述《新青年》的方面；与此同时，因为《新青年》文化思想的变化持续不断，也不可能把握全部微小的变化，所以这里只选择变动较大、持续时间较长的，在大的历史分期中把握。

　　经过统计，各个时期的明显变动如表6-8所示。

**表6-8　《新青年》各时期思想明显变动的情况**

| 时期 | 变化的概念或判断 |
|---|---|
| 北大时期 | 进化论经过第一次世界大战胜利以后的动摇，到五四以后向马克思主义转变（核心价值（3））。北大改变沪皖时期的个人主义变成健全个人主义（带无政府主义色彩），五四后有社会主义（价值（10））；特别强调科学（价值（7））；强调合理和理性（原则（12））；政治从主要到不主要（原则（13））；把西方概念转变世界，经过五四把世界和民族结合起来（原则（14）、（15））五四以后强调创造（原则（26））；提倡文学革命，五四后把革命扩展到各种领域（原则（31））；重视高层文化一（策略（12））；认为实用是进化的动力，在文学审美和实用并提（策略（14））；强调理智思考的新道德（策略（16））；注意到旧道德的物质因素（策略（18））；教育：学校和社会两方面都重视，但是偏重学校（策略（24））。 |
| 京沪时期 | 进化论彻底实现了向马克思主义的转变（核心价值（3））；个人主义向集体主义过渡，提出反利己（价值（10））；认为马克思主义是合理的（原则（12））；政治从不主要到主要（原则（13））；有抵抗文化帝国主义的意味（原则（14）（15））；创造进化（原则（26））；继续强调实用，开始不谈审美的文学（策略（14））；受外界影响新道德内涵丰富了很多（策略（16））；强调旧道德的物质性（策略（18））；培养新人的方法上采取团体的方式、直接行动和社会主义运动的方式，主张学校和社会联动，但是开始偏于社会教育（策略（24））；西方一分为二，出现国际分野，即世界不是单一的，而是有国界的，不谈中西了，而且新旧可以调和（策略（27））。 |

续表

| 时期 | 变化的概念或判断 |
|------|------------------|
| 党员时期 | 制度优先（原则（6））；讨论集团和阶级（价值（10））；政治变得非常重要（原则（13））；早期世界主义，党员时期爱国和世界主义结合，爱国和拯救文化的意图特别明显（原则（14）（15））；提出无产阶级革命是创造文化方法（原则（26））；主张政治革命和世界革命（原则（31））；回归底层文化三（策略（12））；重视客观文化（策略（15））；认识到利益和道德结合，按阶级区分道德代替了新旧的标准（策略（16））；旧道德加上了资产阶级道德（策略（18））；培养新人的方法是文化运动，不同阶级方法不同，主张社会教育，对象变为工人（策略（24））；文化变迁从随生活变迁，到有终点（策略（26））。 |

综合四个时期，价值(10)、原则(13)、原则(26)、策略(16)、策略(18)和策略（24）一直在变，涉及价值上的自我和个人主义；原则上的政治的重要性、改造的方式都发生了变化；策略上，新道德的内涵、旧道德的内涵和社会和学校对于教育的作用发生变化。说明个人主义不算《新青年》最明显的标志，个人主义这个重要价值受到巨大冲击，持续不断，反而是最不稳定的观念之一。政治的重要性也顽强地挣扎，倒是十分强大的观念。同人对新旧道德的内涵一直在思考，教育方式也是同人随着身份变化而不断修正，可能还与政治的起伏有关，与同人对教育的认识变化有关。

核心价值（3）、原则（12）和策略（14）在北大和京沪时期变化，涉及进化论的转变、最高理性的代表、实用性等。说明其中最大的变化是马克思主义的出现，当然是与第一次世界大战胜利和五四运动这些重要节点有关。实用性越来越突出似乎也与五四以后的改造社会潮流有关，不再沉迷于书斋，急切地要解决现实问题。

原则（14）、原则（15）、原则（31）和策略（12）在北大和党员时期变化，涉及世界主义和民族主义两者的融合，不调和的态度引申出来的革命，以及对于精英文化和大众文化的重视程度。北大和党员时期是前后最集中表现的时期，中间隔着京沪时期这个过渡时期。说明世界主义和民族主义的融合与政治参与度有关，北大时期以世界主义为主，党员时期把世界主义和民族主义结合起来。原因是五四运动推动下形成了爱国热潮，以及国民革命中存在民族主义维度。革命这个观点没有变化，但是从文化革命转回政治革命。党员时期其实可以看作沪皖时期的一定程度的回归。其中根本的相似点在于对政治的重视。还有就是北大学者身份和政治革命家身份的颉颃造成了对于文化一和文化三的重视程度有差异。

价值（7）在北大时期变动，涉及强调科学。科学一直都是同人讨论问题的根基之一，但是在北大时期才得到强调，与学者身份，以及当时玄学抬头的现实有关。

策略（27）在京沪时期变化，涉及新旧可以调和。这个与新旧的理解和争论深入有关。

原则（6）、策略（15）、策略（26）在党员时期变动，涉及思想和制度哪个优先的问题，对客观文化的重视，以及文化变迁是否一直存在。说明党员时期参与实际革命对思想有巨大影响。具体的革命活动和文化实践必定增加对于现实性的重视，减弱理想性。为文化变迁设置一个共产主义的终点，反映了党员同人把理想性放到将来的处理方式。另外，此时北大同人彻底退出了群体，可见北大同人是主观性和理想性的重要力量。

有个有趣的现象，就我们分析的这些变动看，没有只在京沪和党员时期变动的思想，至少没有重大的变动。这多多少少意味着京沪时期和党员时期之间没有大的变动。京沪时期发生变动，然后在党员时期继续变动的，往往是在北大时期就已经变动的因素。说明京沪和党员时期属于一个相对接近的阶段。这再一次证明，《新青年》思想的重要分水岭是在第一次世界大战胜利和五四运动这个时期。也意味着党员时期在思想结构上与七、八、九卷是衔接着的。

根据以上的梳理，如果要表述时间结构的话，可以这样来简单描述：核心价值和价值总体上比较稳定，进化论到马克思主义和个人主义到集体主义是较大的变动，前者发生在五四运动前后，进化论和马克思主义之间有科学性作为勾连因素，两者在变迁方面是一致的；后者持续变动，表现为与传统思想和西方社会主义思想之间的互动。原则部分改动不多。北大和党员时期变动最多，沪皖和京沪时期是酝酿期，沪皖时期打下基础，京沪时期微小的变化更多，但是大的形成团体性改变的不多。重大变化是在五四前后到京沪时期这段时间，最高价值发生变动，这是前后期的区分根据。北大时期，北大同人的身份具有较大影响，他们触动的结构偏于原则方面，北大接受的西方无政府主义也有较大作用。策略上变动不少。京沪时期，发挥作用较多的是海内外思潮，党员时期发挥较大作用的是马克思主义的核心思想。总体来说，呈现一种趋势，即个人主义不断向集体主义转进，世界主义松动，民族变得重要了，文化一的地位动摇，改造方法上有多种探索，向创造和革命方向发展，新旧道德被互动的对象改变，实用观念越来越强，中西差别消失。

## 二、思想结构与互动

下面来探讨思想结构与各种互动之间的关系。

### （一）思想核心价值

思想核心在结构的重要位置上，是思想结构的中心，是控制结构的力量之源，统领和产生其他思想，它们的重要性，因此是结构金字塔的上层，即第一、二两级。对个人来说就是他最确信，认为最重要的概念，在思想结构中有众多概念判断与之联系。这些概念当然也暗含着一系列判断，成为个人的信念。对时代和团体来说，思想核心是众多思想者支持的重要思想。

因为众多概念与之联系，以及得到众多思想者的共振，因此它离不开逻辑互动和认同互动。它又在思想结构中进行掌控互动，维持思想结构的稳定。逻辑是维持思想系统的因素，一般它维持核心的地位，因为它通过形式来保证次要思想围绕着核心思想，使核心思想与次要思想发生掌控互动。核心思想主要担任掌控互动的主导方面，对原则、策略都有强大的掌控力。如果有新思想要进入原来的思想结构，需要经过逻辑的编排。掌控互动方式则维持价值的层次和高低，使思想系统稳定。掌控互动也决定核心的结构，比如主导掌控互动的往往是与思想者的信念、身体有关的因素。对于思想者的意义将决定哪个思想得到强调而成为核心思想。

在稳定思想核心的行动中，各种互动之间交叉作用、相互配合，比如文化概念在《新青年》思想流脉中久经考验，从文明和文化二到文化一和文化三再到无所不包的文化（文明），其中的"文明"含义一直若隐若现，贯穿始终。因为文明符合"人类"的"理性"，符合"进化"这些核心思想。四个核心之间联动，发生逻辑互动，相互牵扯。稳固了"文明"这个概念在思想结构中的地位。

在稳定思想核心这方面，认同互动起到很大作用。原则和策略与核心发生认同互动，维持核心掌控者地位。掌控靠认同来辅助，被掌控的一方要成为认同的主导者，次要思想要认同核心价值的重要性，因此价值得到最大认同。

团体的思想核心也有掌控作用。团体的思想核心是团体共识部分，常常是权威认同的部分，掌控互动中的权威是思想有力的人，因为权力者的话往往最容易成为团体的核心思想。因此有能力改变同人的思想结构。某些思想因为某种原因被有权势的人掌握了，它就可能向价值核心方向移动。权威通过掌控机制，促使某些思想加强。通过其他同人的服从来实现，变为认同。外在的权力关系会内化到团体的思想结构中。前面机制部分中相关例子很多，此处不再赘述。

掌控互动需要通过对核心的改变来体现出来，不掌控核心，掌控力就不足。虽然同人感到第一次世界大战胜利以后胡适权威地位的上升，但在团体内实现掌控，还必须通过对核心替换才行。举胡适改信实验主义为例。胡适的《〈尝试集〉自序》明确提出自己的文学革命是文学的实验主义。作为例证，他提到《尝试集》中的《尝试篇》，其中说道："我生求师二十年，今得'尝试'两个字"[1]。查他的日记，会发现他用语体入诗是去哥伦比亚大学之前。其实实验主义被他用来作为理据讨论白话诗，也仅仅是作为一种精神支持，让他坚持尝试而已，对白话诗探索并无具体指导作用。他回国后没有宣传实验主义，而是宣扬易卜生主义。当时国内教育界中虽然有了实验主义（实用主义），但尚不流行。也就是说，胡适的思想中那时虽已有实验主义思想，但在《新青年》和国内环境作用下，受到压抑，反而选择了大家都认同的强势话语——个人主义。实验主义对于胡适来说还是个人的思想。这篇《〈尝试集〉自序》写于杜威来华以后，胡适特地引这篇写于1916年8月13日诗放在序言的最后，为了说明他早就信奉实验主义了。目的是说胡适尝试用白话写诗，背后是实用主义的实验精神和科学精神。[2] 现在在序言中多次提到实验主义和实验精神，是因为他开始有意识地向中国学界介绍这个学说。他还说"我们这一班人的文学革命论所以同别人不同，全在这一点试验的态度"[3]，明显要把同人共同的白话文学事业归结到他信服的实验主义上，借此把实验主义运送到《新青年》的思想核心中去。这篇文章发表在"马克

[1]　胡适：《我为什么要做白话诗？（〈尝试集〉自序)》，《新青年》1919年6卷5号。
[2]　胡适：《我为什么要做白话诗？（〈尝试集〉自序)》，《新青年》1919年6卷5号。
[3]　胡适：《我为什么要做白话诗？（〈尝试集〉自序)》，《新青年》1919年6卷5号。

思号"上，有争夺主导权的意味。转换团体思想就体现在权威掌控互动权的争夺。就他个人来说，他的思想核心价值随着当时的互动情况而发生改变。原来是与团体认同互动，所以自然寻求共同点，第一次世界大战后胡适暴得大名，对于《新青年》思想他要进行掌控互动，这个思想对胡适来说非常重要，他对当时同人已经有掌控力，因此就想将令自己声名显赫的思想作为团体思想的核心，为了这个目的，他趁杜威来华之机，编造了一个神话，将新文化革命的根源归于实验主义。

核心人物的核心思想如果与团体的思想结构有差异，将会造成原来结构的扰动。因为核心人物往往是成功人士，见多识广，更容易感受到时代的动向，所以看法也比较符合时代需求。他们成为时代掌控团体思想的体现者，掌控互动的失效和混乱将导致思想核心的动摇，团体内部转换为以斗争互动为主。马克思主义和实验主义在《新青年》思想结构中的内在斗争既是掌控互动的结果，也是掌控互动的原因。当时时代思想中出现两个重要思想，想要寻找更多共振而决出胜负，两者被《新青年》两个核心人物感受到，在杂志内部形成张力。掌控互动要求一种思想成为中心，就必须有一个思想退出团体，这个决战导致陈胡的分裂。此时思想团体内部就减弱了认同互动，而启动了斗争互动，因为陈胡的斗争是互动的态势和系统实现良性互动所要求的。两个朋友本身并不想分裂，所以一直保持着联系，但是思想互动体系本身要达到统一的目的，使掌控互动从失调变为稳定正常，就不能不转为斗争以排斥一种思想。

掌控互动还体现在原有思想结构核心思想对思想核心转变的牵制作用。如果一些个人思想或外部思想对于原有结构是异己的话，原有的思想核心会拒绝其进入。比如陈独秀的基督教思想与原有思想核心——"科学"抵触，"科学"掌控着思想结构的一部分，任何想进来的思想都得到它的允许（其实是被所有核心思想允许）。核心有稳定性，因此不轻易改变，对陈独秀的新思想，同人就消极地对待。再如，陈独秀发现老一辈中也不都是坏人，比如姚永概等老辈能救助反对他们的陈独秀，显得道义为重。胡适深受感动，陈独秀未必不被感动，但周作人却感到纠结，他说"爱了可憎的，岂不薄待了可爱的"[①]，说明原来的核心思想抵制新想法，不能与陈独秀和胡适的新想

---

① 周作人：《爱与憎》，《新青年》1920 年 7 卷 2 号。

法发生共振。总的效果看，这个思想到底没有进入团体思想的结构。

在掌控下的思想也会对核心思想有认同互动，比如前面提到的"改变现实"对"进化"的认同互动。因为《新青年》同人的思想也必须属于时代的思想结构之中，作为部分而存在，所以其核心思想也与时代核心思想发生互动。在这中间，认同互动非常关键，普遍存在于思想系统各处。

图 6-1 是时代和个人思想与互动的模式图，个人与团体的互动与之类似。

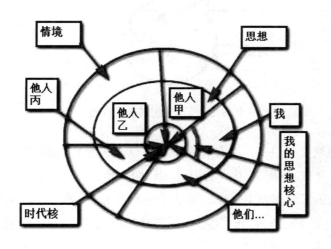

图 6-1　时代和个人思想互动的模式图

时代与个人互动系统类似一个"披萨饼"，每人分享其中的一角，这个"披萨的中心"就是时代的核心价值（时代核），每人多少都会分到一点。个人的思想核心中有时代的核心，也有自己的关注点，时代核心很多情况下就在个人的核心中，否则，这个人就是时代的边缘人，他的思想也很难与其他人发生联系。

每个人（甲，乙，丙，丁……癸等）的"思"本身又分言说和思想，思想中有核心（核1，核2）思1与时代核心、外界情境（包括其他人的思想言行）反复互动，促使思1转变为"思1.1""思1.2"……平时都是微小的变化，当"核1"变成了"核2"，则发生思想的巨大变化，思1变成思2。个人的思想与周围的情境（包括时代和团体）发生互动，然后个人的思想结构发生变化，接着从新的核心中继续展开。思想核心变化了（见图6-2），

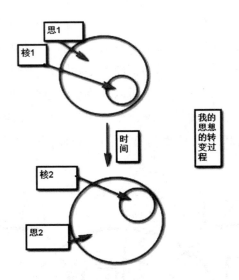

图 6-2　个人思想转变示意图

个人的思想就发生巨变，一旦稳定下来，就会按照核心的"命令"，继续与外界互动，展现自己，发生掌控互动和认同互动。

每个人的思想都发生变化，于是这些人相互合作和斗争，实现互动，因此使"时代思 1"变为"时代思 1.1""时代思 1.2"……一旦变化足够大，特别是发生核心"时代核 1"变为"时代核 2"的情况，时代就改变了。开始有的人认同"时代核 1"，有的认同"时代核 2"，他们发生冲突，等到认同"时代核 2"的个人达到多数或者控制了时代，时代思想就变成"时代思 2"，于是时代彻底改变了。

在思想系统内部的运动中，既有认同互动，又有逻辑互动和掌控互动，同时又被时代思想核心掌控着。比如本来同人知道进化论的"竞争""互助"两个方面，但是与时代思潮互动，而被时代思潮掌控，选择了"竞争"的一面，进化的"竞争"说其实是时代共振才选择的，自清末以来，小时代中的知识人选择这个学说就是看重了其中的"竞争"，因为可以看到中国失败的结症，也能看到胜利的希望。第一次世界大战结束以后国外思潮汹涌澎湃而至，带来"互助"思想，国内的思想界认同这种思想，产生排挤"竞争"说的倾向，小时代被大时代改变时，认同大时代的新思想要求小时代的个人也认同，因为它要进行掌控互动，在这个思想域中的同人继续对竞争表示认同，为进化论辩护。同人维护"竞争说"也是认同原有核心的行为，因为这个观点在《新青年》早期非常重要，并且经过思考，已经衍生出大量思想，因此维护更力，不像新人那样可以轻而易举地认同新时代思想核心。经过反驳互动以后重新认同了进化论的互助论，发生了个人主义向集体主义的转向，转变成马克思主义这种"互助"的社会主义思想流派。

一般情况下，即使发生扰动，思想核心发生应激反应，启动斗争互动，但也未必就能变动思想核心，思想核心仍然可能稳定，比如杜亚泉因为受外界思潮刺激，发起对普通教育和新伦理的攻击，引起陈独秀回击，反驳互动的目的是为了掌控民国初期的思想领域中的某些价值观念，维护时代思想体系中核心思想的稳定，想要让杜亚泉的反驳互动恢复认同互动。

核心较难改变。尤其难以通过下层策略中提取某种高阶的原则和价值来改变。因为策略是被外界环境影响而形成的看法，比较分散，它们势单力薄，无法抵抗核心的掌控。按理策略部分是现实互动的展开之地，但现实互动也不总是能战胜认同互动，两者还要较量，只有数量积累很久，或者发生重大变动才可能触动核心。除非现实中出现重大问题才会危及中心。通观同人的思想结构，核心思想变化很少，总的来说是比较稳定的。变化的部分中进化论的变化最大，其次就是个人主义和集体主义的变化。两者都是第一次世界大战和五四运动前后的外来思潮凭借权威的掌控互动来加以替换的。策略方面要改动核心思想，固然有可能，但是很不容易。比如集体主义代替个人主义，在实践的互动中积累了大量失败的例子，同人面对黑暗势力感到困难重重，本来可以提出集体主义，但一开始只不过把集体作为个人的最终归宿，却没有让新人在现实中归属于集体。北大时期同人接受无政府主义，也没有接受其团体互助的一面，只是吸收了其"社会"概念，原因是"竞争说"的个人奋斗模式掌控着整个思想，直到五四以后集体主义思潮出现，才替换了个人主义这个早期的核心。

思想核心还与现实发生互动。和目的的现实互动是思想去解决现实问题时发生的。在外部系统中，危机作为情境，为杂志提供问题，也就是提供了互动的空间。思想者要解决危机，所以进行现实互动。围绕着危机，思想核心发出一系列命令，甚至整个《新青年》的文化思想都是应对危机的产物，否则同人未必以"文明"和"人类"为核心价值。也就是说，思想核心都来自现实互动，在现实互动中建构起来的，然后继续接受现实反馈，通过效果来调整思想核心的内容。比如同人认为改造人是解决文化危机的办法，但五四落潮、北方军阀压力下北大教授的撤退等现实反馈，让同人发现这个方案不理想，终于在思潮的作用下把进化论换为马克思主义。

思想核心的表现也会受到互动的限制。思想核心变为原则和策略才能表现出来，而这个转换却是在互动中实现的。比如同人的四个核心价值之一"物质和现实"产生一般价值："逻辑性"和"科学"。之所以转化为这两者，因为受西方思想的影响，是受有理性的"人类"这个核心的互动而成。在与西方思想认同互动时，同人把自己的思想放到西方思想体系中，通过认同西方思想体系而成为它的一部分，它从西方的"物质"出发生成与"物质"具有逻辑关系的"理性""逻辑"和"科学"。另外，这里说"西方思想"在思想结构中并没有出现，那是因为《新青年》把西方等同于"人类"，把西方看作"文明"的代表，把西方文化看作人类文明的未来方向，其实它分散为几个核心了。

（二）思想原则

原则是在价值和现实的交汇处生成的，是核心价值结合具体问题时选择的依据。思想原则本来就是从价值推导出来的，它与思想核心有掌控互动和逻辑互动。同时又是思想者与外在世界接触、接受了现实反馈以后，逐渐形成和加以调节的。

认同、掌控和逻辑互动使原则从核心中推导出来的。第一，核心价值通过逻辑互动确立原则。越是核心的思想，在同级和下级中得到逻辑支持的思想越多，如"原则（6）早先思想优先，物质特别强调的时候，也保留了主观能动性"，这个原则的形成就因为最重要的核心思想"人类"的逻辑控制力发挥作用。人是有思想的高级动物，人的自由意志被看作人的本质。因此，人的主观能动性就比较重要，甚至与较为重要的"物质主义"哲学分庭抗礼。

同人有人类中心观念，因此与保守的民族主义者对立。这个反驳互动导致它选择了独特的"价值（13）牺牲自我，破除我执"。原则进而与核心互动，限制了"民族"，而直接服务于"人类"，忽视了"民族"也是"人类"的一种表现，于是"民族主义"在同人的言说中很难见到，只有到党员时期才呈现出来。早年反而是拒绝"狭隘的"民族主义的。如果认为同人是后来才有民族主义思想，那就错了，从它的文化问题前提以及它的情怀来看，早年就是民族主义者，只不过被"人类"和思想斗争的需要给压住了而已。

第二，核心变动通过掌控互动和逻辑互动带来原则的变动。思想优先和制度优先本来都埋藏在同人的原则中，与核心联系，但是早期重在主动的意识，后来核心思想发生物质转换，因此原则也发生转变。这是最常见的形态，即核心发挥掌控互动，而原则作为下属的思想，则采取认同互动。再如，党员时期从文化革命转变为政治革命，主张"原则（26）主张改造"，这个原则的确立是由于核心思想转变为马克思主义。核心思想发挥掌控互动，在原则中安排一个新的原则改动，认同马克思主义关注的政治革命和世界革命。

第三，各种核心共同互动形成原则，如，"原则（30）在对立中确定文化冲突"与"原则（17）文化有结构"都与价值中的"文明"和"进化"互动，因为文明与野蛮不可通融，因此文化也变得不可通融。"文化有结构"的观念不能从前面的价值中推导出来。它或许来自现实的直感，或者来源于对理性的迷信，因为概念必须逻辑上要求明确，而不能通融。它们与前面的各种价值有一种逻辑互动关系。这个逻辑不是那样明显，而是诸多价值相互配合而形成的信念。与此同时，现实斗争也进而强化这种观念。为了与敌斗争，改变旧文化，同人强调文化冲突中的对立，坚持两者不可调和，造成一系列中西冲突和古今、阶级等对立的不可调和。再如"（原则15）民族主义"来自天性和"核心价值（4）文明（文化）"，现代文明承认民族国家的合理性，天性又来自"核心价值（1）人类"，不过现实是中国文化的问题，现实反馈的信息是"改变"，这个现实与"核心价值（3）进化"观念共振，在"人类"与"民族"之间选择了"人类"，而将"文明"中的"民族"的一面压抑下去。

第四，原则与时代思想体系认同互动。在思想体系中，《新青年》文化思想也受到体系思想核心的影响。小时代的思想潮流一般直接给予《新青年》核心价值。它倾向于直接依靠掌控互动，要求《新青年》认同。通常，敏于追踪时事的《新青年》多少要受到思潮的影响。比如五四运动就改变了同人的文化思想结构。有人误以为五四以后小时代才形成爱国热潮，其实早有广泛的爱国观念。那时《新青年》倒是反潮流的，陈独秀创刊《青年杂志》时恰恰是他爱国心动摇，关注自觉心的时候。何况同人提倡世界主义，爱国主义倾向是受到压制的，所以他们拒绝强调爱国，也不把五四运动看作爱国运动。但是五四运动毕竟激发了思想界的爱国热情，加上爱国主义又与民族自觉相通，《新青年》深层的爱国情怀就转化为"原则（28）保中国文化"。

有的原则来自价值，有的原则来自策略。后者带来变动，常展开反驳、联合、斗争和现实等互动，其中现实互动是中心。虽然策略形成核心比较难，但是策略逐渐形成原则倒是较为容易的，现实反馈促使思想产生一系列相关的策略，这些策略也会共同支持一个观念，然后这个观念如果足够重要，可能变成原则。比如"原则（24）实用原则"和"原则（16）中国的现实重要"都是在原有言论中不提的，但在思考问题过程中都会反复出现，因为同人解决的是中国问题，又特别关注思想的效果，因此这些原则就生成了。"原则（24）实用原则"就是在北大同人攻击迷信、军阀等"偶像"的时候在 5 卷 2 号上提出的。这样形成的原则在言论中很难看见踪迹，但是在策略性的言论中可以推导出来，而且无疑是同人暗含的思想原则。它们本来就隐藏在同人的思想前提里，但是明确意识到这个原则，却是在斗争互动的过程中，从"策略（14）在实用和审美之间，主要偏于实用""策略（15）一方面改造主观文化来改造客观文化（通过唤醒青年人的觉悟和抵抗客观文化等方法），另一方面批判中国的客观文化。忽略客观文化对主观文化的影响""策略（29）表面上反文化，实际在保文化，表面上保西方的现代文化，根本上是拯救中国文化，后来是人类文化和中国文化一起拯救"和"策略（30）党员时期爱国和世界主义结合"中生长出来的。

现实互动是生成思想的重要因素，对思想原则的形成发挥重要作用。比如"原则（7）靠思想文化来推动社会进步，提倡新文化"这个思想原则成为《新青年》前半期的重要思想原则。它与同人当时的现实互动直接相关。同人属于北大集团，知识人集团，与大总统徐世昌的旧官僚集团进行斗争互动。徐世昌看不惯北大的独立，必然与北大发生冲突。他要改变北大的独立地位，自然会暴露出他干预教育界的旧思想，反对自由、寻求秩序的思想习惯就会暴露出来。同人则因为遇到这个对手，为了保护本集团的利益和思想，所以才会提出反贤人政治的思想。在互动中强调了历史进化观念，并且确认行制度革命而不行思想革命的坏处。① 这有助于强化北大时期的思想原则："原则（4）平民主义""原则（7）靠思想文化来推动社会进步，提倡新文化"和"原则（8）改造人的精神"。

此外，原则之间也不是毫不相干的，同类原则能够进行认同互动，因此原则之间也会有一种牵扯、共振作用，比如前面提到原则(6)就有"原则(2)人比物质更自由"与之进行认同互动，使思想结构更为牢固。一般逻辑互动良好的思想结构中核心、原则和策略都是相生关系，同类的思想才能聚集在一起，特别是核心和原则部分，每一个原则的存在都得到核心和其他原则的认同。比如前面说的各领域问题带来的对文化问题的遮蔽，有些可以看作这些零碎的思想造成遮蔽，进而使得某些思想得到突显，而有些就来自思想原则本身的反作用。

（三）思想策略

总体上说策略是在思想核心和现实对象的互动中产生。核心思想对策略的影响自然是无远弗届，要掌控思想，策略也必定是核心思想的化身，至少要经过它们允许才能成为思想系统的一部分。同时，策略也受到现实互动的作用。

例如，同人追求中华文化的复兴和拯救，但采取的是打击中华文化的姿态和策略。"策略（29）表面上反文化，实际在保文化，表面上保西方的现代文化，根本上是拯救中国文化，后来是人类文化和中国文化一起拯救"体现了《新青年》对中国文化态度的独特性，即放弃自身，置之死地而后生的气概，把民族主义放到比世界主义次要的位置上去，间接地实现，这个态度来源于思想核心"价值（13）牺牲自我，破除我执"，更根本的来源是"价值核心（1）人类"，它被放在所有价值的最顶端，故此《新青年》能超越同时代同样爱国的保守派。再如"策略（14）在实用和审美之间，主要偏于实用"表现为实用性越来越明显，最终实用彻底战胜非实用，连文学都不再关注了。这是因为同人的"原则（14）实用性原则"和"价值（2）物质与现实"的掌控作用，下属的策略受到它们的笼罩性压制。

策略随核心思想和原则的变化而变化。第 10 卷《新青年》编者改为瞿

---

① 高一涵：《非"君师主义"》，《新青年》1918 年 5 卷 6 号。

秋白，体现着《新青年》与第三国际的掌控互动，第三国际对马克思主义的解释权加固，《新青年》思想核心也就发生了变化。连带着概念的整个体系也发生变化，"共产主义派""民主派""全世界的劳动平民"等概念也纷至沓来。策略中也就出现一个新范畴，即阶级对立和压迫造成文化的危机，是国际人类文化的危机。进而产生"策略（24）兼顾学校教育和社会教育""策略（26）党员时期认为文化变迁有个终点，即最合理的共产主义文化"和"策略（30）党员时期爱国和世界主义结合"这些独特的策略。

现实互动对策略的作用力更大。现实互动往往带来对策略的改变。遇到不同的情境，思想者会动用不同的思想来应付，会改变思想策略来适应新情境。情境中的某些事件使某些策略产生，比如中国人正在期待被公正对待，苏俄的宣言来了，于是亲俄的思想就形成了，增加了苏俄因素在文化思想中的分量。"巴黎和会"暴露了美国的无力，欧洲文明的不合理性，此时出现俄国这样的新型文明朕兆，自然能够被同人选择。现实世界的反馈互动，促使同人的思想策略发生调整。这种整体的认同更容易改变核心，进而形成崭新的策略。再如文学的现代观念来自西方浪漫主义思潮，康德哲学赋予审美以绝对价值。这种从知识分类推导出来的观念输入中国以后，作为权威的思想，要求同人认同。在《新青年》思想结构中与"价值（15）科学"进行逻辑互动，也与"核心价值（4）文明（文化）"进行认同互动，但从文学领域的思想状况来看，只不过给陈独秀和刘半农提供了一个审美角度，与实用的文学结合形成白话文学和人的文学的方向，在发展中却渐渐变得不重要。本来海外权威应该有很强的掌控作用，但是总体上表现为现实和实用的方面战胜了这种外来的力量。可见改造现实的目的会对思想核心的展开造成限制，起反驳作用，因此只能在策略上体现，而不能进入价值和原则层面。再如"策略（21）把传统文化的不良归结为野蛮，不文明"，同人并不真的认为中国文化毫无价值，但是中国文化既然是改变的对象，而中国文化的"守护者"又以保守面目出现，反馈了中国文化对改良的抵抗，于是《新青年》在思想体系中反驳互动生成贬低中国文化的思想，为了让中国文化与被认为更文明的西方文化对比，自然就被冠以不文明和野蛮的标签。

现实互动为思想提供问题以外，还提供机会，调动资源，来补充没有的能力。《新青年》创刊时，儒家思想有普遍影响力，民国建立后一部分人要恢复儒家的地位。同人启动反驳互动是因为对儒家思想已经失去尊重，有人提倡儒家思想，同人自然要把儒家不良处解释清楚，认识到它的余威对个人主义有威胁，于是拒绝儒家思想的整合作用，同人的思想中因此有了"策略（22）反对文化整合"。其他如"策略（30）党员时期爱国和世界主义结合"是与时代变迁互动的结果。因为第一次世界大战胜利和五四运动以后，情境发生很大变化，策略也因之而通过现实互动而发生变化。民族解放成为重要内容，主张世界主义的《新青年》除了接受世界主义的马克思主义以外，更看中了民族主义，以配合国民革命实践。"策略（17）讲究培养新人的方法"也是如此，随着启蒙对象从平民变为工人阶级而发生调整。

现实互动通过空间中的斗争和联合互动来形成策略。比如北大校园给《新青年》带来无政府主义思想，北大的立场给同人提供了改变态度的机缘，决定了它的立场变化。本来《新青年》就是想在中国建立一个独立的思想空间，培养新人，然后到社会上去改造社会。无论北大校园还是新知识人的舆论空间都要塑造一个独立空间，这种空间凝聚了独立于旧文化之外的思想。同人立足校园与旧文化的集团发生斗争。其中斗争互动更容易形成策略。斗争机制运行中产生新思想，进而改变思想策略。如周作人在讨论戏剧改良中得到"野蛮的形式没法改良""只好各行其是"和"等待旧戏自身灭亡"等观点，后来他把这个观点运用于黑幕分析，认为黑幕小说"不能也不必改良"①。对旧形式不改良，让它自生自灭是一个策略，与同人的原则不一致，就因为它产生于斗争之中。再如，同人自然知道文化本身有塑造人心的功能，但却拒绝接受中国文化的塑造，产生"策略（28）培植一种新的亚文化，发挥负文化的负功能"，这主要体现在对传统文化的态度上，而对西方文化则没有这个特点，仍然发挥正文化的功能，愿意受西方文化的形塑，承认文化的形塑人格的功能，可见这不过是实现目的的手段，目的就是让新人接受西方文化，反对中国旧文化。这个策略也是在斗争中产生的。在斗争的时候，也会开展联合，联合本来是以认同互动为主，其中也有反驳和斗争，因此在联合

---

① 仲密：《再论黑幕》，《新青年》1919 年 6 卷 2 号。

中有妥协，可以生成策略。这方面可以参见团结机制中的有关内容，此处不再赘述。

## 第二节 《新青年》文化思想逻辑与互动

按照逻辑的本性，思想逻辑应该在互动中产生。《新青年》文化思想的逻辑是互动多方的力量和方向的综合效应合成的，是内在逻辑与互动的合成，但这里内在逻辑也不断被互动生成，然后又参与互动。因此无法把这两者分开。本节探讨《新青年》的文化思想逻辑可以说是内在逻辑，但是本质上是互动逻辑。也就是说，并没有同人预先设计好的一套逻辑，只有思想互动中生成发展的互动逻辑。

### 一、《新青年》文化思想逻辑

上一节通过概念共相得到的四个判断中有两个陈述现象的判断，我们归于价值结构，还有两个包含及物动词的判断："（1）自我改变现实世界"和"（2）现实世界改变自我"，都涉及现实世界，正属于逻辑的范围。如果将"现实世界改变自我"当做律令来看，那么从思想者方面讲，思想者接受的命令则是一个祈使句："主动适应世界"。"自我改变现实世界"这个判断对思想者来说祈使意味更浓，即"去改变现实世界"。

既然有这两个《新青年》内在的来自思想结构的命令作为基础，我们就可以把它们作为总结《新青年》内在逻辑的两个方向：改造主观世界和改造现实世界。这两个恰恰是思想的目标。

经过对前面的各种思想分类梳理，按照与两个方向相关的关系加以排列，结合思想结构中的概念和判断，将它们当作逻辑的方向，按照目的和手段加以安排。将目的对应的命令置于底层，手段对应的命令作为从底层延伸出来的衍生物，逐级上升，把思想结构中的很多价值作为做法的内容，由此形成两个树形的命令体系。过程十分烦琐，这里仅讨论结果。

"改造自我适应世界"的命令体系（以下简称体系一，见表6-9）：

### 表 6-9 "改造自我适应世界"的命令体系

| 级别 | 命令 |
|---|---|
| 四级 | (1.2.1.1) 团体区隔；(1.2.2.1) 去发挥主观精神；(1.2.2.2) 去改造社会来改造文化；(1.2.2.3) 要革命；(1.2.2.4) 在所属团体的外在活动中，具体空间实践中，也会对应着出现解决解除威胁的总任务；(1.2.2.5) 建构新社会。 |
| 三级 | (1.1.1) 去改造主观文化；(1.1.2) 达到新人的目标；(1.1.3) 提高新人的素质；(1.1.4) 优化培养方法；(1.1.5) 用割裂新人的方式改造主观文化，达到更换客观文化，实现更新文化的效果；(1.2.1) 认清对手（保守的群体）；(1.2.2) 通过反对旧文化的整合作用来解除旧文化与新人之间的联系。 |
| 二级 | (1.1) 培养新人；(1.2) 去除旧文化的阻碍；(2.1) 去选择西方先进文化；(2.2) 去输入西方先进文化；(3.1) 不要从我出发，破除我执；(3.2) 把握真理的力量；(3.3) 增加现实的力量；(3.4) 利用物质力量；(3.5) 提高逻辑力量；(3.6) 顺应潮流。 |
| 一级 | (1) 去改变自我；(2) 依靠现实世界（西方现实）；(3) 去增加力量。 |
| 根本命令 | 去顺应现实世界，改变自我。 |

"自我改变现实世界"的命令体系（以下简称体系二，见表 6-10）：

### 表 6-10 "自我改变现实世界"的命令体系

| 级别 | 命令 |
|---|---|
| 四级 | (1.2.2.1) 要革命；(1.2.2.2) 去改造社会来改造文化；(1.2.2.3) 通过反对旧文化的整合作用来解除旧文化与新人之间的联系；(1.2.2.4) 在所属团体的外在活动中，具体空间实践中。也会对应着出现解决解除威胁的总任务。 |
| 三级 | (1.1.1) 团体区隔；(1.2.1) 用割裂新人的方式改造主观文化，达到更换客观文化，实现更新文化的效果；(1.2.2) 去改造旧文化；(2.1.1) 促使人行动，解放民众；(2.2.1) 要信仰变迁；(2.2.2) 信仰理性主义（用理性指导行动）；(2.2.3) 追求适应；(2.2.4) 去寻找历史动力，沿着历史动力方向努力；(2.2.5) 顺应潮流；(3.1.1) 联合；(3.1.2) 运用团结机制团结更多人；(3.1.3) 扩大团体影响；(3.1.4) 在团体的活动中，去增强己方势力，争取新成员。 |
| 二级 | (1.1) 认清对手（保守传统的群体）；(1.2) 去除旧文化的阻碍；(2.1) 选择依靠的力量（普通民众）；(2.2) 去发挥主观精神；(3.1) 增加团体力量；(3.2) 讲策略，区分缓急。 |
| 一级 | (1) 去改变现实世界；(2) 依靠自我（新人）；(3) 去增加力量。 |
| 根本命令 | 去改变现实世界。 |

这些体系的上面还有很多级，这里为了简单清晰起见，仅仅显示了五级。命令的级别并不代表其重要性大小，而是代表与根本命令的远近，越到上层与现实的接触越紧密，延伸出来的方向更多，更具体的手段，只表明距

离现实世界更近，距离未来更近。分支越多，说明《新青年》从事得越积极。比如在体系一中，"（1）去改变自我"这个命令被执行得最充分，化成四级命令。在体系二中，"（1）去改变现实世界"这个命令执行得最充分。这说明在两个体系中，都是以第一个命令作为重要的命令。其他两个命令只是辅助性的。

需要说明的是命令体系与思想结构并不直接对应，但是命令体系涉及现实世界的行动，因此与价值和原则更远，更接近于策略层面。思想结构的上层进入观念层面，而命令体系越到底层越进入欲望和力量的层面。思想结构上层的那些价值和原则也是命令体系与思想结构互动而形成的。同人面对中国文化的危机而行动，并选择价值和原则就是在逻辑命令的推动下才形成的。

另外，两个命令体系也不是独立存在的，两者也存在互动。体系二中的第二条命令"（2）依靠自我（新人）"几乎就建立在体系一的第一条命令"（1）去改变自我"基础上，因此可以看出，体系一是体系二的手段和前提。在两个体系中，以体系二作为最终目的和最根本的命令。

这个最根本的命令不是《新青年》独自接收到的。在一个开通的时代，求变的人群都会认同这个命令，而且时代已经走入寻求变革的阶段了，当时几乎没有主张完全不变的人，就算认为天不变道亦不变，也会因为"天"已经变了，而认同变革中国的方案。因此，可以说这个动力是时代所发出的命令，是当时中国的现实问题（文化危机）向整个时代发出的，也就是时代与同时代的人互动，而安放到同时代人的思想逻辑中的，成了时代的共同逻辑，植根在同时代人的思想逻辑深处。《新青年》接受了这个命令，因此把"进化"作为核心价值，并且执行这个命令，成为这个时代的回答者。

由于有这个时代命令，《新青年》就特别喜欢把对手推到"保守"的位置上，因为这种违背时代逻辑的标签最能为对手定罪。其实它的对手大多是具有革新思想但是比较稳健或者略微保守的人，比如早年具有新思想的严复、林纾、康有为等，以及调和论者。他们的问题在于主张顺应自然，没有主动去行动。比如调和论也是清末以后认同依靠新的自我来改造世界的一派，但它为了在时代话语中占据位置，获得更大势力的支持，站到市民一边，因此恰恰与《新青年》早期的选择不同，选择了不及物动词意义的判断句——"现实世界变动"，这样就算他们承认变动，也是世界自己变动，并不提"自我"的力量和作为。《新青年》与调和论的分野在于"自我"这个概念的价值差别，在现实与自我的关系中，一个把"自我"放在自动的位置上，一个把"自我"看作现实的一部分。因为在思想结构中把"自我"这个概念看得很重要，所以《新青年》对现实采取革命态度，而且是主动革命的态度。①

我们会发现，这两个带有祈使意味的命令，正好是《新青年》前后时期的两个基本判断：接受马克思主义以前，主张自我改变现实世界；接受马克思主义以后，强调现实世界改变自我，自我主动适应世界，当然后者还要求革命者主动参与对政治经济的改造行动。可见《新青年》一直执行的命令就是"去改变现实世界"。但是在前期却做了很多"改变自我"的努力，因为自我是"改变现实世界"依靠的力量，是它的前提。自我是两个世界的中介，通过人的努力来改造中国的旧现实。

我们还发现，这两个命令中的"现实世界"在《新青年》这里是分开的。体系一中的"现实世界"是一个西方世界，是一个先进的世界，也是中国努力创造的世界。体系二中的"现实世界"则是中国的现实世界，是要被改造的世界。这个分离也是《新青年》与保守知识人和调和派的分野。后者恰恰是把两者当成一个，即使承认有"西方的现实世界"也认为只能作为思想资源来借鉴，不能完全进入中国的"现实世界"。因此他们的思想都是以中国的"现实世界"为依托的。他们是更加极端的现实主义者。《新青年》正是通过这个分离，才推进了对现实的改造。另外两派人则总显得首鼠两端。

到这里，《新青年》的逻辑命令体系还缺乏一个互动的维度。逻辑体系本来就是时代和同人互动形成的结果，这个变动持续不断，有的非常微小，经过积累逐渐明显，也有突然变化。在这些变动中，命令体系也会发生变动。

---

① 因此，陈独秀也承认调和论，不过认为调和是自然的，人不能不努力。而这就是《新青年》与调和论在时代话语中的分野。陈独秀与章士钊的差别在于是否主动革命。因此章士钊和陈独秀私交很好，又属于同一个阵营的政治伙伴，但是陈独秀不约稿，章士钊也不投稿，他们还曾经在北大一起共过事。这种思想的分野在这个细节上也可以得到更好的理解。

上一节梳理了《新青年》的各种重大思想变动，这些变动在命令体系中有什么表现呢？

体系一中，"（1）改变自我"这一系中变动的有："（1.1.1）改造主观文化"和"（1.1.3）提高新人的素质""（1.1.4）优化培养的方法"等三条命令。这几方面的内容改变较多，价值（10）和策略（17）等都属于这个部分；"（1.2）去除旧文化的阻碍"中变化的有："（1.2.2.3）要革命"和"（1.2.2.2）去改造社会来改造文化"这两条命令，原则（26）属于此条。命令"（1.1.4）优化培养的方法"中对文化一和文化三的关系讨论，可见策略（12）的身影。这一系中，还有"（1.2.1）认清对手"这条命令下，把抵制的旧道德定义得更清楚，策略（18）是其表现。

"（3）去增加力量"这一系中"（3.3）增加现实的力量"发生变化，实用性被重视，体现的是策略（14）的变动。

体系二中，"（2）依靠自我（新人）"这一系变化了的有"（2.1）选择依靠的力量（普通民众）"，这关系到什么人改造世界的问题，在思潮的影响下发出了新的命令。《新青年》听命去鼓动个人和群体，但是个人太过弱小，个人合成的群体力量不够，因此重新确定无产阶级作为改造世界的力量。还有"（2.2）去发挥主观精神"也发生变化。合理性的重视，与体系一中的"（3.2）把握真理的力量"共振，所以变化更为稳固，这是重要的变化，是同人转向马克思主义的心理基础，原则（12）改变是其表现。

从以上变动的地方看，体系一的西方现实世界及其思想方向没有改变，改变的仅仅是向哪个西方国家学习思想，是进化论，还是实验主义还是马克思主义。体系一的"（1.1）培养新人"这一系同人宣传和教育新人，并且不断选择新人，成效表现在五四以后的风气。"（1.2）去除旧文化的阻碍"这一系最为明显，一直在批判各种错误倾向，在与敌斗争方面反而主要表现在北大时期，还是教育新人方面更为着力。"（2.1）去选择西方先进文化"这一系一直努力，并且造成很大影响。"（2.2）去输入西方先进文化"这个也是非常明显的。具体措施虽然没有在这里列出，但是他们翻译外国作品，介绍国外思想，都毋庸多做说明。"（3）去增加力量"这一系的逻辑增加力量也一直持续，但是它受到时代真理观念的推动，有时候会成为国外思潮的被动接受者，因此它产生的成效并不大。

体系二中"（1.1）认清对手（保守传统的群体）"这一系找到敌人，敌人的范围从腐朽思想到资本家。"（1.2.1）用割裂新人的方式改造主观文化，达到更换客观文化，实现更新文化的效果"就是体系一的主要内容。"（1.2.2）去改造旧文化"这一系是认清对手以后的着手打击，做得也非常积极。"（2.1）选择依靠的力量（普通民众）"这一系找到了普通民众，从平民到无产阶级。"（2.2）去发挥主观精神"这一系也是改造新人以后促使他们行动和寻找方向。体系一是着重解决接受西方新思想的认识问题，体系二是破除旧文化的文化规范作用，解放更多新人。"（3）去增加力量"这一系就是要提升新人的力量，这方面取得了较大的成绩。

从以上的梳理可见，首先，《新青年》做得最多的地方就是制造新人、团结新人和促进新人行动这几方面。理由是命令"（1）去改变现实世界"和"（3）去增加力量"都没有改变。改变较多的几乎都是关于自我的，因为体系一的"（1）去改变自我"就是体系二的"（2）依靠自我（新人）"，也就是说变动较大的是改造人的方面，而体系一中"（3）去增加力量"就是增加接受西方思想的人。体系二中与旧势力做对的力量，也是同样一部分人。可见，思想变动主要集中在改造人的这个方面，直到《新青年》结束为止，它都在重点从事这项任务。

其次，逻辑体系总体上并没有发生改变，改变的是各条命令的具体执行，改变了的部分表现出在这个逻辑方向上探索更多，做的努力更大，也就是在思想方面逻辑得到强调，也因为外在阻力大，提供的回馈多。这些互动因素使得思想命令发生变化，也就影响了逻辑。

由此逻辑命令体系呈现一种时间的互动体系。趋势是：体系一相关的是：个人向集体转变；新道德从知识分子的道德变成各阶级的道德不同；文化从高层回归底层；实用进一步强化；精神的东西逐渐向物质方向发展。体系二相关的主题有：突出创造；革命从泛化回归窄化；旧道德的代表从传统人物到资产阶级；世界的范围从中国之外变成包括中国在内，进而分化为阶级差异；世界主义和民族主义结合。这个趋势可以描述哪些命令在互动中得到积极执行、回应和加强。

指向未来的行动需要方向，也要动力。思想的方向和思想获得的力量是执行逻辑命令的两个必要条件，可以看作逻辑命令的两个变量。经过力量协调后的方向才能看出命令。逻辑是互动多方力量和方向相互较量以后的综合效应，是力量和方向的乘积，类似恩格斯说的力的平行四边形。互动逻辑是互动的效果体现出来的逻辑，是思想逻辑与现实世界发生现实互动后，较量出的结果。所以力量是相对的，是与情境的比较中显示出来的。从来不是一个可以度量的绝对量，其实可以把它换一个称呼，叫"效应"。下面再从互动对象层面看看这些变化的互动力量来自哪里。

按照时间来看，北大时期，体系一中"健全个人主义"在五四时遭到冲击，变成集体主义（无政府主义、社会主义），其互动对象是小时代的思潮；"科学"在北大时期被强调，互动的对象是同人身份和北大环境；合理性强调最多，互动对象是同人身份和北大环境；"文学革命"在五四后将"革命"扩展，互动的对象是海外思潮带来的"学战"思潮，以及世界革命思潮；"强调理性"，选择文化高层，在文化一和文化三中强调文化一，互动对象是同人身份和北大环境；"提出理智的新道德"，"新道德提倡思考"，互动对象是同人身份和北大环境；将实用当作进化的动力，提倡文学时有较强的实用观念，其互动对象是五四以后胡适的实验主义和传统思想务实的理性的思想传统。

体系二中五四以后强调创造，互动对象是同人身份和北大环境。提到同人解释旧道德的来源时，归于物质性的因素，互动对象是唯物主义的主潮；在中西冲突上用世界代替西方。民族性上民族和世界结合，即瞄准世界文明解决民族文化的复兴，互动对象是无政府主义思潮，以及人类价值核心的作用。

京沪时期：体系一中提出反利己，对个人主义有所修正，互动对象是五四以后国内的集体主义思潮；将马克思主义作为合理的思想，互动对象是海外思潮；提出更丰富的新道德内涵，继续强调旧道德物质根源，互动对象是当时"互助"的乐观的美好时代氛围和西方的理想主义思潮；培养新人的方法采取团体方式和直接行动，借助于社会主义运动，将学校和社会教育联系起来。互动对象是五四以来小时代的思潮和海外社会主义思潮；进一步忽略审美的文学，更加突出实用的作用。互动对象是胡适影响，以及物质主义思潮。

体系二中提出创造进化，继承五四以后创造的口号，不过更为具体，互动对象是柏格森等的海外思潮。西方思潮变成两个方面，一个是资产阶级的一个是无产阶级的，在民族主义和世界主义的关系之间出现了国际。文化按照国家加以区分，抵抗文化帝国，互动对象是五四以来国家主义兴盛思潮，马克思主义对国家的关注。

党员时期：体系一中提倡集体主义和阶级，互动对象是五四以后的思潮和马克思主义核心思想；强调底层文化，在文化一和文化三两者之间重视文化三，互动对象是核心思想平民主义、马克思主义思想和工农运动实际工作；认识到道德与物质利益的紧密关系，按阶级划分道德阵营和好坏，互动对象是马克思主义核心思想。培养新人的方法是文化运动，按照阶级差别来确定教育方法，强调社会教育，教育对象变为工人，互动对象是马克思主义核心思想；提倡爱国，致力于拯救文化，互动对象是马克思主义的国家观念和五四以来爱国思潮的结合，以及民主革命形势。

体系二中提出无产阶级政治革命和世界革命创造文化的方法，互动对象仍然是马克思主义核心思想；旧道德限于资产阶级道德，互动对象是马克思主义核心思想。与此前重视主观文化不同，现在重视客观文化，互动对象仍是马克思主义核心思想，以及物质主义哲学。

从互动对象上看，各种思潮都对《新青年》有改变作用，其中无政府主义、社会主义、马克思主义和唯物主义思潮是主要的。北大时期的同人身份和北大本身对改变同人思想具有比较独特的作用。京沪时期主要是国内思潮（包括国家主义）和国外思潮发挥作用。党员时期则只有马克思主义和唯物主义。总的来说，北大时期互动产生逻辑力量的是同人的身份、北大环境以及海外思潮（无政府主义），京沪时期多为国内外思潮，党员时期则来自马克思主义核心思想。说明身份、思潮和核心思想是三个重要的逻辑力量来源，但他们都不足以改变逻辑系统，只不过改变的是逻辑的执行。三个逻辑力量的来源都是通过思想体系内部的认同互动、掌控互动来推动思想转变的。现实互动的身影较为模糊。从总体看，还是体系一显得更重要，提出建设也限于口头上。党员时期又把建设放到政治和经济革命的后面去了，呈现一种建设不足的状态，整体上有策略性特点。也就是《新青年》并没有完成自己的任务就终结了，才做了第一步，一直在做第一个命令系统的事和第二个命令体系中的"（2）"部分。

此外，我们看到北大学者身份其实是清末高级知识人的延续，他们多数认同清末以来的思想，可以说第一次世界大战结束以前，《新青年》还属于旧时代，而真正给《新青年》带来异质的，是第一次世界大战以后的思潮，这里一个重要的转折点是第一次世界大战结束和五四运动，第一次世界大战胜利使小时代接上大时代，五四是民族价值的迅速提升，民族主义建设等目标变为显性的，还有就是《新青年》本身也在这个关节点处被时代肯定。这个节点是明显的界碑，大体上早期以打破旧文化和拯救中国文化为主，后期在打破的同时，强化了建设新文化和建设中国文化的方面。

## 二、思想逻辑与互动

无处不在的互动形成了思想的结构，也形成了思想的逻辑。逻辑并非外加的，而是在互动系统中生成的，并在互动中发挥作用。《新青年》的逻辑就是在同人与现实互动中生成的，并决定着同人与现实的互动。分析逻辑与互动的关系可以从逻辑的变量方面入手。

### （一）逻辑方向

逻辑方向是逻辑的变量之一，是命令指向的目的地，在这里指《新青年》所有思想观念。思想结构的每一个价值、原则和策略都有一个方向，等效于一条命令，并影响逻辑的形成。它们就包含在体系一和体系二之中，只不过因为太具体或者太理想化，所以没有能在两个体系中列出而已。

思想结构的认同互动发生变化会带来逻辑方向的变化，这点从前一节思想结构的变动中就可以推想出来。结构和逻辑是互动的，思想结构的每一点改变都对应着逻辑方向的调整。

第一，价值体系本身就是逻辑来源。核心思想是逻辑方向之一，而且是重要的方向，围绕着思想核心的逻辑互动、认同互动和掌控互动又使这个逻辑方向非常稳固。

体系一的命令"（2.1）去选择西方先进文化"来自核心思想"文明""人类"等价值核心组成的一个命令，目的是让中国文化赶上大时代的文明。因为西方先进文化有效，所以成为《新青年》追求的逻辑方向。《新青年》的所有文化思想都是围绕这个目的展开的，所以集中火力批判拒绝向西方学习的态度。这是事理逻辑所决定的。这个逻辑方向与中国本国的时代状况矛盾，要改变中国文化状况不能依靠旧文化熏陶而成的旧人，这个事业需要先觉者认同西方文化，新人也要认同西方文化，为了促使反驳互动发生，同人选择了个人主义，解放对个人的束缚。这是一个过程，需要不断吸收新人，不断进行教育，使认同互动得以维持，进而保证逻辑方向不发生转移。这一系列方向配合了"（2.1）"的方向，保证这个来自价值核心的逻辑方向稳固。

第二，早年的逻辑方向也通过逻辑互动和认同互动对逻辑方向选择施加影响。早年的逻辑方向就凝定在思想结构中，通过认同互动和掌控互动，而具有稳固性。仍以体系一的"（2.1）去选择西方先进文化"为例，其体系一的"现实世界"指"西方世界"，这一点是清末就在新知识人的思想中确定了的，同人早年属于清末思想潮流，与之发生认同互动。等到他们思考问题的时候产生的逻辑方向多多少少要受到早期方向的限制。

第三，核心思想的变化通过逻辑互动带来逻辑方向的变化，例如"价值（10）自我和个人"从个人主义转变为集体主义，这是核心思想的改变。造成新价值产生的是现实互动和思想体系内部的权威，促进变化的互动是反驳、斗争和现实互动。原来结构中的逻辑、认同和掌控互动则发挥负面作用。现实反馈和思想权威作为新的认同对象和掌控互动的主导方，来抵消原有思想结构中的稳定联系，借助于原来《新青年》对西方思想的认同，而将个人主义替换为新的思想——集体主义，或者说唤醒同人本有的集体主义思想，让个人变成集体的下位概念，重新确立逻辑方向。

前面说过，思想结构中可以有弱者推翻强者的情况，从策略中得到新见，然后把新思想放到思想核心中去，成为思想结构的新方向。在逻辑上就是逻辑方向的转变。学界往往认为《新青年》主旨变化的特点表现了它与时俱进的品格，其实不完全对。这样说忽视了它反抗潮流的一面。其实，《新青年》文化思想多数时候是叛逆的，不够正统。陈独秀个人认为自己的论点很多与世俗不同，但是很少受驳论，"此本志之不幸，亦社会之不幸"[1]，其实有时候是因为思想不够新锐，比如创刊时它的思想多数是清末以来就确定的非常常见的观点，因此在当时的期刊中并不出众。它显得比较保守，没有学梁启超赞同"郊天"与政治的关系，没有跟着形势变化随专制政权俯仰。

---

[1]　独秀：《答陈恨我》，《新青年》1916 年 2 卷 1 号。

它还把曲学阿世的知识人作为攻击的对象。[①] 它的"保守性"使得它尊重常识，却违背新潮。或者说它是比较稳重的，而不像明星思想家一样善变。反驳互动固然可以使其有明确的方向，但也会使它在思想结构中处于认同的位置，受到压抑。当然，它反潮流仅仅反小时代的潮流，而对大时代的潮流则愿意跟从。

同人的逻辑命令体系中，最根本的命令来自现实。逻辑方向更多表现在与现实世界接触的策略部分，因为逻辑和策略一样在主观和客观交界的地方。体系一的"（1.2.2.1）去发挥主观精神"和体系二的"（2.2）去发挥主观精神"都是重要的逻辑方向，是两个体系的勾连处之一。同人确定这些方向，是因为受到外界黑暗现实反馈互动。提出"发挥主观精神"的逻辑方向，一方面自然是因为现代思想传统提供了这个方向，现代思想和人格都是理想性的，以合理为根本要求，因此自带反对旧文化的基因，但它之所以选择这个资源，也正是因为这种理想性要求它实现改造世界的目的，就不得不体现出主动性，因此才会要求培养青年的意志力，强调推动变迁的主动性等。另一方面是因为现实世界（旧世界黑暗的）抵抗的力量很大，因此它把发挥主观精神作为努力的方向和解决现实问题的手段。现实反抗越激烈，这个互动越得到固化，导致这个方向得到确认。再如，体系一的"（1.1）培养新人"的逻辑方向，是因为《新青年》当时所面对的是素质较低的国民，后来是知识水平不高、阶级意识不清晰的工人阶级，所以现实提出要求，促使思想提出"（1.1）"的逻辑方向。

现实提供斗争或者联合的对象。在现实互动中，连带产生的思想分野将人分为多个集团，因为改造现实的方向不同，引发团体思想的冲突，在思想斗争中引发斗争和联合互动。比如《新青年》反对的对象是与同人的思想结构有冲突的人，比如调和论，比如保守派。体系二的命令"（1.1）认清对手（保守传统的群体）"在斗争互动中被提出，将北洋专制政府的团体（"安福系"）和倒退的老知识人，甚至将新产生的守旧派（"留学生""学衡"）作为自己的对手。联合的是有着观点类似的团体，比如"研究系""无政府主义者"。体系二的"（3.1.1）联合"和"（3.1.2）运用团结机制团结更多人"都

---

① 　高一涵：《近世国家观念与古相异之概略》，《青年杂志》1915 年 1 卷 2 号。

是在面对现实对象，提出和强化了的逻辑方向，促使联合互动的发生，并指导更多联合互动。现实对象的思想发生变化，又造成斗争互动和联合互动的转换。总之，互动方式是抽象的、稳定的，其中的现实对象可能被替换。

前面说到，《新青年》的思想发展基本上执行的是体系一和体系二的一部分，它的破坏和建设工作并不是齐头并进的，相反是在认清主要矛盾的前提下，集中力量于当时最急需的新人教育上，具体落实在"新人教育""介绍西学"和"思想斗争"三方面，这个结果也与它的逻辑方向有关。体系二的"（3.2）讲策略，区分缓急"是在改造现实这个命令体系中确立的。这个逻辑方向会与其他逻辑方向互动，掌控其他方向，因为现实需要把重点选择在新人的创造上，以及配套的提倡西方新思潮上。

前面提到三个互动对象是改变思想结构最为有力的，其中的思潮更是改变逻辑方向的主要力量。在这里体现出现实互动决定了《新青年》的总体体系，但是在这个体系内掌控互动对于《新青年》逻辑方向的改变更为有力，而且这些互动也必须建立在现实互动基础上，毕竟同人不是为了思想而思想的，总是选择了其中一部分思想做解决问题的工具。因为当时思潮很多，选择无政府主义、社会主义、马克思主义和唯物主义思想也是与现实互动后才得以确定。参与新村运动、工读互助团以及工农运动都逐渐把现实世界的新方面反馈给同人，在互动中逐渐找到了《新青年》的方向。有的方向甚至与原来的思想有很大的改变，改变了思想核心价值，说明现实互动的力量确实很大。

逻辑方向与互动的关系与思想结构与互动的关系之间有交叉的地方，特别是策略部分，所以不再重复论证。

（二）**逻辑力量**

逻辑力量是逻辑的另一个变量，指的是执行命令的能力，即按照逻辑方向行动的能量大小。如果说思想结构以在结构中价值大小来决定，那么在思想逻辑中，不论重要与否，要论有效没效，需要以逻辑方向上的效应来衡量。

逻辑互动是思想内部本有的形式，逻辑互动越充分、越紧密，则思想的逻辑力量越大，越能自圆其说，也可以说服他人。体系一的"（3.5）提高逻辑力量"，其"逻辑力量"是指其逻辑性的力量。为了进行斗争互动，提升思想自身的逻辑性是非常重要的。逻辑互动的有效是为了保证来自核心的真理力量可以传布出来，而没有损耗。通过自圆其说的说理，在思想的空间里争取他人，获得地位，是思想的本能追求。同人就十分关注如何说服别人。陈独秀认为，用个人的道理不能让人信服，用圣人的话压人不可取，只有接近于科学的比较，以大家都认同的道理说服人，才是对的。[①] 这是《新青年》和新知识圈子里建构言论场域时注意论理方式的表现。同人在攻击对手的时候也常常攻击其逻辑性，也是这个逻辑方向的展现。

逻辑方向一般价值越大，逻辑力量越大，因此核心的逻辑力量在思想结构中力量最大。核心思想作为逻辑方向也是因为它通过逻辑互动带动了原则和策略等多个方向，因此人多势众，逻辑力量也就增大。此外，价值大的逻辑方向还能外溢到思想外，价值大的逻辑方向涉及的人多，能够得到更多人的赞同，因此认同的力量就大，不仅涉及思想内部的逻辑力量，还能调动世俗权力，引发有利于自己的斗争互动和联合互动，增大逻辑力量。

《新青年》影响力的提升，使其思想被送到时代思想结构的关键部位。《新青年》在沪皖时期的影响十分有限，是因为它还是学徒，没有发出自己的声音，对于文化的看法主要受制于时代。北大时期它有独立的地位，已在舆论中受到注意，但仍然不能产生巨大作用。五四以后《新青年》成为权威，才能更好地影响时代。北大同人是自由主义者对于权威是否认的，但是仍然不得不在互动中遵从权威，可见其有效性了。当然，权威虽然是掌控互动的主导者，但是也被认同者的认同互动影响，恰恰是在五四时期，《新青年》在潮流面前显得最被动。

掌控互动在团体中形成凝聚力和向心力，反过来看也是对的，即由于有凝聚力和向心力，才能发挥掌控互动。在思想体系中，世俗权力是集团归属对思想逻辑发挥作用的凭借。比如沪皖时期陈独秀约有名望的同集团人员投稿，也有增多逻辑力量的意思。甚至要建立一个同类思想组成的空间，进一步增加逻辑力量。《新青年》就得益于北大在北京教育界的势力建构，承认《新青年》的读者先是北方的青年学生，其原因就是北大在北京的影响力，时代接受《新青年》也是从北大时期开始的。五四以后不久，提到陈独秀和胡适，

---

① 独秀：《随感录·(十九)》，《新青年》1918 年 5 卷 2 号。

往往是在提到北大的时候。比如《申报》记者提到《新青年》同人时说："洎乎今春，新旧学派之争愈烈，大学以内有陈独秀、胡适等新文学派及刘光汉、黄侃等之旧文学派。"[①]1920年初报道陈独秀还称其为北京大学学长，[②]这是北大的光环在起作用。当时社会上因为五四运动，非常看重北大。

掌控互动伴随着个人的认同互动，认同越多，团体越团结，团体成员在逻辑方向上就形成更大合力。因此，掌控互动总的来说是增加逻辑力量的互动，不过这样说只在掌控互动与认同互动相互一致的时候有效，如果掌控互动与认同互动是反向的，比如时代思想要求团体和个人的思想认同，此时它进行的是掌控互动，但是如果团体或个人认同的是本团体中相反的逻辑方向，则时代的掌控力会大于内部的认同，因为此时个人与时代进行反驳互动。这是破坏系统的行为，团体外的更多团体则与之开展斗争互动，减弱逻辑方向上的共振，使逻辑方向的力量减弱。在转换中，有时候思想外的掌控互动的力量似乎大于思想内的认同互动，这时掌控力是巨大的逻辑力量。这就可以解释同人总是通过认同大时代的思想潮流来直接安排重要思想到思想内部来替换某些部位，甚至替换思想核心。

认同倾向于扩大自己的力量或者给力量以好的位置，发挥更大的效应。这些认同将成为凝聚力的来源之一。它对逻辑力量的增大作用是不言而喻的，无需多加论证。《新青年》北大同人时期在认同达到团结方面有点纠结，他们是自由主义者，认为团结不能危害独立性，因此他们一面结党，一面保持独立。即使如此，在斗争的时候也不能不接受思想逻辑的命令"（3.1.2）运用团结机制团结更多人"，团体解散以后反思最有力的钱玄同也是团体进行思想斗争时最强调团结的人之一。

斗争和联合互动中，借助的力量包括各种世俗权力和权威。斗争互动和联合互动的目的都是为了增大思想系统（个人和团体）的力量。斗争互动通过削弱对手的方式来突显自己的力量，打击敌对方在思想场域中的威信，通过消灭对手或者异己力量来确立自己的中心位置，获得自己的霸权，或者为了保持稳定，它需要抵抗外在环境（他人）的攻击。这样的逻辑就是为了安

① 　霜羽：《北京通信·大学校长问题之过去现在未来》，《申报》1919年5月13日6版。
② 　《陈独秀在鄂演讲之经过》，《申报》1920年2月15日7版。

全和繁荣。比如同人"攻击保守派的逻辑""折辱他们在群众中的威信"等做法目的是打消其权威，破坏其在小时代思想系统中的掌控作用。引导一般读者接收新思想，背后就是体系一和体系二的命令"（1.1.1）团体区隔"和"（1.2）去除旧文化的障碍"要求的斗争互动。

斗争互动也会削弱自己的力量，策略性的逻辑方向反而会在思想系统中产生反作用，比如同人在斗争互动中确立的"破"的策略方向，在当时思想场域中就受到研究系和稳重者的质疑，使其攻击力减弱了，至少削弱了团结的力量。

"联合"可以形成合力，人多势众，通过人力凝聚形成巨大能量。听从的命令是体系二的"（3.1）要增加团体力量"，以及这个命令下属的"（3.1.1）联合""（3.1.2）运用团结机制团结更多人""（3.1.3）扩大团体影响"和"（3.1.4）在团体的活动中，去增强己方势力，争取新成员"等四条命令。它们都是为了提高团体一起改造现实世界和思想体系的能力。"（3.1.4）在团体的活动中，去增强己方势力，争取新成员"就是增加人力，原理也是一样的。比如胡适就特别看重研究系对北大同人的认可，积极联合蓝公武。胡适还想争取留美学生的同情。此外同人还联络与同人同样集团的力量，如国民党、无政府主义者、社会主义者、第三国际、新学者等。目的都是扩大阵营的人员，通过合作，借助于研究系等人在社会上的地位来增加《新青年》思想的影响力。联合互动发挥作用，力量越大，完成任务的效应越大。

同人也会顺应潮流，接受的是体系二的"（2.2.5）顺应潮流"和体系一的"（3.6）顺应潮流"的逻辑命令。两个体系都有这个命令，可见其重要性，也是两个体系的勾连处之一。同人属于接引大时代的人，早年跟从清末进入中国的世界潮流，民国以后小时代的世界潮流有点减弱，同人则是当时坚持早期潮流的人。在民国初年，新潮流徘徊不进，同人原来追随的世界潮流已经有点陈旧，但同人接引近代思潮的姿态是比较明显的，这种姿态在五四时期使其成为时代先锋之一。同人不喜欢专制也有为了打破小时代封闭状态的成分，因为专制为加强小时代自身的思想纯化，而拒绝外来的思想干涉，具有一定排外性，会造成小时代与大时代的隔绝。

前面提到过同人的反潮流，这是比较奇怪的，从逻辑力量方面看，尤其反常。因为反潮流本来是削弱自身力量的行为，但是《新青年》似乎不怕与潮流相反,《新青年》值得提到的特点之一在于它总是站在弱势群体一方,它选择的依靠力量是底层平民,为了团结这些平民,他们克制自己知识人的身份而选择了底层文化方向,与平民发生联合互动,而把专制官吏作为斗争互动的对象。另外,他们归属的集团是在政治上属于力量不大的群体,只能在南北军事对抗中处于平衡力量的民主力量,或者主要是知识人群体。这些逻辑方向似乎违背了"(3.3)增加现实的力量"的命令,其实不然,它听从的是另外三个命令:"(2.1)选择依靠的力量""(2.2.4)去寻找历史动力,沿着历史动力方向努力"和"(3.2)把握真理的力量"。在真理力量和现实力量两个方向中,他们更信服真理力量。他们之所以选择没有世俗权力的平民,是因为他们相信政治学中揭示的原理,认为民主时代的政治权力来自平民。他们不管实际上平民是如何受到压抑,但是他们站到弱势的平民一边,联合边缘化的军阀,因为这些军阀也赞同民主,也属于自由派的力量。它们虽然弱小,但却属于真理指引的方向。

现实互动的目的是自我保护、追求真理、解决问题,思想的活力体现在能应付现实问题,产生有价值的思想。现实互动目的指向现实世界,实现自己,达到自己的目的。为了执行思想逻辑的命令,进行实践,为达到目的,要努力执行命令,追求思想的力度增大。思想中必定设置提升力量的方面。从逻辑力量方面说,每个思想体系中都有"(3.1)要增加团体力量"的命令,差别仅仅在于执行这一命令的方式不同,结果各异而已。现实互动决定了哪些思想逻辑方向变动和形成什么样的思想面目。比如同人思想逻辑中的体系一的"(1.2.2.5)建构新社会",新社会是理想中的图景,是按照西方的理念和榜样来规划出来的。要想实现,必须考虑到现实世界的状况,也就是物质条件,因此旧社会本身容纳新理念的可能性就成为优先解决的问题。这就是为什么同人的思想基本上是破为主的原因,多数思想都集中在自我更新和反对旧文化旧伦理旧制度上。因此,同人的思想逻辑经过互动而成为现在的面目。因为新力量还不够强大,停滞是文化和秩序所与生俱来的伴生物,因此为了建构新社会,由于革命的时代互动共振,他们接收的又是革命的命令,因此表现出更多革命色彩。

现实的反馈力量与来自主观的力量相比较为强大。主观上需要意志力去推动,没有意志力,主观方面的力量就无法发挥,而相比之下,现实反馈反作用更为确定。《新青年》早期较重视主观上的力量，而对现实的作用力则比较忽视，到后来认识到现实的决定性作用，这是事理发展逻辑决定的，也是它用理想的西方文化来改造现实的中国文化这个命令所决定的。

思想外部的凝聚力和向心力可能来自认同，也可能来自生活地域的接近、感情的亲密和人生经验等。比如危亡的总主题隐隐地在起作用。同人心急如焚地振作国家和袁世凯实行帝制都是受了日本"二十一条"的刺激。这件事情暗示的意义是中国国家在国际上的地位非常危险，因此影响深远，刺激时人，作为当代人的共同经验，可以让人一呼百应。这种巨大的危机是非常有力的逻辑方向，只有现实互动才能提供，原因是现实的逻辑力量更大。从《新青年》的发展历程看，整体的命令体系并没有大的改变，改变的仅仅是具体的执行，也就是说主要在于现实交接的地方。现实互动为思想者提供思想的效果，然后思想者加以调整，先是在策略上调整，如果发生核心思想的变化，也就带来大的逻辑方向的调整。

转换主要由现实互动发挥作用，因此对逻辑的影响更直接。比如对老子看法的变化是执行体系二的命令"（1）去改变现实世界"的结果，现实反对力量的大小在转换中起作用。开始在敌对力量来自孔子之道时，老子思想就没有太大的力量，可以作为认同的力量，可以联合肯定老子思想的团体，后来社会反馈的抗力来自虚无主义，陈独秀就把老子作为抨击的敌人，以便削弱虚无主义的力量。

说到底，逻辑力量的增加或者减少，主要取决于对逻辑方向上的认同和反驳，斗争和联合则是侧面增加反驳和认同的力量。现实互动从来是反作用力，故此改变的动力往往来自现实。现实互动也使命令的内容增多，逻辑方向增多。总之，互动多变，力量的效应也多变，同样的逻辑方向在不同互动状态下效果大异。《新青年》早年追求的新文化运动方向开始不被时代认同，因为时代的方向与之不一致，因此那些思想影响力弱，第一次世界大战以后，小时代接受大时代的命令，国人逐渐认识到创造面向世界的新的整合文明是中国振兴之路，因此时代转向《新青年》方向，使《新青年》成为影响力大的刊物。但奇怪的是，在五四时期它在众多外来思潮中选择了马克思主义，却在五四落潮后成为背离小时代的思想力量，成为弱者，以至于被"扼杀"了。从《新青年》思想逻辑方向在历史中浮沉的历程可以推测可能并没有所谓真理的方向，只有互动，只有不断的思想的波涛，只有那时那刻的适合。人们从思想史里寻找历史考卷的标准答案很可能是徒劳的。因为真理也不能不参与互动，互动才是活的。

最后补充说明，无论是逻辑方向还是逻辑力量，要执行命令，达到目的，都要借助于各种机制。通过各种机制综合运用来实现整体思想互动。互动的系统性也表现在它运作时遵循各种机制，发挥各种功能，使思想结构建立和改变。简而言之，就是互动之间相互配合，通过机制来执行一系列命令。在这个过程中，各种命令联动，现实互动发挥中心作用。固然思想内部本来就有某种逻辑方向，但是思想到底是一种认识和改造现实的工具，外界情境压力是推动思想生产和发展的重要动力。现实世界通过提供问题来参与现实互动，原来的思想结构被现实情境激活，此时遵循生成机制，对原来思想结构进行认同互动，执行逻辑命令。根据现实效果来调节思想内部，此时遵循转换机制，反驳或者认同原有的逻辑互动，改变思想的某些部分，然后转化为逻辑方向；如果现实反馈的信息表明自己力量不足，那么为了增加逻辑力量，思想系统会启动团结机制，扩大自己阵营的人，形成合力，再次进行现实互动。或者遵循斗争机制，通过斗争互动，打击现实问题背后的思想团体，减少他们的阻力。另一方面也会直接行动，作用在现实本身，进行各种制度的改革。掌控机制则在思想内部和团体内部一直运行着，通过掌控互动，维持系统的稳定。

# 结　论

　　以上我们描述了政治、教育、哲学、宗教、文学、伦理道德等具体领域和文化学框架中的各种互动，分析了互动中发挥作用的各种因素，从中提炼出互动的模型、运行机制以及《新青年》文化思想的结构和逻辑。这种安排建立在以下基本预设：《新青年》的思想并不仅仅体现在言说的那些文字中，更在其互动中生成和体现。其秘密不仅在它自己身上，也在那些参与互动的情境中。思想的秘密也不是先天创造的，而是一边生成，一边调整。人的思想一边形成自己的核心，一边改写这个核心，思想按照核心来展开，但是"展开"本身又试图改写核心，有的时候成功改写了，有的时候没有成功。要把握在斗争和实践中产生的思想，必须进行超时间的结构还原。

　　因此本书的内容实际上包括两个部分：思想的空间政治学和思想的时间结构学。空间政治学研究的是共时状态中思想的空间分割和斗争。时间结构学则研究思想流变中的结构。为此，本书在选材上也做了调整。不仅选择《新青年》上的材料，还要兼顾《新青年》生长环境中的文献，从浩如烟海的文献中选出与《新青年》上的思想直接相关或者相互呼应的，对于时代有描述作用的文献，希图呈现出《新青年》文化思想的语境。本书特别强调了第一次世界大战的地位，对五四的界碑意义加以重新认识。这些工作解答了在绪论中确定的问题：互动中的《新青年》文化思想是什么样的，如何把握互动中的思想生成和发展。

　　本书的结论是，《新青年》的文化思想是在思想场域中种种影响因素作用下得到突显的。它在各领域问题的讨论中体现出文化思想的价值体系，呈现种种根据时代和自身条件决定的认识。它的思想生产与思想者的现实生活、思想本身与环境形成的系统都有关联。

　　本书的第一个深层关注是寻找《新青年》文化思想如何超越语境而具有

穿透历史的能力和价值的。也就是探讨它凭什么要成为我们后人不断对话的磨刀石。[①]

把历史归于历史，让我们知道了历史上的行动和思想都不过是过去某个时间中具体的呈现，我们不过是了解了当时人的意思，可以避免误解。带来的后果是，《新青年》文化思想被固化在历史的泥潭里了。嵌入历史以后，作为整体是无法移动到其他历史时代的（但不代表不能从中获得某些概念作为材料和资源。只要这个概念是有现实针对性的，就可以在不同时代保持概念的一致性，虽然多数情况下，概念无非是思想体系中的一个部分，摘下来就已经改变了性质），这也许导致一个新问题就是如何把历史的东西作为当代的资源。是不是把历史都推到历史里面去，没有任何规律可以延伸到现在，为我们提供帮助呢？如果是那样，研究就仅仅是为了满足好奇心。本书在历史互动中把握《新青年》的文化思想，不是为了把《新青年》嵌回历史之中，使它远离我们，而是为了把它重新唤回来，带来更多的经验。我们不仅了解了《新青年》想了什么，还揭示了它是怎么想的，同时还增加了对思想本身的认识。我们需要重新建立过去人的思想与当前关切之间的联系。其实在本书的框架中已经提出了一种认识。后人也是从前代的文化传统中获得自己的思想核心的，成为一个什么人，就看从什么思想中汲取思想。同时，它也提醒我们在继承前人的时候不能胶柱鼓瑟，对《新青年》的文化思想进行"全面"继承，经过本书的梳理可以发现这正是《新青年》同人所拒绝的。此外，掌握逻辑是为了选择和行动，掌握其中带有规律的因子，作为今人行动的指南。未必能够做到精准，但效能是可控的，正如使用皮鞭抽击敌人，具体抽击在皮肉上的哪个部分，我们并不知道，但是大体方向不会错。

从上面的研究可以推论说《新青年》与时代互动有经验也有教训，并非它的看法颠扑不破，而是它在历史上解决了一些重要问题，并开创了后来的一些事业。这样消极的认识虽然否定了历史神话的迷信，但是却可能打开新的视域，暗示了很多没有充分展开的问题域。

第二个深层关注是拓展思想史的内容，考虑思想的复杂性和系统性。本书为此做了一些粗略的尝试，将思想看作一个系统的展开，这个系统不是某

---

① 陈平原：《作为一种思想操练的五四》，北京大学出版社 2018 年版，第 14 页。

一时期的思想状态，而是在时间中展开的结构。这个假说可以称为思想的形态学。它是从《新青年》思想互动系统中推测出来的，还需要其他领域科学研究的检验。那些"不愿以假说来进行研究"的怀疑论"哲学家们"① 就算不相信本书的假说和解决问题的方式，也不能再满足于模糊和印象式的记录，应该寻找其他方法来解决这些思想史问题。

如果以上试验有一点成果的话，那就是《新青年》的面目被一定程度地重描，证明思想史的写法是可以加以丰富的，证明运用互动的研究法可以具体化思想史中模糊的"影响"，研究个体和整一的关系，对解决巴门尼德的难题有所贡献，对于整体思维与还原论的沟通应该有所帮助，对于历史动力的理解或许也有触动。

本书的不足之处在于对概念的比较研究还是粗线条的，其实这个领域是可以专门研究的，通过更精确的概念辨析，以及更准确的量化方法来获得思想的结构。

---

① ［美］欧文·拉兹洛:《系统、结构和经验》，李创同译，上海译文出版社 1987 年版，第 34 页。

# 主要参考文献

## 一、五四时期期刊资料

《安徽俗话报》《北京大学日刊》《北京大学学生周刊》《北京大学月刊》《北京高师教育丛刊》《北京时报》《北洋官报》《昌明孔教经世报》《昌言报》《晨报》(《晨钟报》)《晨星报》《大公报(天津)》《大公报(长沙)》《大同月报》《大中华》《东方日报》《东方杂志》《东南论衡》《扶风月报》《妇女杂志》《革命生活旬刊》《革命先锋》《公言》《公言报》《共产党》《共和言论报》《光明》《国民公报》《唤群特刊(三五特刊)》《今日》《甲寅》《甲寅周刊》《建设》《江汉潮》《教会公报》《教育丛刊》《教育研究》《教育杂志》《京报》《京师教育报》《进步杂志》《觉悟》《科学》《旅欧杂志》《每周评论》《猛进》《民国日报(上海)》《民国日报(广州)》《民心周报》《民彝》《南大周刊》《南京学生联合会日刊》《青年进步》《青年镜》《清议报》《虔铎》《清华周刊》《人权》《日本潮(1编)》《三民丛刊》《山东官报》《山东正谊周刊》《尚贤堂纪事》《少年中国》《申报》《神学志》《神州日报》《时报》《时事新报》《顺天时报》《文化革新导言》《文化论坛》《文科学刊》《文星杂志》《现代评论》《向导》《香港学生》《校风》《小日报》《新潮》《新教育》《新青年》《新人》《新社会旬刊》《新闻报》《新文化》《新学镜》《新中国》《星期评论》《新民报》《兴华》《学生》《益世报》《郓中驹俱学报》《游戏世界》《宇宙风》《越铎日报》《政学旬报》《正谊》《直声周刊》《中国青年》《中国学生》《中华基督教教会年鉴》《中华教育界》《中华新报(上海)》《中华新报(北京)》《中华学生界》《中华旬刊》《传记文学》《宗圣学报》

## 二、专著

1. 白吉庵:《梁漱溟访谈录》,人民出版社 2017 年版。

2. 包惠僧：《包惠僧回忆录》，人民出版社 1983 年版。

3.［苏］布哈林：《布哈林文选》，郑异凡等译，人民出版社 1981 年版。

4. 本书编委会：《20 世纪 20 年代的上海大学（上下卷）》，上海大学出版社 2014 年版。

5. 蔡尚思：《中国现代思想史资料简编》，浙江人民出版社 1982 年版。

6. 蔡元培：《蔡元培全集》，中华书局 1984 年版。

7. 蔡和森：《蔡和森文集》，人民出版社 2013 年版。

8. 陈独秀：《陈独秀著作选编》，上海人民出版社 2009 年版。

9. 陈旭麓：《宋教仁集》，中华书局 1981 年版。

10. 陈平原、夏晓虹：《北大旧事》，北京大学出版社 2018 年版。

11. 陈望道：《陈望道全集》，浙江大学出版社 2011 年版。

12. 迟惠生：《京师大学堂档案选编》，北京大学出版社 2001 年版。

13. 邓中夏：《邓中夏全集》，人民出版社 2014 年版。

14.［美］约翰·杜威：《杜威全集·杜威晚期著作（1925—1953)》(2)，张奇峰、王巧贞译，华东师范大学出版社 2015 年版。

15. 冯自由：《革命逸史》，新星出版社 2009 年版。

16. 郭俊英：《雪泥鸿爪》，文物出版社 2014 年版。

17. 郭沫若：《郭沫若全集》（文学编），人民文学出版社 1992 年版。

18.《国际共产主义运动史文献》编辑委员会：《共产国际第一次代表大会文件》（1919 年 3 月），中国人民大学出版社 1988 年版。

19. 胡适：《胡适来往书信选》，中华书局 1979 年版。

20. 胡适：《胡适文集》，北京大学出版社 2013 年版。

21. 胡适：《胡适日记全编》，安徽教育出版社 2001 年版。

22. 胡适：《胡适全集》，安徽教育出版社 2003 年版。

23. 黄兴：《黄兴集》，中华书局 1981 年版。

24. 康有为：《康有为全集》，中国人民大学出版社 2007 年版。

25. 李达：《李达文集》，人民出版社 1988 年版。

26. 李大钊：《李大钊全集》（最新注释本），人民出版社 2006 年版。

27. 梁启超：《梁启超全集》，中国人民大学出版社 2018 年版。

28.［俄］列宁：《论文学与艺术》，人民文学出版社 1983 年版。

29. 刘半农：《半农谈影》，开明书店 1928 年版。

30. 陆费逵：《陆费逵教育论著选》，人民教育出版社 2000 年版。

31. 鲁迅：《鲁迅全集》，人民文学出版社 2005 年版。

32. 茅盾：《茅盾全集》，人民文学出版社 1984—2006 年版。

33. 钱玄同：《钱玄同文集》，中国人民大学出版社 1999 年版。

34. 钱玄同：《钱玄同日记》（整理本），杨天石整理，北京大学出版社 2014 年版。

35. 全国政协文史委员会：《文史资料存稿选编·文化》，中国文史出版社 2002 年版。

36. 全国政协文史和学习委员会：《文史资料选辑》，中央文史出版社 2009 年版。

37. 瞿秋白：《瞿秋白文集》，人民出版社 2013 年版。

38. 瞿秋白：《多余的话》，江西教育出版社 2009 年版。

39. 孙中山：《孙中山全集》，中华书局 2017 年版。

40. 沈志华：《苏联历史档案选编》，社会科学文献出版社 2002 年版。

41. 上海文艺出版社编辑组：《中国现代文艺资料丛刊》（5），上海文艺出版社 1980 年版。

42. 舒新城编：《中国近代教育资料》（上），人民教育出版社 1981 年版。

43. 唐晓峰、王帅：《民国时期非基督教运动重要文献汇编》，社会科学文献出版社 2015 年版。

44. 王凡西：《双山回忆录》，东方出版社 2004 年版。

45. 王学珍、郭建荣：《北京大学史料（1912—1937）》（2），北京大学出版社 2000 年版。

46. 吴稚晖：《吴稚晖全集》，九州出版社 2013 年版。

47. 新青年社：《社会主义讨论集》，上海书店 1989 年版（民国丛书第五编影印本）。

48. [法] 薛纽伯：《现代文明史》（上），王慧琴译，亚东图书馆 1933 年版。

49. 杨昌济：《杨昌济集》，湖南教育出版社 2008 年版。

50. 袁刚等编：《中国到自由之路——罗素在华讲演录》，北京大学出版社 2004 年版。

51. 严复：《严复集》，中华书局 1986 年版。

52. 恽代英：《恽代英全集》，人民出版社 2014 年版。

53. 赵家璧：《中国新文学大系》，上海文艺出版社 1985 年版（影印本）。

54. 朱谦之：《朱谦之文集》，福建教育出版社 2002 年版。

55. 郑异凡：《苏联"无产阶级文化派"论争资料》，人民出版社 1980 年版。

56. 张静庐：《中国现代出版史料》丁编，中华书局 1959 年版。

57. 周作人：《周作人自编文集》，河北教育出版社 2002 年版。

58. 中共中央党史研究室第一研究部：《共产国际、联共（布）与中国革命档案资料丛书》第 1 卷，北京图书馆出版社 1997 年版。

59. 中共中央党史研究室第一研究部：《联共（布）、共产国际与中国国民革命运动（1926—1927）》，北京图书馆出版社 1998 年版。

60. 中国人民大学科学社会主义系：《国际共产主义运动史文献史料选编》，中国人民大学出版社 1985 年版。

61. 中国人民政治协商会议全国委员会文史资料研究委员会：《辛亥革命回忆录》，中国文史出版社 1981 年版。

62. 中国社会科学院近代史研究所翻译室：《共产国际有关中国革命的文献资料（1919—1928）》，中国社会科学出版社 1984 年版。

63. 中国社会科学院近代史研究所《近代史资料》编译室：《五四运动回忆录》，知识产权出版社 2013 年版。

64. 中国史学会：《辛亥革命与 20 世纪的中国》，中央文献出版社 2002 年版。

65. [法] 路易·阿尔都塞：《保卫马克思》，顾良译，商务印书馆 2006 年版。

66. [英] 齐格蒙特·鲍曼：《共同体》，欧阳景根译，江苏人民出版社 2003 年版。

67. [美] 彼德斯：《交流的无奈：传播思想史》，何道宽译，华夏出版社 2003 年版。

68. [俄] 别尔嘉科夫：《历史的意义》，张雅平译，学林出版社 2002 年版。

69. 邴正：《马克思主义文化哲学》，吉林人民出版社 2007 年版。

70. [英] 戴维·伯姆：《论对话》，王松涛译，教育科学出版社 2004 年版。

71. [英] 约翰·伯瑞：《进步的观念》，范祥涛译，上海三联书店 2005 年版。

72. [法] 布迪厄：《艺术的法则》（新修订本），刘晖译，中央编译出版社

2011 年版。

73.[法] 布迪厄：《区分：鉴赏判断的社会批判》，刘晖译，商务印书馆 2015 年版。

74.陈平原：《佛佛道道》，复旦大学出版社 2005 年版。

75.陈平原：《触摸历史与进入五四》，北京大学出版社 2010 年版。

76.陈平原：《小说史：理论与实践》，北京大学出版社 2010 年版。

77.陈平原：《作为学科的文学史》，北京大学出版社 2011 年版。

78.陈平原：《"新文化"的崛起与流播》，北京大学出版社 2015 年版。

79.陈平原：《作为一种思想操练的"五四"》，北京大学出版社 2018 年版。

80.陈廷湘、李慧宇：《中国新文化思想史纲》，四川大学出版社 1995 年版。

81.陈万雄：《五四新文化的源流》，生活·读书·新知三联书店 1997 年版。

82.[美] 阿里夫·德里克：《中国革命中的无政府主义》，孙宜学译，广西师范大学出版社 2006 年版。

83.[美] 阿里夫·德里克：《后革命时代的中国》，李冠南等译，上海人民出版社 2015 年版。

84.丁耘：《什么是思想史》，任军锋译，上海人民出版社 2006 年版。

85.[美] 杜威：《思维术》，刘伯明译，上海社会科学院出版社 2017 年版。

86.[美] 杜赞奇：《从民族国家拯救历史：民族主义话语与中国现代史研究》，王宪明等译，社会科学文献出版社 2003 年版。

87.[法] 维克多·埃尔：《文化概念》，康新文、晓文译，上海人民出版社 1988 年版。

88.[德] 诺贝特·埃利亚斯：《文明的进程：文明的社会起源和心理起源的研究》第 1 卷，王佩莉译，生活·读书·新知三联书店 1998 年版。

89.[英] 费尔克拉夫：《话语与社会变迁》，殷晓蓉译，华夏出版社 2003 年版。

90.费孝通：《乡土中国》，北京出版社 2005 年版。

91.冯客：《近代中国之种族观念》，杨立华译，江苏人民出版社 1999 年版。

92.冯天瑜：《新语探源：中西日文化互动与近代汉字术语生成》，中华书局 2004 年版。

93.佛光大藏经编修委员会：《佛光大藏经法华藏经部北本涅槃经二》，佛光出版社 2009 年版。

94.[德] 伽达默尔等：《德法之争：伽达默尔与德里达的对话》，孙周兴、孙善春译，同济大学出版社 2004 年版。

95.[英] 厄内斯特·盖尔纳：《民族与民族主义》，韩红译，中央编译出版社 2002 年版。

96.葛兆光：《思想史的写法》，复旦大学出版社 2004 年版。

97.葛兆光：《思想史研究课堂讲录》，生活·读书·新知三联书店 2005 年版。

98.耿云志：《近代中国文化转型研究导论》，四川人民出版社 2008 年版。

99.郭湛波：《近五十年中国思想史》，上海古籍出版社 2005 年版。

100.[美] 马文·哈里斯：《文化唯物主义》，张海洋、王曼萍译，华夏出版社 1989 年版。

101.郝斌、欧阳哲生：《五四运动与二十世纪的中国》，社会科学文献出版社 2001 年版。

102.[德] 洪堡特：《论人类语言结构的差异及其对人类精神发展的影响》，姚小平译，商务印书馆 1999 年版。

103.黄克武：《自由的所以然——严复对约翰·弥尔自由思想的认识与批判》，上海书店 2000 年版。

104.胡绳武、金冲及：《从辛亥革命到五四运动》，山西人民出版社 2010 年版。

105.[德] 马丁·海德格尔：《存在与时间》（修订译本），陈嘉映、王庆节合译，熊伟校，陈嘉映修订，生活·读书·新知三联书店 2014 年版。

106.[德] 马丁·海德格尔：《形而上学导论》，熊伟、王庆节译，商务印书馆 1996 年版。

107.[德] 黑格尔：《历史哲学》，王造时译，商务印书馆 1963 年版。

108.[英] 特伦斯·霍克斯：《结构主义和符号学》，瞿铁鹏译，上海译文出版社 1987 年版。

109.金炳华等：《哲学大辞典》（修订本），上海辞书出版社 2001 年版。

110.[德] 卡西尔：《论人：人类文化哲学导论》，广西师范大学出版社 2006 年版。

111.［苏］凯勒：《文化的本质与历程》，陈文江、吴驶远等译，浙江人民出版社 1989 年版。

112.［美］凯瑞：《作为文化的传播》，丁未译，华夏出版社 2005 年版。

113.［英］康福德：《从宗教到哲学：西方思想起源研究》，曾琼、五涛译，上海三联书店 2014 年版。

114.［美］斯蒂芬·F.科恩：《布哈林政治传记》，徐葵等译，东方出版社 1988 年版。

115.［匈］贝拉·库恩：《共产国际文件汇编 1919—1932》，中国人民大学编译室译，生活·读书·新知三联书店 1965 年版。

116.［美］欧文·拉兹洛：《系统、结构和经验》，李创同译，上海译文出版社 1987 年版。

117.［法］雅克·勒高夫等：《新史学》，姚蒙译，上海译文出版社 1989 年版。

118.李静：《〈新青年〉杂志话语研究》，天津大学出版社 2010 年版。

119.［美］沃尔特·李普曼：《舆论学》，林珊译，华夏出版社 1989 年版。

120.李述一、李小兵：《文化的冲突与抉择》，人民出版社 1987 年版。

121.梁漱溟：《东西文化及其哲学》，世纪出版集团、上海人民出版社 2006 年版。

122.梁漱溟：《中国文化要义》，上海人民出版社 2011 年版。

123.刘爱伦：《思维心理学》，上海教育出版社 2002 年版。

124.刘禾：《语际书写：现代思想史写作批判纲要》，上海三联书店 1999 年版。

125.刘禾：《跨语际实践》，生活·读书·新知三联书店 2008 年版。

126.刘集林：《陈经序文化思想研究》，天津人民出版社 2003 年版。

127.林毓生：《中国意识的危机》，贵州人民出版社 1988 年版。

128.林毓生：《中国传统的创造性转化》，生活·读书·新知三联书店 2011 年版。

129.［匈］卢卡奇：《历史与阶级意识》，杜章智、任立、燕宏远译，商务印书馆 1992 年版。

130.［美］约翰·罗尔斯：《正义论》，何怀宏、何包钢、廖申白译，中国社会科学出版社 1988 年版。

131. 罗志田：《激变时代的文化与政治：从新文化运动到北伐》，北京大学出版社 2006 年版。

132.《马克思恩格斯全集》，人民出版社 1956—1985 年版。

133. [英] 马林诺夫斯基：《文化论》，费孝通译，华夏出版社 2002 年版。

134. 马列光：《思想的空间与原理》，中国经济出版社 2011 年版。

135. [加] 麦克卢汉：《理解媒介：论人的延伸》，何道宽译，商务印书馆 2000 年版。

136. 孟庆澍：《无政府主义与五四新文化：围绕〈新青年〉同人所作的考察》，河南大学出版社 2006 年版。

137. [英] 埃德加·莫兰：《迷失的范式：人性研究》，陈一壮译，北京大学出版社 1999 年版。

138. [法] 埃德加·莫兰：《复杂性思想导论》，陈一壮译，华东师范大学出版社 2008 年版。

139. [美] 肯尼斯·米诺格：《政治学》，龚人译，辽宁教育出版社 1998 年版。

140. 欧阳军喜：《五四新文化运动与儒学》，陕西人民出版社 2001 年版。

141. 欧阳哲生：《五四运动的历史诠释》，北京大学出版社 2012 年版。

142. [美] 帕森斯：《现代社会的结构与过程》，梁向阳译，光明日报出版社 1988 年版。

143. 潘志新：《阿尔都塞的有机理性思想初探》，中国社会科学出版社 2014 年版。

144. [瑞士] 皮亚杰：《结构主义》，倪连生、王琳译，商务印书馆 1984 年版。

145. [瑞士] 皮亚杰：《生物学与认识》，尚新建等译，生活·读书·新知三联书店 1989 年版。

146. [瑞士] 皮亚杰：《人文科学认识论》，郑文彬译，中央编译出版社 2002 年版。

147. 彭明：《五四运动史》（修订本），人民出版社 1998 年版。

148. 彭鹏：《研究系与五四时期新文化运动：以 1920 年前后为中心》，中山大学出版社 2003 年版。

149. [美] 迈克尔·H.普罗瑟：《文化对话：跨文化传播导论》，何道宽译，北京大学出版社 2013 年版。

150.［德］齐美尔：《桥与门》，涯鸿、宇声等译，上海三联书店 1991 年版。

151. 钱锺书：《管锥编》，中华书局 1979 年版。

152. 沈卫威：《无地自由》，安徽教育出版社 2005 年版。

153. 沈卫威：《"学衡派"谱系》，江西教育出版社 2007 年版。

154. 沈卫威：《民国大学的文脉》，人民文学出版社 2014 年版。

155. 沈卫威：《"学衡派"编年文事》，南京大学出版社 2015 年版。

156.［日］石川祯浩：《中国共产党成立史》，袁广泉译，中国社会科学出版社 2006 年版。

157.［英］菲利普·史密斯：《文化理论》，张鲲译，商务印书馆 2008 年版。

158.［法］阿·施韦泽：《文化哲学》，陈泽环译，上海人民出版社 2008 年版。

159. 施拉姆：《大众传播媒介与社会发展》，金燕宁等译，华夏出版社 1990 年版。

160. 宋修见：《北京大学马克思主义传统研究：1919—1949》，北京大学出版社 2012 年版。

161. Benjamin J.Schwartz ed., *Reflections on the May Fourth Moment*, Harward EastAsian Monograph, Cambrige, Mass, Harward University Press,1972.

162.［美］约翰·斯梅尔：《中产阶级文化的起源》，陈勇译，上海人民出版社 2006 年版。

163.［英］泰勒：《原始文化》，蔡江浓译，浙江人民出版社 1988 年版。

164. 陶伯华：《智慧思维学》，吉林人民出版社 2010 年版。

165. 陶大镛：《社会主义思想史》，上海书店 1996 年版。

166.［英］约翰·B.汤普森：《意识形态与现代文化》，高銛译，译林出版社 2005 年版。

167.［德］费迪南·滕尼斯：《共同体与社会》，林荣远译，商务印书馆 1999 年版。

168. 童强：《空间哲学》，北京大学出版社 2011 年版。

169. 汪晖：《文化与政治的变奏：一战和中国的"思想战"》，上海人民出版社 2014 年版。

170. 王汎森：《中国近代思想与学术的系谱》，河北教育出版社 2001 年版。

171. 王汎森：《思想是生活的一种方式：中国近代思想史的再思考》，北京大学出版社 2018 年版。

172. 王跃:《变迁中的心态——五四时期社会心理变迁》,湖南教育出版社 2000 年版。

173. 汪原放:《回忆亚东图书馆》,学林出版社 1983 年版。

174. 魏宏森、曾国屏:《系统论》,清华大学出版社 1995 年版。

175. [英] 雷蒙·威廉斯:《关键词:文化与社会的词汇》,刘建基译,生活·读书·新知三联书店 2005 年版。

176. [英] 威廉斯:《漫长的革命》,倪伟译,上海人民出版社 2012 年版。

177. [英] 雷蒙·威廉斯:《文化与社会 1780—1950》,高晓玲译,商务印书馆 2018 年版。

178. [英] 沃森:《20 世纪思想史》,朱进东、陆月宏、胡发贵译,上海译文出版社 2006 年版。

179. 萧超然:《北京大学与近现代中国》,中国社会科学出版社 2005 年版。

180. 许纪霖:《现代中国思想史论》,上海人民出版社 2014 年版。

181. 颜浩:《北京的舆论环境与文人团体(1920—1928)》,北京大学出版社 2008 年版。

182. 杨念群:《中层理论:东西方思想会通下的中国史研究》,江西教育出版社 2001 年版。

183. 杨念群:《杨念群自选集》,广西师范大学 2000 年版。

184. 杨早:《清末民初北京的舆论环境与新文化的登场》,北京大学出版社 2008 年版。

185. 姚公鹤:《上海闲话》,上海古籍出版社 1989 年版。

186. [英] 特瑞·伊格尔顿:《文化的观念》,方杰译,南京大学出版社 2006 年版。

187. 张宝明:《多维视野下的〈新青年〉研究》,商务印书馆 2007 年版。

188. 张灏:《张灏自选集》,上海教育出版社 2002 年版。

189. 张静庐:《在出版界二十年》,上海书店 2018 年版(民国丛书第二编影印本)。

190. 张利民:《文化选择的冲突:"五四"时期东西文化论战中的思想家》,中国人民大学出版社 1990 年版。

191. 张全之：《中国近现代文学的发展与无政府主义思潮》，人民出版社2013年版。

192. 张一兵：《问题式症候阅读与意识形态》，中央编译出版社2003年版。

193. 郑大华：《民国思想家论》，中华书局2006年版。

194. 郑大华：《民国思想史论》（续集），社会科学文献出版社2010年版。

195. 郑大华：《西方思想在近代中国》，社会科学文献出版社2005年版。

196. 郑异凡：《布哈林论稿》，中央编译出版社1997年版。

197. 周策纵：《五四运动史》，岳麓书社1999年版。

198. 周阳山：《五四与中国》，时报文化出版企业有限公司1979年版。

199. 中国社会科学院科研局：《"五四"运动与中国文化建设——"五四"运动七十周年学术讨论会论文选》，社会科学文献出版社1989年版。

200. 朱熹等：《四书五经》，中国书店1985年版。

201. 朱贻庭：《伦理学大辞典》，上海辞书出版社2011年版。

202. 庄森：《飞扬跋扈为谁雄》，东方出版社2006年版。

## 三、论文

1. [法] 巴斯蒂：《中国近代国家观念溯源——关于伯伦知理〈国家论〉的翻译》，《近代史研究》1997年第4期。

2. 卞冬磊：《传播思想史的"两条河流"》，《国际新闻界》2016年第8期。

3. 陈方竞：《"读者论坛"：〈新青年〉一个不可忽略的言论空间》，《汕头大学学报》（人文社会科学版）2011年第3期。

4. 陈平原：《经典是怎样形成的》，《鲁迅研究（月刊）》2001年第4、5期。

5. 董春雨：《从因果性看还原论与整体论之争》，《自然辩证法研究》2010年第10期。

6. 范大明：《反对国教：基督教在尊孔运动中的回应——以张亦镜为考察中心》，《宗教学研究》2018年第1期。

7. 范冬萍：《复杂系统的因果观和方法论——一种复杂整体论》，《哲学研究》2008年第2期。

8. 方维规：《论近现代中国"文明"、"文化"观的嬗变》，《史林》1999年第4期。

9. 耿云志:《五四新文化运动前夕——新旧思想冲突之聚焦》,《兰州学刊》2019 年第 4 期。

10. 关贵海、林文昕:《俄罗斯民粹主义——现象、根源与特点》,《国际政治研究》2017 年第 2 期。

11. 何玲华:《〈新青年〉反传统的历史语境》,《探索与争鸣》2006 年第 3 期。

12. 洪俊峰:《从思想启蒙到文化复兴——20 年来"五四"阐释的宏观考察》,《厦门大学学报》(哲学社会科学版) 2006 年第 5 期。

13. 胡明:《〈新青年〉与新时代》,《文艺争鸣》2006 年第 3 期。

14. 胡适:《〈尝试集〉第二编〉自序》,《现代中文学刊》2011 年第 6 期。

15. 胡霞、黄华新:《语境研究的嬗变》,《华中科技大学学报》(社会科学版) 2004 年第 2 期。

16. 黄兴涛:《近代中国新名词的思想史意义发微——兼谈对于"一般思想史"之认识》,《开放时代》2003 年第 4 期。

17. 黄兴涛:《清末民初新名词新概念的"现代性"问题——兼谈"思想现代性"与现代"社会"概念的中国认同》,《天津社会科学》2005 年第 4 期。

18. 黄兴涛:《"话语"分析与中国近代思想文化史研究》,《历史研究》2007 年第 2 期。

19. 金观涛、刘青峰:《从"群"到"社会"、"社会主义"——中国近代公共领域变迁的思想史研究》,《中央研究院近代史研究所集刊》2001 年第 35 期。

20. 李龙牧:《"五四"时期传播马克思主义思想的重要刊物——"新青年"》,《新闻战线》1958 年第 1、2 期。

21. 李宪瑜:《〈新青年〉杂志研究》,北京大学 1999 年博士论文。

22. 刘萍:《论民国初年的国教运动》,《四川师范大学学报》1995 年第 1 期。

23. 卢毅:《"国学"、"国故"、"国故学"》,《南京社会科学》2005 年第 2 期。

24. 吕芳上:《从学生运动到运动学生(民国八年至十八年)》,中央研究院近代史研究所,1994 年 8 月。

25. 罗志田:《陈独秀与"五四"后〈新青年〉的转向》,《天津社会科学》2013 年第 3 期。

26. 马克锋:《"打孔家店"与"打倒孔家店"辨析》,《中国人民大学学报》2011 年第 2 期。

27. 麻艳香、蔡中宏：《教育：文化发展的内在机制》，《西北民族大学学报》（哲学社会科学版）2010 年第 1 期。

28. 倪婷婷：《"非孝"与"五四"作家道德情感的困境》，《文学评论》2004年第 5 期。

29. 欧阳哲生：《新发现的一组关于〈新青年〉的同人来往书信》，《北京大学学报》（哲学社会科学版）2009 年第 4 期。

30. 裴高才：《黎元洪和蔡元培的"共进退"》，《人民政协报》2011 年 10 月 13 日 6 版。

31. 彭春凌：《〈新青年〉陈独秀与康有为孔教思想论争的历史重探》，《北京大学学报》（哲学社会科学版）2014 年第 3 期。

32. 邱运华：《"无产阶级文化"作为一个问题——布哈林的文化理论和葛兰西对它的批评》，《湘潭大学学报》（哲学社会科学版）2005 年第 3 期。

33. 石克强：《俄罗斯新发现的有关中共建党的文件》，《百年潮》2001 年第 12 期。

34. 孙宏云：《汪精卫、梁启超"革命"论战的政治学背景》，《历史研究》2004 年第 5 期。

35. 孙玉石：《五四新文化运动反孔思潮之平议——以〈新青年〉杂志为中心》，《中国文化研究》1999 年（秋之卷）。

36. 童强：《结构与思想的结构史》，《南京大学学报》（哲学社会科学版）2002 年第 6 期。

37. 王达敏：《桐城派与北京大学》，《安徽大学学报》2017 年第 6 期。

38. 王枫：《五四前后的林纾》，《中国现代文学研究丛刊》2000 年第 1 期。

39. 王奇生：《新文化是如何"运动"起来的——以〈新青年〉为视点》，《近代史研究》2007 年第 1 期。

40. 王晓明：《一份杂志和一个社团》，《上海文学》1994 年第 4 期。

41. 熊月之：《"五四"运动与上海社会》，《社会科学》1999 年第 5 期。

42. 熊月之：《〈新青年〉新文化与民初上海文化生态》，《广东社会科学》2015 年第 6 期。

43. 徐杰：《何谓语境——对语境本质的批判性考察》，《学术论坛》2015 年第 2 期。

44. 严家炎：《评"五四"、文革与传统文化的论争》，《二十一世纪》1997 年 8 月号。

45. 严家炎：《"五四""全盘反传统"问题之考辨》，《文艺研究》2007 年第 3 期。

46. 杨琥：《民初进步报刊与五四新思潮——对〈甲寅〉〈新青年〉等的考察》，北京大学 2000 年博士论文。

47. 杨奎松：《共产国际为中共提供财政援助情况之考察》，《社会科学论坛》2004 年第 4 期。

48. 于真：《论机制与机制研究》，《社会学研究》1989 年第 2 期。

49. 于丽：《〈新青年〉的历史不应切割》，《湖北大学学报》2016 年第 6 期。

50. 张劲：《"欧事研究会"述评——纪念辛亥革命 100 周年》，《同济大学学报》（社会科学版）2011 年第 6 期。

51. 张静如等：《〈新青年〉对传播马克思主义的贡献》，《齐鲁学刊》1985 年第 2 期。

52. 张静如：《关于〈新青年〉季刊》，《党史研究与教学》2011 年第 5 期。

53. 张朋：《〈新青年〉第八卷出版经费来源的史实考辨》，《党史研究与教学》2016 年第 2 期。

54. 赵歌东：《从鲁迅译〈一个青年的梦〉看〈呐喊·自序〉》，《东岳论丛》2006 年第 1 期。

55. 郑师渠：《新文化运动与反省现代性思潮》，《近代史研究》2009 年第 4 期。

56. 周来顺：《布哈林的无产阶级文化建设理论及其当代价值》，《马克思主义研究》2016 年第 5 期。

57. 周丽卿：《〈新青年〉与民初政治光谱》，台湾清华大学 2011 年博士学位论文。

58. 周仁政：《〈新青年〉与中国现代学术文化的起源与建构》，《长江学术》2017 年第 1 期。

59. 朱贻庭：《"伦理"与"道德"之辨》，《华东师范大学学报》（哲学社会科学版）2018 年第 1 期。

60. 朱正：《解读一篇宣言》，《近代史研究》1997 年第 5 期。

# 后　记

　　本书是 2015 年立项的社科基金西部项目的成果。2020 年 10 月结题后进行了大量修改，有些部分甚至是重写的。之所以下这么大功夫，是因为觉得退休将近，想做个满意的东西。从确定选题到现在交稿已经过去快八年了，如果没有种种期限，课题的完成可能还要拖延一段时间。文中一定有我看不到的错漏，或因为个人知识的浅陋，或因为时代局限，所以希望读者能大加斧正。

　　按照惯例后记要对帮助此书写作的人表示感谢。首先要感谢我的母亲。她的无条件支持是我的精神动力之一，遗憾的是她在课题立项的当年底就去世了。她在我身边的时候，我并不觉得可贵，有时还不满她过多干涉我的生活，但当她消失以后，我才知道她的价值。现在她看不到此书面世了，但如果要把这本书献给什么人的话，那只能是她。愿她得偿所愿，在天上幸福吉祥。接下来还要感谢我的哥哥、嫂子和侄女。他们让我觉得这个世界还有一丝家的感觉。第三要感谢沈卫威老师。他一直支持我，以大学者身份参加我的课题组，并且在看过我的课题申报书后提醒我注意北大的重要性，后来的研究完全证明了他的正确。第四要感谢北大的陈平原老师。他作为我 2016 年在北大访学时的导师，给我机会亲炙他和夏晓虹老师，并在北京查阅大量资料，如果没有这次机会，本书不会是现在这个样子。可惜我结题的时候，他正在写系列论文，所以没时间对我的初稿提供意见。第五要感谢学院领导和一些学生在我母亲去世时给予我的关心和帮助，这些支持也成为我写作此书的无形助力。付院长主持了我母亲的葬礼，徐渊老师帮助抬过我母亲的遗体，李宜蓬老师给予更多帮助，这些都是我会永远铭记的；古代文学研究生王平、我的研究生朗轶男和王亚超帮过大忙；张梦娜给老娘的最后日子带来过欢乐；另外还有其他关心和帮助我的学生、同事和朋友（包括我妈的同事和朋友），请原谅我不能一一唱名，在这里一并致谢。最后，还要感谢一些为研究提供过特殊帮助的人：感谢雷勇老师在我撰写申报书时给予的指导。感谢冯玉文老师。她作为课题组成员，帮我揽了一些杂事，并在我去北大时帮我承担了课程。感谢我的研究生佘梦林、杨晨馨、吴志新、胡悦、李榕等帮我校读结题时的初稿。感谢浙江大学的张广海老师为我提供过资料；感谢我的同行。因为篇幅所限，我没有一一标注他们成果的出处。对赞同的，我将它们当作常识，对不赞同的，也没有过多辩论，但他们的成果无疑是我研究的基础。感谢结题评审的五位专家。从评语看他们虽性格或有不同，学养或有差异，但意见都可以作为参考，有所获益。感谢史建国兄的帮助。感谢本书编辑王怡石女士的辛勤工作。

是为记。

火　源

2022 年 10 月 4 日重阳

责任编辑：王怡石

**图书在版编目（CIP）数据**

《新青年》文化思想互动研究／火源 著 . — 北京：人民出版社，2024.6
ISBN 978 − 7 − 01 − 025745 − 7

I. ①新⋯   II. ①火⋯   III. ①期刊 − 研究 − 中国 − 民国   IV. ① G239.296

中国国家版本馆 CIP 数据核字（2023）第 097940 号

《新青年》文化思想互动研究

XINQINGNIAN WENHUA SIXIANG HUDONG YANJIU

火 源 著

人 民 出 版 社 出版发行

（100706 北京市东城区隆福寺街 99 号）

北京汇林印务有限公司印刷 新华书店经销

2024 年 6 月第 1 版 2024 年 6 月北京第 1 次印刷
开本：710 毫米 ×1000 毫米 1/16 印张：37.25
字数：580 千字

ISBN 978 − 7 − 01 − 025745 − 7 定价：239.00 元

邮购地址 100706 北京市东城区隆福寺街 99 号
人民东方图书销售中心 电话（010）65250042 65289539